Ute Bales

Peter Zirbes

RHEIN
MOSEL
VERLAG

© 2010
2. durchgesehene Auflage © 2014
RHEIN-MOSEL-VERLAG
Brandenburg 17, D-56856 Zell/Mosel
Tel. 06542/5151, Fax 06542/61158
Alle Rechte vorbehalten
ISBN 978-3-89801-070-2
Satz: Cornelia Czerny, Daniela Harings
Lektorat: Michael Dillinger
Druck: AALEXX Buchproduktion GmbH
Titelfoto : Michael Aschwanden, Staatsarchiv von Uri (Schweiz)

Ute Bales

Peter Zirbes

Roman

RHEIN-MOSEL-VERLAG

»Es ist mein Herz ein Trümmerhauf'
erstorbener Ideen.«

Novembernacht 1901

Er glaubte, ein Geräusch gehört zu haben. Ein vages Rascheln, ein kurzes Schwirren. Etwas war vor der Tür, vielleicht im Flur oder draußen. Mühsam richtete er sich im Sessel auf, wo er in Gedanken vertieft die halbe Nacht gesessen hatte. Wieder dieses Schwirren. Er horchte, sein Gesicht wirkte angespannt. Sollte er nachsehen? Als außer seinem eigenen, schweren Atmen aber nichts mehr zu hören war, sank er zurück, der Raum um ihn herum verschmolz wieder mit dem Dunkel, bald verwirrten sich seine Empfindungen und er zweifelte, überhaupt etwas gehört zu haben.

Diese Dunkelheit würde ewig dauern, das spürte er. Er bewegte die Zehen, die in groben Strohlatschen steckten. Nichts, es war nichts, weder in diesem Raum noch draußen, nur Stille und Schwärze. Schon war es November, wie lange noch? So viele Wege lagen hinter ihm, immer weniger waren es geworden, zuletzt blieb nur noch einer. Der Winter würde kommen, seine kalte Einsamkeit mitbringen und für immer bleiben. Auch die Stille würde bleiben.

Schwerfällig erhob er sich und schlurfte zum Fenster, wo er, die gichtigen Hände auf dem Rücken verschränkt, sich mit der Stirn an die Scheibe lehnte und hinausspähte. Schnee war bisher ausgeblieben, ein blasser Mond hing über den Wolken, weit in der Ferne kündete ein bläuliches Licht den Tag. Im Garten stand ein Baum, die bizarren Umrisse der Äste hoben sich gegen den Himmel. Er dachte daran, dass dieser Baum im Frühjahr wieder grün sein und Früchte tragen würde. Welche Früchte es wohl sein mochten? Er konnte sich nicht erinnern. Er überlegte, ob es noch andere Bäume gäbe, aber auch daran erinnerte er sich nicht. Und Menschen? Was war mit den Menschen? Konnte es ein, dass nichts und niemand mehr anklopfte? Aber nein. Er war doch nicht der einzige Mensch auf der Welt. Da waren Maria und Paul, oder nicht? Unbehagen stieg in ihm auf. Wie mühevoll es war, sich zu entsinnen.

Auf der Fensterbank lag ein Stück Papier. Erst gestern hatte er das, was darauf stand, geschrieben. Undeutlich erkannte er seine eigene steile, gleichmäßige Schrift, sah, dass er unter und über die

Zeilen geraten war. Sein Blick blieb an Satzfetzen hängen und an seiner Unterschrift: Peter Zirbes. Er dachte, dass es ihm bei seinem Geschriebenen nicht gelungen war, einen Sinn zu entfalten, wusste nur noch, dass sich während des Schreibens das Licht geändert hatte, von einem hellen, schillernden Frühlingsgelb zu einem düsteren, winterlichen Grau. Er meinte des Lichtes wegen das Gedicht nicht beendet zu haben, vielleicht aber auch, weil es unvollendbar war, weil er die Schlusszeile nicht fand, weil er das Wort ›Ende‹ nicht schreiben konnte. Seine Hände zuckten. Wie müßig, an ein Gedicht zu denken, jetzt, wo es undenkbar geworden war.

Nur ein flüchtiger Eindruck daran hielt sich und in diesem schwachen Nachhall glaubte er eine Wahrheit zu entdecken über sein Dichten, über den Baum, über sich selbst. Er wollte den Gedankengang halten und genauer betrachten, aber da war er schon wieder verschwunden, vermischt mit anderen Bildern, unauffindbar.

Am Fenster zog es, er ließ die Hände sinken und trat einen Schritt zurück. Der Baum reckte die knorrigen Äste, die Weite dahinter schien nur aus Himmel zu bestehen. Er hatte den Eindruck, das Zimmer habe sich bewegt.

Im gleichen Moment kam das Geräusch zurück. Es kam von draußen, aus der Luft, es war ein Schwingen und Schwirren, darunter heisere Schreie von Vögeln. »Kruh-Krürr. Kruh-Krürr.« Es musste ein großer Zug sein. Er presste die Stirn erneut an die Scheibe, um besser zu sehen. Schwarz stand der Baum gegen den fahlen Himmel. »Kruh-Krürr.« Er hielt die Hände um die Augen, noch deutlicher trat das Gezweig des Baumes hervor. Aber so sehr er sich auch mühte, die Augen zusammenkniff, den Hals reckte und hinauflinste, er konnte nichts erkennen. Dennoch ging ein Lächeln über sein Gesicht. »Die Gäns«, rief er erfreut und spürte, wie plötzlich die Schatten um ihn herum, die Novemberkälte und die Einsamkeit zurücktraten, der Raum weiter wurde, »die Haolegäns*!« Ein Vers kam ihm in den Sinn, zittrig klang seine Stimme, als er flüsterte:

»Was ihr liebet, was ihr hasset, wunderliche Dinge.
Was ihr suchet, flieht und lasset …«

Er stockte und fasste sich an die Stirn.

»… jeder dünkt sich nah am Ziel,
wenn ihm was geglücket,
und ein loses Faschingsspiel hat ihn nur berücket …

Täuschung eurer Sinne war,
was wir lebend taten,
weil der Mensch,
ein Rätsel gar,
sich nicht kann erraten.«

Er zögerte und lauschte. Das Geschwirre am Himmel war leiser geworden. »Der Anfang, wie war bloß der Anfang?«

März 1825

Die Kraniche waren zurück. Mit ihrem nimmermüden Kruh-Krürr hatten sie sich nächtens auf dem Mosenberg niedergelassen, den ganzen Tag überflogen sie im Dreiecksflug kreischend das Kailbachtal. Neben dem Patronatsfest, dem Gertrudistag, war das für die fahrenden Händler der ganzen Gegend das Zeichen zum Aufbruch. Schon Tage vorher waren Schmiede, Stellmacher, Schreiner und Maler damit beschäftigt gewesen, den Reisewagen den letzten Schliff zu geben, und jetzt machten sich die Händler mit Pferdegespann und Eselskarren, die Hotte* auf dem Rücken, lärmend auf den Weg. Es war ein aufgeregtes Treiben, wenn die hohen Wagen, mit Segeltüchern überspannt, in Reihen bis zu zwölf hintereinander, ihrer Wege zogen. Steingut, Töpfe, Tiegel, Pfannen und alle erdenklichen Haushaltswaren baumelten an den Karren oder an den Seiten der Zugtiere. Hunde rannten kläffend dazwischen, Planen flatterten, Pferdegeschirre blinkten in der Sonne,

Männer schritten Peitsche knallend daneben. Den Schluss bildeten die Ziegen- und Hundekarren, deren Besitzer, meist Frauen mit Kindern, winkend hinterdrein gingen. Unten im Tal trennten sich die Wagen. Die einen fuhren gen Braunschweig, ins Emsland oder ins wallonische Venn, die anderen in den Hunsrück, die Rheinpfalz oder an die Mosel. Haus und Hof ließen sie zurück, die Äcker verpachteten sie an Nachbarn, die ihnen manchmal ein Schwein für die Winterschlachtung hielten.

Eine beschwerliche Reise lag vor ihnen, ungewiss und voller Gefahren. Seit Generationen unternahmen sie diese Fahrten. Viele von ihnen waren auf den Wagen geboren worden, andere gestorben. Zur Kirmes, Anfang November, kamen sie zurück, um schnell noch die im Frühling mit Kartoffeln bestellten Felder abzuernten.

Unter den Hausierern befand sich auch Nikolaus Zirbes, genannt Kläs. Mit einem Eselskarren war er gegen Norden aufgebrochen, um Steingut, Glas und Irdenware feilzubieten. Seiner Abkunft nach war er Landscheider, ein ernster und bedachter Mann, dem unter einem breitkrempigen Filzhut kurze, schwarze Haare wie Borsten vom Kopf abstanden. Vor zwei Jahren hatte er geheiratet und war ins Haus seines Schwiegervaters nach Niederkail gezogen. Seine Frau Katharina, die, wie viele Leute seines Dorfes, das Umherziehen ebenso gewohnt war wie er, war bis letzten Sommer mit auf den Hausier gegangen. In diesem Frühjahr aber sah sich Katharina nicht im Stande, ihn zu begleiten. Der Junge, den sie im Januar geboren hatte, war schmächtig und kränkelte, so dass Kläs alleine ziehen musste.

Früher war Kläs noch bis Sachsen und Böhmen gekommen. In den letzten Jahren führten ihn seine Handelstouren gewöhnlich durch den Hunsrück über Morbach und Simmern bis ins Nahetal oder an den Glan, manchmal von dort an den Bodensee. Nicht nur aus Rücksicht auf seine Familie hatte er diesmal beschlossen kürzere Reisen durch die Eifel, an die Ahr und Richtung Koblenz zu unternehmen. Kläs litt nämlich unter heftigen Gichtanfällen, die sich, obwohl er erst 26 Jahre zählte, durch die Strapazen des ständigen Umherziehens zusehends verschlimmert hatten. Außerdem, und das war ihm überaus wichtig, trug er sich mit dem Vorhaben, ein eigenes Haus zu bauen, was eine häufigere Präsenz vor Ort nötig machte.

Die erste Fahrt entlang der Kylldörfer verlief abträglich. Mit der Restware vom Vorjahr war kein Geschäft zu machen gewesen und so reiste er Mitte April nach Niersbach, um Töpferwaren zu beschaffen, kurz darauf nach Echternach der Fayencen wegen, dann nach Mettlach zu den Glashütten und den Porzellanfabriken. Er war froh, auf Kommission kaufen zu können, denn im Voraus war an eine Bezahlung der Ware nicht zu denken. In Merzig feilschte er in einer Keramikmanufaktur um allerhand Porzellan, Teller und Schüsseln mit Blumendekoren. Günstiger als im Vorjahr hatte er den Handel abgeschlossen und in den Dörfern um Trier Profit daraus geschlagen. Aber anders als Johann Bilger, ein fahrender Glashändler, der ihm erzählt hatte, dass in Meißen die Glanzvergoldung gelungen sei und der nun beseelt war von dem Gedanken, ebensolche Waren anzubieten, dachte Kläs nicht an die Ausweitung seines Angebotes, sondern einzig daran, Geld heranzuschaffen, um endlich den engen, feuchten Wänden zu entkommen, wo der Schwiegervater das Sagen hatte.

21 Thaler nähte Katharina im Herbst in ein Kissen ein. In den Wintermonaten trennte sie es mehrfach wieder auf; dabei kam nichts hinzu. Von der Hand in den Mund lebten sie ihr Hausiererleben, das ebenso wie die Handelsgeschäfte aller Landscheider und Niederkailer aus der Not entstanden war.

Es würde nicht einfach sein, aber dennoch: Zusätzliche 50 Thaler musste Kläs über den Sommer auftreiben. Das war mindestens von Nöten, denn für 73 hatte er von der Gemeinde ein schmales, abschüssiges Stück Erde am Ortsrand von Niederkail erworben, das, mit einer knotigen Eiche bewachsen, wenig Platz für eine Scheuer oder einen Stall ließ.

Das ganze Jahr über trug sich Kläs mit Bauplänen, den Kopf voller Zahlen und Maße, hielt auf seinen Handelsreisen überall ein Auge auf günstiges Holz, auf Lehm oder Eisen. Man sah ihn im Wald Bäume kaufen, fällen, sie in die Säge und auf die Zimmerei tragen. Mehrfach holperte sein Fuhrwerk ins Kylltal, um Tür- und Fensterlaibungen aus Sandstein, außerdem Steinplatten für die Fußböden zu holen. Allewege war er beflissen, nebst Waren für den eigenen Handel auch preiswerte Mobilien, Geschirr und Leinwand für den Haushalt zu erstehen.

Im Winter geriet er mit dem Fuß in eine Fuchsfalle. Haut und Fleisch wurden zerquetscht, so dass er monatelang nur mühselig vorankam. Nicht nur die Vorbereitungen für den Bau mussten unterbrochen werden, ein ganzes Jahr zitterte er um seine Existenz.

Erst im Frühjahr 1827 wurde der erste Stein gelegt und Katharina, furchtsam und mit einem Hang zum Aberglauben, hatte darauf bestanden, dass nach alter Sitte zwischen Steinen und Mörtel eine Schrift eingemauert wurde, welche mit ihren Namen und der Jahreszahl versehen war. »Wirst sehn, dat bringt uns Glück!« Und Glück konnten sie brauchen.

Drei Mann hatte Kläs gedingt, denen er alle Tage bis St. Martin Speis und Lohn geben musste, zudem Brot und Milch für die Familien. Die Zimmerer und Maurer nahmen den größten Batzen. Dann kamen ein Hafner, ein Glaser und zwei Schreiner. Kläs legte selbst Hand an, wo es ging, schuftete nach Kräften, konnte sich dadurch zwar manchen Thaler sparen, dennoch musste er ständig in seinen dünnen Beutel greifen, in dem er oft nichts als Staub fand. Auch war die Sache mit dem Fuß nicht ausgestanden, der Handel musste fortgeführt werden, was alles erschwerte.

Dass sie im Sommer darauf einziehen konnten, verdankte er einer Base, die zwar selbst erbärmlich lebte, ihm aber trotzdem ein Darlehen für Baumaterialien eingeräumt und zu einem Strohdach verholfen hatte, das auf Wetter- und Kehrseite auf 30 Jahre Haltbarkeit ausgelegt war.

Das Haus war aus Bruchstein gemauert, die vordere Fassade mit Kalk getüncht. Von der Straßenseite aus sah man auf zwei düstere und schmucklose Fenster sowie eine Tür, aus Eichenholz gezimmert und mit Eisenwerk und dickköpfigen Nägeln versehen.

Die Wände im Inneren des Hauses waren niedrig und bestanden aus einem mit Lehm verschmierten Flechtwerk. Hinter der Eingangstür befand sich die Feuerstelle, links davon die Küchenkammer. Unter dem Küchenfenster stand die Gieß, ein Spülstein, mit einem Ablauf nach draußen, auch ein Tisch mit einer Muhl*. Außerdem gab es noch Kammer und Stube, sowie einen Schlafraum für Kläs und Katharina. Die Eiche vor dem Haus hatte den Bau schadlos überstanden und reckte die Äste nach dem Strohdach.

Dennoch; es mangelte an allem. Aus den niedrigen Fenstern lugte die blanke Armut. Die Feuerstelle war ohne Takenplatte und bloß mit einem provisorischen Kesselhaken versehen, den Wänden fehlte der Kalk, den Taken die Türen. Mit je einem Esslöffel und einem Leintuch begannen sie ihren Haushalt. Wochenlang konnte Kläs nicht auf den Hausier. 14 Pfennige behielt Katharina in ihrem Kissen. Mindestens dreimal nutzte sie den Zichoriensatz, um Kaffee daraus zu brühen. Sie trocknete Eicheln und machte sie zu Mehl, doch der morgendliche Brei wurde immer flüssiger, das schwarze Brot härter. Der Schuldenberg und die Not, die Familie nicht satt zu bekommen, nagten besonders an Kläs. Zudem bekümmerten ihn die Maläste seines Sohnes Peter, weswegen Katharina auch im zweiten und dritten Jahr nicht mit auf Reisen gehen konnte.

Der Junge war nicht bloß zum Zeitpunkt seiner Geburt ein elendes Geschöpf gewesen, er blieb es auch in den folgenden Jahren: klein, mager, von chronischen Hitzen geplagt. Obwohl Katharina ihn ständig mit Schmand einrieb, neigte seine juckende, fast schrumpelige Haut dazu, sich immerfort zu schuppen. Bei jeder Berührung schrie er auf, trampelte mit den Beinen, stieß nach der Mutter. Einmal hatte ein Doktor nach ihm gesehen, aber nur festgestellt, dass es die Lungen seien, dass alles schon besser werde und der Junge Zeit brauche.

Aufgrund des ungeklärten und sonderbaren Befindens wurde Peter von der Mutter verzärtelt, was sich nicht änderte, als zwei Sommer später Elisabeth, die Schwester, geboren wurde. Kläs, dem jegliche Hätscheleien zuwider waren, hielt Katharina an, den Jungen härter anzufassen. »Aus dem Jung soll en Hausierer werden! Kein Schlappes!« Dennoch blieb Peter weich und sanft, erschien oft kurios und auf nicht zu erklärende Weise absonderlich. Es war nicht nur, dass er ungewöhnlich ruhig war und kaum sprach, er wollte auch nicht laufen, saß stattdessen am liebsten unterm Tisch und wenn seine grauen Augen nicht in ständiger Bewegung gewesen wären, hätte man ihn für empfindungslos halten können. Einmal hatte ihm Kläs eine Walnuss geschenkt und tagelang war das Kind damit beschäftigt gewesen, auf die braune Schale zu schauen, die feinen Rillen mit den Fingern nachzuempfinden, die Nuss in den Mund zu stecken, sie zu schütteln oder zu rollen. Irgendwann hatte Kläs das Spielzeug aufgebrochen, Peter die zwei Hälften gezeigt, womit er seinen Sohn erschreckte und ein minutenlanges, krampfartiges Gewinsel auslöste. Ungeschickt war der Junge danach ans Fenster gekrochen, ans Licht hatte es ihn gezogen, wo er lange saß, mit den zuckenden Händchen nach den Wolken reckte, sie dabei drehte und bisweilen in ein seltsames Gelächter ausbrach. Am Abend, als das Talglicht entzündet wurde, kniete er vor der rußenden Flamme, hob die Hände zum Licht, betrachtete fasziniert die vom roten Schein durchdrungenen Fingerkuppen, die unter der Haut schwärzlich schimmernden Adern.

Dieses Spiel wurde ihm zur Gewohnheit und – sooft Kläs ihn auch hochriss und schüttelte – Peter blieb dabei, entdeckte bald, dass die Bewegungen seiner Hände vor der Lampe wunderbare Gestalten an die Wand zauberten und verbrachte viel Zeit damit, sich unterschiedliche Figuren auszudenken, denen er Laute zuordnete. »Huhuliiii, dadaka….garrrr.« Jedes Mal, wenn Kläs von seinen Verkaufstouren nach Hause kam, erschrak er über diese Laute, schlug seinem Sohn auf Hände und Mund, zerrte ihn vom Licht weg, schüttelte ihn und schrie nach Katharina: »Wat is dat bloß?

Die Tön, wenn der zu reden anhebt. Sprechen soll der, er is doch schon vier …«

Katharina gab sich wenig Mühe, dem stillen Jungen Sprechen beizubringen, hielt statt dessen an einer einfältigen Kindersprache fest, die sich zwischen den beiden mit der Zeit ergeben hatte. »Schwätz ordentlich mit dem Kind!«, forderte Kläs, »Süppichen und Deckichen – dat muss aufhören, wenn du net willst, dat der Pitter bald für blöd gehalten wird!«

»Ach woher denn«, schüttelte sie den Kopf, »der versteht die richtigen Wörter schon. Dat is doch nur zwischen uns, gell Pitter? Weißte Kläs, der macht sich sein eigenen Wörter. Wat is denn da dran schlimm? Ich weiß, wat der meint.«

»Ja, du weißt, wat der meint, aber sonst weiß dat keiner! Wart mal ab, über den Jung wird gelacht, wenn du so weitermachst.« Katharina ließ sich durch Kläs' Rede nicht beeindrucken. Sie war es zufrieden, dass Peter still war, sich gerne selbst beschäftigte und dankbar für jede noch so kleine Aufmerksamkeit war. So blieb ihr Zeit für Elisabeth und den Hausstand.

Katharina war eine bedächtige Frau. Sorgfältig achtete sie darauf, dass alles in der Ordnung blieb, die sie gelernt und von ihren Eltern übernommen hatte. Ihr braunes Haar, das sie zu einem Zopf geflochten als Dutt trug, bedeckte meist ein Tuch. Unter einer hohen Stirn blickten dunkle, sinnende Augen, mit denen sie, wie Kläs meinte, den Kailbach hätte ausbrennen können. Anders als er, dem Äußerlichkeiten nichts bedeuteten, hielt sie trotz der geringen Möglichkeiten so gut es ging auf sich, pflegte ihre Kleider, trug mit Stolz einen Haarschmuck, eine Klammer aus Perlmutter mit eingeritzten Blumen, die Kläs ihr, bevor sie verheiratet waren, von seinen Reisen mitgebracht hatte. Abgesehen von dieser kleinen Eitelkeit war sie eine Schafferin, die es, als Folge von Kläs häufiger Absenz, gewohnt war, selbst zu entscheiden und anzupacken. Pausenlos sprang sie hierhin und dorthin, sah auf alles, versorgte den Haushalt selbstständig. Besondere Fertigkeit hatte sie im Nähen entwickelt. Diese Näharbeiten sorgten bei Kläs für Bewunderung, zauberte sie doch selbst aus kleinsten Fetzen noch Nützliches. Obwohl man hätte annehmen können, dass sie besonders Elisabeth ausstaffieren mochte, so war es doch vornehmlich Peter, den sie mit ihrer Arbeit bevorzugte. Oft, wenn sie mit der Nadel auf- und abfuhr, saß er zu ihren Füßen und während sie versuchte, ihn mit ihrer einfältigen und simplen Art zum Lachen zu bringen, bewegte er die Hände vor dem Nählicht und ahmte ihre äffischen Worte nach, ihren Klang, die Melodie.

Mit allen Mitteln versuchte Kläs, dem Jungen die albernen Worte der Mutter wieder auszutreiben. Regelmäßig zog er das Kind unterm Tisch hervor, zeigte auf Gegenstände, die er benannte, sagte ihm Wörter, die er nachsprechen sollte: »Kanne, Tisch, Licht …« Freudig beteiligte sich Peter, plapperte eifrig alles nach, bildete Sätze, zeigte Freude am Spiel seines Vaters. In aller Regel beruhigte sich Kläs schnell wieder. »Der kann et wirklich, aber trotzdem, du musst richtig mit ihm sprechen, der Jung braucht Ansprach …«

»Der kann alles, wenn er nur will«, entgegnete Katharina, »ich mach mir um den kein Sorgen. Guck dir doch mal dem Bilger seinen Sohn an, der schwätzt gar net. Dagegen is unser Pitter en Goldjung!«

Peters Befinden blieb unbeständig. Für jeden Infekt war er empfänglich, er litt an Fiebern und chronischem Husten, war blass und kraftlos. Wegen der Ränder unter den Augen verabreichte ihm Katharina ein Wurmmittel und päppelte ihn mit Haferschleim und Milchsuppe. Wenn sie an Samstagen den Badezuber füllte, durfte er als Erster ins Wasser, wurde anschließend in warme Tücher gehüllt und mit Tran eingerieben. Um Elisabeth, die das Wasser als Nächste benutzte, wurde deutlich weniger Aufhebens gemacht, war sie doch gesund und robust.

Als Peter über fünf Jahre zählte, wurde er etwas kräftiger. Schwarze, dichte Haare, die an das glänzende Gefieder eines Raben erinnerten, umrahmten sein freundliches, offenes Gesicht mit den grauen Augen. Die seltsamen Töne hatten zwar nachgelassen, dennoch blieb seine Sprache merkwürdig. Häufig redete er fremdartig altklug, bald aber brabbelte er wieder wie ein Säugling. Einmal, als Kläs den Jungen beauftragte nach seiner Schwester zu sehen, verzog er den Mund, fing ein lautes Jaulen an, an dessen Ende ein deutliches »Bähhh« zu hören war. Katharina, die die Szene verfolgt hatte, kam lachend näher: »Er will net auf dat Lies aufpassen. Weil dat Kind doch ständig sabbert. Der Tücher sind nie genügend beizubringen …« Kläs setzte Peter nochmals zu: »Du passt jetzt auf unser Lies auf und hörst auf zu jammern. Jammerst ja wie en Hund!« Peters Antwort kam laut, deutlich und in bester Aussprache: »Dat Lies is en Speikind. Und Speikinder sind Gedeihkinder.« Kläs erschrak. »Wat sagt der da? Wo hat der dat denn her?«

»Och, dat hat der aufgeschnappt. Dat reimt sich. Und alles wat sich reimt, gefällt dem Pitter«, war die simple Antwort.

Je älter Peter wurde, desto mehr suchte er sich eigene Räume, spielte am Dorfbrunnen oder auf der Wiese am Haus, saß selbstvergessen mit dem Rücken an der alten Eiche und ließ seinen Blick in die Ferne wandern. Auch der Bach, der an die Wiese grenzte, zog ihn an mit dem Geglucker, den glitschigen Steinen, den Molchen und Fischen. Der Großvater hatte ihm aus Schilfrohr eine Flöte geschnitten, mit der er Melodien erfand und Vogelstimmen nachahmte. Stundenlang horchte er nach dem Gesang in der Luft, dem Trompeten der Haolegäns, dem knarrenden, rauen Gesang des Rohrspatzes und dem kreischenden Rätschen des Eichelhähers. Oftmals überraschten ihn die Töne, die er der Flöte entlockte, weil sie so täuschend echt klangen.

Barfuß lief er, verdreckt die Füße, schwarz die Zehennägel. Sein braunes Wams reichte ihm nur bis zum Gürtel und zeigte, besonders an den Armen, eine Vielzahl von Flicken. Das grobe Hemd ließ die Brust fast unbedeckt, die Leinenhose, altersgrau und zerknittert, war hoch über die Knie heraufgezogen. Die schwarzen Haare waren so lang wie die eines Mädchens, wirr und strähnig hingen sie um seine Schultern. Ständig waren seine Augen in Bewegung, betrachteten und beobachteten alles aufs Gründlichste.

Gleich hinter dem Dorf fing der Wald an, der sich bis nach Quint zog. Wenn ihm der Raum um seines Vaters Haus zu eng wurde, lief er in die Bleichwiesen, über die Felder, von dort in den Wald, zum Heiligenhäuschen mit der Marienstatue, zum Augenbildchen oder zur Brandenmühle.

Oftmals musste Kläs ihn suchen und aufscheuchen, und immer wenn er ihn fand – einmal hatten sie ihn bis zur Mitte der Nacht gesucht – ,spürte er, dass er eine tiefe Ruhe störte und diese Störung zeigte sich in Peters Blick, der ihm unsicher und beirrt vorkam. Wortkarg folgte er seinem Vater nach Hause, mokierte sich nie, blieb aber entrückt und still.

Im Herbst brachte er eine verletzte Amsel mit und bat darum, das Tier pflegen zu dürfen. Er hatte es aus einer Schlinge befreit, die ein Bauer aus Pferdehaaren angefertigt und in den Büschen aufgehängt hatte. Unermüdlich kümmerte Peter sich, sorgte für Futter und sprach mit dem Vogel. Als sich die Amsel wieder aufschwang, blieb er wehmütig zurück, flüsterte ihr etwas Wohlgemeintes hinterher und wischte sich die Augen.

Ein anderes Mal trug er, sehr zu Katharinas Unwillen, einen Hasen mit einer verwundeten Vorderpfote nach Hause, den er wochenlang in einer Kiste päppelte. »Willst wohl Viehdoktor werden?«, lachte Kläs, dem die fürsorgliche Ader seines Sohnes nichtsnutzig schien. »Wat du all anschleppst …«, wunderte er sich, während sein Blick über seltsame Fundstücke glitt: Vogelfedern, Steine, Moosstücke, rote Beeren, eine tote Blindschleiche. Auch Rehköttel waren darunter, schwarz und rund wie Perlen. »Wat willste bloß mit all dem Zeug?«

Hätte Kläs ihn gelassen, Peter wäre den ganzen Tag draußen geblieben. Immer gab es dort etwas zu entdecken. Er lag im Schilf, spielte am Bach, sprang Kröten und Libellen nach. Oft kam er nach Hause, die nackten Beine voll saugender Blutegel. Er wusste, wo im Gras die Schnepfen brüteten, wo die Habichte und Hühnervögel ihre Nester bauten, hatte aufgepasst, wann der Dachs mit dem Winterschlaf begann.

Allzu gern war er bereit, wenn Katharina ihn mit einem Eimer in den Wald schickte, Maronen zu suchen oder Stinkmorcheln. Zuwider war es ihm, wenn er sah, dass die beiden Melzers vom Nachbargehöft Nester plünderten, Gelege zertraten oder den Vögeln Federn ausrissen.

Erst kürzlich hatte er beim Herannahen der Brüder Vogeleier aus dem Nest genommen und sie unter dichten Sträuchern versteckt. In der Gewissheit, die Eier gerettet zu haben, legte er sie später ins Nest zurück. Ins aufgebrachte Geflatter und Geschrei der Vogeleltern flüsterte er: »Ruhig, ruhig, da habt ihr sie ja wieder, die Melzers sind ja fort …«

Von der Rettung der Eier erzählte er seiner Mutter. »Du hast Eier aus dem Nest geholt? Jetzt gehn die Alten net mehr dran. Vogeleier darf man net anfassen.«

In aller Frühe rannte Peter zurück, beobachtete das Gelege, fand es, wie Katharina gesagt hatte, verlassen. Tränen schossen ihm in die Augen. Verzweifelt nahm er die gesprenkelten Eier an sich, barg sie vorsichtig in seinem Wams. Still saß er bis zum Mittag unter einer Fichte, hoffte der Brut mit seiner Wärme die Eltern ersetzen zu können. Als es läutete, packte er die Eier in Gräser und legte sie wieder ins Nest.

Auch an den folgenden Tagen kam er mehrmals, wiederholte den Vorgang, wärmte und hauchte. Nach einer Woche fand er das Nest zerstört, auf dem Boden lagen Schalen. Mit nassen Augen, den Rücken gelehnt an seine Fichte, stand er, bis ein Spottgeschrei sich erhob. »Du Blöder!«, riefen die Melzerbrüder, die hinter Tannen hervortraten, sich auf die Schenkel klopften und vor Lachen prusteten. »Da ist ja unsere Glucke!«, grölte Lorenz, der Älteste, zeigte sein lückenhaftes Gebiss in einem hässlichen, platt gedrückten Gesicht und knuffte ihn gegen die Schultern. »Jetzt ist Schluss mit der Brüterei«, sagte er und zeigte auf die zertretenen Schalen, »dat hättste sowieso net geschafft, oder biste doch en Gluck?«

»Lasst mich in Ruh!«, schrie Peter und wollte fort, aber die beiden rissen ihn an der Weste und schon spürte er eine Faust im Gesicht, einen Tritt gegen das Schienbein. »Du Glucke! Gluck, gluck, gluck …!« Er hielt die Hände vors Gesicht. Ein heftiger Schlag traf seine Schläfe, dann den Bauch, den Kopf. »Ja, en richtig Gluck biste. Heult wegen nem Vogelei!« Er mühte sich fortzukommen, aber Ludwig hielt ihm ein Bein. Im Fallen schrammte Peter gegen einen Baumstamm und sofort stürzte sich Lorenz auf ihn, drückte ihn zu Boden, kreischte und schrie, während Ludwig ihn mit derben Tritten malträtierte. Schützend hielt Peter die Hände über dem Kopf, was wenig half. Die Jungen keuchten, in einen Rausch geraten schlugen nun beide zu. Erst als er sich nicht mehr muckste, ließen sie ihn liegen und rannten fort.

Ende Oktober war Kläs im Hunsrück gewesen. Zu Allerheiligen kehrte er nach Niederkail zurück, dreckig und zerschlagen. Statt eines Grußes warf er seinen Münzbeutel aus Katzenfell auf den Tisch, setzte sich und vergrub das Gesicht in den Händen. Unsicher stand Katharina mit nackten Füßen auf den kalten Steinplatten in der Küche. »Ich hab Wasser gewärmt. Wenn du dich waschen willst?« Kläs hob den Kopf. »Ach lass! Bleib einfach still! Und frag net. Zähl nach, wenn du meinst, dat hilft. So schlecht war et noch nie. Unablässig frag ich mich, wo dat Geld für die Hypothek herkommen soll. In Simmern sind Händler aus dem Elsass mit bunter Ware aufgetaucht. Dat hat den Leuten gefallen. Im Trierer Land war auch nix umzusetzen. Und noch wat; seit Morbach lahmt der Esel und wir müssen damit rechnen, dat dat Tier den Monat noch verreckt.« Schweigend sahen beide auf Kläs' Beutel, der mit einer Schnur vielfach umwickelt war. Vom Fenster her zog es. Kläs zitterte.

Jetzt stand der Winter bevor und bis März gab es kaum Einnahmen. Ein paar Flickarbeiten für Katharina und ihn, vielleicht Feldarbeit im Februar, sonst nichts. Dieser Winter würde schwer an ihrem ohnehin schmalen Geldvorrat zehren, an eine Rückzahlung der Hypothek war nicht zu denken. Schon im Sommer war der Geldeintreiber da gewesen und erst wieder gegangen, als ihm Kläs schriftlich versicherte, nach der Verkaufstour genügend Bares zu haben und den Zins zu zahlen. Das war das Einzige, worauf sie hoffen konnten. »Aber dat is immer noch besser wie die Sach mit Lenzen Jupp«, seufzte er und blickte gedankenverloren aus dem Fenster, »ach je, der Jupp …«

Im vergangenen Frühjahr hatte die Bezirksregierung mit Hilfe von Agenten die Bauern aufgefordert, als Siedler nach Brasilien zu gehen. Groß waren die Anreize, geradezu paradiesisch. Je nach der Familiengröße gab es bis 600 Morgen Ackerland, zudem Wiesen und Wald als freies, ewiges Eigentum. Auch Pferde, Kühe und Schweine wurden versprochen sowie im ersten Jahr täglich ein Franken pro Kopf, im zweiten Jahr die Hälfte.

Auf der Kirmes war Kläs zu Ohren gekommen, dass auch Lenzen Jupp sich mit seiner Frau und fünf Kindern für das Auswandern entschieden hatte. »All die Vorzüg«, hatte Jupp geprotzt und seinen Schoppen hochgehalten, »da wärste ja dumm hierzubleiben!« Kläs hatte ihm einiges zu bedenken gegeben, aber Jupp lockten die Versprechungen. Also ließ er sich darauf ein und unterschrieb, wie viele andere, das Auswanderungsgesuch.

»Ich hab dem immer gesagt, er soll aufpassen«, sagte Kläs und dachte daran, wie schwer bei Jupp schließlich doch der Moment wog, als Haus und Hof überschrieben wurden, der Entschluss schließlich zur Reife gedieh. »Angst hat der gehabt und dat Louise auch«, fuhr er fort, »und wat is jetzt? Ach Kat, mit uns machen se doch, wat se wollen …« Katharina hatte zwar gehört, dass einige der Auswanderer wieder zurück waren, von Jupp aber hatte sie nichts mitbekommen. »Der is also auch weg?«

Kläs schüttelte den Kopf. Eine Weile schwieg er. Dann begann er zu erzählen. »Kat, du weißt ja gar net, wie et zugeht. Bis Bremen hat der Jupp mit seiner Frau den Karren gezogen; en Esel hatten die ja schon lang net mehr. Und wat denkste, wat passiert is, als die da oben am Hafen ankamen? So en lumpig Regierung in Brasilien! Die haben die Einreisen eingestellt, et wären genug der Kolonisten, bloß noch Handwerker würden gebraucht.«

»Und dann?«

»Dat Schiff hat keinen mehr aufgenommen. Da konnten die nix machen. Mit Karabinern hätten sie dagestanden. Wat meinste, wat da für en Elend ausgebrochen is in den Hafenstädten! Die wussten all net mehr wohin. Et war doch alles verkauft und dat, wat se dafür eingesteckt hatten, war so lächerlich, dat et netmals für die

Hinfahrt gereicht hat.« Er griff nach dem Münzbeutel und wog ihn in der Hand. »Dagegen geht et uns noch gut. Der Jupp is jetzt in noch schlimmere Armut gestoßen und schämt sich auch noch dafür. Et sind etliche wieder da. Aber denen wird der Weg schwer gemacht. Im Hannoverschen durften sie wegen Mittellosigkeit net über die Grenz. Durchreise verweigert!« Er schlug auf den Tisch. »Und weißte, wat in der Zeitung stand?« Katharina schüttelte den Kopf. »Dat die Auswanderer all ihr Geld verzehrt haben und den Gemeinden jetzt durch Bettelei zur Last fallen. Wat sollen die denn sonst machen? Unser Bezirksregierung schreibt, dat se einstweilen net anerkannt werden sollen als Gemeindemitglieder. Sie hätten durch die Unterschrift für die Ausreis Untertanenrechte freiwillig aufgegeben. Fremde wären et jetzt, auch der Jupp, Fremde, dat muss man sich mal vorstellen ...«

Auswandern war für Kläs undenkbar. Einem Verrat wäre es gleichgekommen, den heimatlichen Boden mit einem fernen Weltteil zu vertauschen, dessen Sprache und Sitten ihm unbekannt waren.

Haolegäns

Als das Frühjahr kam, entschied Kläs, nicht mehr alleine, sondern mit der ganzen Familie auf den Handel zu gehen. »Dat mit den kurzen Touren bringt nix ein. Wenn wir net verhungern wollen, müssen all anpacken. Die Sach mit dem Pitter is hoffentlich ausgestanden, einmal muss et eben sein, ihr müsst euch dran gewöhnen.«

Anfangs sprach noch einiges dagegen. Im Januar hatte Kläs den Esel zum Abdecker gebracht und es kostete ihn harte Überzeugungsarbeit, sich beim Schwiegervater Ersatz zu erbetteln. Außerdem zog Katharina immer wieder Peters bedenklichen Gesundheitszustand ins Kalkül. Dennoch; um Lichtmess sichtete Kläs das Lager, den Bestand. Er taxierte die Waren, die vom Vorjahr noch übrig waren, und machte sich eine Liste, was neu angeschafft werden musste, berechnete Kosten und Einnahmen und beantragte auf der Bürgermeisterei einen neuen Wandergewerbeschein, auf dem er die Handelsware eintragen ließ.

Kurz darauf holte er den Esel bei den Schwiegerleuten ab, packte Peter auf den Karren und fuhr mit ihm nach Eisenschmitt, um Körbe und Matten einzuhandeln.

Dunstig war es im Salmtal, der Wald verhangen, die Wege schlammig. Düster stand eine einsame Hütte am Bach, regendurchtränktes gestapeltes Holz türmte sich an der Wand. Kalt und nass war es auf dem Karren. Sie sprachen wenig. Erst als sie sich Eichelhütte näherten, einer Eisenschmiede, von wo aus Funken in den grauen Himmel stoben und Männer mit nackten Oberkörpern, erhitzten und verrußten Gesichtern Feuer für die Erze schürten, wurde Kläs gesprächiger. »Da kommen die Takenplatten für die Feuerstellen her«, erklärte er, fügte auch hinzu, was er über Eisenherstellung wusste und lange noch reckte Peter den Kopf nach dem rauchigen Ort mitten im Wald.

Bei einem Korbwarenhändler in Eisenschmitt tauschte Kläs einen Krug gegen eine kurze, aber hohe Hotte ein. »Die is für dich«, lachte er, indem er sie mit Riemen auf Peters Rücken befestigte und ihn dabei zuversichtlich gegen die Schulter knuffte. »Jetzt biste auch en Händler. Noch en paar Tag, dann kann et losgehn.«

Anderentags in Niederkail wurde der Esel beschlagen, der Karren beladen. Der Esel der Schwiegereltern war kräftig. Kläs konnte dem Tier nicht nur beidseitig größere Strohkörbe überhängen, es würde auch abwechselnd eines der Kinder tragen, dazu den breiteren Karren ziehen, auf dem er einen Strohsitz und ein Brett als Sitzbank befestigte. Er lud Säcke mit Kleidern und Decken auf, Waren vom Vorjahr, Bretter zum Aufstellen der Ware auf Märkten, dazu Proviant. Den Hafersack mit Heu und Häcksel für den Esel band er seitlich an den Holzstreben fest. Das Wasserfass füllte er nur halb, um das Tier zu schonen. Die Händlerglocke aus schwerem Messingguss schnürte er mit einem Seil an einen Eisenring neben der Deichsel.

Als einen Tag nach Gertrudis die Kraniche am Himmel auftauchten, war Kläs nicht mehr zu halten. Zunächst sollte es des Einkaufs wegen nach Binsfeld und Niersbach gehen, wo es Töpferware gab. Das war an einem Tag zu erledigen. Von dort wollte er über Speicher und Trier an die Saar gelangen, dann nach Wallerfangen und auf die Fenner Glashütte. Kurz dachte er daran, nach Ahlen zu ziehen, in die Provinz Westfalen, zur neuen Stanz- und Emaillierfabrik »Westhues & Gröne«, um Kochtöpfe, Siebe, Messbecher und Pfannen einzuhandeln. Allerdings würde das einen Aufwand von acht Tagesstrecken bedeuten, bevor er überhaupt seine Ware hätte. Viele der Niederkailer Händler hatten vor, sich zu Pfingsten in Ahlen zum großen Händlerfest zu treffen. Obwohl Kläs gerne mit von der Partie gewesen wäre, entschloss er sich für die erste Strecke: Wallerfangen und Fenner Hütte, von dort in die Rheinpfalz. Das war seine einstige Route, die er länger nicht gefahren war und er hoffte darauf, den alten Kundenstamm anzutreffen, vielleicht noch die Kunden seines Vaters. Der Verkauf könnte folglich im Hunsrück losgehen, dort erwarteten ihn Stammkunden speziell für das Steingut. An die begehrten Emaillewaren dachte er über seinen Händlergenossen Johann Maus heranzukommen, den er unterwegs treffen würde. Oft schon hatten sie untereinander Waren getauscht, dadurch das Angebot erweitert und sich Wege gespart.

Als sie aufbrachen, wüteten noch Märzstürme, stürzten sich mit Wucht in die Täler, rissen und rüttelten an den Leinwänden der vielen Hausiererwagen, die sich zur gleichen Zeit auf den Weg machten. Der Nachtwächter, dem sie morgens begegneten, hatte die ganze Nacht nach Feuer Ausschau gehalten; mit roten, durchwachten Augen winkte er den Karren hinterher, die sich bald in alle Richtungen der preußischen Provinzen zerstreuten. »Vor Pest, Hunger und Krieg bewahre uns, o Herr!«

Noch lag Schnee auf den verödeten Feldern. Eine Kutsche, die in aller Frühe nach Binsfeld gefahren war, hatte eine schmale Spur hinterlassen. Stoßweise blies Wind aus Norden. Von den freien Feldern her fegte er ihnen ins Gesicht, rötete Nasen und Ohren. Hinter

Mulbach schwang sich ein Schwarm Haolegäns auf und blieb einige Zeit schreiend über ihren Köpfen.

Mit rundem Rücken stapfte Kläs in seinen blauen Leinenkleidern neben dem Esel, den breitrandigen Hut auf dem Kopf, die Hände im Ärmel vergraben. Gebückt vor Kälte ging Peter, der sich über den Leinenwams einen Schal bis unter die Augen gezogen hatte, hinter seinem Vater, dessen breiter Rücken ihm den Wind abhielt. Zwischen Körben und Säcken saß Katharina auf dem Sitzbrett des Karrens. Um wärmer zu sitzen, hatte sie Stroh darüber verteilt. Ihr langer Rock aus Leinen war vorne hochgeschlagen, so dass man die abgenützten Schuhe sah, zwischen denen der Henkelkorb mit der Wegzehrung klemmte. Mit der einen Hand hielt sie sich den Kragen ihrer zugeschnürten Jacke aus blauem Kattun schützend um den Hals, mit der anderen umfasste sie den Säugling auf ihrem Schoß, den sie in eine warme Decke gepackt hatte. Nur noch die Augen des Kindes sahen heraus.

Vereinzelt hatten Bauern mit Ochsengespannen begonnen, die Felder zu pflügen. Auch Kinder waren darunter, die Steine in Körben sammelten und mit Harken Maulwurfshügel zerstreuten, um an die ersten, bleichen Blätter des Löwenzahns zu gelangen. Gebückt arbeitende Frauen mit weißen Kopftüchern warfen Unkraut aus und lockerten mit Hacken den Grund. Ein Geruch nach frisch aufgeworfener Erde zog herüber. Eine der Frauen richtete sich auf, wischte die Stirn mit dem Handrücken und winkte nach dem Karren. »Jetzt werden die Felder geputzt!«, lachte Kläs und grüßte zurück.

Sie zogen über ein kahles Plateau mit hungrigen Ginsterbüschen. Dann nahm hoher Wald die Wanderer auf. Tannen, deren raue, verwitterte Stämme wie Pfeiler in den Himmel ragten, standen dicht und hoch. Kläs schimpfte über die schlechten Wege, die groben Steine, die den Gang schwer machten, besonders, wenn sich der Esel Steigungen hinaufquälen musste.

Binsfeld kam in Sicht. Basaltrücken erhoben sich, dickhäutig lagen sie, karg bewachsen. »Vor 100 Jahren gab et hier ne Poststation mit ner Verbindung nach Brüssel und Wien«, erklärte Kläs seinem Sohn und ergänzte, dass dank der Ton- und Kiesgruben, der vielen Gewässer und der guten Handwerker, die Gegend berühmt sei für Töpferwaren. Einkaufen wollte er hier, außerdem einen Hausierer aus Landscheid treffen, einen ehemaligen Schulkameraden, mit dem er einen Krug zu tauschen gedachte, ein altes Glücksritual der Händler.

Im Ort reihte sich Werkstatt an Werkstatt. Außer Tongeschirr wurden hier Wandplättchen hergestellt, wovon unzählige vor den Hütten auf Tüchern und Brettern auslagen. Die Plättchen sahen aus, als seien sie aus Stein. Katharina meinte, dass es Basalt wäre, aber Kläs lachte sie aus. »Nee, Kat. Tonerde is et, der Eisen, Soda und Salz beigemengt werden. Alles wat man hier sieht, is getöpfert.« Zum Beweis schob er sie in eine Hütte, wo ein hagerer, krumm gewachsener Mann mit auffallend fahler Haut an einer Töpferscheibe saß, die er barfüßig antrieb. »Dat is der Besitzer selbst, Melchior Manz.«

Gebannt sah Peter zu, wie Manz geschickt den Daumen in den Ton drückte, so dass der Klumpen auseinander ging, langsam eine Wandung aufstieg und eine bauchige Wölbung entstand. Mit nackten Füßen hielt er die Scheibe in Schwung, stülpte mit flinken Fingern die erdigen Ränder zu einer Art Saum, weitete den Hals des Gefäßes, so dass bald schon eine Vase erkennbar wurde. Erstaunlich, wie scheinbar mühelos aus den Erdenklumpen Geschirr aller Art wuchs. Rechts von Manz standen lange Reihen von Krügen und Vasen, ineinander gestapelte Schüsseln. Links von ihm befand sich ein weiterer Werkraum mit einem Kachelofen und einem Tisch, auf dem graue Tonballen lagerten.

Hinter dem Töpfer beobachteten sie einen Hafner, der die Masse mit der Hand walkte und immer wieder kleine Steine herauspickte. Ein anderer kniete auf dem Boden und bemalte eine Serie brennfertiger Krüge.

Während sich Kläs nach dem Hausierer umsah und herumfragte, lud der Hafner Peter ein mitzuhelfen, aus den Tonklumpen pflastersteingroße Würfel zu formen. »Dat kannst du schon. Danach wird alles mit feinen Drähten in Scheiben geschnitten und dann zum Trocknen an die Luft gebracht. Dat is aber längst net alles«, verriet er ihm, sah dabei aber immer nur Katharina an und machte sich, obwohl sie Elisabeth auf dem Arm trug, während seiner Erklärungen recht nah an sie heran, redete von Engoben, von roten, weißen und braunen Tonsorten, von unterschiedlichen Bemalungen und Beschriftungen. »Manche Farben entstehn erst beim Brennen«, sagte er, drückte Katharina eine grünliche Kachel in die Hand und nutzte die Gelegenheit, ihren Arm zu berühren. Irritiert wich sie zurück. Auch Peter, der der Szene mit Befremden zugesehen hatte, wunderte sich, weshalb der Mann seiner Mutter alles so genau explizierte, obwohl er doch merken musste, dass sie sich nicht interessierte und ohnehin bloß auf den Vater wartete. »Wenn beim Kneten und Formen weiße Flecken auftauchen, so ist er net zu brauchen. Wenn er schwärzlich und klebrig ist, enthält er zuviel Erd und ist auch net zu brauchen.«

»Ja, wat is denn ideal?«, fragte Katharina und sah sich unsicher nach Kläs um. »Am besten, Ihr formt einen Wulst zu einem Kreis und wenn er net bricht, dann is et genau richtig.« Wieder war der Mann nah an sie herangekommen und Peter zog sie verärgert am Arm. »Kommt Mutter«, sagte er, »da hinten kommt Vatter, wir müssen gehn …«

Kläs hatte seinen Krug getauscht, klatschte in die Hände und rief: »Auf jetzt, et geht weiter!« Unterwegs, er ging jetzt mit Katharina neben dem Karren, die Kinder saßen auf dem Brett, erzählte er von einem Mann, der sich vor langer Zeit durch seltsame Versuche, die für die Weiterentwicklung der Glasuren notwendig waren, bei der Kirche verdächtig machte, die in ihm einen Hexer sah. »Auf dem Marktplatz haben sie ihn verbrannt, weil er mit Blei und Quarzsand Versuche gemacht hat. Wunderbare Farben sind dabei rausgekommen. Die Glasuren sind wichtige Geheimnisse. Manz hat deshalb keinen Gesellen. Damit dat Geheimnis in der Familie bleibt.« Er beugte sich zu Katharina und fuhr fort: »Also für mich wär dat nix. Dat is nämlich en gefährlich Sach.« Er drehte sich nach Peter um: »Durch dat Einatmen von Blei und Staub kriegt man leicht ne Vergiftung. Du hast doch den Mann an der Töpferscheib gesehn.«

»Der war so weiß im Gesicht wie unser Katz am Bauch.« Kläs lachte. »Da siehst du. Der hat kein Farb mehr. So sehn die nachher all aus!« Obwohl Peter an solchen Geschichten sonst immer besonderes Interesse zeigte, fragte er nicht nach und Kläs verstummte. Dem Jungen indes ging die Situation in der Hütte nicht aus dem Kopf. Abscheu gegen den Mann, der die Mutter so seltsam angelächelt hatte, stieg in ihm auf und er drehte sich um und spuckte auf den Boden.

Von den Geschäften in Herforst bekamen Katharina und Peter wenig mit. Der Aufenthalt war nur kurz; im November hatte Kläs bereits bestellt und nun lag die Ware verpackt und zur Abholung bereit. »Hier verlieren wir kein Zeit«, sagte er.

Hinter Herforst wurden die Wege abschüssig. Wieder roch es nach Erde, nach Moos. Beschwerlich war es, die Rinnsale zu überqueren, die alle der Kyll zuflossen, deren Wasserlauf immer wieder zwischen Hecken und Gestrüpp aufblitzte.

Einige Male blieb der Esel stehen, oft war es zeitraubend, ihn zu locken und zum Weitergehen zu bewegen. Eine Weile folgten ihnen Kinder, die auf den Feldern wilde Rapunzeln gesammelt hatten. Sie neckten den Esel, indem sie ihn am frischen Salat schnuppern ließen.

Mittags nieselte es, später fiel erneut Schnee. Langsam, wie unschlüssig, flogen die Flocken heran, von einem herben Wind getrieben. »So en Wetter is für uns Händler gar net schlecht. Dann sind die Bauern zu Haus, dat müsst ihr euch merken«, tröstete Kläs und fügte hinzu: »Der Schnee bleibt sowieso net mehr liegen.«

Kläs' Wetterprophezeiungen erfüllten sich nicht. Am Nachmittag war alles zugeschneit, nur noch ein paar dürftige Hecken ragten wie Besen aus dem Weiß und wiesen den Weg. Peter saß auf dem Karren, versuchte die Füße durch Aufstampfen warm zu machen, behauchte die Hände. Unablässig schauerte Schnee nieder, vermischt mit Hagel, der die ersten grünen Blättchen erbarmungslos niederschlug. Das Treiben wurde so heftig, dass er den Eindruck hatte, der Himmel löse sich in Fetzen auf.

Der Esel plagte sich; die Wege waren ausgefahren, voller Löcher, loser Steine und Felsbrocken. Nirgends fester Grund. »Gut, dat wir keinen breiteren Karren haben. Jeder andere tät sicher umstürzen«, meinte Katharina. Die Räder drückten sich tief in den Boden, einmal stand dem Esel Schaum vor dem Mund. Trotz der Kälte triefte er vor Schweiß und seine Flanken zitterten.

Vor Niersbach kam ihr Gefährt gefährlich ins Schwanken; mehrmals schienen die Räder über den Fels hinauszurutschen. Ständig achtete Peter darauf, nicht einen der ausladenden Äste ins Gesicht zu bekommen.

Im Dorf rasteten sie an einem Sauerbrunnen und tranken. »Überall gibt et hier Krugbäcker«, erzählte Kläs dem vor Kälte zitternden Peter, »in Bruch und Zemmer, bis nach Speicher ziehn sich die Töpfereien. In Speicher halten wir. Dann geht ihr mit mir in eine Werkstatt und wärmt euch.« Bis Speicher war es zwar nicht weit, dennoch schien Peter der Weg durch den Wald endlos. Die Kälte ließ nicht nach. Einzig Elisabeth lag warm eingehüllt auf Katharinas Schoß und schlief.

Im Speicherer Wald mussten sie umgestürzte Baumstämme und Äste vom Weg schaffen, weshalb sie erst gegen Abend im Ort eintrafen. »Hoffentlich finden wir mit den Kindern noch en Herberg«, war Katharinas einzige Sorge, die aber unbegründet war.

Im Schalfelder Hof kamen sie unter. In der Stube des Gasthauses knackte und knisterte Holz im Ofen, es roch harzig. Bald saßen sie mit roten Gesichtern davor und reckten die Füße gegen die Ofentür. Eine Reihe von schweren genagelten Schuhen stand neben ihnen und verströmte einen Geruch nach Tran und Schweiß. Soldaten saßen in der Ecke. Peter horchte zu ihnen hinüber. Scherzend trommelten sie mit den Fingern auf den Tisch, während sie Spielkarten verteilten. Bauern kamen dazu, die Mützen und die Hüte voller Schnee. Sie schleppten Kälte und Nässe herein. Einer von ihnen legte sich neben dem Ofen auf den Boden, zündete mit schnellen, kurzen Zügen seine Pfeife, erzählte von den letzten Ernten, von einer Hungersnot und von Saupreußen.

Die ganze Nacht schneite es. Am Morgen behauchte Peter das Fenster, das mit allerhand Krügen und Gläsern verstellt war, rieb mit seinem Ärmel ein Guckloch in die fast blinden Scheiben. Draußen türmten sich die Schneehügel mannshoch um die Häuser. Dünne Rauchfäden kringelten sich aus den Schornsteinen, Krähen trippelten auf den Dächern.

Die Menschen blieben in den Häusern. Kein Fuhrwerk kam mehr voran. An ein Fortkommen war nicht zu denken.

In der nächsten Nacht polterte es an der Tür. Ein Gespann war auf der eiskalten Höhe stecken geblieben und nun stürzte ein Mann in die Stube, Hilfe zu holen, um den eingeschneiten Karren auszugraben. Rotgesichtig und schwitzend drängte er, dass es eilig sei, der Doktor müsse geholt werden, es sei keine Zeit zu verlieren, es gehe um Leben und Tod.

Sein Antreiben hatte Erfolg und bald war der warme Platz geräumt, die Männer verschwunden. Mit Getöse wurden in der Nachbarschaft Bauern aus dem Schlaf gerissen; mit Seilen und Schaufeln sah Peter seinen Vater mit dem Wirt und den anderen im Gestöber verschwinden.

Peter, der wegen der Unruhe in der Gaststube nicht schlafen konnte, starrte lange zu dem kleinen, mit Eisblumen verzierten Fenster. Obwohl es Nacht war, war alles hell vom Schnee. In den Kammern über ihm, wo das Korn lag, jagten sich die Marder. Er schlotterte trotz Jacke, Schuhen und Mütze, die er anbehalten hatte.

Am Morgen waren die Spuren der Männer verwischt. Der Schnee reichte stellenweise bis an die Dachtraufen und immer noch schneite es. Vorne an der Straße war nur ein Wehen und Wirbeln. Aus dem Dorf führte kein Weg hinaus. Bis zum Mittag waren nur ein paar Pfade freigeschaufelt.

Den ganzen Tag hockten Katharina, Peter und Elisabeth am Fenster in der Stube. Flocken knisterten gegen die Scheibe. Immer wieder äugten sie durch das beschlagene Fenster, das sie durch Wischen und Hauchen offenzuhalten suchten und waren gar nicht mehr dort wegzubringen, als die Thelenwirtin erzählte, dass die Kinder des Köhlers erst letzte Woche Wölfe im Speicherer Wald gesichtet hatten. »Oh Jessesmaria«, bibberte Katharina und äugte ängstlich in die graue Luft, »Wölf, oh Jesses! Und dat Wetter! Der Schnee friert schon in den Wolken. So wat haben wir schon lang net mehr erlebt. Und dat im März.«

Die Wölfe sorgten dafür, dass die Unruhe in der Stube wuchs. Aufgeregt rutschte Peter auf der Bank hin und her, ständig fragte er seine Mutter, ob der Vater sich zu helfen wisse, ob die Wölfe auch ins Dorf kämen. Es beruhigte ihn nicht, als die Wirtin das Acker-gerät aufzählte, das die Bauern mitführten.

Spät kamen die Männer zurück. Mit starren Gesichtern und ver-frorenen Händen scharten sie sich um den Ofen, massierten und behauchten die frierenden Körperteile, riefen nach Schnaps und fluchten. Von Wölfen sagten sie nichts. »Vielleicht können wir mor-gen weiter«, hoffte Katharina, »wenn für den Doktor freigeräumt is …« Aber Kläs winkte ab. »Viel zu gefährlich. Wir warten noch.«

Zwei Tage steckten sie fest. Kläs ließ sich kaum beruhigen, tobte, dass das Wetter zusätzliche Ausgaben verursache und er seine Zeit vergeude. Die Einkäufe in Speicher musste er zu Fuß erledigen und erstmalig durfte Peter ihn begleiten.

Die Töpferei des Johann Plein war Kläs seit Jahren bekannt. »Spe-zielle Sachen holen wir da«, erklärte er, »wirste nachher sehn. Du hilfst aussuchen. Die Weiber bleiben in der Wirtschaft.«

Mit leeren Hotten staksten sie durch den Schnee. Plein, ein älterer Mann mit krausem Bart und blauem Leinenkittel, sprang sofort auf, als Kläs und Peter die Werkstatt betraten. »Et waren erst zwei Händler da«, sagte er und fluchte auf das Wetter. Dann fiel sein Blick auf Peter. »Diesmal den Jung dabei«, schmunzelte er und strich ihm über den Kopf. Kläs erkundigte sich nach Neuheiten. Plein führte sie durch die Werkstatt, zeigte seine Ware. Drei Töp-fer waren beschäftigt, allesamt Familienmitglieder. Tonscheiben surrten, zwei Brennöfen rauchten, in der Werkstatt war es deshalb angenehm warm. Auf Regalen an den Wänden standen die Erzeug-nisse: schlichte Krüge, graue Salzbrände mit blauer Kobaltbema-lung, manche mit Ritzmotiven, andere mit schwungvoller, flüchtiger Pinselbemalung versehen. Die Spezialitäten, die Kläs erwähnt hatte, waren salzglasierte Konservenkrüge und Pökelfleischtöpfe, von denen er nach zäher Preisverhandlung jeweils drei Stück einpacken ließ. Von hochwertigem, schwerem Steinzeug sprach Plein und erwähnte, dass er die Krüge inzwischen an etliche Sauerbrunnenabfüllereien liefere, so etwa nach Birresborn und Gerolstein. »Die Sach läuft gut«, sagte er und klopfte mit der Faust dreimal auf den Tisch. »Dat et so bleibt«, erklärte er dem verwunderten Peter.

Der geschäftliche Teil war auch hier schnell beschlossen. Kläs beglich die Rechnung vom Vorjahr, zahlte die Hälfte der neuen Ware, die andere Hälfte war erst auf der Rückreise fällig. »Dat macht der nur bei uns, weil wir uns lang kennen«, verriet er Peter, als sie die Waren in den Hotten verstauten.

Auch die restlichen Einkäufe in Speicher erledigten sie zu Fuß. Kläs kaufte Körbe voller guter Ausschussware. »Dat bringt wieder en paar Münzen«, schmunzelte er.

Als sich auf der Straße eine Spur gebildet hatte, drängte Kläs zum Aufbruch.

Das Weiß draußen blendete. Die Kälte biss. Ganze Strecken beschirmte Peter die Augen mit der Hand, mit der anderen hielt er sich ein Tuch vor Nase und Mund. Tierspuren liefen kreuz und quer. Peter erkannte die Fährte von Wildschweinen. Auch glaubte er, durch die Büsche Wölfe streichen zu sehen, deren klagendes Geheul zu hören.

Die Nüstern des Esels dampften, immer wieder zerrte Kläs ihn am Strick, schnalzte mit der Zunge. »Hü! Hüja! Los, geh schon!« Im Wald kamen sie gut voran. Aber auf den freien Stücken war es ein mühsames Fortkommen; Schneewehen hatten die Wege zugefegt und unsichtbar gemacht.

In der Senke eines Bachlaufs blieben sie stecken und mussten, nachdem sie die Räder freigeschaufelt hatten, kehrtmachen und einen anderen Weg suchen. Längst waren Schnee und Nässe bis auf die Haut gekrochen, die abgewetzten Schuhe durchweicht, die Füße blaustarr und empfindungslos. Immer wieder fuhr sich

Peter mit der Zunge über die aufgeplatzten Lippen, auf denen sich schwarze Krusten gebildet hatten.

Hinter einer Leinenweberei ging es bergabwärts. Bald folgten sie dem Weg entlang der Kyll.

Breit und ruhig strömte der Fluss, dann wieder wallte es schwarz von unten herauf. Die Strömung wurde eilig, weiß schäumte es über Steinen und Felsbrocken, die aus dem Wasser ragten. Unverwandt hielt Peter die Augen auf die klardunkle Flut gerichtet in der Hoffnung, Forellen oder Äschen zu sehen.

Sie überholten ein Bauernpaar, welches eine Truthahnherde vor sich her trieb, ein Stück weiter einen Mann, der Hühner in einem Käfig auf dem Kopf transportierte.

Einen Tag brauchten sie für das Stück von Auw über Daufenbach und Kordel Richtung Ehrang. Baumstämme lagen quer, Geröll behinderte das Gehen. Auf einem Hof nächtigten sie. Kalt war es in der Nacht, die Decken reichten nicht. »Wenn nur dat Wetter net schlimmer wird«, befürchtete Katharina und dachte an Peters schwache Gesundheit, »dann wollen wir zufrieden sein.«

Es blieb feucht und roch nach Schnee, der auch hier und da fiel. Aber der Frost ließ nach und Tage später tropften die Eiszapfen, Wasser rieselte durch alle Erdfalten talwärts. Auch die Farbe des Himmels wurde satter, Märzbecher krochen hervor und erste Veilchen. Mittags unter der Sonne war es warm, aber es ging noch ein kalter Wind, so dass sie gleichzeitig froren. Aus den Schornsteinen qualmte es. »Da sitzen sie noch am Ofen«, lachte Kläs, »die Rücken an den Kacheln! Dabei könnten sie hier draußen die Wärmt umsonst kriegen.«

Dennoch war der Himmel unruhig. Wolken stiegen auf und trieben über die Wanderer hinweg, geballte Massen, zwischen denen es hier und da blau blitzte. Immer wieder sah Peter hinauf, glaubte, die Spitzen der Berge stießen gegen die Wolken, die sich, so oft er hinsah, verwandelten. Mal wurden sie zu schnaubenden Wölfen, dann zu sich aufbäumenden Pferden, deren flauschige Umrisse sich bald entzerrten, bald vereinten.

Die Dörfer in Richtung Trier waren rauchig. Überall qualmten Schmiedefeuer und Herdstellen. Vor den Hütten, deren moosige und verwitterte Dächer mit Stroh gedeckt waren, lagen Reisigbündel und Misthaufen. Neben diesen unzähligen Misthaufen lagerten Berge von gespaltenem Holz, Bündel von Geäst; dazwischen tummelte sich Federvieh.

Kläs erzählte der lachenden Katharina, dass die Größe des Misthaufens auf den Reichtum des Bauern hinweise.

In der Nähe von Ehrang saßen Krähen in den Bäumen, rissen die Schnäbel weit auf, krächzten misstönend und kehlig. Auch in den Kuhlen der Felder hockten sie schnabeleifrig um ihre Beute. Am Horizont schwärzte der Qualm der Quinter Eisenhütten den Himmel, hohe Schornsteine ragten in den Dunst.

»Un dat is die Mosel«, sagte Kläs, streckte den Arm und wies hinunter ins Tal nach dem blitzenden Fluss, der in einer langgezogenen Kurve eisiges Wasser führte. »Die Mosel is, wenn der Schnee schmilzt, unberechenbar. Auch im Herbst, wenn et stürmt. Wenn sie Hochwasser hat, muss der Messner von St. Peter die Glock läuten. Aber im Sommer, dann is dat der lieblichste Fluss, den man sich denken kann.« Katharina zog Elisabeth das wollene Dreieckstuch fester um die Schultern und hob sie hoch. Das Kind lachte, reckte die Hände nach Kläs. »Mosuuuh.« Ja, die Mosel«, wiederholte Kläs, der im Gebrabbel des Mädchens den Namen des Flusses gehört zu haben glaubte. »Ja, dat is die Mosel.« Dann zog er sie von Katharinas Arm, Elisabeth jauchzte, das Tuch rutschte ab, ihr eigenwilliges sprödes Haar drängte hervor. Das Band, mit dem es gebunden war, konnte kaum den Zopf zusammenhalten, tausend Flimmerchen kräuselten sich, schimmerten rötlich.

Das Schneien hatte aufgehört. Nur noch vereinzelte Flocken trieben aus wattigen Wolken. Erst jetzt fielen Peter die Rebhänge auf und während sie weiterzogen, schien es ihm, als bewegten sich die sorgsam ausgerichteten Reihen der Weinstöcke mit seinem Schritt.

Die Karren, die ihnen begegneten, wurden fast alle von Ochsen unter dem Joch gezogen. Die Tiere hatten die Farbe des Herbstes und sanfte, braune Augen. Die Straßen waren schmutziger als zu

Hause. Breitspurig und wiegend trotteten Kühe darüber, dicke Euter schlenkerten.

Schön war der Weg entlang der Mosel unterhalb der Weinhänge. Rebgärten, Häuser und Kirchturmspitzen spiegelten sich im Wasser. Hinter jeder Biegung entdeckten sie Neues. »Dat is en Unterschied zwischen Eifelhöhen und Moseltal«, sagte Kläs und Katharina nickte. »Wärmer isset auch.« Der raue Wind war hinter ihnen geblieben, wie ein blaues Tuch spannte sich der Himmel.

Erstes Grün machte sich bemerkbar, der zerlaufende Schnee bildete Bäche. Überall sickerte und tröpfelte es. Bald lagen Wege und Felder bloß. Tropfen hingen in den kahlen Zweigen der Büsche.

Es dauerte, bis sie Trier erreichten. Nie vorher hatte Peter derartige Gebäude gesehen, nie so viele Menschen. Ständig drehte er sich, wusste nicht, wohin er seinen Blick als erstes lenken sollte, wies mit dem Finger hierhin und dorthin, belustigte sich über Kleider, Hüte und Fuhrwerke, staunte über hohe, prächtig gemalte Fassaden. Am Ende der Judengasse überquerten sie den Markt. Laut war es hier. Unzählige Menschen belagerten einen Brunnen mit einer Figur, die einen Blumenstrauß in den Armen hielt. Mit schrillen Stimmen riefen Händler ihre Waren aus. Ihr Schreien übertönte den Lärm der Straßen und es war für Peter nicht immer möglich, die einzelnen Rufe zu verstehen. Wasserträger, Fischverkäufer, Wachszieher, eine Ausruferin alter Hüte, Alteisenhändler, Gemüsehändler sorgten für ein buntes Spektakel. »Frischer Fisch aus der Mosel, frisch von heut Morgen! Aale, lebendige Aale, zwei Groschen dat Pfund! Kauft meine Aale, meine frischen Aale! Ka-u-f-t!«

»Endivien, Petersilie, Kohl wie die Brüste der Venus! Kauft schöne Zwiebeln!« Der Wasserträger ging mit zwei, an einem Ledergurt befestigten Holzeimern, einem bogenförmigen Bügel über den Schultern. »Wasser! Frisches Wasser!«

»Essig, Mostrich!«, rief ein anderer mit einer grünen Mütze und einer Schürze um die Hüften, schob eine zweirädrige Karre vor sich her, auf der er mit groben Nägeln ein Fass, verschiedene Maße und Behälter befestigt hatte.

Auch die Händler mit den festen Ständen versuchten es mit Lautstärke. »Besen, Bürsten, Kämme, beste Ware!«

»Rosenkränze und Spiegel, so billig wie nie!«

»Feines, echtes Kölnisch Wasser«, rief eine Frau mit einer goldenen Feder auf dem Kopf. »Zahnstocher, Dominosteine und Schachfiguren aus Knochen, feinste Arbeit!«

»Leute, vergesst nicht den Feuerstein, der nach Belieben Licht gibt!«

»Blumen, kauft Blumen! Diese Veilchen duften für einen halben Groschen der Strauß!«

»Wärmt eure Hände und füllt eure Bäuche für nur zwei Groschen!« All diese Rufe bildeten ein Ganzes, und dieses Ganze war so eigen, vermischte sich mit weiteren unbekannten Sinneseindrücken und war so anders als alles, was Peter bisher gehört, gesehen und gerochen hatte. Hinzu kam der Lärm von Flöten, Trommeln, Pfeifen und Leierkästen. Mit Flaschen, Maßen und Gläsern ausgerüstet, die er in einem um den Hals hängenden Weidenkorb trug, zog ein Branntweinverkäufer über den Platz, schwenkte seinen dreieckigen Hut: »Guter Branntwein, bester Weinbrand, um die Herzen zu erfreuen! Schnaps und Branntwein!« Eine Milchfrau mit roter Schürze und einem faltigen, sonnenverbrannten Gesicht ging mit einem Gefäß auf dem Kopf und einer Kanne in der Hand herum: »Mein gute warme Ziegenmilch! Auch Schmand! Wer will gute Milch? Milch net mit Wasser vermengt! Kommt schnell heran, der Krug is bald leer!«

»Ja, hier is wat los«, lachte Kläs, als er Peters staunende Augen bemerkte, »hier gibt et wat zu sehn!«

Zu schnell war alles vorbei. Kläs beeilte sich, aus dem Gedränge herauszukommen und hielt den Karren erst wieder, als Peter unter einem schwarzen, massigen Tor plötzlich von seinem Brett aufsprang und rief: »Vatter, dat Tor is wie en Berg!«

»Ja, guck dir et nur an. Dat haben die Römer gebaut. Dat Tor is so alt wie die Stadt, uralt. Dat steht schon so lang wie et her is, dat Jesus auf der Welt war.« Peter lief unter einen der Mittelbögen des Tores, tastete die schwarzen Mauern aus riesigen Sandsteinblöcken, die hier und da durch eiserne Klammern gesichert waren, und dachte an Jesus. »Hier haben die Römer noch viel mehr übrig gelassen. Wenn mal Zeit ist, halten wir«, sagte Kläs, der Katharinas gereizten Blick spürte, »für heut isset genug. Komm weiter.« Zu einem Weinhändler in der Jakobstraße wollte Kläs, drei Krüge aus der Eifel waren bestellt.

Über buckliges Pflaster ging es, vorbei an Häusern mit hohen Giebeln, Geschäften und Gaststuben. Die Misthaufen waren weniger geworden aber immer noch vorhanden. Ein Stück hinter dem Marktplatz deutete Kläs auf eine mächtige, alte Kirche, zog Peter zu sich heran und flüsterte: »Da drin wird der Heilige Rock aufbewahrt.«

»Der Heilige Rock?«

»Dat is dat Kleid von Jesus. Wird nur all Jahrzehnte gezeigt. Vielleicht erlebst du dat mal.«

»Von Jesus?«

»Ja, so is dat. Da sind schon Wunder passiert. Kranke sind geheilt worden, wenn se den Rock angefasst haben.«

Herrliche Dinge malte Peter sich aus. Da ihm Kläs zu sagen versäumte, dass das Gewand Jesu ebenso wie seines aus rauem Leinen gemacht war, stellte sich Peter eines aus purem Gold vor, einen leuchtenden Jesus, der unter dem schwarzen Tor predigte. Bald kam ihm der Landscheider Pfarrer in den Sinn, wie er in der Trierer Kirche hinter dem Altar stand, Jesu Gewand hochhielt und Menschen herankamen, die ihre Hände nach dem Stoff reckten und sangen.

In Konz rasteten sie. Peter war kaum fortzubringen von der Stelle, wo sich Saar und Mosel vereinten. Auf dem Weg entlang der Saar glaubte er, die beiden Flüsse an der Färbung des Wassers auseinanderhalten zu können, wofür ihn die Mutter auslachte: »Wasser is Wasser!« Bei Wiltingen kamen sie an einem Hof vorbei, auf dem gerade geschlachtet wurde. Dampfendes, mit heißem Wasser vermischtes Blut floss in einer Rinne neben dem Mist, vermischte sich mit schmutzigem, übrig gebliebenem Schnee und versickerte in der Wiese. Kläs fragte nach einem Nachtlager.

Die Unterkunft war karg und zugig, zu essen gab es vom mitgeführten schwarzen Brot.

Trotz der unkommoden Nacht hatten sie Kraft gesammelt. Auch dem Esel hatte die Rast gut getan. Er ging zügig; unter eifrigem Kopfnicken nahm er den Weg wie von selbst. Peter beobachtete, wie das Tier bei jedem Schritt das Bein in einer ganz besonderen feinen Art setzte. Er hörte den gleichmäßigen Aufschlag der zierlichen Hufe, den Takt, mit dem er mitzuhalten versuchte. Er sah auf das graue Fell, die abgeschabte Decke auf dem Rücken, die Strohkörbe, die den Gang schwer machten. Er betrachtete die schwarzen Haare der kurzen Mähne, die ständig spielenden Ohren. Wenn er hinter ihm ging, sah er die Gegend, die Hügel und Wiesen zwischen den Eselsohren schwanken.

Manchmal zog Kläs die Zügel an. Dann blieb der Esel stehen und sah auf eine demütige Art auf den Boden. Klatschte Kläs in die Hände, zockelte das Tier weiter, ungeachtet des Hungers, des Wetters, der Last und drehte nur selten den zu groß geratenen Kopf.

Der Weg lief krumm und steil, machte bald eine Biegung. Ein Buchenwald kam in Sicht, Steinhügel, dazwischen grüne Wiesen, auf die der Esel nun zuhielt. Hin und wieder ließ Kläs ihn fressen, kurz meist, dann trieb er ihn weiter. »Na, wirste wohl«, rief er, und so ging es fort, stundenlang.

In Saarburg stand mitten auf der Straße ein offener Schuppen, wo ein Hufschmied einen Ochsen beschlug. Das schwere Tier war, damit es Ruhe hielt, mit einem breiten Leder an die Pfosten des Schuppens geschnallt. Mehrfach versuchte es durch Tritte und Zerren an der Trosse zu entkommen. Der Schmied fluchte, schlug das Tier hart in die Seite.

Aus einer Bierschänke torkelte ein Bauer, faselte etwas von Lumpenhändlern. Am Ende der Stadt befand sich ein Gerbhof, direkt am Ufer der Saar. Ein entsetzlicher Gestank zog herüber. Zwei Männer legten Häute in ein viereckiges Loch und bedeckten sie mit Lohe.

Sie folgten dem Flusslauf der Saar. Blau wölbte sich der Himmel über ihnen, an den Feldrainen knospten Märzbecher und Krokusse.

Die Luft war mild, die Sonne wärmte. Auf der Wegstrecke unterhalb des Höckerbergs legten sie eine Pause ein. Peter klebte die Zunge am Gaumen, seine Füße waren schwer wie Klumpen. Kläs wusste in unmittelbarer Nähe einen Brunnen, wo sie sich erfrischen und die Wasservorräte auffüllen wollten.

Als sie dort ankamen, mussten sie sich gedulden. Bauersfrauen belagerten die Zisterne, füllten Kannen und Eimer. Ein Mädchen weichte Wäsche in einer Blechschüssel, kniete schwatzend davor, während sie das Weißzeug drückte und rieb. An einer rostigen Kette ging der Eimer immer wieder in die Tiefe und stieg, von den Frauen gezogen, tropfentriefend hoch. »Hast wohl Durst«, vermutete eine, die gerade an der Kette zog und meinte Peter. Die Einfassung des Brunnens war ausgeschabt, da wo sie den eisenbeschlagenen Eimer aufsetzte, war im Lauf der Jahre eine Mulde entstanden. Das Wasser glitzerte, lockte. Peter ließ sich nicht zweimal bitten, umfasste den Eimer mit beiden Armen, beugte den Kopf, trank gierig. Die Frau lachte, strich ihm über den Kopf. Während er sich verlegen den Mund am Ärmel abwischte, bemerkte er, dass sie schön war.

In Mettlach kaufte Kläs in der Porzellanmanufaktur des Jean François Boch, die sich in der ehemaligen Benediktinerabtei befand. Die Verhandlungen tätigte er alleine.

Katharina und die Kinder blieben beim Karren, besahen sich den imposanten Bau, hinter dessen Mauern Kläs verschwunden war. Peter wurde die Zeit lang. Eine Weile sah er dem Esel zu, der mit vorgestülpten Lippen am spärlichen Gras des Hofes Unkraut abraufte, das zwischen den Steinen wucherte. Dann lief er zum nahen Saarufer, warf Steine in den Fluss, hinterließ Fußabdrücke im Uferschlamm und äugte nach einer Schleife, von der sein Vater gesprochen hatte, die der Fluss ganz in der Nähe ziehe. Dabei dachte er an die Schleife in Elisabeths Haar. Nichts dergleichen konnte er entdecken; von grünen Schlinggewächsen durchzopft strömte die Saar vorbei, brauntrüb das Wasser.

Am Kieselberg wurde der Weg zeitraubend. Es war ein unsicheres Gehen entlang des Kammes; der Weg war schmal und die

Abhänge fielen beidseitig steil ab. Ständig hörte Peter das leichte Aneinanderstoßen der Krüge und Teller, regelmäßig, dumpf.

Kläs berichtete von seinem Kauf in Mettlach, erzählte Katharina, dass er von dem neuartigen harten, weißen Steinzeug gekauft habe. »Et geht die Red, dat die Herren Boch und Villeroy bald schon ihre drei Werke zu nem riesigen Werk zusammentun wollen. Wat meinste, wat dat gibt? Die bieten bald alles an einem Ort an. Dat spart uns Wege. Außerdem is et denen jetzt gelungen, Porzellan mit Kupferstichen zu bedrucken. Ich hab et gesehn. Schöne Sachen. Aber noch zu teuer.«

Gegen Abend verschleierte Regen den Blick auf die Landschaft mit den Weizenfeldern und Kartoffeläckern. Bald erhob sich ein Sturm; aus grauen, jagenden Wolken fegte ein kalter Strichregen nieder.

Bei Beckingen überquerten sie die Saar. Hunger grub ihnen im Magen, Brot hatten sie nicht mehr. Über Nacht blieben sie in Rehlingen, diesmal in einer ausgeräumten Futterkammer eines Gasthauses. Einen Brei gab es erst am Morgen. Eigentlich wären alle zufrieden gewesen, wenn nicht Elisabeth die ganze Nacht geschrien, lamentiert und besonders Katharina an den Rand der Verzweiflung gebracht hätte. Bleich saß sie am Morgen vor der Schale mit dem Brei, das schlafende Kind auf dem Schoß. »Jetzt müsst man sich nochmals legen können«, sagte sie zu Kläs und gähnte.

Wie hingepinselt sah die Landschaft an diesem Tag aus, duftig und leicht. Gewaschen schien die Luft, alles um sie herum gesättigt, getränkt. In aller Frühe waren sie aufgebrochen. »Morgenfrüh erfrischt so gut wie Wasser«, lachte Kläs und wies nach dem gelben Streifen am Himmel.

Bald dampfte die Erde, die Sonne brach hervor. Am frühen Nachmittag hielt der Karren in Wallerfangen. Auch hier handelte Kläs Steingut und Porzellan ein. »Wir haben doch schon alles voll«, sagte Peter und wies auf die Hotten, die schwer an den Seiten des Esels hingen. »Unser Kundschaft will Auswahl haben und wir brauchen Vorrat. Hier gibt et ganz andere Sachen wie in Mettlach.« Er winkte Peter heran, kramte einen Teller, der in geblümtes Papier gewickelt war, hervor und zeigte auf das Dekor. »Guck mal«, sagte er, »die Farb.«

»Blau«, sagte Peter. »Ja, dat is dat berühmte Wallerfanger Blau. Azurblau. So ein Blau findste nirgends sonst. Dat wird hier im Berg abgebaut. Damit wird sogar gemalt.« Interessiert rückte Peter näher. »Aber davon habt Ihr doch noch so viel«, mokierte er. Kläs nickte. »Et wird aber gern gekauft. Die Leut greifen danach, du wirst et sehn!«

An manchen Orten, so auch in Wallerfangen, hatten sich die Fabriken auf die fahrenden Händler eingestellt und Küchen eingerichtet, in denen die Händlerfrauen kochen konnten. Es gab auch Waschküchen und eine Wiese zum Bleichen und Trocknen der Wäsche.

Gerne hätte sich Katharina um das schmutzige Leinenzeug gekümmert, zu kommod war der Platz. Aber Kläs drängte weiter, zum Waschen sei immer und überall Gelegenheit.

Fast den ganzen Weg nach Hostenbach schrie Elisabeth, was Kläs veranlasste, sie ein Stück zu tragen. Hinter Fürstenhausen setzte er sie auf den Esel, stützte ihren Rücken. Peter musste laufen, für den Esel sei er zu groß, das hatte er schon tausendmal gehört. Mürrisch schlurfte er den Eltern hinterher, dachte immerzu an die endlose Strecke bis Fenne. Um sich zu zerstreuen, trieb er mit der Schuhspitze Steine vor sich her, die nach ein paar Tritten regelmäßig im Gras verschwanden, was dazu führte, dass er sich für sein Spiel immer neue Steine suchen musste und darüber die Zeit vergaß. Weißsandige Landstraßen mit gereihten Birken schlängelten sich in die Ferne, dann wieder führten schlammige Wege hügelauf und hügelab durch Dickicht, über freie Strecken, durch Wälder. Höfe tauchten auf und verschwanden wieder, abgerissenes Rufen und Anschlagen von Hunden drang an ihre Ohren.

Am Abend waren sie nahezu alleine unterwegs. Schattenhaft und verwischt ragten die Bäume in die Dunkelheit. Kälte zog herauf. Oft dachte Peter, wie schön es doch wäre, an einem der Höfe anzuhalten, eine warme Suppe zu essen. »Vatter, warum halten wir net?« Aber sie gingen weiter, ohne dass er seine Gedanken kundgetan hatte, über kalte verdunkelte Wege, vorbei an Hütten mit schlafenden Menschen. Sie gingen und gingen. Spät erreichten sie den Bauernhof, wo Kläs übernachten wollte. Peter war so durchgefroren und müde, dass er es nicht mehr schaffte, den Löffel für den Brei zu halten, den eine unwirsche Magd ihnen in die Futterkammer brachte, wo sie nächtigten.

Noch als er auf dem Stroh lag, fror er am ganzen Körper. Die einzigen wärmeren Stellen waren Achseln und Kniekehlen. Verzweifelt versuchte er, abwechselnd zuerst den einen, dann den anderen Fuß in der Kniekehle aufzuwärmen, was nur mäßig gelang. Vor Erschöpfung schlief er ein.

Silbertöne

Richtung Süden wurden die Straßen breiter, immer mehr Fuhrwerke kreuzten ihre Wege. »Daran merkt man, dat man in der Nähe einer Stadt is«, sagte Kläs. »Wat is dat für en Stadt?«, wollte Peter wissen. »Völklingen. Dat is auf der anderen Saarseite. Da wird schwer geschafft. Net weit von hier liegt Fenne, die Glashütt.« Peter konnte kaum erwarten, dorthin zu kommen. Immer wieder hatte er die Händler von Fenne reden hören und wie es dort zuging. Gespannt hielt er Ausschau. Aber in der Gegend um Völklingen rauchten viele Schornsteine und eine Unterscheidung fiel ihm schwer.

»Glas machen is en schwer Arbeit, wirste gleich sehn«, kündigte Kläs an, als er auf den Hof der Fenner Hütte fuhr und nach einer Möglichkeit suchte, den Karren abzustellen. Der Hof stand voller Fuhrwerke. Wartende Kinder und Frauen lehnten an Kisten, saßen auf Körben oder hockten im Gras. Männer trugen Holzkisten und Säcke vorbei. Aus einem rieselte feiner, weißer Sand. Außer Händlern und Lieferanten tummelten sich Glasmacher mit ihren Gehilfen, Schürer, Sandfuhrleute, Kohlengräber, Stampfer und Kistenmacher.

Mindestens zwei Dutzend Menschen waren hier beschäftigt, darunter viele aus dem Lothringischen, wie man den Zurufen entnehmen konnte. Ein großer Komplex mit Werksgebäuden und Glasmagazinen sowie zwei langgestreckte, niedrige Gebäude mit Arbeiterwohnungen fielen auf.

Katharina blieb mit Elisabeth beim Karren, während sich Kläs mit Peter um den Einkauf kümmerte. Immer wieder linste Peter in die Werkstätten, wo Männer im Feueratem ihrer Öfen standen, mit langen Eisenröhren hantierten und zähe, rotglühende Klumpen, die an den Röhren klebten, durch schweißtreibendes Blasen formten und figurierten.

In einer Werkstatt entstanden auf diese Weise Glaswulste und Peter erfuhr von seinem Vater, dass daraus Fensterglas gemacht wurde. »Wat braucht et, um Glas zu machen?«, fragte Peter. »Glas machen is en Geheimnis. Dat wirst du net so schnell gewahr. Da braucht et Quarzsand, Kieselsäure, Soda und Pottasche, manchmal auch Kreide. Ganz genau weiß ich dat auch net. Je nachdem wie du die Sachen mischst, haste unterschiedliche Härten und unterschiedliche Farben. Wenn du dat erhitzt, mit Holz oder Kohle, erhältst du die zähe Masse, die du grad gesehn hast. Jede Familie schwört auf spezielle Rezepte. Dat verraten die net.«

»Auch Euch net?«

»Nee, auch mir net. Dat is wegen der Konkurrenz. Dann könnt ich et nachmachen, vielleicht sogar billiger, und die hätten nix mehr zu tun.« Peter dachte nach. Kläs wies auf Sandsäcke, die vor einer Werkstatt lagerten. »Der Sand kommt all von hiesigen Böden. Nur den Kalk holen sie in Frankreich. Mit Glas kannste die schönsten Sachen machen. Auch wertvolle Sachen. Die eignen sich für unseren Hausier net. Ja, Pitter, dat is en Kunst, dat Glasmachen. Weißte auch, dat so en Glaser vier Feinde hat?« Peter sah ihn gespannt an. »Na, denk mal nach.«

»Räuber?«

»Ja, die auch. Aber ich mein jetzt wat Anderes. Dat sagt man sich so zwischen Händlern. Ich will et dir verraten: Wind, Hagel, Aufruhr und Ungeschicklichkeit. Und damit haben auch wir zu kämpfen.«

Aus einem niedrigen Kontor winkte ein Mann. »Dat is Raspiller«, sagte Kläs, »dem gehört dat alles.« Mathias Raspiller, der in der Handwerkstracht der Glaser seiner Arbeit nachging, entstammte einer alten Glasmachersippe, von der ein Zweig nach den letzten Arbeitsaufenthalten in den Vogesen erst mit seiner Generation im Lothringischen sesshaft wurde. »Hier schaffen fast nur Glaser aus Lothringen«, hatte er Kläs einmal verraten und wichtig die Augenbrauen hochgezogen, »das sind die Besten.« Seine Hütte produzierte vorwiegend Tafelglas sowie Flaschen, außerdem Spezialitäten wie Apothekengläser. Raspiller führte keine detaillierten Bücher, sondern verließ sich auf sein Gefühl und seine Erfahrung, womit er gut beraten war. Vor Jahren hatte er einen zweiten Ofen angeschafft und damit die Produktion verdoppelt.

Raspiller kannte viele der Hausiererfamilien mit Namen, so auch Kläs. »Na Zirbes, heut alle dabei?«, rief er, indem er tabakkauend über den Hof kam und Kläs seine kräftigen Hände entgegenstreckte. »Wieder auf Tour?« Er zwickte Peter in die Wange und sagte: »Musst du jetzt auch mit?« Ohne eine Antwort abzuwarten, wandte er sich Kläs zu: »Wieder Glas gefällig? Hinten, im letzten Magazin gibt et Flaschen und Karaffen, Gläser gleich daneben. Wartet, ich ruf den Theo, dass er euch hilft …« Zu Peter gewandt sagte er: »Da drin wird aufgepasst! Vorsicht ist die Mutter der Porzellankist!« Laut lachen musste er über seinen Witz, den Peter nicht verstand. Raspiller zog Kläs an die Seite und sagte: »Wir haben jetzt ne eigene Fähre zum Übersetzen über die Saar. Rohstoffe ans eigene, Ware ans rechte Saarufer. Ha, was meint Ihr dazu?« Wieder lachte er und Peter hörte noch, wie er sagte, dass er jetzt über hundert Leute beschäftige, wobei er stolz wiederholte, dass seine Lothringischen die Besten seien.

In der Halle hinter Raspillers Kontor gab es riesige Mengen an Porzellan. Peter bewunderte seinen Vater, der mit sicherem Gespür auswählte, sich immer wieder nach Änderungen bei Preisen und

Rabatten erkundigte, wenn er sechs oder zwölf oder gar zwei Dutzend nähme, der handelte und feilschte, sich nach Ausschussware erkundigte, sich jedes Stück genau besah, jedes Glas gegen das Licht hielt und dagegen klopfte, nach kleinen Fehlern fahndete, um den Preis zu drücken. »Ihr Kerle aus der Eifel seid harte Brocken«, lachte Raspiller, »aber das is ja auch ein hartes Leben auf dem Karren!« Am Ende bekam Kläs, was er wollte: einen annehmbaren Preis für zwei mit Glas randvoll gefüllte Strohkörbe.

Sie hatten kaum die Ware verstaut – Peter füllte Stroh zwischen die Stellen, an denen das Glas aneinander stieß – da hörten sie Raspiller rufen: »Zirbes, schick den Jung noch mal zu mir.« Mit einer Handbewegung forderte Kläs seinen Sohn auf, das Packen zu lassen. »Geh und guck, wat er will.«

Unsicher ging Peter zurück ins Kontor. Plötzlich sorgte er sich um den Stapel Teller, den er vorhin gefährlich gestreift hatte. Vielleicht war die Schale geborsten, die er gegen das Licht gehalten hatte? Oder die Kugel, gegen die er mit dem Fingernagel geschnippt hatte?

Breit lachend stand Raspiller vor ihm. »Komm mal rein.« Wieder stand Peter in der Werkstatt, allein diesmal, versteckte die Hände in den Ärmeln des Kittels und sah besorgt nach den Tellern. Raspiller zog einen langen Gegenstand aus einer Schublade, der in ein Stück roten Filz gewickelt war. Vorsichtig breitete er das Tuch auseinander. Eine dreiteilige hölzerne Flöte mit zwei silbernen Ringen und einer Klappe kam zum Vorschein. »Haste sowas schon mal in der Hand gehabt?« Peter schüttelte den Kopf. »Magste Musik?«

»Ja, ich hab gern Lieder und singen kann ich auch.«

»Das is gut«, lachte Raspiller, »dann isses ja für was gut. Als ich dich vorhin so beobachtet hab, is mir die Flöt eingefallen und dass du der rechte Jung dafür wärst. Ich mein, du hättst das Zeug dazu.« Irritiert wusste Peter nicht wohin mit seinem Blick, als Raspiller ihm die Flöte erklärte. »Das hier is das Kopfstück, auch Schnabel genannt. Und hier, das is das Mittelstück und das kurze nennt man Fußstück. Die Flöt is aus Birnbaumholz. Nimm se mal in die Hand.« Zögernd griff Peter danach. Raspiller fasste nach der Kinderhand, legte ihm die Finger an. »Guck, sieben Grifflöcher auf der Vorderseit und eins auf der Rückseit. Und eins davon mit einer Fis-Klappe. Das is wegen dem Rhythmus, der Schnelligkeit. Das auf der Rückseit is das Überblasloch. Das bedienste mit dem Daumen. Und jetzt pfeif mal!« Peter setzte die Flöte an die Lippen. Ein schriller Ton entwich dem Instrument. Raspiller lachte. »Tja, aller Anfang macht Müh! Du musst dir alles selbst beibringen. Aber das kannst du. Eigentlich hätt damit en anderer Jung spielen sollen.« Ernst wurde sein Ausdruck und seine Stimme zitterte. »Aber das geht jetzt net mehr. Du sollst sie haben. Halt sie gut in Ehren. Und Glück soll se dir bringen.« Er strich Peter, der nicht wusste, was er zu solch einem Geschenk sagen sollte, über den Kopf. Eine Flöte! Eine Flöte für ihn allein! Er dankte und rannte mit der Flöte Richtung Karren, während Raspiller ihm hinterherwinkte.

Kläs konnte es nicht fassen und auch Katharina wusste nicht, wie diese Gabe zu verstehen war. »Kläs, geh noch mal zurück und frag, ob dat auch wirklich so gemeint war. Dat is ja en wertvolles Stück«, sagte Katharina und sah ungläubig auf das fein gearbeitete Instrument, das Peter fest an die Brust drückte.

Es dauerte, bis Kläs zurückkehrte. »Die is wirklich für dich«, sagte er ernst und strich Peter über den Kopf. Zu Katharina gewandt sagte er: »Dat war ganz seltsam grad. Dat er den Jung beobachtet hätt, hat er gesagt und dat der so en Eindruck gemacht hätt, tja, wie soll ich sagen, en besonderen Eindruck, dat er anders wär als andere, hat er gesagt. Hach, ich weiß auch net. Jedenfalls darf er die Flöt behalten.« Verunsichert sahen sie sich an. Dann gingen ihre Blicke zu Peter, der stolz das Geschenk betrachtete, mit dem Finger an der Flöte auf- und abfuhr, sie dann an die Lippen setzte und ihr ein paar schräge Töne entlockte. »Dat is aber kein Spielzeug«, mahnte Katharina, »dat is en Instrument.« Zu Kläs gewandt sagte sie: »Wat der Raspiller sich bloß dabei gedacht hat? Wat soll der Jung denn mit ner Flöt? Wo soll der dat denn lernen? Ich wüsst keinen, der ihm dat beibringen könnt.«

»Dann bring ich et mir eben selbst bei!« Wieder presste Peter die Flöte fest an sich. Als sich der Karren in Bewegung setzte, versuchte er sich an den ersten Tönen. In den Hotten stieß Glas leise an Tonware; helle und zarte Töne mischten sich mit denen der Flöte. »En Konzert«, rief Peter, »dat is en Konzert!«

Fortan trug er die Flöte immer bei sich, übte unermüdlich, meist zu Kläs' und Katharinas Leidwesen. Oft hielt sich Katharina die Ohren zu. »Hör auf! Dat is grässlich …!«

Einzig Elisabeth liebte es, wenn Peter ›Tön‹ machte und egal, wie diese Töne klangen, sie lachte dabei. Die Stunden auf oder neben dem Karren wurden ihm nicht mehr lang, seit er die Flöte besaß. Er machte sich eine eigene Tonleiter, wusste schnell, wo und in welcher Kombination dem Instrument welcher Ton zu entlocken war, erkannte den Sinn der Fis-Klappe. Bald schon spielte er einfache Melodien.

Hausiererleben

Die Wege zogen sich entlang einsam gelegener Gehöfte, wo Kläs anhielt und seine Waren anbot. Da, wo die Wege für das Fuhrwerk nicht geeignet waren, hob er die zentnerschweren Hotten vom Esel, packte sie auf seinen und Katharinas Rücken. Weit ragten die Hotten über ihre Köpfe, an den Seiten befestigte Kläs zusätzlich Tassen und Krüge an Seilen. Dann ging es zu Fuß weiter.

Meist wurden sie freundlich empfangen; bisweilen bekamen die Kinder Milch oder Brot. Es kam auch vor, dass niemand öffnete, wenn sie klopften, und dennoch spürten sie, dass jemand im Haus war. Selten wurden sie vom Hof verjagt, aber auch das geschah. Kläs machte sich nichts daraus. »Dat is eben dat Hausiererleben. Et gibt solche und solche Leut!« Während Elisabeth eine Haselrute in der Hand drehte und bisweilen mit ihren wenigen Zähnen daran kaute, erzählte er Peter, dass sein Kollege Bilger einen Rosenkranz aus der Hosentasche baumeln ließe, um bei den Kunden besser anzukommen. »Wegen dem Vertrauen. Dat macht seriös.« Peter lachte und wollte mehr Hausiergeschichten hören. Kläs brachte ihm allerhand Sprüche bei, Ausreden und Tricks. »Du musst immer wat parat haben. Wenn en Krug beschädigt ist, musst du sagen, dat et Essen aus dem besonders gut schmeckt …« Katharina lachte jetzt auch.

»Ja, ich kann dat net so gut. Aber die Leut glauben sowat gern. Et gehört eben zum Geschäft!«

Zuversichtlich zogen sie mit ihren gefüllten Hotten, Kisten und Säcken von Hof zu Hof, von Dorf zu Dorf, von Markt zu Markt. Ob die Tagesetappen nach Plan verliefen, hing oft von der Ausdauer des Esels ab. Kläs war der Meinung, dass das Tier freien Gang brauche, deshalb wollte er es nicht überanstrengen und sah auf Pausen. Immer, wenn sie durch ein Dorf oder zu abseits gelegenen Höfen und Siedlungen kamen, betätigte er die Händlerglocke und während er die Ware ausrief, war es Peters Aufgabe, den Esel trinken zu lassen.

»Töpf zum Einmachen von Bohnen, Gurken und Kraut! Töpf zum Verwahren von Schmalz, Mus und Rahm! Butterfässer, Siebe, Schüsseln! Viezkrüg! Ölkrüg! Schnapskrüg!«

Türen und Fenster wurden geöffnet, Frauen eilten aus den Häusern, begleitet von lauten Kinderhorden. »Die Döppeskrämer* sin da …!«

Kläs lobte seine Ware, zeigte sie herum, klopfte dagegen. Die Gläser hob er gegen das Licht. Neugierige Gesichter säumten den Wagen, prüfende Hände reckten nach dem Porzellan. Alles besahen sie sich, verglichen und fragten, schwätzten mit Kläs oder Katharina und oftmals kauften sie. Manchmal waren Nörgler und Geizhälse darunter. »Dat is viel zu teuer! Die Preise sind gepfeffert! Ihr nehmt et von den Lebendigen …!«

»Wat gut is, bezahlt man net zu teuer. Mein Töpf sind aus bestem Steinzeug, wer drauf aufpasst, hat ewig wat dran!«

Abends zählten sie je nach Provinz Thaler und Gulden. Oft aber waren es nur Groschen und Kreuzer, Heller und Pfennige, die Katharina in den Rocksaum oder in Strümpfe einnähte. Dafür gab es in den dürftigen Unterkünften Brot oder schwarzen Brei. Immer wusste Kläs ein Lager für die Nacht und stets achtete er darauf, dass die Möglichkeit bestand, den Wagen einem wachsamen Hund anzuvertrauen. War das nicht der Fall, blieb er selbst draußen und schlief unter dem Wagenverdeck.

Meistens rasteten sie auf Höfen. In Wirtshäuser kehrten sie nur ein, wenn es nicht anders ging. Am besten waren die Unterkünfte in den Bauernhäusern, auch wenn sie im Stroh schlafen mussten. Wenigstens alleine waren sie dort, anders als in den billigen Massenunterkünften der Gasthäuser, wo sie mit anderen das Lager teilten, oftmals mit Händlern. Peter hasste die Ausdünstungen der Kleider, die sie tags und nachts trugen. Ein abscheulicher Anblick boten ihm die müden hingestreckten Schläfer auf dem blanken Boden. Manche hatten den Mund weit offen und röchelten im Schlaf. Wie Hunde lagen sie morgens zusammengekrümmt, die Köpfe auf Taschen und Brotbeuteln, fröstelnd in ihrem feuchten Leinenzeug.

Am unterhaltsamsten war es in den Gaststuben. Dort saß Peter eingehüllt in dichten Tabaksqualm zwischen Bauern und Händlern, hörte ihr Fluchen beim Kartenspiel, verfolgte ihre Gespräche, in denen es meist darum ging, Absatzgebiete zu bewerten und zu bestimmen, die Chancen und Risiken zu erwägen. Jeder der Händler hatte einen festen Kundenstamm, bei dem es sich lohnte, mehrfach im Jahr vorzusprechen und zu gerne war er dabei, wenn die Männer die Wege festlegten und sich über Vor- und Nachteile ihres Handels austauschten. »Einkaufen vor der Haustür, dat is en Riesenvorteil«, sagten sie, oder: »Kurze Wege für die Weiber, keine Zeitverschwendung …« Sie verrieten sich auch Verkaufstricks, denn Klappern – das hörte er immer wieder – war die Devise und gehörte zum guten Geschäft. Ganz versunken lauschte Peter, bis Katharina ihn aufscheuchte und an den bereitliegenden Laubsack erinnerte.

Jetzt wo sie, wie Katharina sagte, in der Welt unterwegs waren, war stets sie es, die für Ordnung sorgte. Am Sonntag achtete sie darauf, dass alle in die Kirche gingen. Das gelang aufgrund der mühsamen Strecken nicht immer, aber doch einigermaßen regelmäßig. Der Ware wegen waren die Händlerfrauen meist in der Frühmesse anzutreffen, die Männer im Hochamt. So hielten es auch Kläs und Katharina.

Katharina war es auch, die für tägliches Waschen an den Brunnen und für die Kleiderpflege sorgte. Regelmäßig suchte sie die Kinder nach Läusen ab und hielt für alle Fälle ein beißendes Pulver bereit.

Sie kontrollierte die Schuhe auf Löcher, sammelte Kräuter, die sie als Mittel gegen alle möglichen Maläste trocknete. »Wenn ich dich net hätt«, lachte Kläs, wenn er sah, wie sie ihre Sachen auf dem jämmerlichen Fuhrwerk ordnete, die Kleider bürstete oder dann und wann die Hand besorgt auf Peters Stirn legte.

Sie war es auch, die die Kinder fern hielt vom Abhub, vom Dumpfen und Gemeinen der Gosse, von der verpesteten Luft schäbiger Lager und Plätze.

In den nächsten Wochen bewegten sie sich in nordöstlicher Richtung, vorbei an Saarbrücken, Friedrichsthal, Ottweiler und St. Wendel bis nach Kusel. Je weiter sie kamen, desto mehr fiel Peter auf, dass die Landschaft lieblicher und bunter wurde, auch heller als die Eifel schien ihm die Rheinpfalz. Wiesen und Weiden hatten ein satteres Grün und Büsche und Obstbäume blühten schon, was, wie Kläs vermutete, zu Hause noch nicht so wäre. »Daheim haben die Bäum noch dat Packleinen um die Stämm. Die sind hier drei Wochen früher dran. Dat denk ich jedes Mal, wenn ich herkomm. Anders als in der Eifel …« Es war nicht nur die Landschaft, die Peter anders und schöner vorkam, auch die Fuhrwerke, die ihnen begegneten, waren größer. Sogar vierspännige Kutschen auf hohen Rädern gab es zu sehen. Selbst die Pferde schienen ihm kräftiger als zu Hause. Die meisten Häuser waren aus Stein gebaut, in den größeren Orten oftmals zwei bis drei Stockwerke hoch, mit Gauben auf dem Dach. Die Dunghaufen waren durch niedrige Mauern eingegrenzt, die Straßen gepflastert, die Brunnen gemauert und eingefasst.

Als die Erdbeeren reiften, lag Kusel vor ihnen. »Jetzt sind wir gleich im Bayrischen!« Kläs zeigte von einem hoch gelegenen Punkt an der Straße weit über das Kuseltal, von dem man bis zu einer entfernt liegenden Burg sehen konnte. »Dahinter steht der Schlagbaum. Und unten am Bach, da sind die Fabriken.« Der Esel trappte den Berg hinunter, immer schneller wurde der Karren. Vor dem Andrang am Schlagbaum scheute das Tier. Pferde waren mit einer Kutsche durchgegangen und jetzt gab es Gezeter und Gekreisch,

Zöllner und Reisende schrien durcheinander, Gepäckstücke flogen. »Hoh, Grauer! Brrr … Langsam!« Sie mussten warten. Bis die Zöllner sich endlich ihnen zuwandten, die Waren inspizierten, den Wegezoll kassierten und den Schlagbaum öffneten, war es Nachmittag geworden.

Im Ort fielen Tuchmanufakturen, das Tribunalgebäude, eine neu erbaute Kirche, eine Brauerei, eine Ziegelei, Ketten- und Nagelschmieden und offene Backhäuser auf. Am Ende des Städtchens überquerten sie den Kuselbach und Kläs steuerte auf ein langgezogenes Gebäude zu, wo er den Esel anhielt. »Hier in der Weberei gibt et Tuch und Streichgarn. Aber wir können auch wat verkaufen. Drei Krüg nämlich. Vorbestellte Ware.« Er ging zum Karren, öffnete eine Kiste. Dann suchte er in der Hotte, bis er drei Krüge in der Hand hielt, die Peter an ihren Blautönen erkannte. »Dat sind die aus Wallerfangen.« Kläs nickte. »Jetzt haben wir noch sechs von denen. Behalt dat mal im Kopf!« Er verschwand hinter den breiten Mauern des Hauses. Katharina stieg vom Karren ab, ging ein paar Schritte. »Muss mir mal die Füß vertreten.« Elisabeth lag auf einem Strohsack und schlief. Peter äugte nach dem Haus. Ein schwarzer, zottiger Hund lag auf der Steintreppe, die zur Haustür führte. Das Tier lag auf der Seite, sein blasser fast unbehaarter Bauch hob und senkte sich. Als er Peter bemerkte, hob er den Kopf. Die Zunge, die ihm aus dem Maul hing, zuckte.

In den oberen Stockwerken öffnete sich ein Fenster. Zwei kichernde Mädchen, beide blond mit Steckfrisuren, sahen hinunter auf den Karren, zeigten auf Peter, der, barfuß in schmutzigen Leinenkleidern, die Hand über die Augen legte und, durch das Lachen ermuntert, nach oben äugte. »Wer bist du denn?«, kicherten die Mädchen, »wo kommst du her?«

»Aus der Eifel kommen wir und halten Steingut feil.«

»Wir brauchen kein Steingut«, lachten sie, knufften sich gegenseitig, amüsierten sich über seine schmutzigen Füße, die borstig abstehenden Haare und die ärmliche Weste. Peter kramte die Flöte hervor. »Ich kann Flöt spielen!«, rief er und schwenkte sein Instrument. »Ja, spiel doch, spiel!«, riefen sie und klatschten in die Hände. Der Hund stand von der Treppe auf, ging auf Peter zu, schnoberte an dessen Füßen. Er ließ den Hund gewähren und setzte die Flöte an. Eine einfache Melodie zog hinauf zu den Mädchen, deren Köpfe sich nun wiegten, bis eine erboste Stimme alles übertönte. »Dat is ja net zum Aushalten!« Worauf jemand derart schroff vor den Nasen der Kinder die Flügel der Fenster zuwarf, dass der leinene Vorhang eingeklemmt wurde und der Hund das Jaulen anfing. Die Mädchen mussten, um den Stoff zu befreien, das Fenster nochmals öffnen, wobei sie nicht versäumten, Peter heimlich zuzuwinken.

Stolz stand er mit der Flöte vor dem Karren, als Kläs zurückkam. »Für wen haste denn gespielt? Ich hab et gehört. Die Frau, mit der ich mein Geschäfte gemacht hab, hat gefragt, wie wir an so en Flöt rankommen? Ich mein net, dat die dat wat angeht!«

In den Dörfern um Kusel fanden sie keine Unterkunft. Der Esel wollte nicht mehr weiter und so verbrachten sie die Nacht in einem Waldstück am Patersbach. Hunger hatten sie, aber keinen Bissen zu essen. Am Morgen sahen sie Rehe auf der Wiese, trippelnd und witternd, vom Gras äsend. »Die haben immer wat zu essen«, maulte Peter, als er sich die feuchten Kleider glatt strich.

Der Weg bis Baumholder zog sich. Besonders für Peter schien die Straße niemals aufzuhören, schlängelte sich fort und fort. Nichts als Wald war zu sehen, Gras und Gestrüpp am Wegrand, der unendliche Himmel, Habichte unter den Wolken, ferne Kirchtürme. Auch Menschen waren da, manche hoben freundlich den Hut, andere sahen weg, wenn sie daherkamen: Jäger und Händler, Holzfäller und Bauern, Männer, Frauen und Kinder, die oft mit Kläs eine Rede anfingen.

Je wärmer es wurde, desto mühevoller war es, den Karren über die Höhen zu bringen, besonders mit der fragilen Fracht. Selbst Kläs ging nicht mehr gerade, sah auf den Boden, auf den steinigen Pfad. Von Zeit zu Zeit blieb er stehen, verschnaufte, wischte sich die Stirn. Erleichtert atmete er auf, als ein Wald sie mit seiner Kühle aufnahm. »Jetzt wird et besser.«

Großblättriger Farn wucherte entlang der Wege, ein Rinnsal sickerte neben dem Pfad, bildete hier und da dunkle Tümpel zwischen den Steinen, in denen saftiges Gras und Butterblumen wuchsen. Es roch frisch, das Gesträuch war gelbgrün und zart, Brombeersträucher und Moarbeln* blühten, blau blitzte der Himmel zwischen den Wipfeln.

Hinter Oberalben wurde der Weg feucht und schlammig. Eine Frau, die vollen Eimer am Joch, kam ihnen barfuß, in einem groben, langen Leinenkittel entgegen. Kläs wich ihr aus, rutschte mit dem Fuß in eine Pfütze, das Wasser lief ihm in die Schuhe. Mit quatschenden Schritten ging er jetzt über das Gras, was für Esel und Karren noch beschwerlicher wurde. Der Wind kältete seinen Schweiß, er zog den Kittel fester.

Es wollte schon Mittag werden, da sahen sie hinter einer Kehre eine Kirchturmspitze. Es war Baumholder, auf dem gleichen Höhenzug gelegen. »Endlich«, sagte Peter, »et is Zeit.« Nachdem sie den Nachmittag auf dem Marktplatz zugebracht hatten, wo wenig los war und sie nichts umsetzen konnten, hatte Peter nur im Sinn, bald auf die Guthausmühle zu kommen, wo sie übernachten wollten und es etwas zu essen gäbe.

Die Guthausmühle lag abseits des Stadtkerns in einem Tal, in der Nähe eines Weihers. Als sie ankamen, herrschte reger Betrieb. Der Müller war nicht zu sprechen, die Sache mit dem Essen dauerte. Kläs beschloss, nach Baumholder zurückzufahren, die Anmeldung zu erledigen und ein paar Kunden zu besuchen. Katharina wollte die Zeit zum Waschen nutzen.

Der älteste Sohn des Müllers, Georg, ein flinker, dunkler Junge, lud Peter ein, mit auf Angeltour an den Guthausbach zu gehen, wo es Forellen gäbe, sogar Hechte. Obwohl Peter anfangs wenig Lust verspürte, zu arg nagte der Hunger im Magen, so beflügelte ihn doch die Aussicht einen Hecht zu Gesicht zu bekommen.

Barfuß stapften sie entlang des Baches. Geflecht und Geschling überwindend wateten sie durch den Schlamm, rutschten über glitschige Steine. Georg besaß eine Rute, die er aus dem Ast einer Nusshecke geschnitten hatte. Am dünnen Ende befand sich eine Einkerbung für Schnur und Haken. Immer wieder warf er die Rute. Mit lebenden Würmern angelte er, die sie zuvor unter aufgedeckten Steinen und morschen Brettern gesucht und in einer Blechkiste gesammelt hatten.

Eine ganze Weile umschmeichelten sie die Fische aufgeregt mit der Rute, aber die Tiere steuerten weiter, ungeachtet der aufgespießten Köder.

Der Eifer wurde schon lahmer, da schnellte an Georgs Angel eine schillernde, zappelnde Forelle aus dem Wasser, die er, nachdem er sie vom Haken gelöst und ihr mit der Rute einen kräftigen Schlag auf den Kopf verpasst hatte, anschließend ungerührt in seine weiten Hosentaschen gleiten ließ. Viermal ging es so. Auch Peters Taschen wölbten sich bald. Die Nässe der Fische zog bis zu den Knien, die Hose fühlte sich glitschig an. »Gleich kriegste en Hecht zu Gesicht«, kündigte Georg an, stieg durch das Ufergedörn, bog Sträucher, Gräser und Wurzelwerk auseinander, verhielt den Schritt an einer ruhigen, tieferen Stelle des Wassers unter dem Schatten einer knorrigen Weide. Tatsächlich schien er etwas zu sehen, denn er stand steif, mit dem Finger vor dem Mund gab er Peter einen knappen Wink heranzukommen. Und wirklich, da schien etwas zu stehen unter den Schlinggewächsen. Kurz nur erfasste Peter tückisch grünspielende Flossen, die lauernde Haltung, das vorgeschobene Raubtiergebiss, spitzzähnig, da jagte der Fisch auch schon davon ins schwankende Schilf. »Dat war en Hecht von mindestens zehn Pfund!«, jubelte Georg. »Morgen schnitz ich mir einen Speer, ganz spitz und grad!«

Glücklich präsentierte Peter den Eltern und Elisabeth seinen Fang. Am Abend saßen sie am offenen Feuer, brieten sich Forellen an Holzspießen. Peter konnte sich nicht erinnern, so etwas Köstliches jemals gegessen zu haben. Lange hockten sie um die summenden Flammen, erzählten sich Geschichten, bis das Holz knackend zerfiel und das Feuer rote Funken in den Nachthimmel sprühte. »Vatter, ich brauch en Angel«, forderte er, als sie auf dem

Stroh lagen, »dann könnten wir auch Fisch verkaufen und hätten immer wat zu essen.«

Früh waren sie von der Guthausmühle aufgebrochen. Der Gang durch den Wald in Richtung Birkenfeld war kühl, noch hingen betaute Netze zwischen den Ästen. Tannennadeln bedeckten den Weg, schuppige Zapfen lagen herum, röhrenhalsige Pilze standen unsicher und blass. Peter zählte zuerst die Köhlermeiler, dann die Pechbrennerhütten, während er unentwegt überlegte, wie er zu einer Angel kommen könnte.

Ungeschickt war Katharina über einen Baumstamm gestolpert und in eine Pfütze geraten. Während Kläs hinter einer Tanne die Hose herunterließ, hockte sie fluchend im Gras, zog die nassen Strümpfe aus, wrang sie. Sogar aus dem Rocksaum troff das Wasser. Barfuß schlüpfte sie wieder in die Schuhe, die Strümpfe klemmte sie an den Karren, um sie zu trocknen.

Kläs winkte Peter an den Bach. »Jetzt zeig ich dir, wie man auch ohne Angel zu nem Fisch kommt.« Sie zogen Schuhe und Strümpfe aus, krempelten die Hosenbeine bis über die Knie, wateten über glitschige Steine durch das Wasser. »Hier gibt et Forellen«, sagte er und deutete auf eine gehöhlte Stelle, wo er dem Bach entstieg und sich bäuchlings und gegen die Strömung auf dem abschüssigen Ufer auf die Lauer legte. Es dauerte nicht lange, bis ein Fisch den Kopf vorstreckte, Kläs mit vorsichtig tastenden Händen am Tier vorbeistreifte, bis die Hand an den Kiemen saß. Peter jauchzte, als sein Vater eine glitschige Forelle ins Gras schleuderte.

Was viele vergebliche Griffe brauchte, gelang schließlich auch Peter. Und so lagen bald zwei aus dem Maul blutende, feucht schimmernde Forellen und eine Äsche nebeneinander, denen Kläs zum Transport Weidenruten durch Schlund und Kiefer zog.

Als sie nach Birkenfeld kamen, sorgten die Fische bereits für ein sattes Gefühl im Bauch. Peter saß mit seiner Flöte auf dem Karren, blies einen selbst erfundenen Marsch, als Kläs auf das neu erbaute Schloss mit einem aufwändigen gelb-weißen Anstrich zeigte. »Da kommen wir net rein, wat meinste, in unseren Kleidern«, sagte er, tröstete sich aber damit, dass das Schloss zu niedrig stünde. »Den Erbeskopf können die von hier aus nämlich net sehn!« Peter, der Erbsenkopf verstanden hatte, setzte die Flöte ab und sprang vom Wagen, legte die Hand über die Augen und spähte nach dem Horizont. »En Erbsenkopf?«

»Nee, nee«, lachte Klas, »kein Erbsenkopf. Der Erbeskopf is en Berg. Aber den siehst von hier aus net. Merk dir, er is die höchste Erhebung des Hunsrücks.« Enttäuscht kletterte Peter auf den Karren zurück. »Nie sehn wir wat. Und in dat Schloss dürfen wir auch net.«

»Dat hat wat für sich«, sagte Kläs, »dann kannste dir et nämlich vorstellen. Und wer weiß, oft is die Vorstellung viel schöner als die Wirklichkeit.«

In Baumholder und auch in Birkenfeld hatten sie gute Geschäfte gemacht. Die Erleichterung war Kläs anzumerken. »Jetzt haben wir wenigstens dat Wegegeld wieder drin«, sagte er zu Katharina, die beim Passieren des Schlagbaumes ins Großherzogtum Oldenburg* aufgrund der Höhe des Wegezolls am liebsten wieder umgekehrt wäre. Zwei Pfennige pro Person und zusätzlich zwei für den Karren, außerdem ein Brückengeld von anderthalb Pfennigen. »Für fünf Pfennige gibt et ein Pfund Schwarzbrot«, verglich sie und ein zorniger Blick traf den Zöllner. Hinter der Zollstelle fing auch Kläs an zu schimpfen. »Wenn et wegen den neuen Straßen wär, könnt man dat ja noch verstehn. Aber unser Geld füllt nur den Fürsten den Sack, ansonsten verteuert dat bloß die Ware. Wir bewegen uns ja schon so gut et geht entlang der Grenzen«, fuhr er fort, »aber immer geht et eben net!«

Dann aber fielen ihm die guten Umsätze ein und er schlug sich auf die Schenkel: »Aber jetzt wollen wir net räsonieren. Grad läuft dat Geschäft. Wenn dat so weitergeht, müssen wir bald zurück nach Binsfeld!«

»Wenn lal so weilergehl, müssen wir ball zurück nach Binsfell«, ahmte Peter die Sprache der Einheimischen nach, die er aufgeschnappt und über die er schnell herausgefunden hatte, dass es die Buchstaben D und T waren, die sie gegen ein L eintauschten.

Diesmal musste selbst Katharina lachen. »Ja, die Sprach. Die interessiert unseren Pitter immer.«

In Oberstein, wo sie ihre Ware auf dem Marktplatz ausstellten, deutete nichts auf ein gutes Geschäft hin. Der Platz war wie leergefegt. Zwei Hökerinnen, die neben sich Zwiebeln, Karotten und Kohl ausgelegt hatten, schimpften über die schlechte Zeit, dass sie sich die Beine in den Bauch stünden, für nichts und wieder nichts. An einer Ecke stand ein Händler mit einem Fischfass. Gelangweilt schien auch er, rauchend hielt er Ausschau nach Käufern; dann und wann pries er laut seine Ware an. »Gute frische Hering, frischer gibt es nirgends Hering!«

Einzig für Peter gab es staunenswerte Dinge.

Vier Guckkästen, die ein dunkler, sehniger Mann mit einer Seefahrermütze mitten auf dem Marktplatz nebeneinander aufgestellt hatte, erregten seine Aufmerksamkeit. Eine Weile umkreiste er die Kästen, neugierig einen Blick hineinzuwerfen. »Einmal darfst du gucken«, zwinkerte der Mann und hob die Mütze zum Gruß, »du musst aber recht laut tun und lachen, so dass es die Leut anzieht, dann ist es für dich kostenlos!« So einen Spaß hatte er lange nicht. Aufgestellt waren eine Szene aus der Völkersschlacht bei Leipzig, der Bau des Freiburger Münsters, das brennende Rom und trommelnde Neger in Afrika: alle aus Pappmaché‹ oder Zinn. Besonders die Neger belustigten ihn. Nicht sattsehen konnte er sich, drückte sich fast die Nase platt. Laut rief er über den Platz nach Kläs: »Guckt Vatter, so guckt doch! Hier is Musik drin, echte Musik …!«

Aber Kläs reagierte nicht, auch nicht, als der Schausteller ihn auf eine Aufführung aufmerksam machte, die am Abend in einem Wirtshaus stattfinden sollte. »Die erste Aufführung in Oberstein mit einer echten Laterna Magica aus der berühmten Nürnberger Spielzeugfabrik Plank.« Dabei zeigte er auf eine laternenähnliche Konstruktion mit einem eckigen Gehäuse und einem Schornstein aus Blech. Innen gab es eine Halterung für eine Kerze. Er hielt Glasstreifen mit verschiedenen Motiven in die Luft, die, wie er lautstark verkündete, durch den dafür vorgesehenen Schlitz am

Gerät geschoben werden müssten und mit denen er, wenn er sie vergrößert an einer Wand zeigte, für ein phantastisches Spektakel sorgen würden. »Wie im Theater! Nur noch schöner und noch bunter! Kommt und staunt! Lasst euch in eine andere Welt entführen. Erlebt Märchen, eine Vorstellung über exotische Tiere und Pflanzen, über entlegene Erdteile! So echt wie nie!« Neugierig stand Peter vor dem seltsamen Gerät, betrachtete die bemalten Glasbilder, auf denen wenig zu erkennen war. »Jetzt siehst du nichts. Erst durch das Gerät entfalten die Bilder ihre Pracht«, sagte der Mann. Als er Peters erwartungsvolle Augen sah, lachte er und sagte: »Wenn du das sehn willst, musst du mit deinem Vater sprechen. Das kostet nämlich. Das ist eine echte Laterna Magica, die nur in absolut dunklen Räumen zum Einsatz kommt.« Enttäuscht verzog Peter das Gesicht, wartete aber ab, bis der Mann die Laterna einpackte und den Platz verließ.

Noch weitere Attraktionen gab es. Auf einer seltsamen Konstruktion kam ein Mann heran, bewegte sich ungewöhnlich schnell vorwärts, winkte, als er Peters verwunderte Augen sah und lachte. Er saß auf einem hölzernen Gestell, das sich zwischen zwei Rädern befand, stieß sich mit den Füßen ab um weiterzukommen und bewegte das lenkbare Vorderrad. Viel zu schnell war er vorbei, noch bevor Peter seinen Vater darauf aufmerksam machen konnte.

Am Rande des Platzes hatte ein Maler seine Staffelei ausgepackt und saß nun, den Blick auf ein Haus mit einer prächtigen Fassade gerichtet, auf einem Hocker und zeichnete. Lange sah Peter zu, wie er die Verzierungen an Fenstern und Türen ins Auge fasste, um sie dann genau, mit zartem und doch festem Strich nachzubilden.

Am Abend, in der Gaststube, aßen sie Krumbierewurscht. Peter hatte ein Stück Karton neben sich und zeichnete trommelnde Neger zwischen Palmen.

Noch bevor der Karren in Idar über das Pflaster holperte, begann Kläs vom Schinderhannes zu erzählen. Dass hier die Eltern des Räubers gelebt hatten, dass der Nichtsnutz all deren Geld verspielt, das des Abdeckers Veit dazu, der sein Lehrherr gewesen war und ihn ahnungslos nach Branntwein geschickt hatte. »Ganz hier aus der Nähe kam auch dat Julchen Bläsius her. Als wilde Geigenspielerin hat sie zusammen mit ihrem Vatter auf Märkten und Kirchweihen aufgespielt.«

»Bis sie beim Schinderhannes auf et Pferd gestiegen is«, ergänzte Katharina und schüttelte sich, »pfui nee, dat hätt die mal besser bleiben lassen.«

»Aber außer Julchen und dem Hannes gibt et noch wat Interessantes hier.« Er pfiff durch die Zähne, hob die Augenbrauen und flüsterte: »Edelsteine.«

»Erzählt, Vatter.« Kläs ließ sich nicht lange bitten. »Bis vor net allzu langer Zeit konnt man hier graben und hatte Edelsteine in allen Farben in der Hand. Ob et en Edelstein is oder net, dat sieht man so nem Stein net direkt an. Die sehn nämlich von außen wie ganz normale Stein aus. Davon muss man wat kennen. Viele sind hier reich geworden. Und dann hat alles aufgehört und die Leut wussten net mehr, wovon sie leben sollten.« Kläs seufzte. »Wieso hat dat aufgehört?«, wollte Peter wissen. »Weil die Leut alles geholt haben, wat zu holen war. Dat geht wie mit nem Teller voll Brei. Irgendwann ist auch der größte Teller ausgekratzt.« Peter stellte sich farbige, glitzernde Edelsteinberge vor, dazu Menschen, die mit Hacken und Schaufeln gruben und den Berg zusehends verkleinerten. »Und genau wie bei uns«, fuhr Kläs fort, »sind dann viele ausgewandert. Etliche sind nach Brasilien gegangen. Und wat meinst du, wat vor en paar Jahren da passiert ist? Wat die da gefunden haben?« Peter zuckte mit den Schultern »Vielleicht Gold?«

»Ja, so ähnlich. In Brasilien haben sie Achate gefunden. Dat sind teure Edelsteine, wunderschöne, in allen möglichen Farben, manche sogar bläulich. Ich hab mal einen gesehen, der hat so durchscheinend ausgesehn wie dat Meer, grünlich, hell. In Bächen und Flüssen haben sie sie gefunden. Wat denkst du, wat die damit gemacht haben?«

»Verkauft?«

»Einen Teil bestimmt. Aber die haben auch an ihre armen Verwandten in Idar gedacht und haben welche hierher geschickt.

Mit Schiffen. Und die, die hier geblieben sind, haben angefangen Schmuck draus zu machen, Broschen und Gemmen für schöne Adelsfrauen.« Kläs lachte. »Dat is doch en schön Geschicht, oder?« Peter nickte. Er dachte an das Meer und es fiel ihm ein, dass der Großvater gesagt hatte, dass es unendlich sei, dass riesige Wale darin lebten, aus denen Tran für die Öllampen gemacht würde.

»Vatter, habt Ihr dat Meer schon mal gesehen?«

»Nee, dat liegt zu weit.«

»Wie weit?«

»Hundertmal so weit, wie wir mit unserem Karren gelaufen sind. Und noch weiter.« Hundertmal so weit, das Meer, durchscheinend grünlichblau wie der Achat und ebenso funkelnd, weit weg, zu weit. Peter zog eine Glasscherbe aus der Tasche, hielt sie gegen das Licht und blinzelte hindurch. »Wenn dat Braun jetzt grünlich wär, wüsst ich, wie dat Meer aussieht.«

Ein paar Wochen blieben sie in der Nähe von Oberstein und Idar. Wenn keine Ware zu überbringen war, das Stehen neben dem Karren lang wurde und er nichts ausrichten konnte, streifte Peter – sofern Kläs einverstanden war – mit seiner Flöte durch die Gegend, durch die Flur, entlang der Bäche, in die Wälder. Er suchte wilde Erdbeeren, auch Pilze, Waldbeeren, Johannisbeeren, drehte die Steine in den Bächen nach Krebsen, fing Fische mit der Hand, die sie entweder verkauften oder über einem Feuer rösteten.

Zwei Tage später hielten sie auf der Höhe von Meisenheim und verschnauften. Unter ihnen floss der Glan ins Tal, schlängelte sich wie ein silbernes Band, machte kurz vor einem Waldstück einen Schlenker und entzog sich ihren Blicken.

»Jetzt geht et auf Meisenheim«, sagte Kläs, »hier hat Schinderhannes einen seiner ersten Einbrüch begangen.«

»Erzähl«, forderte Peter und Kläs schmunzelte über die Neugier seines Sohnes. »Nachts is er in dat Haus eines Gerbermeisters eingestiegen und hat einen Teil der Ledervorräte geklaut. Und denk mal an, die hat er am nächsten Tag dem Gerber selbst wieder verkauft.«

»Hat der dat denn net gemerkt?«, fragte Peter. »Bestimmt hat der dat gemerkt. Aber dem blieb wohl nix anderes übrig, weil sonst noch Schlimmeres passiert wär. Der Hannes ist auch hierher zum Tanz gekommen, war in allen Gasthäusern bekannt. Wat meinste, wat hier los war!« Peter versuchte sich Schinderhannes vorzustellen, verwegen, auf einem Rappen, seine Bande stets hinter sich und Julie Bläsius, seine Räuberbraut. »Auch im Soonwald hat er gehaust. Gott hab ihn selig. Er ist dazumalen hingerichtet worden.« Katharina schüttelte sich.

Als sie in Meisenheim das Stadttor passierten, dröhnten die eisenbeschlagenen Räder so hart auf dem Kopfsteinpflaster, dass Peter sich die Ohren zuhielt. Aus dem Schaufenster einer Warenhandlung winkte ein Mädchen dem rumpelnden Karren hinterher. Peter winkte zurück, so lange, bis er sie nicht mehr sah und Katharina ihn in die Seite schubste. »Lass dat.«

Viel gab es hier zu staunen. Aber auch sie wurden bestaunt in ihrer Eifeltracht und mit dem rollenden Krämerkarren.

Als sie in Richtung des Rathauses gingen, grüßte Peter jede Person, die ihnen begegnete. Kaum jemand grüßte zurück, was ihn verwirrte. Die Leute hasteten aneinander vorbei, während Katharina ihm erklärte, dass sich die Menschen in der Stadt nur selten grüßten, weil nicht, wie auf dem Dorf, einer mit dem anderen bekannt wäre. Da blieb er ganz still, betrachtete aber die Leute weiterhin sehr genau. Viele sahen ihn sonderbar an, manche mitleidig, einige verächtlich. Die meisten aber sahen durch ihn hindurch. Vor dem Fenster einer Schneiderei verhielt er den Schritt. Stoffe und Bänder waren hier ausgelegt. Er verfolgte, wie ein Mann mit Zylinder und Monokel an der Hausglocke zog, sich die schwere Holztür öffnete und der Schneider sich vor dem Kunden verbeugte.

Der Meisenheimer Marktplatz, den Kläs als erstes ansteuerte, gefiel Peter. Aus allen Wegen strömten Eilende herbei, sammelten sich, wurden zu einer Menge. Wild wogte es durcheinander, Mensch und Vieh, rasselnd fuhren Wagen mittendurch, dass die plaudernden Menschen auseinander sprangen. Da standen Frauen hinter Karren mit Äpfeln, Kartoffeln und Eiern. Geschlachtete Hühner lagen zum Verkauf, auch lebendes Federvieh, dem man die Beine zusammengebunden hatte. Rebhühner, Auerhähne und enthäutete Hasen waren im Angebot, Hähne gackerten in Holzkäfigen. Jemand verkaufte Gänse und hatte eigens dafür ein Gatter aufgebaut. Mit blutigen Händen wogen Fleischer ihre Ware. »Alles frisch, frisch, frisch! Kommt und seht dieses Fleisch an! Leute kauft!« Es gab auch Säue mit quiekenden Ferkeln zu handeln oder kleine, noch krausfellige Kälber, die mit Seilen an die Karren ihrer Eigentümer gebunden waren und ungeduldig mit den Hufen auf schmutzigem Stroh trippelten. Schmuck- und Uhrenhändler waren unterwegs und manchmal zeigte Kläs auf einen der Händler, den er kannte, und erzählte Peter etwas über die Herkunft und die Art des Geschäfts. »Der dahinten kommt vom Bodensee und der da aus dem Schwarzwald. Dat is weit weg«, sagte er zu Peter und zeigte auf den Uhrenhändler, der sich in halblangen Hosen, weißen Kniestrümpfen, schwarzer Weste und sonderbar verbeultem Hut auf ihren Stand zubewegte und dem Vater eine Kuckucksuhr zeigte: »E Ührle gfällig oder e Ahängerle?« Kläs lachte und schüttelte den Kopf. »Seht ja, will selbst verkaufen …« Es gab einen Verkäufer von duftenden Krapfen; er trug gerippte Samthosen, eine Weste aus Wollsamt, eine blaue Schürze, ein kariertes Taschentuch um den Hals, dazu einen glänzenden Hut und es war ihm anzusehen, dass er eine eindeutige Vorliebe für Schnaps hatte.

Zweimal kamen Herrschaften an ihren Stand. Dann ging es so, dass Madame die Sachen aussuchte und die Magd alles nach Hause tragen musste.

Neben ihrem Karren standen Bürstenbinder und lockten mit Pfeifen die Kundschaft heran. Eine Reihe weiter versuchten Hafner mit Haushaltsgeschirr, Bettzeugkrämer, Korbflechter, Fellhändler, Köhler und Kesselflicker Geschäfte zu machen. »Mausefallen, Rattenfallen, Kuchenblech! Hafendeckel, Mehlsieb, grobe Sieb!«, riefen sie. »Kochkessel kaputt? Oder Töpfe, Pfannen, Eisen, Dachrinnen? Lötarbeiten aller Art!«

»Nix zu machen? Nix zum Schachern? Nix zum Flicken?«, fragten sie.

Auch Kläs rief über den Platz: »Kommt herbei! Steinkrüg aus der Eifel! Beste Ware!« Etwas abseits stand ein Scherenschleifer mit seinem Holzschubkarren, auf dem ein Wetzstein befestigt war. An einem langen Stecken hing eine Konservendose, die tropfenweise durch einen Federkiel Wasser auf den Schleifstein abgab. Ein Junge war bei ihm, der – da der Meister beide Hände zum Schärfen der Messer brauchte – den Stein mittels einer Kurbel andrehte. »Messer zu schleifen, Rasierklingen zu schleifen, Scheren zu schleifen?« Den ganzen Mittag kurbelte der Junge, während dicht an seinem Kopf vorbei die Funken stoben. Das durchdringende Geräusch des Metalls auf dem Stein lag über dem gesamten Platz, mischte sich mit dem Geschrei der Händler. Zweimal hörte es auf, dann, wenn der Alte den Jungen die Messer austragen schickte.

Ein Leierkastenmann drehte seine Orgel und eine füllige Begleiterin, auffallend bunt gekleidet, schmetterte Arien dazu, die einen Hund zum Jaulen brachten. Ein zerlumptes, halbnacktes Kind, das sich mit bittenden Augen und ausgestreckten Händen der Sängerin näherte, wurde mit Fußtritten verscheucht. Frauen gingen umher mit Bauchläden, verkauften Spitzen, Schuhbändel, Nähzeug und Mottenkugeln. »Rasierriemen, Flecksseife, Duftwasser!«, warb eine der Händlerinnen und wies auf das Kleinzeug in ihren Holzschatullen. Ein Eselfuhrwerk kam heran. »Sand, kauft feinen Sand, nicht mit gelbem gemischt!«, krächzte ein alter, verwachsener Mann und Peter reckte neugierig den Kopf. Weißen und grauen Sand hatte er geladen, den er den Hausfrauen zum Scheuern der Böden und Töpfe anpries und in graue Papiertüten packte.

Ein junger Bauer zog ein Spanferkel, das er auf dem Arm trug, um selbst nicht rufen zu müssen, regelmäßig am Schwanz, was laute durchdringende Töne ergab, die dem Träger offensichtlich Spaß bereiteten. Auch eine Hutmacherin kam vorbei. Mehrere Hüte trug sie auf dem Kopf, dazu eine riesige Hotte auf dem Rücken, an der zahllose Kopfbedeckungen baumelten. Es gab Kappen, Hüte mit hochgebundenen Krempen, spanische Hüte, einen Rubenshut, einen

Dreispitz, Seidenhüte mit Tüll, auch Haare, wahlweise aus Menschen- oder aus Rosshaar, alle möglichen Arten von Vogelfedern, gefärbte Schmuckfedern und einen Muff aus Fuchspelz.

»Die dahinten sprechen jenisch, so wie wir«, raunte Kläs in einer Verkaufspause seinem Sohn zu und wies auf eine Gruppe heruntergekommener Vagabunden, »die handeln mit Pferden, Lumpen und Schrott, manche auch mit Geschirr. Ich kenn eine Familie, die haben en Wanderzirkus, wirste schon noch sehen. Letztes Jahr waren in Sobernheim welche mit einem Karussell.« Peter besah sich die bunte Gruppe, die laut über den Platz krakeelte. »Habt ihr Lumpen, alte Lumpen, habt ihr Alteisen, habt ihr Hasenpelze …?«

»Schwefelhölzer, Zunder, Kerzen und Dochte! Auch geschälte Erbsen, Lorbeerblätter, Knoblauch und Lohkuchen!«

Wieder war Kundschaft am Stand. »Jetzt kommen die von der Gass«, meinte eine Frau abfällig und rümpfte die Nase, »da seh ich zu, dat ich heimkomm.« Sie zeigte auf einen herunter gekommenen, verwegen aussehenden Kerl, dem zwei tote Ratten am Gürtel hingen, eine dritte um die Hutschnur gewickelt war. »Gift, Gift, ich mach den Ratten den Garaus!«, rief der Rattenfänger, der auch eine lebende Ratte mit sich führte, die an einer Pfote angekettet auf seiner Schulter saß und – wie Kläs meinte – bald das Opfer einer öffentlichen Beweisführung werden würde. Ein Hundekastrierer, der alle paar Schritte in seine Pfeife blies, folgte ihm und bot seine Künste an.

Als die Kundin verschwunden war, zog Kläs Peter erneut zur Seite: »Dat sind üble Leut! Die haben auch en Geheimsprach, ähnlich wie unsere. Mit eigenen Wörtern, die nur sie verstehn und an denen sie sich erkennen. Da musst du gut aufpassen, dat versteh sogar ich net immer. Mit ihrer Sprach haben die schon manch einen ordentlich übert Ohr gehauen. Dat könnten wir mit unserer Sprach auch, machen wir aber net.«

»Wat sagen die denn?« Kläs dachte nach. »Na, zum Exempel, die sagen gwond anstatt schön. Schmunkig heißt bei denen fett, schweche dat heißt trinken, schmolle heißt lachen, en Tschuri is en Messer, en Houtz is en Mann, en Dille en jung Frau …«

»Dille, Tschuri, dat klingt seltsam«, grinste Peter. »Ja, aber vieles ist genau so wie bei uns. Nur dat die noch mehr Zigeunersprach benutzen. Nachher zeig ich dir noch wat.« Kläs zwinkerte mit den Augen und flüsterte: »Die hinterlassen auch Botschaften und Nachrichten für andere Gauner. Die haben nämlich untereinander Geheimzeichen abgemacht. Gaunerzinken nennt man die. Die findest du an Kapellen, Wegweisern, Zäunen, Häusern und Kirchen.« Peter drängte darauf, Genaueres zu erfahren, aber wieder kamen Kunden, der Vater war jetzt beschäftigt.

Umtriebig war der Markt, ein Kommen und Gehen. Peter bemerkte, dass einige Leute mehrere Male vorbeikamen, die Preise und die Waren genauestens studierten, bevor sie kauften. Ein Mann mit einem kalten Zigarrenstumpen im Mundwinkel hob prüfend einen Nachttopf in die Höhe, drehte ihn mehrfach nach allen Seiten, stellte ihn wieder ab, indem er Peter verächtlich ansah, etwas von billigem Plunder murmelte und wieder in der Menge verschwand. Die meisten Kunden seines Vaters aber gefielen ihm. Sie parlierten über die Preise, feilschten um die Ware, schimpften über das Wetter und die Politik.

Länger schon war Peter aufgefallen, dass der Vater mit den Handelsleuten anders sprach als mit den Bauern im Dorf. Zwar kannte er die Worte, die Ausdrücke, aber jetzt erst begriff er, dass ihre Sprache außer einem Erkennungszeichen auch Eigenheit ihres Berufes und einer besonderen Berufsehre war. »En Abmachung auf Jenisch darfst du niemals rückgängig machen, en Handschlag gilt!«

Um zwei war der Markt beendet. Jetzt rückten besenschwingende Straßenfeger vor. Kehrichtsammler warfen mit Forken Unrat auf Karren, die sie alle paar Meter anhielten.

Spät löffelten sie an diesem Abend ihr Mus. Zu Peters Gefallen sprachen sie Jenisch miteinander, was dazu führte, dass sie von anderen Gästen misstrauisch beäugt wurden. »Den Houtz elo hannen an der dofter Kluft ass ä rollat, de beknäst!« (Der Mann dahinten in dem guten Anzug ist ein Hausierer, der versteht, was wir sagen). Alle am Tisch lachten, auch der Mann, den sie gemeint hatten. »Wat ass dat fia en Houtz mat däm Kniffjen?« (Wer ist der Händler mit dem Jungen?) »Vatter, der meint uns, oder?« Stolz winkte er hinüber zum anderen Tisch. Der Händler kniff ihm ein Auge.

Nach dem Essen kümmerte sich Kläs um Unterkunft. In der Schaffnerei wollte er anfragen; da war er lange bekannt. Auf dem Weg dorthin, entlang der engen Gassen mit den giebeligen Fachwerkhäusern, die in der Dunkelheit riesig schienen, nickte Peter fast ein. Sein Kopf war schwer von der Fahrt und den vielen Eindrücken. Hundertmal hatte er schon gefragt, wie weit es noch sei. Feuchter Wind blies ihm ins Gesicht und er hatte nicht das Gefühl, nach Hause zu kommen. Eine Kutsche raste an ihnen vorbei, zurück blieben stinkende Pferdeäpfel. Ein Nachtwächter in einem schwarzen Radmantel lehnte seine Leiter an eine Laterne, stieg hinauf, holte die Lampe herunter, füllte Brennstoff nach, den er in einem Korb voller Flaschen mit sich führte. »Bewahrt das Feuer und auch das Licht, dass der Gemeind' kein Schaden geschicht! Lobet Gott, den Herrn!«

In der Schaffnerei, in der eine Wirtsstube und ein Schlafsaal eingerichtet waren, wurden sie ohne viele Worte empfangen. Der Wirt räumte ihnen eine Kammer, pochte aber akribisch darauf, im Voraus seine Zeche zu bekommen. »Zu oft kommen mir solche wie ihr davon …!« Der feiste, glatzköpfige Mann in einer fleckigen Schürze, darunter einen altersblanken Wams, schien über seine Gäste nicht besonders erfreut. »Die Trepp hoch, die hinterst Kammer.«

Kläs ging voran, eine knarzende Treppe hinauf. Am Ende eines Flurs betraten sie ein dunkles Zimmer, in dem, ansonsten leer geräumt, drei Strohsäcke auf dem Boden lagen. Ein Fenster hing schief in den Angeln und gab den Blick auf einen schmutzigen, grauen Hinterhof mit einem Brunnen frei. Bald brachte der Wirt ein Licht und drückte Kläs einen Meldezettel in die Hand. »Wir brauchen noch en Sack«, sagte Kläs und der Wirt pfiff nach einem Jungen, dem er auftrug, einen Sack mit Stroh zu füllen.

Dicht schmiegte sich Elisabeth in der Kammer an ihren Vater, immer wieder drückte sie seinen Arm, zupfte ihn am Ohrläppchen, tastete nach seiner stoppeligen Wange. Sobald das Licht erlosch, schlief sie.

Eine Weile noch hörte Peter seine Eltern flüstern. Sie redeten über Waren und Geld. Elisabeth lag zwischen ihnen, ein paar Mal hörte es sich an, als ob sie zu weinen anfangen wollte. Dann öffnete sich leise die Tür und der erbetene Strohsack wurde hereingereicht, das Lager für Elisabeth. Bald hörte Peter seinen Vater schnarchen. Katharina lag wach. Immer wieder rieb sie einen Fuß mit dem anderen. Ihr Strohsack knisterte und raschelte unter ihren Bewegungen. »Dat is kaum zum Aushalten«, fluchte sie leise, »die Frostbeulen jucken so verdammt.«

Als Peter aufwachte, musste er sich zunächst besinnen, wo er war. Die Eltern waren verschwunden, Elisabeth schlief noch. Verängstigt lief er zum Fenster, sah, wie seine Mutter mit einem Bündel Wäsche zwischen davonfliegenden Spatzen den Hof durchschritt, in der Absicht, am Brunnen zu waschen. »Dat du unbedingt jetzt damit anfangen musst«, hörte er Kläs schimpfen. »Morgen ist et Sonntag und sonntags wäscht man net«, schimpfte sie, während sie den Aschesack, gefüllt mit Buchenasche, über die Wäsche legte und mehrfach mit Wasser übergoss. »Aber wir sind doch net in der Eifel. Hier sind viele lutherisch, bei denen is dat anders. Dann kann ich also heut allein auf dem Markt stehn.« Kopfschüttelnd sah er auf Katharina, die sich obendrein am Steintrog mit schwarzer Seife die Haare gewaschen und mit Fett eingestriegelt hatte. Katharina ließ sich nicht aus der Ruhe bringen. »Wenn ich jetzt net wasch, haben wir bald nix mehr zum Anziehn.«

Kläs machte sich also mit Peter auf den Weg zum Markt. Die Luft war noch kühl und erfrischte. Eine Putzmacherin kam ihres Weges, vor einer Korbflechterei hängte jemand Aalreusen an Haken. Eine Frau stieß die Läden einer Buchhandlung auf. Ein sechszackiger, ineinander verschlungener Stern kam zum Vorschein. Katzen räkelten sich vor den noch verschlossenen Kramläden. Der Nachtwächter, müde vom nächtlichen Gang, schlurfte nach Hause. Ein

Bäckerjunge mit einem hohen Korb voller Semmeln und Brote lief pfeifend vor dem Karren her. Eine Frau leerte einen Nachttopf aus dem Fenster in einen Garten. Kurz prasselten Tropfen auf Johannisbeerhecken. Ein Mann in einem Frack mit glänzenden Knöpfen, einem Zylinder, geschnäbelten Stiefeln mit Gamaschen grüßte und zog den Hut. Karren, Rollwagen und Droschken ratterten an ihnen vorbei – überall regte sich Leben.

Unterwegs schubste Kläs Peter in die Seite und deutete auf ein Zeichen neben einer Eingangstür, einen Kreis mit zwei Strichen in der Mitte. »Weißt du noch?« Peter nickte. »Die Gaunerzinken?«

»Ja, dat is sowat. Bedeutet, dat man hier wat kriegen kann, wenn man bettelt. Et kann aber auch dat Gegenteil bedeuten. Oder sogar Gefahr. Die Bettler und Jenischen warnen sich nämlich gegenseitig und verraten sich auch, wo wat zu holen is. Ich kenn die Zeichen net all.«

»Wir könnten uns auch so Zinken machen«, meinte Peter, der es sich schön vorstellte, mit jemandem ein Geheimnis zu teilen. »Die haben wir schon. Unser Zinken wirste schon noch lernen«, lachte Kläs, »aber dat sind die von den Landstreichern, den Rotwelschen. Und jetzt guck net so lang, sonst ist der Markt vorbei!« Unterwegs erklärte er ihm: »En Kreis mit nem Kreuz in der Mitte heißt, dat et an der Stelle wat zu essen gibt. Viele kleine Kreise bedeuten, dat et Geld gibt wenn man bettelt. En Viereck meint, dat et nix zu holen gibt und bei nem Viereck mit nem Punkt, da klopfste besser net, da kriegste nämlich eins übergebraten. Wenn ich so en Zeichen an unserer Tür finden würd, ich tät et sofort wegwischen.« Fragend sah Peter ihn an. »Habt Ihr mal eins gefunden?«

»Nä, noch net. Bei uns sieht ja jeder gleich, dat et nix zu holen gibt. Da braucht et keinen Zinken!«

Lange dachte Peter über den unterschiedlichen Gebrauch von Sprache und Zeichen nach und am Abend glaubte er etwas darüber verstanden zu haben. Auch über die vielen Menschen, die er beobachtete, sinnierte er. Je länger und genauer er sie betrachtete, desto besser meinte er sie einschätzen zu können. »Als Händler musst du Menschenkenntnis haben, sonst biste verloren«, hatte der Großvater gesagt und ihn gewarnt, dass der Charakter sich nicht allein in den Gesichtszügen zeige. Er hatte ihm verraten, dass es schlaue und heuchlerische Hände gäbe, Ellbogen, die voller Selbstsucht seien, Schultern, die von Anmaßung, und Rücken, die von Güte zeugten.

Obwohl sie sich lange in Meisenheim und auf den Dörfern ringsum aufhielten, kam Peter die Zeit kurz vor. Seine Eltern hatten den Handel im Kopf und brauchten ihn nicht immer. An Nachmittagen, wenn der Verkauf schleppend ging, strich er saumselig entlang der Bäche und Wiesen, stakste durch das Dickicht der Auenwälder. Er äugte nach den Gelegen der Sumpfvögel, wusste, wo der Hühnervogel sein Nest baute, kletterte in Astgabeln, streifte durch greifendes Strauchwerk, wischte sich klebrige Spinnweben vom Gesicht, rettete Insekten und Würmer vor Spitzmäusen. Er unterschied die Eier der Singvögel an Farben und Tupfen, auch am Gefieder, suchte Neststellen ab, zählte die Eier der Lerchen, Amseln und Rotschwänzchen. War die Brut geschlüpft, lag er Stunden im Gras, sah dem geschäftigen Elternpaar beim Füttern zu, lachte über die gierigen Schnäbel, die sich aus den Nestern reckten, staunte über die Futtermenge, die die rastlosen Flieger herbeischafften. Mit nackten Füßen lief er über die Wiesen, die Beine voll der weißen Tropfen des Kuckucksspeichels, die Zehen schwarz von Staub und Erde. Mit Wonne jagte er die glitschigen Teichbewohner, Molche, Frösche und Salamander, die in Tümpeln lebten, in Gräben und Pfützen. Bäuchlings lag er am Rand der von Egeln und Larven bewegten Gewässer, fischte mit der Hand nach Spinnen und Wasserläufern, ließ sich blenden von der Spiegelung des Himmels und der Wolken, die in der Höhe darüber hinwegzogen.

Er stellte Eidechsen zwischen Felsenklüften nach, stand bezaubert vor den Farben der Schmetterlinge, brachte Ameisen vom Weg ab, indem er aus Rinden oder Gräsern Hindernisse baute. Er sammelte Vogelfedern, rupfte an Pflanzen und Bäumen, deren Blätter er verglich. Alles, was Laub und Frucht trug, wusste er zu unterscheiden: Vogelbeeren, Holunder, Heidekraut und Farn. Überall spähte sein

Auge. Er kannte Standorte von allem, was ihm schmeckte, konnte beim Anblick eines Kuhfladens ziemlich genau sagen, was das Tier gefressen hatte.

Und er sah, wie die Zweige sich zueinander neigten, als tauschten sie ihre Gedanken aus, hörte, wie die Bäume mit dem Wind sprachen, die Bäche sich mit leisem Gegurgel einmischten.

Oft zog es ihn ins Schilf am Glan, an die Stelle, wo der Fluss eine halbe Kehre machte, sich dann in ein breites Tal mit brennnessel-überwucherten Pfaden senkte. Gern saß er am Ufer, suchte nach glitzernden Steinen, durchwatete das Gewässer, hielt Ausschau nach den Enten, die sich erbost aus dem Ufergestrüpp aufwarfen, wenn er sich näherte.

Stundenweit lief er verträumt, sammelte Schnecken, rote ohne Haus und graue mit Haus, auch kleine gelbe, mit gemusterter Behausung. Er zog sie von Halmen, hob sie vom Boden auf, verfolgte die verschleimten Spuren. Wenn sie ihm ihre Fühler entgegenstreckten, tippte er darauf und lachte über die Wirkung: »Ja, geht nur int Haus!«

Wie liebte er es, wenn Heuschrecken vor seinem Tritt hochsprangen, wenn Libellen mit knisternden Seidenflügeln zwischen Schilf und Wasserflächen vibrierten, sekundenlang unbeweglich in der Luft standen, dann vorwärts schossen, dabei blauen und grünen Glanz sprühten. Ins hohe Gras ließ er sich fallen, lauschte nach den Sommergeräuschen, dem Summen und Schwirren in der Luft, die Arme hinterm Kopf verschränkt. Wären die Kirchenglocken nicht gewesen, er hätte manches Mal das Heimkehren vergessen.

Selten traf er auf Gleichaltrige und wenn, ging er ihnen aus dem Weg, kümmerte sich nicht um ihre Spiele, suchte sich eigene Pfade.

Meisenheim gefiel ihm. Als sich der Karren seines Vaters wieder in Bewegung setzte, litt er, weil er die Schlupfwinkel und Gräben, die Höhlen und Verstecke, an die er sich gewöhnt hatte, zurücklassen musste.

Bis Sobernheim war es eine Tagesreise und Kläs war sicher, dass der Weg sich lohnen würde.

Er sollte Recht behalten. Nicht nur auf dem Marktplatz schrumpften ihre Vorräte an Steingut und Glas. Wie bereits in Meisenheim, so schnallte er Peter an Vormittagen eine voll gepackte Retz* auf den Rücken und schickte ihn zu abgelegenen Bauernhäusern, nannte ihm Höfe, wo es sich nachzufragen lohnte. Zur großen Zufriedenheit von Katharina konnten die Verkäufe damit deutlich gesteigert werden. »Du bringst mir Glück! Fast leer fahren wir heim, du wirst et sehn!«, lachte Kläs und klopfte Peter auf die Schultern. Er zog ein Verkaufsbuch aus der Tasche, in welchem er Einkäufe und Umsätze notierte. »Guck, Pitter. Die blauen Teller aus Wallerfangen verkaufen sich am besten.«

Auch auf den Dörfern rund um Sobernheim hielten sie sich auf, gewannen neue Kunden und nahmen sogar Bestellungen für das nächste Jahr entgegen. Ein mit Kläs bekannter Schuster reparierte für billiges Geld sämtliche Schuhe. In einer Leinenweberei war ein Wasserschaden entstanden, so dass sie obendrein zu günstiger Leinwand kamen. »Fast neue Schuh, und im Winter kriegt jeder en Wams.«

Wieder vergingen Wochen, bis sie ihr Gespann nach Simmertal, südlich des Soonwaldes lenkten, von wo aus die schwarz-blauen Linien des Habichtskopfes sichtbar wurden. Peter hielt die Hand über die Augen und starrte hinüber. »Von hier kannste weit sehen. Da hinten, noch en gutes Stück hinter dem Habichtskopf wird Schiefer abgebaut.« Wie in der Eifel, so waren auch diese Höhen mit Heide, Ginster und Gestrüpp bewachsen. Felsbrocken klafften hervor; dazwischen sprudelten Quellen, die zum Ausruhen einluden.

Peters Beine baumelten hinten am Wagen über dem Bremsschuh. Diesmal ging Katharina neben Kläs, der am Nachmittag noch Kirn erreichen wollte. Staubig und flimmernd lag die Straße, das Licht des Mittags schmerzte in den Augen, die Luft stand, als sie die Dörfer um Kirn vor sich sahen.

Ein Heuwagen kam ihnen entgegen, unablässig schlug das Ochsengespann mit den Schwänzen nach lästigen Fliegen; die heransingenden Schnaken stachen blutrünstig und dreist. Wieder ging es durch ein Dorf, durch einen Schwall von Blüten und Duft, vorbei an einer Herde erschreckt blökender Schafe. Bauern saßen auf den Bänken vor den Häusern, manche winkten, sie winkten zurück.

Kläs lenkte den Esel talabwärts. »Na geh schon, Grauer! An die Nahe müssen wir. An Flüssen is et immer kühler.« Dort wo der Wald seine Zunge vorstreckte, lief ein Bach. Gierig trank der Esel. Katharina und Peter schöpften Wasser mit der Hand, tupften kühlende Tropfen auf Elisabeths Stirn.

Trotz der Erfrischung saßen die Kinder bald wieder müde und matt auf dem Karren. Zwar war der Durst gelöscht worden, nun meldete sich der Hunger. Ein gutes Stück des Weges schrie Elisabeth und weder Peters Flötenkonzert noch Katharinas Lieder konnten sie besänftigen. Nun aber war sie ruhig geworden, spielte mit ihren Händen, die sie in die Luft reckte, während Peters Aufmerksamkeit der Nahe galt.

An vielen Stellen ragten frei stehende, steile Felsen hinter den Bäumen hervor und bald kam die Kyrburg in Sicht. »Die haben die Franzmänner auf dem Gewissen«, sagte Kläs und wies nach der Burg, »aber so genau weiß ich dat auch net.« Hinter einem Steinbruch gelangten sie auf einen Weg, der nach Kirn und zur Nahe führte. Es ging auf den Mittag zu. Ein Knecht kam ihnen entgegen, schleifte mit müdem Gespann einen Pflug.

Der Gang entlang des Flusses war erfrischend, ein leichter Wind erhob sich zwischen dem Fachwerk. Von Sankt Pankratius herab läutete es und Katharina bat darum, die Kirche besuchen zu dürfen. Zu oft wäre sie in letzter Zeit um Gottes Wort gebracht worden und nun sei die Gelegenheit da, die sie nicht ungenutzt lassen wollte. Kläs erwähnte, dass es eine evangelische Kirche sei, dass Katharina wohl nicht aufs Dach geschaut hätte. »Dann geht et net«, entgegnete sie, »dann wird der Herrgott wohl Einsehn haben mit uns.« Kläs lachte. »Hier gibt et keine katholische Kirche, da musst du schon vorlieb nehmen mit der hier!« Katharina wehrte entsetzt ab, nein, zu den Frevlern ginge sie nicht, da könne er nichts machen. Dennoch stoppte Kläs den Esel. »Geh du nur. Ich bleib beim Karren. Geh nur ruhig rein. Ich war letztes Jahr auch drin. Et is nämlich so, dat ne Mauer dazwischen is. Der hintere Teil is extra für die Katholischen gedacht. Dat geht also.« Mehrfach musste Kläs ihr gut zureden, bis sie unwirsch einwilligte. Sie bestand darauf, die Kinder draußen zu lassen, man wisse ja nie. Dann erst verschwand sie hinter dem Portal. »Wat die Weiber doch empfindlich sind«, sagte Kläs zu Peter, der die Sache nicht verstanden hatte. »Wieso is dat net egal, wat für en Kirch dat is?«, fragte er. »Wie kannste sowat fragen?« Drohend hob Kläs den Finger. »Da muss man gut aufpassen. Unser Kirch ist die alleinseligmachende. Und da dran halten wir uns.« Sein Blick war streng und Peter fragte nicht mehr. Seine Gedanken waren bei Katharina. Welche Bedenken es wohl waren, die seine Mutter fast davon abgehalten hatten, in die Kirche zu gehen?

Ein bisschen enttäuscht war er, als Katharina nach einer Weile unverändert wieder herauskam, noch genauso sprach und aussah wie vorher.

In Kirn hatten ihnen französische Händler mit bunt bemalter Ware das Geschäft vereitelt, so dass sie früher als geplant weiterzogen.

Schweigend folgten sie der Straße, nur das rhythmische Rumpeln der Räder war zu hören und das Trappen der Hufe. Im Idarwald kamen ihnen Fuhrwerke von Gemüsehändlern entgegen. Die Pferde gingen von allein mit hängenden Köpfen. Sie waren alle von fuchsroter Farbe, schwere Rösser, zum Ackern geschaffen, mit breiten Rücken und roten Haarbüscheln hinter den Hufgelenken. Oben auf der Ladung lagen Bauern in ihren blauen Kitteln und dösten.

Südwestlich des Idarwaldes änderte sich die Landschaft. Ein versumpfter Laubwald breitete sich vor ihnen aus, moorig schimmerten ganze Flächen, in flachen Mulden staute sich Wasser. Fast schien es, als ob die Erde das Wasser nicht einlassen wollte. Im Gegensatz dazu folgte zerklüfteter, manchmal meterdicker Gesteinsschutt, wo die Nässe schnell versickerte. Überall durchzogen Rinnsale die

Landschaft. Mit ungelenken Schritten hüpfte Peter vorneweg. Kläs ging dicht neben dem Esel, achtete auf seichte Stellen. Hangabwärts sammelten sich die Rinnsale in Bächen. Lichtliebende Moorpflanzen wie Sonnentau, Moosbeere und Wollgräser wucherten in diesen Quellmooren, selbst Stechpalmen und Rippenfarn gab es hier oben. »Wie merkwürdig dat hier aussieht«, sagte Peter. »Guck lieber auf dein Füß statt in die Gegend«, riet Katharina, »die Brücher sind net leicht zu gehen.«

Bergaufwärts pflückten sie Himbeeren und Brombeeren, rote und schwarze Früchte, die einen süß schmeckend, die anderen säuerlich. Auch Minze sammelten sie, in wilden Büscheln wachsend.

Am Schlagbaum drängten sich Fuhrwerke zusammen. Zöllner durchforsteten Kisten und Körbe, wühlten in Kleidersäcken. Die Sonne hing schon tief über verschatteten Wäldern, als ihr Gefährt hinter der Morbacher Kirche, zwischen Höfen, in einen gepflasterten Weg einbog. »Da hinten bleiben wir«, sagte Kläs und zeigte auf einen abseits gelegenen Hof, umgeben von einem Garten. Dort, wo er den Karren anhielt, endete auch das Straßenpflaster. Sie staksten durch die von Schweinen und Federvieh aufgewühlten, matschigen Mulden des Hofes. »Dat du ausgerechnet hier anhalten musst«, maulte Katharina. »Hier brauchen wir net zu zahlen«, sagte Kläs und fügte hinzu, dass sie mit einem Lager im Stroh und etwas Brei zur Nacht einverstanden sein müssten und der Bauer einen Krug dafür bekäme.

Auf dem Hof stank es nach Jauche. Der mistige Haufen vor dem Stall übertraf an Größe und Höhe sämtliche Dunghaufen, an denen sie vorbeigekommen waren. Peter zog Kläs am Kittel: »Die sind wohl ziemlich reich!« Gänse sperrten ihnen zischend und flügelschlagend den Weg, watschelten zurück durch die Pfützen, als Kläs in die Hände klatschte. Eine stinkende Brühe floss vom Mist ab, tropfte entlang einer aufgeschaufelten Rinne in die Wiese. Eine Frau fütterte Hühner, die aus allen Richtungen herbeirannten und sich pickend und scharrend, gackernd und zankend auf die gelben Körner stürzten. Ein Knecht kam mit einer Schubkarre voller Mist um die Ecke, die Forke steckte obenauf. Hinter dem Mist reihten sich Stall, Scheune, Holzschuppen und Wohnhaus aneinander. Zwei Kinder balgten im Hof, jagten nach einem Kaninchen.

Aus dem Stall erhob sich Geschrei. Wüste Ausdrücke und grobe Beschimpfungen ließen Peter zusammenfahren. Er äugte hinein; schwerdunstige Luft schlug ihm entgegen und der Geruch nach gekochten Rüben. An einem dampfenden Viehkessel stand mit bloßen, braunen Füßen die Magd. Ihre kräftigen Arme stießen mit forschen Bewegungen in die weich gewordenen Runkeln, tauchten immer wieder in die brodelnde Masse. Mit rotgequollenen Händen quetschte sie die Wurzelfrüchte und fluchte: »Dat is doch net zu glauben! Dat Schwein! Macht sich en schönen Tag und wir müssen schuften! Immer datselbe mit dem Kerl. Der Suff kost den noch Kopf und Kragen!« Peter sah niemanden, auf den diese Worte gepasst hätten. Nur zwei grobknochige Pferde standen im Dunkel, drehten ihm die Köpfe zu. Sie zerrten Heu aus dem Raff; ihre Kiefer mahlten. »Scher dich fort«, sagte die Magd, als sie Peter bemerkte.

Am Abend saßen alle auf langen Bänken am Tisch in der Stube; die Bauernfamilie, die Magd, ein Knecht, das Gesinde und zwei Tagelöhner. In der Stube war es kühl. Eine Fliege brummte über einem Beifußbusch, der von der Decke hing. Der Boden war frisch gescheuert und mit weißem Sand bestreut. Bei jedem Schritt knirschte es. Ein kahlgeschorenes Bauernkind in einem Leinenkittel stellte einen Blechnapf mit Quark auf den Tisch. Die Bäuerin kam mit einer Schüssel voll Kartoffeln und verteilte Löffel. Ein Knecht begann das Tischgebet, mit ihm beteten alle Dienstleute. Der Bauer langte zuerst in die Schüssel. Dann rückten alle heran und stocherten hinein. Peter erkannte das Wallerfanger Blau der Schüssel und machte Kläs darauf aufmerksam, der ihm zuzwinkerte. »Ja, die is von uns.« Teller gab es keine, dafür Vertiefungen im Holz des Tisches, die nach den Mahlzeiten ausgewaschen wurden. Hier hinein füllte jeder seine Ration, begann zu pellen, tauchte die Kartoffeln in den Quark. Alle kauten und schmatzten. »Wo is der Schorsch?«

»Liegt besoffen im Stall, dat Schwein! Am helllichten Tag …«, maulte die Magd, »hab wieder alles allein machen müssen!« Der Bauer antwortete nicht. Peter betrachtete seine rissigen und schwieligen Hände. Während der Mahlzeit fiel kein unnützes Wort.

Ein Mädchen kam herein und brachte Milch für Elisabeth. Als erstes war der Knecht fertig, wischte den Löffel am Schnupftuch ab, legte ihn in die Schublade, ging dann hinaus in seinen schweren, kotigen Stiefeln. Die anderen blieben und beteten.

Schon frühmorgens hörte Peter das Klappern der Futter- und Melkeimer, das Scharren des Stallbesens, das Quietschen der Eimerkette am Ziehbrunnen. Noch auf dem Strohsack liegend horchte er nach den vertrauten Geräuschen, bis ein Schrei in seinen Ohren schmerzte. Sofort gab es ein Geläuf auf der Treppe, lautes Salbadern im Hof. Wieder schrie die Magd. Peter erkannte die Stimme seines Vaters, sah noch, wie Katharina sich das Tuch um den Kopf band und aus der Kammer stürzte. Auch Elisabeth war wach geworden und reckte die dünnen Ärmchen nach ihrem Bruder. »Lass Lies, ich muss fort«, sagte er, zog den Kittel über den Kopf, rannte über den Flur und wollte aus der Tür, als Katharina ihm mit abwehrenden Händen entgegenkam. »Bleib da, Pitter, geh net weiter!«, rief sie. Aber er drängte an ihr vorbei, zum Vater wollte er, sie griff ihn am Ärmel. »Bleibste wohl stehn!«

Ein Blick in den Hof genügte. Einer der Knechte lag mit blau angelaufenem Gesicht im Dreck, ein Seil um den Hals. Aus dem Wassertrog hatten sie ihn gezogen, aus den Haaren floss eine faulige, stinkende Brühe. »Net mal den Mut hat er gehabt, sich aufzuhängen«, schrie die Magd, die gestern schon über ihn geflucht hatte.

Später sah Peter, dass sie weinte.

Den Vorfall in Morbach konnte er lange nicht vergessen. Wochenlang hatte Peter das Bild des besudelten Kopfes vor sich, den faulen Geruch des Wassers, den Geschmack von Dreck, das Geschrei der Leute.

Ende September traten sie die Heimreise an. Müdes Licht lag auf den leeren Feldern. Die Wiesen waren blasser geworden, der Himmel milchiger, nur die Wälder leuchteten. Fäden schwebten in der Luft, verfingen sich in Peters Haaren, legten sich über Nasen und Augen, kitzelten im Gesicht. Zwar gab es noch sommerlich heiße Tage, aber an den Abenden wurde es schon kühl. Immer häufiger erhob sich Wind, rüttelte an Bäumen, riss Vogelnester von schwankenden Ästen, packte das Laub, das sich auf den Wegen sammelte, wirbelte es durcheinander. Bald bedeckten abgerissene Zweige und Laub die Wege, Staub verklebte Nasen und Augen.

Wütende Windstöße sorgten für ein Geprassel von Kastanien und Peter und Elisabeth jubelten, wenn die grünen Kugeln am Boden zerplatzten und braune Früchte aus den Schalen sprangen. Neben Kastanien sammelte Peter Eicheln und es war ein Spaß, wenn der Wind dafür sorgte, dass er an Kopf oder Schultern getroffen wurde. »Passt opp, da oben im Ast sitzt en Zwerg und wirft nach dir …!« Kläs Scherz sorgte dafür, dass der Junge sich zu fürchten begann und ängstlich nach den Baumkronen äugte. Um ihn abzulenken, zeigte ihm Katharina, wie er mit den großen, roten Blättern des Ahorns den Karren verzieren konnte und bald schon war er in ein neues Spiel vertieft.

Zweimal übernachteten sie im Hunsrücker Wald. Eine schwere Strecke lag hinter ihnen, die schwerste vielleicht. Sie waren erschöpft, hatten auf dem letzten Stück kein Auge mehr für die Landschaft, die Aussichten, sahen nur noch vor sich auf den Boden, achteten, dass sie die Schritte recht setzten und dass vor allem der Karren in der Spur blieb. Immer noch stieg der Esel mit spielenden Ohren den Weg hinauf. Manchmal verschnaufte Kläs, tätschelte den Hals des Tieres, zog den Hut vom Kopf, wischte sich mit einem Tuch den Schweiß von den verklebten Haaren und setzte den Hut wieder auf. Ein Schwarm kleiner, dünnflügeliger Mücken verfolgte sie, gierig auf Blut. Wie eine tanzende Wolke umschwirrten sie besonders Katharina. Manchmal schlug sie mit der Hand durch das Gesurr, das kurz auseinander stob, um sich bald wieder zu vereinen.

Am Nachmittag hatten sie die Höhe erreicht, eine weite Fläche tat sich auf. Der Pfad blieb nun eine Weile eben und führte geradeaus; Disteln wuchsen und Sträucher, rechterhand kam jetzt ein von Flechten überwachsener Felsen. Hinter einer Kurve ging es endlich talabwärts. Gut tat der Abstieg hinter dem Burgenfahls. Der Weg wurde breiter, lief weiß und staubig zwischen den Wiesen; der Wald verdünnte sich, ging über in Rebhänge.

Und dann lag sie wieder vor ihnen, noch tief unten, schlängelte sich in sanftem Bogen, spiegelte den Himmel: die Mosel.

An den endlosen Reihen der Rebstöcke stiegen sie abwärts. Die Weinberge waren an dieser Stelle so steil, dass der Fuß nur mühsam einen Halt fand. Traubenbeladene Träger gingen behänd zwischen den Rebstöcken, Hotten auf dem Rücken. Einer winkte aus der fruchtbaren Fülle des Berges. Der Esel wurde schneller, Kläs zog die Zügel: »Brrrr …« Unter den Weinbergen lagen die Gärten, die Häuser.

Am Ufer bei Wintrich rasteten sie. Kopfschüttelnd sah Katharina zu, wie sich Peter entkleidete und übermütig ins Wasser sprang. »Et is doch net mehr Sommer!« Der Fluss rauschte und schäumte, glitschige Steine machten Peters Schritte unsicher. Er schöpfte Wasser mit der Hand, erfrischte den Körper, um bald schon nach Elisabeth zu spritzen, die die kleinen Arme nach ihm reckte und lachte. Wieder und wieder begoss er sich, die Wohltat war ihm anzusehen. »Pass opp«, mahnte Katharina, »die Kränkt*.«

Die Weinorte entlang der Mosel waren alle schön. Wie Ränge in einem Theater so rahmten die Berge die Dörfer ein. »Jetzt müssen wir uns noch mal richtig anstrengen«, sagte Kläs und zeigte auf die gegenüberliegende Flussseite. »Da hinten steigen die Hänge zur Eifel an. Jetzt isset net mehr weit bis an den Pontekopp.« Eine knappe halbe Stunde brauchten sie bis zur Anlegestelle der Fähre, die gepflastert war und ein Stück in die Mosel hineinragte. Im schrägen Winkel legte die Ponte an, auf der außer ihnen noch ein Bauer mit einem Pferdefuhrwerk Platz fand.

Die Strömung der Mosel war stark; der Fährmann hatte Mühe das lange Fährseil zu regulieren, das quer über den Fluss gezogen war und um dicke Holzstutzen gewickelt in einer Kette endete.

»Holl-iewer« rief er dem aufmerksamen Peter zu und ermunterte ihn, es ihm nachzutun. »Holl-iewer«, riefen bald beide.

Piesport wirkte schon aus der Entfernung wie gemalt und auch jetzt, wo sie näher gekommen waren, bestätigte sich dieses Bild. Ein Stück verlief der Weg fast auf gleicher Höhe wie die Mosel. Kläs erzählte Peter, dass bereits die Römer hier Wein angebaut hätten. »Eins musst du dir merken«, riet er, »wenn du dir mal aussuchen kannst, wo du wohnst, dann such dir en Weingegend. Da gibt et auch immer gutes Essen.«

»Setz dem Jung net so Flausen in den Kopp«, tadelte ihn Katharina, »zu Haus wird geblieben. Dat is dat einzig Redliche.«

Eine Winzerfamilie, die mit Kläs bekannt war, kaufte nicht bloß drei der größeren Steingutkrüge sondern den letzten Stapel Teller aus Mettlach. Besonders der Winzer freute sich über die Händler, lud sie an den Tisch, ließ auch gleich die neuen Teller auftragen, forschte und fragte nach Neuigkeiten von unterwegs. Mit dem Essen behielt Kläs Recht. Am Mittag kamen eine fette Suppe auf den Tisch sowie – nach langer Zeit das erste Mal – Würste vom Schwein.

Kläs trank Wein, drei Gläser Falkenlay, den er immerzu rühmte, zuletzt sogar mit Tönen. Froh gelaunt zogen sie am Nachmittag weiter. Die Winzerfrau drückte Peter einen Beutel mit gekochten Esskastanien in die Hand. »Für unterwegs«, lachte sie, »dat ihr keinen Hunger kriegt.« Kläs pfiff und sang, Peter flötete, Elisabeth bewegte die Händchen.

Steil und endlos steigen die Serpentinen an. Die Mosel lag nach jeder Kurve anders, einmal links, einmal rechts, glänzte und funkelte, spiegelte Kirchtürme, Kapellen, Häuser.

Katharina ging müde und still neben dem Karren, obwohl Kläs sie mehrfach scherzhaft in die Seite knuffte. Die Hotten waren fast leer, nur noch wenig Glas steckte zwischen dem Stroh. Freudig überschlug Kläs den Ertrag der Reise. »Besser als letztes Jahr«, sagte er, »zumal dat letzt Stück noch einiges beigetragen hat.« Katharina zog die Mundwinkel nach unten. »So viel isset net«, erwiderte sie. Aber Kläs ließ sich nicht die Laune nehmen. »Froh können wir sein. Et is alles gut gegangen. Keiner krank, kaum Schaden an der Ware und Geld im Sack. Et is mehr, als ich gedacht hab. Wir können en Teil der Hypothek zurückzahlen, haben vielleicht Rücklagen für nächstes Jahr, wenn auch net viel. Dankbar können wir sein.«

Auf beschwerlichen Wegen ging bergauf, ins dumpfe Zwielicht der dampfenden Wälder, Richtung Klausen. Als der Turm der Wallfahrtskirche in Sicht kam, jubelte Peter: »Jetzt sind wir bald daheim!«

Das Nachtlager, eine Scheune im Salmtal, war feucht. Vom gestampften Lehmboden zog Kälte herauf. Tagsüber Wald, soweit das Auge reichte, Buchen und Fichten im Dunst, düster und hoch, unterbrochen von Kahlschlägen. Dazwischen Blattwildnis, Farne, Fliegenpilze neben Steinen, giftig leuchtend. In die Feuchtigkeit fiel ein dünner Regen. Gestern hatten sie noch zwischen wildem Strauchwerk Schwarzbeeren und Steinpilze gefunden, junge, mit harten, dicken Köpfen. Jetzt spritzte ihnen ein unangenehmes Rieseln, halb wie Nebel, ins Gesicht, verursachte Zitterringe auf den Pfützen. Die noch übrigen Blumen tranken begierig, wurden schwabbelig, rochen bald faulig und kippten. Die Wege verschlammten, die Hufschläge klatschten dumpf, mehrfach glitt der Esel gefährlich aus. Obwohl sie achteten, wo sie hintraten, weichten die mit Matsch verschmierten Schuhe. Bald klebte Lehm daran, machte die Schritte schwer.

Deutlich spürte Peter, dass dieser Regen den Sommer nun endgültig fortspülte, denn als es nachmittags noch einmal schön wurde, war die Luft doch anders. Unter den Kastanien lagen, vom Wind abgeschüttelt, die braunen Kugeln nun schon in welken Schalen, das bunte Laub auf den Wegen sah schmutzig und modrig aus. Die roten Beeren der Ebereschen leuchteten nicht mehr, Himbeeren und Brombeeren hingen verdorben am Strauch. Libellen, Schmetterlinge und Heuschrecken waren verschwunden. Über ihren Köpfen zogen die ersten Schwärme der Haolegäns nach Süden.

Mit den Nebeln

Die Sonne war fahl geworden. Nebelschwaden krochen über die Felder, in den kahlen Bäumen hingen verlassene Nester, die Luft schmeckte kalt und feucht. Von den Hütten am Kailbach stieg dünner Rauch in den Himmel, mischte sich mit dem Dunst aus den Lüften, hüllte das Dorf in einen lichtlosen Brodem, wie schwebend lag es vor dem Wald.

Die Hubertuskirmes war vorbei. Lampions aus buntem Papier hingen noch verregnet an einem Seil, das vom Tanzsaal am Wirtshaus Lamberty bis zum benachbarten Hof gespannt war. Welke Sträucher, vor Tagen noch als Zierde gedacht, lehnten an den Haustüren. Ansonsten zeugte nichts mehr von den verflossenen Belustigungen.

Auch das Haus am Ende des Dorfes lag grau und verlassen. Kläs hatte Mühe, das rostig gewordene Schloss der Tür zu öffnen. Ein halbes Jahr hatte sich niemand um das Haus gekümmert, der Schwiegervater war selbst auf dem Hausier gewesen. Von den Fensterläden blätterte die Farbe. Salpeter fraß im Stein, Brennnesseln wucherten neben der staubigen Treppe, Moos wuchs auf dem Dach. Bibbernd standen sie mit ihren Gepäckstücken auf den kalten Steinplatten vor der Feuerstelle, wo sich bald Pappkisten, Säcke und Taschen stapelten. In den Kammern war es kalt, kälter als draußen und klamm. Es roch muffig. Während Katharina die Fenster aufriss, »Wat für en stickig Luft …!«, kümmerten sich Peter und Kläs um die Ware. Erst als abends das Feuer brannte und es heißen Tee gab, fühlten sie sich angekommen.

Nachts hörte Peter die Kraniche über das Haus ziehen und dachte an den Süden, an die warmen, sonnigen Tage in der Rheinpfalz.

Der Herbst war grau und regnerisch. Dann fiel Kälte ein, es stürmte, aber der Schnee blieb aus. Seit drei Wochen waren sie nun zurück und nicht nur das Haus am Dorfrand, die ganze Gegend kam Peter geduckt und düster vor.

Der Sommer dagegen war so hell gewesen und das Leben unter freiem Himmel hatte gut getan. Peters Statur war kräftiger geworden, wache Augen blitzten unter schwarzen Brauen. Er hatte viel gesehen unterwegs. Wehmütig erinnerte er sich, wie er mit seiner Flöte zum Beerensammeln durch Wald und Flur gestreift, die Hände bis zu den Ellenbogen in weichen Waldboden gegraben und über Felsen gekraxelt war.

In Niederkail hingegen waren die Tage kurz und kalt, das rauchige Dorf lag schon früh im Dunkel. Katharina schärfte ihm ein, dass er mit beginnender Dämmerung draußen nichts mehr verloren hätte. Auch war die Kränkt, wie Katharina Peters Maläste nannte, zurückgekommen. Die Zustände stellten sich fast immer mit einem Wetterwechsel ein, begannen mit Frösteln am Abend, steigerten sich in Fieberschüben, weswegen ihn Katharina für Tage ins Bett verbannte. Da war es eine Abwechslung, wenn der Großvater, der auch zugleich Peters Taufpate war, für einen Schwatz herein kam und sich für die Kinder, besonders für Peter, etwas Zeit nahm. Peter Schmitz, Katharinas Vater, war wie sein Schwiegersohn den ganzen Sommer über als Porzellanhändler unterwegs gewesen. Ein Leben lang schon betrieb er diesen Handel, hatte es aber zu nichts gebracht, weil neun Kinder zu ernähren waren.

Gerne zog er Peter hinter den Ofen an die angesengte Wand und während er die lange irdene Pfeife stopfte und rauchte, erzählte er Geschichten von seinen Reisen, Sagen, Märchen und Heiligenlegenden aus der Gegend. So erfuhr Peter nicht nur von Elfen und Hexen, von Nöck und Nixen, sondern auch von der schönen Lurlei, den Spielern von Vianden, dem Ritter von der Brandenburg, der Geschichte von Eberhardklausen und dem Teufelstein, vom Totenmaar, vom schlafenden Kaiser Friedrich, dem Rotbart, im Kyffhäuser. Manchmal, um dem Jungen eine besondere Freude zu machen, sang er mit ihm ein Lied und hörte sich seine Flötenstücke an. Rückenwarm hockten sie hinter dem Feuerherd und heimelig war es, wenn des Großvaters raue Stimme flüsterte, wenn die Flammen bizarre Schatten an die Wand warfen, das Holz krachte und qualmte. Nicht einmal ein Licht entzündeten sie sich, sondern blieben im Dunkel, vergaßen alles ringsum und kamen erst aus ihren phantastischen Sphären, wenn Katharina die beiden aufscheuchte und mit ihrer schrillen Stimme zurückholte in die Stube, in das geduckte Haus am Bach, wo sie neue Böden in alte Körbe flickte, Säcke stopfte und Besen band.

Wie gern hörte Peter dem Großvater zu, seiner wohligen Stimme, die sich änderte, je nachdem welche Gestalten aus ihm sprachen. Manche Geschichten wirkten lange nach, beherrschten seine Gedanken über Wochen, wuchsen, wurden bunt und schillernd. Einige Sätze und Worte änderte er, setzte sie neu zusammen, aber immer behandelte er das, was der Großvater ihm erzählte, wie ein Gehöchtnis*.

Anders als Elisabeth, die nur flüchtig zuhörte und sich nach einer Weile mit anderen Dingen beschäftigte, war Peter nur allzu sehr dabei, litt und quälte sich mit den Figuren, fragte nach und häufig musste der Großvater die Geschichten wiederholen. Änderte der dabei Sätze oder Worte, so wurde er korrigiert und oftmals wusste Peter die Geschichte selbst zu beenden in einer Art, die den Großvater schmunzeln ließ. Peter Schmitz wusste nicht, was er in seinen Enkel pflanzte, dachte nicht daran, dass Gedanken zu Liedern, Bilder zu Versen werden könnten. Aber er ahnte, dass Peter seine Geschichten verwahren würde, und das gefiel ihm. »Dat musst du gut behalten«, sagte er, »dann kannste et auch weiterverzählen. Und wenn du viel Geschichten kennst, oder Gedichte, dat kann dir auch helfen. Wenn du traurig bist oder Sorgen hast, dann denk nur mal an die Geschicht von der Schlangenjungfrau und dann stellste dein Sachen daneben und schon wird et dir leichter.«

Als der erste Schnee fiel, nahm ihn der Großvater mit ins Saalholz, einen Wald zwischen Gransdorf und Mulbach. Geheimnisvoll und traulich zugleich war es Peter zumute, wenn sie sich durch Unterholz und Gestrüpp einen Weg bahnten und er, stets im Windschatten des hageren Mannes, dessen Spuren folgte. Die Ängste, die er, wenn er im Wald allein war, empfand, die ungewohnten Geräusche der Wildtiere, die dunklen Ecken und Schatten, waren nun verschwunden. »Schnee macht alles hell und weiß«, sagte der Großvater, aber Peter wusste, dass es nicht bloß daran lag.

Vorsichtig und leise bewegten sie sich voran, ständig auf der Hut, jedes Geräusch achtend. Um keinen Preis durften sie sich erwischen lassen, machten sie sich doch der Wilderei verdächtig, auch als Späher für Holzdiebe.

Holz wollten sie holen und Tannenzapfen, Eckern für die Schweine, auch Reisig und Blätter, was sie als Brennmaterial, Einstreu oder Viehfutter brauchten. Starrend kalt war es, der Boden hart gefroren, das steife Gras brach unter ihren Füßen. Auch die Reiser waren in den Waldboden gefroren. Der Großvater löste sie mit blausteifen Händen, indem er dagegen trat. Peter half, bis die Fingerspitzen bissen und juckten und er die Hände unter die Weste halten musste. Der Großvater wärmte die Hände nicht. Unermüdlich sammelte er, das Reisigbündel wuchs. Er drückte das Gezweig mit den Knien ein und band es mit Strohseilen, die er in seiner Tasche verwahrte. Dann lud er alles auf seine Schulter, nahm Peter an der Hand und wanderte durch den Harsch zurück ins Dorf.

Sie kamen an sorgfältig aufgeschichtetem Holz vorbei. Meterlange, schön behauene Scheite, vorne mit einer Nummer versehen für den Verkauf, lagen dicht an dicht. Ein ganzes Holzlager war es, abgezirkelt und verboten. »Dat gäb warme Stuben«, sagte Peter und ein sehnsüchtiger Blick ging über diese Fülle.

Nur die Ärmsten waren im Wald unterwegs und oft trafen sie auf ihresgleichen. Aus der Not, weil die gebrannten Suppen, der schwarze Brei oder die Mehlspeisen nicht reichten, machten sich viele bei Sturm und Regen, wenn die herrschaftlichen Jäger zu Hause blieben, auf die Pirsch. Melzers Schorsch, den sie immer wieder antrafen, schoss aus Mangel an Munition mit Schuhnägeln, auch Hufnägel hatte er dabei.

Manchmal aber begegneten sie wirklichen Wilderern, üblen Gestalten, vor denen sie selbst Schutz suchen mussten.

Der Wald war überdies eine gute Kulisse für die Märchen und Sagen, die der Großvater immer parat hatte. Besonders in der Dunkelheit, wenn sie auf dem Heimweg kaum noch den Pfad vor sich erkennen konnten und nur noch der breite Himmelsstrich eine Orientierung bot, genoss es Peter, wenn der Großvater zu erzählen begann. Zu jedem Ort wusste er etwas zu berichten: Spukgeschichten, Kriminalfälle, Lieder.

Einmal fragte ihn Peter, wie viele Wörter eigentlich ein Mensch kenne. »Wat meint Ihr? Hundert, zweihundert, oder noch mehr?«

»Dat kommt ganz drauf an, wer du bist«, antwortete der Großvater, »Leut, die wat gelernt haben, kennen mehr Wörter. Auch Wörter, von denen ich net weiß, wat sie bedeuten. Der Lehrer kennt sicher mehr Wörter als dein Mutter. Und denk mal an den Pfarrer, der kennt sogar lateinische Wörter.«

»Und französische«, wusste Peter und zog die Augenbrauen wichtig nach oben, hakte aber gleich interessiert nach: »Und wir, wie viel Wörter kennen wir?«

»Wir kennen vielleicht net so viel Wörter, na ja, mehr als hundert sind et schon, aber wir beiden können auch wat. Nämlich unsere Wörter so zusammensetzen, dat wat Schönes draus wird, en Vers, en Reim. Da fällt uns doch immer wat ein.«

»Ich verdreh gern die Wörter, manchmal kommt wat Kurioses dabei raus. Ich hab auch schon Wörter erfunden«, meinte Peter stolz, sah aber zweifelnd nach dem Großvater. »Dat is ja dat Schöne. Und durch dein Erfindungen machst du wat Eigenes mit unserer Sprach, wat längst net jeder kann. Weißte, wie man so wat nennt?« Peter sah erwartungsvoll nach dem Großvater und schüttelte den Kopf. »Dichten nennt man dat«, sagte der Großvater, »und Dichter können wat zum Klingen bringen, en Gespür für die Schönheit der Welt wecken, so ähnlich wie Musik.«

Etwas zum Klingen bringen hatte der Großvater gesagt. »Wie soll dat mit Wörtern gehn?«, fragte Peter Tage später, als sie zusammen im Waldstück unterhalb der Brucher Burg unterwegs waren und er eben die Sage von der Brucher Fehde gehört hatte. Lange dachte der Großvater nach. Peter glaubte schon nicht mehr an eine Antwort und wollte gerade nochmals fragen, als der Großvater eine Erklärung versuchte. »Du meinst wohl, wie man en Dichter wird?

Ich glaub, dat is man oder man isset net. Ob man dat lernen kann?«
Der Großvater verzog den Mund. »Dat is en schwierig Sach.«

»Aber wie geht dat?«, hakte Peter nach und stampfte vor Unge-
duld mit dem Fuß. »Hmm. Da brauchst du erstmal en Idee, über
wat du schreiben willst. Vielleicht über den Frühling oder unser
Dorf, über den Kailbach oder die Salm. Oder en Weihnachtsgedicht.
Und damit dat schön klingt, musst du reimen. Also Wald und bald,
Kammer und Klammer, dat kannst du ja. Dann musst du auf dat,
wat du fühlst, gut achten, gut beobachten und dann aufschreiben.
Dat is wohl dat Schwierigste. Und du musst en Gesinnung haben.«

»Wat is en Gesinnung?«

»Dat is wat, woran du glaubst, wovon du überzeugt bist.«

»Wat is Euer Gesinnung, Großvater?«

»Hmm, da müsst ich erst mal drüber nachdenken. Dat kann
ich dir net so schnell sagen. Aber ich wüsst, über wat ich dichten
tät. Wenn ich en Dichter wär, dann tät ich unser Tälchen besin-
gen, oder den Bach an der Mühl, vielleicht sogar unseren Hausier.
Aber weißte Pitter, dat Dichten kommt bei Leuten, wie wir et sind,
zuletzt. Erstmal kommt der Hausier und all die Arbeit, die damit
verbunden ist.«

Wenn der Großvater keine Zeit hatte, lief Peter über die Wiesen
hinunter zur Mühle am Linsenbach, wo die Großmutter als Päch-
terin wohnte. Dreißig Jahre hatte sie zusammen mit ihrem Mann
die Mühle bewirtschaftet und jetzt verseufzte sie die Zeit. Manchmal erzählte sie dem Jungen, wie es früher in der Müllerei zuge-
gangen war.

Seit Napoleons Russlandfeldzug stand das Wasserrad still, Moos
wucherte darüber, das Holz war grau und brüchig geworden. Kein
Mahlknecht flitzte mehr mit vollen Säcken über den Hof, kein Ran-
gieren von Karren war zu hören, kein Mehl stäubte mehr in der
Sonne.

Niemand anderem als Napoleon gab die Großmutter die Schuld
am Untergang ihrer Mühle.

»Im Februar war et, 1812, da sind sie gekommen. Französische Truppen. Jeden Tag zogen welche durch unser Dorf Richtung Osten. Kavallerie, Jäger und Artillerie in endlosen Kolonnen. Dat war die stärkste Armee der Welt. Ich hab dat Marschieren immer noch im Ohr!« Still saß sie, ihre Augen zuckten. Die Hände hielt sie unter der Schürze. »Wat wollten die denn bei uns?«

»Wir waren denen ganz egal. Napoleon war en Machtmensch, wie man sich keinen sonst vorstellen kann. Der wollt alles beherrschen. War aber net redlich mit den Leuten und konnt net Maß halten. Und wat passiert mit Leuten, die net Maß halten können?« Peter zuckte mit den Schultern. »Die verlieren dat Gleichgewicht«, sagte die Großmutter. »Dat muss man sich mal vorstellen. So viel Soldaten. Etliche blieben fußkrank zurück. Die Verletzten haben sich dann bei uns breit gemacht. Als der Winter kam und et kalt wurd, blieben auch viele wegen dem Schnee hier stecken. Überfüllt war alles mit Soldaten. Da kannste dir leicht vorstellen, dat et bald an Essen für all die Leut und Heu und Stroh für die Pferde gefehlt hat. Der Hunger und die Kält waren dat Schlimmste. Dat haben net alle ausgehalten. In der Kapelle lagen auch welche. Die haben bei uns Stroh geholt für die Krankenlager.« Die Großmutter seufzte. »Dat war en Zeit. Und gar net lang her. Grad 18 Jahr.« Mit großen Augen hockte Peter vor ihr auf dem Boden, versuchte sich Napoleon und den Menschenzug nach Russland vorzustellen. Aufgeregt biss er an seinen Fingernägeln, als die Großmutter erzählte, dass die Russen Moskau in Brand gesetzt hätten, um Napoleon Unterkünfte und Essen zu entziehen. »Dat war doch schlau!«

»Ja, aber en großes Opfer. Am End konnten die Franzosen nix mehr ausrichten und mussten zurück. Dat war ne Katastrophe für all die Soldaten. Die Kält! Der schreckliche Winter! Auch für deinen Großvater. Dat weißt du ja.« Immer, wenn sie an ihn dachte, rötete sich ihre Nase. »Jeden Tag sind Tausende von denen vor Hunger und Erschöpfung gestorben. Et sind net mehr viele heimgekommen.«

»Und Napoleon?«

»Der kam natürlich zurück. Ich hab sogar gehört, er wär als erstes abgehauen. Jedenfalls hat er danach noch paar Schlachten angeführt. Bei einer hat man ihn endlich geschlagen. Drüben in Belgien. Und dann is er verbannt worden auf ne Insel. Da musste er dann bleiben, bis er tot war.«

»Hat der da nix zu essen gekriegt?«

»Doch, doch. Bloß, der konnt nix mehr essen. Die verlorene Schlacht war ihm nämlich auf den Magen geschlagen. Ständig Magenpein, dat is nix Schönes. Immer musst er die Hand auf dem Bauch halten. Endlich hat er Zeit gehabt, über sein Großmannssucht nachzudenken.«

Zahlen und Lettern

Auf die Schule war sich nicht zu freuen. Zu oft hatte Peter gehört, dass es unnütz sei, dort die Zeit zu vergraben, dass nicht viel dabei herauskäme und dass es für die Armen ohnehin keinen Wert hätte. Besonders Katharina, des Schreibens und Lesens unkundig, konnte keinen Sinn darin erkennen, dass eigens zum Zweck des Lernens das Schulhaus geheizt werden sollte, weswegen in den Häusern Brennholz gesammelt wurde. Sie war der festen Meinung, dass ihr das Lesen und Schreiben, selbst wenn sie es erlernt, zu nichts verholfen hätte, und dass das Leben, ob mit oder ohne Schule, hart und ungerecht bliebe. Einfache Menschen, zu denen sie sich und ihre gesamte Sippe zählte, könnten ohnehin nicht heranreichen an die Gebildeten, nie und nimmer und also, wozu der Aufwand? So schickte sie Peter zum Winterbeginn auch nicht in die Schule, sondern hielt ihn zum Arbeiten an, entsandte ihn zum Aushelfen dahin und dorthin und wunderte sich, als Nikolaus Metzen, der Lehrer, eines Tages in der Tür stand und sich nach dem Jungen erkundigte.

Interessiert sah er sich um; seine Augen, blau und wässrig, quollen ein wenig vor; er trug einen wehenden Schnurrbart, den er ständig strich und glättete. Katharina kniete auf den Holzdielen, kurz nur sah sie auf, dann fuhr sie fort, mit der Wurzelbürste und kräftigen Strichen über das Holz zu scheuern. »Unseren Pitter sucht Ihr? Wo soll der schon sein? Helfen muss er, draußen, Reisig suchen und Heizmist! Und Vieh hüten für mein Schwäger«, antwortete sie. »Wenn er net krank is, muss er in die Schul, das wisst Ihr doch!«, sagte der Lehrer. »Dat geht net«, antwortete sie, indem sie den Oberkörper aufrichtete, sich den Schweiß von der Stirn strich und die Hände an der Schürze abwischte, »weil zuviel Arbeit da ist. Hier muss jeder mithelfen. Dat Schulgehn brauch der net. Krank is er auch allbeständig.«

»Et is ja nur für den Winter. Dat wisst Ihr doch. Wenn der Peter den Hausier übernehmen soll, muss er doch rechnen können!«

»Wat der wissen muss, weiß er schon. Dat bringt Kläs ihm bei. Mehr braucht et net.«

»Sagt Eurem Mann, wenn ihr den Jungen net in die Schul schickt, gibt et keinen Entlassschein, dann kann er später net heiraten.« Katharina stutzte, stand auf und stemmte die Hände in die Hüften. Entrüstet besah sie sich den Lehrer. »Wat? Net heiraten? So wat hab ich ja noch nie gehört!«

»So isset aber«, antwortete Metzen, strich sich den Bart, ermahnte sie nochmals und fügte hinzu, dass außerdem eine Fibel angeschafft werden soll und dass er Peter anderentags um halb acht in seiner Klasse erwarte.

Katharina sah ihm verärgert hinterher, als er den Hof verließ, seine Rockschöße bewegten sich beim Gehen wie Rabenflügel.

Den ganzen Abend tobte sie. Was sie enorm in Rage brachte, war die Anschaffung besagter Fibel, von der der Lehrer noch erwähnt hatte, dass sie einen halben Silbergroschen hinzuzuzahlen hätten. Dass man Schreiben und Lesen, wenn es denn sein müsste, auch mithilfe der Bibel erlernen könne, die in jedem Haus vorhanden und ergo nicht mit Kosten verbunden wäre, war auch für Kläs schlüssig. Es wurde ein reger Wortwechsel, Katharina wütete, Kläs beschwichtigte. »Et wird neuerdings überlegt, dat ganze Jahr über Schul zu halten. Wat der Metzen sagt, ist unser Pflicht. Und et gibt jetzt en neues Gesetz, da dürfen die Kinder, die alt genug sind für die Schul, net mehr mit auf den Hausier. Die müssen hier bleiben.

Brucher Mattes macht dat auch. Der lässt seinen Jung sommers in Kost bei Juchems und zahlt dem dafür 40 Pfennig im Monat.«

»Dat kann der sich doch gar net leisten«, entgegnete Katharina und schüttelte zweifelnd den Kopf. »Natürlich net. Dafür muss der viel Porzellan verkaufen. Net mal der sparsamste und sorgfältigste Familienvatter hat soviel übrig, dat er sich selbst auswärts und Frau und Kinder zu Haus ernähren kann! Dat kommt noch soweit, dat derjenige, der seine Kinder mitnimmt, keinen Gewerbeschein mehr kriegt. Dat hat der Jupp beim Frühschoppen gesagt. Wir können noch zufrieden sein. Wir haben nur die Winterschul ...« In Anbetracht der kritischen Gesetzeslage wurde Katharina milder und am Ende einigten sie sich doch darauf, Peter, so wie der Lehrer es wünschte, am nächsten Tag in die Schule zu schicken.

Dennoch, die Sache mit der Fibel beschäftigte Katharina. Nicht nur sie und Kläs, auch andere Eltern hielten diese Anschaffung für überflüssig. Einige sprachen beim Lehrer vor, andere beim Pfarrer, der wieder auf den Lehrer und dessen beste pädagogische Absichten verwies. Metzen blieb dabei. Eine Fibel müsse sein, der Sprache willen, die gerade auf den Dörfern kaum gepflegt werde, aber auch, nicht minder wichtig, der Schrift wegen. Dafür ginge er sogar in Vorkasse, verkündete er, wurde dann aber in Anbetracht der Summe der vorzustreckenden Thaler wieder leiser und plädierte am Ende dafür, dass man die Finanzierung der Bücher durch Doppelverwendung bestreiten könne, ein Buch für zwei Schüler.

Peter erhielt dennoch seine eigene Fibel. Obwohl Katharina heftigen Widerstand leistete, wurde das Buch ein halbes Jahr nach Schulbeginn auf Geheiß des Großvaters und einer Tante angeschafft und von letzterer zum Schutz des Umschlags in ein grünes Papier eingeschlagen. »Die Geschichten in der Fibel gefallen den Kindern doch viel besser als die schwierigen Sätze im Katechismus, die sie net verstehen und doch auswendig lernen müssen«, sagte sie und zwinkerte nach Peter. »Wirst schon sehen, damit lernst du ganz schnell lesen und schreiben.«

»Wenn, dann soll der Jung rechnen lernen! Lesen und schreiben, so en Unsinn! Und eigens dafür en Buch, wat en halben Silbergroschen kost?« Katharina konnte es nicht fassen.

Nie mangelte es Peter an der Lust zu lesen oder sich unterweisen zu lassen. Das Auswendiglernen machte ihm keine Mühe, sämtliche Sagen und Märchen behielt er im Kopf. Er achtete auf Formulierungen, Sätze und Worte, die er nach Belieben veränderte, zusammenfügte, auseinandernahm, verdrehte. Manche Stunde vertrieb er sich damit.

Auch gefiel ihm der Klassenraum, das Wappen mit dem schwarzen preußischen Adler, der einen Reichsapfel und ein Zepter in seinen Klauen trug, die Lesekästen mit den einzelnen Buchstaben aus Holz, die Buchstabierkarten sowie seine Schiefertafel, die er unzählige Male mit Wörtern, Silben oder Buchstaben ausfüllte, um dann wieder mit Spucke alles wegzuwischen.

Das waren die guten Seiten der Schule, aber es gab auch eine bedrückende Seite, die wie ein Alb auf ihm lag, ihn lähmte und quälte. Das war die tägliche Angst, etwas Falsches zu sagen oder zu tun, falsch zu sitzen, zu spät zu kommen, mit den Füßen zu scharren oder etwas vergessen zu haben. Waren doch Gehorsam, Ordnung, Fleiß und Sauberkeit die größten Tugenden, auf die akribisch geachtet wurde. Lesen und Schreiben traten zu diesen Gunsten zurück, sogar die Mathematik. »Gerade in der Eifel ist es notwendig, dass durch ein gutes Beispiel der Sinn für Ordnung und Reinlichkeit geweckt wird. Viele vernachlässigen die Pflege der leiblichen Reinlichkeit ihrer Kinder und was geschieht? Sie erscheinen in zerrissenen und fleckigen Kleidern, mit schmutzigen Händen und ungekämmten Haaren! Von verlausten Köpfen ganz zu schweigen. Und dann die Manieren. Es ist eine Unart, dass sie das Geschriebene von Schiefertafeln ablösen, indem sie dieselben anspucken und mit der Hand oder dem Hemdsärmel abwischen …!« Ständig schimpfte Metzen über die Zustände in der Eifel, in den Familien, bezeichnete Land und Leute als zurückgeblieben, halsstarrig und verstockt.

Lehrer Metzen war das uneheliche Kind einer Weißschneiderin und eines Offiziers eines westfälischen Infanterieregiments. Der Vater war als Scharfschütze und Kanonier mit der Grande Armee 1812 nach Russland gezogen und nie zurückgekehrt. Trotz aller Armut ermöglichte die Mutter ihrem Sohn den Besuch der Mittelschule, später besuchte er eine Militärschule.

Kurz nur war Metzen verheiratet gewesen. Seine Frau war an einer raschen Krankheit gestorben, was ihn noch härter gemacht hatte. Er war Drill gewöhnt, den er als pädagogisches Mittel für unverzichtbar hielt. Hauptaugenmerk seines Unterrichts waren das Hersagen wichtiger Stellen aus dem Katechismus und die Kenntnis über die katholische Kirche. Wenn er fragte, warum die katholische Kirche apostolisch heißt, mussten seine Schüler der Reihe nach vortreten, bis die Frage zur Zufriedenheit des Lehrers beantwortet war, getreu dem biblischen Wortlaut: »Weil ihre Bischöfe die Nachfolger der Apostel sind.«

»Die katholische Kirche heißt die alleinseligmachende – warum? Vortreten!«

»Weil …, weil …« Sofort klatschte eine Ohrfeige. »Der Nächste! Vortreten!«

»Weil sie allein von Jesus Christus gestiftet ist, um die Menschen selig zu machen.«

»Wozu bin ich auf Erden?«

»Um Gott zu dienen, ihn zu lieben und dadurch in den Himmel zu kommen.«

Gerne drohte Metzen mit dem Versucher, dem Teufel, dem sie unterliegen würden, sobald sie in ihrem Glaubenseifer nachließen. Seitlich unter dem Kruzifix hatte er ein Bild aufhängen lassen, das den Leibhaftigen zeigte, einen jungen, schönen Mann, allerdings mit Hufen, Hörnern und einer schwarzen Kappe, der sich mit verzerrtem Gesicht unter den Tritten Sankt Michaels wand. »Betet! Betet! Dieser schürt das Fegefeuer, darin die verlorenen Seelen brennen werden!«

Die Bekehrung der Irrgläubigen lag Metzen täglich am Herzen, dazu die Festigung und Verbreitung seines alleinseligmachenden Glaubens.

Er unterrichtete mehrere Klassen zusammen und war deshalb genötigt, seine Arbeit exakt einzuteilen. Während die Älteren hinter Aufgaben saßen, die er an die Tafel geschrieben hatte, übte er mit den Kleinen das Malen der Buchstaben. War auch diese Gruppe mit dem jeweils zwölffachen Malen jedes Buchstabens beschäftigt, übte er mit der mittleren Gruppe Rechnen. Alle Aufgaben überwachte er mit dem Stock in der Hand. Wie oft hatte Peter gesehen, dass Schüler, die nichts wussten oder die Hausaufgaben nicht gemacht hatten, in der Ecke hinknien und mit ausgestreckten Armen so lange verharren mussten, bis sie aus ihrer unbequemen Haltung erlöst wurden. Erst gestern musste Melzers Lorenz, weil er die Stämme Israels nicht aufzählen konnte und bei Sebulon stecken geblieben war, auf einem spitzen Holzscheit knien, eine Tafel um den Hals, auf die er selbst geschrieben hatte »Ich bin ein Esel«. Die scharfe Kante des Scheites hatte sich ordentlich in die Knie gebohrt, was Lorenz anzusehen war, kniete er doch mit schmerzverzerrtem Gesicht und versuchte, durch ständiges Gewichtsverlagern die Sache erträglicher zu machen.

Wer den Unterricht störte, bekam Rutenschläge, musste Federkiele spitzen oder, je nach Metzens Laune, Schläge mit dem Lineal auf die Fingerkuppen ertragen.

Erklärt wurde nichts. Sechsmal in der Woche ging es immer gleich: zuerst das Schulgebet und dann trat jeder Schüler vor, um seine Lektion aus dem Katechismus aufzusagen. In der zweiten Stunde wurde gerechnet. Dann folgten ABC-Übungen, erstes Lesen aus dem Lehrbuch für nötige und nützliche Dinge, zuletzt Buchstabenschreiben. Am Nachmittag ging es weiter mit Schönschreiben, Psalmenlesen und dem Singen von Kirchenliedern.

Jeden Mittwoch verteilte Metzen eine Rechenaufgabe. Von Mittwoch zu Mittwoch steigerte sich Peters Angst vor den Zahlen, die Not, einfachste Lösungen nicht zu finden, zum Spott zu werden.

Mit Zahlen konnte er nichts anfangen. Manche sahen aus wie Tiere, aus der Zwei konnte man leicht eine Maus zeichnen, eine, die sich kauerte und mit den Pfoten die Schnauze wischte. Ebenso gut könnte die Zwei einen Schwan darstellen, die Drei einen Vogel, die Vier einen Storch mit angezogenen Beinen und die Sieben ein Pferd auf den Hinterhufen. Jetzt aber sollte er die Zahlen verknüpfen, verbinden oder voneinander abziehen. Wie konnte man einen Schwan von einem Pferd abziehen? Er biss Fingernägel. Schön waren manche Zahlen, so schön wie die Buchstaben auch. Das musste er zugeben. Aber die Buchstaben konnte man doch ganz anders verbinden oder abziehen in einer Art und Weise, dass sich der Sinn alsbald veränderte, die Zusammenhänge wechselten. Wenn man von blau das B nahm, ergab es lau, wenn man zu lau ein T hinzu fügte, ergab es laut. Dazu noch ein E und schon hatte man eine Laute. Herrlich. Er begann die Zahlen auf seiner Tafel zu verzieren, Schnörkel entstanden. Um die Drei rankten sich bald Rosen, die Neun bekam Flügel. Ein Bild entstand, wobei die Zahlen immer mehr in den Hintergrund traten, die Ziffern verschwanden, bis eine dicke Ohrfeige klatschte.

Einmal kam hoher Besuch aus Trier in einer Kutsche angefahren, begleitet vom Pfarrer. Metzen hatte sich an diesem Tag besonders ausstaffiert. Er trug seinen besten Rock und verbeugte sich tief vor dem hohen Besuch, einem Herrn mit steifem Hut, einem Oberrock mit breitem Kragen, einem bläulichen Gesicht mit Bart und einem roten, glänzenden Specknacken. Vor der Klasse erklärte der Fremde, dass er die Schüler prüfen wolle, und der Lehrer fügte hinzu, dass es ein alleroberstes Examen sei, das einige Konsequenzen haben könne.

Es gab eine Probe im Kopfrechnen, die ordnungsgemäß verlief. Dann wurden die Schüler gefragt, was sie über Mose wüssten. Der Prüfer zeigte auf Matthias Maus, der auch sofort aufsprang und vortrat: »Mose war der Gesandte Gottes und hat die Israeliten aus der Sklaverei in Ägypten in dat kananäische Land geführt. Er wurde von der Tochter des Pharao in einem Binsenkörbchen aus einem See gezogen und von einer Amme genährt.« Der Mann mit dem Specknacken räusperte sich missbilligend und nahm Peter an die Reihe. »Was hast du dazu zu sagen?« Peter zögerte. »Et war en Schilfkörbchen und et trieb auf dem Nil, net in einem See.«

»Gut, gut«, murmelte der Fremde, »und sonst?«

»Die zehn Gebote«, sagte Peter, »er hat von Gott die zehn Gebote auf dem Berg Sinai empfangen.«

»Und wie lauten die?« Peter stand kerzengerade, mit angestrengtem Gesicht. »Du sollst, du sollst …«

»Was sollst du?«

»Vater und Mutter ehren …«

»Halt!«, fuhr der Prüfer dazwischen, »welches ist das erste und allerheiligste Gebot?« Peter überlegte, zögerte, verhaspelte sich beim Sprechen. »Dat is, eh, dat meint, du sollst net stehlen.« Der Lehrer ging dazwischen und zischte: »Zurücktreten! Falsch. Absolut falsch!« Lorenz Melzer wurde aufgerufen. Ohne Fehler zitierte der das erste Gebot, was dazu beitrug, dass der Lehrer sichtlich entspannter wirkte. Am Schluß erntete Lorenz ein Fleißbillet, auf dem in Blumen gerahmt die Worte »Lob des Fleißes und der Aufmerksamkeit« in Schreibschrift gedruckt waren.

Auf dem Nachhauseweg gab es eine Prügelei. Matthias Maus fing schon an zu rempeln, als sie kaum die Schule verlassen hatten. »Besserwisser, Zirbespisser …«, äffte er Peter nach, »nein, et war en Schilfkörbchen und et trieb auf dem Nil … Wart nur, ich geb dir den Nil …« Tritte folgten, dann Schläge mit der Tasche, »Zirbespisser, Hosenschisser.«

Obwohl Peter am Morgen des nächsten Tages starke Bauchschmerzen vortäuschte, zum Zweck der Glaubwürdigkeit sogar den morgendlichen Haferbrei verschmähte, er musste doch sein Bündel schnüren und zur Schule gehen. Bevor der Unterricht begann, wurde er von Metzen hereingerufen. »Äußerst blamabel und ärmlich! Wat hast du bloß in deinem Schädel? Dat hat ein Nachspiel! Dat erste Gebot net können! Dafür aber Geschichten erzählen und Märchen auswendig lernen! En Spintisierer biste! Ja, die Geschichte von Mose, da hast du zugehört. Aber die zehn Gebote sind dat Wichtigste überhaupt, ungleich wichtiger als alle Geschichten, die et gibt! Ohne dat erste Gebot wirst du et nie zu wat bringen!« Metzen tobte noch eine ganze Weile, während Peter verloren dastand und sich schämte, Gottes Geboten nicht den gebührenden Rang eingeräumt zu haben.

Lange noch wartete Peter auf das Nachspiel, das der Lehrer angekündigt hatte. Als aber bis Februar wider Erwarten nichts geschah, die Winterschule wieder endete, vergaß er den Vorfall.

Anfang März lag Peter im Bettkasten und phantasierte über Napoleon, den Brand von Moskau und von Soldaten in einer Kapelle. Die Kränkt war wieder aufgeflammt. Sein Gesicht glühte, er brabbelte wirres Zeug, aß nicht, trank kaum etwas außer Tee aus Kamillenblumen und dem Melissenwasser, das ihm die Mutter mittels eines Löffels einflößte. Dann lag er durch die ständigen Schwankungen seiner Körpertemperatur – am Morgen einigermaßen im Lot, am Abend besorgniserregend hoch – wieder matt und abgeschlagen da und seine leeren Augen blickten ins Nichts. Mehrmals am Tag befühlte ihm Katharina die Stirn, tastete nach dem dünnen Arm, erschrak über den schnellen Puls und Peters unsinnige Sprache.

Drei Kerzen zu Ehren der Heiligen Klara von Assisi hätte sie auf Geheiß eines Kräuterweibes brennen sollen, dann würde die Kränkt verschwinden. Aber von Lichtmess war keine geweihte Kerze mehr übrig. Ohnehin gab es im Zirbeshaus keine drei Kerzen, nur ein Tranlicht mit wenig Öl und so blieb ihr lediglich, zur Heiligen Klara zu beten. Ganze Tage war sie Peters wegen nicht aus dem Haus zu bringen und auch nachts ließ sie es sich nicht nehmen, immer wieder nach ihm zu sehen. Sie tauchte Lappen in kaltes Wasser, die sie ihm auf die Stirn legte und um die Waden wickelte und konnte dem Ärmsten, der obendrein von Schüttelfrost geplagt wurde, doch nur wenig Erleichterung verschaffen.

Kläs empfand Katharinas Fürsorge als übertrieben. »Lass den Jung doch mal in Ruh«, schimpfte er, »dat wird all net besser, wenn du dich ständig an ihm zu schaffen machst. Sobald die Hao-legäns zurück sind, ziehn wir los, dann muss er auf den Beinen sein.« Beschwörend hob Katharina die Hände: »Aber so können wir doch net fort.«

»Und wovon willste leben? Wir haben doch jetzt schon kaum noch wat zum Essen. Et sind schon Unseresgleichen in ganz anderen Zuständen auf den Hausier gegangen. Dat is eben so. Du verweichst dat Kind. Vielleicht wär der gar net so krank, wenn du net immer …«

»Aber Kläs, doch net so laut …« Besorgt stand sie auf und schloss die Tür zur Kammer der Kinder. »Jaja, dat bloß der Jung davon nix hört«, maulte er und verließ die Stube.

Um Kläs wieder zu versöhnen, flüsterte Katharina ihm in der Nacht zu, dass sie Peter ein geweihtes Palmsträußchen in die Weste genäht habe, das den Jungen während der Reise schützen und vor der Kränkt bewahren würde. »Dat hilft. Du wirst et sehn.«

»En Palmsträußchen im Wams? Ach Kat, wenn du et net so gut meinen würdst«, murmelte Kläs.

Wie auch immer, das Palmsträußchen schien zu helfen. Peter erholte sich. Bald konnte er aufstehen, am Fenster sitzen, wo er sich seinen Träumen hingab. Immerzu dachte er an Napoleon. Der mächtigste Mann in Europa sei er gewesen, das hatte der Großvater erzählt. In nur 20 Jahren habe er die Länder mehr verändert als alle Könige und Kaiser in 200 Jahren. Ein Bild hatte der Großvater ihm auch gezeigt: Napoleon Bonaparte als Kaiser in einem weiten, rot-goldenen Mantel, der mit einem weißen, schwarz gepunkteten Pelz gefüttert war, in der linken Hand das Zepter. Im Hintergrund waren samtbezogene Wände zu sehen gewesen, Stuckaturen, Goldfransen am Mobiliar. Die Kaiserkrone mit dem Kreuz – von der Peter wusste, dass Napoleon sie sich selbst aufgesetzt hatte – lag hinter dem majestätisch blickenden Mann auf einem Kissen, das aus blauem Brokat genäht war und an dem Goldquasten hingen.

Als er Tage später dem Großvater half Axt- und Rechenstiele zu machen und Ochsengeschirre zu flicken, fing er wieder mit Napoleon an, wollte wissen, wie man Kaiser werden und was man als Kaiser Gutes für sein Volk tun könne. »Als Kaiser kannste alles machen«, sagte der Großvater, »und Napoleon war zwar machtgierig und unmäßig, aber etliche unserer Händler haben auch davon profitiert.« Peter dachte nach, konnte sich nach alledem, was seine Großmutter erzählt hatte, nicht vorstellen, was der Kaiser der Franzosen den Niederkailer Händlern Gutes getan haben könnte. »Napoleon hat Gewerbefreiheit eingeführt«, fuhr der Großvater fort. »Dat war für uns Händler en wichtig Sach. Un Religionsfreiheit. Oder dat neue Gesetzbuch, der Code Civil, war gar net so schlecht.«

»Wat is Religionsfreiheit?«, fragte Peter. »Dat meint, dat jeder sich seine Religion selbst aussuchen und deshalb net drangsaliert werden darf.«

»Wat für en Religion habt Ihr Euch ausgesucht?« Der Großvater lachte. »Du kannst aber wat fragen. Dieselbe wie du. Katholisch sind wir. Alle im Dorf sind katholisch, römisch-katholisch. Dat is der alleinseligmachende Glauben. Dat hast du doch in der Schul gelernt. Und lernst et auch bald in der Christenlehr.« Auf Peters fragenden Blick hin fügte er hinzu: »Dat du in den Himmel kommst. Deshalb.«

»Kennt Ihr einen mit ner anderen Religion?«

»Unterwegs lernt man viele Sorten Menschen kennen. Da muss man auf der Hut sein! Unser preußisch Regierung is andersgläubig. Unser König is en Protestant. Aber dat is Ketzerei. Von Andersgläubigen hält man sich fern!«

»Wat glauben die denn?« Der Großvater kniff ihn mit seiner behaarten Hand in die Wange. »Über sowat denkt man gar net nach. So Gedanken kommen vom Deuwel.« Peter nickte und dachte, dass sicher Napoleon, der starke Kaiser der Franzosen, sich mit Andersgläubigen eingelassen hatte. Warum sonst war er so kläglich gescheitert mit seiner riesigen Armee?

Wege aus Staub

In diesem Jahr standen Verbesserungen für den Karren an. Natürlich träumte Kläs von einem richtigen Aufbau, wie er es von den Pferdewagen anderer Händler kannte, die über Stellagen und Borden im Inneren, Schlafplätze mit Strohsäcken und einer ordentlichen Plane zum Schutz der Ware und der persönlichen Habe verfügten. Daran war nicht zu denken, bei Weitem nicht. Immerhin hatten sie den Esel, und damit ging es ihnen besser als anderen, die mit vorgespannten Ziegen oder Hunden losziehen mussten.

Kläs hatte die Sache mit dem Karren des Geldes wegen lange hinausgeschoben, aber nun hatte die Schreinerei Zahlungsaufschub bis zum Herbst angeboten und so entschloss er sich, zumindest Regale anfertigen zu lassen, des Weiteren zwei Schubladen mit Riegeln, für die kleinen Dinge. Auch spannten sich nun Spriegel* über dem Wagen, über die eine Nesselplane gezogen werden konnte.

Als zu Gertrudis die ersten Kraniche am Himmel erschienen, war alles bereits gepackt, gestapelt, eingewickelt und verstaut.

Der Winter war in diesem Jahr auffallend mild gewesen. Früh schon hatte die Sonne Kraft entfaltet, so dass der Schnee Anfang März ziemlich weit hinauf bereits fortgeschmolzen war. Die Tümpel waren nur noch am Rand zugefroren, in der Mitte glitzerte schon Wasser. Die Saat, die warm unterm Schnee gelegen hatte, trieb. Grünlich schimmerte es auf den Feldern, am Straßenrand sprosste junges Gras.

Dennoch, auf dem Karren froren sie. Elisabeth, inzwischen vier Jahre alt, bibberte und jammerte, dass sie die Beine nicht mehr spüre. In ihrem warmen Rock aus Wollzeug, der bis auf die Knöchel fiel, einer grünen Jacke – darüber trug sie ein rotes Tuch, das hinten in einem Zipfel herab hing – hatte sich das Mädchen dicht an Katharina geschmiegt und bettelte darum, eine Decke über Knie und Füße auslegen zu dürfen. Bald sah man von dem Kind nur die Augen, blau und groß.

Vom Burgberg her trompeteten die Kraniche. Peter hob den Kopf und sah über dem Waldstück einen ganzen Zug, der nordostwärts flog. Krüh krürr! Ständig wechselte der Leitvogel an der Spitze des Keils. Der Großvater hatte erzählt, dass sich manche Singvögel als blinde Passagiere auf dem Rücken im Gefieder der Kraniche in wärmere Länder tragen ließen. Ein warmer Platz musste das sein, dachte er und zog den Schal fester. Er sah, dass auch sein Vater fror, bemerkte, dass er ständig hustete, öfter als sonst. Mit verschränkten Armen ging Kläs, den Esel am Strick. »Die sind aber spät dran«, sagte er und deutete in die Luft nach den Vögeln.

Der Weg war braunnass, schwer pappte der Lehm an den Schuhen. Dann und wann streifte Peter die Schuhe am Gras ab, das erleichterte das Gehen für ein Stück. Elisabeth hustete und jammerte. »Wir haben uns zu früh gefreut. Heut kommt et noch zum Schneien«, prophezeite Kläs. Katharina antwortete nicht, zog mit rotgefrorenen Händen ihr Tuch bis zur Nase und spähte nach den Wolken. Schwer und grau hingen sie über ihnen, endlos lag die Straße.

In den Manufakturen an der Saar konnten sie günstig einkaufen. Viele Händler waren des Wetters wegen noch nicht da gewesen, so hatten sie die bessere Auswahl.

Von besten und günstigen Fayencen hatte Kläs gehört, die es neuerdings in Saargemünd gäbe, und da es nur einen Abstecher bedeutete, trieb er, nachdem sie in Wadgassen und Fenne gewesen waren, den Esel ein gutes Stück saaraufwärts ins Lothringische, an Gersweiler vorbei, Güdingen, Grossblittersdorf in Richtung der neuen Keramikwerke.

Direkt an der Saar befand sich die Fabrikation »Utzschneider & Cie.«. Es waren schmucklose, lang gezogene Gebäude, die der Straße folgten, mit zwei Etagen und zahlreichen Fenstern. Werkstätten, Öfen waren zu sehen, auch Mühlen, wo der Rohstoff für das Porzellan gemahlen wurde. Dicht an dicht war alles gebaut. Riesige Schornsteine ragten in den Himmel und bliesen grauen Dunst in die Luft. Wie in Wadgassen und Fenne standen auch hier Reihen von Händlerwagen mit wartenden Frauen und Kindern. Von einem Händler aus dem Hunsrück erfuhr Kläs, dass neben kunstvollen Fayencen und Majoliken auch herrliche Tabaksdosen zu erstehen seien. Zum Beweis wickelte er einen seiner Einkäufe aus dem Papier und präsentierte Kläs eine mit Malereien hübsch verzierte Dose aus Papiermaché. »An der ganzen oberen Saar, im Bliesgau, sogar im Rheingau is dat die große Mode«, verriet er. Kläs zuckte die Schultern. »Tabaksdosen? Ich weiß net. Wir sind wegen der Fayencen hier.«

»Ja, ja, kriegt Ihr«, sagte der Händler und wies Kläs den Weg zu einer versteckt gelegenen Werkstatt, wo er selbst gute Einkäufe getätigt hatte.

Die Fayencerie Utzschneider bot ein breites Warenangebot. Neben Fliesen, Krügen und Humpen führten sie auch Terrakotten aller Art, kupferne Kessel, Menschen- und Tierfiguren. Wieder war Peter dabei, als Kläs Ware aussuchte. Vor einer Vase blieb er stehen. Mit wenigen Strichen war eine junge Frau dargestellt. Ihre großen dunklen Augen blickten traurig, sie trug ein Kleid mit einem Schleier, in der Hand hielt sie eine Rose. »Dat is die Schlangenjungfrau«, flüsterte er seinem Vater zu und dachte an die Geschichte, die der Großvater ihm beim Reisigholen erzählt hatte. Kläs zuckte die Schultern. »Vatter, dat is die Geschicht von dem Mädchen, dat an der Burscheider Mauer am Kailbach in einem Schloss gewohnt hat. Dat Burgfräulein, dat net auf seinen Vatter gehört hat und dat sich deswegen in en Schlang verwandelt hat. Soll ich dir dat mal verzählen?« Kläs schob ihn an die Seite. »Lass dat, Pitter. Hier is net die Zeit dazu. Wat du bloß immer für Geschichten kennst.«

»Aber dat is doch en Geschicht aus unserem Dorf!« Kläs schüttelte den Kopf. »Zu teuer«, sagte er, »als guter Händler darfst du dich von sowat net verleiten lassen. Auf die Preise musst du gucken und auf die Qualität. Vor allem gängige Ware muss et sein, auch billig. Zwei, drei Brennungen reichen. Teewärmer und Rechauds in verschiedenen Größen brauchen wir.«

»Aber die Schlangenjungfrau …« Ein sehnsüchtiger Blick galt der Vase.

Später auf dem Karren ärgerte sich Peter, dass sein Vater nicht einmal die Geschichte hatte anhören wollen.

In Blieskastel, Homburg und Waldmohr, überall blühte es. Unzählige Kirschbäume dufteten. Die knorrigen Äste waren dick besetzt mit weißfarbenen Blüten, die Häuser dahinter schienen von der Pracht erdrückt zu werden. Groß und üppig florierte auch der Holunder; an den Zäunen leuchteten weiße Blütenteller, betäubender Duft zog über die Wege. Scherzend zerrte Kläs am Ast eines Haselstrauches und Peter geriet in eine Wolke gelben Staubes, der von den sprießenden Zweigen abqualmend, zum Niesen reizte.

Das Frühjahr konnte besser nicht sein. Schlimmere Fröste waren ausgeblieben, wochenlang gab es kaum einen Schauer. Die Leute wirkten fröhlich, sie lachten ohne Grund, die Kinder spielten wieder auf der Straße, balgten und kreischten.

Ein paar Wochen brauchten sie für die Strecke entlang der Saar, umgesetzt hatten sie wenig. In der Rheinpfalz erhoffte sich Kläs bessere Geschäfte.

Die Sonne brannte, als sie mit dem Karren durch die Dörfer rund um Kusel zogen. Zweimal waren sie mit dem Eselfuhrwerk am Odesberg stehen geblieben. Das bockige Tier wollte partout nicht den Berg hinauf und so blieb ihnen nichts anderes übrig, als eine Pause einzulegen. Aber jetzt zog der Esel wieder, das Fuhrwerk holperte über die ausgefahrenen Wege, die sich zwischen Wiesen und Feldern schlängelten. Kläs und Peter gingen daneben, Katharina und Elisabeth saßen auf dem Karren. Der Straßenstaub, den sie mit ihren Schritten aufwirbelten, flimmerte vor ihren Gesichtern. Das Tier stampfte, die Hufe trappten über dürren Boden. Auf Höhe des Mayweilerhofes kam ihnen unter durchdringendem Gequietsche ein Leiterwagen entgegen, gezogen von einer ausgemergelten Kuh, die auf kein Zurufen und Antreiben mehr reagierte. Eine alte Frau saß auf dem Karren. Ihre Kleider, der jämmerliche Hausrat, den sie mitführte, alles war von Staub bedeckt. Auf dem Boden des Gefährts kauerte ein Huhn, eingewickelt in ein schmutziges Stück Sackleinen. Breit trottete die Kuh heran. Kläs wich aufs Gras aus, der Karren wankte und drohte zu kippen. »Oh Jesses!« Der Esel schrie, Kläs zerrte am Zügel, es nützte nichts, Sekunden später lagen Katharina und Elisabeth mitsamt Hotten und Körben im Graben. Das Kuhfuhrwerk fuhr weiter; die Frau ballte die Faust und drohte nach Kläs. Während sich die beiden erhoben, den Dreck von den Kleidern klopften und Elisabeth zu heulen anfing, rannte Kläs dem Fuhrwerk hinterher, fluchte ebenso, gab es aber bald auf und kehrte mit erhitztem Kopf zum Karren zurück. »So en Schweinerei! Dat hat uns grad noch gefehlt.« Katharina war den Tränen nah. Sie hob Elisabeth auf den Arm und inspizierte die Ware. Das Glas schien heil geblieben zu sein, auch die Teller, die Tassen ebenfalls und die Schüsseln. Schlucken musste sie. Erleichtert sah sie Kläs an. »Gelobt sei Jesus Christus!«

Links der Straße standen Birken. Weiter unten, am Glan, kam ein Gebäude in Sicht. »En Mühl!«, rief Peter, wischte sich den Schweiß von der Stirn. »Dat is kein Mühl. Dat is en Wasserschleiferei. Da halten wir.« Neugierig äugten Peter und Elisabeth in die Fenster, stellten sich funkelnde Dinge vor, aber es war nur ein düsterer Raum, in dem Arbeiter an Tischen saßen und etwas bearbeiteten, von dem sie nicht erkennen konnten, was es war.

Der Pächter der Schleiferei vermietete Schlafplätze für ein paar Pfennige an wandernde Händler. Laubsäcke lagen auf Lehmböden, breit gewälzt von den Vorgängern. Kartoffelsäcke standen herum, auch ein Essigfass sowie Eingemachtes in Gläsern. Die ganze Nacht hörte Peter das Klappern und Wasserumwälzen des Wasserrades. »Dat is doch en Mühl«, flüsterte er Elisabeth ins Ohr.

Als sie am Morgen erwachten, glänzte Feuchtigkeit an den rohen Wänden. Sie hatten in Kleidern geschlafen, wie so oft. Draußen ging heftiger Regen nieder und Kläs fluchte. Ohne einen warmen Schluck mussten sie hinaus in einen nassen Morgen.

Der Regen wurde im Laufe des Vormittags stärker. Erbarmungslos trommelte er auf ihre Rücken, wusch das Gras, die Wege. Die Kleider wurden schwer von der Nässe, kalt klatschte der Stoff um die Beine, unerträglich schnitten die Riemen der Hotten in ihre Schultern. Kühe standen mit stumpfem Blick und verklebtem Fell in den morastigen Wiesen. Kläs ging mit gesenktem Kopf, wirr hingen ihm die Haare in die Stirn. Sie alle hatte die Nässe nicht sauberer gemacht. Verschmierter denn je sahen die Gesichter der Kinder aus. »So en Wetter ist nur für die Pilze gut. Für sonst nix!«

In diesem Jahr waren mehr Leute als sonst unterwegs und Kläs erklärte seinem Sohn, dass die Zeiten sich besonders für die Tagelöhner geändert hatten, die ihre Kreise immer weiter ziehen müssten, ebenso wie für die Leute, die sich in Saisonarbeit verdingten: wandernde Maurer, Gipser und Zimmerleute, auch Schuster und Schneider. »Dat kommt noch schlimmer«, prophezeite er.

Der Regen ließ nach. Irgendwo zwischen Sankt Julian und der Hirsauer Kapelle blieb der Esel vor einer Brücke stehen. Schon mehrfach hatte er vor Brücken gescheut, aber jetzt war nichts mehr zu machen und obwohl Kläs fluchte und schrie, sogar nach dem Tier schlug; es nützte nichts, sie mussten eine Pause einlegen. Während sich Peter – unter Protest Katharinas – mit seiner Flöte ins Gras legte, kletterte Elisabeth vom Wagen, schmiegte sich an den Hals des Esels. Sie kraulte ihm das struppige Fell, schließlich sang sie. »Angst hat er«, sagte sie, »Angst vor Brücken. Fühlt doch, wie dat Herz schlägt.« Sie hielt ihm die Augen zu, schubste ihn mit dem Knie gegen den Bauch, flüsterte etwas in sein felliges Ohr und plötzlich zockelte das Tier mit ihr über die Brücke des Glan, langsam zwar, staksig und scheuend, aber zum Stolz Elisabeths. »Nun komm schon Grauer, mein Eselchen …«

»Du kennst wat davon«, nickte Kläs anerkennend und fortan war es an Elisabeth, sobald der Esel bockte, ihre Überzeugungskünste anzuwenden.

Am Nachmittag wurde es heiß. Noch war das Korn grün, aber es stand schon mannshoch. Bei Wiesweiler lag gemähter Klee an den Wegrainen und duftete. Das Summen von Insekten begleitete sie, immerzu schlug der Esel mit dem Schwanz nach den lästigen Tieren. Bis nach Lauterecken, wohin sie sahen, überall reifende Felder und auf den Wegen Menschen, die mit geschulterten Rechen ins Heu zogen.

Eines Stadtfestes wegen erhielten sie keine Gewerbeerlaubnis für Meisenheim. »Dann geht et eben zuerst nach Sobernheim«, bestimmte Kläs und Katharina seufzte. »Dat is ja noch weiter.«

Peter saß mit der Schiefertafel hinten auf dem Wagen, kritzelte Wörter und Schnörkel mit seinem Griffel auf den grauen Stein, spuckte und wischte mit dem Hemdsärmel darüber, schrieb von Neuem. Wie schön war Schillers Gedicht von dem Handschuh, wie schön die Beschreibung der Raubtiere gleich zu Beginn. »Ein Löwe tritt, mit bedächtigem Schritt, nee, dat war anders, also, hinein mit bedächtigem Schritt ein Löwe tritt, und sieht sich stumm, rings um …« Wieder wischte er und schrieb. » … mit langem Gähnen und schüttelt die Mähnen und streckt die Glieder und legt sich nieder …«

»Wat sagste, Pitter?«, fragte Katharina und drehte sich lächelnd zu ihm herum. »Nix, Mutter, ich hab nur wat geschrieben …«

»Wat schreibste denn?« Indem sie sich wieder nach vorne drehte, bemerkte Peter den spöttischen Blick seiner Mutter mit den heraufgezogenen Augenbrauen, der seinem Vater galt. Kläs reagierte nicht. »Dat is en Gedicht von Schiller, ich kann et auswendig.«

»Wenn de alles so gut könnst wie Gedichte aufsagen. Gleich musst du anpacken. Noch en halb Stund, dann sind wir in Sobernheim. Kannst die Tafel schon einpacken.« Peter hörte nicht. Zu sehr hatte er sich in die Geschichte um Ritter Delorges und die schöne Kunigunde vertieft. »Da fällt von des Altans Rand, ein Handschuh von schöner Hand, zwischen den Tiger und den Leun, mitten hinein …«

»Lass doch den Jung. Er tut doch nichts Schlimmes«, hörte er seinen Vater sagen. »Aber wat Nutzloses«, entgegnete Katharina und schüttelte den Kopf. »Der soll lieber die Päss parat halten …« Zu Peter gewandt fuhr sie fort: »Lass den Herrn Schiller ruhig dichten, der hat sicher die Zeit und dat Geld dafür, wat meinste Kläs?« Statt einer Antwort wies der auf seinen Esel: »Guck doch mal, wie dat Tier dat Hinterbein nachzieht. Wenn dat net wieder die Huffäule is.« Während sich die Eltern über Hufabszesse unterhielten, zählte Peter die Strophen und besah sich die Reime: »Franz – Kranz, Krone – Balkone, Finger – Zwinger, Schritt – tritt. Außerdem steht da ›Leun‹ statt Löwe und dat klingt ganz anders.«

»Wo haste dat Gedicht eigentlich her?«, fragte Kläs. »Dat hat uns der Melzer in der Schul vorgelesen.«

»Wie oft haste dat denn schon gehört?«

»Einmal.«

»Und dann kannst du dat auswendig?«

»Weil et so schön ist. Dat behält man doch. Is doch wie erzählt. En Gedicht is wat wie en Geschicht, bloß dat et gereimt ist. Vatter, soll ich Euch dat mal aufsagen?« Katharina seufzte. »Jetzt machst du dat Zeug auch noch mit, setzt dem Jung doch nur Flausen in den Kopp, wie wenn du davon wat verstehen tätst.« Kläs verstummte.

Es dauerte einen Moment, bis Peter anfing: »Dat is die Geschicht von einem König, der mit seinem Hofstaat in einem Löwengarten sitzt und en Tierkampf sehen will. Jedes Mal, wenn er mit dem Finger winkt, tut sich en Zwinger auf und en schreckliches Raubtier kommt rein. Erst en Löwe, dann en Tiger, dann zwei Leoparden. Und dat is alles genau beschrieben.« Kläs zog die Zügel straff, sprang vom Sitz und machte sich am Esel zu schaffen. »Verdammt noch mal!«, fluchte er, als das Tier die Hufe nicht heben wollte.

Katharina stieg auf den Karren. Während der Esel weiterzockelte, schaukelte ihr Kopf, ebenso der Rücken. »Dann kommt ein Ritter und dat Fräulein Kunigunde wirft en Handschuh in die Arena und sagt zu dem Ritter, wenn sie ihm glauben sollt, dat er sie liebt, dann tät er den Handschuh wieder da rausnehmen …«

»En Liebesbeweis also«, meinte Kläs. »Ja«, antwortete Peter, »aber en gefährlicher. Hättet Ihr dat gemacht für Mutter? Wenn ich einen gern hätt, der bräucht für mich net so wat Gefährliches zu machen. Und deshalb gefällt mir dat Gedicht auch. Weil nämlich der Ritter, der geht und holt den Handschuh und dann passiert wat Ungewöhnliches.« Er zögerte, dann trug er mit kräftiger Stimme den gesamten Reim vor: »Und der Ritter in eiligem Lauf, nee, in schnellem Lauf, steigt hinab in den furchtbaren Zwinger mit festem Schritte, und aus der Ungeheuer Mitte nimmt er den Handschuh mit keckem Finger. Und mit Erstaunen und mit Grauen sehen's die Ritter und Edelfraun. Gelassen bringt er den Handschuh zurück. Da schallt ihm sein Lob aus jedem Munde, aber mit zärtlichem Liebesblick – er verheißt ihm sein nahes Glück – empfängt ihn Fräulein Kunigunde. Und er wirft ihr den Handschuh ins Gesicht: ‚Den Dank, Dame, begehr ich nicht', und verlässt sie zur selben Stunde.«

Zufrieden saß Peter zwischen den Hotten, gelehnt an die Säcke, die hinter ihm gestapelt lagen. Er hatte es fast fehlerfrei aufsagen können! Wie schön es gereimt war! »Hört doch: Munde, Kunigunde und Stunde – dat reimt sich sogar dreimal!« Die Eltern hatten nicht zugehört. Immer noch schaukelten Katharinas Kopf und der Rücken, manchmal, wenn Kläs dicht neben ihr ging, berührten sich ihre Schultern. Katharinas Kopftuch war heruntergerutscht, Strähnen mit grauen Haaren wurden sichtbar. Kläs gähnte. »Da hinten, endlich, dat is einer der Kirchtürm von Sobernheim. Macht euch schon mal parat. Pitter, weck dat Lies. Wir halten am Markt.« Katharina rückte das Tuch zurecht. »Et wär gut, wenn wir bald en Schmied finden würden. Ich fürcht um dat Tier«, sagte Kläs, während Katharina Brot aus einem roten Sacktuch wickelte und den Kindern zusammen mit den Pässen nach hinten reichte. »Dat teilt ihr euch. Und sobald dein Vatter anhält, läufst du mit den Papieren auf die Bürgermeisterei«, sagte sie. »Wo ist dat denn?«

»Dat wirst du schon noch gewahr.« Noch war aber die Bürgermeisterei nicht in Sicht und so verbrachte er die Zeit damit, die Pässe seiner Eltern zu betrachten. »Königlich-Preußischer Reisepass No. 288« stand auf einem der Dokumente. Während Peter Elisabeths reckende Hände von den Pässen abhielt, blätterte er in den Seiten, las die Beschreibung seines Vaters: 5 Fuß, 3 Zoll groß, Haare: schwarz, Augenbrauen: braun, Augen: braun, trägt einen melierten Bart im ovalen Gesicht und ist von mittlerer Statur.

Elisabeth zankte und ließ sich erst durch das Brot ablenken. Herzhaft biss sie ab. Peter hielt ihr den Pass vors Gesicht und las ihr vor: »Nikolaus Zirbes reist nebst Ehefrau Katharina Schmitz, Sohn Peter und Tochter Elisabeth über Bernkastel nach Morbach, um Hausierhandel zu betreiben. Gültigkeit des Passes sieben und einen halben Monat.« Kopfschüttelnd drehte sich Katharina nach den Kindern um. »Dat unser Pitter immer wat lesen muss.« Wieder reckte sich Elisabeth nach den Dokumenten, die Peter jetzt hoch über ihren Kopf hielt. »Lass, dat is nix für dich!« Er beugte sich nach vorne: »Mutter, hier steht ›unverdächtig legitimiert‹, wat meint dat?«

»Pass auf die Päss auf, sag ich dir. Die sind wichtig. Wenn wir uns net ausweisen können, müssen wir heimfahren.« Verärgert klang ihre Stimme. »Aber Mutter, wat meint dat? ›Unverdächtig legitimiert?‹« Peter ließ nicht locker. »Dat meint, dat wir kein Landstreicher sind. Und keinem wat tun, oder Kläs?« Fragend sah sie ihren Mann an, der keine Notiz vom Gespräch nahm, sondern wieder besorgt auf den Esel wies: »Hoffentlich bleibt dat Tier net stehn …«

Kaum hielt der Karren auf dem Marktplatz, knuffte Kläs den Esel in die Seite, der es sich diesmal gefallen ließ, dass ein Huf nach dem anderen hoch genommen, Sehnen und Knochen betastet wurden. Während Peter zur Bürgermeisterei lief, entfernte Kläs ein paar eingetretene Steine und Dreck und stellte fest, dass es der hintere linke Huf war, an dem sich Risse und Löcher gebildet hatten, auch eine Wunde. »Dat gibt en Fäulnisherd, en schlimm Sach vielleicht, dat müssen wir ausschneiden lassen«, sagte er und beschloss, sobald Peter zurück wäre, einen Hufschmied aufzusuchen.

Der Besuch beim Schmied erwies sich zunächst nur als teuer. »Andere Länder, andere Sitten«, bemerkte Kläs, dem es noch nie passiert war, dass er mehr als zwei Groschen für seinen Esel ausgeben musste. Diese Ausgabe traf ihn hart und trug dazu bei, dass sie ihren Aufenthalt in Sobernheim verlängerten. Dennoch, die Hotten blieben voll. Die Leute bewunderten zwar die Ware, hoben sie auf, begutachteten Formen und Farben, stellten sie dann aber wieder zurück auf das Brett.

Am letzten Abend in einem Sobernheimer Gasthaus gab es Grütze und Kompott. Ein paar Männer saßen in dichten Tabaksrauch gehüllt am Tisch vor dem Fenster, hielten die Köpfe steif, schoben die Ellbogen breit auf den Tisch, sprachen von Märkten und von Vieh, womit sie gehandelt hatten. Dann wurde es plötzlich laut. »Ich soll mein Schnüss halten?«, polterte einer. Seine Augen starrten blank und drohend in den Männerkreis. »Ich verdien mein Brot rechtschaffen wie jeder andere und mach mein Schnüss auf, so oft ich will! So wie jeder andere!« Bedrohlich fasste er seinen Gegenüber am Tuch. »Haste das verstanden, hä?« Ein Dritter mischte sich ein, reckte sich über den Tisch. »Mach, dass du nauskommst! Mit Revoluzzern saufe mir net!« Der Disput wurde heißer, fast sah es nach einer Schlägerei aus. Ein alter, krummbeiniger Mann, der am Ende des Tisches saß und Peter beim Eintreten ins Gasthaus durch einen heftigen Knoblauchgestank aufgefallen war, schrie herum, dass sich die Jugend zu viel herausnähme, das Maul zu weit aufreiße. »Herrgott, haltet Ruh!« Schwer donnerte seine Faust auf den Tisch, zornig blitzten die Augen. Ein junger Mann mit einem dünnen Ziegenbart unterm Kinn, ohne Weste und mit einem flammend roten Tuch um den Hals, packte den Alten am Kragen. Sein Stuhl schrammte zurück. Dass er sein dummes Geschwafel bei sich behalten solle, nicht mitreden könne, schrie er, während er die Hemdsärmel aufkrempelte.

Er war nur ein schwächlicher Mann, eine Handvoll gegen den Alten, aber flink und behänd; seine Augen sprühten. »Es is endlich Zeit! Die Ungerechtigkeite müssen en End habbe!«

Kläs befürchtete einen Tumult. Energisch forderte er seine Kinder auf, auf die Kammer zu verschwinden und das, obwohl sie noch nicht fertig gegessen hatten. Auch Katharina sollte mit, die Gaststub sei nicht immer gut für Kinder- und Frauenohren.

Während Kläs die Kinder samt Katharina zur Stubentür hinausschob, reckten sich die Köpfe nach den Streitenden. Stühle wurden zusammengerückt, man drängte in die Ecke. Im Gesicht des Jüngeren schwollen die Adern. »Wir müssen hinter den Adel und die Reichen, so is et net mehr zu machen!« Der Alte wand sich unter seinem Griff, drohte mit Verrat und der Rache des Vaterlandes. »Dich kriegen se. Schneller wie du meinst. Und dann geht et int Kittchen zu all dem anderen Gewürm!« Der Jüngere zerrte ihn weiter, warf ihn herum, schrie, dass es längst Zeit sei zu kämpfen. »Aber wisst ihr, was ich glaub? Ihr wollt lieber in eurem Stumpfsinn bleibe, fresse, saufe, Kinder zeuge, blind für das Wesentliche, für die Zusammenhäng! Blind seid ihr all, wie ans Licht gescharrte Maulwürf!« Er gab dem Alten einen Stoß, dass der mit seinem Stuhl bis an die Wand flog. Gleich darauf hob er einen anderen Stuhl und bedrohte damit den gesamten Tisch. »Es kommen anner Zeite. Ihr werdet sehn. Immer ducke und die Klapp halte, dat hawwe mir lang genug getan!« Er warf den Stuhl in die Ecke und spuckte auf den Tisch, während der Alte sich bemühte, wieder auf die Beine zu kommen. Der Jüngere tobte weiter. Seine schrille Stimme überschlug sich, als er mehr Courage forderte und dass es gerade jetzt darauf ankäme, die Zustände zu ändern. »Hört endlich auf zu misstraue! Genau anners rum müsst ihr denke! Zusammenhalte müssen wir! Ein Arbeiter allein macht nix. Nur zusamme könne wir was erreiche. Wir müssen uns organisiere!«

»Sag du uns net, was wir denke solle! Hetz vor allem die Leut net auf! Hawwe all mit sich genug zu schaffe!«

Auch oben in der Kammer hörte man den Lärm. Es war nicht mehr genau zuzuordnen wer sprach, aber Satzfetzen wie ›verdächtig machen, Demokratie, Anarchie, Kampf dem Kapital, Wissen und Glauben‹ drangen an Peters Ohr und die Meinung, dass es eine gottgewollte Ordnung gäbe, die feststehe, an der der Mensch nicht rütteln dürfe. Jetzt fuhr eine neue Stimme dazwischen, die – offenbar im Suff – etwas von sozialistischer Fäulnis faselte und dabei so laut wurde, dass Elisabeth zu weinen anfing. Wieder konterte jemand. »Gottgewollt is das net! Ich geb ihm Recht. Es wird komme. Es wird sich ännere. Un dann wird es keinen Unterschied mehr gebe zwischen de Mensche. Es wird bald egal sein, ob du en Knecht oder en Herr bist!« Was dann folgte, war ein fürchterliches Gerumpel. Schwere Schritte dröhnten durch die Stube, es hörte sich an, als ob Holz zerschlagen würde, auch Glas. Der Schrei einer Frau drang zu ihnen hinauf, grell und misstönend. Fragend sah Peter nach seiner Mutter, die die verängstigte Elisabeth zu beruhigen suchte. »Mutter, wat meint der Mann?«

»Ach, denk net drüber nach. Ich weiß et auch net. Die sollen Ruh halten. Wir jedenfalls mischen uns net ein, dat sind so Ideen, neue Ideen, Geschwätz …«

»Wieso sagt der, dat wir blind sind? Ich kann aber wat sehn!«

»Der will die Leut nur aufhetzen, weiter nix. Ruh geben soll er! Am besten isset, wenn man bei sowat weghört, auch net hinsieht.« Seufzend fügte sie hinzu: »Jetzt fangt ihr sogar schon an zu fragen. Wat soll man euch bloß sagen?« Dann packte sie den verwirrten Peter, sah ihm fest in die Augen: »Denk dran, all Verkehrtheit kommt vom Deuwel!«

In der Nacht hörte Peter seine Eltern flüstern. Über die aufgebrachten Männer redeten sie, über Aufstände und Gewalt. »Dat wird net besser. Die Leut verarmen. Der Wirt hat erzählt, dat die Bayernregierung Steuern und Zölle derart angehoben hat, dat dat keiner mehr bezahlen kann. Wir merken dat ja auch. Haben nix übrig gemacht bis jetzt«, flüsterte Kläs, »et sieht auch net so aus, wie wenn dat en gutes Jahr würd.«

»Ich weiß et«, hörte er Katharina sagen, »aber wat sollen wir denn machen? Haben wir wenigstens genug, um die Kommissionsware zu zahlen?« Die Antwort konnte Peter nicht verstehen, hörte aber Stroh rascheln und seinen Vater sagen: »Jetzt heul doch net, Kat.«

Am nächsten Morgen sprach niemand über den Vorfall. Kläs drängte zum Markt, die Zeit wurde ihm lang, bis alle die Herberge verlassen hatten und der Karren über das Pflaster holperte. Peter wartete, dass sein Vater etwas sagen oder die Mutter ihn fragen würde. Aber nichts dergleichen geschah.

Auch heute war es heiß und voll. Durch das unaufhörliche Hin und Her der Menschen fuhren Wagen und Karren. Peitschenknall, Pferdegewieher und Gedröhn mischten sich mit unzähligen Stimmen, die sich heiser schrien beim Feilschen um ein paar Pfennige. Eine junge Bäuerin in kurzer Jacke und blauer Leinenhaube war auf einen Wagen gestiegen, ergriff dort einen Kohlkopf nach dem anderen, den sie einem alten Mann zuwarf, der das Gemüse in Kisten sortierte. »Ach die Leut!«, rief sie, »streite wegen nem halbe Pennig, gehn aber zum Weinausschank, das Geld versaufe!« Einmal tat sie so, als wollte sie Peter einen Kohl zuwerfen. Lachend hob sie das grüne Gewächs in die Höhe, weiße Zähne blitzten. Bereitwillig stellte er sich in Position, öffnete die Arme, aber sie lachte bloß und warf weiterhin in die andere Richtung.

Ein Porzellanflicker mit einem Laden um den Hals kam an den Stand. »Ihr Verkäufer von Porzellan und Fayencen! Habt Ihr Vasen, Kristall, Alabaster, Marmor zu kleben? Ich garantier für meine Arbeit!« Er hielt eine Dose mit einer Paste vor Peters Nase, die nach Kitt roch. »Brauchen wir net«, entschied Kläs und schob den Mann beiseite.

Vor dem Mittag gab es ein Spektakel. Eine Traube von Leuten umsäumte den Stand eines seltsam gekleideten, krumm gewachsenen Mannes, der wild gestikulierte, dabei ruckartig hin und her sprang und schwarze Augen rollen ließ. In den Händen hielt er ein Fläschchen mit einer gelblichen Flüssigkeit, das er als Allheilmittel gegen Husten, Erkältungen aller Art, Magendrücken, Blasenkatarrh, Nieren- und Gallenkoliken, sogar gegen Zahnweh anpries. Eine Frau in Haube und Mantille hatte sich überzeugen lassen und schon die geöffnete Börse in der Hand, als jemand von hinten rief: »Fort mit dem Quacksalber! Werft ihn vom Platz! Das Zeug taugt nix … En Betrüger is das, weiter nix!« Der bucklige Mann erstarrte, seine Augen wurden noch schwärzer, er drohte mit der Faust. Fast sah es so aus, als wolle er seinem Gegenspieler an den Kragen. »Wag es net, mir das Geschäft kaputtzumachen!« Erneut beteuerte er den Nutzen seiner Ware, gab Garantien, erklärte auch, dass er selbst Zähne ziehe, Hühneraugen entferne, Rat wisse bei erkranktem Vieh. »Hokuspokus is das. Bei uns im Stall hat er Kräuter aufgehängt, wie wenns was helfen soll. Die Kuh is trotzdem verreckt!«, mischte sich jemand ein. Händler traten hinzu, verfolgten interessiert das Geschehen. Einer trug seine Waren auf dem Rücken: Besen, Wäscheklammern, Rechen, Gabeln und Kochlöffel. Ein anderer mit langem Bart und städtischer Kleidung – er handelte mit Leder und Federn – provozierte: »Ihr müsst es ja nicht kaufen. Ist ja jeder selbst Schuld, wenn er sich was andrehn lässt!«

»Du Schacherjud, halts Maul!«, konterte der Porzellanflicker, der vorhin an ihrem Stand war und stieß ihn hart in die Seite. »Schnorrer, hep hep!«, riefen nun auch andere, rempelten ihn, spotteten über seinen ziegenartigen Bart. »Geh heim, der Sabbat fängt bald an!«

»Habt ihr nix anderes zum Jagen, keine Adeligen?«, wehrte sich eine Wollkrämerin, »was haltet ihr euch damit auf? Es gibt wichtigere Sachen!«

»Ja ja«, schrie jemand, der sich ganz hinten angestellt hatte, »was wichtig is, wird überall anners gesehe! Diesseits des Rheins geht es auf die Judde!«

Der Streit wurde handgreiflich. Katharina begann schon das Porzellan einzupacken, als jemand rief, dass Scharlatane vom Platz gehörten, sich eine der Flaschen griff und über die Köpfe schleuderte. Sofort erhob sich Geschrei, ein Tumult entstand. Jemand warf ein Holz in Katharinas Richtung, traf sie an der Schläfe. Sie taumelte zurück, riss Geschirr und Kannen mit, schlug im Fallen mit dem Kopf gegen die Deichsel des Nachbarkarrens, wo sie stöhnend liegen blieb. Schnell war Kläs bei ihr, zerrte sie hoch; die Kinder standen mit angsterfüllten Augen daneben, umringten den Vater, zerrten an Katharinas Kleid. »Die Krüg, Kläs, dat Geschirr …«, schluchzte sie, »wat für en Unglück.« Kläs versuchte sie zu beruhigen, was nur mäßig gelang. »Dat is doch all noch net bezahlt!« Katharina schlug die Hände vors Gesicht. »All der Aufwand, alles für nix …« Kläs winkte die Kinder heran. Zügig packten sie, während Katharina auf dem Karren saß und nach Luft rang.

Peter dachte an die Klebepaste und wie gut sie sie jetzt gebrauchen könnten.

Siegfrieds Gänse

Zur gleichen Stunde noch brachen sie auf. Bald lagen der Marktplatz mit dem Brunnen und der Apotheke sowie die beiden Matteskirchen, wie Kläs sagte, hinter ihnen.

Unterwegs sprachen sie kaum. Jeder von ihnen ging, den Blick auf den staubigen Boden gerichtet, im Kopf das Unglück. Eine halbe Hotte zerschlagenes Porzellan, das war viel, zu viel; das Geld dafür aufzubringen nahezu unmöglich. Hungern würden sie, hungern, den ganzen Winter.

Am Nachmittag des nächsten Tages erreichten sie Meisenheim. Diesmal war es leicht, den Stempel im Gewerbeschein zu bekommen.

Auf der Wiese in der Hembst, wo in der Nähe Markt stattfand, schlugen sie ihr Lager auf. Eine Gruppe Zigeuner mit bunten Wagen richtete zur gleichen Zeit die Zelte und Peter und Elisabeth waren froh über die Abwechslung, froh auch, der gedrückten Stimmung zu entkommen.

Für die Kinder rückte der Vorfall in Sobernheim bald in den Hintergrund. Jetzt waren die Zigeuner Objekte des Interesses. Seltsam gekleidete Kinder mit fremdem Blick in den dunklen Gesichtern, schichteten Holz für ein Lagerfeuer. Männer trugen Stangen und Planen für die Zelte zusammen; dies ging schnell vonstatten, denn geübt waren die Handgriffe, erprobt das Zusammenspiel. Ein Trupp Frauen machte sich auf, um gegen Kartoffeln, Eier oder Mehl wahrzusagen und Karten zu legen. Der Erste, den sie um diesen Tausch fragten, war Kläs, der sie lachend weiterscheuchte.

Obwohl viele der Vorbeikommenden die Zigeuner misstrauisch beäugten – standen sie doch im Ruf zu stehlen oder zaubern zu können – war Kläs nicht besorgt um seine Ware. »Dat sind kein schlecht Leut. Da sind gute Handwerker dabei und die meisten sind sehr musikalisch«, verriet er den Kindern und wusste zu berichten, dass sie Instrumente und Handpuppen herstellten.

Am Abend sah Peter, wie sie sich um das Feuer scharten, das die Kinder gerichtet hatten, aßen und tranken. Einer spielte mit der Fiedel auf, ein gebeugter Mann mit schwarzem Schnurrbart. Zwei Frauen tanzten, während andere ihre Kleinkinder in Decken packten und unter den Planwagen auf einer Lage Stroh schlafen legten. Nie hatte Peter Musik dieser Art gehört »Hej, Zariza, schau mich an, höre, wie mein Herz schlägt, wenn du vorbeigehst …« Nie hatte er solche Sehnsucht aber auch solche Lebensfreude gespürt wie in dieser Musik, in der er Glück und Leid so nah beieinander fühlte. Verhalten und leise begann der Geiger, steigerte sich dann, die Musik schwoll an, wurde immer schneller, bis hin zum leidenschaftlichen und mitreißenden Finale. »Hey Zariza, hej, hej, hej ...« Kopf und Oberkörper des Fiedlers bewegten sich mit dem Geigenbogen, der ganze Leib schien zu beben. Auch Elisabeth reckte die Hände; Peter hob sie auf seine Schultern, spürte die mageren Arme um seinen Hals: »Horch, Lieschen.« Immer mehr von ihnen tanzten zum Gefiedel, die Alten klatschten dazu oder schwangen Schellenringe. Peter konnte kein Auge lassen vom bunten Treiben und Schwärmen. Jetzt spielte einer auf einem Zupfinstrument mit drei Saiten und einem seltsamen dreieckigen Körper. »Dat is en Balalaika«, sagte Kläs, »sowat is ganz selten!«

Stundenlang hätte Peter mit Elisabeth neben dem Karrenrad, wo sie kauerten, diesen Tönen lauschen können. Kläs musste ihn mehrfach mahnen, bis er sich losreißen konnte.

Den ganzen Abend fragte er seinen Vater über das Instrumentenbauen und Musizieren aus. Noch in der Herberge gingen ihm die Musik, das wehmütige Geigen des seltsam gebeugten Mannes, die Balalaika, das Feuer, die dunklen Augen durch den Kopf. Zu gern hätte er die Flöte ausgepackt und selbst gespielt, aber Kläs erlaubte es nicht.

Anderentags in der Hembst, es ging gegen Mittag und sie packten gerade die Krüge in Stroh, als ein beleibter schwarzbärtiger Mann in einem abgeschabten pfeffer- und salzfarbenen Rock, auf dem Kopf einen verzogenen Hut, begleitet von einer Frau in einem Tanzkleid, den Weg entlangkam. Der Mann schlug mit einem Löffel auf einen Messingtopf und rief: »Der Mechanikus, Puppenspieler und Holzschnitzer Gustav Reinhard wird heute Abend, acht Uhr, auf der Wiese in der Hembst seine erste Vorstellung in Meisenheim geben. Gezeigt wird: Siegfried von Xanten, Puppenspiel mit Gesang in fünf Aufzügen! Eintritt nur drei Groschen!«

Nach allen Seiten wiederholten sie die Ankündigung. Peter verfolgte jeden Schritt, bis die beiden von der Wiese in die nächste Gasse bogen.

Ein Puppenspiel, ein Theater sollte es geben! Aufgewühlt sah er zu seinem Vater hinüber, der aber unbeteiligt schien, so, als ob er den Ausrufer nicht wahrgenommen hätte. »Vatter, hört doch! En Puppenspiel!« Begeistert stand er vor Kläs, der immer noch mit dem Einpacken seiner Ware beschäftigt war. »Wat willste denn? Hilf lieber der Mutter die Sachen verstauen. Für en Puppenspiel is jetzt kein Zeit!«

»Aber et is doch erst heut Abend!« Bittend kam auch Elisabeth heran. »Vatter, en Puppenspiel!«

»Dat is nix für uns. Wie soll dat gehen? Dat kostet Geld. Ihr wisst, wat uns passiert is«, sagte Kläs und erinnerte an das zerborstene Porzellan vom Vortag. »Alles Verlust, dat is et, wat uns bleibt, da is net an Spaß zu denken!« Katharina kam mit einem Korb Stroh und begann Glas hineinzupacken. »Mutter, habt Ihr gehört? Heut Abend is en Puppenspiel direkt neben uns auf der Wies. Siegfried von Xanten!«

»Ja, und?«, fragte Katharina uninteressiert und schob Elisabeth, die bettelnd an ihrem Kittel hing, zur Seite. »Steh mir net im Weg!« Kläs fuhr dazwischen: »Schlagt euch dat ausm Kopp – zu teuer!«

Gegen Abend begann Peter nochmals zu bitten und zu betteln, jammerte und flehte, versprach alles Mögliche zu tun. »Vatter, Mutter, lasst mich doch einfach nur rübergehen. Nur gucken. Vielleicht kann man ja von draußen wat hören.« Kläs war des Gebettels bald überdrüssig und rigoros entschied er: »Nix! Hier wird geblieben! Du schleichst da net rum! Und jetzt kein Wort mehr!«

Peter verzog sich unter den Karren, Tränen kamen, die er sich verärgert über das schmutzige Gesicht schmierte. Unentwegt starrte er hinüber zu dem bunten Zelt. Gerade wurde ein Tisch hinausgetragen und eine Kasse darauf gestellt. Männer mit dunklen Bärten hievten Bänke von einem Karren und trugen sie ins Zelt. Frauen und Kinder entfalteten Lampions, die sie zusammen mit bunten Papierschlangen ans Gestänge des Zeltes banden.

Und schließlich brachten welche die Puppenbühne. Zu dritt schleppten sie sie heran, einen schweren hölzernen Kasten mit einem Ausschnitt in der Mitte, an dem Fensterläden befestigt waren.

Roter Samt, der an der linken Seite des Kastens zusammengebunden war, hing fast bis auf den Boden.

Trotzig drehte sich Peter weg. Nein, er wollte diesem Treiben, an dem er ohnehin keinen Anteil haben würde, keine weitere Beachtung schenken! Mit dem Finger begann er überschüssiges Wagenfett, das aus der Nabe quoll, über die Speichen zu schmieren, bis ihn Katharina hervorzerrte. »Lass dat! Komm da raus und hilf mir den Karren zumachen! Dein Vatter is grad gegangen, allein schaff ich dat net. Wenn nachher noch Zeit bleibt, kannste rüber. Geld kann ich dir aber keins geben.«

Peter hatte mit Katharinas Bündnis nicht gerechnet. Lang schien ihm die Zeit, bis die Seile um den Karren geschnürt waren. Mithilfe der Zähne verknotete er den immer wieder wegrutschenden Strick, der nicht halten wollte, bis Katharina das erlösende Zeichen gab: »Los, renn schon …«

Drüben hatte sich die Szenerie verändert. Lampions warfen ein buntes Licht. Die Frau im Tanzkleid, die am Nachmittag den Ausrufer begleitet hatte, saß jetzt auf einem wackligen Stuhl an der Kasse, begrüßte jeden der amüsierfreudigen Gäste, wechselte Geld gegen Billets, lächelte und zählte. Aus dem Zelt quoll das Gekratze eines Fiedlers. Peter hielt Abstand zu der Kassiererin, drückte sich um den Kassentisch herum, umkreiste das Zelt und verzögerte seinen Schritt, als er an der Hinterseite eine halb geöffnete Plane entdeckte. Er vergewisserte sich, dass ihn niemand beobachtete, dann näherte er sich dem verlockenden Ausschnitt, öffnete die Plane ein weiteres Stück, streckte den Kopf zwischen das Leinen und lugte hinein. Vor ihm waren die Plätze absteigend aufgebaut, die vordersten Plätze waren die niedrigsten und schon voll besetzt. Vereinzelte Talglichter, die in Blechgefäßen an den Seitenwänden brannten, verbreiteten nur ein dünnes Licht. Die hinteren Reihen waren fast leer, die wenigen Leute auf den billigen Plätzen plauderten mit gedämpfter Stimme.

Auf der Bühne stand der Kasten und Peter erkannte, dass der rote Stoff ein Vorhang war, auf dem eine weinende und eine lachende

Maske abgebildet waren. Daneben stand der Fiedler, der am Abend zuvor am Feuer musiziert hatte. Im Kostüm eines Hanswursts verbeugte er sich unablässig, fuchtelte mit dem Geigenbogen in der Luft herum und rief: »Entrez, Mesdames et Monsieurs … Entrez!« Ein Mädchen in einem dünnen Kleid ging herum und wies den Eintretenden die Plätze zu. Es hatte sein schwarzes Haar mit langen buschigen Federn geschmückt, die in Gold und Silber schimmerten und bis auf den Rücken hinunterhingen. Wie eine Fee sah es aus, unwirklich, ein Traumwesen. Der Fiedler winkte sie zu sich, flüsterte ihr etwas zu und wies in Peters Richtung. Erschrocken raffte der die Plane zusammen, verschloss die Lücke mit einem Ruck, wollte fort, blieb aber wie angewurzelt stehen, als sich der Stoff auftat und ein paar schwarze Augen ihn spöttisch aber interessiert ansahen. »Verrenk dir net die Äugle«, sagte das Traumwesen mit dem Federschmuck und Peter bemerkte einen zutraulichen Blick. »Magst wohl rein?«, fragte es. Peter stand ertappt und wusste nicht wohin mit den Händen. »Hast kein Geld?« Sie standen einen Moment und beäugten sich, als das Mädchen ihn entschlossen am Arm packte und ins Zelt schob. Während es beschwörend den Finger an die Lippen hob und die Plane zuband, flüsterte es: »Geh schon. Da nüber, ins letzte Bänkle kannst sitzen! Aber pssst!« Mit den Augen wies es in Richtung des Fiedlers, »Pssst!« Ein Mann mit einem Monokel auf der Nase drehte sich entrüstet um: »Hier muss wohl net jeder zahlen!« Peter beachtete ihn nicht, drängte an ihm vorbei und mit Herzklopfen saß er bald auf dem angebotenen Platz und starrte erwartungsvoll nach vorne. Einmal noch kam das Mädchen an ihm vorbei und flüsterte: »Bleib ganz still. Und beim Nausgehn nimmst den richtigen Ausgang!« Es ging weiter, drehte sich aber immer wieder nach Peter um, zwinkerte ihm zu. Dabei fiel ihm ein, dass er sich nicht bedankt hatte.

Und jetzt wurden die hinteren Talglichter ausgeblasen, der Vorhang bewegte sich, die geheimnisvolle Welt dahinter rückte näher. »Ruhe! Es geht los!«, rief jemand und klopfte mit einem Stab gegen einen Stuhl, Geraune ging durch das Zelt, wieder die Stimme: »Psst, haltet Ruhe! Ruhe bitte!« Gebannt starrte Peter auf den Vorhang, der, begleitet von einem Glockengebimmel, ruckartig aufgezogen wurde. Eine ferne Landschaft wurde sichtbar, Bäume und Wälder, dahinter ein Schloss. Der Fiedler spielte auf und eine Figur aus Holz und Pappe, in der Uniform eines Husaren, betrat mit staksigen Bewegungen die Bühne, verbeugte sich nach allen Seiten. Die Puppe war an einem starren Eisenstab befestigt, mittels dessen sie geführt wurde. Peter sah, dass Arme und Hände, Beine, Füße und Kopf durch zusätzliche Schnüre von oben in Bewegung gesetzt wurden. An einem Band wurde nun ein Papier über die schmale Bühne gezogen. Die Puppe griff danach, und laut rief sie aus:

»Siegfried von Xanten! Der erste Gesang!«

Dann verbeugte sie sich und verschwand, aber sofort erschienen hinter ihr fünf andere Puppen in langen Kleidern mit glitzernden Borten, die nun ein Lied zum Vortrag brachten:

»Viel Wunderdinge melden die Mären alter Zeit
von preiswerten Helden, von großer Kühnheit,
von Freud und Festlichkeiten, von Weinen und von Klagen,
von kühner Recken Streiten mögt ihr nun Wunder hören
sagen.«

Wieder entschwanden alle dem Kasten und eine herrliche, noch schöner gestaltete Puppe in Rüstung und allerhand Brokat und Glitzerstoffen stakste heran. »Das is Siegfried«, raunte ihm jemand zu, aber das hatte er auch ohne Hilfe begriffen. »Es wuchs in Niederlanden eines reichen Königs Sohn, Siegfried ward er geheißen. Ihn trieb der Mut bald fort, er wollte sich gewinnen der Nibelungen reichen Hort …«, sang eine Puppe, die im Hintergrund blieb. Schließlich erklärte Siegfried selbst in einem Gesangsstück, dass er von Abenteuerlust gepackt und willens sei, mit seinen Recken ins Burgunderland zu ziehen. Sinnierend hob er den hölzernen Arm und sah hinauf in den blau gemalten Himmel: »Wohin fliegen die Gänse, wohin, wenn sie im Frühling aufbrechen …«

»Die Haolegäns! Die ziehn nach Afrika …«, rief Peter so laut, dass ihn der Mann mit dem Monokel in die Seite schubste. »Biste wohl still!« Wieder betrat die Puppe mit der Husarenuniform die Bühne und sang: »Siegfried der Kühne ritt in Gunthers Land, man ersah an Helden nie mehr so herrlich Gewand ...«

Im zweiten Gesang traten die meisten Puppen auf. Peter erkannte die Husarenpuppe wieder, die die Ankündigungen sprach, jetzt aber zu einem Ritter mit Schild und rotem Reitzeug geworden war. »Zu Worms am Rheine ...«, sangen die Ritter, während sie mit Knechten und Vasallen ein Trinkgelage abhielten. Auch das Burgunderland wurde besungen mit seinen stolzen Burgen und einem König, edel und reich an Klugheit und hohem Sinn.

Nach dem Lied lachten und schrien sie, alle vorhandenen Puppen tanzten auf der Bühne herum, possenhafte Einlagen nach Art der Harlekine folgten mit derben Späßen und Anzüglichkeiten. Die Aufführung wurde zu einem Spektakel. Schön gewirkte Kostüme wurden gezeigt, das Bühnenbild durch allerhand Aufsehen erregende Effekte verändert. Eine silberne Erdkugel umkreiste Siegfrieds Kopf, öffnete sich schließlich wie eine Blume, ein Schwert entfiel, welches Siegfried sogleich ergriff und drohend in die Luft hielt. In dieser Haltung verharrte er, bis die Husarenpuppe einen mehrere Strophen dauernden Gesang anstimmte, der vom Fiedler begleitet wurde. Auf staksigen Beinen ging die Puppe herum, hob dann und wann den Arm, sang vom Nibelungenhort, der Tarnkappe Alberichs, den Träumen Kriemhilds und endete mit dem Auftritt einer dicken, mit Ruß beschmierten Puppe. Die war mit einem derben Leinenkittel angetan und trug einen ledernen Brustriemen: der Schmied Mime. Als es um das Messen der Kräfte ging und Siegfried mit einem schweren Hammer den Amboss mitsamt dem Baumstamm in den Boden rammte, ging ein Raunen durch das Zelt. »Siegfried, bravo, bravo!« Ein Mann in der vordersten Reihe warf seinen Hut in die Luft, andere klatschten in die Hände, erhoben sich von ihren Bänken. Als der Schmied seinen tückischen Mordplan bekannt gab, das Bühnenbild mit einer Kurbel so lange bewegt wurde, bis die Kulisse eine Waldlandschaft und einen grün bemalten Blechdrachen mit gewaltigen Klauen zeigte, zudem Siegfried auf der Bühne erschien, entstand in der ersten Bank ein Tumult. »Siegfried,

Siegfried, folge nicht …« Was danach kam, war an Spektakel nicht mehr zu überbieten. Gebannt erwarteten alle den fürchterlichen Zweikampf und schrien und tobten, als der Lindwurm, dem Feuer und Rauch aus dem blechernen Rachen sprühten, nun zu schauerlichem Gesang über die Bühne gezogen wurde. Unter grässlichem Fauchen und Schnauben, Zischen und Blasen tobte das Ungeheuer. Gespannt verfolgte Peter den unerbittlichen Kampf, glaubte Feuer und Schwefel zu riechen, bis schließlich Siegfried dem Drachen einen glühenden Baumstamm in den Schlund jagte und damit zur Strecke brachte. Rote Farbe rann aus dem Maul der Blechfigur und tropfte auf das Gras. Ein zwitschernder Papiervogel wurde an einer Schnur herabgelassen, der Siegfried ins Ohr flüsterte:

»Wenn du im Blut dich badest,
wird hörnern deine Haut,
kein' Waffe dich versehret mehr,
kein Hieb, der sich getraut …«

Unter Beifall des Publikums wälzte sich Siegfried im Blut. Der Vogel wurde nun hinauf –, ein Lindenblatt an einer Schnur herabgelassen. Es blieb exakt zwischen Siegfrieds Schulterblättern liegen. Jemand aus dem Publikum warnte, dass er an dieser Stelle verwundbar bliebe, aber Siegfried nahm keine Notiz davon, badete weiter, bis er seitlich von der Bühne gezogen wurde.

Mit Herzklopfen saß Peter auf seiner Bank. Fest war sein Blick auf den Bühnenausschnitt gerichtet, auf dem sich unglaubliche Dinge zutrugen. Drei Puppen sangen die Fortsetzung, von Siegfrieds Reise nach Island, der Begegnung mit Brunhild und von Alberich, den er zum Hüter über den Schatz der Nibelungen machte. Auch jetzt gab es wieder eine Abfolge von spannungsgeladenen Auftritten, die in einem Spektakel gipfelten, bei dem die Wirkung der glitzernden Kostüme und Effekte mehr zählte als die Puppenspielkunst. Als die uniformierte Puppe verkündete: »Wie Siegfried Kriemhilden zuerst ersah. Zweiter Gesang!«, gab es die schönste Szene, in der Kriemhild die Bühne betrat. Es war kein Wunder, dass

Siegfried in sofortiger Liebe zu ihr entbrannte. Sie trug ein weinrotes Schleppkleid, der Mantel war von glitzernden Steinen übersät, ein Perlenband hielt ihr blondes Haar, klar und hell blinkten ihre Vergißmeinnichtaugen. Drei Könige brachte sie mit, Gunther, Gernot und Giselher, alle mit Schwertern und Speeren ausstaffiert. Aus dem Hintergrund ertönte Gesang:

>»Es wuchs in Burgunden solch edel Mägdelein,
>dass in allen Landen nichts Schönres mochte sein.
>Kriemhild ward sie geheißen und ward ein schönes Weib,
>um die viel Degen mussten verlieren Leben und Leib.«

Nun betrat auch Hagen von Tronje die Bühne. Im Hintergrund besangen die Sängerpuppen Siegfrieds Kraft, dann ging es um Gunther, der um Brunhilds Hand anhielt, um den Speerwurf und Siegfrieds Unterstützung. Aufgeregt wippte Peter auf der Bank, als Brunhild den Schwindel bemerkte und beinahe wäre er aufgesprungen, als Brunhild den Ring erkannte, den Siegfried genommen hatte, um ihn Kriemhild zu geben. Es folgte ein lautes Gerangel auf der Bühne. Dabei wäre Brunhild fast der Kopf abgefallen. Bis zum Ende des Stückes blieb ihr Kopf merkwürdig schief, auch der rechte Arm hing schlaff herab. Für die letzte Szene wurden fast alle Talglichter gelöscht, der Fiedler kratzte wieder auf der Geige, die uniformierte Puppe sang über den Mordplan an Siegfried. Alles endete mit Kriemhilds Klagegesang: »Oh mein herzallerliebster Siegfried …«

Hinter ihr hielt die Husarenpuppe ein Pappschild in die Höhe: »Ende der Vorstellung«. Ein tosender Applaus brach aus, die Leute riefen »Bravo!«, warfen Mützen und Hüte in die Luft. Die Puppen lagen jetzt alle übereinander auf der Bühne und nun traten hinter dem Kasten die Puppenspieler hervor. Peter wunderte sich, dass es nur zwei Leute waren, die die vielen Figuren bewegt und mit unterschiedlichen Stimmen gesungen und gesprochen hatten.

Aufgewühlt stand er ganz hinten und bemerkte nicht, dass das Mädchen sich einen Weg in seine Nähe gebahnt hatte. »Hat's dir gefall'n?« Es zupfte sich eine Feder aus dem Haarschmuck und steckte sie Peter ins Knopfloch. »Als Erinnerung …«, lachte es, während Peter verdattert da stand.

Am Ende gingen die Puppenspieler mit Hüten und Schüsseln herum, um Spenden einzusammeln. Sie warben dabei für Reparaturen aller Art und Scherenschliff. Eine der dunklen Frauen griff nach Peters Hand und bot ihm an, daraus zu lesen. »Magst?« Entsetzt zog er seine Hand zurück und rannte fort.

Von der Kirche herab läutete es. Zehn Schläge zählte er und erschrak. War es möglich, dass so viel Zeit vergangen war und er es nicht gemerkt hatte?

Auf dem Karren saßen die Eltern und warteten. Elisabeth lag schlafend auf Kläs' Schoß. Vorwurfsvolle Blicke trafen ihn. Sofort spürte Peter, dass es einen Streit zwischen ihnen gegeben hatte. Aber sie sagten nichts. Katharina stand auf, packte sich schweigend eine der Kisten. Kläs zog den Esel am Strick. »Na?«, fragte er auf dem Weg in die Herberge, »waren sie lebendig, die Puppen?«

»Ich weiß et net«, antwortete Peter, dachte dabei an die grausame Szene mit dem Drachen und das Blut auf dem Gras.

Kläs und Katharina wechselten an diesem Abend kein Wort mehr miteinander und Peter fühlte sich schuldig.

Am anderen Tag suchte er nach der Stelle, an der das Drachenblut auf die Wiese getropft war. Sie war leicht zu finden. Rote Farbe klebte noch am Gras, Leute waren darüber gelaufen, die Farbspuren zogen sich bis hinunter an den Bach.

Die ganze Woche gab es diese abendlichen Vorstellungen, aber nochmals hinüberzugehen, diesen Wunsch zu äußern, traute er sich nicht. Wohl aber erzählte er seinem Vater, dass Siegfried der Haolegäns wegen aufgebrochen war, so wie sie selbst. Ungläubig schüttelte Kläs den Kopf: »Wat du dir so denkst …«

Einmal noch sah Peter das Mädchen, tagsüber und ohne Schmuck, mit nackten, staubigen Füßen. Wie ein Traumwesen sah es nicht mehr aus. Er bemerkte auch, dass es sich in der Hüfte schief hielt, aber hübsch fand er es dennoch.

Den ganzen Sommer über dachte er an das Puppenstück, an die Lieder, die Verse. Einige der schönen Sätze hatte er aufgeschrieben. Den Sinn kannte er nicht immer, aber er wollte sofort nach der Rückkehr den Großvater befragen. Auch Elisabeth erzählte er von Siegfried und dem Drachen. Mit großen Augen lauschte sie. Wenn es spannend wurde, presste sie die kleinen Fäuste so fest zusammen, dass die Adern am Hals anschwollen und der Kopf zitterte. Sie bewunderte ihren Bruder, der mit ihr anstellen konnte, was er wollte. Er konnte sie hochheben und dort, wo es ihm passte, wieder absetzen. Er konnte ihren Körper abküssen, sie kitzeln, zum Lachen oder Weinen bringen, sie kneifen oder streicheln, sie herumführen und irgendwo stehen lassen. Alles was er tat oder sagte, schien ihr musterhaft.

Dreck und Lumpen

Anfang Mai, als die bayrische Regierung die Rechte der Rheinpfälzer noch weiter einschränkte, mehrten sich Proteste und Kundgebungen. Fast überall sahen sie schwarz-rot-goldene Trikoloren. Immer lauter wurden die Reden derjenigen, die sich für Freiheit und Bürgerrechte einsetzten. Trotz Verbotes der Regierung wurden die aufrührerischen Gruppen stärker.

Ende Mai sollte zu Ehren der bayrischen Verfassung ein Fest abgehalten werden. Eine Gruppe Demokraten und Liberaler riskierten einen Gegenaufruf. Es gelang ihnen, das Verfassungsfest zu einem gegen die Regierung gerichteten ›Deutschen Nationalfest‹ umzufunktionieren, für das auf allen Marktflecken mit Flugblättern geworben wurde. Ans linke Rheinufer sollte es gehen, nach Neustadt an der Haardt, auf den nahen Schlossberg auf der Gemarkung des Dorfes Hambach. Auch Frauen waren aufgerufen gegen ihre politische Unmündigkeit zu protestieren. Katharina wollte nichts davon wissen. »Dat is nix für uns. Lass die all machen.« Kläs hingegen interessierte sich für die Forderungen, disputierte mit Kunden und Händlern über die politische Lage, saß abends lange im Gasthaus, verfolgte die Gespräche, die unterschiedlichen Meinungen.

Eine Weile dachte er daran, mit nach Neustadt zu fahren, aber er wollte Katharina und die Kinder weder allein lassen, noch ihnen die Strapazen eines Umweges zumuten. Geld hatte er auch nicht; zudem war seine spröde Handelsware ein Hindernis. Ein weiterer Schaden wäre vernichtend gewesen. Ein paar seiner Gedanken verriet er Peter, dann, wenn er mit dem Jungen allein war: Dass es auch in anderen Ländern gäre, dass die Menschen sich nicht mehr wie Knechte unter dem Joch ihrer Fürsten beugen wollten, dass es um Gerechtigkeit gehe und dass er die Rheinpfälzer für ihren Mut sehr bewundere. »In Neustadt, da könnste Leut sehn, Pitter. Tausende! Dat wird dat größte Fest, wat man in Deutschland je erlebt hat!«

Schon Tage vorher sahen sie Menschen mit Fuhrwerken und Karren Richtung Neustadt ziehen. Sogar aus Polen, Frankreich und England kamen welche, schwenkten Trikoloren und sangen. Ohne Angst trugen sie Freischarenblusen, Schärpen, Bänder und Kokarden in den neuen Nationalfarben. Manche führten Waffen mit. Burschenschaftler mit Studentenmützen und Bändern waren darunter, Bauern, Winzer und Händler, Frauen und Mägde, Lehrer und Professoren.

Auf den Märkten war nichts mehr zu verkaufen, zu aufgebracht war die Stimmung; häufig kam es zu Übergriffen. Auch auf ihren Gängen von Hof zu Hof wurden sie die Ware nicht los. Katharina hoffte, dass die Sache in Neustadt bald ausgestanden wäre und die Dinge wieder ihren normalen Lauf nähmen. Aber nichts änderte sich.

Während Menschenmassen vor der Hambacher Schlossruine glühenden Reden lauschten, aus denen sie Mut und Kraft schöpften, rastete Kläs mit seiner Familie am Ufer des Glan, ließ den Esel trinken, zählte Ware und Geld. Blass, mit steinernem Gesicht, kauerte Katharina neben ihm, gelehnt an das Rad des Karrens. Sie rieb die Füße, die geschwollen waren von den Anstrengungen der weiten Wege. Die gestrige Unterkunft kam Kläs in den Sinn. Ein Massenquartier mit bespuckten Dielen, Müll und Flaschen in den Ecken,

Lumpen vor den Fenstern und Schmutz, überall Schmutz. Er dachte an die verbrauchte Luft, die unerträglichen Gerüche, den stinkenden Landstreicher, einen armen Teufel, der sich spät noch, in durchnässten Kleidern, neben ihm ins Stroh fallen ließ. Kurz war er mit dem Mann ins Gespräch gekommen, der zwei Hundeleichen in einem Sack bei sich trug, die er auf einem nächtlichen Streifzug aufgesammelt hatte und an einen Abdecker zu verkaufen dachte. Nach Hamburg wollte er, sich auf einem Schiff als Heizer verdingen, aber nun war er in der Rheinpfalz gestrandet, nächtigte in Scheunen und wurde bei den Versuchen sich hier und da eine Wassersuppe zu erbetteln, mitleidslos von den Höfen gescheucht; etliche hatten seinetwegen den Hund von der Kette gelassen.

Kläs versuchte, die Gedanken an den Fremden und die Nacht abzuschütteln. »Jetzt isset warm. Wir können die Nacht über draußen schlafen«, schlug er Katharina vor, während er den Beutel mit den wenigen Münzen zuzog. Sie antwortete nicht. Er sah sich nach den Kindern um. Elisabeth war auf dem Karren eingeschlafen. Ruhig lag sie, das Gesicht in der Sonne. Peter schrieb auf seiner Tafel. Er spürte den Blick seines Vaters, auch die gedrückte Stimmung und vermied es, ihn anzusehen.

»Leuchtende Strahlen der Hoffnung zucken auf, die Strahlen der Morgenröte deutscher Freiheit, und bald, bald wird ein Deutschland sich erheben, herrlicher, als es jemals gewesen! Ja, es wird kommen der Tag, wo ein gemeinsames deutsches Vaterland sich erhebt, das alle Söhne als Bürger begrüßt und alle Bürger mit gleicher Liebe, mit gleichem Schutz umfasst. Wir selbst wollen, wir müssen vollenden das Werk und ich ahne, bald, bald muss es geschehen, soll die deutsche, soll die europäische Freiheit nicht erdrosselt werden von den Mörderhänden der Aristokratie …«, las Peter Tage später und kräuselte die Stirn. »Dat verstehst du doch net«, vermutete Kläs, der ihm das Flugblatt in die Hand gedrückt hatte, damit er darauf schreiben könne. »Dat is die berühmte Rede vom Hambacher Fest«, erklärte er, »lies weiter!«

»Hoch lebe jedes Volk, das seine Ketten bricht und mit uns den Bund der Freiheit schwört. Vaterland, Volkshoheit …«

»Lass dat«, sagte Katharina, drehte sich nach Peter um und entriss ihm das Blatt. »Dat hilft uns auch net!« Während sie das Papier zerriss, das nun in Fetzen durch die Luft flog, bemerkte er Tränen in ihrem Gesicht. »Wie wenn uns der verdammte Aufstand wat hilft! Wir nagen bald am Hungertuch! Dat ihr et all wisst!«, schluchzte sie.

Während die Festbesucher sich wieder zerstreuten, zogen sie nach Odenbach, von Odenbach nach Löllbach, von dort nach Hoppstädten. Überall wurde über das Fest geredet, auch über die Art und Weise, wie die bayrische Regierung auf die neuen Bestrebungen reagiert hatte; mit Verfolgungen nämlich und Repressionen. Bald schon wurden Soldaten in die Rheinpfalz versetzt, die Anführer des Festes verhaftet und eingekerkert. Ein Emigrationsstrom der Armen setzte ein: in die Schweiz, nach Frankreich und nach Amerika.

»In Deutschland hat es nicht zu einer Revolution gereicht! Wir haben den großen Aufstand gegen die Mächtigen nicht gewagt! Über vereinzelte Barrikadenkämpfe ist der Versuch einer Revolution nicht hinausgekommen! Lasst uns weiterkämpfen und mutiger sein!«, schrie ein Mann in einem schwarzen Umhang, der sich auf dem Obersteiner Marktplatz auf ein Podest gestellt hatte und die Fahne hoch hielt. »Dat nützt nix mehr«, sagte Kläs zu Katharina, »jetzt isset vorbei.«

Kläs, der sich Zugeständnisse und einen Aufschwung erhofft hatte, ging gebeugter denn je vor seinem Karren. Nicht nur die misslungene Revolte, auch die Geschäfte drückten. Wie oft schon hatte er die Fayencen ausgepackt und ausgestellt, dazu die Gläser von der Fenner Hütte und die Emaillewaren. Aber außer ein paar Tellern und Tassen waren keine Geschäfte zu machen und mit dem Geld, das dabei heraussprang, kaum die Unkosten zu decken. Zudem trug die Stimmung, die sich nun im Land ausbreitete, nicht zu einer Besserung bei. Kläs war nahe dran, die Tour abzubrechen, entschied dann aber, es auf den Dörfern um Oberstein zu versuchen.

Hoch stand die Frucht, als sie frühmorgens aufbrachen. In gelben Wellen schwankten die Kornfelder. Wachteln schlugen, Schwalben jagten dicht hintereinander, warfen sich hoch, wendeten die Körper im jähen Fall, dass ihre weißen Brüste blitzten. Überall sahen sie Mäher in den Wiesen, die ihre Jacken ins Gras geworfen hatten, mit dem Morgentau die Wetzsteine anfeuchteten und die Sensen schärften. Scharfe, metallische Geräusche drangen an ihre Ohren. Im Halbbogen, weit ausholend, schnitten die Sensen ins Grün. Stängel kippten, Blüten in Rot und Gelb, Gräser sanken unter dem langen Strich. Manche der zähen Stängel wollten nicht sofort fallen, die Stiele waren nur angeschnitten und so knickten die schweren Köpfe traurig vornüber. Mäuse und Blindschleichen raschelten davon, Vogelnester lagen entblößt. Nicht weit von den Männern standen Frauen mit Rechen. Eine von ihnen ging einen Abhang hinunter und begann dort, Gras zusammenzurechen.

»Dat wird ein heißer Tag«, sagte Kläs und wischte sich die Stirn.

Die Sonne stieg in den Mittag. Saftgeruch hing über den abgemähten Wiesen. Nun flogen die Rechen zum Wenden des schon welken Grases. Das frische Heu duftete, die Hitze stand, die Gesichter der Bäuerinnen glühten. Scharen von lichtleibigen, gelbgeflügelten Mücken surrten.

Immer wieder schlug Katharina nach den Schnaken, die nadelspitz durch das Leinen der Bluse stachen. Sie hatte Peter unterwegs nach Himbeeren geschickt und Elisabeth auf die Hände geschlagen, als sie davon naschen wollte. »Die legen wir in die Schalen und neben die Kannen. Dat sieht hübsch aus. Die Leut kaufen dann eher. Heut Abend könnt ihr sie essen. Und morgen lauft ihr neue holen!«

Am Ballenberg hatte eine Frau einen Pisstopf gekauft, den sie verschämt unter der Schürze vom Wagen weg nach Hause trug. In einem Dorf, durch das sie zogen, war Schützenfest. Obwohl Kläs Einwände hatte anzuhalten, setzte Katharina ihren Willen durch. Sie blieben und schafften es, an diesem Tag mehr zu verkaufen als in der ganzen Woche.

In Göttschied beschwerte sich eine Kundin mit einem abgegriffenen Atlashütchen auf plattgedrückten Locken über eine fehlerhafte Kanne, die sie angeblich im letzten Jahr bei ihnen erstanden habe. »Schlechte Ware«, echauffierte sie sich, rot im Gesicht, ihr

Kinn schwabbelte vor Empörung. Leider konnte sie den Beweis nicht erbringen, da sie die Kanne fortgegeben, so einen billigen Ramsch nicht im Haus haben wollte. Gesprungen sei die Kanne, bloß zweimal habe sie sie gefüllt, gesprungen von oben nach unten, für nichts mehr zu brauchen, nicht einmal mehr als Vase. Da erwarte man Kulanz von einem soliden Händler. »Kulanz, Kulanz!«, schrie Kläs, »ein Jahr später gibt et dat net mehr. Wir haben einwandfreie Ware und keinen Ramsch. Dazu einen ehrlichen Ruf. Wie sonst könnten wir immer die gleichen Gebiete abfahren? Kulanz! Ich geb' euch Kulanz!«

»Dat wird immer schlechter«, jammerte Katharina und schlug vor, nach Idar zu fahren, der jüdischen Familien wegen. »Die haben Geld«, flüsterte sie und sah Kläs erwartungsvoll an. Kläs fuhr auf: »Geld? Wer hat denn heut noch Geld? Nur der Adel, die Reichen. Meinste, den Juden würden die wat lassen? Du hast die Zeiten net begriffen, Kat!«

Die Nacht verbrachten sie in einer Scheune. Frühmorgens hatten sich Bauern dazugesellt, die sich trunken vom starken Bier in eine Ecke verzogen hatten und jetzt dalagen und laut schnarchten. Zwei von ihnen waren wach geblieben, saßen sich gegenüber, warfen sich düstere Blicke zu. Sie grüßten nicht, als Kläs das Zeichen zum Aufbruch gab, Richtung Idar. Leicht stieg die Sonne in den Morgen, so wie die Lerchen aus den Feldern. Rot funkelten Beeren aus dem Gezweig der Ebereschen, üppig wucherten Brennnesseln, Disteln und Gestrüpp am Rand der sommergrünen, warm werdenden Wege.

Die meiste Zeit lief der Weg breit und ohne Krümmung wie ein weißer Stab zwischen Wiesen und abgeernteten Feldern, dann aber verschwand er in Wäldern, tauchte wieder auf, wurde heiß und staubig, mündete in Dörfern, die in der flirrenden Luft zu liegen schienen.

Im prallen Licht des öden Marktplatzes war es kaum auszuhalten. Katharina tropfte der Schweiß von der Stirn, auch Kläs wischte sich ständig das Gesicht. Peter hatte unterwegs Walderdbeeren gepflückt und schmückte die Schüsseln mit den frischen Farbtup-

fen, während er Schillers Gedicht mit dem Handschuh aufsagte. »
… da fällt von des Altans Rand, ein Handschuh von schöner Hand,
zwischen den Tiger und den Leun, mitten hinein …« Katharina
wollte ihn eben ermahnen, als ein Mann vor Peter stehen blieb,
sich die Waren besah und den Hut zog. »Weißt du denn, was du
da vorträgst?«, fragte er und blinzelte mit den Augen. »Dat is en
Gedicht von Schiller. Der Handschuh.« Der Mann kam näher.
»Der Junge rezitiert Schiller?«, staunte er, »ein Hausiererjunge, der
Schiller kennt?« Kläs wusste darauf nichts zu sagen und der Kunde fuhr fort: »Bisher hab ich geglaubt, die Revolution sei umsonst
gewesen. Aber nun … Euer Junge!« Er lachte, strich Peter über den
Kopf. »Das war also alles nicht umsonst! Bildung für alle, jawohl,
Bildung für alle!« Dann zückte er den Geldbeutel und kaufte fast
unbesehen zwei der schönsten Fayencen, die ihm Peter einpacken
und nach Hause tragen musste. Kläs war stolz. »Dat hätt ich net
fertig gekriegt«, lobte er, »der Schiller is doch wat wert.«

Der Abend war schwül und voller Heugeruch. Die grillenschrillen
Wiesen lagen verlassen. Fledermäuse schwirrten über dem Karren,
aus dem feucht werdenden Gras der Wegränder sprangen Frösche,
einer nach dem anderen, egal, wie sie ihre Schritte setzten.

Dem Esel war der weite Weg anzumerken. Zweimal blieb er stehen und Elisabeth musste alle ihre Künste anwenden. Auch Kläs,
der den ganzen Weg daneben gegangen war, keuchte. Ein Schein
blitzte auf. »Wetterleuchten!«

»Wenn et en Gewitter gibt, müssen wir unter Dach sein.«

Aus der Ferne, vom Wildenburger Kopf her, grollte es. Zwei Bauernkinder traten mit Ackergeräten aus den dunklen Wegen. Als
sie den Karren kommen sahen, versteckten sie sich hinter Holun-
derbüschen. Mit gespitzten Mündern und gedämpften Tönen
ahmten sie das Gequake der Frösche nach: »Lu-u-u-ther, Lu-u-u-
ther, Luther!«

»Pa-a-a pst! Pa-a-a-a-pst!« Katharina lachte. »Geht heim, ihr
Buben!«

Im gewittrigen Zwielicht polterte der Karren durch Kempfeld. Vor einer Scheune hielten sie. Kläs stieß das morsche Tor auf. »Hier bleiben wir«, bestimmte er und während er im Haus verschwand um Bescheid zu geben, richtete Katharina ein Lager im frischen Heu. »Herrlich is dat. Wie frische Wäsch!«, lachte sie.

In der Nacht blitzten plötzlich Lichter. Dumpf grollte es vom Himmel, heftig ging der Wind, laut prasselte Hagel auf das Dach. Ein wilder Stoß fuhr gegen das Scheunentor, das krachend aufsprang. Es ächzte und quietschte in den Angeln und Peter und Kläs hatten alle Hände voll zu tun, gegen den Druck des Windes das Tor zu schließen. Blitze wie scharfe, leuchtende Schwerter zuckten, gefolgt vom Gedröhn des Donners. Im Stall brüllte das Vieh und riss an den Ketten. Wie weiße Erbsen hüpften Hagelkörner auf dem Hof, knackten gegen das Tor, tanzten auf dem Mist. Im Haus gegenüber hatte jemand eine Kerze ans Fenster gestellt. Das Getrippel des Hagels ließ nach, wolkenbruchartig setzte Regen ein, dessen Heftigkeit Blasen auf den Pfützen trieb. Durch die Ritzen des Scheunentors drang feuchte Kühle.

Am Morgen riss ein Knecht das Tor auf. »Kommt raus, alles raus! Das Wasser! En Riesenschade! Schnell! Das Heu schwimmt im Wasser!« Der Hof war völlig versumpft, Wasserlachen standen bis zu den Wiesen. »Oh Jesses, was für ein Unglück! Heiliger und gerechter Gott!«

»Wenn das Heu kaputt is, könne die Küh an ihre Hufe fresse …!« Alles eilte und hastete. Auch Kläs und Katharina ließen sich nicht bitten. Bereitwillig zogen sie mit den anderen über überschwemmte Felder, fischten mit Rechen und Gabeln das getränkte Heu heraus und schleppten es zu einer Anhöhe. Die Grenzen der Äcker waren nicht mehr auszumachen. Alles war verwischt, die Wege hatten sich in Bäche verwandelt. Sie räumten Geröll und Äste beiseite, wateten mit hochgerollten Hosenbeinen durch den Schlamm. Der Himmel war blass und vertrauert, wie ein verweintes Gesicht. Dennoch konnte man spüren, dass es wieder heiß werden würde.

Für die Hilfe bekamen sie Eier und Brot. Kläs handelte Krüge gegen Kartoffeln, Glas gegen Weizen. »Dat is besser als nix.« Auf den Dörfern, die noch folgten, tauschten sie auf die gleiche Art. Es war das Einzige, was half.

Peter lag im Fieber, als sie in ihr Haus am Kailbach zurückkehrten. Es war eine mühsame Rückreise gewesen mit dem kranken Kind. Keuchend, schweißüberströmt, mit brennenden Augen phantasierte er, lachte irr, sah grüne und rote Punkte in der Luft, nach denen er immer wieder schnappte. Katharina war heilfroh, dass sie Peter nun zuhause versorgen konnte. Dennoch verschlimmerte sich sein Zustand nach Tagen derart, dass ein Doktor aus Landscheid gerufen werden musste, weil es allzu ernst um ihn stand. Sein Gesicht war spitz geworden, die Haut gelblich und es sah so aus, als würde ihm das Fieber alle Kraft nehmen.

Bewegungslos hielt er bei der Untersuchung still. Der Doktor sprach von einem delikaten Gesundheitszustand, chronisch allem Anschein nach und verordnete Aderlässe. Er hieß Katharina Wasser erhitzen, um ein Fußbad mit Kräutern anzusetzen, vorzugsweise mit Schafgarbe, Knoblauch und Salbei, empfahl ferner Einreibungen der Füße mit Kampfer und Melissengeist. Auch eine Flasche mit einem Gemisch aus Holunder- und Johanniskraut sowie ein antispasmatisches Pulver – zweimal täglich in das Holundergemisch einzurühren – hatte er dagelassen. Mit einer Chaise der neueren Bauart war er vorgefahren und hatte ihnen für seine Bemühungen mehr als den letzten Rest Geld abgenommen. Bei seinem Schwiegervater musste Kläs borgen. Peters Zustand besserte sich wochenlang nicht, aber ein zweites Mal konnten sie den Medikus nicht bestellen. So beteten sie und hofften.

Neben der Angst um Peter plagten die üblichen anderen Nöte. Katharina versuchte mit Nähen, Kläs mit Waldarbeit die Familie über Wasser zu halten, aber der Hunger ließ sich auch damit nicht abwenden. Wochenlang konnten sie sich nicht satt essen. Den anderen Händlern im Dorf ging es ähnlich. Alle klagten. Selbst das Gelage zur Kirmes blieb aus, zu sehr drückte die Sorge vor dem Winter.

Noch etwas gab es, wodurch sich ihr Befinden nicht besserte. Die Großmutter vom Linsenbach war im Sommer gestorben. Lange schon war sie leidend gewesen, jahrelang hatte sie über Atemnot geklagt. »Erstickt is se«, erklärte Katharina den Kindern und fügte hinzu, dass es kaum einen schlimmeren Tod gäbe. »Dat is, wie wenn einer euch ganz lang den Hals zuhält, dat kein Luft mehr durchgeht. Schrecklich is dat. Sie muss ganz blau im Gesicht gewesen sein, als sie sie gefunden haben.«

Der Tod der Großmutter ging besonders Peter nah. Unbegreiflich war ihm das Sterben und was danach sein würde. Er fragte und forschte, aber die Antworten, die er erhielt, waren blass und flüchtig.

Als er sich um die Weihnachtszeit etwas besser fühlte, ging er, nach dieser Antwort suchend, zu ihrem Grab, blickte eine ganze Weile auf das schiefe Kreuz und den verschneiten Erdhügel. In der Natur hatte er das Kommen und Gehen oft gesehen. Bei Menschen allerdings schien ihm alles anders zu sein. Er konnte sich nicht vorstellen, dass unter dem Grabhügel die Großmutter mit blau angelaufenem Gesicht läge. Unwillkürlich zog es ihn an den Bach oder auf die Wiese, wo er sich diesen Geheimnissen näher glaubte.

Um den Tod der Großmutter nachzuempfinden, umfasste er seinen Hals, drückte zu, bis sich die Hautfarbe änderte und er röchelnd aufgab. Dann versuchte er es mit Luftanhalten, zählte die Sekunden des Aushaltens, steigerte sich, aber auch das ergab für ihn nur ein schwaches Nachempfinden des Todes.

Im Januar besuchte Peter die Schule wieder. Dennoch blieb er den Rest des Winters anfällig für alle möglichen Maläste, wirkte kränklich und schwach. Kläs und Katharina standen dem hilflos gegenüber, hofften auf Gottes Hilfe und dass es schon gut gehen würde.

Erst mit dem Einzug des Frühjahres besserte sich sein Zustand und blieb den Sommer über stabil. Im Winter kamen die Fieberschübe zurück, das Elend.

Drei Jahre vergingen, in denen sich weder ihre angespannte Lage noch Peters Gesundheitszustand wesentlich veränderte. So war Elisabeth bald kräftiger als er und musste mit anpacken, während Peter verschont wurde, weil alle Angst um ihn hatten.

Worte wie Musik

Als Kläs am Martinstag 1836 nach Landscheid ging, um die Post, die sich über den Sommer dort angesammelt hatte, abzuholen, fand er in seinem Packen Briefe einen von der Schulbehörde. In knappen Sätzen wurde ihm das Schulgesetz expliziert; zudem wies man ihn auf den bevorstehenden Schulwechsel seiner Kinder hin.

»Als ob dat wat Neues wär«, muckte er, als er nach Hause kam und kniff Peter ins Ohr. »Jetzt geht et also nach Landscheid mit euch. Werdet sehn, da weht en anderer Wind!«

An diesem Nachmittag saß Peter am Bach und starrte in den Himmel. An die neue Schule dachte er, an den Schulweg und wie wohl der Lehrer sein würde. Er fühlte Unbehagen und Missmut, kaute an den Fingernägeln, bis Blut kam.

Fern am Horizont hatte er Vögel entdeckt in der ihm vertrauten, charakteristischen Zuordnung, einem Keil gleich, bei dem ein Schenkel länger gezogen war als der andere. Als das vertraute »Kruh krürr« an sein Ohr drang, erhob er sich und legte die Hand über die Augen. Jedes Mal erfüllte ihn dieses rudernde Heer in den Lüften mit erhabenem Staunen. »Die Haolegäns!« Es waren Nachzügler, die er sah, ein kleiner Schwarm. Wenn er doch bloß mitkönnte! Sicher saßen wieder Singvögel im Gefieder der Kraniche und ließen sich in warme Gefilde tragen. Wenn er doch nur solche Flügel hätte! Wie schön musste es ein, in den Süden zu fliegen, dorthin, wo es Futter und Licht gab. Wie anders, trist und hungrig war es hier, wo zudem die neue Schule ängstigte.

Das »Kruh krürr« wurde lauter, jetzt waren sie fast über ihm.

Wie schön sie flogen. Ihm fiel ein, dass der Großvater gesagt hatte, dass es keine Idylle gäbe dort oben in den Lüften, dass die Reisen der Kraniche gefährlich seien, sich die Schwärme oft in Stürmen, Gewittern, Eisschauern oder Nebeln zerschlügen. An ein Wunder grenzte es also, dass sie trotz der Unbilden des Wetters und der Nahrungssuche immer wieder zurück- und zusammenfanden.

Die Vögel machten ihn nachdenklich. Seit undenklichen Zeiten verließen sie die Eifel, um die Winter zu überstehen. Sicher ahnten sie, dass es hier nichts gab, dass selbst die Menschen nichts mehr fanden.

An diesem Tag fiel ihm auf, dass die Händler den Vögeln ähnlich waren, immer unterwegs in einem rastlosen Sein. Jedes Jahr nahmen beide von neuem die Strapazen der Reise auf sich und taten es nur, um sich zu erhalten.

Die Vögel hatten jetzt die Richtung geändert, der Leitvogel war zurückgeblieben, ein anderer hatte die Führung übernommen. Mit großem Geschrei ging es Richtung Mosenberg, wo sie im letzten Jahr Rast gemacht hatten. »Krruu krroh krr.« Die Vögel wurden kleiner, das Rufen leiser und bald entzogen sie sich seinem Blick, verloren sich zwischen grauen Wolken.

So wie die Haolegäns und wie alle anderen Tiere und Menschen würde auch er sich durchbringen müssen. Tröstlich war der Gedanke, dass zumindest was diesen Punkt betraf, alle gleich waren. Er würde die Schule hinter sich bringen, die Kraniche die gefährliche Strecke zum Nil. Dennoch, wie gerne hätte er sich ins Gefieder eines der Tiere verkrochen, wie schön musste alles von weit oben aussehen. Er zog Heft und Stift aus der Tasche und malte große, graue Vögel unter einem faserigen Himmel.

Noch vor Weihnachten begann die Winterschule. Immer noch sah Katharina keinen Sinn in einem weiteren Schulbesuch, hätte Peter lieber bei sich behalten, erinnerte an die Kränkt und schimpfte über den weiteren Schulweg. Auch Peter beschlich ein mulmiges Gefühl.

Bald aber ging er gerne, denn in Landscheid, wie Kläs gesagt hatte, wehte tatsächlich ein anderer Wind. Das lag nicht an den vielen neuen Gesichtern, auch nicht an den größeren Klassenräumen. Es lag auch nicht an der Landkarte von der Preußischen Monarchie, auf der in voller Wandbreite die Provinzen in unterschiedlichen Farben dargestellt waren, was ihn immer wieder lockte, näher zu treten, mit dem Finger an Rhein und Mosel entlangzufahren, Wallerfangen und Meisenheim zu entdecken. Nein, das war es nicht. Die Änderungen kamen einzig von Hilarius Follmann, seines Zeichens Lehrer zu Landscheid in der Eifel.

Follmann war ein sehniger, hagerer Mann, der während seines Unterrichts ein Monokel zu tragen pflegte, das er während seiner lebhaften Reden immer wieder neu justieren musste. Er stammte aus Niederkail und war, nach einem Seminar für die Normalschule in St. Matthias zu Trier, seit Jahren schon als Lehrer in Landscheid eingesetzt. Er unterrichtete sämtliche Fächer von der Mathematik bis zur Geografie, dies für alle Altersstufen und in einem gemeinsamen Klassenraum. Dafür erhielt er zwar ein schmales Salär, aber zusätzliche, wertvolle Naturalien wie Korn und Holz, ein Stück Ackerland, dazu eine Wohnung, was ihm einen gewissen Vorzug im Dorf verschaffte. Für Holz und zuweilen auch für Brot wurde er außerdem als Schreiber und Redner bei Taufen, Hochzeiten oder Beerdigungen bestellt.

Als nachteilig und negativ empfand es Follmann, besonders im Hinblick auf die auch in der Landbevölkerung wichtiger werdende Bildung, dass die meisten Kinder selbst im Winter nur unregelmäßig zur Schule kamen, sommers aber fehlten, um mit auf die Äcker oder den Hausier zu gehen. Ohnehin war es so, dass der Unterricht im wärmeren Halbjahr zu oft ausfiel, weil auch der Lehrer bei Ernten helfen musste. Zumindest Aufgaben sollte man den Kindern geben, so dass wenigstens etwas vom Unterricht erhalten bliebe und der Sommer auch für die Bildung keine gänzlich unnütze Zeit sei. So redete Follmann, schrieb Briefe, machte Eingaben, was wenig half; denn weder die Landscheider noch die Niederkailer, weder der Pfarrer noch die Gemeindevorstände sahen eine Notwendigkeit in einem ausgedehnten Schulbesuch ihrer Kinder, sondern bloß zusätzliche finanzielle Belastungen, die sie den Leuten nicht zumuten wollten.

Als Follmann einsah, dass seine Reden nicht fruchteten, ließ er es eine Weile auf sich beruhen, hielt sich mit seiner Meinung zurück. Im Stillen hatte er beschlossen, das, was er mit seinen Briefen und Reden nicht geschafft hatte, jetzt anders zu erreichen. Er würde seine Zeit nicht mehr damit vergeuden, dem sturen Bauernpack klarzumachen, was Bildung und Kultur bedeuten, aber die Jugend besser fordern und fördern, das wäre mehr als eine Pflicht. Er dachte sich, zusätzliche Zeit mit seinen Schülern zu verbringen, genauer gesagt, mit denjenigen, die er entweder als begabt und deshalb für förderungswürdig hielt oder mit denen, die er als minderbemittelt ansah und aus diesem Grund gesondert unterstützen wollte. Für diese private Hilfe hielt er sich den Dienstagnachmittag frei, bestellte seine Schüler abwechselnd einzeln, zu zweit oder dritt zu sich in die karge Lehrerwohnung über der Schule, wo er mit ihnen lernte und übte.

In Peter Zirbes hatte er den Fall eines für die Mathematik hoffnungslos verlorenen Schülers erblickt und er sah es als seine Pflicht an, zunächst die Lücken zu schließen, die hier offenkundig waren. Die Grundrechnungsarten waren in mäßigem Zustand, Addition und Subtraktion mochten noch angehen und für den Beruf eines Hausierers würde es reichen. Was aber die Brüche anging, das Kürzen oder Multiplizieren, so war dies alles eine Qual, die Primfaktorzerlegung war nicht in seinen Kopf zu bringen, mit Prozentrechnen versuchte es Follmann erst gar nicht.

»Wenn et bloß en Gedicht wär«, wagte Peter seinem Lehrer zu sagen, als er wieder vor einer Aufgabe saß, auf die er starrte, als seien die Zahlen ägyptische Hieroglyphen. »Isses aber nicht«, entgegnete Follmann, tippte auf die Aufgabe und sah Peter streng an, »mit den Gedichten ist es nichts für dich, rechnen musst du können. Deinen Vater würds sonst arg verdrießen.« Als nach über einer halben Stunde immer noch nichts auf der Tafel vermerkt war und schiere Verzweiflung sich über dem Jungengesicht ausbreitete, zog Follmann ein Heft aus seiner Tasche, blätterte darin herum und legte die aufgeklappte Seite über die Rechenaufgabe. Erstaunt sah Peter auf und Follmann bemerkte, wie sich Peters Gesicht entspannte. »Lies«, forderte der Lehrer und Peter zog das Heft heran, setzte den Zeigefinger unter die Überschrift, fuhr mit dem Finger entlang der Zeilen, indem er zaghaft begann: »Joseph von Eichendorff, Abschied. O Täler weit, o Höhen, o schöner grüner Wald, du meiner Lust und Wehen, andächt'ger Aufenthalt! Da draußen, stets betrogen, saust die geschäft'ge Welt; schlag noch einmal den Bogen, um mich, du grünes Zelt ...« Er las ohne Stocken bis zur letzten Zeile. »Das gefällt dir wohl«, meinte Follmann, dem auffiel, wie die Augen seines Schülers glänzten. Peter nickte. »Gefällt mir auch«, fuhr der Lehrer fort, »ist aber nicht, was wir brauchen. Ich sags dir noch mal: Rechnen musst du können. Alles andere überlass denen, die Zeit und Muße dafür haben.« Er nahm das Heft und steckte es zurück in seine Tasche.

Die Rechenaufgabe lag nun wieder da, nüchterne Zahlen geschrieben auf grauem Schiefer, und der Glanz in Peters Gesicht verschwand. Eine Weile noch saßen sie, Follmann explizierte, Peter rechnete, so gut er konnte, bis sie schließlich einen Teil der Aufgabe gelöst hatten. »Geh jetzt heim, für heut isset genug.« Sichtbar erleichtert raffte Peter Griffel, Tafel und Schwamm zusammen und wollte hinaus, als ihn der Lehrer zurückhielt. »Warte!« Wieder öffnete er seine Tasche, zog das Heft mit dem Gedicht hervor und hielt es Peter entgegen. »Hast gut gelesen. Am Sonntag bringst du es mir zurück!«

»Für mich?«, fragte er ungläubig. Follmann nickte und wusste, als er Peters Aufregung spürte, dass er in dem Jungen etwas Entscheidendes angeschoben hatte.

Peter drückte das Heft an die Brust und kaum war er damit auf der Straße, drängte es ihn, einen einsamen Platz zu finden, wo er sich ungestört der Lektüre widmen konnte. Höchstens zehn Minuten hatte er Zeit, die Mutter wartete schon, aber zehn Minuten, das wäre mehr als nichts und so rannte er in Richtung der alten Mühle, wo er sich atemlos hinter einer Tannenschonung ins Gras fallen ließ und das Heft aufschlug. »O Täler weit, O Höhen ...« Da war es wieder, wie schön das war. Und die Reime, der Klang! Er las es zweimal, dreimal, dann schloss er die Augen und sagte die erste Strophe auswendig. Wie schön auch die zweite Strophe und erst die dritte!

Follmann besaß das Heft sicherlich schon lange. Die Ecken waren abgewetzt, etliche Seiten geknickt. Es enthielt noch andere Gedichte, auch Aussprüche und Verse, Lieder, Weisheiten und Bilder. Bis zum Abend konnte er bereits einige davon auswendig hersagen. Da war das Abendlied von Matthias Claudius, von dem der Großvater die Melodie kannte. Auch Lessings ‚Wer Freunde sucht' gefiel ihm außerordentlich, ebenso eine Ode Klopstocks und Goethes ‚Über allen Gipfeln ist Ruh, in allen Wipfeln spürest du kaum einen Hauch …'

Während er seiner Mutter im Haus zur Hand ging, dachte er unentwegt an das Buch, das er in seinem Bettkasten unter dem Strohsack versteckt hatte.

Am Vortag hatte Katharina Asche, die sie in einem Sack verwahrte, mit kochendem Wasser übergossen. Jetzt war es an Peter, die graue, seifige Lauge, die seine Mutter eine Stunde lang gerührt hatte, durch ein Spundloch abzulassen und in Kannen zu füllen. Katharina verwendete das Zeug zum Waschen und Putzen, denn der Seifensieder, der sonst alle halbe Jahre auf den Hof kam, war dieses Mal ausgeblieben und so sah sie sich genötigt, selbst Seife herzustellen. Während die zähe Masse in die Kanne floss, dachte Peter an das Lied vom Mond, den Reim, die Wehmut darin. Dick und träge quoll die Seife bald über den Rand hinaus, bahnte sich einen Weg die Kanne hinunter, troff auf den Boden. Versunken in andere Welten sah Peter das Grau fließen. »Wat du bloß im Kopp hast«, schimpfte Katharina, indem sie ihn energisch von der Kanne stieß, »alles nur Nichtsnutzereien!«

In der Nacht auf dem Strohsack flüsterte er das Abendlied vor sich hin. Weil ihm der genaue Wortlaut nicht mehr einfiel, stand er auf, kramte das Heft hervor und begab sich damit ans Fenster. Aber es war zu dunkel, die Buchstaben waren nicht zu entziffern und so dichtete er auf seine Art weiter.

Das Heft hielt er vor seinen Eltern versteckt, weil er fürchtete, dass besonders die Mutter seine Lesefreude verderben und ihn verlachen würde. Dem Großvater aber wollte er es zeigen, die Freude über die Bilder und Geschichten mit ihm teilen.

Bis Sonntag verbrachte er jede unbeobachtete Minute mit Lesen. Wörter, die ihm besonders gefielen, hatte er sich herausgeschrieben: Mondeshelle, Erdenleid und Schattenbild. Ganz besonders beglückte ihn die Zeile ›ein rosig Kind mit Taubenaugen‹, fühlte er doch eine große Liebe in diesen Worten und glaubte, Elisabeth sei damit gemeint.

Am Sonntag nach dem Kirchgang wartete er auf Follmann. Das Heft hielt er unter dem Katechismus verborgen. Kurz nur trat der Lehrer auf ihn zu, nahm die Verse in Empfang und drückte dem verwirrten Peter ein anderes Heft in die Hand. ›Märchenalmanach auf das Jahr 1828‹ stand mit Goldbuchstaben gedruckt auf einem roten Umschlag. »Wieder bis Sonntag«, sagte er, während er das erste in seiner Tasche verschwinden ließ und weiterging. Peter hatte keine Gelegenheit, etwas zu entgegnen, schob irritiert das zweite Heft unter die Jacke und eilte nach Hause. Auch diesmal konnte er kaum erwarten, es aufzuschlagen, darin zu blättern, zu lesen, Wörter herauszuschreiben und die schönsten Stellen auswendig zu lernen. »Schatzhauser im grünen Tannenwald, bist schon viel hundert Jahre alt. Dir gehört all Land, wo Tannen stehn, lässt dich nur Sonntagskindern sehn …« Das war, als ob er Musik lausche. Er blätterte, las weiter. Er erfuhr vom Kohlenmunk-Peter, der im Schwarzwald die Köhlerei seines verstorbenen Vaters führte, aber mit der schmutzigen, schlecht bezahlten und wenig respektierten Arbeit unzufrieden war und davon träumte, Geld zu haben und angesehen zu sein. Er las vom Schatzhauser, der jedem drei Wünsche erfülle, wenn man ihn mit einem bestimmten Vers rufe. Gebannt saß Peter über dem Buch, las vom nahenden Untergang des Peter Munk, der sein Herz verkauft, Heimat und Mutter verraten hatte, der nicht mehr fröhlich sein konnte, weil er einen Stein in der Brust trug. Peter verstand, dass Gier nach Geld unglücklich macht, dass, wer sein Herz verkauft, nicht mehr er selbst ist und deshalb Leid über Andere bringt. Die Geschichte beschäftigte ihn tagelang.

Mit den Büchern ging es fortan jeden Sonntag so.

Follmann sprach nicht darüber, fragte auch nichts und für Peter, der jeden Sonntag hoffte, dass sich das Spiel wiederhole, wurde es bald eine schöne Gewohnheit, ein stiller Pakt zwischen ihnen. So kam es, dass Peter in den Genuss kam, ein »Allgemeines Lexikon der Künste« zu lesen, ferner ein Buch über die Alpen und eines mit Fabeln von Christian Fürchtegott Gellert. Auch Verse von Ludwig Tieck lernte er kennen und einen Auszug aus Schillers Don Carlos. Besonders angetan hatte es ihm ein Gedicht von Gottfried August Bürger. Es erinnerte ihn an die Zeit in Meisenheim, an die Menschen, die Fahnen geschwenkt hatten. Um es vorzutragen, und das tat er oft und mit Wohlgefühl, erhob er sich, denn er hätte es für einen Frevel gehalten, bei einem solchen Gedicht sitzen zu bleiben. Es hieß:

›Der Bauer an seinen durchlauchtigen Tyrannen‹

Wer bist du, Fürst, dass ohne Scheu
Zerrollen mich dein Wagenrad,
Zerschlagen darf dein Roß?
Wer bist du, Fürst, dass in mein Fleisch
dein Freund, dein Jagdhund, ungebläut
Darf Klau' und Rachen hau'n?

Wer bist du, dass, durch Saat und Forst
Das Hurra deiner Jagd mich treibt,
Entatmet wie das Wild? –

Die Saat, so deine Jagd zertritt,
Was Roß und Hund und du verschlingst,
Das Brot, du Fürst, ist mein.

Du Fürst hast nicht bei Egg' und Pflug,
Hast nicht den Erntetag durchschwitzt.
Mein, mein ist Fleiß und Brot! –
Ha! Du wärst Obrigkeit von Gott?
Gott spendet Segen aus; du raubst!
Du nicht von Gott, Tyrann!

Wie mutig dieser Bauer, der für diese Rede sein Leben riskierte. Wie ungerecht, was ihm widerfahren, wie gut die Sache, für die er kämpfte. Ein Gedicht voller Wut und Hass, das spürte man bei jedem Wort und am Ende schrie auch Peter: »Du nicht von Gott, Tyrann!« Etwas über die Ungerechtigkeit in der Welt glaubte er verstanden zu haben und zum ersten Mal wurde ihm bewusst, dass ein Dichter eine Absicht haben könnte und was der Großvater damals angedeutet hatte, als er von einer Gesinnung sprach.

Er las, was ihm in die Hände fiel und so kam es nicht von ungefähr, dass sich sein Wortschatz veränderte, seine Sprache bunter und reicher wurde. »Wo der dat nur her hat?«, wunderte sich Katharina, wenn sie ihren Sohn reden hörte, wusste aber nichts Besseres darauf zu sagen, als dass die Schule ihn für den Hausier noch vollends unbrauchbar mache. Auch Kläs fiel die neue Ausdrucksweise auf, die sich immer mehr von der des Dorfes unterschied. Es war etwas Seltsames um seinen Sohn, das spürte er, aber was es war, hätte er beim besten Willen nicht in Worte fassen können.

Wenn Hilarius Follmann auch polterte und schrie, weil es mit dem Rechnen allzu schlecht geriet, wusste der doch längst, dass in Peter ein anderer Geist gärte. So fiel sein Schüler auch im Unterricht durch grandioses Aufsagen von Gedichten und Märchen auf, zeigte eine gute Fabulierkunst, dazu einen mustergültigen Vortrag. Follmann betrachtete Peters Unfähigkeit im Rechnen insgeheim mit Nachsicht. Überhaupt hatte er bei einigen seiner Schüler entdeckt, dass die radikalen Erziehungsmethoden wie Stockhiebe rein gar nichts dazu beitrugen, dass sie besser lernten. Dass er an jenem Dienstagnachmittag Peter ein Versheft in die Hände gedrückt hatte, war eine Folge neuer Auseinandersetzungen mit sich selbst. In Peter hatte er sich als Jungen wiedererkannt, von Natur aus den Künsten und der Musik zugewandt, besonders aber der Dichtkunst, zu der er selbst niemals den erhofften Zugang gefunden hatte. Follmann wusste, dass es für diesen seinen Schüler noch undenkbarer war, sich hier in dieser Umgebung, als Sohn eines Hausierers, mit Dichterei zu befassen. So wie alle hier würde auch Peter auf den Segen der Kultur verzichten müssen.

Als er ihn am Morgen in der Schulbank sitzen sah, kamen ihm Zweifel, ob es überhaupt recht war, dem Jungen solche Hefte in die Hand zu geben. Stieß er damit nicht sogar Sehnsüchte oder Welten an, die seinen Schüler verleiten würden, ihn unzufrieden machten? Hatten hier nicht alle genug damit zu tun, diesen herben Landstrich gefügig zu machen, um sich am Leben zu halten? Der harte Kampf ums Dasein hatte Gestalt und Gemüt der Bewohner geprägt, dessen war er sich sicher. Es war nicht die Kunst und noch weniger die Dichterei, wenn man von den weitervererbten Märchen, Sagen und Legenden einmal absähe. Aber, das fragte er sich, waren die Märchen und Sagen nicht Erbschaften, die der Verschönerung und Belebung des Daseins dienten und von Einfluss sein konnten? Peters glückliche Augen fielen ihm ein, die Art und Weise, wie er die Hefte an die Brust drückte und bei diesen Gedanken spürte Follmann, dass sein Tun gut und richtig war.

Er selbst war auf einem unbestimmten Weg, hatte neue Impulse bekommen, dachte über viele Dinge anders als zu Beginn seiner Lehrertätigkeit. Gelesen hatte er, dass diese Affekte notwendig seien, dass Veränderungen alle beträfen, nicht nur ihn. Er war sich sicher, dass selbst die stursten Bauern bald von ihrer Scholle aufschauen würden, um festzustellen, dass die Welt sich drehte.

Seit geraumer Zeit hatte sich bei Follmann dieses neue Denken eingenistet, das seinen Ausdruck in Worten, Gesten und Taten fand. Seinen Schülern, auch Peter, den Leuten im Dorf, dem Pfarrer, blieben die Veränderungen nicht verborgen. Waren bei Follmann anfangs wie bei seinen Kollegen Prügel und Strafen an der Tagesordnung, so verzichtete er jetzt fast gänzlich darauf, redete statt dessen mit seinen Schülern, förderte sie nach bestem Wissen, ermunterte und ermutigte sie zum Lernen. Zweifel äußerte er an den geerbten pädagogischen Methoden, die auch er einst kritiklos übernommen hatte. Und nicht nur der starre Unterricht und die strafende Pädagogik beschäftigten ihn, es waren die Zustände überhaupt auf den Dörfern, seine Situation als Lehrer, sein Beitrag zur Erziehung und Bildung der Jugend in Landscheid.

Schon begannen einige, ihn kritisch ins Visier zu nehmen, kommentierten, was er tat, was er sagte. Seit dem letzten Sommer nämlich wurde Follmann regelmäßig an Samstagen von verschiedenen

Männern besucht, mit denen man ihn häufig durch die Flur spazieren und heftig diskutieren sah. Manchmal saß er auch mit diesen Fremden im Wirtshaus Lamberty, hüllte sich in dicken Tabaksqualm und vertiefte sich in hintergründige Gespräche über Politik und Gesellschaft. Es kam auch vor, dass er übers Wochenende seinen Karren anspannte. In der Rheinpfalz wollten ihn einige gesehen haben, andere munkelten, dass er sich einem Geheimbund angeschlossen habe, wisperten über die seltsamen Verbindungen, die niemand durchschaute und begannen, ihm zu misstrauen. »Wat der wohl treibt?«, fragten sie sich, wollten auch festgestellt haben, dass er dünner geworden sei und sich neuerdings fremdartig kleide, eine ungehörige Sache, besonders für einen Lehrer.

Einem Gespräch zwischen Kläs und Katharina, das Peter von seiner Kammer aus verfolgte, entnahm er, dass Follmann über einen ehemaligen Studienkollegen Kontakt zu einer Gruppe in der Rheinpfalz aufgenommen hatte, der die bestehende Ordnung kritikwürdig schien und die sich traute, offen einige Unerträglichkeiten im Lande anzusprechen, besonders in den Rheinprovinzen. Genaues wusste Kläs auch nicht, aber es war ihm zu Ohren gekommen, dass Follmann letztens im Lamberty, wie es so seine Art war, anfangs scheu dagesessen und sich wenig eingemischt, dann aber, nach ein paar Schoppen, provokante Sprüche losgelassen habe. »Dat der Follmann riskiert, sich mit so nem Pack zu treffen«, hörte Peter Katharina maulen, »der hat scheinbar kein Angst, dat könnt ihm als Lehrer nämlich leicht die Existenz kosten.« Kläs antwortete nicht. Wieder hörte Peter die Stimme seiner Mutter. »Erst letzt Woch soll er wieder gefahren sein, manchmal kommen ja auch so seltsame Leut zu ihm.«

»Ja, der Follmann hat sich schwer verändert. Ich weiß noch, wie unser Gret bei ihm in die Schul gegangen is. Da hat er noch anders geschwätzt, dat nämlich alles gottgegeben wär.«

»Vor allem hat der keinen angestachelt, sich für mehr Rechte einzusetzen. Wie wenn unsereinem Rechte zugesprochen würden. Dat haben wir ja unterwegs zu Genüge gesehn.« Peter hörte, wie seine Mutter mit Geschirr hantierte. »Halt dich da bloß raus, Kläs.

Davon verstehn wir nix. Aber haste sein Kleider gesehen? Dat soll en Gehrock sein, mit der komischen Farb? Dat ziemt sich net für en Lehrer. Dat hat wat zu sagen, mein ich, auch der weite Kragen!«

»Die Kleider sind doch egal. Und die Farb auch. Wahrscheinlich hat er den billig erstanden. Unser Kinder soll er unterrichten. Weiter nix.«

Peter verstand nicht. Er verstand auch nicht, dass Follmann ihm – als er am Dienstag allein in der Förderstunde saß – das Rechenheft zuklappte und sagte: »Peter, du musst lesen. Lies, soviel du kannst! Und denk dir was dabei. Es gibt so Vieles auf der Welt, was wir verstehn müssen. Sonst ändert sich nichts. Und es muss sich was ändern. Für uns alle.« Dann rückte er neben ihn, erzählte, dass er schon 1817 verfolgt habe, wie Studenten auf der Wartburg unter schwarz-rot-goldenen Fahnen ein einiges, freies Deutschland gefordert, Bücher mit rückwärts gewandtem, reaktionärem Inhalt, dazu eine preußische Uniform und einen österreichischen Korporalsstock verbrannt hatten. Seine heimliche Freude habe er damals empfunden. Auch als er 1819 im Trierer Journal du Département de la Sarre gelesen habe, dass der Theologiestudent Carl Sand den Schriftsteller August von Kotzebue erstochen hatte, weil der als Anhänger der Fürsten und russischer Spion galt, habe er Genugtuung gefühlt. Zwar seien danach hässliche Dinge geschehen, aber Veränderungen hätten eben einen Preis, Geduld sei angebracht. Mit fragenden Augen saß Peter vor ihm, hatte keine Ahnung, wovon sein Lehrer sprach und auf was der hinauswollte, traute sich keiner Bewegung. So wie Follmann hatte niemals zuvor jemand mit ihm gesprochen. Dass er einen Schüler vor sich hatte, schien der Lehrer vergessen zu haben. Immer wieder rutschte ihm das Monokel von der Nase; sein Atem ging hastig. »Mehrfach hat es so ausgesehn, als ob sich das Rad wieder zurückdreht. Metternich drängte etwas zu tun, Burschenschaften wurden verboten, aufrührerische, radikale Studenten zur Festungshaft verurteilt, Professoren entlassen, Universitäten von der Polizei überwacht. Zeitungen, Flugblätter, politische Schriften durften nur mit Genehmigung der Regierung gedruckt werden. Deshalb gärt es im Untergrund! Wichtige Sachen, Peter. Das wirst du noch alles verstehen. Später.« Er schwieg einen Moment, ging zum Fenster, sah hinaus. Peter bemerkte, dass er die Haare anders trug, länger. »Wir müssen was tun«, wiederholte Follmann, »Du noch nicht, aber wir. Für euch. Vielleicht nicht in vorderster Reihe, aber doch vernehmbar. Aber das ist gefährlich, besonders hier, wo niemand ungestraft an der gottgewollten Ordnung rüttelt. Hier heißt die Devise, zunächst still bleiben, nicht zu sehr auffallen, bloß nicht auffallen. Wie schnell könnte das einen den Posten kosten.«

An diesem Tag kam Peter verstört nach Hause. Es war etwas im Gange, was er nicht verstand, worüber nur mit vorgehaltener Hand geredet wurde. Sogar beim Großvater bemerkte er Veränderungen in der Stimme und in der Wortwahl, wenn über Politik gesprochen wurde. Auch der verfolgte die neuen Bestrebungen mit Interesse, nutzte seine Händlerreisen, um Bescheid zu wissen, wie er es nannte.

Im letzten Sommer hatte Peter mitbekommen, wie in einem Sobernheimer Gasthaus auf den Mut der Franzosen angestoßen wurde. Von seinem Vater hatte er erfahren, dass die Franzosen schon vor Jahren ihren König in die Flucht getrieben, dass sie sich wüste Straßenschlachten geliefert hätten, in deren Folge die Regierung abgesetzt wurde und – das hatte Kläs geflüstert – auch in Deutschland längst der Ruf nach Einheit und Freiheit laut geworden wäre. Dabei war Peter eine Fahne im Gedächtnis geblieben, die jemand in der Ecke der Wirtschaft abgestellt hatte: ein zerfledderter Fetzen in Schwarzrotgold an einer hölzernen Stange. All diese Beobachtungen regten seine Phantasie an. Es lag Abenteuerliches in der Vorstellung, einen König zu vertreiben und er fragte Kläs, ob das auch hier passieren könnte und was wohl die Folge wäre. Sein Vater machte sich nicht die Mühe, ihm diese Frage genauer zu beantworten. Er sagte nur, dass es dann Sodom und Gomorrha gäbe, dass alle, die so etwas forderten, sich des Lebens nicht mehr sicher sein könnten und dass man dergleichen nicht einmal denken dürfe.

Peter hätte diese Dinge sicher wieder vergessen, wenn ihn nicht Follmann mit seinen Reden ständig daran erinnert hätte. In den Dienstagsstunden berichtete der Lehrer von Hungerrevolten, die in Lyon aufgeflammt und brutal niedergetreten worden waren. »Und hier? Wie ist es hier? Die Julimonarchie bemisst das Wahlrecht nach der Höhe der Steuer und gewährt Besitzenden Rechte, die sie Besitzlosen verweigert! Nirgends verschaffen sie denen, die von ihrer Hände Arbeit leben, Einfluss, überall sind immer nur die Reichen und Mächtigen an der Regierung!«

Am Sonntag in der Oktav vor Erscheinung hatte sich Kläs beim Frühschoppen im Lamberty nicht bloß einige Schoppen zuviel geleistet, er hatte die Saufrunde mit den Händlerkollegen auch bis weit in den Nachmittag ausgedehnt und dachte sich auf dem Heimweg, seinen Sohn zum seltsamen Gebaren des Lehrers befragen zu müssen. Follmann war nämlich in Begleitung zweier fremder Männer aufgetaucht und hatte, nach etlichen Schoppen, einige seiner provokanten Ansichten offen ausgesprochen.

»Wat verzällt der Follmann in der Schul?«, wollte er von Peter wissen, als er zur Tür hereinkam, zog ihn zu sich heran und sah ihm forschend in die Augen. »Macht der noch wat anders mit euch als Rechnen und Schreiben? Verzällt der wat vom König? Von Ungerechtigkeit?« Verstockt stand Peter da, wusste zunächst nicht, ob in diesem Fall dem Vater oder dem Lehrer zuzuhalten wäre. Er entschied sich für den einfachsten Weg, auch weil er nicht wusste, wie er die Sache mit Follmann hätte erklären sollen. »Nä, der sagt von sowat nix«, schüttelte er den Kopf, »am Dienstag hat er mit mir gerechnet.«

»Hmm. Dann isset ja gut.« Dennoch sah Kläs zweifelnd auf seinen Sohn. »Du musst net alles glauben, wat der Follmann sagt. Vor allem nix über Politik.« Zu Katharina gewandt erzählte er, dass Follmann die Bauern und Händler im Lamberty aufgefordert hätte, die Mistforken zu ergreifen und für ihre Rechte zu kämpfen. »Aufstehn sollen wir und wehrhaft sein. Unser Lehrer is jetzt in ne neue Gruppe reingeraten, war in der Rheinpfalz bei ner Versammlung dabei. Dafür hat er geworben. Der Bund der Gerechtigkeit, so en Zeug eben. Ich sag euch, dat so en Bund gleich einpacken kann. Gerechtigkeit wird et nie geben.« Katharina sah besorgt aus. »Und jetzt meinst du, dat der die Kinder verhetzt?«

»Ich weiß et net. Jedenfalls ist der ganz schön mutig geworden, unser Follmann. Zu mutig. Von den Franzosen hat er geschwätzt. Wahlen fordert er. Dat die Todesstrafe abgeschafft werden soll. Dat jeder öffentlich sagen soll, wat er meint und dat die Zeitungen net nur dat Zeug der Regierung schreiben sollen.« Er seufzte. »Teilweise hat er ja Recht. Aber wo soll dat hinführen? Er fordert auch, dat jeder ausgebildet werden soll. Und stellt euch vor, er sagt, der Bund der Gerechtigkeit will, dat kein im Volke schlummerndes Talent verloren gehn soll ... So wird et nie sein! Dat wär ja wie im Paradies! Wo kommen wir denn da hin?« Er stand auf, schwankte ein wenig, ging zur Spül, wo eine Schüssel stand, schöpfte mit einer Kelle Wasser und trank. Peter sah, wie das Wasser ihm vorne am Hemd herabtropfte, als er sich mit der Hand den Mund wischte. »Dat jeder wat lernen soll, ist gar net so schlecht. Aber weißte, wat der noch gesagt hat?« Kläs zögerte mit der Antwort, zog die Brauen nach oben, schubste Katharina in die Seite und prustete vor Lachen: »Der fragt sich allen Ernstes, wat wohl wär, wenn auch die Weiber gleichgestellt wären.« Ein abschätziger Blick traf ihn. Katharina schüttelte den Kopf. »Du hast zuviel gesoff.«

Es war nicht nur Kläs, der über Follmanns Ansichten sprach. Bald palaverte das ganze Dorf. Man stellte ihn zur Rede, er ließ sich auf unfruchtbare Diskussionen ein, wurde beschimpft und bedroht. Offenkundig, dass man seinem Unterricht misstraute.

Die Zusatzstunden am Dienstag waren das Erste, was gestrichen wurde. Jemand von der Schulaufsicht observierte seinen Unterricht; die Behörde drohte mit Entzug der Lehrbefugnis, falls herauskäme, dass er sein Amt ausnutze, um übles Gedankengut zu verbreiten. Manche Eltern schickten die Kinder wochenlang nicht in die Schule. Eine Weile sah es so aus, als ob Follmann versetzt würde, aber nichts geschah. Zu gerne hätten ihm einige im Dorf nachgewiesen, dass er mit seinen Schmähreden die Kinder verhetze, aber den Beweis blieben sie schuldig und in Ermangelung eines pädagogischen Ersatzes beließ man es beim Alten.

Katharina sorgte sich. Nicht nur die Sache mit Follmann verunsicherte sie, alles was mit der Schule zusammenhing, war ihr unbegreiflich und fremd. »Dat du immerzu lesen musst«, schimpfte sie, als sie Peter am Tag der Aschenweihe in eine Lektüre versunken auf der Ofenbank sitzen sah. Als er sich nicht rührte, knuffte sie ihn in die Seite. »Klapp dat Buch zu! Immer nur Bücher und Bücher … Et gibt Wichtigeres als die Leserei! Wat willste damit eigentlich?«

»Ach Mutter, dat versteht Ihr net. Bücher sind doch wat Schönes! Wenn Ihr doch nur selbst lesen könntet!«

»Nee, nee, dat will ich gar net können. Dat hab ich bis jetzt net gebraucht und et tät mich wundern, wenn sich dat ändern würd! Leg dat Buch jetzt hin! Geh in die Kammer! Hol Kraut aus dem Fass. Los, beeil dich!« Sorgfältig legte Peter ein Stück Papier zwischen die Seiten, klappte das Buch zu und steckte es in die Innentaschen seiner Weste. Katharina stemmte die Fäuste in die Hüften. »Nimmste dat Buch etwa mit? Jetzt reicht et aber! Dat du da hinten weiterlesen kannst!« Wütend kam sie auf ihn zu, zerrte an seiner Weste, versuchte ihm das Buch zu entreißen, aber Peter presste die Hände dagegen, während Katharina zog und schrie. »Wirste wohl …!« Dass er das Buch derart verteidigen würde, steigerte ihre Rage. Bald kannte ihr Zorn keine Grenzen mehr. Hart schlug sie ihn ins Gesicht, einmal, zweimal, während seine Hände immer noch die Lektüre zu schützen suchten und ihm Tränen kamen. »Du Nichtsnutz! Jetzt is et aber Zeit, dat sag ich dem Vatter. Wirst du dat dumme Buch wohl rausgeben?«

»Nä.« Er rang nach Atem, keuchte. Wieder schlug sie ihn ins Gesicht, stieß ihn gegen die Schulter, dann packte sie ihn an den Haaren, riss den Kopf nach unten, immer weiter nach unten, bis er sich krümmte und seitlich auf die Knie ging. »Jetzt kriegste dein Bücher!« Hart schlug sie seinen Kopf gegen das Tischbein, bis er ihr schließlich das Buch hinstreckte und tränenüberströmt nach dem Krautfass ging. »Warum biste bloß so anders? Du bist kein Mensch wie ander Leut!«, schrie Katharina, »wart nur, zu wat dat noch führt!«

Sternenzeit

Jahre vergingen. Um Follmann war es ruhig geworden. Er traf sich mit niemandem mehr, lebte bescheidener und zurückgezogener denn je.

Dennoch war er nach wie vor davon überzeugt, dass Warenüberschuss auf der einen Seite, Armut auf der anderen, die Wunderwerke der Maschinerie die Arbeiter brotlos machen würden, dass wissenschaftliche Glanzleistungen Schattenseiten hätten, an denen das Volk leide, systematisch verrohe und verdumme. In einer kritischen Schrift hatte er gelesen, dass Triebe wie Habgier, Neid, Geiz oder Machtgelüste nicht der menschlichen Natur entstammten sondern eine Folge sozialer Verhältnisse seien, in denen gestörte Austauschbeziehungen zwischen Fähigkeiten und Bedürfnissen es zuließen, dass Arbeiter massenhaft darbten, damit einige Nichtsnutzer schwelgen konnten.

Aber er schwieg. Alleine sah man ihn jetzt durch die Flur streifen. Er wusste, dass die Zeit für derartiges Gedankengut nicht reif war. »Der hat genug«, sagten die Leute.

Im vorletzten Schuljahr vermisste Peter den Austausch, den Zuspruch, die Bücher. Dennoch gab es etwas, das neben Gedichten und Geschichten seine Phantasie ankurbelte. Etwas, von dem er selbst nicht wusste, was es war und was es zu bedeuten hatte. Er spürte es körperlich; es war etwas Sanftes und Warmes, das von einem Menschen ausging, etwas, das ihn ungeheuer in seinen Bann zog: Loni.

Das Gefühl für sie war langsam und schleichend gekommen, kannte er sie doch, lange bevor sie zusammen in die Schule gingen.

Loni hatte glänzende schwarze Augen, die immer in Bewegung waren, genau wie der zierliche Körper und die braunen Zöpfe. Sie war die Tochter eines Flickschneiders, der, einigermaßen belesen und an der Schulausbildung seiner Kinder interessiert, ahnte, dass Wissen und Nichtwissen über ein Leben bestimmen könnten. Deshalb besuchte sie als eines der wenigen Mädchen die Schule. Sie hatte zwei jüngere Schwestern, die mit ihr kamen. Eine war benannt nach der Heiligen Elisabeth, die andere nach der Heiligen Veronika, allesamt dunkle, zarte Kinder, denen man den Einfluss der Mutter, einer im Hungerjahr 1816 aus dem Tirolischen Zugezogenen, deutlich ansah. Die Mutter war bald nach der Geburt der Jüngsten an einer Blutvergiftung gestorben, die sie sich von einem rostigen Nagel geholt hatte.

Loni, eigentlich Apollonia, verdankte ihren Namen dem schönen Bildnis der Heiligen Apollonia, das der Vater von einer Wallfahrt mitgebracht hatte und stets bei sich trug. Das Mädchen, das in der Schule eine Bank vor Peter, neben Else saß, war oft genug Anlass für Träumereien. Immerzu betrachtete er die dunklen Zöpfe, die Schattierungen im Braun ihres Haares, folgte dem Verlauf der Flechten und dem Band, das die Haare hielt. Wie gern hatte er die Art, wie sie den Kopf wandte und sich dann und wann eine eigenwillige Strähne hinter das Ohr strich, wobei jedes Mal der Ärmel ihres Kleides bis zum Ellenbogen zurückglitt. Wie horchte er auf, wenn sie mit ihrer hellen Stimme ein Wort – ein beliebiges Wort – an wen auch immer richtete. Besonders das Grübchen im Nacken unterhalb des Haaransatzes hatte es ihm angetan und so saß er oft minutenlang, den starrem Blick auf die eine Stelle gerichtet, die ihn so faszinierte. Wie gerne hätte er die glänzenden Haare berührt, den geschmeidigen Hals, die Stelle am Nacken mit dem Mal und dem flaumigen Haar. Wie schön war es, wenn Loni, im flüsternden Gespräch mit Else, den Kopf nach hinten drehte und ihm einen Moment lang scheu in die Augen sah.

Mit geneigtem Kopf, indem er die dunklen Brauen zusammenzog, dabei die Lippen etwas rundete und die träumerisch umschatteten Augen seltsam nach innen richtete, in dieser ihm eigenen Pose verharrte Peter ganze Schulstunden und glaubte immer deutlicher zu spüren, dass auch sie ihn bemerkt habe. »Pass op!« Oft brachte ihn ein Tritt gegen sein Schienbein zurück in den Klassenraum. »Glotz dat Loni net so an«, fauchte sein Banknachbar, Lorenz Melzer, »dat hol ich mir! Dat geht bestimmt net mit euch auf den Hausier!« Peter zuckte die Schultern. »Dat weiß du doch net. Oder haste schon gefragt?« Verächtlich verzog Lorenz das Gesicht. »Da brauch ich net zu fragen. Haste net gesehn, wie die mich anguckt?«

»Nee, hab ich net gesehn.«

»Ha, wirst et schon noch merken!«

Zwar bemerkte Peter keinen Blickaustausch zwischen Loni und Lorenz, aber es fiel ihm auf, dass sich auch andere seiner Kameraden um sie bemühten. Ob es Jakob Hermann, Matthias Maus oder Leonard Weirich war, wenn es darum ging, ihr etwas zu holen, die Tasche zu tragen oder ihr zu helfen, immer war einer zur Stelle. Meist war das Lorenz, niemals Peter.

Anfangs machte es ihm wenig aus, aber je mehr ihn ihr Nackenmal und die Art ihrer Bewegungen in seinen Bann zogen, je öfter er ihren Blick aufzufangen glaubte, desto mehr suchte er nach Wegen, ihr zu gefallen. Auffallen wollte er in einer Art, die sich von den anderen unterschied und ihre Anerkennung finden würde. Wochenlang grübelte er darüber, kam aber zu keinem brauchbaren Ergebnis. Auch fehlte ihm Mut; konnte er ihr doch kaum gegenüber stehen, ohne dass seine Augen zu flattern begannen und seine Hände zuckten. Immer wieder entwarf er neue Pläne, neue Ideen, sich ihr zu nähern. Über Weihnachten sah er sie nicht und auch bis Drei Könige fiel ihm nichts ein. Schon rückte das Ende der Winterschule näher. Der Vater sprach bereits über einen neuen Aufbau für den Wagen und immer noch ahnte Loni nichts von dem, was mit Peter geschehen war und doch so viel mit ihr zu tun hatte.

Schreiben würde er ihr, schöne Zeilen, vielleicht ein Gedicht. Lange sann er über die Wortwahl nach, auch über den rechten Ort des Schreibens. Bloß nicht zu Hause, wo er entdeckt werden könnte.

Einsam und kalt lagen Wiesen und Felder, als er, zunächst am Kailbach entlang dann in Richtung Augenbildchen wanderte. Nur wenig Schnee lag, ungewöhnlich für die Jahreszeit. Hin und wieder kam die Sonne durch, wärmte aber nicht. Bald wirkte der Turm von St. Hubertus wie ein Spielzeug, auch die bemoosten Strohdächer lagen weit. Nach einem geeigneten Platz hielt er Ausschau und als er ihn am Waldrand gefunden glaubte, lehnte er sich an eine Tanne, zog ein Stück Karton und eine Graphitmine aus der Tasche. Von oben schrie eine Krähe; bald flatterte sie vom Gipfel der Tanne auf einen der unteren Äste, ruckte mit dem schwarzen Kopf, äugte nach ihm. Dann drehte sie sich und es schien, als wolle sie ihm ihr glänzendes Gefieder zeigen. Vorsichtig, um sie nicht zu schrecken, setzte er die Mine an, skizzierte zunächst den Ast, dann das Rabentier, das sich mit ruckartigen Bewegungen putzte, indem es mit dem Schnabel jede Feder lockerte, reinigte und ordnete, eine lose herauszog und auf den Weg warf. Peter zeichnete das blauschimmernde Federkleid, strichelte und schattierte. Immer wieder hob er den Kopf, prüfte und verglich. Er fröstelte, zog die Weste enger. Schön war es, hier an diesem abgeschiedenen Ort zu sein, wo ihn niemand störte.

Als die Krähe sich aufschwang, lehnte er sich zurück. Eigentlich hatte er dichten wollen. Es reute ihn, dass er außer der Zeichnung nichts aufs Papier gebracht hatte, aber ein Dämmer überkam ihn, er begann zu dösen und schwebte bald über sich und seinen Gedanken.

Als er aus seinem Halbschlaf auffuhr, war es ihm, als ob alles um ihn herum in Gold getaucht sei. Auch über den Zweigen und dem Moos lag es, beleuchtete den Schnee. Wie von einem Feuer war alles über und über durchhaucht, selbst die Wolken, aus denen Sonnenstrahlen brachen, strahlten in unbeschreiblichem Glanz. Ein Duft von Kühle und Süße wehte herüber, ein Rauschen hob an, ein Vorhang öffnete sich vor seinen Augen, dahinter ein rotes Lodern wie glühendes Eisen und ein Strahlenkranz, der sich über das Gold breitete. Alles verschwamm in diesem Moment. Trunken vor Staunen saß er, starrte in die Farben, die sich steigerten, zuerst hellrot, dann rosenrot, dunkelrot, blaurot, immer tiefer, bis Wolken heranzogen und das Feuer wie in einem schwarzen Meer schwamm. Geblendet hielt er die Hand über den Augen, bis die Farben zurückkrochen. Berauscht, außer sich war er über diese Vorgänge.

Als er dem Großvater am Abend von diesen Eindrücken erzählte, lachte dieser nur und meinte, dass er mit seinen schlaftrunkenen Augen bloß die Sonne habe untergehen sehen. »Du Jeck«, sagte er, »aber et is wat Erhabenes, wat?«

Da er den Vers nicht zuwege gebracht hatte, machte er sich anderentags – es war an Maria Lichtmess – auf den Weg zu seinem Versteck an der Mühle. In einer dünnen Jacke saß er und fror. Dennoch, diesmal ging es leichter.

Bald hatte er ein paar Zeilen auf dem Papier, in denen er Loni beschrieb, ihre Art, ihre Gestalt. Dann begann er die Worte zu drehen und zu wenden, über und unter die Linien zu kritzeln, zu kürzen und neu zu schreiben. Ein besonderes Gedicht sollte es werden, Lonis würdig. Er schaffte und dachte, strich und sinnierte. Nur langsam wurden Reime daraus, aber so, wie sie in Follmanns Büchern vorkamen, waren sie doch nicht. Er kramte ein Blatt aus der Tasche, auf das er sich schöne Wörter und Sätze notiert hatte. Er überlegte; dann steckte er es weg. Nein, er musste eigene Worte finden für das, was er Loni schreiben wollte.

Plötzlich war alles ganz leicht.

Mir möchte das Herz schier vor Kummer vergeh'n,
seitdem ich dich, mein Mädchen, geseh'n,
du Mädchen, so wonnig, so reizend, so zart,
hast mich bezaubert auf eigene Art.

Nun hab' ich den ganzen Tag keine Ruh',
und nachts schließ ich kaum noch ein Auge zu;
nie hab' ich solch Glühen im Herzen gefühlt,
ein Glühen, das selber kein Winterfrost kühlt.

Wenn ich dich seh, bebt's mir im Herzensgrund.
Fast glaub' ich, mein Herz wird nie mehr gesund.
O löse den Zauber, du Mädchen schön,
sonst bricht mir das Herze, lass das nicht geschehn!

Wenn sie nur wüsste, dass er Stunden damit zugebracht hatte, in Worte zu kleiden, was er für sie empfand! Die letzte leere Seite des Katechismus hatte er geopfert, den Rand des dünnen Pergaments säuberlich abgeschnitten und in seiner schönsten Schrift beschrieben. Er spürte Herzklopfen bei dem Gedanken, wie es ihr zu übergeben wäre.

Nachdem er verschiedene Möglichkeiten durchdacht hatte, beschloss er, ihr das Gedicht während der Christenlehre in die Tasche ihres Umhangs zu schmuggeln.

Voller Erwartung und Ungeduld ging er am Sonntag nach St. Hubertus. Er war früh aufgestanden; dreimal noch hatte er das Gedicht durchgesehen.

Als er dem ausgetretenen Pfad hinauf zur Kapelle folgte, klopfte er sich den Staub von den Kleidern und strich das Haar zurecht. Kühl war es drinnen, die Fenster warfen bunte Flecken auf den Boden. Vergeblich wanderte sein Blick entlang der Bänke. Alle waren da, nur Loni, ausgerechnet Loni fehlte und so sehr er auch hoffte, dass sie nachkommen würde, an diesem Sonntag ging er unverrichteter Dinge nach Hause. Eine Woche musste er sich gedulden.

Wie ein Fehlschlag schien ihm das, die Ungeduld wuchs und ließ erst nach, als Loni, wie gewohnt, am nächsten Sonntag vor ihm saß. Den Umhang hatte sie seitlich über die Bank geworfen, die aufgenähte Seitentasche lud geradezu ein, etwas hineinzustopfen.

Nur zwei Sekunden dauerte es.

Lorenz blätterte im Katechismus; er hatte nichts gemerkt.

Lange zog sich die Christenlehre des ersten Fastensonntags. Unruhig saß Peter in der Bank. Immer wieder ging sein Blick zu der schräg aufgenähten Tasche des Umhangs. »Angelis suis Deus mandavit de te, ut custodiant te in omnibus viis tuis. In manibus portabunt te, ne umquam offendas ad lapidem pedem tuum …«

»Ja«, dachte Peter und sah nach Loni, »auf Händen sollen Engel dich tragen und nie soll dein Fuß an einen Stein stoßen …«

Der Pfarrer gab allen das Segenszeichen, Loni griff nach dem Umhang, den sie sich beim Hinausgehen um die Schultern legte. Noch in der Kirche bemerkte sie das Papier. Peter sah, wie sie es hervorzog und neugierig betrachtete. »Für Loni«, las sie und in dem Moment schubste Peter sie an: »Psst …«, deutete auf das Blatt, das Loni erschrocken wieder zurückschob. Sofort sprang Lorenz, der es nicht ausstehen konnte, wenn Loni mit jemand anderem als mit ihm sprach, dazwischen. »Na, wat gibt et zu tuscheln?«, fragte er und schubste Peter in die Seite. »Sag, Loni, wat will der von dir?« Statt einer Antwort rief sie nach ihrer Schwester, beeilte sich, den anderen Mädchen hinterherzukommen und ließ die beiden stehen.

»Mit Loni gibt et nix zu fispeln«, drohte Lorenz und hob die Faust, »dat mach ich schon selber. Da brauch ich keinen sonst …« Peter wollte an ihm vorbei. Lorenz packte ihn am Kragen und zog ihn zu sich heran. »Nur damit du et weißt!«

»Ich hab dir nix getan«, sagte Peter, »lass mich los.«

»Dat entscheid ich ganz allein.« Trotzdem ließ er ihn gehen, nicht ohne nochmals drohend die Faust zu heben.

Loni war schon die Gasse hinunter. Peter sah, wie sie mit Veronika in den Weg zur Schneiderei abbog. Er hoffte so sehr auf ein Zeichen, aber sie drehte sich nicht um.

Am nächsten Tag war alles verändert. Zwar saßen sie wie gewohnt in den Schulbänken, aber Lonis Gesten, auch der Ausdruck ihres Gesichtes, waren abweisend und kühl. Sie hatte ihn weder beim Hineingehen noch während des Vormittags angeschaut. Nicht eine einzige Bewegung in seine Richtung stellte er fest. Verstohlen hingegen die Blicke von Veronika und Else, die Augen voller Spott. Auch Lorenz sah ständig zu ihm herüber. Sein Blick war drohend und entschlossen, die Nasenflügel bebten.

Es dämmerte, als Peter das Haus seines Großvaters verließ, wo er beim Strohhäckseln geholfen hatte. Unterhalb der Hubertuskapelle wurde er erwartet. Ludwig und Lorenz Melzer, die sich hinter einem Stapel Bretter versteckt hatten, sprangen auf den Weg, packten ihn links und rechts unter den Armen, zerrten ihn in eine Scheune. »Jetzt wird abgerechnet!« Grob trat ihm Lorenz in die Kniekehlen, Ludwig schubste ihn voran, sie stolperten über Holz und Pferdegeschirr, Kummet und Sicheln. Lorenz schloss die Tür, drängte Peter gegen die morsche Wand. Dicht kam er heran, beider Atem vermischte sich, er umfasste seinen Hals, Peter begann zu röcheln.

Hinter ihm zündete Ludwig einen Kerzenstumpen an »Du hast wohl vergessen, wat die Absprach war?«, begann er, hob die Kerze, hielt sie vor sein Gesicht und sah ihm prüfend in die Augen. Das Licht warf monströse Schatten. Peter antwortete nicht. Lorenz drückte fester. »Dat Loni lässt du in Ruh. Haste verstanden?« Peter trat mit dem Fuß, versuchte ihn abzuwehren. »Dat geht euch nix an.«

»So, dat geht uns nix an? Weißt du, wat wir jetzt mit dir machen?«

»Gehn lasst ihr mich. Und dann mach ich mein Sach und ihr eure!«

»Hättst du wohl gern!« Wieder musste er Tritte und Schläge einstecken. Lorenz' Hand an seinem Hals verursachte einen Hustenreiz. »Schad, dat du dich net siehst. Ganz rot biste schon im Gesicht! Drück fester«, feuerte Ludwig seinen Bruder an, »fester!« Dicht neben Peters Kopf hatte eine Spinne zwischen Holzbrettern und Wand ein Netz gesponnen. Das Netz schaukelte und vibrierte durch die ungestümen Bewegungen, die Spinne ließ sich am feinen Faden ein Stück herab, verharrte und plötzlich sagte Ludwig: »Guck mal dat Biest!« Er hielt die Kerze unter das Tier, das kurz nur unter dem Feuerstich zuckte, dann zu einem Klumpen wurde und mit dem Netz verschmolz, das stinkend verglomm. Indem Lorenz Peters Hals immer enger umfasste, drohte er: »Genau dat wird mit dir passieren, wenn du net Ruh gibst. Brennen wirste!«

»Lass los!«

»Brennen wirste!« Peter bäumte sich auf, seine Wut steigerte sich, er trat und zerrte nach allen Seiten, Schläge prasselten auf ihn nieder. »Schweine, ihr seid Schweine! Verdammte Schweine!« Peter schlug um sich, trat mit den Füßen. Ludwigs Hand konnte er abwehren. Es gelang ihm, sich von Lorenz loszureißen. Er wankte auf die Scheunentür zu, wo sie ihn nochmals packten und mit Tritten malträtierten.

Mit blutender Nase und zerrissener Weste taumelte er auf die Straße.

In diesem Moment bog die Witwe Frings um die Ecke, eine alte, schwerfällige Frau mit schleppendem Gang und hängenden Mundwinkeln. Sofort erfasste sie die Situation und begann ein Geschrei, das dafür sorgte, dass Fenster sich öffneten und vorwitzige Gesichter in den Rahmen erschienen. »All gegen einen!«, wetterte sie, »Feiglinge, die ihr seid!« Sie drohte mit der Faust nach den Fliehenden, reckte die knochigen Hände nach Peter, der ebenso davonrannte wie die Melzers, blindlings, nur fort.

Mit erhitztem Gesicht verzog er sich an einen dunklen Winkel am Kailbach. Am Ufer hockte er, bis der Atem gleichmäßiger ging. Schmerz, Bitternis, Kränkung und Ärger wechselten in ihm. Je länger er über die Sache nachdachte, desto stärker wurde der Ehrgeiz. »Ich werd et euch beweisen! Ich zeig euch, wat et heißt, mir zu drohen …!« An Melzers Rache nehmen, ja, das würde er und dann Loni erobern. Er malte sich aus, wie er die Brüder blutig schlagen und gnadenlos hinstrecken würde: mitten auf der Straße, vorne am Lamberty, dort, wo es alle sehen konnten. Und Loni würde daneben stehn, Stolz für den Sieger empfinden und ihm die Hand reichen.

Der Abend kam. Nebel zog herauf, legte sich über den Bach. Ein Weidenzweig beugte sich herab, schwarze Wellenringe kräuselten das Wasser. Der Kailbach mit seinem unausgesetzten Geglucker und Gegurgel beruhigte Peter. Er beugte sich über das Wasser, erblickte sein dunkles Spiegelbild, das Gesicht umrahmt von schwarzen, struppigen Haaren. An Loni dachte er. Was, wenn sie nicht ihm, sondern einem der Melzers die Hand reichen würde? Der Gedanke, dass sie sein Gedicht verraten und damit ihn verraten hatte, schmerzte plötzlich mehr als die blutende Wunde an der Schläfe. Sicher hatten sie darüber gelacht: Loni, Veronika und Else. Und die Melzers.

Langsam ging er den Weg hinunter, verweilte einen Moment vor einer Buche, den Blick auf die biegsamen Ruten gerichtet. Nach einer griff er, aber statt sie zu brechen, ließ er sie los, lachte, als sie zischend zurückschnellte. Nein, um Loni kämpfen, das war seine Art nicht. Nichts würde er einstweilen tun können, um sie für sich zu gewinnen. »O löse den Zauber, du Mädchen schön, sonst bricht mir das Herze, lass das nicht geschehn!« Sie hatte es geschehen lassen und an ihn keinen Gedanken verschwendet, keinen guten, nicht einmal einen schlechten, gar keinen.

Als alle schliefen, kroch er durch allerhand Schwarzdorngestrüpp in das zerfallene Nachbarhaus, wo jemand einen morschen Stuhl zurückgelassen hatte. Dort war er ungestört und schrieb im Schein eines Kerzenstumpens einen Brief an Loni, den er gegen Morgen zerriss. Gedrückt ging er nach Hause.

Eine Woche später brach die Kränkt wieder aus. Mit fiebrigen Augen, das Gesicht bald rot, bald blass, lag Peter auf dem Strohsack, die Augen verdreht. Katharina, die glaubte, dass er sich beim Streunen am Bach etwas weggeholt hatte, tat, was sie konnte, machte Umschläge, fühlte den Puls, kochte Tee und Haferschleim. Auch eine Tante sah nach ihm, packte Peters Beine in nasse Tücher und empfahl einen Klumpen Erde vom Landscheider Kirchhof auf die Stirn zu legen, das sei gut gegen Fieber. Katharina war drauf und dran auch das auszuprobieren, aber sie scheute sich dergleichen Dinge zu tun, Kläs' wegen.

Die Kränkt sorgte dafür, dass Peter bis März nicht mehr oft in die Schule ging. Loni sah er kaum, was ihm nicht unrecht war, denn unangenehm brannten die Erinnerungen. Auch Melzers wegen kam die Kränkt gerade recht. Einmal kam es noch vor, dass sie ihn mit Schneebällen so hart trafen, dass ihm Blut von der Stirn lief. Dann aber beachteten sie ihn nicht mehr und auch Loni verhielt sich gleichgültig, sah durch ihn hindurch, lächelte nicht, sprach nicht.

Wäre Hannes Bilger nicht gewesen, der neben ihm in der Bank saß, er wäre jeden Mittag allein heimgelaufen, einsam und ausgeschlossen.

Hannes hatte mit den Melzers nichts zu schaffen und war voller Bewunderung für Peter, der, wie ihm zu Ohren gekommen war, sich eine Prügelei mit beiden geleistet hatte und augenscheinlich noch lebte. Immerzu löcherte er Peter damit, wollte genau wissen, wie und wo und warum das geschehen war und auf welche Weise er sich habe retten können. Er selbst war von Ludwig einmal dermaßen in die Mangel genommen worden, dass er drei Zähne verloren und das Schlüsselbein gebrochen hatte.

»Mensch Pitter, die sagen all, du wärst so en Schwächling, aber dat du et mit den Melzers aufgenommen hast, nä, dat is en Dingen …!« Mehrfach hatte Peter Hannes erklärt, dass Schlägereien seine Sache nicht wären, dass es vorbei sei und er es vergessen wolle. Aber Hannes ließ nicht locker, die Sache beeindruckte ihn ungemein und so kam es, dass Peter ihm schließlich alles erzählte, auch die Sache mit Loni und dem Gedicht. Peter dachte, Hannes würde enttäuscht sein, ihn vielleicht ebenfalls verlachen und fort bleiben. Aber sein Geständnis bewirkte das Gegenteil. Hannes, ebenfalls Sohn eines Händlers, gehörte bald zu seinen wenigen Freunden.

Anfang März war Katharina im Dorf gewesen und hatte erfahren, dass Loni unter schweren Schluckbeschwerden und hohem Fieber litt. »Die Diphtherie schleicht sich von Tür zu Tür. Da müssen wir aufpassen. Dat is wat ganz Gefährliches«, sagte Katharina, »da kann man dran ersticken.«

Peter sorgte sich um Loni. Und mit dieser Sorge flammten auch die alten Gefühle für sie wieder auf. Das Herzklopfen kam zurück und der Drang, sich ihr zu nähern. Jeden Tag hoffte er, etwas über ihr Befinden zu hören. Blass und kraftlos stellte er sich Loni vor, bettlägerig, mit fiebrigen Augen und eingefallenen Wangen, die verschwitzten Haare auf einem Kissen ausgebreitet. Zur Heiligen

Apollonia betete er, dass sie nicht sterben möge. Die letzten Schultage vergingen, Loni kam weder in die Schule noch zur Christenlehre. Bis an Gertrudis die Haolegäns auftauchten, wartete Peter vergeblich.

Bevor sie abreisten, mussten alle zu Melzers. Antonius Melzer, Vater von Lorenz und Ludwig, übernahm seit Jahren das Haareschneiden sowie das Bartscheren für das ganze Dorf. Er hatte dieses Talent von seinem Vater geerbt und bot seine Leistungen für ein paar Pfennige pro Kopf. Auch in der Medizin war er bewandert, besonders mit den bäuerlichen Gebresten kannte er sich aus, schnitt Hühneraugen, zapfte Blut ab, wusste zu diesem Zweck Schröpfköpfe oder Blutegel anzusetzen. Er war in der Lage, ausgekugelte Gelenke wieder einzurenken und Notverbände für Menschen und Tiere anzulegen. Zweimal im Monat ließen sich die Bauern und Händler das Kinn schaben, nur der Pfarrer kam öfter.

Vor den Händlertouren kamen alle. Dann war sein Hof ein Treffpunkt. Um den Brunnen hockten und standen sie, disputierend, die Hände in die Seiten gestemmt, besprachen die Routen, tauschten letzte Informationen aus, kommentierten Melzers Arbeit. Einer nach dem anderen nahm auf dem Stuhl Platz, den er neben dem Brunnen aufgestellt hatte. Messer, Scheren und Kämme lagen auf dem Brunnenrand, auch ein raues Tuch, das als Umhang gedacht war. Die Söhne halfen, schlugen den Schaum für die Bärte und schliffen die Messer.

Allen Kindern verpasste Melzer den gleichen Kurzschnitt, der Läuse und des Schmutzes wegen. Auch bei den Älteren machte er kein Federlesens; Fett ließ er sich ordentlich bezahlen.

Peter lehnte am Brunnen, den Kopf über den Rand gebeugt und sah in die Tiefe. Die rundgemauerte Wand war feucht, Moos wucherte zwischen den Steinen, auch Kletterpflanzen. Unten, ganz tief, leuchtete das Wasser. »Komm Pitter, net träumen«, rief Lorenz, als er an der Reihe war und schon zerrten die Buben an seinem Kittel, drängten ihn zur Pumpe, hielten seinen Kopf unter das Wasser, drückten ihn auf den Stuhl. Melzer griff nach der Schere. War das

Haareschneiden für seine Söhne ansonsten wenig erquicklich, so standen sie nun mit wichtigem Gesicht dabei, sahen Peter spöttisch in die Augen und ermunterten den Vater, kürzer zu schneiden. »Der braucht en schön Frisur, will nämlich imponieren! Vatter, schneidet kürzer!« Alle lachten, selbst Melzer, dem das Gehabe seiner Jungen nicht ungewöhnlich war. »Sitz still«, sagte er zu Peter, als er sah, dass der die Fäuste ballte und die Farbe wechselte. »Hier werden kein Fisimatenten gemacht. All gleich seid ihr. Hier kriegt net einer wat Schöneres als der andere. Dann habt ihr auch all die gleichen Chancen!« Die Bauern lachten. »Nä«, rief Lorenz frech dazwischen, »mit dem sind wir net gleich. En Schlappes is der! En Dichter!« Wieder lachten alle. Einer der Bauern meinte, dass es ganz gut wäre, einen Dichter im Dorf zu haben. »Ihr schafft und der dichtet. Und dann wollen wir sehn, wer mehr davonträgt!« Nochmals schlugen sie sich vor Lachen auf die Schenkel, zu köstlich das Amüsement.

»Wollt ihr mal wat hören?«, fragte Lorenz und sah mit seinem platten Gesicht erwartungsvoll in die Runde. Er zog einen Fetzen Papier aus der Tasche, setzte sein breitestes Grinsen auf und wollte soeben anfangen zu lesen, als Peter das Pergament erkannte, das er aus dem Katechismus gerissen hatte, dazu seine gleichmäßige, schräge Schrift. Jäh fuhr er vom Sitz auf – fast hätte Melzers Schere den Nachbarn gerammt – stieß Lorenz mit Wucht in die Rippen und versuchte, ihm den Brief zu entreißen. »Hört auf! Sofort!«, schrie Melzer.

»Die Kampfhähn«, amüsierten sich andere über den öffentlichen Streit und sahen zu, wie Peter und Lorenz sich um das Papier balgten, das schließlich – niemand konnte sagen wie – im Brunnen landete.

Nicht nur die Sache mit Loni, auch der Spott und die Häme der anderen schmerzten. Er war froh, dass die Tour anstand. Als Kläs den Esel anspannte, war er derjenige, der vorneweg lief.

Diesmal ging die Fahrt nach Ahlen, des berühmten Emailles wegen. Firmen wie Westhues & Gröne, Herding & Mentrup boten günstige Haushaltsgegenstände mit Schmelzglasuren, die besonders in den Städten in Mode gekommen waren.

Ansonsten war die Route die gleiche wie im letzten Jahr. Peter erkannte die Dörfer wieder, das Rauchige in der Luft, die Berge. Erst als er sich weit weg glaubte, wurde der Gedanke an Loni, an ihre tückische Krankheit, sein Gedicht und die damit verbundene Schmach blasser.

Herzglühen

Kaum aber, dass im November die Haolegäns und das Dorf in Sicht kamen, kehrten die Bilder zurück: Lonis dunkle Augen, Lorenz' Schmähworte, das Gedicht.

Auch diesmal rettete ihn die Kränkt, schützte ihn einige Wochen, hielt die Erinnerungen fern, seine schweren Gedanken.

Was die Fieberausbrüche in diesem Jahr verschlimmerte, war die Nachricht vom Tod des Großvaters. Auf dem Hausierhandel zu Heimberg bei Kirn war er verstorben. Ganz plötzlich musste sein Tod gekommen sein, die Ursache blieb unklar, denn rüstig war er losgezogen. Händler hatten ihn tot auf dem Wagen gefunden und die Gemeinde verständigt. In Kirn lag er nun begraben und Kläs begab sich sofort auf den Weg dorthin, die übrigen Sachen seines Schwiegervaters abzuholen und die Beerdigungskosten zu begleichen, die die Gemeinde ausgelegt hatte.

Wehmütig dachte Peter an den Großvater, an die Geschichten, die Streifzüge durch den Wald. Was für einen einsamen Tod der doch gehabt hatte! Sicher hatte er gelitten. Immer wieder füllten sich Peters Augen mit Tränen. Die Welt war leer geworden, er fühlte sich allein gelassen. Die Lücke, die durch diesen Tod entstanden war, machte ihn noch verwundbarer.

Seitdem war es auch, dass er zwischen sich und den anderen diesen unaufhebbaren Unterschied deutlicher spürte. Immer stärker fiel auf, dass er im Vergleich zu seinen Altersgenossen sonderlich und eigen war. Fehl am Platz kam er sich vor, wenn er neben ihnen stand. Ein paar Versuche hatte er gemacht an ihren Spielen teilzunehmen, fand aber keinen Gefallen an dem, was sie taten und dachten, fühlte sich nicht zugehörig, konnte sich nicht austauschen.

Außer dem Großvater kannte er niemanden, der sich für Geschichten oder Musik interessierte.

Eine beißende Sehnsucht spürte er, die er nicht beschreiben konnte, fand sich selbst aufs Höchste empfindlich.

Früh hielt in diesem Jahr der Winter Einzug. Seit Allerheiligen waren morgens die Wiesen bereift; das Licht schlug weiß ans Fenster. An Buß- und Bettag schneite es ununterbrochen. Bis Totensonntag hingen dicke Wolken in der Höhe und verschluckten das Licht.

In der Woche vor St. Barbara – Peter war wieder einigermaßen auf den Beinen – schickte ihn Kläs zum Tagelohn in den Wald. Schon letztes Jahr war das einträglich gewesen, denn außer dem Lohn hatte Peter auch einen Sack schöner Buchenscheite heimgebracht.

In diesem Jahr hatten die Waldarbeiter auf einer Lichtung im Saalholz aus Brettern und Baumrinden einen Verschlag für die Werkzeuge gebaut. Hier trafen sie sich frühmorgens, schulterten Äxte, Sägen und Seile und gingen schweigend die verharschten Wege, durch Dickicht und Gestrüpp. Peter blieb Thönnes, dem Harzsieder, auf den Fersen.

Thönnes suchte die Bäume aus: Tannen, Buchen, Fichten und Kleingehölz. Er ging um die Stämme herum, prüfte, in welche Richtung sie fallen würden. Besonders die Fichten nahm er in Augenschein. Weite Teile der Eifel waren durch die preußische Regierung aufgeforstet worden, hauptsächlich mit Fichten, die sie Preußenbäume nannten, von denen jetzt ganze Reihen für den Holzeinschlag bestimmt waren.

Hatte Thönnes einen geeigneten Baum gefunden, rief er ein paar Leute zusammen, spuckte in die Hände und griff zur Säge, die sich bald tief in den Stamm fraß. Molters half mit der Axt nach. Schräg, flach, schräg, flach – es dauerte nicht lange, bis der Baum, begleitet vom Rauschen der Äste, krachend zu Boden stürzte und funkelnder

Schneestaub in die Luft wirbelte. Begleitet von dumpfen Axthieben wurden Äste entfernt, flogen gelbe Fichtenspäne in den Schnee. Es roch harzig. Wortlos arbeiteten die schwer atmenden Männer. Schweiß strömte ihnen über das Gesicht, brannte in den Augen wie Rauch. Die langen Baumstämme zogen sie mit Pferden an den Waldweg und rollten sie mit Hilfe schräg angelegter Hölzer auf die Wagen. Den ganzen Morgen stürzten Bäume, brach Astwerk. Mit wiegenden Köpfen zogen Pferde die Karren; Zaumzeug klirrte, die dampfenden Flanken zuckten, aus ihren trüben Augen sahen die Tiere kaum auf. Bald war eine Schneise erkennbar, am Fuß eines Abhanges schimmerte der Bach durch die Büsche. Frauen hockten an ins Eis geschlagenen Löchern und tauchten Wäsche ins Wasser. Ein Gewimmel von Kindern lärmte zwischen ihnen.

Zum Mittagessen legten die Männer ihre Arbeit nieder, setzten sich auf Baumstümpfe, falteten die Tücher auseinander: Brot und Speck kamen zum Vorschein, einzig Thönnes freute sich über ein Ei. Für Peter gab es nur schwarzes Brot und Thönnes zwinkerte ihm zu. »Na Pitter, dat is aber nix für en Waldmann! Davon kriegste kein Muskeln!« Peter antwortete nicht. »Der braucht kein Muskeln«, sagte der alte Molters, der, wenn er nicht im Tagelohn arbeitete, als Hirte seine Schweineherden in den Wald trieb. Er schraubte seine Kanne auf und goss Wasser in einen abgegriffenen Becher. »Der kann nämlich dichten.«

»Wat kann der? Dichten?«

»Tja, dat kannst du net.«

Peter kaute und sah auf den Boden, wo gelbe Ameisen, denen Räder und Hufe das Winternest zerstört hatten, in einem Gehäuf aus Tannennadeln, Eis und Erde emsig hin- und herliefen. Ein gefleckter armseliger Köter mit Erdklumpen im Fell sprang Molters bellend an die Brust und versuchte sein Gesicht zu lecken. »Nee, Stüpp, da musst du zu unserem Pitter gehn«, lachte der und gab dem Hund einen Tritt. »Der kann sogar Liebesgedichte machen! Davon kann man zwar nix beißen, aber er kann et trotzdem!«

»Komm Pitter, sag doch mal so en Liebesgedicht auf! So eins wie für dat Loni, dat sich dadrüber fast kaputt gelacht hat …!« Molters schlug sich auf die Schenkel, lachte grob und laut. »Deshalb also guckt dir der Hunger aus den Augen! Also wenn ich meiner Ami so en Gedicht bringen würd, ich wüsst net, wat die mit mir machen würd! Wahrscheinlich würd ich auch nix mehr zu fressen kriegen!«

»Oh nä«, hielt Dinkels Mättes dagegen, während er ein Hölzchen ausspuckte, auf dem er herumgekaut hatte, »grad umgekehrt wär dat! Fressen tät dat dich, ratzeputz, mit Haut und Haaren, hach – stell dir dat mal vor, wat wär dat schön!«, grunzte er, lehnte sich an einen Stamm und schloss genießerisch die Augen.

Am Sonntag nach dem Hochamt war das Lamberty in Niederkail bis auf den letzten Platz gefüllt. Männer saßen Karten spielend vor ihren Schoppen auf den Holzbänken, andere standen lautstark debattierend am Tresen. Rauch waberte durch die Stube, schluckte das matte Licht. Der Wirt hatte alle Hände voll zu tun, die Gläser zu füllen. Sein Junge balancierte – an jeder Hand fünf Bierkrüge – zwischen den Bänken. »Haste gehört?« Johann Bilger schubste den Harzsieder Thönnes in die Seite. »Der Molters hat verzählt, dat nächstes Jahr die Streck Köln – Düren – Aachen eröffnet wird. Weil dat in Bayern so gut geklappt hat, soll dat jetzt auch bei uns so sein. Ich hab et damals schon gewusst: Die Eifelbahn kommt!«

»Ja, durch die Eifel fährt jetzt bald en Eisenbahn! In der Kölnischen Zeitung stand, dat en Schnellwagen die Streck Köln-Jünkerath-Trier bei guter Witterung mit neun Personen und Gepäck in 24 Stunden zurücklegt. Stellt Euch dat mal vor! Wat meinste, wenn dat erstmal hier soweit is, wat dat unseren Hausier erleichtert?« Johann Maus wickelte eine Zigarre aus einem Papier, biss die Spitze ab und spuckte sie auf den Boden. Sein breites Kinn und der sehnendürre Hals waren von einem stumpfen Rasiermesser übel zugerichtet. »Dat du immer so übertreiben musst«, mischte sich Simon, der Schmied, ein, »et wird viel geschwätzt. Bis die Gleis bei uns gelegt sind, liegst du längst in der Lad. Die Eifel is doch net interessant.«

»Sag dat net. Die haben doch lang damit angefangen. Kriegst du denn gar nix mit? Stell dir nur mal vor, wat so en Eisenbahn für unseren Hausier ausmachen würd.«

»Da brauchst du dir kein Gedanken zu machen. Ich glaub gar nix, so lang ich nix seh. Wir sind nämlich dat Armenhaus Preußens – falls du et vergessen hast. Und weißte wat? Wir werden immer noch ärmer, jeden Tag en bisschen mehr. Dat mit der Eisenbahn mag ja noch angehen, aber et gibt immer mehr Maschinen, die den Leuten die Arbeit wegnehmen. Und wenn et immer mehr Maschinen gibt, kriegen die Arbeiter weniger Geld. Und wenn die weniger Geld haben, kauft auch keiner mehr euer Porzellan und dann fährt auch keiner mehr mit dem Zug. Wat da von England rüberkommt …«

»Ach, du redst doch en Mist! Warst immer schon en Schwarzseher. Damit haben wir doch nix zu tun. Jeder hier is sein eigner Herr!«

»Und nagt damit am Hungertuch!« Johann Bilger fuhr fort mit seinem Besoffenengeschwätz. »Stell Dir dat mal vor mit der Eisenbahn, wat dat wirklich bedeuten könnt? Genau die Streck könnten wir brauchen. Mit so ner Eisenbahn kannste Waren transportieren, net bloß Menschen. Dat wär en Erleichterung für uns.«

»Ja, dann schickste dein Zeug mit der Eisenbahn und wenn du et holen willst, ist nix mehr da. Nee, nee, ich bleib bei meinem Karren. Dat is sicherer.« Hin und her warfen sie ihre Argumente.

Als Kläs die Wirtschaft betrat, hatten sie die Sache mit der Eisenbahn noch nicht abschließend erörtert, stattdessen die dritte Runde Schnaps bestellt. »Ahhh, der Zirbes beehrt uns … Kläs, wat meinst du zu der Eisenbahn?«

»Wat für en Eisenbahn?« fragte er. Mit seinem Achselzucken sorgte er für Riesengelächter. »Vielleicht meinste eher wat zu deinem Sohn?« Höhnisch knufften sie ihn in die Seite. Fragenden Blickes sah Kläs in die Runde. Molters grinste. »Wat der kann, kann längst net jeder!« Ganz nah rückte der Alte bei diesen Worten an ihn heran und zog bedenklich die Augenbrauen nach oben. »Wat kann der denn, wovon ich nix weiß?« Kläs blieb ruhig und kippte seinen Schnaps. »Der kann wat, davon würdst du träumen …« Thönnes spitzte den Mund, stieß imaginäre Küsse in die Luft und rollte schmachtend die Augen. »Dem Jung glüht et im Herzen«, prustete er und hob sein Glas. Alles lachte, spöttische Blicke waren auf Kläs gerichtet. »Dichten kann der, falls du et noch net weißt! Und mit einem Gedicht is er grad ganz berühmt geworden!« Wieder drang schallendes Gelächter an seine Ohren. »Ich hab noch nie gehört, dat man damit wat falsch machen kann«, bemerkte Kläs, »der Jung dichtet schon lang. Dat is mir lieber, wie wenn er durch die Wirtschaften zieht, auf jedem Tanz herumstreift oder sonstigen Unsinn im Kopf hat, so wie manch anderer hier im Dorf!«

»Oho Kläs, dat sind aber harte Worte! Unser Jungen, die sind uns schon recht. Nur, so en Dichter hatten wir noch net. Dat is ja wat ganz Neues für uns!« Wieder Hohn und Spott. »Willste eigentlich net wissen, wat der so dichtet?«

»Wenn er et mir hätt zeigen wollen, hätt der dat gemacht.« Kläs stand auf und zog die Jacke vom Stuhl. »Oh, jetzt aber net beleidigt sein. Wenn man so en Dichter in der Familie hat, dem et dazu auch noch im Herzen glüht, darauf darf man stolz sein!«

Nach draußen schwoll grölendes Gelächter durch die geöffneten Fenster des Lamberty, als Kläs sich nach Hause begab.

»Sie lachen über dich«, war das Erste, was er zu Peter sagte, als sie mittags am Tisch saßen. »Ich weiß et«, sagte Peter, »et is net dat erste Mal. Sollen ruhig lachen, et macht mir nix.«

»Et macht dir nix? Dat glaub ich net. Sowat macht jedem wat. Pitter, wat biste bloß so absonderlich? Warst immer schon eigen«, sinnierte Kläs und sah seinen Sohn besorgt an.

Den ganzen Januar war Peter zum Holzeinschlag mit im Wald gewesen. Im Februar wurde er nicht mehr gebraucht und so half er seinem Vater bei Reparaturen und Katharina im Haushalt.

Am Mittwoch vor Fastnacht war die Sonne schon morgens nicht zu sehen gewesen. Nebel lag über dem Dorf, hielt sich den ganzen Tag, der Kailbach lag vereist. Eigentlich hatte Katharina Elisabeth zum Backes* schicken wollen, aber die verspätete sich und so gab sie Peter den Auftrag, nach dem Blech mit den Fladden* zu sehen, das sie vor einer halben Stunde dort in den Ofen geschoben hatte.

Vor der Fastnacht war das ganze Dorf auf den Beinen. Im Backes ging es aus und ein, warmer Dunst quoll Peter entgegen, als er eintrat. Drinnen wurde gerührt und gerollt, Bleche belegt, Gebackenes mit Gewürzen besprenkelt. Mehlweiß leuchteten die Tische und Bänke. In langen Reihen lagen braunglänzende Brote. Alles duftete.

Hannes Bilger kam auf ihn zu. Sie wechselten ein paar Worte, bis Peter Loni bemerkte, die ebenfalls einen Teig gerührt hatte und damit befasst war, runde, getürmte Wecken daraus zu formen, die sie auf einem blankgescheuerten Blech nebeneinander setzte. Es waren bloß Sekunden, in denen sie ihn ansah. Dann bestückte sie das Blech fertig und drängte an ihm vorbei zu den Öfen.

»Ich hätt net gedacht, dich noch mal zu sehn, bevor wir fahren«, sagte Peter, wohl auch um seine Verwirrung zu verbergen, aber Loni antwortete mit einer Bitterkeit, die ihn überraschte: »Tja.« Ihr Gesicht war spitz geworden, unter den dunklen Augen lagen Schatten. Sie trug eine fadenscheinige Pelerine, darunter ein verschossenes Kleid, an dem der Saum herunterhing. Peter sah ihr an, dass sie fror. Unangenehm war es ihr, ihm zu begegnen, peinlich, weil sie ihn verraten und zum Gespött gemacht hatte. So dachte Peter.

Es störte ihn, dass Hannes ständig herübersah, aber schließlich nahm er all seinen Mut zusammen und trat neben Loni. »Loni, ich wollt dir nur sagen, dat ich dir schon lang net mehr bös bin wegen dem Gedicht …«, stammelte er hervor. »Lass!«, unterbrach sie ihn. »Du brauchst mir nix zu sagen.« Fragend stand Peter neben ihr, als sie die Ofentür öffnete und mit dem Blech herum hantierte. Die heiße Luft rötete ihre Gesichter. »Et is trotzdem schön, dat ich dich hier seh«, begann er erneut. Er sah, dass sie lächelte. Dann schüttelte sie den Kopf. »Du bist en Träumer, Pitter.« Sie schloss die Ofentür, zog die Pelerine fester und verließ den Backes.

Den ganzen Sommer dachte er daran, was Loni über ihn gesagt hatte. »Du bist en Träumer, Pitter.« Überall hörte er diese Worte, in Wadgassen und Saarburg, in Meisenheim und Kirn. Auch Katharina sagte es. Einmal, als er beim Schreiben auf seiner Tafel die Zeit vergessen hatte, ein anderes Mal, als er für Elisabeth eine Melodie erfand. »Dat sind Träumereien. Alles nix, wat du für den Hausier brauchen kannst.« Besorgt war ihr Blick.

Außer Peters Verträumtheiten plagten Kläs und Katharina noch andere Sorgen.

Bereits im Jahr zuvor hatte der verregnete Sommer für dramatische Ernteeinbußen gesorgt und auch in diesem Jahr ließen Regen, Hagel und Kälte das Korn nur kümmerlich wachsen. Fäulnis besorgte den Rest. Die Missernten brachten Teuerungen mit sich, besonders Kinder und Alte litten an Hunger. Nicht wenige starben. Die kärgliche Fütterung hatte das Vieh entkräftet, die Milch der Kühe war wässrig geworden und nicht zu genießen. Die Tiere standen mit auseinander gestellten Vorderfüßen im Stall und legten sich nicht. Sie magerten ab, Brust und Füße schwollen an, was Notschlachtungen zur Folge hatte.

Rüben aßen die Bauern selbst. Auf den Feldern hob man, auf der Suche nach eingelagerten Körnern, die Gänge von Mäusen oder sonstigen Nagern aus.

Die Tour verlief beschwerlich wie nie. In den Gasthäusern und auf den Höfen kamen Brennnesselgemüse und halbverfaulte Kartoffeln auf den Tisch. Das Porzellan blieb in den Hotten. »En Drauflegegeschäft«, fluchte Kläs, »net mal wat zu fressen!«

Wochenlang schleppten sie sich nahezu ohne Essen durch die Gegend. Schwäche verschloss ihnen den Mund, ständig rumorte der Hunger, das Gehen war unerträglich. Wie andere Händler streifte auch Kläs nachts über rheinpfälzische Felder, brachte aber wenig Nahrhaftes mit. Von Krämpfen und Schmerzen geplagt, den Bauch zusammengekrümmt, mit mattem Blick und leerem Kopf zogen sie weiter, immer in der Hoffnung, dass sich am nächsten oder übernächsten Ort die Lage bessern würde. Nichts wurde besser. Ein Hungerwinter würde es werden, jammerte Katharina. Womit sie Recht behalten sollte.

Auch in Niederkail blieb ihnen nichts anderes übrig, als in die Wälder zu ziehen. Auf der Suche nach Holz, auf der Jagd nach

Wild trafen sie das halbe Dorf. Alle riskierten Gefängnis und Züchtigungen.

Dennoch wurde niemand satt. Katharina bereitete Kneddeln* aus Hafermehl und Wasser. Manchmal gab es Buchweizenkuchen, Brei und Mus. Die wenigen Naturalien, die Kläs unterwegs gegen Porzellan getauscht hatte, reichten nur aufgrund ihrer sorgfältigen Einteilung bis in den Advent. Was sie dann hinzukauften, war so teuer, dass die Mahlzeiten nochmals kleiner wurden. Durch Kläs' und Peters Tagelöhnerei kam nur wenig Geld hinzu. Sie verdingten sich zwar, wo sie konnten, aber durch die Not aller war Arbeit rar und begehrt. Im Frühjahr würden sie vielleicht hacken gehen können; bis dahin aber war es noch ein langer und harter Winter.

Hunger

Während Kläs und Katharina für die nächste Tour packten, suchte Peter nach einem Vorwand hinauszukommen. Zu sehr lockten ihn die frischen Farben, der helle Himmel, die Luft. Mitten im Grün, in der Nähe der Mühle, wo Ginster und Schwarzdorn reichlich wuchsen, hatte er sich aus Ästen einen Unterstand gebaut. Lange saß er dort, schrieb und träumte, blickte über die Hügel und stellte mit Freude fest, dass der Schnee auf dem Schicherfeld zusammengeschmolzen war. Er setzte die Flöte an, spielte ein paar Lieder und zog dann ein Stück Karton hervor. Selbstvergessen saß er und strichelte.

Immer noch dachte er an Loni. Es stimmte ihn traurig, dass er keine Möglichkeit mehr bekommen hatte, sich zu erklären, ja, dass sie ihn nicht einmal angehört hatte.

Als er sich zum wiederholten Male fragte, warum gerade ihm das passiert war, sah er sie den Hügel hinaufkommen. Richtung Landscheid ging sie, mit dem vertrauten leichten Schritt, allein, in ihrem roten Kleid mit der grünen, gefransten Pelerine über den Schultern. Er fühlte ein Stechen in der Brust vor Schrecken, Scham und Verlegenheit, dazu eine Beklemmung des Atems. Jetzt war sie ganz nah, hielt den Blick aber am Boden. Sah sie ihn nicht oder wollte sie ihn nicht sehen? Er überlegte zu pfeifen oder zu winken, blieb aber starr in seiner Haltung, atemlos, den Stift krampfhaft in der Hand. Immer weiter ging Loni, keine Einzelheit ihrer Bewegungen entging ihm, er hörte ihr Kleid knistern, die genagelten Schuhe auf dem Weg. Er wollte aufstehen, ihr etwas zurufen, sie bitten zu warten. Aber er rief nicht und Loni ging weiter und weiter. Peter starrte hinter ihr her, bis sie mit dem Rot ihres Kleides in der Ferne zu einem Punkt verschmolz. Er sah auf sein Blatt. Auch hier sah er Loni, ihr Haar, die Augen. Loni, überall Loni.

Als er Kraniche hörte, packte er seine Sachen, warf den Unterstand zusammen und rannte ins Dorf. »Jetzt wird et besser!«, rief er und äugte nach den rudernden Vögeln über seinem Kopf. Von irgendwoher, hinter tausend Bergen, waren sie gekommen, es schien, als trügen sie weiße Wolken auf ihren Schwingen. »Krüh krürr, krruu krroh …«

War in Niederkail die Lage schon sehr bedrückend, was sie unterwegs sahen, schreckte noch mehr. So viel Armut wie in diesem Frühjahr war nie gewesen. Auf manchen Marktplätzen gab es Armenspeisungen. Abgezehrte Gestalten standen zusammengedrängt in verlotterten Kleidern, barhäuptig schielten sie nach den dampfenden Töpfen. Gerüche von Dreck und elender Unterkunft machten sich breit.

Auch die Landstraße war überfüllt von lautem Volk. Überall reckten Bettler, Invaliden, Kranke, Zigeuner, Juden, Witwen und Kinder die Hände. Diebstähle von Vieh, Kleidung, Geld und Lebensmitteln waren alltäglich. Abgelegene Mühlen und Höfe sowie alleinreisende Personen liefen Gefahr, Opfer eines Überfalls zu werden.

Bei Morbach brach ein Rudel Kinder hinter dem Schlehengestrüpp hervor, hängte sich an ihren Karren. Katharina versuchte sie abzuwehren, schlug auf die fordernden Hände. Ein Junge deckte die Kisten auf, machte Anstalten, einen der Säcke herunterzureißen. »Frau, wir haben nix zu essen, schon wochenlang kein Brei …!« Ein anderes Kind mit hohlen Augen und wächsernem Gesicht zeigte auf seine zerrissenen Kleider. Ein drittes, mit verweinten Augen, heulte, es sei vom Vater geprügelt worden, weil es Hunger habe, wurde aber von einer neuen Stimme übertönt: »Unser Pferd is verreckt! Et hat zu viel Gras gefressen. Gebt uns wat zum Essen!« Mit ihren flinken und fiebernden Händen wollten sie den Henkelkorb greifen. Kläs drohte abwehrend mit einem Brett. Da spuckten sie nach ihm.

Ein Stück weiter des Weges begegneten sie Wegelagerern. Feuer lohte über einem Dreizack. Als sie näher kamen, sprang einer von ihnen hinten auf den Wagen und rief auf Rotwelsch: »Brot! Gebt uns Brot!« Mit ihm näherten sich noch andere unerschrockene, schwürige Gesichter, die knochige Hand einer Frau fasste Kläs' Weste, ein Bärtiger fluchte und drohte mit der Faust.

Die Märkte waren gefährliche Orte geworden. Diebe und anderes Gesindel trieben sich herum. Unzählige Bettler waren darunter, hinkend, barfüßig auf Stöcke gestützt, die Köpfe kahl, von Husten geschüttelt, schmutzig und stinkend.

Kläs entschied die Höfe anzufahren, von Haus zu Haus zu ziehen. Auf keinen Fall wollte er Elisabeth und Peter alleine gehen lassen. Zwar gehörten reisende Handwerker und Händler nicht zu den gefährdeten Personen, aber öfter als einmal hatten sie erlebt, dass Kollegen beraubt worden und ohne Geld und Ware zurückgeblieben waren. Erst vor Tagen verzweifelte ein Kupferschmied, der mit ihnen bekannt war, am Verlust wertvoller, dekorierter Druckblätter. »Alles fort. Und mein Wärmflaschen, die Fußwärmer und das Küchengeschirr auch. Ich weiß net, wat ich denen zu Haus sagen soll.«

Kläs sah darauf, dass sie zusammenblieben, was den Umsatz minderte. Er räumte Rabatte ein, reduzierte die Preise, was dem Geschäft nur kurzfristig auf die Füße half. Er beratschlagte mit anderen, probierte dies und das, aber am Ende waren es immer nur Pfennige, die dabei heraussprangen.

Peter half, wo er konnte. Die Not drückte; die Gedanken an Loni traten in den Hintergrund. Je weiter sie sich entfernten, desto blasser wurden die Bilder, die Erinnerungen. In den Wochen in Meisenheim glaubte er sie fast gänzlich aus seinem Kopf gebracht zu haben.

Jetzt aber, als das letzte Schuljahr bevorstand und es wieder nach Landscheid gehen sollte, brachen die alten Wunden auf. Schon am ersten Morgen stand er früh bei den Büschen unterhalb des Klassenzimmers und wartete auf sie. Fünf Minuten vergingen, zehn, er grüßte Kameraden, die er lange nicht gesehen hatte, spähte nach Loni, zwölf Minuten, fünfzehn, quälend, vergeblich.

Als sie auch Tage später noch ausblieb, horchte er herum. Hannes brachte ihm die Nachricht, dass Loni gar nicht mehr in die Schule käme, dass sie dazuverdienen müsse, nun das Schneiderhandwerk erlerne und ergo die Schule nicht mehr brauche.

Distel und Dornen

»O je, wenn die Prüfung im April is, kann ich net mit!«

»Ich auch net!«

»Herr Lehrer, dann sind wir schon lang unterwegs!« In der Woche vor Weihnachten erklärte Hilarius Follmann seinen Schülern, dass zum Zweck des Schulabschlusses jeder eine eigenständige Arbeit anzufertigen habe, die dann als Abschlussprüfung gelte und unbedingt für die Erstellung eines ordentlichen Zeugnisses notwendig sei. Und schon kamen die Einwände, die er befürchtet hatte. »Elf von uns müssen im Frühjahr mit auf den Hausier!«

»Dat machen die Eltern net mit!« So ging es wild durcheinander. »Ruhe!« Follmann schlug mit der Faust auf das Pult. Sofort verstummten die Stimmen, kerzengerade saßen alle wieder in der Bank. Nur die Blicke, die sie heimlich austauschten, verrieten die Verunsicherung. »Ich werd mit euren Eltern reden«, entschied Follmann, »es ist wichtig, dass ihr alle teilnehmt. Jeder von euch trägt zu Ostern eine Ausarbeitung in der Kirche vor. Pfarrer Neises wird dabei sein, zwei Schulinspektoren aus Trier ebenfalls. Für die Abschlussprüfung bekommt jeder eine Note, die ins Zeugnis übernommen wird. Wer sich dieser Prüfung nicht unterzieht, bekommt kein Zeugnis. Wer weiterhin auf eine Schule gehn will, der braucht so ein Zeugnis.« Die Schüler sahen sich an. »Ja, ich kann mir vorstellen, was ihr jetzt denkt«, fuhr Follmann fort, »dass keiner von euch auf eine weitere Schule gehn wird. Ich sag euch aber, dass zu diesem Zeitpunkt niemand wissen kann, wie es einmal kommen wird. Der Hausier oder die Höfe, das mag für jetzt noch angehen, was aber, wenn sich die Zeiten ändern? Gerade für uns hier in der Eifel ist eine Schulausbildung wichtig geworden. Das werd ich auch euren Eltern erklären! Etwas lernen müsst ihr!« Letzteres stieß er mit einer solchen Heftigkeit hervor, dass alle die Köpfe senkten. Er schwieg abwartend, die Hände auf das Pult gestützt, eine Haarsträhne war ihm in die Stirn gefallen.

Aufmerksam betrachtete er jeden seiner Schüler, einen nach dem anderen.

Geduckt saßen sie vor ihm in der Bank, die Hausiererkinder allesamt der Läuse wegen mit kurzgeschorenen Köpfen, die Bauernkinder barfuß, in derben, abgetragenen Kitteln.

Plötzlich konnte er nicht mehr an sich halten und die Zurückhaltung, die er sich in diesen Dingen geschworen hatte, fiel vollends von ihm ab: »Schaut euch an, ihr Söhne der Hausierer! Das ganze Leben wird es euch nicht anders gehn als jetzt. Von klein auf werdet ihr mitgeschleppt durch Wind und Wetter, den Bauch voll Hunger! Und ihr Bauernkinder! Werdet getreten und erniedrigt und in Unwissenheit gelassen! Ihr kennt nur Arbeit, harte Arbeit! Die Schneidertöchter kommen gar nicht mehr. Wären sie nicht hier geboren und aufgewachsen, sie hätten eine gute Partie machen können! Und ihr dahinten, Mädchen vom Simonshof, seid verstockt und voller Angst. Das ganze Jahr hab ich kaum ein Wort aus euch herausgebracht.« Die Mädchen erschraken und duckten sich noch mehr. »Ihr Melzers, frech, mit einem gewissen Schalk im Gesicht, zu acht seid ihr zu Hause, um euch fürcht ich nicht, ihr bringt euch schon durch!« Sein Blick fiel auf Peter. »Und du Peter Zirbes, wirst deine Neigungen nie ausleben können, hier ist kein Platz für schöne Worte! Nur Disteln und Dorngestrüpp seh ich für dich!« Es dauerte einen Moment, bis er fortfuhr: »Arm bleibt ihr alle wie Kirchenmäuse, und man wird euch einreden, dass ihr damit zufrieden und froh sein könnt, dass es zum Leben langt und ihr nicht betteln gehn müsst. An harte Arbeit seid ihr längst gewöhnt, ihr wisst, dass ihr nichts geschenkt kriegt. Das sei eben so, sagen die Leute, von Natur aus, sagen sie.« Follmann schlug nochmals auf das Pult. Noch tiefer versanken alle in ihren Bänken. »Was meint ihr, ist das wahr? Ich frag euch!« Selbst die Melzers wichen vor ihm zurück, einfältig ihre Gesichter. Vehement fuhr Follmann fort: »Oh nein, von Natur aus ist das nicht so! Das dürfen und wollen wir nicht mehr denken. Wie viele Benachteiligungen haben die Leute hier schon erlitten. Wie übel ist ihnen mitgespielt worden, wie gottgewollt haben sie es stets hingenommen!« Er ballte die Fäuste. Im Klassenraum wurde es unruhig. Angstvoll waren die Augen jetzt auf ihn gerichtet, der sich in Zorn geredet hatte. »Euch die Wahrheit sagen sollt ich, ihr hättet die Wahrheit verdient. Wieder hab ich einen Jahrgang vor mir, der das Gleiche tun wird – ja, sogar tun muss – wie alle Jahrgänge zuvor! Ihr seid die Nächsten, die in ihrer Bewegung eingeschränkt werden, die sich nicht weiterentwickeln dürfen, weil ihr systematisch daran gehindert werdet! Klein und unwissend werdet ihr gehalten! So wie viele eurer Väter, die immer noch mit drei Kreuzen unterschreiben …! Über Generationen hat man euren Eltern eingeredet, dass es rechtens ist, wie in diesem Land Güter und Rechte verteilt sind, dass alles gottgewollt ist, sogar der König ein Mann von Gottes Gnaden! Ich sag euch heute, dass ihr von ihm zeitlebens bevormundet, ja für dumm gehalten werdet, wie Spielbälle traktiert, die Jungen als Kanonenfutter und Soldaten missbraucht …! Wachrütteln sollte man eure Familien und von diesem Untertanengeist befreien!« Kurz hielt er sich die Hände vors Gesicht, dann schlug er erneut mit der Faust auf den Tisch. Abrupt wandte er sich ab, die hoffnungslose Ergebenheit in den Blicken seiner Schüler drehte ihm das Herz im Leib um. Ohne einen Muckser hatten sie sich alles angehört. »So wie ihr blicken Hunde, die vom ersten Tag nur geprügelt werden«, sagte er. Es dauerte einen Moment, bis er seine Fassung wiedergewonnen hatte. Er war selbst erstaunt über den Ausbruch seiner Gefühle, der entstanden war, weil er viel zu viel geschluckt, viel zu lange still geblieben war. Und jetzt hatte er nur vor wehrlosen Schülern gewagt, seine Meinung zu sagen. Im Lamberty hätte er es tun sollen, aber dort hatte er geschwiegen. Was für ein Feigling er war, ein jämmerlicher Feigling.

Er nahm Kreide in die Hand, ging zur Tafel und begann, Namen darauf zu schreiben, um jedem Schüler eine Aufgabe zuzuordnen. »Ludwig Melzer, du bereitest einen Vortrag über die Apostel vor. Denk daran, dass du zu jedem etwas sagen kannst. Los, sag sie auf!« Ludwig stand auf, begann mit Petrus und endete mit Simon. »Das sind nur elf! Einer fehlt.« Else meldete sich. »Jakobus. Den gibt et zweimal«, strahlte sie. »Den gibt es nicht zweimal, es gibt einen Jüngeren und einen Älteren!« Follmann schrieb den nächsten Namen an die Tafel. »Hannes Bilger, du sprichst über die vier Evangelisten.« Auch die fragte er ab. Dann erklärte er: »Ein Teil von euch wird in der Kirche vortragen. Peter, du referierst über die Kreuzigung Christi. Wärst dann am Karfreitag dran.« Wieder schrieb er Namen und Thema an die Tafel und forderte, als er die Liste beendet hatte, jeden Schüler auf, bis Ende des Monats erste schriftliche Ergebnisse in der sonntäglichen Christenlehre vorzuzeigen.

Draußen auf dem Schulhof sorgte Follmanns seltsame Rede für unsicheres Gelächter. Irgendetwas schwelte in ihrem Lehrer, das wussten alle, nur was es war und was ihn so dermaßen aufgebracht hatte, begriffen sie nicht. Deshalb schwiegen sie über den Vorfall, der für einen Beigeschmack sorgte. Auch Peter sprach nicht darüber, wohl aber brachte er das Gedicht vom Bauern an seinen Tyrannen, das er in einem der ausgeliehenen Bücher gelesen hatte, in einen unbestimmten Zusammenhang. Gerne hätte er Follmann danach befragt, aber er war befangen in dessen Gegenwart und traute sich kaum eines Wortes, als sie sich am Sonntag in der Christenlehre sahen, wo sie nochmals ein Buch tauschten. »Noch einmal kann ich dir ein Buch bringen. Dann habe ich keins mehr, was für dich gut sein könnte«, sagte Follmann. Peter nickte, dankte.

Die Bücher, die er bekommen hatte, waren ohnehin mehr gewesen, als er jemals erwartet hatte.

»Es wär gut, wenn der Peter dieses Jahr länger in der Schul bleiben könnt und nicht schon im März fort müsst.« Mit diesen Worten stand Hilarius Follmann eines Tages vor Kläs und explizierte: »Im April ist Schulentlassung und jeder Schüler muss sich zum Ende prüfen lassen. Auch die, die immer mit auf Tour gehen. Er braucht doch ein Zeugnis.«

»Immer die Narrheiten«, schimpfte Kläs, »ständig muss et für die Schul wat sein. Ich soll Holz heranschaffen, Bücher bezahlen, erst neulich hat mein Frau Tuch für en Kindergewand gebraucht, ja, woher soll dat eigentlich alles kommen, wenn ich ihn netmals mitnehmen kann? Kat braucht en neues Waschbrett, Dachschindeln müssen ersetzt werden. Wie stellt Ihr Euch dat vor?« Follmann ließ nicht ab. »Es ist wichtig. Für Euren Peter. Der freut sich sogar drauf. Nehmt ihm das nicht. Er wird eine Auslegung bringen über die Kreuzigung unseres Herrn.«

»Unser Pitter geht ab dem Frühjahr mit auf Tour. Wat soll der denn noch alles lernen? Für den Hausier kann er alles.«

»Es wär sehr schade drum. Der Jung ist nämlich begabt, den müsst man fördern.« Aus der Küche näherte sich Katharina. »Och, der Herr Lehrer. Kommt extra von Landscheid zu uns rüber. Soll et schon wieder wat sein für die Schul?«

»Unser Pitter soll hier bleiben bis April. Wegen der Schulprüfung«, antwortete Kläs anstelle des Lehrers. »Dat geht net! Seit hundert Jahr fahren wir auf Gertrudis! Dabei bleibt et und Schluss! Dann muss er eben auf die Prüfung verzichten!« Katharina stemmte die Hände in die Hüften und schüttelte den Kopf. »Denkt an das Zeugnis«, wandte Follmann ein, »überlegt euch was, vielleicht könnt ihr euch ja noch einrichten damit. Ich werd Peter sagen, dass er anfangen soll mit der Vorbereitung für die Prüfung!« Kläs und Katharina standen schweigend im Hof und sahen Follmann hinterher, wie er den Hügel hinauf in Richtung des Dorfes verschwand.

Am Abend gab es eine heftige Causerie im Hause Zirbes. Katharina war der Meinung, dass endlich Schluss sein müsse mit dem ewigen Nachgeben und den Rücksichten auf die Schule. Nach wie vor konnte niemand sie davon abbringen, zu glauben, dass etwas, das sie nicht vermisst hatte, für andere zuträglich sein könnte. Kläs fuchste die Sache mit dem Zeugnis und er warf ein, dass man ja schließlich nicht wisse, wie es für Peter einmal käme und dass so ein Zeugnis vielleicht nützlich sein könnte. »Hast du eins?«, schimpfte Katharina, »und geht et uns denn schlecht, weil wir keins haben?«

»Also gut geht et uns grad net«, gab Kläs zurück, »et gibt viele, denen et besser geht und davon haben auch einige en ordentlichen Schulabschluss. Hier in der Eifel gibt et soviel hungrige Mäuler, die oft genug auch noch den Gemeinden auf der Tasch liegen. Dat kommt alles auch daher, weil sie nix gelernt haben.«

»Aber der Pitter macht doch den Hausier. Der lernt doch wat!«

»Ach Kat, du verstehst dat net. Keiner von uns hat wat Richtiges gelernt. Wir haben all dat weitergemacht, wat die Alten vor uns gemacht haben. Aber die Welt verändert sich. Dat wat für uns genug war, reicht für die Kinder vielleicht net mehr. Du siehst doch selbst, dat immer mehr Händler auftauchen und unser Hausier lang schon net mehr floriert wie noch vor Jahren.«

Sie saßen noch den ganzen Abend, dachten hin und her und einigten sich am Ende darauf, dass Kläs bis April kürzere Touren machen würde und sie alle zusammen erst nach Peters Schulprüfung aufbrechen wollten.

Conrad Neises

Hinten standen die Schulinspektoren, streng und steif in ihren Gehröcken, daneben Follmann. Kein Kailbachtaler wollte sich die Vorträge der Schulabgänger entgehen lassen und so waren die Bänke in St. Gertrudis zu Landscheid bis zum letzten Platz gefüllt. Sogar bis hinaus in den Gang standen Leute. Auch zwei Nonnen in schwarzen Kutten waren darunter. Mit hellen, hoffnungsfrohen Gesichtern blickten sie zum Allerheiligsten.

Peter stand vorne am Altar, die Hände ineinander verkrampft und fühlte Schweißtropfen auf der Stirn. Undeutlich kamen die ersten Worte, zu schnell. »Der Leidensweg unseres Herrn Jesus Christus, vorgetragen am Karfreitag zum ewigen Gedenken an ihn, der für uns alle gekreuzigt wurde.« Tief atmete er. Dann begann er zu erzählen, deutlich und nun auch in einem Sprechtempo, das erlaubte, ihm zu folgen. Er berichtete vom Einzug Jesu in Jerusalem und dass die Leute Palmwedel geschwungen und dazu gesungen hatten. Er erzählte von der Händlervertreibung aus dem Tempel und über Jesu Mut, die Buden der Händler umzustürzen, dann vom letzten Abendmahl und wie sich die Jünger gegenseitig verdächtigten, wer es wohl sein würde, der den Herrn verrate. Hier machte er eine Pause und blickte sich nach Pfarrer Neises um. Der saß, den Kopf auf die Hände gestützt, auf seiner Bank und bedeutete ihm fortzufahren.

Peters Blick ging über die Leute, die ihn aus den Bänken heraus erwartungsvoll ansahen. Er bemerkte, dass auch Loni darunter war, und es schien ihm, als ob sie ihm zuzwinkere.

Er setzte seinen Vortrag mit der letzten Nacht im Garten Gethsemane fort, schilderte Jesu Angst, diese schreckliche Angst, das Flehen zu Gott, dem Vater, die Bitte, den schweren Kelch doch vorbeigehen zu lassen.

Es folgte die Szene mit dem verräterischen Kuss des Judas und dass es dafür 30 Silberlinge gegeben habe. Dann schilderte er die Gefangennahme am anderen Tag, Jesus vor dem Hohen Rat, das Verhör durch Pilatus, der auf der Suche nach der Wahrheit seine Hände in Unschuld waschen wollte.

Er wies auf die Kreuzwegbilder, die seitlich, links und rechts an den Kirchenwänden, hingen. Eines davon, so nah hatte er niemals davor gestanden, zeigte die Szene mit der Dornenkrone und er erschrak über das Bedrohliche, das von diesem Bild ausging: die spitzen, eisernen Stachel, die sich in Jesu Kopfhaut bohrten, das Blut das unter den Stacheln hervorquoll, das gequälte Gesicht des Herrn, die Entschlossenheit im Blick der Soldaten. Hier fiel alle Aufregung von ihm ab. Seine Stimme wurde lauter und freier, sein Rücken streckte sich. Er fand neue Worte für Jesu Gang durch den Staub, beladen mit dem schweren Kreuz, über eine glühende Straße, hinauf zum Gipfel eines Hügels, schweißüberströmt, staubverklebt, mit blutigem Gesicht, blind vom Schmerz, hinter ihm das gereizte, aufgewiegelte Volk, der Strudel von Hass und Verrat. Er ereiferte sich über Männer und Frauen, die Steine nach Jesus warfen, der immer wieder unter der Last zusammenbrach, der darum betete, dass seine Kräfte reichen mögen, um das auszuhalten, was sein Vater für ihn bestimmt hatte.

Längst schon sah Peter nicht mehr auf sein Blatt. Frei und sicher beschrieb er, wie Simon von Cyrene Jesus die Bürde für eine kurze Strecke abnahm, die schreienden Augen Marias, das rasende Toben der Menge, ›Kreuzigt ihn! Kreuzigt ihn!‹ Eigene Worte fand er dafür, wie man Jesus auf die gekreuzten, grob gezimmerten Balken stieß, über ihn herfiel, die kraftlosen Arme auseinanderriss, ihm schwere, geschmiedete Nägel durch die Handflächen trieb, wie man das Kreuz mit dem gemarterten Menschen aufrichtete, dem man am Ende, zum Spott, einen Schwamm, mit Essig getränkt, hinaufreichte, zur neunten Stunde des Freitags.

Gemurmel erhob sich, besonders im Mittelgang. Vorne wurde Gesang angestimmt, während Neises das Kreuz an den Stufen des Altars niederlegte. »Ecce lignum Crucis, in quo salus mundi pependit.«

»Venite adoremus.« Als Peter den Altarraum verließ und den Bänken zustrebte, krallte sich plötzlich eine Hand in den Ärmel seiner Jacke. Ein wütendes Frauengesicht näherte sich seinem, Augen blitzten bedrohlich, eine Stimme flüsterte so laut, dass es in den umliegenden Bänken gehört wurde: »So viel Angst hat unser Jesus in der letzten Nacht sicher net gehabt. Wat hast du Nichtsnutz dir denn dabei gedacht?« Dass Jesus schließlich Gottes Sohn sei und erhaben über alles, was Menschen bedrücke, wisperte sie so vernehmlich, dass die Köpfe herumfuhren. Nochmals fragte sie:

»Wat haste dir bloß dabei gedacht?« Die Hand löste sich wieder, aber jetzt fing er andere Blicke auf, erboste, entrüstete, während die Münder beteten. »Dein Kreuz, o Herr, verehren wir, und deine heilige Auferstehung preisen und rühmen wir: Denn siehe, durch das Holz des Kreuzes kam Freude in alle Welt.« Einzig Follmann nickte ihm zu.

Nach der Andacht – er war gerade im Begriff, die Kirche zu verlassen – lief ihm einer der Messdiener hinterher: »In die Sakristei sollst du. Neises wartet auf dich. Da sind auch die Schulinspektoren.« Peter zögerte. Nun kamen Selbstzweifel auf und die Ungewissheit vor dem Urteil des Pfarrers begleitete ihn auf seinem Weg durch den Altarraum. Im Gang zur Sakristei musste er warten, die Inspektoren waren noch im Gespräch mit Neises. Er setzte sich auf eine Bank. Kühl war es, aber er saß eng und tröstlich an das uralte Holz geschmiegt, ganz in der Gewissheit, seine Sache gut gemacht zu haben. Als sich nach fast einer Stunde die Tür öffnete und die Inspektoren herauskamen, klopfte einer der Männer Peter auf die Schulter. »Nun geh hinein, der Pfarrer hat mit dir zu reden.« Während die hohen Herren mit gedämpften Stimmen disputierend seinem Blick entschwanden, betrat Peter mit uneinigen Gedanken den halbdunklen Raum, wo ihm der Geruch nach Weihrauch für einen Moment den Atem nahm.

Am Fenster stand Neises, noch im vollen Ornat, und wischte die goldfarbenen Schalen für die Hostien aus. »Erstaunlich, erstaunlich ...« Unsicher stand Peter in der Tür. »Du könntest mehr aus dir machen«, fuhr der Pfarrer fort, »hast eine gewandte Sprache und eine gute Fabulierkunst. Und deine eigenen Gedanken. Du hast Jesus als Mensch gezeichnet. Das hat dein Reden ausgemacht. Hab ein Wort für dich eingelegt. Vor den Herren Inspektoren höchstselbst. Es wär schade, wenn du so enden würdest wie deine Eltern. Will mal sehn, was sich da machen lässt.« Immer noch stand Peter in der Tür, drehte verlegen die Mütze in der Hand und traute sich keiner Entgegnung.

Erst als Neises sich dem Messner zuwandte und Peter einen Wink gab, verbeugte er sich und verließ die Kirche durch den hinteren Eingang.

Am gleichen Tag schrieb Conrad Neises einen Brief an die Schulbehörde in Trier, in dem er Peter Zirbes für seinen Vortrag in der Kirche über alle Maßen lobte und anbot, sich für die schulische Laufbahn des Jungen einzusetzen. Vor der Abfahrt der Händler kündigte er Kläs einen Besuch an.

Nach Ostern klopfte Neises wie versprochen an der Tür. An seinen derben Schuhen klebte Matsch, er hinterließ eine Dreckspur bis in die Stube. »Gelobt sei Jesus Christus.«

»In Ewigkeit, Amen.«

Die gesamte Familie war versammelt. Katharina rückte Neises einen bequemen Stuhl zurecht, auf dem er schwer atmend Platz nahm. »Et wär gut, wenn dein Pitter weiter auf die Schul gehen würd«, begann er das Gespräch. Kläs räusperte sich, doch der Geistliche fuhr fort: »Dat hat er doch erstaunlich gut gemacht, die Sach mit der Kreuzigung. Da steckt wat drin in dem Jung! Ich habe drüber nachgedacht. Und die Herren Inspektoren waren sich einig. Die Schul tät für euch keinen Pfennig kosten.« Um die Wichtigkeit seiner Mission zu unterstreichen, begann er plötzlich hochdeutsch zu sprechen. »Er könnte auf die Polytechnische Schule nach Berlin.« Verwundert sah Peter auf den Pfarrer, dann auf seinen Vater. »Wo soll der hin?«, fragte Kläs. »Auf die Polytechnische Schule«, wiederholte Neises. »Nach Berlin? Dat is doch viel zu weit.« Dann schüttelte er entschieden den Kopf. »Nee, nee, den Pitter brauchen wir hier, wat soll ich denn ohne den anfangen? Mein Frau is schlecht zuweg und mit mir geht et auch bergab.« Peter schwieg. Er wusste nicht, was er zu diesem Angebot sagen sollte, bloß, dass sie ihn auf eine offensichtlich besondere Schule schicken wollten, ließ sein Herz jagen. »Wat die Ausbildung der Kinder angeht, so dürft ihr net nur an Euch denken. Dat wird noch ganz wichtig, dat die Kinder wat lernen. Et kost doch nix«, wiederholte er. »Oder soll der Pitter auch so arm bleiben und sich bis zum Ende mit Steingut durch die

Lande buckeln?« Der Pfarrer war selbst eines fahrenden Händlers Sohn, Flüchtlinge aus dem Burgundischen, die in Niederkail nicht so leicht Wurzeln geschlagen hatten. Peter musste an seinen Lehrer Follmann denken. Dass Ausbildung immer wichtiger würde, war auch dessen Überzeugung.

Kläs zog die Mütze vom Kopf und kratzte sich hinter den Ohren. Bedächtig setzte er sie wieder auf. »Wat is dat überhaupt für en Schul?«

»Ja also, dat is, tja, wie soll ich dat erklären? Dat is wat wo der Pitter auf jeden Fall weiterkommen könnt. Zwar kein Lateinschule, wat Technisches eben, dat hört man ja schon am Wort. Dat wär gut für den Jung. Wat meinste denn selbst, Pitter?« Unsicher wanderte Peters Blick vom Vater zum Pfarrer. Unruhig bewegte er die Hände. »Wenn et wat Technisches is, … ich kann doch net rechnen …« Neises konnte sich ein Lächeln nicht verkneifen. »Vertrau auf den Herrn und den Wegen, die er für dich ausgewählt hat. Die Herren haben dich ausgesucht. Dat mit dem Rechnen schaffste schon. Schreiben kannste ja gut, hab ich gehört.« Aufmerksam ruhte sein Blick auf Peter, der in Gedanken ins ferne Berlin entschwebte. Breite Straßen, schwarzglänzende Equipagen, Damen mit Federboas und Pelzhütchen, wie er sie einmal auf einem Gemälde gesehen hatte, stellte er sich vor. Auch riesige, elegante Häuser mit großen beleuchteten Fenstern, darin Kronleuchter und Seidentapeten. Mittendrin sah er sich selbst, wie er in einem Raum voller Bücher vor einem Blatt saß und einen Brief an Loni schrieb.

Laut sagte er: »Ich weiß net. Ich würd schon gern. Aber mein Eltern …« Neises Blick wanderte zu Kläs und Katharina. »Ihr müsst dat überlegen. Sagt mir aber bald Bescheid, dat ich den Inspektoren eure Meinung schicken kann. Und denkt dran. Dat is en gut Okkasion, also ich, wenn ich so en Jung hätt« – dabei klopfte er Peter auf die Schulter – »ich tät net lang zögern.«

Am Abend aßen sie schweigend. Der Besuch des Pfarrers hatte die Gedanken aller aufgewühlt und Peter traute sich nicht zu fragen, da Katharina und Kläs den Vorschlag mit keiner Silbe erwähnten.

Unentwegt dachte er an Berlin. Wenn er daheim bliebe, würde er zeitlebens Dinge tun müssen, zu denen er sich nicht hingezogen fühlte. Das ahnte er. Ebenso vermutete er, dass er dann nie die Freiheit haben würde, über sein Leben zu entscheiden. Das mit der neuen Schule wäre eine Gelegenheit Neues zu wagen, zu erfahren, fortzukommen, zu lernen, um dann, später vielleicht, wieder zurückzukehren in die Eifel, so wie es andere auch taten. Manche hatten sich draußen in der Welt – wie Neises zu sagen pflegte – eine Existenz aufgebaut, hatten gelernt, was ihnen hier keiner hätte beibringen können und von diesem Schritt profitiert.

Tage schwiegen sie über Neises' Vorschlag, bis Kläs kurz vor der Abfahrt das Gespräch mit Peter suchte. »Neises hat mich heut noch mal angesprochen. Wegen der Schul in Berlin. Ich mein, dat is nix für dich. Dat is zu weit weg. Und wir brauchen dich auf dem Hausier. Du warst immer so schwächlich, denk an dat Fieber. Wer weiß, wie et dir da gehn würd. Dein Mutter meint dat auch. Et is ja auch wegen dem Geld. Ich müsst dann mit Mutter allein fahren. Du weißt ja, wie beschwerlich dat inzwischen für sie is. Die Bein sind so aufgedunsen. Dat ständige Unterwegssein und die Steherei am Stand machen ihr zu schaffen. Die Krampfadern! Gott weiß, wie lang sie überhaupt noch mit kann.« Peter schluckte. »Aber ich käm ja wieder zurück. Dat wär ja net für lang.«

»Aber wat willste denn erreichen, wenn du bald wieder hier wärst? Dann gehst auf en Schul, um am End doch mit dem Hausier weiter zu machen. Dafür brauchste net nach Berlin. Dann bleibste besser hier. Hier weißte doch, wat du hast. Und den Hausier kannste nirgendwo besser lernen.«

»Aber ich könnt vielleicht wat anderes machen.«

»Dat is schwierig Pitter, dazu noch in den Zeiten. In Berlin ist allerhand los. Dat is en groß Stadt. Und all die Unruhen.«

Unterwegs fing Peter immer wieder von Neises an und der Idee, nach Berlin zu gehen. Einerseits wünschte er sich, dass seine Eltern zustimmen würden und war auch entschlossen, das Wagnis einzugehen, andererseits fürchtete er sich vor Unbekanntem. Er dachte auch an Loni und dass es sie sicher beeindrucken würde, wenn aus ihm etwas geworden wäre.

Mit der Mutter war gar nicht darüber zu reden. Der Vater sah immerhin ein, dass Bildung einen Nutzen haben könnte. Bloß in Bezug auf seine Gesundheit und Empfindlichkeit wogen auch für Kläs die Nachteile schwerer. »Jetzt denk net mehr dran«, riet er, »wenn wir heimkommen, isset sowieso zu spät. So lang wartet Neises net auf dich.«

Letzteres glaubte Peter seinem Vater nicht. Er wusste, dass es für den Pfarrer keine Frage der Zeit war. Neises würde helfen, auch nach dem Sommer.

In seinen Träumen stellte er sich vor, dass der Pfarrer wiederkommen und seine Eltern überzeugen würde. Im Winter vielleicht oder im Frühjahr. Jeden Tag dachte er daran.

Aber noch bevor sie nach Niederkail zurückkehrten, wurden seine Hoffnungen mit einem Schlag zunichte gemacht. Kläs war auf der Rückreise in einem Gasthaus an der Mosel mit einem Landscheider Händler ins Gespräch gekommen, der Nachrichten aus der Heimat brachte. Conrad Neises war im August gestorben und mit ihm alle Möglichkeiten, an die Peter sich geklammert hatte.

Bettelstück

Wieder vernichteten Hagelschauer und Unwetter im Sommer 1842 einen Großteil der Ernten, wieder befürchteten die Eifeler Hungersnöte. Im Herbst setzte eine starke Auswanderungswelle nach Amerika ein, die etliche Jahre anhielt. Ursache war auch der Verfall der Eisenindustrie, die infolge von Billigware aus Belgien und England, die den Markt überschwemmte, kaum noch etwas absetzen konnte. Hüttenarbeiter, Köhler, Holzhauer und Fuhrleute, die nicht auswandern wollten, waren gezwungen, sich weit entfernt von daheim als Industriearbeiter zu verdingen, was dazu führte, dass in manchen Eifeldörfern nur noch Frauen und Kinder lebten, die der schweren körperlichen Arbeit nicht standhalten konnten.

Tausende andere versuchten in Amsterdam einen Platz auf einem Schiff zu bekommen. Greise und Kinder zogen mit, Häuser und Güter wurden um die Hälfte ihres Wertes losgeschlagen. Brüder teilten Haus und Hof, der eine ging mit barem Geld voraus in die Fremde, der andere blieb auf dem Hof, damit beide für alle Fälle gesichert waren. Täglich kamen Briefe von Angehörigen aus Amerika, die zur Nachfolge aufforderten. Die Rheinschifffahrt verdiente so gut wie nie. Der Eifeler Auswandererzug ging über Amsterdam und New York nach Michigan, wo die neu erbaute Stadt Detroit einer der Anlaufpunkte war. Feldbau war der Haupterwerb, aber auch Handwerker fanden dort ihr Brot. 200 Gulden kostete die Überfahrt von Amsterdam aus und wer nicht Gefahr laufen wollte, auf dem Schiff zu verhungern oder bei der üblen Kost zu erkranken, musste zusätzlich eigene Lebensmittel mitnehmen. Nur wenige lockte das Abenteuer, Gründe für eine Auswanderung gab es mehr als genug. »Et gibt kein Arbeit. Die Steuern sind net mehr zu bezahlen.«

»Wir bekommen kein Holz. Deshalb müssen wir et eigenmächtig nehmen, wofür wir schwer bestraft werden.«

»Dat Leben hier ruiniert uns. Wenn wir noch länger warten, muss ich mit meinen Kindern auf den Bettel.«

»Ich muss mein Wiesen verkaufen, um die Abgaben zu zahlen. Wo soll dat hinführen?«

»Besser in Amerika ein Sklave als hier krepieren!«

»Der Winter kommt, wir erfrieren!«

»Wir haben kein Rechte und also haben wir hier nichts mehr verloren.« So und ähnlich hörte man allerorten die Leute reden.

Hannes Bilger hatte bei seinem Aufenthalt in Trier ein Blatt aus der Amtszeitung der Königlich Preußischen Regierung mitgebracht, das er überall herumreichte. Hier stand zu lesen, dass Peter Heck, 18 Jahre alt, Tagelöhner zu Dörbach, wegen Holzdiebstahls zu vier Wochen Gefängnis verurteilt worden war; Nicolaus Steffes, Dienstknecht auf der Hillscheider Mühle, ebenfalls wegen Holzdiebstahls zu sechs Wochen Gefängnis. Ähnlich erging es Matthias Mühlen, 46 Jahre und Peter Berg, 34 Jahre, beide Kleinhändler aus Speicher. Michael Alz, 28 Jahre, Ackerer, musste wegen Beleidigung eines Försters zehn Thaler Geldbuße leisten. Nicolaus Schwarz, Lumpensammler aus Speicher und Peter Reuland aus Niederkail waren der Wilderei angeklagt, als flüchtig gemeldet und wurden nun per Zeitung gesucht. Der Seifensieder Landolo Werst aus Trier hatte beim Versuch einen Hasen zu schießen, nachts von einem Gutsherrn, der hinter Bäumen lauerte, eine Ladung Schrot ins Gesicht bekommen.

Hannes hatte sich die Mühe gemacht und sämtliche Delikte, die das Blatt aufzählte, zusammengeschrieben. Immer wieder ging es um Holz- und Steinkohlediebstähle, Diebstahl von Brettern, Ausbeutung von Kohleflözen, Spänediebstahl und Gewerbesteuerbetrug, alles aus der Not heraus. Verübt wurden die Taten von Tagelöhnern, Ackerern, Dienstknechten und Mägden. »Seht her«, tobte Hannes, »Kesselflicker, Besenbinder, eine Näherin – alles arm Leut! Wo soll dat für uns hingehn?«

In Niederkail hatte sich unter Missachtung der preußischen Auswanderungsbestimmungen Lonis Vater, der Flickschneider, still und leise nach Amerika abgesetzt. Seine zweite Frau, die er erst im Frühjahr geheiratet hatte, bekam daraufhin auf Anordnung des königlichen Landgerichtes zu Trier Unterstützung aus der Gemeindekasse für die Reise nach Amerika zugesprochen. Da sie selbst noch 50 Gulden beisteuerte und ihren Haushalt komplett zum Kauf anbot, reichte das Geld, so dass sie mit den beiden jüngeren Mädchen noch im gleichen Jahr ihrem Mann folgen konnte. Für die Gemeinde war es billiger, die Reise zu finanzieren, als die mittellose Frau im Wittlicher Armenhaus durchzufüttern. Mit Erleichterung erfuhr Peter, dass Loni im Dorf geblieben war und sich nun als Weißnäherin im Tagelohn auf den Höfen der Dörfer verdingte.

Katharina schüttelte den Kopf über all die Bestrebungen der Leute, das Land zu verlassen. Erst gestern hatte sie am Kailbach einem Gespräch zwischen Wäscherinnen entnommen, dass es auf den Schiffen ein jammervolles Elend sei und sie beeilte sich, Kläs darüber zu berichten. »All die Menschen, dat Geschiebe und Gequetsche, wat meinste? Und die Seekrankheiten … Dat Marei sagt, die täten den ganzen Tag kotzen. Wat dat stinken muss! Und Fieber hätten die und Ruhr! All die Maläste! Dat soll von dem scharf gesalzenen Essen und vom verdorbenen Wasser kommen … Dat überleben net alle. Sind zusammengepfercht wie Tiere, nass isset und kalt … Dat is en Fahrt auf Leben und Tod«, mutmaßte sie. »Mach dir kein Sorgen«, entgegnete Kläs, »wir bleiben, wo wir hingehören.«

Die Entschlossenheit seines Vaters beruhigte Peter. Auch dass Loni geblieben war, gefiel ihm. Zwar hatte er Gutes aus Amerika gehört aber fortgehen aus seinem Dorf, nein, das konnte und wollte er sich nicht vorstellen. Er dachte an den Großvater, stellte sich vor, was der dazu sagen würde. Mit wehmütigen Gedanken setzte er sich an den Tisch, zog Heft und Stift aus der Tasche und schrieb auf, was der ihm einst geraten hatte:

Seiste ned, we ganz Familjen,
de ed welle besser hoan,
noa Amerika, Bresiljen,
onn noa Texas moße goahn?
Herschde Jong, onn loaß der roaden
bleif dehem, onn sei ned faul,
wann der och doa ken gebroaden
Dauwe flegen an det Maul.*

Verpflichtungen

Der Eifeler Auswanderungsstrom zog sich über Jahre. Die Lage auf den Höfen besserte sich nicht. Obwohl es immer weniger zu verdienen gab, vertrauten Kläs und Peter weiterhin auf ihren Handel. Seit es die Zollunion gab, war das Wegegeld weggefallen, was die Niederkailer Händler etwas zuversichtlicher stimmte. »Gebührenfreie Passage, jetzt geht et besser!«

Aus Peter war mit den Jahren ein geschickter Verkäufer geworden, der nicht nur über ein gutes Auge beim Einkauf verfügte,
sondern auch bereit war, Risiken einzugehen, wenn es um renta-
ble Handelswege ging.

In fast allen Belangen war er es nun, der Entscheidungen traf,
das Geld für die Einkäufe festsetzte, auf Kommission handelte und
die Preise für den Verkauf bestimmte. Auf den Märkten gab er eine
gute Figur ab. Wie Kläs trug er einen Leinenkittel und eine Kappe,
unter der schwarze, halblange Haare sichtbar wurden, die er immer
wieder hinter die Ohren strich. Aus einem von Wind und Wetter
gebräunten Gesicht blickten graue, umschattete Augen ernst und
ruhig, oft auch träumerisch. Oft stand er, blickte mit geneigtem
Kopf in die Weite, eine Haltung, die ihm eigen war.

Wenn sie gemeinsam unterwegs waren, teilten sie sich die Arbeit.
Kläs, Katharina und Elisabeth blieben an den bewährten Plätzen,
wo sie Stammkunden erwarteten. Peter hielt Ausschau nach neu-
en Kunden und Märkten und war zu diesem Zweck oft tagelang
alleine unterwegs. Nur so war es möglich, die Familie über Wasser zu halten.

Im Winter hatte Kläs allerdings berechtigte Sorge, im nächsten
Jahr ohne Peter ziehen zu müssen.

Am Samstag nach Aschermittwoch erschien vor dem Lamberty ein Ausrufer zu Pferd, bewaffnet mit einem Karabiner, in voller
Montur eines Offiziers der Landwehr, entrollte ein Stück Papier,
dessen Inhalt er, während das unruhige Pferd die Nüstern blähte
und mit den Hufen scharrte, weithin hörbar verlas:

»Gesetz seiner Majestät, Wilhelm von Gottes Gnaden, König
von Preußen, vom 6. September 1845 über die Verpflichtung zum
Kriegsdienst! Alle jungen Männer, sobald sie das zwanzigste Jahr
vollendet haben, sind zur Verteidigung des Vaterlandes verpflichtet. Nur auf solchem Weg ist die Behauptung der Freiheit und der
ehrenvolle Standpunkt, den sich Preußen erwarb, fortwährend zu
sichern. Um diese allgemeine Verpflichtung, besonders im Frieden,
auszuführen und um die Einteilung der waffenpflichtigen Mann-

schaft mit Ordnung und Gerechtigkeit durchzuführen, wird morgen, am Sonntag nach dem Kirchgang um neun Uhr, in der hiesigen Schule eine Aushebung durchgeführt. Der Jahrgang der Einschreibung wird im Beisein eines hinzukommandierten Offiziers sowie eines Chirurgus auf seine Diensttauglichkeit geprüft. Brauchbar zum Felddienst, in der Kavallerie oder im Garnisonsdienst ...«

Er machte eine Pause, sah über die Leute hinweg, die sich seinetwillen versammelt hatten und strich sich den emporgedrehten pomadisierten Schnurrbart.

»Ausgehoben werden die Jahrgänge 1822 bis 1825, ich wiederhole, alle männlichen Einwohner von Niederkail mit dem vollendeten zwanzigsten Lebensjahr der Jahrgänge 1822 bis 1825! Diese Einbestellung ist allerhöchste Verordnung und treue Pflicht! Beizubringen sind Geburtsschein, Zeugnis der Ortsobrigkeit sowie eine Bescheinigung über körperliche Gebrechen! Bei denjenigen, welche auf Wanderung oder sonst verhindert sind, persönlich zu erscheinen, muss einer der Angehörigen sich einfinden und den Taufschein produzieren ...«

Peter hatte seinen Namen bereits Wochen vor dem Auftauchen des Reiters auf einer Liste der für den Armeedienst eingetragenen Personen gelesen, die vor der Schule aushing, worauf auch der Termin der Aushebung vermerkt war. Bisher hatte er sich kaum Gedanken darüber gemacht, dass auch er eines Tages mit der Waffe in der Hand dastehen müsse, aber jetzt schreckte ihn der Gedanke, dass er in Gefechte und Auseinandersetzungen hineingezogen werden könnte, die er nicht verstand. Die gedrillten Monturen kamen ihm in den Sinn, in denen die Soldaten wie eingeschraubt standen, das Spießrutenlaufen, die Prügelstrafen. Er erinnerte sich eines Händlers aus Speicher, den man in Köln fünfmal Spießruten laufen ließ, bis er entkräftet hinsank, der aber am folgenden Tag wieder dran musste, dem sie nochmals auf den zerhackten Rücken einschlugen, bis Haut- und Fleischfetzen hinabhingen und dem sie schließlich, damit er sich den Schmerz verbeiße, ein Stück Holz zwischen die Zähne hielten. Dieser Händler hatte die Tortur irgendwie überstanden. Dennoch wusste Peter um schwerste Narben auf dessen

Rücken und Kopf. Andererseits hatte er von Müßiggang und Trunkenheit, Spielsucht und Weibergeschichten gehört. Auch war ihm zu Ohren gekommen, dass nicht jeder zum Waffendienst herangezogen würde, dass der Adel ausgeschlossen und auch die besseren Söhne vom Kriegsdienst befreit seien. »Knechte und arme Tagelöhner sind dazu bestimmt, den Kopf hinzuhalten«, meinte Hannes und mit dieser Meinung stand er nicht allein.

Am Sonntag vor der Messe schärfte Katharina Peter ein, auf alle Fälle von den Fieberschüben zu berichten. »Dat du so oft krank bist, musst du sagen, dat dat Fieber immer wieder kommt, dat du zu schwach bist …«

»Ja, ja Mutter.«

Nach dem Kirchgang ging es in die Schule. Im Flur stand ein Tisch, an dem ein Schreiber saß und die jungen Männer der Reihe nach erfasste, dabei prüfte, ob sie in die Stammrolle des Dorfes eingetragen waren.

»Name?«

»Zirbes, Peter.«

»Jahrgang?«

»1825.«

»Genauer: Tag, Monat, na los …«

»10. Januar 1825«.

»Geboren zu …?«

»Niederkail.«

»Religionszugehörigkeit?«

»Katholisch.« Der Schreiber notierte. »Also hiesig. Sohn des …« Peter zögerte. »Wie heißt dein Vater? Na?« Gereizt wirkte die Stimme des Schreibers. »Nikolaus Zirbes.«

»Und deine Mutter?«

»Katharina …«

»… Taufname?«

»Schmitz.«

»Gewerbe des Vaters?«

»Hausierhandel, handelt mit Haushaltswaren, Steinzeug.«

»Wie viele Geschwister?«

»Eine Schwester.« So ging es fort, bis man ihn in den Waschraum führte, wo eine ganze Reihe junger Männer darauf wartete, dass die Abordnung Untersuchungen vornahm, um körperliche Mängel oder Stärken festzustellen. Auch Ludwig und Lorenz Melzer waren darunter und standen grinsend, als Peter sich näherte. »Jawoll«, flüsterte Ludwig so laut, dass die komplette vordere Reihe sich umdrehte: »Dichter an die Front!«

»Haste keinen Schein?«, fragte Lorenz, »oder Plattfüße, Frostbeulen, Knochenfraß? Der Mattes hat sich Schnupftabak in die Augen gerieben, wat meinste, wat se mit dem machen?« Nun reckte auch die letzte Reihe die Köpfe und lachte. Mattes mischte sich ein. »Tja, Pitter, jetzt lernste richtige Gedichte zu schreiben«, spottete er, knuffte ihn in die Seite und sagte für alle vernehmlich: »Für en Denker is dat hier nix. Zu schwächlich auf der Lung. Wärst vielleicht wat für en Amtsstub, aber Kanonendonner halten deine zarten Öhrchen sicher net aus …«

Vorne stand Nikolaus Urbild, ein Wundarzt aus Landscheid und ein Militärchirurg, der nur dann genauer untersuchte, wenn Beschwerden angegeben wurden, die eine Untauglichkeit bedeuten konnten. Er besah sich Körperbau, Gesichtsform und Gebiss, tastete die Gelenke ab, prüfte, ob sie alle gewöhnliche Bewegungen erlaubten und teilte seine Ergebnisse einem Schreiber mit, der die Kommentare notierte. »Ruhe dahinten!« Erst jetzt bemerkte Peter den Offizier, einen kleinen, lebhaften Mann in einer blauen Uniform und weißen Schärpen über der Brust, fett bis zur Unkenntlichkeit und es schien ihm, als lauere diese entstellte Person hinter seinem Schreibtisch wie eine Spinne, die in ihrem Netz auf Beute wartet. Immer wieder wurde der Dicke ausfällig, schrie unbegründet herum, spottete über die Eifeler Hungergestalten, über Frostbeulen bei den Rekruten, verdrehte Gelenke, fehlende Zähne und Gliedmaßen, Kurzsichtigkeit und Geschwüre. Was sich zunächst nach Unbrauchbarkeit anhörte, tat er im Verlauf der Untersuchungen meist wieder als geringfügig ab. Er war es auch, der die Einteilungen in die Kompanien vornahm. Bei den meisten entschied er sich für den Felddienst, Lorenz allerdings schickte er zur Kavallerie. Hannes, der vor Peter in der Reihe stand, erhielt nach Besichtigung der Füße und Beine eine Bescheinigung zur Untauglichkeit.

Peters Untersuchung ging schnell vonstatten. Nach Feststellung der Körpermaße wie Größe, Gewicht, Schuhgröße, Bauchumfang, Brustumfang, nach Prüfung der Kraft in Armen und Beinen, der Sehstärke und des Hörvermögens klopfte Urbild die Lungen ab. »Schaut euch den an, der hat ja gar nichts einzusetzen! Wie alt bist du? 20 Jahre?« Peter nickte. »Nein, was ich hier sehn muss, kann nicht als geeignet betrachtet werden. Der Körper ist viel zu schwach, man besehe sich die mageren Schultern, den eingefallenen Brustkorb. Aber die Möglichkeit ist vorhanden, dass dieser Mensch in der Folge stärker werden könnte«, bemerkte er und sah sich nach dem Offizier um, der inzwischen aufgestanden und ziemlich nah an Peters Gesicht heran kam. Ein lauernder Blick traf ihn. »Zurückgestellt also«, beschloss der Offizier, »bis auf weiteres. Bei der nächsten Aushebung sprichst du wieder vor!« Der Schreiber notierte. Peter nickte und als er die Bescheinigung mit dem Aufschub in der Hand hielt, atmete er freier. Den Rat der Mutter hatte er nicht beachtet. Sie hatten ihn ausgemustert, ohne dass er von seinen Schwächeattacken erzählt hatte.

Ein Fluch dem König

Zur gewohnten Zeit im März stand bei Antonius Melzer der Hof voller Händler. Wieder waren alle gekommen, sich vor der Reise die Bärte scheren, die Haare schneiden zu lassen. Auch Kläs und Peter waren darunter. Nacheinander rückten sie auf den wackligen Stuhl, den Melzer vor seinem Brunnen aufgestellt hatte. Nacheinander wurde ihnen das graue Tuch umgelegt, der Bart eingeseift. »Dies Jahr werden wir wieder nix umsetzen«, begann der alte Bilger und kräuselte die Brauen, »die Leut haben weder Geld noch Arbeit.«

»Dat war noch nie anders«, hielt Melzer entgegen, setzte das Messer an und strich ihm über das stoppelige Kinn. »Mit der Einstellung seid ihr doch schon oft gefahren. Keiner weiß, wie et kommt!«

»Schlimmer wird et, immer schlimmer. Da brauchste kein Wahrsager zu sein. Wat da aus England zu uns rübergekommen is …! Immer mehr Fabriken werden gebaut, wo immer mehr Maschinen den Leuten die Arbeit wegnehmen. Wat haben die aber sonst außer ihrer Arbeitskraft? Nix haben die! Für en Appel und en Ei wird geschafft. Dat greift um sich. Und deshalb können wir bald zu Haus bleiben.« Resigniert lehnte auch Molters am Brunnen, tief furchte sich seine Stirn. Hannes Bilger drängte nach vorne, zog ein abgegriffenes Flugblatt aus der Westentasche, das er sorgfältig gefaltet und, nach den Flecken zu urteilen, bereits länger aufbewahrte. »Die Maschinen machen alles kaputt. Dat sag ich euch. Hört Euch dat mal an! Wenn dat wahr is …!« Gespannt drehten sich die Köpfe zu ihm. »Halt still«, schimpfte Melzer, packte den alten Bilger, der seinen Sohn vom Lesen abhalten wollte, am Kinn, schob dessen rot gewordenen Kopf wieder zurecht, während Hannes allen erklärte, dass sein Bericht vom letzten Jahr stamme und die Lage inzwischen noch angespannter sei. Langsam und in gutem Deutsch begann er zu lesen: »Seit Monaten können die schlesischen Leinenweber mit der industriellen Fertigung von Stoffen nicht mehr konkurrieren. Ihr Verdienst sank im Januar aufgrund von zu hohen Feudalabgaben wie Webzins, Grundzins und Schulgeld unter das Existenzminimum und sie drohten zu verhungern. 15 Stunden Arbeit am Tag, sieben Tage die Woche, alles für drei Thaler im Monat. Selbst Kinderarbeit schaffte keinen Ausgleich. In ihrer Verzweiflung marschierten sie im Juni 1844 zu den Fabriken, zerstörten die Maschinen und verbrannten die Geschäftsbücher, in denen ihre Schulden verzeichnet waren. Der Aufstand wurde vom preußischen Militär blutig niedergeschlagen.« Hannes ließ das Blatt sinken. »Na, wat sagt ihr dazu? Dat is doch en verdammte Schweinerei!«

»Et sind Menschen, von denen die ausgebeutet werden, net von Maschinen. Die Maschinen sind von Leuten erfunden zu dem Zweck, Geld zu sparen. Leut, die fromm tun, Sonntag für Sonntag in der Kirch stehn, während sie vor Geldgier platzen! Denen müsst man an den Kragen!«, meinte Melzer. »Wo hast du dat Blatt her?«, fragte Thönnes mit blitzenden Augen. »Aus der Zeitung is et jedenfalls net gefallen!« Alles lachte, während Hannes fortfuhr: »Et gibt kein einzig redlich Zeitung weit und breit! Sowat drucken die net! Von wegen Pressefreiheit! In den Zeitungen stehn nur Lügen. Nur von schönen Sachen dürfen die schreiben, über Ungerechtigkeiten müssen sie dat Maul halten!«

»Ja, die müssen so schreiben, wie et den Reichen mit ihren fetten Gesichtern gefällt«, fiel ihm der Schmied ins Wort, »wie et wirklich aussieht, müsst mal einer schreiben, dat alle anderen hungern und geschunden werden!«

»Da kannst du lang drauf warten.«

Wieder hob Hannes sein Flugblatt. »Sag et net. Solang all kuschen, geht dat weiter. Aber hört nur, die Schlesier kuschen net mehr, die fluchen auf den König …!«

»Biste wohl still«, tobte der alte Bilger, wieder brauchte Melzer einen harten Griff für seinen Kunden. Laut und energisch wurde Hannes' Stimme: »Ein Fluch dem König, dem König der Reichen, den unser Elend nicht konnte erweichen, der den letzten Groschen von uns erpresst und uns wie Hunde erschießen lässt.«

»Donnerwetter«, staunte Molters, während Thönnes ihn in die Seite schubste: »Halt et Maul, du bis genau so en Lästerer wie der junge Bilger …!« Kläs raunte Peter zu, dass Hannes aufpassen müsse mit dem, was er sagte, vor allem mit Äußerungen gegen den König, egal, wo er sie her habe. »Man weiß net, wo jetzt der Thönnes mit der Meldung hinrennt. Dat kann net gut sein.« Hannes aber fuhr fort zu betonen, dass alles eine elende Schinderei sei, für nichts und wieder nichts. »Dat ihr et wisst: ich will et halten mit den Schlesiern, mit den Getretenen, den Armen!«

Peter hörte nicht, was Hannes noch alles von sich gab. Der Klang des Gedichtes wirkte in ihm, wie gebannt stand er. Was für ein Gedicht! Was für eine Wirkung die Worte doch entfalten konnten, was für eine Kraft! Die schlesischen Weber hatten ihre Angst und Pein in Versen ausgedrückt, die zu einem Lied geworden waren, ihrem Lied. »Haste gehört, Pitter?« Irritiert bemerkte Kläs dass Peters Blick weit in die Ferne ging. »Vatter, hast du dat Gedicht gehört? »Wat für en Gedicht?«, fragte Kläs, während er verfolgte, wie Thönnes Hannes am Hals packte und gegen den Brunnen stieß.

L'Art pour L'Art

Bisher waren sie jedes Jahr nach Fenner Hütte gekommen. Und fast jedes Mal hatte Peter seinem Gönner Mathias Raspiller ein Lied auf der Flöte gespielt. Im Sommer hatten sie erfahren, dass Raspiller nicht mehr die Glashütte leitete, weil er durch einen fatalen Unfall in der Saar umgekommen war.

Peter war nicht der Einzige, der um ihn trauerte. Sämtlichen Arbeitern auf der Hütte, besonders den Lothringischen, ging sein Tod nah, war er doch ein gerechter und deshalb beliebter Unternehmer gewesen. Mit seinem Nachfolger, Heinrich Raspiller, waren sie nicht ins Geschäft gekommen, zu sehr drückte der auf die Preise; Kommissionsware gab es gar nicht.

Von anderen Händlern hatten sie gehört, dass sich eine Fahrt nach Wadgassen, wo eine neue Cristallerie eröffnet hatte, lohnen würde.

Die Cristallerie Villeroy, Karcher & Companie in Wadgassen war in einer ehemaligen Abtei der Prämonstratenser eingerichtet und stellte vorwiegend Kristallglas her, von dem sie sich gute Verkäufe erhofften. Dass es eine der größten Glashütten Preußens war, das behauptete zumindest Kläs, war nicht nur dem eindrucksvollen Gebäudekomplex anzusehen. »Die hatten hier riesige Vorteile mit der Fabrik«, erzählte er, »ganz hier in der Nähe liegt die Kohlengrub Hostenbach. Dat gehört alles zusammen. Die Glasöfen konnten von Anfang an mit Koks befeuert werden.«

Rauchgeschwärzte Häusergiebel ragten hoch hinauf, drei oder vier übereinander liegende Böden, so schätzte Kläs, gäbe es im Inneren. Peter beeindruckten vor allem die Größe des Geländes und die unzähligen Arbeiter. Er achtete wenig auf Kläs' Reden, denn ständig wurde er abgelenkt von geschäftigen Menschen, die sich hier tummelten. Dutzende von Frachtwagen standen kreuz und quer, ständig wurden Güter gebracht, andere fortgeschafft. Da waren Händler und Fuhrleute, Glasmacher, Schleifer, Leute, die mit Sand handelten, Hafner und Mädchen, die in der Verpackung und Absprengerei tätig waren. Die Glashändler kamen meist zu zweit. Sie trugen Schirmmützen und Gamaschen, mit Eisen beschlagene Schuhe, auf dem Rücken einen mit Tragriemen versehenen Holzrahmen, auf dem verschiedene Sorten Scheiben lagen, meist die üblichen dunkelgrün getönten.

Auch Veredelungsbetriebe gab es hier: Schleifereien, Malerwerkstätten, Gravurbetriebe, Vergoldereien. Vor den Hütten arbeiteten die Glasmaler. Elisabeth und Katharina blieben vor einer Werkstatt stehen, in der Glasbläser mit Lederschürzen eine lange, augenscheinlich schwere Eisenröhre, welche zur besseren Hantierung einen Holzgriff und oben ein Mundstück hatte, in eine zähe Flüssigkeit tauchten, die sich in einem Kessel über offenem Feuer befand.

Auf dem Wagenplatz trafen sie einen Händler aus Landscheid, der mit Kläs wegen Emaillewaren verhandelte, die er ihm gegen Steingut tauschte. Schon im Winter hatten sie diesen Tausch besprochen.

Dann gingen sie in Richtung der großen Lager, um sich beim Kauf des Kristalls gegenseitig zu helfen. Ausstellungsflächen und Warenangebot waren kaum zu überbieten. Unzählige Händler handelten, orderten, ließen Kisten packen. Es war ein Zurufen und Lärmen, ein Poltern und Dröhnen.

Die Kristallgläser waren unbezahlbar, zudem eine heikle Ware. Während Kläs und Katharina nach Krügen Ausschau hielten, begutachtete Peter das Porzellan. Vor einem Stapel tiefer Teller blieb er stehen, hob einen auf, schnippte mit dem Finger dagegen. Die Teller waren lindgrün gehalten, an den Rändern mit Kornblumen und Klatschmohn bemalt. »Das ist eine gute Wahl«, empfahl eine Stimme hinter ihm und als er sich umsah, glaubte er Loni vor sich zu haben. Er erschrak, stellte den Teller zurück, aber die junge Frau lächelte, griff nun selbst nach dem grünen Porzellan, wies ihn darauf hin, dass es ein Druck sei, keine Handarbeit und zeigte ihm die Feinheiten. Sie hatte Haare wie Loni. Braune Locken kringelten sich trotz der festen Klammer in ihrem Nacken; die Augen waren von gleicher Farbe. Während sie ihm die Vorzüge beschrieb, zu diesem Zweck andere Teller vorzeigte und verglich, folgte er ihr entlang der Regale. »Seid Ihr ein Händler?«, fragte sie, »wir haben extra Ware für Händler.« Peter ließ sich in eine weitere Halle führen. »Ihr seht gar nicht aus wie ein Händler«, stellte sie fest, indem sie ihn von der Seite betrachtete. »Wie seh ich denn aus?«, fragte Peter und freute sich ihres offenen Wesens. »Hmm. Schwer zu sagen.«

»Vielleicht wie ein Glasschleifer?«, forschte er und sie schüttelte den Kopf. »Wie ein Schmied?« Lachend protestierte sie. »Aber seht doch nur Eure Händ! Ein Schmied – nein!« »Aber wat denn?«

»Ich weiß et nicht«, wiederholte sie, »irgendwie anders jedenfalls als ein Händler.« Sie standen um die Teller und scherzten. Im Spiel um Peters Beruf zog er hinter dem letzten Regal, wo sie alleine waren, sein Heft aus der Tasche und las der überraschten Verkäuferin ein Gedicht vor:

Nach des Tages heißer Schwüle
ist die Arbeit nun vollbracht.
Nur des Tales alte Mühle
plaudert traulich durch die Nacht.

Alles still rings wie im Traume,
hie und da die Birn' entfällt
dort dem fruchtbeladnen Baume,
den der Schlaf umfangen hält.

Mich nur hat das Glück gemieden,
mir nur schließt kein Aug' sich zu.
Ich nur finde keinen Frieden,
mich nur flieht die süße Ruh'.
Nicht dass Unrecht ich begangen,

was man niemals gern bekennt,
malt den Gram mir auf die Wangen.
Ach, ich bin von ihr getrennt!

»En Dichter«, rief sie erfreut, »Ihr seid en Dichter!« Bewundernd stand sie vor den gefüllten Regalen, ihr Blick verriet, dass es ihr gefallen hatte. Einmal nur, bloß einmal, wünschte er sich solch einen Blick von Loni! Als ob die Verkäuferin seine Gedanken erraten hätte, flüsterte sie: »Es ist wunderschön! Schad, dass es net für mich ist.«

»Dat hab ich letztes Jahr geschrieben. Für en Mädchen aus meinem Dorf. Aber die tät mich sicher dafür auslachen, wenn sie dat wüsst.«

»Schad«, sagte sie nochmals, »sehr schad. Ich hätt es estimiert. Denn das is was Wertvolles. Wertvoller als die Teller hier.« Nachdenklich stellte sie eine Platte zurück, auf der bunte Vögel abgebildet waren. Gleich darauf griff Peter danach, hob die Platte ans Licht. »Ich hab noch nie drüber nachgedacht, wat wertvoller is. Beides is Kunst. Seht nur, die Farben, die feinen Linien …« Mit dem Finger strich er über die Zeichnung mit den Vögeln, deren Flügel grünlich schimmerten. »Früher hat man hier alles von Hand gemalt. Da wurd jedes Stück mit dem Namen gezeichnet, auch die gewöhnlichsten. Maler, die net schreiben konnten, haben ihre Daumen in die frische Farb gedrückt, hinten auf den Rand. Das findet man heut net mehr.«

»Dat mag sein, aber wertvoll is dat trotzdem. So en Dekor muss sich einer ausdenken, en Künstler.« Verwundert sah er sein Gegenüber an. »Jetzt fahr ich schon fuffzehn Jahr mit auf den Handel und hab nie richtig über die Ware nachgedacht. Erst wo Ihr sagtet, dat et net so wertvoll is wie en Gedicht.«

»Ihr habt Recht. Kunst is das auch. Aber anders. Ich weiß net, ob sie wirklich vom Herzen kommt, so wie Euer Gedicht. Wir haben hier schöne, kostbare Sachen. Aber Dichten ist was ganz anderes. Also, ich hör sehr gern was Schönes sagen!« Erfreut über die Gemeinsamkeit riss Peter ihr eine Seite mit einem Gedicht über den Frühling aus dem Heft. »Für Euch. Weil Ihr dat schätzt.« Während Peter zwei Dutzend tiefe und flache Teller orderte, faltete sie achtsam das Papier und versteckte es in ihrer Schürze.

Irgendwie fiel ihm der Handel in diesem Sommer leichter als sonst. Seit Wadgassen schätzte er seine Ware, die verzierten Teller, die wohldurchdachten Formen von Vasen und Krügen. Außerdem schrieb er. Obwohl Kläs und Katharina sein Tun immer wieder herabsetzten und darüber zürnten, er ließ es sich nicht nehmen, denn deutlich spürte er, damit andere Welten aufzustoßen. Dem Mädchen in Wadgassen widmete er ein Gedicht, der Rheinpfalz, den grünlichen Tellern und Loni, immer wieder Loni.

Mondwege

Kläs drängte in diesem Jahr auf die Kirmes. Zu oft war er des Geldes wegen ferngeblieben, aber diesmal wollte er dabei sein. Sie lenkten gerade den Karren über die Dorfstraße, als ihnen Thönnes begegnete. »Just haben sie die Kirmes ausgerufen, ... Ihr kommt doch?« Kläs zog die Mütze und lachte: »Und ob! Wir sind dabei! Schon letztes Jahr waren wir net da – dies Jahr tanzen wir mit!« Dabei dachte er mehr an das gute Essen, das es dann gab, wurde im Dorf doch in jedem Haus geschlachtet und gebacken. »Dat Gret hat an die 30 Hefekuchen geback!«, hörten sie Thönnes noch rufen. Kläs klatschte in die Hände. »Jetzt wird gefeiert! Für die Bauern sind die Ernten vorbei und für uns der Hausier!«

Wie jedes hohe Fest kündigte sich im Dorf die Kirmes durch Vorzeichen an. Die Frauen hatten Teppiche geklopft, Schränke geputzt, vorgekocht, Vorhänge gewaschen, Messing mit schwarzem Zinnkraut spiegelblank gerieben und die Zimmer gestöbert. Die Männer hatten Fassaden gekälkt und Holzwerk gestrichen, Hasen das Fell abgezogen, Ferkel, Säue und Hühner geschlachtet. Blutlachen standen noch in den Höfen. Allerorten duftete es nach Hefekuchen, nach knusprigem, gebräuntem Apfel- und Birnenkompott mit Zuckerstreuseln und Zimt. Fenster und Höfe waren mit Blumen und Zweigen geschmückt, rote und lila Papierrosen hingen am Zaun vor dem Backes. In allen Häusern hatten sich Verwandte zum Kirmeskaffee eingeladen. In die Blumentöpfe vor der Kapelle hatte jemand rote, blaue und gelbe Fähnchen gekreuzt und in die Erde gesteckt. »Dat sind doch die Fronleichnamsfähnchen.« Katharina war irritiert.

Schon am Nachmittag ging es hoch her auf dem Dorfplatz rund um das Lamberty, wo der Wirt den Saal geschmückt hatte und am Abend zum Tanz aufgespielt werden sollte.

Im Haus am Kailbach hielten sie sich nicht lange auf. Zu sehr lockte das Vergnügen. Kaum dass es dunkelte, drängte es sie ins Dorf.

Auf dem Platz waren zwei Tuchhändler aus Sachsen aufgetaucht, die gewalkte Haardecken für Pferde feilboten. Eine Bude gab es mit Geldtäschchen, Messern und Scheren, Litzen und Spitzen. Auch die guten Aachener Nähnadeln gab es zu kaufen. Ein Glücksspiel war aufgebaut: ein Drehbrett mit Zahlen und einem bunten Pappzeiger, das demjenigen, der die Zahl 100 drehte, ein Herz aus Kuchenteig versprach. »Schad, dat et hier kein Karussell gibt«, sagte Peter zu Elisabeth, »ich hab in Sobernheim mal eins gesehn. Dat wurd von einem Pferd angetrieben.«

Nachdem Dorfvorsteher, Pfarrer und ein neuer Lehrer mit Musik begrüßt und zum zechfreien Schmaus eingeladen worden waren – jeder Bauer hatte je nach Größe der Kirmes, die er bei sich im Haus hielt, bis zu vier Fladden gespendet – begann der Tanz mit den drei Reigen. Mit Ländler, Polka und Mazurka ging es weiter. Weithin dröhnte die Musik, auf der Tanzfläche war es schon zu eng als die Dämmerung einsetzte. Ständig gab es Rempeleien.

Zwischen den Bänken schlenderte Loni, Arm in Arm mit Freundinnen, eine gestärkte Haube auf dem Kopf, von der weiße Spitzen herabhingen. Sie trug ein schwarzes, enges Kleid – der Rock war auf Höhe der Taille angenäht und steif gefältelt – ging in Halbschuhen mit Riemen und hellen Strümpfen. Wie gebannt verfolgte Peter jede ihrer Bewegungen und als ob Loni die Kraft dieses Blickes spürte, drehte sie sich um. Unwillkürlich machte sie einen Schritt auf ihn zu. Peter stutzte, seine unsicheren Augen flackerten, hielten ihren nicht stand. Er sah auf den Boden und als sie mit einer fragenden Miene weiterging, ärgerte er sich über sein Ungeschick.

Gegen Abend saßen sie sich auf einer Bank im Saal gegenüber. Während Talgkerzen ihren schwankenden Schein auf die Tische warfen, um sie herum Gelächter und ausgelassene Rufe flogen, blieben sie stumm, sahen nach den Paaren, die sich aneinander reihten und beim Galopp in rasendem Tempo um den Saal hüpften, ein Stück ins Freie und wieder zurück. Die lose ausgelegten Bretter des Tanzbodens wippten unter dem Hüpfen und Schleifen der Füße auf und nieder; Gläser wurden an Münder geführt und in kräftigen Zügen geleert.

Laut war die Prahlerei der eben erst zurückgekehrten Händler. Keiner wollte dem anderen nachstehen. Jetzt zeigte sich, wer die besten Geschäfte gemacht hatte, wer der klügste Händler war. Runde um Runde wurden gegeben. Schnäpse und Schoppen, Bier und Wein von der Mosel flossen in Mengen. Überall Jubel und Trubel; mit heißen Gesichtern und verschwitzten Haaren disputierten die Männer, überboten sich mit ihren Erlebnissen, protzten mit Umsätzen und Gewinnen, ließen die Münzen springen, was kostet die Welt?

Auch Kläs war darunter. Ruhig stand er, horchte nach dem großtuerischen Gespreiz seiner Kollegen, plauderte hier und da und es war ihm anzusehen, dass er froh war, dass es in diesem Jahr allen besser ging.

Molters Anna schmiegte sich an den Sohn des Harzsieders. Elisabeth stand lachend neben Michael Niesen, dem Stellmacher, der das Glas in Peters Richtung hob. »Prost, Pitter!«

An den Bretterwänden, durch deren Ritzen der Wind pfiff, hingen weiße Papierfahnen. Unablässig wehten sie im Luftzug, den die vorüberwirbelnden tanzenden Paare verursachten. Die Mädchen waren alle ähnlich frisiert, das war Peter gleich aufgefallen.

Sicher waren alle bei Melzers Lenchen gewesen. Sogar Loni hatte die Haare gebrannt und aufgesteckt.

Immer noch war kein Wort zwischen ihnen gefallen. Befangen saßen sie sich gegenüber, immer wieder wanderten seine Augen zu der zierlichen Gestalt in dem schwarzen Kleid. Jetzt kam Simon, der Schmied, der schon zu Beginn des Abends beträchtlich gesoffen hatte und forderte sie zum Tanz auf. Sie nickte und bald sah Peter die beiden über den Tanzboden wirbeln. Ihr Gesicht war erhitzt, eine Locke hatte sich aus der Nadel gelöst und hing ihr nun in die Stirn. Verkrampft folgte sie seinen Bewegungen, aber als er sie, heftig atmend, zum Platz zurückbrachte und eine Unterhaltung mit ihr beginnen wollte, schüttelte sie den Kopf und setzte sich wieder in die Reihe der Freundinnen.

Wie leicht es für Simon gewesen war, sie zum Tanz zu holen! An die hundert Mal sagte sich Peter, dass auch er es wagen müsse, dass eine günstigere Gelegenheit sobald nicht mehr käme. Endlich hob er sein Glas und prostete ihr zu. Für einen Moment ruhten ihre dunklen Augen in seinen und ihr eben noch lachendes Gesicht wurde ernst. Dann hob auch sie das Glas, nickte ihm zu und trank es auf einen Zug leer. Bald reichte sie ihm die Hand, und als er mit ihr auf der Tanzfläche stand, glaubte er, Schöneres nie erlebt zu haben. Endlich war er es, dem ihr Blick gehörte, der sie um die Taille fasste, der den Geruch ihres Haares atmete. Ohne Pause tanzten sie, zuerst einen Hopser, bei dem sie die ganze Zeit lachen mussten, dann einen Walzer, schließlich zählten sie nicht mehr. Erschöpft hielten sie sich umfasst, als die Musik absetzte.

Er lud sie zu einem Viez ein. Eng standen sie zusammen, tranken aus demselben Glas, das sie sich abwechselnd an die Lippen hielten. Dann bat er sie, mit ihm hinauszugehen, ein Stück nur bis an den Bach. Sie nickte.

Eine Weile gingen sie schweigend nebeneinander, ihre Hand in seiner. Immerzu dachte er, dass es an ein Wunder grenze: er und Loni, wie sie in die Nacht hineingingen. Es war ein warmes, großes Gefühl; er sah nur noch Loni, ihre hellen Strümpfe leuchteten im Dunkel, er fühlte ihren Arm an seiner Schulter, ihren Atem.

Sie waren fast bis ans Augenbildchen gegangen. Unten im Tal lag Niederkail. Der spitze Turm von St. Hubertus ragte in einen schwachen Streifen Himmelshelle und Peter dachte daran, dass er ihr so viel hatte sagen und schreiben wollen, aber jetzt fand er all das unpassend, belanglos.

Er war voll drängender Erwartung. Wie vom Mond verführt schmiegten sie sich bald eng aneinander, hüllten sich einer in die Arme des anderen. Ringsum war alles still, nur eine Wachtel rannte aufgeregt aus einem Feld. Wie schön war es, mit Loni zu gehen, wie schön war auch Loni, in dieser Nacht ganz besonders. Immer wieder fuhr er über ihr krauses Haar, berührte ihr Gesicht.

In der Nähe des Augenbildchens setzten sie sich ins Gras, sahen über die dunkle Landschaft. Zunächst widerstrebte sie, sich küssen zu lassen. Aber dann, als sie seine Lippen immer wieder spürte, gab sie seinem Drängen nach und glücklich presste er sie an sich. »Loni, da hab ich so lang drauf gewartet.« Er war wie betäubt, so selig verwirrt und erstaunt, dass Loni mit gegangen war, ohne eine Entrüstung zumindest vorzutäuschen, die er erst durch Bitten und Versprechungen hätte beschwichtigen müssen. Nein, sie war ohne zu zögern mit ihm gegangen und wehrte auch seine Hände nicht ab, seine Küsse, seine Umarmungen, lächelte und schwieg, als er die Haken ihres Kleides öffnete, das Leibchen heraufzog, nach ihrer Brust tastete. Er öffnete die Klammer ihrer Haare, die nun offen um ihre Schultern lagen, auf der weißen Haut, die im Mondlicht schimmerte.

Er zog seine Jacke aus und breitete sie über das Gras. »Wir lassen uns net mehr los«, flüsterte er, »hörste Loni?« Statt einer Antwort hörte er Lonis Herzschlag, schnell und laut, ihren Atem, seinen Atem, der sich mit ihrem vermischte, spürte ihre Hände, roch das gestärkte Weißzeug, dann ihren erhitzten, weichen Körper. Alles war so berauschend neu und doch vertraut in dieser Nacht, von der er sich wünschte, dass sie nie enden möge.

Lange lagen sie im Gras. Wie eine Glocke wölbte sich der Sternenhimmel über ihnen. Dass er ständig an sie gedacht habe, unterwegs, egal wo er war, erzählte er. Dass er sie jahrelang schon liebte, seit der Schule, wo sie vor ihm gesessen und er immer nur sie angesehen hatte. Dass er eifersüchtig gewesen sei auf Lorenz, sogar auf Ludwig und überhaupt auf alle, die sich ihr genähert hätten. Dass er glücklich sei, nun, da sie sich doch noch gefunden hatten. »Endlich Loni, jetzt bleiben wir zusammen.« Loni nickte. Beglückt sah sie aus und als er sie erneut in die Arme nahm, schloss sie die Augen und flüsterte: »Ja, Pitter, dat wünsch ich mir auch!«

Auf dem Rückweg zupfte er ihr eine verblühte Ackerblume aus dem Feld, steckte sie in ihr Haar. Da sah sich auch Loni um und da sie nichts anderes fand, bückte sie sich nach einem halb verwelkten Schöllkraut, das sie ihm lächelnd ans Knopfloch steckte. »Zum Andenken«, sagte sie, »auch wenn et net so schön is.«

Als sie zurückkamen, hatte sich die Szenerie auf dem Platz verändert. Vor den Buden hingen Vorhänge, im Lamberty waren die Lichter heruntergebrannt. Schwankend von Tanz und Trunk standen noch ein paar Übriggebliebene in lautem Disput, wischten sich mit dem Ärmel über die erhitzten, geröteten Gesichter. Eine Schlägerei hatte es gegeben, eine, wie sie seit der letzten Hochzeit nicht mehr vorgekommen war. Tische, Gläser und Stühle waren zu Bruch gegangen, wilde Fäuste hatten dafür gesorgt, dass die Mädchen kreischend hinter die Büsche gerannt waren, wo sie gelauert und alles verfolgt hatten.

Irgendjemand hatte etwas behauptet, ein anderer etwas anderes und schon waren sie aneinander geraten, zuerst zwei, dann drei, dann wurde ein wildes Knäuel daraus. Durch das ganze Dorf hatte sich der Tumult gewälzt, gefolgt von Hundegebell, Schimpfreden und Messerblitzen; vergeblich hatte der Wirt nach den Gendarmen gerufen.

»So en Schlägerei stärkt die Knochen!«, lallte Molters, der sich mit blutigem Hemd an einer Girlande festhalten wollte, dabei kopfüber im Straßenstaub landete. »Zu spät! Ihr kommt zu spät. Aber dat wär sowieso nix gewesen für euch Zartbesaiteten«, rief Dinkels Mättes und zu Loni gewandt sagte er: »Der Pitter hat kein

Faust in der Tasch. Is en Schlappes! Dat du so einen willst, hätt ich net gedacht!«

»Grad den will ich«, antwortete Loni, zog ihn an der Hand und bat darum, heimgebracht zu werden.

Später in der Kammer schob er Lonis Schöllkraut, dessen gelblicher Saft Flecken auf der Weste hinterlassen hatte, zum Trocknen zwischen die Seiten seiner Kladde. Eine Erinnerung sollte es sein, das Kraut, das den Kopf allzu früh hängen ließ und nach Heu roch.

Als er anderentags nach dem Hochamt am Lamberty vorbeikam, hob Stolz seine Brust. Wie glücklich war er gestern hier gewesen! Jetzt suchten Kinder den Platz nach verlorenen Pfennigen und sonstigen Kleinigkeiten ab. Er winkte ihnen zu, aber sie beachteten ihn nicht.

Am Nachmittag wanderte er zum Augenbildchen, zu der Stelle, wo er mit Loni gelegen hatte. Er besah sich den Boden, aber es waren keine Spuren geblieben. Nur das Gras schien an einigen Stellen gedrückt, hier und da fand er geknickte Halme, ansonsten nichts. Unverändert lag die Wiese, wie alle Tage, erstreckte sich bis zum Wald, grenzte seitlich an die Felder. Zwischen Büschen standen schweifschlagende Pferde, ihre Geschirre klirrten. Kurz legte er sich mit dem Rücken auf die Erde, sah Vögeln nach, die von schwankenden Zweigen aufflatterten und kniff die Augen.

Zurück schlug er denselben Weg ein, den er mit Loni gegangen war. Wieder suchte er nach ihren Spuren, als könne er dadurch seine Hoffnungen sichern, aber auch hier fand er keine Zeichen.

Den Winter über traf er sie nicht, obwohl Peter alles tat, Loni zu begegnen. Zweimal sah er sie während der Frühmesse in Landscheid aus der Ferne. Zweimal entwischte sie nach der Messe; dabei hatte er sie nur ansehen wollen. Mehrfach war er noch zum Augenbildchen gegangen, auch nachts, hoffend, sie dort zu treffen. Es war ein Warten, wenn er dort im Gras saß und Gedichte voller poetischer Naturbeschreibungen formulierte, beseelt war von einem kosmischen Gefühl, das sich vor allem um Loni verdichtete.

Anfang Februar, es lag noch Schnee, ging Peter mit seinem Vater zur Fastnacht ins Lamberty. Was für die Händler der Gegend gleichzeitig als Abschiedsfest vor der Reise galt, sollte auch ihnen ein wenig Abwechslung bringen.

Weil den meisten über Winter das Geld ausgegangen war, oder aber, weil sie es für den Einkauf der Ware brauchten, wurde längst nicht so ausgiebig gefeiert wie zur Kirmes. Weder Peter noch Kläs hatten vor, ein Gelage daraus zu machen, aber zu einem Schoppen sollte es reichen.

Über dunkle Gassen strebten sie dem Wirtshaus zu; ein Mann kreuzte vor ihnen den Weg. Schwarzweiß gewürfelte Hosen sahen unter seinem Gehrock hervor, das Gesicht war weiß angemalt. Ein anderer kam in einem seltsamen Hut, der verwegen auf seinem Kopf saß.

Mit ihnen drängte sich eine Zigeunerin in den Saal. Gelbe Ringe schaukelten an ihren Ohren. Sie rief etwas auf jenisch und zog Kläs an der Nase. Auch Peter warf sie eine Kusshand zu und verschwand dann im Getümmel.

Laut war es im Lamberty. Ein Akkordeonspieler saß in der Ecke, spielte einen Hopser, klopfte mit den Füßen den Takt dazu. Sofort wurden sie von anderen Händlern an die Theke gezogen, mit Getränken versorgt. Kläs ließ sich in ein Gespräch verwickeln, in dem es um Frauen ging und allerhand pikante Geschichten aufgetischt wurden.

Peter stand eine Weile daneben, hörte zu und besah sich die ausstaffierten Leute seines Dorfes, die allesamt vergnügt und ausgelassen schienen. Lange flatternde Hosen hatten sie aus den Schränken gekramt, phantasievolle Kopfbedeckungen dazu, Herzen auf Wangen und Nasen gemalt. Er selbst stand in seinem gewöhnlichen Kittel, die Kappe hatte er aufbehalten. Der Musikant schwankte in seltsamen Verrenkungen, beugte sich zurück, wenn er den grauen Balg des Instruments auseinanderzog, beugte sich vor, wenn er ihn zusammenpresste. Er konnte nicht recht spielen, es waren immer die gleichen Akkorde, die er seinem Quetschbalg entlockte.

An einem Tisch erregten Mädchen Peters Aufmerksamkeit und auch umgekehrt drehten sich die Köpfe nach ihm. Es wurde gewispert und gelacht. Peter prostete ihnen zu, das machte das Gekicher noch ausgelassener. Eine Weile ging dieses Spiel, bis eine der jungen Frauen aufstand, sich durch die Trinkenden und Singenden zwängte und sich neben ihn an die Theke stellte. Sie war kleiner als er, hatte zierliche Hände, die in Netzhandschuhen steckten. Das Leinenkleid war verschossen und nicht wegen der Fastnacht angelegt worden. Sie trug ein Tuch auf dem Kopf und eine Larve vor dem Gesicht, die auch den Mund verdeckte. Stumm stand sie vor ihm, aber er bemerkte, dass sie voll des Lachens war. »Wer bist du?«, fragte er und das Mädchen zuckte die Schultern. »Kennen wir uns?« Wieder zuckten ihre Schultern, sie hob die Hand, ein Finger legte sich über den Mund. »Pssst.«

»Wieso?« Wieder lachte das Mädchen, griff nach Peters Glas und tat einen kräftigen Zug. »Erkennst du mich denn net?«, fragte sie schließlich und endlich begriff er. Vor ihm stand Loni, seine Loni, die er so sehr herbeigesehnt hatte und jetzt wusste er auch, weshalb er eigentlich gekommen war. Glücklich griff er nach ihrer Hand; zu gern hätte er ihr die Larve vom Gesicht gezogen. »Loni, endlich, zu lang isset her …«

»Ich freu mich auch!« Er zog sie in die Mitte des Saales, wo getanzt wurde und wieder fühlte er sich bei jeder Drehung wie im Paradies.

Als die Tür aufging und der alte Melzer eintrat, war der Traum vorbei. Loni ließ seine Hände los, bedankte sich für den Tanz und kehrte zu ihrem Platz zurück. Betreten stand Peter auf der Tanzfläche. Zunächst verstand er nicht, wunderte sich über Lonis Verhalten, wusste nicht, ob er hinter ihr her oder an die Theke zurückgehen sollte. Er entschied sich für Letzteres. Mit dem Glas in der Hand lehnte er am Holztresen und beobachtete Lonis Tisch aus den Augenwinkeln. Der Alte hatte sich zu den Mädchen gesetzt, schäkerte mit allen, nur nicht mit Loni. Warum sollte er nicht auch hingehen und sich dazusetzen? Eben wollte er es tun, als ihm Kläs ein Zeichen gab. »Wir gehn. Et is schon spät.«

Im Hinausgehen drehte er sich nochmals nach Loni um. Sie hatte die Larve abgenommen. Ihre Augen waren fest auf ihn gerichtet, aber das Gesicht blieb ausdruckslos. Weder hob sie die Hand, noch grüßte sie.

Kläs sagte nichts und fragte nichts.

Am nächsten Tag, es war der Tag, bevor es wieder auf den Handel ging, zog es Peter ins Dorf. Loni wollte er sehen. Anklopfen würde er bei ihr, eine gute Zeit wünschen, das konnte ihm niemand verwehren. Am Lamberty kam er vorbei, äugte hinein, dachte an Loni. Der Musikant lag nach der durchzechten Nacht auf der Ofenbank, zu Füßen den grauen, in sich zusammengesunkenen Quetschbalg.

Peter ging bis zum Ende der Straße und bog hinter dem letzten Haus in einen Pfad ab. Von hier konnte er den Hof der Schneiderei sehen. Halb verfallen lag das Anwesen, der Putz blätterte von der Wand, das Stroh des Daches war schadhaft, sicher regnete es hinein. Im Garten neben dem Wohnhaus vergor altes Laub. Noch vom Herbst moderte abgeschlagener Bärenklau in schwarzen Strünken. Tauben, die ihren Schlag auf einem hohen Pfahl neben dem Mist hatten, saßen vor ihrem Häuschen auf einer Stange, eng aneinandergedrückt. Als er näher kam, begannen sie zu gurren, wurden unruhig. Eine träge Fleischfliege brummte über einem Topf mit Futterresten.

Auf der Schwelle des niedrigen Eingangs saß Loni und schälte Kartoffeln. Sie trug die Haare offen; die Locken reichten bis auf die Brust. Neben ihr, an die Wand gelehnt, stand Lorenz, die Hände in den Hosentaschen und sah schmunzelnd auf Lonis flinke Finger. Beide hoben verwundert den Kopf, als sie Peter erblickten. Loni stand auf, strich die Schalen von der Schürze, warf die zuletzt geschälte Kartoffel in eine Schüssel mit Wasser. »Tach Pitter. Dat is aber en seltener Besuch«, sagte sie und streckte ihm die Hand entgegen. Noch bevor Peter die Hand greifen konnte, drängte sich Lorenz dazwischen. »Hab gehört, dat du dich auf der Kirmes um dat Loni gekümmert hast. Und auch gestern im Lamberty. So wat erfahr ich schnell, gell Loni?« Während sich Loni die Hände an der Schürze trocknete, sich verlegen das Haar aus der Stirn strich, dabei Peter ansah, redete Lorenz weiter. Breitbeinig stand er da, die Arme verschränkt. »Bis heut morgen hab ich auf der Eisenschmied geschafft. Jetzt bin ich wieder da. Dat Kümmern übernehm ich also. Wir wollen doch net dat alte Zeug aufwärmen, oder?«

»Ach lass doch, Lorenz«, sagte Loni, »der Pitter kommt doch nur, um sich zu verabschieden.« Loni warf Lorenz einen verärgerten Blick zu. »Ja, morgen geht et wieder los«, sagte Peter. Befangen erzählte er, dass sie nach Wadgassen fahren wollten, von dort, wie immer, in die Rheinpfalz. Wie gerne wäre er jetzt einen Moment mit Loni alleine gewesen. Wie gerne hätte er gehört, dass sie noch an ihn dachte, vielleicht auf ihn warten würde. Einen Moment noch standen sie schweigend voreinander, dann blieb ihm nichts anderes übrig, als sich zu verabschieden.

Wie betäubt ging er den Pfad zurück. Im Nacken saß ihm die würgende Gewissheit, dass er mit Loni nie mehr tanzen würde. Er fühlte alles verloren. Warum war sie bloß damals mit ihm gegangen, warum hatte sie ihm diese Nacht geschenkt mit all den Hoffnungen? Es stach in seiner Brustgegend, er dachte nur noch daran, dass er bald fort wäre, morgen schon, weit weg und dann wollte er sie vergessen, einfach vergessen.

Das Vergessen gelang nicht. Auf allen Wegen dachte er an Loni, hoffte. Immerzu klammerte er sich an ihre Worte in jener Nacht am Augenbildchen, an das Versprechen, das sie sich gegeben hatten. Besonders wenn er alleine war, litt er, fühlte sich von einer ständigen Unruhe getrieben, auf der Suche nach etwas Verlorenem.

Unzählige Gedichte schrieb er, traurige, selten fröhlichere, denn an sein Glück glaubte er nicht mehr. Er schrieb ihr auch Briefe, die er niemals abschickte; ein ganzes Bündel. Er betete zum Heiligen Antonius, der schon oft geholfen hatte, wenn etwas verloren gegangen war, versprach dies zu tun und jenes zu lassen, wenn sie nur ein Zeichen gäbe.

Oft besah er sich das zerdrückte Kraut, das sie ihm gepflückt hatte. Er besah es lange, bis seine Augen dunkel wurden und sich mit Tränen füllten.

Die Kraniche sammelten sich für den Weg in die Winterquartiere, als sie heimkamen. Peter war froh, dass Kläs sich in diesem Jahr nicht beeilte, zur Kirmes zu Hause zu sein, denn die Hoffnung auf Loni war verflogen, und er widerstrebte dem Augenblick, der seine Ahnungen bestätigen würde.

Er war bereits über eine Woche zu Hause, scheute den Weg ins Dorf, die Begegnung mit Loni. Am Sonntag ging er ins Hochamt nach Landscheid. Unruhig stand er neben Hannes in der Kirchenbank, äugte nach der Frauenseite, konnte Loni aber nicht entdecken. Einerseits hoffte er darauf, sie zu treffen, anderseits bangte er davor.

Am Montag ging er mit dem Esel zu Simon, dem Schmied. Der besah sich das Tier, nahm einen Huf nach dem anderen hoch. »Mindestens zwei neue Beschläg sind fällig«, stellte er fest, »und rechts hinten macht auch net mehr lang!« Er richtete das Werkzeug, schnitt ein Stabeisen, das er ins Feuer legte, ging zum Blasebalg neben der Esse, stellte den Fuß auf das Deckbrett und begann zu pumpen. »Darf hier grad net nachlassen, dauert net lang!« Zwischendurch fragte er Peter, wie die Tour war, wie das Geschäft. Mit jedem Tritt lohten die Kohlen auf, um dann wieder ihre tiefgraue Farbe anzunehmen. Der Blasebalg ging schwer. Ein paar Mal zog Simon das Eisen heraus, bearbeitete die Form auf einem Amboss. Immer wieder wischte er sich den Schweiß von der Stirn, strich mit rußigen Händen die blonden Haare zurück. Peter erzählte wenig, seine Gedanken waren woanders. »Bist wohl net gesprächig heut?«, meinte Simon. »Na, dann gucken wir jetzt mal nach dem Tier.« Bald hatte er einen der Vorderhufe des Esels abgewinkelt und zwischen seine Beine geklemmt. Mit einem gebogenen Messer schälte er unnötiges Horn ab. Dann nahm er das glühende Eisen aus der Esse, das er mit gezielten Schlägen nochmals formte, trat neben den Esel, der ängstlich zurückwich, hob den Huf und presste den heißen Beschlag darauf. »Wie dat stinkt!«, sagte Paul, der jüngste

Sohn des Harzsieders Thönnes der gerade eintrat, ein Pferd am Zügel, während er die Nase kräuselte. »Verbranntes Horn is eben wat ganz Delikates«, lachte Simon, der sich Nägel in den Mund schob, den Hammer nahm und jetzt einen Stift nach dem anderen durch das Eisen in den Huf trieb.

Im Wohnhaus neben der Schmiede wurde ein Fenster geöffnet. »Et is Mittag! Simon, Essen!«, rief eine Frauenstimme und sofort wurde das Fenster wieder geschlossen. »Komm nach dem Essen«, sagte Simon zu Paul, »du hast ja Zeit.« Heftig schüttelte das Kind den Kopf, bat, dass ihm sofort geholfen werden müsse, da der Vater warte. Aufgeregt erzählte er, dass im Nachbarhaus ein Brief aus Amerika angekommen sei, von einem Schneider, der vor etlichen Jahren aus Niederkail ausgewandert war und nun an seine Tochter geschrieben habe. Peter horchte auf. Mit der Tochter des Schneiders konnte nur Loni gemeint sein. Seit Jahren wartete Loni auf Nachricht aus Amerika. »Ich muss mich beeilen«, bat der Junge, »et is doch, weil dat Loni heiratet.«

»Wat sagste?« Peter erschrak. »Dat Loni heiratet«, wiederholte der Junge stolz, »et ist eilig, hat Mutter gesagt. Und ich darf mit. Der Lorenz hat mich eingeladen und jetzt müssen wir zum Schuster. Ich krieg neue Schuh und darf in der Kirch helfen!«

Peter hörte nicht mehr, was der Junge sonst noch sagte, auch auf Simons Worte achtete er nicht. Er wartete noch, bis der Schmied mit einer Zange die herausstehenden Nägel abgezwackt hatte, dann nahm er den Esel am Zügel und ging. »Wat is denn los?«, rief Simon ihm hinterher.

Am Brunnen ließ er den Esel saufen, wie betäubt stand er daneben.

Es war ein giftiges Kraut gewesen, das sie ihm damals an die Jacke geheftet hatte. Eines, das seine Wirkung nicht verfehlt hatte. Ihm fiel ein, dass seine Mutter Schöllkraut zur Behandlung von Warzen und Augenentzündungen verwendete; auch Hühneraugen kurierte sie damit. Er zog die Kladde aus der Tasche, riss das Kraut heraus, warf es vor sich auf den Boden, trat mit den Schuhen darauf herum, bis es, jämmerlich zertreten und elend im Schmutz liegend, ein Bild seiner selbst war, seiner schmählich verratenen Liebe.

Eine ganze Weile noch sah er auf die zerstörten Pflanzen. Tief verwirrte es ihn, dass Treue nicht Treue erzeugte.

Eine der vertrockneten Blüten hatte seine Wut überstanden. Er bückte sich, hob sie auf und schob sie zurück in die Kladde.

Als er am nächsten Sonntag ins Lamberty ging, war die Hochzeit bereits in aller Munde. Dass Loni heiraten musste, hatte er inzwischen mehrfach gehört. Dass der Vater tatsächlich geschrieben habe und ihr nun Geld schicken wolle, dass es wohl deshalb eine stattliche Hochzeit gäbe, der Lorenz sich über die satte Mitgift ins Fäustchen lachen würde, darüber redete das ganze Dorf. »Denk mal einer an, dat Loni! Dat hätt wohl keiner geglaubt!«, sagte Molters und hob seinen Schnaps in Peters Richtung. Auch Peter kippte einen Schnaps, dann nahm er die Weste vom Haken. »Wat is? Gehste schon?«, fragte der Alte und sah ihn forschend an: »Wat machst du denn für en Gesicht? Ja, alte Liebe rostet net, dat spürt man lang. Denk einfach net dran. Schreib en neues Gedicht, an ne andere!« Peter hörte ihn noch lachen, als er schon draußen war.

Wieder zog es ihn an die Stelle in der Nähe des Augenbildchens, wo er mit Loni gewesen war. Er schrieb und malte, versuchte die Gedanken zu verdrängen, die zu oft heraufzogen und nicht nachließen ihn zu peinigen.

Das Dichten schaffte Erleichterung, auch das Arbeiten. Je kälter es wurde, desto wohler fühlte er sich draußen. Er verdingte sich als Tagelöhner im Saalwald, wo eine Tannenkultur gepflanzt wurde. Obwohl Thönnes, der Harzbrenner, ihn Lonis wegen übel verspottet hatte, half er ihm beim Anreißen der Baumrinden, beim Ernten und Brennen des Harzes, beim Herstellen von Wagenschmiere, Papierleim und Firnis. Zwei Fahrten nach Bitburg in die Brauerei des Johann Wallenborn übernahm er, wo gekochtes Fichtenharz als Mittel zum Auspichen von Bierfässern gebraucht wurde.

Bis Februar ließ er sich kaum im Dorf sehen. Um alles, was mit Loni zu tun hatte, machte er einen Bogen.

Anfang März gab es die zweite Aushebung zum Militärdienst. Auch diesmal wurde Peter nicht zugelassen. Kurz vorher hatte ihm die Kränkt, die diesmal schlimmer ausgefallen war denn je, wieder heftig zugesetzt. Blass und dünn hatte er vor der Musterungskommission gestanden, dunkle Ringe schatteten die Augen. Die Fieberblasen im Gesicht waren zwar eingetrocknet aber schuppten sich jetzt, was übel aussah. »Mit dir wird et nix«, hatte der zuständige Wundarzt gesagt, bedenklich den Kopf geschüttelt und einen entsprechenden Eintrag in die Bücher vorgenommen.

Kläs und Katharina waren erleichtert, dass sie den Handel wie gewohnt fortführen konnten. Als Katharina vom Kommentar des Arztes hörte, fühlte sie sich bestätigt. »Ja, ja, dein schwankend Gesundheit. Da siehst du, der hat et erkannt. Ich hab dir dat ja immer gesagt. Dat wirst du net los, zu Lebtag net.« Während er die Kordel seines Kittels löste, das Hemd über den Kopf zog, sich einen Absud aus Thymian in die hohle Hand schüttete und damit die Brust einrieb, fuhr sie fort: »Du siehst ja. Zum Militär wirste net zugelassen. Dat Fieber wissen wir net fortzukriegen. Zu Lebtag schwächt dich dat. Wirst auch net heiraten können deswegen. Nee Pitter, heiraten wirste net können. Dat geht bei dir all net. Wie soll dat mal gehn mit Frau und Kindern?«

»Dat is sowieso hinfällig«, flüsterte er mehr zu sich selbst, aber Kläs knuffte ihn in die Seite und meinte streng: »Dein Mutter hat Recht.«

Strophen, Wenden und Kehren

Seit Lonis Hochzeit waren Jahre vergangen. Sie hatten sich selten gesehen und wenn, dann aus der Ferne. Gesprochen hatten sie nie. Die Zeit hatte Peters Enttäuschung gemindert, dennoch hatte er Wunden davongetragen, die immer wieder aufbrachen und schmerzten.

Er fragte sich, warum ihm nicht dasselbe Glück vergönnt war wie Hannes, der inzwischen eine Händlertochter aus Landscheid geheiratet hatte, mit der er auf Tour ging. Oder wie Elisabeth, die sich seit jener denkwürdigen Kirmes regelmäßig mit Michael Niesen traf, der inzwischen sogar ins Haus kam, was sowohl Kläs als auch Katharina guthießen. Was ihm blieb, war das Schreiben und das Arbeiten.

Schon im letzten Sommer war er, weil Kläs ausfällig blieb, alleine gereist. Er hatte die Routen ausgedehnt und nochmals neue Verkaufsgebiete erschlossen. Es war ihm gelungen, in Saarbrücken gute Geschäfte mit Eifeler Tonkrügen zu machen und so führte ihn sein Weg auch in diesem Jahr – nach den Einkäufen in Binsfeld – wieder dorthin.

Im Gasthaus zum Salmen aß er einen Teller mit dicken, roten Bohnen. Die schwarze Kladde lag aufgeschlagen vor ihm, gedankenversunken blätterte er in den Seiten. Bauern spielten Karten und das klatschende Geräusch, mit dem sie Herz und Eichel, Schellen und Gras auf den gescheuerten Tisch warfen, wirkte beruhigend. Ein Kleiderhändler hatte am anderen Ende der Stube einen Tisch blockiert, zog, um den alten Kleidungsstücken neuen Glanz zu verleihen, mit einer in schwarze Tinte getauchten Feder die abgenutzten Nähte nach und bürstete den Stoff mit einer Distel.

Als Peter Niederkail verließ, hatte er Loni gesehen, zufällig. Und wie immer, wenn er ihr begegnete, traf ihn das Wiedersehen und beschäftigte sein Denken über Tage. Mit Hacke und Korb war sie vom Feld gekommen, zwei Kinder hüpften um sie herum. Kurz nur hatten sie einander zugenickt, auch die Kinder hatten ihn angesehen, scheu und fragend, dann waren sie weitergegangen. Im Fortgehen hatte er sich nach ihr umgedreht, bemerkt, wie eines der Kinder die Mutter ansprach und ihn neugierig ins Visier nahm. Mit wachen Augen – Lonis Augen – hatte es ein helles, freundliches Licht über ihn geworfen, er sah die ganze Art ihres Wesens in diesem Blick kindlich wiederholt und fast wäre er umgekehrt. Hübsch hatte Loni ausgesehen mit dem blau geblümten Tuch um die Schultern, den dunklen Augen, den krausen Locken, mit denen die Sonne spielte.

Daran dachte er, als er den Teller leerkratzte und den Bauern beim Schafskopf zusah. Er schob den Teller von sich und zog einen Bleistift aus der Westentasche, blätterte nach einem leeren Blatt und begann zu schreiben.

Und als ich durch das Dörfchen ging
und kam ans letzte Haus,
da trat meine alte Liebe
aus einem Gässchen heraus.

Ein Mann setzte sich ihm gegenüber. Er war nachlässig geklei-det, trug einen aus der Mode gekommenen dreieckigen Hut, einen blauen Überrock und helle Beinkleider. Sein junges, frisches Gesicht mit den ausdrucksvollen Augen war von Blatternarben entstellt. Er war vielleicht knappe 30 Jahre alt, rief dem Wirt zu, dass er einen Viez wünsche und zündete sich eine Zigarette an. Kurz musterte er seinen Gegenüber, dann zog er eine Zeitung aus der Weste, blät-terte darin herum, überflog den Leitartikel und die Überschriften. Bald schob er die Zeitung wieder zur Seite und Peter spürte, wie der Blick des Fremden auf ihm ruhte.

Er versuchte sich auf seinen Vers zu konzentrieren. Die zweite Strophe, wie könnte er sie nur beginnen lassen? Erneut setzte er den Stift an und schrieb:

Daneben an der Straße lag
ein kleines Stückchen Feld;
das hatte sie soeben
mit fleiß'ger Hand bestellt.

Drei Kinder sprangen um sie herum,
betrachteten mich scheu
und fragten ihre Mutter
dann heimlich, wer ich sei.

Die Mutter blickte sie schweigend an ...

Er unterbrach sein Schreiben, denn der Fremde war nah heran gerückt und fragte nun, die Zigarette in der Hand: »Ihr schreibt? Darf ich fragen, ob's Gedichte sind?« Überrascht sah Peter ihn an. Der Mann schien ihn bereits einige Zeit beobachtet zu haben, denn nun zeigte er auf das Blatt und sagte: »Ihr schreibt zügig. Vierzeiler, Reime?«

»Ja, Verse sind et. Ich vertreib mir die Zeit damit«, antwortete Peter und schob das Heft ein Stück beiseite. Der Fremde rückte noch näher. »Darf ich mich vorstellen? Gustav Adolph Brandt. Auch ich vertreibe mir die Zeit mit Gedichteschreiben.«

»Peter Zirbes, Steinguthändler aus der Eifel!« Sie hoben beide ihre mit Viez gefüllten Gläser und prosteten sich zu. »Ihr seid ein Steinguthändler? Ein schreibender Steinguthändler? Das ist kurios! Was schreibt Ihr? Ich bin zu neugierig, verzeiht!« Ein wenig wunderte sich Peter über diese Ungezwungenheit. Da aber Brandt nicht im mindesten einen arglistigen Eindruck machte, sondern anstellig und freundlich war, gewann er schnell Zutrauen und bald schon waren sie in ein Gespräch über Kunst und Bücher vertieft und es stellte sich heraus, dass Brandt nicht nur selbst schrieb sondern sich in der Literatur zudem bestens auskannte.

Ungeniert erzählte er, dass er das Gymnasium in Saarbrücken besucht habe aber verfrüht abgegangen sei, da durch eine Krankheit seines Vaters die Familie in Schwierigkeiten geraten war und das Schulgeld nicht mehr habe aufbringen können. Schon während seiner Schulzeit habe er sich vorzugsweise in Bibliotheken aufgehalten, die Naturwissenschaften sagten ihm nichts. Die häufigen Bibliotheksbesuche hätten zwar deutliche Hinweise auf seine Neigungen gegeben, aber der Vater, ein Kaufmann, habe darin nichts als Zeitverschwendung gesehen und ihn in die Lehre zu einem Frankfurter Bankier gegeben. Nach der Zeit in Frankfurt habe er ein paar Jahre als Prokurist auf der Fenner Hütte gearbeitet. Letzten Winter sei er wieder nach Saarbrücken zurückgekehrt, lebe im Haushalt seiner Schwester, arbeite in einer Bank, pflege aber Kontakte zu Künstlern und Literaten der Gegend und besuche regelmäßig einen Lesesalon. Dass er dort Anerkennung für sein Tun fände, erzählte er, dass sich anregende Bekanntschaften ergeben hätten und dass er an diesem Ort umgeben sei von allem, was er liebe: Kunst, Musik, Literatur. Über Kunst sprach er gern, erwähnte, dass er nebenbei male, Landschaften und Portraits, vorzugsweise in Öl.

Auch Peter erzählte von sich: über die ständige Wanderschaft, den Hausier, die unzureichende Schulausbildung. Er sprach darüber, wie wichtig das Schreiben für ihn sei, erwähnte, dass er in seinem Dorf dafür verlacht würde.

Sie mochten wohl eine Stunde gesessen und geplaudert haben, als Brandt auf die Kladde wies und ihn fragte, woran er denn schreibe. Peter zögerte, zu privat schienen ihm seine Gedanken über Loni und er entschuldigte sich damit, dass es noch nicht fertig sei. »Man ist nie fertig mit einem Vers oder einem Text. Immer wieder streicht man, verändert man, ergänzt man.« Er zog die Kladde zu sich heran. »Darf ich?« Peter nickte, fühlte zwar einerseits Unbehagen, war aber andererseits gespannt auf die Meinung Brandts, dem er aufgrund der erwähnten Erfahrungen einen geübten Blick zutraute.

»Ah, ein Liebesgedicht«, sagte Brandt, »wusstet Ihr, dass die Liebe meist Auslöser fürs Schreiben ist?« Beide lachten. Brandt vertiefte sich in Peters Zeilen. Es dauerte nicht lange, da schob er das Gedicht in die Mitte und sah Peter prüfend an: »Ich weiß nicht viel von Euch. Aber man sieht Euch an, dass Ihr nicht in Reichtum geboren seid und das mit der Schulausbildung wundert mich nicht. Das sind keine guten Voraussetzungen fürs Schreiben.« Er blätterte im Heft, Peter hinderte ihn nicht. Hier und da blieben seine Augen an Zeilen hängen, einzelne Strophen las er laut. »Erstaunlich, Euren Gedichten merkt man kaum an, dass ihr nicht geschult seid. Ein großer Wortschatz, die Worte sind gut gewählt, die Bilder auch. Aber, so scheint mir, habt ihr nicht viel Kenntnis von Form und Gesetz der Dichtung.«

»Woher denn auch?« Peter lachte. »In meiner Eifelheimat kann mir damit niemand helfen.«

»Schreiben ist eine Handwerkskunst. Sie will gelernt sein. Natürlich muss man Talent haben. Das habt Ihr zweifellos. Aber an der Form müsst Ihr arbeiten.«

»Was könnt ich also tun?« Gespannt saß Peter neben ihm, aufmerksam hörte er, was er längst hören wollte, erwartungsvoll verfolgten seine Augen jeden Blick, jede Geste seines Gegenübers. »Um in die Tiefen zu gelangen, müssen selbst die geborenen Dichter graben und schachten«, fuhr er fort, »immer wieder müssen sie sich mit ihrer Kunst beschäftigen, die Silben abklopfen auf Klang und Festigkeit, die Kraft der Wörter prüfen, die Strophen gießen, den Fehlguss wieder einschmelzen und vor allem von anderen lernen.« Tief atmete Peter. Endlich erfuhr er etwas über das Dichten und Reimen, konnte kaum erwarten, dass Brandt seinen Text nehmen und ihn anleiten würde. Und als der schließlich fragte: »Wollen wir's probieren?«, war er nur allzu bereit, vergaß bald Zeit und Raum, seine Aufmerksamkeit war ganz auf Brandt gerichtet, er sog auf, was jener ihm explizierte und darstellte.

Von Metrik sprach Brandt, von einem Trochäus, der Folge einer langen und einer kurzen Silbe, auch, dass Verse Wendungen bedeuten. Er brachte Beispiele, betonte einzelne Silben und Wörter, animierte Peter, es ihm nachzutun und bald begann auch er, Hebungen und Senkungen bewusster zu lesen, zu sprechen, zu hören. Dann ging es um Betonungen, Haupt – und Mittelbetonungen, klangliche, melodische. Brandt las Peters Gedichte auf unterschiedliche Art, veränderte hier und da den Satzbau. Betonte er das erste Wort, so fiel die Zeile ab. Betonte er das letzte Wort, so stieg die Melodie an und nachdem sie ergänzt und gestrichen hatten, wurden plötzlich aus einem unregelmäßig verlaufenden Text miteinander verbundene Herzschläge. Brandt sprach über Strophen, Wenden und Kehren, über Rhythmen und Versmaße, über Takt, Endreim, Halbreim und Stabreim, sogar über weibliche und männliche Endungen. »Und dann gibt es noch den Paarreim, den Kreuzreim, den verschränkten Reim. Das hier«, dabei zeigte er auf eines von Peters Gedichten, »ist ein Kehrreim, die Wiederholung desselben Verses am Schluss jeder neuen Strophe.«

Als sie sich spät voneinander verabschiedeten, hatte Peter das Gefühl, als sei eine Blüte aufgebrochen. Klar und einleuchtend schien ihm das, was er gelernt hatte und er brannte darauf, nicht nur seinen Freund wiederzusehen sondern auch mit dem Gelernten seine Dichtung zu bessern. Durch diese Bekanntschaft würde er vielleicht die geistige Einsamkeit überwinden können, Anregungen bekommen, Zuspruch und Kritik.

Schon am anderen Tag trafen sie sich wieder. Im Salmen saßen sie vor ihrem Viez, störten sich nicht am Kneipenlärm sondern brüteten über Worten, drehten und wendeten sie, schrieben und strichen, prüften deren Wirkung. Bald ging es um Versfüße und Brandt schlug zur besseren Einsicht einen Gedichtband auf, den er mitgebracht hatte: Schillers ›Glocke‹. »Ein rechtes Lehrbuch der Metrik«, sagte er, »das Gedicht steckt voller Trochäen und Jamben.« Laut las er, betont: »Fest gemauert in der Erden, steht die Form, aus Lehm gebrannt. Heute muss die Glocke werden, frisch, Gesellen, seid zur Hand!« Mit der Faust klopfte er auf den Tisch und gab den Rhythmus an. Tam-tatam-tatam-tatam …

Ein Gast am Nachbartisch strich sich den Schnurrbart, lehnte sich auf seinen Stuhl weit hintenüber, schielte nach Peters Kladde und horchte nach Gesprächsfetzen. Weil er nichts verstand, ließ sein Interesse bald nach und er begann, einem Bauernmädchen zuzuzwinkern, das ungeschickt und linkisch dem Wirt am Schanktisch half. Am Fenster spielten Bauern Karten; die von ungewaschenen Händen und vielem Gebrauch dick gewordenen Blätter türmten sich in der Mitte des Tisches. Einer saß tabakkauend daneben, lautstark kommentierte er jede Runde. Wenn ihm etwas missfiel, spuckte er seinen Auswurf auf den Boden, was braune Placken auf den Dielen hinterließ.

Brandt ließ sich nicht stören, las weiter, bemerkte, dass die Sprache nun freier würde, lockerer. »Zum Werke, das wir einst bereiten, geziemt sich wohl ein ernstes Wort; wenn gute Reden sie begleiten, dann fließt die Arbeit munter fort.« Wieder klopfte er. »Hört, beide Male vierfüßig, beide Male erste und dritte, zweite und vierte Zeile gereimt. Doch welch ein Unterschied! Und wodurch?« Peter versuchte eine Erklärung, aber Brandt kam ihm zuvor, zog ein weiteres Gedicht heran, Hölderlin diesmal. »Lern im Leben die Kunst, im Kunstwerk lerne das Leben! Siehst du das eine recht, siehst du das andere auch.« Während Peter auf die klopfende Hand sah, erläuterte Brandt den Doppelvers, den Hexameter, den Pentameter. Dann sprachen sie über Bilder und Sinnbilder und schließlich saßen sie wieder über Peters Gedicht an Loni. Bewundernd sah Brandt zu, wie nun Peter ergänzte und strich, den Reim verbesserte und schließlich eine neue Form sichtbar wurde. »Dass Ihr das, was ich Euch sagte, so schnell umsetzen würdet, hätte ich nicht geglaubt«, freute er sich. »Ihr müsst dichten. Denn es ist Euch nicht nur naturgegeben, Ihr seid auch willig zu lernen. Schreibt zur Übung Strophen, jeden Tag Strophen. Ich hab Euch nun ein wenig vertraut gemacht mit den Regeln der äußeren Form in Zeilen und Versen. Wendet diese streng an! Kein Tag ohne Übung! Je selbstverständlicher das Technische wird, desto besser die Dichtung. Lest Eure Gedichte laut, kostet aus, wie zu Metrum und Rhythmus dann auch Farbe und Klang treten, achtet darauf, wo das Fließen stockt, wo es sanft gleitet oder wo die Worte überschäumen.«

Um zwei Tage verschob Peter seinen Aufbruch aus Saarbrücken zu Gunsten der Dichtung, zu Lasten des Handels, denn die ganze Woche hatte er nichts umgesetzt, weil der Drang zu dichten überstark war und er selbst um den Preis des Hungerns nicht davon lassen konnte. Als er sich gegen Ende der Woche von Brandt verabschiedete und in Richtung Rheinpfalz aufbrach, hatte sein Leben einen neuen Schub bekommen. Die Kladde war vollgeschrieben mit allerhand Übungen. Brandts Schrift stach durch schräge, hohe

Buchstaben heraus, seine eigene wirkte fast geduckt, kleiner und schnörkeliger.

Brandt hatte ihm ein Buch mit deutschen Dichtungen überlassen und ebenso wie es ihn drängte zu schreiben, drängte es ihn zu lesen. Brentano, Eichendorff, Goethe – die schönsten Gedichte und Erzählungen waren in diesem Band gesammelt. Er war ganz hingerissen davon, ganz außer sich. Unaufhörlich klangen sie ihm in der Seele. Und es war ihm, als sagte ihm seine innere Stimme: »Schreibe! Übe!« Und da er glaubte, dass das, was er bisher gedichtet hatte, nur Reimereien seien, wiederholte er, was er über Verskunst gelernt hatte, feilte weiter an Reim und Rhythmus, war entschlossen, sein Bestes zu geben, wusste, dass nur Übung ihm helfen würde. Er fühlte diesen unwiderstehlichen Trieb in sich, so viel wie möglich zu lernen.

Mit hungerndem Magen schrieb er auf seinen Fahrten, schrieb, während er seine Töpfe und Schüsseln ausrief, den Rücken des Esels als Unterlage, schrieb bei Kerzenschein auf seinem Karren, im Licht fremder Gaststuben, tags, nachts. Wenn er neben dem Esel ging, flüsterte er ihm Verse ins Ohr. Wenn der Esel Gras abraufte, nutzte er die Zeit, kramte Stift und Papier aus dem Bündel.

Mehr als vom Brot lebte er in und mit seinen Versen.

Als er im Herbst über Saarbrücken nach Hause reiste, verbrachte er einige Tage im Haus der Familie Brandt. Brandt wohnte in einem alten, efeuüberwucherten Haus am Stadtrand. Dass er nicht zu den Ärmsten gehörte, zeigten schon der Aufgang, das eiserne Geländer, die schöne Gartenanlage. Brandt lebte mit seiner Schwester Mathilde zusammen, die ihm den Haushalt führte. Die Schwester, rothaarig und füllig, hatte ihre Freude daran, besonders für den ausgehungerten Peter – wie sie ihn nannte – zu kochen und sie tat in der ganzen Zeit seines Aufenthaltes nichts anderes, als ihm unablässig Gebäck und Kuchen, Tee oder Kaffee anzubieten, zudem mittags und abends ordentlich aufzutischen. Zum ersten Mal schlief Peter in einem Bett mit Sprungrahmen, was ihm anfangs schwer fiel, so dass er sich morgens auf dem Boden wiederfand. Aber bald schon räkelte und streckte er sich auf der weichen Matratze und glaubte, sich nie mehr in rauen Tüchern auf den Boden legen zu können.

Brandt nahm sich Zeit für seinen Besuch, brachte Peter die Grimmschen Hausmärchen, Deutsche Sagen, die Dichtungen Ludwigs Uhlands, Eichendorffs Marmorbild und den Taugenichts. Besonders letzteres gefiel ihm, war er doch selbst ein Wanderer und konnte die Wanderlust des Helden, seine Einheit mit der Natur, bestens nachfühlen. Auch die Lieder im Taugenichts inspirierten ihn, selbst Lieder zu schreiben. »Wem Gott will rechte Gunst erweisen, den schickt er in die weite Welt, dem will er seine Wunder weisen, in Berg und Tal und Strom und Feld …«

Sie lasen vortreffliche Gedichte. Darunter Tiecks ›Runenberg‹ und das Drama der heiligen Genoveva, ferner ein Lustspiel von Kleist, ›Der zerbrochene Krug‹, auch ›Michael Kohlhaas‹. In Kohlhaas, der aus verletztem Rechtsgefühl zum Mörder und Räuber wurde, traf Peter auf eine Figur, die ihn anspornte und beflügelte. Tagelang beschäftigte ihn das Gespräch mit Luther, der dem reinen Rechtsdenken die Idee der Liebe und Versöhnung entgegenstellte. Auch das Käthchen von Heilbronn begeisterte ihn, besonders die ans Wunderbare grenzende Szene mit dem Liebesgeplänkel unterm Holunderstrauch.

Außer der Literatur wurde die Malerei ein Thema im Hause Brandt. Nicht nur an den Bildern in den Zimmern, auch an den Leinwänden und Staffeleien, die herumstanden, konnte Peter den Stellenwert der Kunst erkennen. Brandt, der selbst malte, machte ihn auf Fehler in seinen Zeichnungen aufmerksam, zeigte ihm den Umgang mit Kreiden und Erden für Farbmischungen sowie das Binden von Pinseln mit Dachs- und Marderhaaren. Es waren inspirierende Tage, in denen er die Zeit vergaß, auch seinen Handel, sogar den Esel vernachlässigte und nur noch seine Kunst im Kopf hatte. Mathilde neckte Peter wegen seines Eifers. »Höher als die Sonne, bedenkt das bei Eurem Streben, fliegt auch der Falke nicht.« Sie fügte hinzu, dass sie nicht mehr wisse, von wem sie diesen Spruch habe, dass er ihm aber eine Beruhigung sein sollte.

Für den Winter lieh Brandt ihm Verse von Annette von Droste-Hülshoff sowie die Volkslieder Achim von Arnims. Letzteres enthielt im Anhang des ersten Bandes einen Aufsatz, der ihn zutiefst beeindruckte: »Was da lebt und wird und worin das Leben haftet, das ist weder von heute noch von gestern, es war und wird sein, verlieren kann es sich nie, denn es ist …«

Im Jahr darauf wäre er gerne wieder nach Saarbrücken gereist. Obwohl er dort einen guten Umsatz in Aussicht stellte – über seine wirklichen Motive schwieg er – ließen sich Katharina und Kläs zu einem längeren Aufenthalt nicht bewegen. So blieb ihm nur, Brandt einen kurzen Besuch abzustatten und die geliehenen Bücher zurückzubringen. Auch Brandt bedauerte, dass für einen neuen Austausch keine Zeit blieb, hoffte aber darauf, ihn bald wiederzusehen. Als besonderes Ereignis stellte er den Lesesalon in Aussicht, der demnächst wieder regelmäßig stattfände, wohin er Peter mitzunehmen gedachte. Bevor sie sich verabschiedeten, überließ Peter seinem Freund einige Gedichte, auch gereimte Sagen aus dem Kailbachtal, dem Kylltal und von den Maaren.

Wieder ermunterte ihn Brandt mit dem Dichten fortzufahren, gab ihm neue Bücher und schenkte ihm zum Abschied ein Tintenfass und eine Feder.

Unterwegs traute sich Peter nicht, das Tintenfass mit der teuren Tinte anzurühren, schrieb weiterhin mit seiner Bleimine. Aus Meisenheim schickte er einen Brief an Brandt, auch aus Sobernheim und aus Kirn. Jedes Mal erwähnte er, wie wohl ihm die Gespräche getan hatten und dass er darauf brenne, bald wieder nach Saarbrücken zu kommen.

Gespannt wartete er auf Post von Brandt, aber als sie nach Niederkail zurückkehrten, war keine Post aus Saarbrücken dabei.

Kläs litt unter Gicht und war den ganzen Winter nicht imstande zu arbeiten. Elisabeth war ständig um ihn, pflegte seine geschwollenen Gelenke, brühte Tee für Fußbäder und warme Lappen. Katharina konnte mit ihren Näharbeiten nur wenig ausrichten und so waren Peters Groschen mehr als notwendig.

Wieder verbrachte Peter Wochen im Wald mit dem Fällen von Bäumen, mit dem Transport der Stämme. Im Januar verdingte er sich in der Stellmacherei seines angehenden Schwagers Michel, half beim Zusammensetzen von Naben, Speichen und Felgen zu Wagenrädern für Fuhrwerke und Kutschen, beim Fertigen von Gestellen und Wagenkästen. Für den Harzsieder unternahm er zwei Fahrten nach Bitburg zur Brauerei. Zum ersten Mal war die Kränkt ausgeblieben.

Neben seiner Arbeit schrieb er, versank jeden Abend in der ihm eigenen Welt, wo er sich selbst am nächsten war. Die einzige, die er manchmal teilhaben ließ und der er etwas vorlas, war Elisabeth, die heimlich seine fortgeworfenen Blätter glättete und in einer Zigarrenkiste sammelte.

Lange hatte er sich nicht getraut, das neue Tintenfass anzurühren, das auf seinem Nachttisch neben den Büchern stand. Als er sich schließlich doch dazu entschloss, stellte er fest, dass die Tinte eingetrocknet war. Er erschrak, dachte unwillkürlich an Brandt. Ein seltsames Gefühl zog herauf, das er nicht benennen konnte. Er nahm die Feder und stocherte in der schwarzen Paste herum, verschmierte den geschliffenen Glastiegel und seine Finger. Dann rannte er hinaus, zum Brunnen, füllte ein wenig Wasser hinein und rührte. Die Masse weichte, wurde geschmeidig und Peter atmete auf. »Die schön Tint«, lächelte er und begab sich zurück ins Haus, wo er sich vor einen Bogen Papier setzte und einen neuen Brief an Brandt begann.

Erst kurz bevor die Handelstour losging, kam Antwort.

Seine Adresse war von einer Frauenhand geschrieben worden, das sah er sofort und als er den Brief aufriss, erkannte er mit Erstaunen Mathildes Schrift, fand aber keine Nachricht seines Freundes. Bestürzt las er, dass Brandt über den Sommer schwer erkrankt sei, wochenlang ohne Bewusstsein gelegen habe und vor Weihnachten am Nervenfieber gestorben sei. Mathilde erwähnte, dass der

Schreibsalon nun nicht mehr existiere und dass ihr Bruder noch kurz vor dem Tod von Peters Gedichten gesprochen habe. Als Peter den Brief sinken ließ, dachte er an die dick gewordene Tinte und das merkwürdige Gefühl, das er beim Schreiben des letzten Briefes an Brandt hatte.

Der Tage Schritt

Kläs war keine Reise zuzumuten und so zog Peter im Frühjahr alleine in Richtung Süden. Er besuchte Mathilde in Saarbrücken und brachte ihr die geliehenen Bücher Brandts zurück.

Mathilde, die sich einsam fühlte und nach dem Tod ihres Bruders noch zurückgezogener lebte als zuvor, hätte ihn am liebsten nicht mehr fortgelassen. Schmal war sie geworden; die roten Haare hatten ihren Glanz verloren. Sie erzählte von der tückischen Krankheit, den letzten Wochen des Bruders, der seinen Tod geahnt hatte, von dem, was ihn am Ende beschäftigt hatte, Kunst und Literatur. Die Bücher nahm sie nicht zurück, sondern schenkte ihm noch eines dazu: Gedichte von Heinrich Heine. »Dieser Band war der letzte, den er sich gekauft hat. Er hat mir daraus vorgelesen. Er fand Heine so mutig, so wichtig für diese Zeit.« Sie blätterte nach einem Gedicht, das ihr im Kopf geblieben war. »Hier ist es: Nachtgedanken.« Mit dem Finger wies sie auf die ersten Zeilen. Peter nahm das Buch in die Hand und las den Anfang: »Denk' ich an Deutschland in der Nacht, dann bin ich um den Schlaf gebracht. Ich kann nicht mehr die Augen schließen, und meine heißen Tränen fließen …« Mathilde schluckte. »Er hat auch von deinen Gedichten gesprochen. Dass eine Landschaft daraus spricht, hat er gesagt, euer Volksleben.« Sie ging zum Bücherschrank und zog eine Mappe heraus, entwirrte die Kordel mit der sie gebunden war, kramte zwischen einzelnen Blättern und hielt bald – wieder sorgsam verschnürt – eine Auswahl seiner Gedichte in der Hand. »Peter Zirbes« las er auf dem Deckblatt. »Er hat alles verwahrt?«, wunderte sich Peter und Mathilde nickte. »Oh ja, die Sachen waren ihm wertvoll.« Sie blätterte im Stapel, reichte Peter eines der Blätter, auf dem Brandt in seiner schrägen Schrift ein paar Gedanken notiert hatte.

»Der hier schreibt – ein Freund – schreibt aus der täglichen Berührung mit der Natur, im Erleben von Tag und Nacht unter dem gesternten Himmel, im Lauf und Wechsel der Jahreszeiten, im Auf und Ab seiner kargen Existenz, dem Steinguthandel, in der Liebe zu seiner Landschaft. Erfahrungen, die mir fehlen. Wo ich abgesichert bin, erlebt er Enge, Armut, Verzweiflung und ständige Existenznöte, was Grundlage seiner Dichtung ist. Ungleich mehr als ich ist er gezwungen, die Welt mit ihren zerstörenden Kräften und Enttäuschungen, auch denen der Liebe abzufassen, aber auch mit seinem Glauben, dem Naturerleben und allem Schönen. Er schreibt, weil er schreiben muss. Und dieses Muss entspringt nicht einer Laune sondern dem Wissen um die eigene Bestimmung, dem Wissen um das Selbstbekenntnis der Dichtung und um deren geheimnisvolle Tiefe und Schönheit. Er schöpft aus Bildern von Anmut, Liebe und Poesie. Er horcht nur nach dem eigenen Innern. Oftmals ist sein Stil unkonventionell, auch eigen. Aber es kommt ihm nicht auf künstlerische Formstrenge an. Seine Sprache ist wie ein klingendes Instrument, ist gleichsam Atem seiner Seele. Alle Aufmerksamkeit widmet er der Natur. Sein großes, urwüchsiges Naturempfinden verhindert bei ihm Schwermut und Apathie. Ach, wenn ich doch auch so verwurzelt wäre! Denn ist es nicht so, dass diese Erde und diese Natur es sind, in der und auf der wir leben und von der wir kommen und zu der wir werden? Möge auch bei mir die äußere Erfahrung zum inneren Erleben führen und mögen wir diese persönlichen Empfindungen dann schöpferisch gestalten können so wie Peter Zirbes, der Welt wäre geholfen!«

Mathilde wischte sich die Augen und Peter, ebenso berührt von Brandts Worten, musste den Blick abwenden.

Sie saßen noch eine ganze Weile, tranken Tee und herben Viez, sprachen über Peters Gedichte und Brandts Bilder. »Reich wärst du, innerlich, das hat er auch gesagt. Pass auf dich auf«, sagte Mathilde zum Abschied, »es ist eine gefährliche Zeit. Und schreibe …«

Den weiten Weg entlang der Saar bewegten ihn die Worte, die Brandt für seine Dichtung gefunden hatte. Er sehnte die Gespräche und Lehrstunden in Saarbrücken zurück, das Feingefühl und den Verstand seines Freundes. Niemand hatte sich jemals die Mühe gemacht, über seine Dichtung nachzudenken, nicht einmal er selbst. Die Worte waren einfach da, waren in ihm. Sie festzuhalten war ein innerer Drang und gleichsam eine Erlösung. Brandt wusste davon, hatte über seine Gedichte geschrieben, sich in seine Zeilen vertieft. Das war weit mehr, als er erwartet hatte.

Wie gerne hätte er sich mehr der Dichterei gewidmet, wie gerne etwas Richtiges gelernt. An diesem Tag auf der öden Straße fühlte er selbst die offenste Gasse versperrt. Nie würde es ihm gelingen, auch nur einen Schritt so zu setzen, dass etwas daraus erwüchse. Tage aus Himmel und Steinen, aus Wegen und Sträuchern, aus Regen und Hitze, einsame Tage im hämmernden Takt seiner raschen Schritte, im Trappen der Eselshufe. Allem und jedem fühlte er sich untergeordnet, beherrscht von einem großen Drama. Nie würde es ihm gelingen, etwas anderes anzufangen als tagaus, tagein sein Steinzeug zu buckeln. Warum bloß hatte ihn niemand unterstützt, als Neises damals geklopft und das Angebot ausgesprochen hatte, nach Berlin zu gehen? Seinen Eltern wollte er die Schuld nicht geben, waren sie doch beide kaum des Schreibens mächtig. Woran hätten sie erkennen und woher wissen sollen, wie es kommen würde? Das Beste hatten sie ihm gewünscht, aber es war nicht das Beste gewesen, in der Eifel zu bleiben, weiterhin von der Hand in den Mund zu leben, ein Hausiererleben, ein Bettelleben zu führen.

Jetzt hatte er fast den Soonwald erreicht, der Blick wurde weiter, aber sein Herz öffnete sich nicht. Er fror. Schnee lag noch auf den Höhen. Ein Vogel flog auf, erschreckt und knatternd, wie höhnisches Gelächter klang sein Ruf. Peter dachte, dass ihm die Jahre dahinflogen. Wenn ihn jemand gefragt hätte, ob er sich glücklich fühle, er hätte verneinen müssen. Es war ein dunkler Trieb in ihm nach

einer anderen Tätigkeit und dieser Trieb weckte eine unbezwing-
liche Wehmut. Er glaubte alle Türen zu einem höheren Erkennen
verschlossen. Warum nur hatte Gott ihn so empfindsam gemacht,
so anders, ausgestattet mit Fähigkeiten, die er niemals entfalten
konnte? Warum nur war er so einsam? Er sah Loni vor sich, die
abgetragene Pelerine um die Schultern, zertretenes Schöllkraut
unter den Schuhen. Mitten auf der Straße blieb er stehen, zog die
Kladde hervor. Den Eselsrücken als Unterlage schrieb er:

Einsam in mich versunken
steh ich auf dieser Höh'.
Der Himmel ist so trübe,
die Erde decket Schnee.

So weit mein Auge reichet
kein Blättchen frisches Grün.
Da träume ich vom Lorbeerkranze,
der einst mir gewinkt in Berlin.

Dass ich nicht hingegangen,
war wohl ein dummer Streich
und dass mich keine liebet,
das macht, ich bin nicht reich.

Nach einer Antwort suchend änderte das Unglücklichsein erst die
Gestalt, als er den Wald überwunden hatte. Im lichteren Tal glaubte
er zu spüren, wer er war: Peter Zirbes nämlich, Dichter und Hausierer, Enkel des Hausierers Peter Schmitz, Sohn des Nikolaus Zirbes,
ebenfalls Hausierer, allesamt von der Hand in den Mund lebend.

An sämtlichen Schlagbäumen musterten Zöllner seine Papiere,
stöberten die Hotten. Auch mitten auf dem Weg wurde er angehalten, sogar nachts rissen sie ihn aus dem Schlaf, hielten ihm stinkende Tranlampen ins Gesicht, fragten nach seiner Legitimation.

An der Grenze vor Kusel hielten Zöllner ihn für einen Überbringer geheimer Nachrichten, des voll geschriebenen Kladdebuches wegen, das sie konfiszierten. Einen Tag musste er im Arrest bleiben, ohne Essen, bangend um seine Gedichte. Die Kladde händigten sie schließlich wieder aus; besudelt und zerrissen. »Die Müh' hätten wir uns sparen können ...«

Im April kam er nach Meisenheim und fand die alten Marktplätze besetzt. Aus Baden waren zahlreiche Händler gekommen, die den Aufständen aus dem Weg gehen wollten. Sie berichteten, dass eine aufgeladene Stimmung herrsche, dass verarmte Bauern gewaltsam gegen ihre Grundherren vorgingen, um diese zum Verzicht auf die grundherrlichen Rechte zu zwingen. Freischarenzüge, angeführt durch die Juristen Hecker und Struve, zögen durch Baden, im Süden sei die Hölle los. Für Händler gäbe es da nichts zu lachen. Sogar Bürgerwehren hätten sich gebildet.

Nicht nur in Baden kam es zu Demonstrationen und Straßenschlachten. Auch in der Rheinpfalz schwelte es beträchtlich. Noch vor der Abreise aus der Eifel hatte Peter mitbekommen, dass bereits im Februar in Frankreich die Republik ausgerufen und eine provisorische Regierung eingesetzt worden war. Er wusste auch, dass der verhasste Staatskanzler Metternich, der lange Jahre die reaktionäre Politik in Deutschland bestimmte, abgedankt und aus Wien geflohen war und nur ein paar Tage später der österreichische Kaiser eine Verfassung und die Abschaffung der Zensur versprochen hatte. Aber er dachte nicht, dass diese Entwicklungen so starke Auswirkungen hätten und sogar die Menschen in den Nachbarländern mutiger und fordernder machen würden. In Berlin versammelten sich Menschen vor dem Schloss, um dem preußischen König ihre Forderungen zu übergeben. Als die Schlosswache schoss, war dies das Signal zum offenen Aufstand. In einem daraus resultierenden Straßenkampf fielen über 200 Aufständische, darunter Frauen und Kinder. Von Bürgerkrieg war die Rede, auch von Freiheit und Gleichheit.

Peter fühlte sich erinnert an Follmann, an das Fest in Hambach, die Trikoloren, die Lieder. Gewalt lag in der Luft. So wie viele spürte er, dass Kampf nötig geworden war, dass es Zeit war, sich zu wehren. Er hörte Reden, nahm an Versammlungen teil, las Flugblätter und machte sich seine Gedanken dazu. Aber er hielt sich zurück, denn er fürchtete um seinen Handel, seine Ware. Ohne Geld nach Niederkail zurückzukehren, das durfte er nicht riskieren.

Indessen breitete sich das revolutionäre Fieber aus. Niemand war mehr frei davon, unaufhaltsam vollzog sich die Gärung. Geheime Versammlungen wurden abgehalten, Waffen beschafft, Munition selbst hergestellt. Unter den Ladentischen handelte man mit Gießformen für Flintenkugeln, mit Patronenhölzern und Blei, Salpeter und Schwefel, Schrotkörnern und Pulver, sogar mit Pistolen. Nachts ratterten Druckmaschinen. Im Morgengrauen wurden Flugblätter verteilt, an Wände geklebt, an Kutschen geheftet. Täglich gab es Beschlagnahmungen durch die Polizei, Verhöre, Verhaftungen. Mysteriöse Zwischenfälle ereigneten sich. So verschwanden ein Büchsenmacher, bei dem die Polizei ein Paket mit eindeutigem Inhalt fand, ein Drucker, bei dem kritisches Schriftgut sichergestellt wurde, ein Arbeiter, der ein Gewehr bei einem Wirt verwahrt hielt. Niemand wusste, wo diese Leute hingekommen und ob sie noch am Leben waren.

Die Wut auf das Elend und die Ungerechtigkeit war nicht mehr aufzuhalten. Das Elend war dabei Ursache und Wirkung zugleich. Das Volk, reizbar und erhitzt, schien nur darauf zu warten, dass ein Funke zündete.

In einer Wirtschaft im Meisenheimer Luisengässchen traf Peter auf einen reisenden Buchhändler aus dem Westerwald. Schon am Nachmittag auf dem Markt war er ihm aufgefallen, weil er auf verlockende Weise warb: »Habt ihr von Hunden geträumt? Habt ihr von Geld geträumt? Habt ihr unruhiges Wasser gesehen? Hier ist die Erklärung aller Träume, ein schöner Band mit vielen Bildern!«

Kirchliche Bücher standen an erster Stelle seiner Verkaufsliste, auch Traubibeln und Gesangbücher. Aber auch Titel wie »Krankentrost«, »Frommer Christen Wasserquell« oder das »Paradiesgärtlein« gehörten zum Angebot. Neuerdings hatte er Fachbücher über das Kochen, auch Schriften über Landbau und Bienenzucht, Pferdepflege und Obstgewinnung, sogar Landkarten in seinen Bestand aufgenommen. »Warum versucht Ihr et net mit Werken von Hauff, Hebbel oder Schiller?«, ermunterte ihn Peter, als sie in der Wirtsstube vor ihren Schoppen saßen. »Nee, lasst. Bei mir soll das ganz harmlos aussehn. Ich darf nicht unnötig auffallen. Bin an was anderem dran. Nur so könnt Ihr was verändern.« Er sah Peter vielsagend an. Der wusste mit dem seltsamen Zwinkern in den Augen seines Gegenübers nichts anzufangen. Peter erzählte von seinen Gedichten, dass er Schriftsteller wie Heine oder Mörike bewundere. Der Händler winkte ab. »Ach woher. Die Schreiberei ist ein hartes Geschäft, mit dem kein Brot zu verdienen ist. Selbst die Großen darben. Es ist ein Risiko, Bücher herauszubringen. Da sitzt Ihr nachher auf einem riesigen Stapel. Der ist zu teuer zum Verheizen und fressen kann man ihn auch nicht«, lachte er. Dann wurde er ernst. Seine Augen verengten sich zu einem Schlitz, als er nah an Peter heranrückte und flüsterte: »Es kommt natürlich auch immer drauf an, was einer schreibt. Die Zeiten sind reif für gute Bücher oder sagen wir, für die richtigen Bücher.« Er griff hinter sich, zog seinen tragbaren Laden mit aufklappbaren Türen heran und kramte in den schmalen Holzschatullen. »Ihr seid ein vertrauensvoller Mann«, sagte er. Dann legte er drei Bücher auf den Tisch. Eines, in lila-goldenes Papier eingeschlagen, trug den Titel »Traum- und Zauberbuch«, ein anderes handelte von Planetenkonstellationen, dem Wundsegnen von Vieh, vom Handlesen und Wahrsagen. »Alles streng verboten«, fisperte er, »könnt mich meinen Gewerbeschein kosten. Aber die Sachen verkauf ich besser als alles andere.« Er wies auf ein »Wallfahrts- und Fegefeuerbüchlein« hin. Auch ein Heft über die Liebeskunst war darunter. Dann zog er noch eines hervor mit dem Titel »Rezeptbuch«, schlug es auf und hielt es Peter dicht unter die Nase. »Auch sowas könnt mich teuer zu stehen kommen. Dreimal Verbotenes ist abgedruckt.« Mit hochgezogenen Augenbrauen erzählte er von äußerst heiklen Sprüchen, mit denen man Luzifer, den Beelzebub und andere Höllenfürsten heraufzitieren könnte, außerdem seien Beschwörungsformeln der 13 Hauptgeister, Bannsprüche und Teufelszwänge sowie alles über Tierverwandlungen und Besenritt darin zu finden. Auch Bilder entseelter Leiber gäbe es zu sehen, die er jetzt und hier nicht zeigen dürfe. Er klappte das Buch zu und griff nach einem anderen Band, dessen Titel Peter nicht entziffert hatte. »Hierin kann man erfahren, wie Gesichtsrose und Blattern zu heilen sind, wozu Kräuter dienen, dass Johanniskraut den Teufel vertreibt, dass Rainfarn – in der Johannisnacht gepflückt – unsichtbar macht, dass Alraun den Kindern die Furcht nimmt, solche Sachen eben. Auch Sprüche gegen Würmer und Warzen stehn drin, alles sehr heikel. Wie ein Seiltanz über schwindelnder Höh, denn schließlich kann man nie wissen, welche Kräfte damit geweckt werden.« Er orderte einen Schnaps, den er sofort herunterkippte. »Eigentlich wollt ich ein Medikus werden«, verriet er, »aber mein Vater hatte nicht das nötige Portemonnaie, dass ich's hätt studieren können. Ich wär schon gut dafür gewesen.« Er seufzte und bestellte ein neues Glas, das er nochmals in einem Zug leerte. »Ja, Geheimfächer sind wichtig!« Während Peter in den vor ihm ausgebreiteten Büchern blätterte, dabei Seiten überflog, die sich mit der Herstellung von Gold auf künstlichem Wege befassten, den Möglichkeiten, Frauen an sich zu binden, die Gedanken anderer Menschen zu beeinflussen oder Zauberstöcke anzufertigen, zog der Händler Blätter aus einer Seitenschatulle, die er Peter zuschob.

»Jetzt kommt das Wichtigste«, bemerkte er, schob den Kopf vor, eifrig zwinkerten die Augen, bedeutungsvoll kräuselten sich die Brauen, der Kopf zuckte. »Steckt das weg. Schnell! Wer die Wahrheit sagt, wird gehenkt. Das Blatt müsst Ihr sorgfältig außerhalb Eures Hauses vor der Polizei verwahren. Und nur an vertrauenswürdige Leute dürft Ihr es weitergeben. Wenn es bei Euch gefunden wird, so müsst Ihr sagen, dass Ihr es dem Kreisrat habt bringen wollen. Nur so können wir uns helfen. Jeder soll wissen, dass nicht Gott den Fürsten das Thrönchen warm hält, sondern die Angst der Völker. Damit muss jetzt Schluss sein. Die Blätter könnt Ihr später lesen und weitergeben, wenn immer es geht …«

Abends in einem Massenlager kramte Peter das Blatt hervor. Es war ein Flugblatt, ein Aufruf an Leute wie ihn.

Proletarier!

Brot oder Revolution! Das sei Eure Losung, es ist Eure letzte Hoffnung, das einzige worauf Ihr bauen könnt. Was bleibt Euch denn anderes übrig? Seid Ihr es nicht, die säen und arbeiten im Schweiße des Angesichts, damit andere, die nichts tun, ernten und schwelgen, während Euch der Hunger die Knochen zerfetzt; Ihr baut Paläste, damit der Lotterbube darin seiner schweinischen Geilheit frönt. Ihr macht Schlösser für seine Goldkisten, damit er sein Wuchergeld darin verschließen kann; Ihr macht glänzende Bettstellen und weiche Betten, damit Eure Töchter seinem Hurengelüst darauf zum Opfer fallen, alles für ihn, nichts für Euch als der Hunger und der Gerichtsdiener, der Euch aus Euren verfaulten Strohlagern holt und Euch ins Schuldgefängnis wirft. Proletarier! Schüttelt Eure schmutzigen aber ehrlichen Lumpen, damit sie zittern. Aus jedem Loch Eurer zerrissenen Kleider blicke ein Dolch, aus jedem ungesättigten Munde zerschmettere sie ein Fluch, die Elenden, die zu schwelgen wagen, während das arme Volk kaum zusammenarbeiten kann, um trockenes Brot zu kauen.

Erhebt Euch, Ihr Armen überall, haltet zusammen, Einigkeit macht stark – stellt Euch in Reih und Glied, der Stock ist Eure Waffe, die Verzweiflung gibt Mut. Habt Ihr denn nur Zähne, um zu heulen und sie zusammenzuschlagen vor Hunger ? – Beißt – beißt damit ins Genick Eurer Feinde! – Aus Euren Lumpen macht Fahnen, ihre zerschmetterten, schlottrigen Glieder sind Eure Siegeszeichen. Euer Feldherr ist der Hunger. Euer Kommandowort, Brot! – Man wird sie im Triumph empfangen Eure Armee, die Armee des Elends, der Verzweiflung, die Armee des Bluts und des Sieges! Proletarier, was bleibt Euch übrig, was habt Ihr zu verlieren? Ist es nicht besser, seinen Feind zu zerdrücken und auf seinem zuckenden Leichnam singend zu sterben, als vor Hunger und Elend zu krepieren wie ein Vieh? Die Stunde der Entscheidung naht! Es sind die reichen Filze, die Euch den Bettelpfennig vor die Tür werfen und Euch verachten, es sind die Kornwucherer, die Euch den Brotkorb so hoch hängen, damit Eure Hände ihn nicht erreichen können, es sind die elenden verfluchten Wollüstlinge, die in reichen Kleidern einhergehen, während Ihr kein Hemd habt Eure Blöße zu decken, die mit Gütern schwelgen, an die Ihr ein heiliges Recht habt, denn die Natur hat alle Menschen gleich geschaffen, sie weiß nichts von reich und arm und jeder hat gleiches Recht auf alles, was da ist. Helft Euch selbst, wenn Euch niemand helfen will, und wenn die ernste Stunde schlägt, zeigt, dass Ihr wert seid, Euch zu retten und dem Hungertode zu entreißen, Proletarier! Brot – oder Revolution, drum seid Männer, bald schlägt die Stunde der Erlösung! Drum kein Erbarmen, keine Furcht! Vorwärts, das Recht, die Natur, Gott selbst ist mit Euch!

Lange hockte er auf den Dielen in der muffigen Kammer der Herberge, an die Wand gelehnt, die Knie bis unter das Kinn gezogen. »Ja, die Natur hat alle gleich gemacht, sie weiß nichts von arm und reich …«

Neben ihm hatten sich zwei Hausierer auf dem Boden ausgestreckt. Der eine war sturzbesoffen, lag mit geschlossenen Augen, sang ein fröhliches, wüstes Lied, während der andere ihn immer wieder in die Seite schubste. »Komm Jupp, gehn wir. Steh uff, steh doch uff…«

Peter sah sie nicht an. Er zog seinen Beutel heran, suchte nach dem Buch, das ihm Mathilde geschenkt hatte. An einer Stelle steckte ein Papier zwischen den Seiten: Deutschland, ein Wintermärchen. Er schlug die Stelle auf und las:

Ein neues Lied, ein besseres Lied,
O Freunde, will ich euch dichten!
Wir wollen hier auf Erden schon
Das Himmelreich errichten.
Wir wollen auf Erden glücklich sein,
Und wollen nicht mehr darben;
Verschlemmen soll nicht der faule Bauch
Was fleißige Hände erwarben …

Auch in Heines Gedichten spürte er diese Stimmung, laute Töne wurden angeschlagen. In einer der Strophen fand Peter die Erkenntnis, dass einmal Gedachtes nicht wieder verloren gehen könne und dass revolutionäre Ideen sich auf Dauer auch in der Realität durchsetzten. »Ich bin die Tat von deinem Gedanken …«

Draußen regnete es, bald prasselte es gegen die Läden, rüttelte an den Dachschindeln, das Wirtshausschild quietschte. Der besoffene Hausierer torkelte zum Fenster. »Dat is ja net zum Aushalten! So en Wetter! Mist is dat …« Er rempelte Peter an, der ein Stück abrückte und sich wieder ins Buch vertiefte. Geistesabwesend kaute er an seinem Stift. Das Flugblatt und Heines Verse gaben ihm zu denken. Der Buchhändler hatte von Gespenstern und Teufeln gesprochen, davon, dass Bücher Kraft hätten, etwas verändern und den Menschen helfen könnten. Das Gedicht vom Tyrannen fiel ihm ein, das Lied der schlesischen Weber. Welch einen Mut solche Zeilen von den Schreibenden abforderten. Sicher würden die meisten von ihnen dafür aufgehängt oder eingesperrt und das würde eine Schande bedeuten für die Armen, die Geknechteten. Waren denn wirklich alle Menschen gleich? War er genauso viel wert wie ein Fürst, ein König? Immer wieder traf er auf Leute, die Ähnliches sagten. Politische Hetzer nannten einige sie, Demagogen. Wäre eine Verfassung, die regelt, was Recht und Unrecht ist, nicht ein Fortschritt? Wäre eine Volksvertretung, die diese Verfassung beschließt, ein einiges Land, das der ungerechten Politik der vielen Fürsten ein Ende macht, nicht erkämpfenswert?

Die beiden Hausierer lagen nun beide auf dem Boden; sie versuchten zu schlafen. Peter holte einen Apfel aus der Tasche, den er unterwegs gepflückt hatte, und biss hinein.

O doch, Bücher konnten etwas verändern, konnten neue Gedanken wecken und Taten daraus entstehen lassen. War er nicht selbst der Beweis? Beeinflusste ihn das nicht, was er las? Fand er nicht oft genug eine Wahrheit darin, die ihn weiterbrachte? War es ihm nicht, als spräche Heine aus seiner Seele? Empfand er nicht selbst auch Ungerechtigkeit über die Bevorzugung von Adeligen? Konnte es sein, dass die Chancen eines jeden nur zufällig unterschiedlich verteilt waren? War es gerecht, dass er, bloß weil er aus der Eifel, dem preußischen Sibirien stammte, ungleich schwerer zu kämpfen hatte als andere, die seit der Geburt auf Seidenkissen gebettet wurden und nur aufgrund ihrer Herkunft zeitlebens in Saus und Braus lebten? Wäre er ohne seine Schriften und Bücher jemals empfindsam geworden für Andere und Anderes? Hätte es nicht dieses Gegengewicht und keine solchen Anstöße gegeben, keine Menschen wie Follmann, vielleicht wäre er ebenso verkümmert wie seine Mutter, wie Thönnes oder Molters, wie viele im Dorf. Sicher hätte er auch nie geschrieben.

Er zog die zerfledderte Kladde hervor, strich sie glatt, dachte an die Zöllner am Schlagbaum bei Kusel, die ihn seiner Zeilen wegen verdächtigt und ins Loch gesperrt hatten. Der Apfel schmeckte sauer, ätzte den Gaumen. Sein Mund verzog sich, aber er aß ungeachtet der wurmigen Stellen weiter, während er nach seinem Stift suchte.

Jüngst zog ein Dichter durch das Tor
mit leichtem Pack und Stabe.
Da trat die Wache barsch hervor
Und fragte, was er habe.

Der Dichter sprach: »O lasst mich gehn!
Nichts hab' ich als Gedanken.
Die sind doch frei!« – »Wir wollen sehn«,
erscholl's wie Hohn und Zanken.

Da ward er strenge visitiert.
Er litt es stumm verbissen.
Dann ward er gar noch arretiert
Und in das Loch geschmissen.
Er seufzt, als er alleine war:
»O schändliche Despoten!
Kam's doch so weit, dass ihr uns gar
das Denken habt verboten!«

Anderentags gab es auf dem Marktplatz einen Aufruhr. Ein Prediger war aufgetaucht, woher er kam, war nicht auszumachen. Barfüßig stand er in einer zerlumpten, sonderbar gefärbten Tracht mit auffälliger Kopfbedeckung, die aus einem gewickelten Tuch bestand das er nach Art der Sultane ineinander verknotet und um den Kopf geschlungen hatte. Laut kreischte er; seine schrille Stimme lag über dem Platz, übertönte sogar den heulenden Gesang der Schleifsteine. Immer wieder fuhren seine Hände in die Luft, die Augen blitzten. Gegen die lästerliche Zeit wetterte er, dass aufgeräumt und ein Ende gemacht werden müsse. »Die derzeitige Ordnung hat sich geschichtlich entwickelt und bewährt! Hierin hat sich Gottes Wille offenbart.« Ein paar junge Leute fühlten sich provoziert, schon stichelten sie. Auch andere blieben jetzt stehen. Bald umsäumte eine Traube von Gaffern den Prediger. »Die Ständeordnung ist gottgewollt und unantastbar. Wer sich nicht fügt, ist ungehorsam und verstößt gegen Gottes Willen! Der Staat ist eine von Gott geschaffene Ordnung. An seiner Spitze steht ein Fürst von Gottes Gnaden. Staat und Kirche arbeiten Hand in Hand zur Erfüllung der Aufgabe unseres Schöpfers …!« Der seltsame Mann redete sich in Raserei. Er glühte, Schweiß stand ihm auf der Stirn. »Halt die Schnauz! Zu lang haben wir dem Geschwätz geglaubt!«, rief einer. »Ja, stopft ihm das Maul!«, tönte es auch aus den hinteren Reihen. Mit geballten Fäusten drängte sich jemand entschlossen nach vorne. »Was willsch?«

»Die Revolution ist das Produkt der Emanzipation des Menschen von Gott und seinen Ordnungen. Sie zielt auf die Abschaffung des Staates und ist damit eine Verneinung Gottes!«

»Jetzt isset genug! Den packen wir uns …!«

»Jede Ordnung war zu irgendeinem Zeitpunkt neu und nicht bewährt und auch nicht legitimiert«, erhob sich eine Stimme, die zu einem kleinwüchsigen Mann gehörte der jetzt volle Aufmerksamkeit bekam. »Es ist ein Trugschluss«, fuhr er fort, »dass die Revolution auf Anarchie abzielt. Revolution schafft den alten Staat ab, um einen neuen zu errichten!« Laute Beifallsrufe folgten. »Ja, werft ihn vom Platz! Fort mit dem Räsonierer!« Schon drängten starke

Ellenbogen durch die Menge, überraschend flogen Steine. Noch im Fallen predigte der Zerlumpte, wiederholte, dass Staat und Kirche Hand in Hand arbeiten müssten. Dann lag er im Schmutz, wo er röchelnd liegen blieb. An der Schläfe war er getroffen. Eine blutende Wunde klaffte neben dem Auge. Wieder gafften Leute, eine Frau spuckte nach ihm, dann verzogen sie sich. Peter sah, wie zwei Schutzleute ihn vom Platz zogen.

»Und wegen so einem habt Ihr jetzt Verlust«, sagte eine Frau, indem sie auf Peters Stand deutete und auf drei Krüge, die durch die Steinwürfe zerbrochen waren. »Et is en umtriebig Zeit. Man kann sich net mehr sicher sein. Aber et is en notwendig Zeit.« Er schenkte der Frau einen Krug mit gebrochenem Henkel, erklärte, dass er leicht zu reparieren sei und fügte hinzu, dass das, was für den einen ein Übel, für den anderen Gutes bedeuten könne. Glücklich verließ sie mit dem Krug den Platz. Mehrfach noch drehte sie sich um und winkte.

Schweiß und Salz

Friedrich Wilhelm IV. versprach in einem Aufruf an sein Volk und die Nation die Einheit und Verfassungen in allen deutschen Ländern. Wenig später bewilligte er allgemeine Wahlen zu einer preußischen verfassungsgebenden Nationalversammlung. Auch andere deutsche Fürsten versprachen Reformen.

Dennoch gab es Stimmen, die diese Entwicklungen anzweifelten. Radikale Kräfte breiteten sich aus, forderten das Ende der Fürstenherrschaft und die Demokratie. Eine Schrift war im Umlauf, in der für einen gewaltsamen Umsturz jeder bisherigen Gesellschaftsordnung plädiert wurde. »Mögen die herrschenden Klassen vor der kommunistischen Revolte zittern. Die Proletarier haben in ihr nichts zu verlieren als ihre Ketten. Sie haben eine Welt zu gewinnen! Proletarier aller Länder vereinigt euch!«

Auf dem Marktplatz in Kreuznach steckte ein Händler Peter ein Flugblatt zu, flüsterte, dass bereits in den 30er Jahren ein junger, frühzeitig verstorbener Journalist namens Büchner es gewagt habe, im Hessischen Landboten den Palästen Krieg anzudrohen und dass dringend daran angeknüpft werden müsse. »Auszug vom Juli 1834«, las Peter, während der Händler sich entfernte. »Das Leben der Vornehmen ist ein langer Sonntag: Sie wohnen in schönen Häusern, sie tragen zierliche Kleider, haben feiste Gesichter und reden eine eigne Sprache; das Volk aber liegt vor ihnen wie Dünger auf dem Acker. Der Bauer geht hinter dem Pflug, der Vornehme aber geht hinter ihm und dem Pflug. Er treibt ihn mit den Ochsen vorm Pflug, er nimmt das Korn und lässt ihm die Stoppeln. Das Leben der Bauern und Arbeiter hingegen ist ein langer Werktag. Leben heißt für sie hungern und geschunden werden. Fremde verzehren seine Äcker vor seinen Augen, sein Leib ist eine Schwiele, sein Schweiß ist das Salz auf dem Tische des Vornehmen.« Am Ende stand in fetten Lettern: »Friede den Hütten, Krieg den Palästen!«

Er hörte auch von einem badischen Abgeordneten namens Hecker, der sich nicht scheute auszusprechen, worauf viele hofften, der es wagte, die neue Bewegung beim Namen zu nennen: »Ich will die Freiheit, die ganze Freiheit, für alle, gleich viel, in welcher Staatsform sie zu erreichen ist … aber keine Freiheit nur für die Privilegierten oder die Reichen …, – ich bin, wenn ich es mit einem Wort benennen soll, Sozialdemokrat!«

Die Stimmung blieb aufgeheizt. Kaum jemanden gab es, der nicht zu diesen wichtigen Fragen Stellung bezog, niemanden, der nicht betroffen war. Überall klebten Flugblätter, hinderten Straßenbarrikaden am Fortkommen. Allerorten gab es Demonstrationen, versammelten sich Menschen um stinkende Brandtonnen. Reden, Parolen und Lieder wurden laut, darunter eines, das dem jüngsten seiner Lieder glich. Die Melodie brachte er tagelang nicht aus dem Kopf.

Die Gedanken sind frei! Wer kann sie erraten?
Sie fliegen vorbei wie nächtliche Schatten.
Kein Mensch kann sie wissen,
kein Jäger erschießen,
es bleibet dabei:
Die Gedanken sind frei!

Ich denke, was ich will und was mich beglücket,
doch alles in der Still und wie es sich schicket.
Mein Wunsch und Begehren
kann niemand verwehren,
es bleibet dabei:
Die Gedanken sind frei!

Und sperrt man mich ein im finsteren Kerker,
das alles sind rein vergebliche Werke,
denn meine Gedanken
zerreißen die Schranken
und Mauern entzwei,
Die Gedanken sind frei!

Schwarz, rot und gold

Im Mai 1848 ging es von Mund zu Mund. In Frankfurt, der Hauptstadt des Deutschen Bundes, war in der Paulskirche das erste gesamtdeutsche Parlament, die deutsche Nationalversammlung, mit über 500 gewählten Volksvertretern eröffnet worden. Aber – so ging die Rede – es seien ausschließlich Akademiker dabei gewesen, kaum Handwerker; die Bauern seien bloß durch einen einzigen Abgeordneten, die Arbeiter gar nicht vertreten gewesen.

In ihren Beratungen, was aus Deutschland werden sollte, entschieden sich die gewählten Volksvertreter nach langen Debatten mehrheitlich für die kleindeutsche Lösung – Deutschland unter

Ausschluss des Kaiserreiches Österreich unter preußischer Führung – mit einer starken Zentralgewalt bei Fortbestand der Einzelstaaten. An der Spitze des Reiches sollte der preußische König als Kaiser der Deutschen stehen, mit dem Recht, die Regierung zu ernennen. Das Recht zur Gesetzgebung und zur Kontrolle der Regierung sollte bei einem vom Volk gewählten Reichstag liegen.

Im Sommer traf Peter in einem Gasthof erneut auf den reisenden Buchhändler, der ihm in Meisenheim begegnet war. Während er einen Brei löffelte, räsonierte der Händler über den König und steckte Peter neue Flugblätter zu. »Was in Frankfurt passiert ist, ist doch nur Günstlingswirtschaft. Angst haben sie, nur zum Schein wollen sie einlenken. Die wissen genau, wenn du deinem Hund nix zu fressen gibst, darfst du dich nicht wundern, wenn er dir ins Bein beißt. Um das abzuwenden, nur deshalb versprechen sie Reformen. Aber bedenkt: Kein Arbeiter war dabei, kaum Bauern. Ergo, wer macht die Gesetze? Weiterhin diejenigen, die nur den eigenen Vorteil sehen wollen. Uns aber geht es darum, dass nicht mehr willkürlich regiert werden darf. Da nützen die klugen Reden und das ganze Geschwätz nichts! Verhandelt werden muss! Und zwar mit allen! Auch mit uns!«

»Mit uns?«, schrie ein Mann mit einem Backenbart, »dass ich net lach! Wir sind und bleiben Lumpengesindel, mit uns verhandeln die nie und nimmer! Et wird immer ein Oben und ein Unten gebe. Und warum? Weil es eben so ist, weil Gott es so will!«

»Das glaubste doch selbst nicht!«, konterte der Buchhändler, den die Schoppen, die er getrunken hatte anregten, »damit hat Gott nix zu schaffen! Das ist die Ordnung des Königs! Der hat Eisenstiefel an! Wenn er will, hebt er die Stiefel en Stück an. Dann kriegst du Luft. Wenn nicht, drückt er dich bis zum Hals in den Morast! Gottgewollt ist das nicht!« Ein Bauer riss die Pfeife aus dem Mundwinkel: »Donnerwetter noch mal! Mein Schwager ist in die Niederland gegange. Aufseher ist der jetzt in ner Fabrik. Pro Tag verdient der fast zwei Thaler. Das is doch was! Und das könne wir auch. Statt Barrikade aufzubaue geh ich auch nach de Niederland. Bald zwo

Thaler am Tag, das sin zwölf Thaler in der Woch, das is Reichtum! Was soll ich mich da noch als dreckiger Bauer abrackere oder wegen eurer Revolution in den Knast gehe?«

»Es nützt keinem, wenn du nach dem Niederland gehst. Auch dir nicht. Hier müssen wir was ändern. Es kann nicht sein, dass nur die Fürsten und der Adel das Sagen behalten. Und all die Speichellecker drum herum!« Immer lebhafter wurde der Buchhändler. »Wie ich die all hasse!«, schrie er, »die Speichellecker und Höflinge des Königs! Und immer schön von gleich zu gleich! Wenn ich was respektiere, dann sind das Leut, die durch ihrer eigenen Hände Fleiß und ihre Intelligenz was geworden sind! Und nicht die, denen das alles mit der Geburt zufällt!«

Der Bauer verfiel in stumpfes Denken.

Der Buchhändler redete über Wahlen, dass auch die Besitzlosen endlich wählen sollten. Er sprach über gerechtere Löhne, die für Mieten, Essen, Kleidung und Holz genügen müssten, über Arbeitszeitverkürzungen, Freiheit der Presse, Schulen statt Kinderarbeit. »Wir müssen diese verheuchelte Welt verändern! Und das geht nur, wenn wir uns endlich trauen, eine eigene Meinung zu haben, für die wir auch kämpfen!« Er sprach inzwischen freier, offener und eindringlicher als Monate zuvor, als sie sich in Meisenheim getroffen hatten. Auch seine Flugblätter, die er damals nur versteckt weitergegeben hatte, teilte er nun großzügig und ohne Angst aus. Die schwarz-rot-goldene Fahne hatte er für alle sichtbar auf seinen Beutel gestickt. »Es gärt in der Welt! In Berlin, in Paris und Wien! Es ist nicht mehr aufzuhalten. Von niemand!«

Mitten im Disput, der inzwischen die ganze Wirtsstube erfasst hatte, kramte er für Peter ein paar abgegriffene Seiten aus der Tasche: »Hier, nehmt. Es ist der erste Akt von Dantons Tod, eine Tragödie der Revolution, die Vernichtung des Einzelnen unter dem grässlichen Fatalismus der Geschichte. Büchner, ihr wisst schon. Ein wichtiger Mann! Lest und gebt es weiter.«

Peter hatte nicht vor, die Seiten weiterzugeben, zu wertvoll schien ihm die Schrift. Noch am gleichen Abend vertiefte er sich in Zeilen, die ihn außerordentlich beeindruckten. Büchner, diesen Namen kannte er von einem Flugblatt. Eindringlich war ihm auch jetzt die Wucht und Stärke dieser Sprache. » … ihr habt Löcher in den Jacken und sie haben warme Röcke; ihr habt Schwielen in den Fäusten und sie haben Samthände. Ergo, ihr arbeitet und sie tun nichts; ergo, ihr habt's erworben und sie haben's gestohlen, ergo, wenn ihr von eurem gestohlnen Eigentum ein paar Heller wiederhaben wollt, müsst ihr huren und betteln; ergo, sie sind Spitzbuben und man muss sie totschlagen … Sie haben kein Blut in den Adern als das, was sie uns ausgesaugt haben.«

Nach fünf Seiten brach der Text ab.

Gedankenvoll blickte er auf das fleckige Blatt. Von welch einem aufrührerischen, heftigen Drang dieser Schreiber doch beseelt war. Ein Geist, der zu kämpfen bereit war, der Neues und Besseres erreichen wollte. »Ein Drama« las er auf der ersten Seite, ein Drama um den Menschen in einem ausweglosen Zustand, sein Kampf innerhalb einer chaotischen Welt. Das Eindrückliche, das Gequälte, das Aufrüttelnde dieser Worte ließ ihn nicht in Ruhe.

Auch Heine war von diesem Geist beseelt. Einen Vergleich mit sich wagte er nicht anzustellen. Nein, er war kein politischer Dichter; seine Worte waren leise, schwach. Und dennoch waren alle Schreiber wichtig, dachte er, jeder auf seine Art. »Ein Drama«, las er erneut und hoffte, dass es Wirkung zeige, baldige Wirkung.

Als ein Betrunkener in den Saal stolperte und der Länge nach auf die Dielen stürzte, rollte er die Blätter zusammen und versteckte sie zwischen Kleidungsstücken in seinem Beutel.

Den Kopf voller Gedanken trat er die Heimreise an.

1849 gingen sie wieder alle zusammen auf den Handel. Aber das Jahr lastete, die Atmosphäre in den Städten war geladen wie vor einem Gewitter. Die Kontrollen an den Schlagbäumen wurden zusehends schärfer. Sämtliche Ladungen in Kisten und Körben mussten sie auspacken und herzeigen, einpacken und nochmals auspacken, was oftmals Stunden dauerte.

Unruhig und laut ging es überall zu, auch in Kreuznach, wo sie nach Himmelfahrt auftauchten. Einen Jahrmarkt gab es. Leute mit dressierten Tieren warben um Aufmerksamkeit. »Seht den Hund«, rief einer, »er kann die Zeit sagen und Farben unterscheiden, französisch sowie Latein lesen. Kommt um drei in mein Zelt! Ihr werdet es nicht bereuen!« Ein Bauchredner kam heran mit einer Puppe in der Hand. Dann spektakelte eine Gruppe bunt angezogener Leute, darunter Musiker und Jongleure, Spaßmacher und Seiltänzer an ihrem Stand vorbei. Mitten auf dem Platz hatte ein Gaukler einen Eimer Wasser geschluckt, den er als Strahl wieder von sich gab. »Seht alle her! Ich bin ein lebendiger Brunnen!«

Kläs rief die Ware aus, Katharina und Elisabeth schmückten die Krüge mit Wiesenblumen. Peter hatte vor, mit dem Karren weiterzuziehen, Richtung Rotenfels. »Jetzt geht dat schon wieder los«, schimpfte Kläs, als sie eine wild gestikulierende Schar junger Leute über den Platz kommen sahen. »Die wollen wohl gar kein Ruh mehr geben!« Vorneweg liefen Männer in blauen Arbeitskitteln, verwahrlost aussehende junge Frauen folgten, dahinter Lumpenkinder. Einige von ihnen rauchten auf offener Straße. »Net dat sie ihre Wut an unserem Porzellan auslassen«, mutmaßte Kläs, während er besorgt beobachtete, wie einige der jungen Leute gegen Straßenlaternen traten und Steine in Fensterscheiben schmetterten. Misstrauisch äugte auch Katharina hinüber und beschloss, die Krüge wieder einzupacken. »Komm Lies, dat is zu riskant.«

Manche der Kämpfenden hielten Steine in der Hand, pfiffen schrill und wütend, um dann weiter in Richtung der Klappergasse zu stürmen. »Die verziehn sich wieder«, sagte Peter, packte den Esel am Zügel und verließ den Stand.

Drückend war es, heiß wie im Juli. Mücken schwirrten, frech und lästig. Seit dem Morgen sah es nach einem Gewitter aus. In der Nahe sprangen die Forellen; schwarz wölkte es hinter dem Schanzenkopf.

Am Stadtrand reihten sich die Gradierwerke aneinander. Es roch salzig. Wie am Meer sei die Luft, hatte Kläs einmal gesagt und seine Kinder tief einatmen lassen. »Dat is gut für die Lung!«

Um das Anwesen der Kammenhubers, die sonst immer Steingut gekauft hatten, schien sich längere Zeit niemand gekümmert zu haben. Das Holztor zum Garten stand offen, wild wucherte Unkraut. Mit der Schulter stieß Peter die Haustür auf, Ratten rannten auseinander. »Porzellan, gutes Eifeler Porzellan und Glas!« Als niemand antwortete, tastete er sich im dunklen Flur an den Wänden entlang die Treppe hinauf. »Is jemand da? He!« Er fand die Tür offen, die Wohnung leergeräumt.

Unten im Hof rief ihm ein Nachbar zu, dass sich Geschäfte mit den Kammenhubers nicht mehr lohnen würden. »Die haben kein Arbeit mehr. Das Gradierwerk hat Leut entlassen. Üble Zeiten, wohl auch für Euch …«

Auch auf dem nächsten Hof war keine Menschenseele zu finden. Den ganzen Vormittag brauchte er, um zwei Krüge abzusetzen. Als er den Karren zurück zum Marktplatz lenkte, kam Wind auf, fuhr in die Bäume, wendete die Blätter, zerrte an den Leinwänden der Marktbuden.

Immer noch war der Platz überfüllt und laut vom Menschengewoge. Wo er hinsah, leuchteten schwarz-rot-goldene Fahnen. Leute gingen umher, verteilten Flugblätter, verkauften Spottbilder auf den König. Eine Kundgebung war im Gange. Immer neue Redner bestiegen ein Bretterpodest. Bärtige, wütende Männer brachen in Beifall aus. Peter kämpfte sich durch die Menge nach vorne. »Was wird aus dem Volk?«, schrie einer der Wortführer und ballte die Fäuste. »Sollen wir uns weiter wie gehorsames Vieh behandeln lassen? Wen treffen denn die wirtschaftlichen Pleiten am meisten? Den König? Die Minister? Den Adel? Oder uns, oh ja, uns zuallererst …« Ein Mann in einem grauen Überrock und einem wuchernden Demokratenbart betrat das Podest. »Wir fordern ein freies Versammlungs- und Vereinigungsrecht! Wir fordern Mitsprache! Raus aus dem Staatenbund! Eine neue Zeit muss anbrechen! Lasst uns alle anpacken, lasst uns die deutsche Krankheit der ewig währenden Geduld heilen! Lasst uns erkämpfen, was uns aus geistiger und materieller Not retten kann: eine gerechte Verfassung, die von allen Teilen des Volkes bewilligt wird, indem es darüber berät und abstimmt!« Tosender Beifall folgte. Manche sprangen auf und stampften mit den Füßen, andere warfen Mützen in die Luft. »Das Herrscherhaus regiert uns kaputt!«

»Fort mit dem Adel! Weg mit der Erbmonarchie!« Von hinten wurde gestoßen und gedrängt. Ein grelles Geigen und Pfeifen hub an. Peter versuchte, aus dem Geschiebe herauszukommen und bahnte sich einen Weg in Richtung des Ziehbrunnens.

Ein Blitz zuckte auf, weißes Licht lief über den Himmel. Kurz knallte Donner wie der Schlag eines gelösten Schusses; ein Windstoß ergriff Hüte und Tücher. Frauen rannten sich bekreuzigend über den Platz. Polternd wurden die Fenster der Markthäuser geschlossen. Dicke Tropfen fielen klatschend auf heiße Steine. Dann brachen die Wolken, Regen stürzte nieder auf die Menschen, die nun eingehüllt waren in die hämmernden glitzernden Wasser, die schwer hinschlugen, mit Hagel vermischt zu weiß schäumenden Bächen zusammenflossen. Es donnerte und toste. Mit triefenden Kleidern suchte Peter Schutz unter der Leinwand einer Bude mit Sämereien, wo sich auch andere drängten. Er fror. Dicht vor ihm stand der Esel, schob die weiche Schnauze in seinen Bauch. Wasser lief aus dem grauen Fell.

Eine Weile wartete Peter. Zwei Stände weiter hatte sich Katharina untergestellt. Abgespannt und bedrückt wirkte sie unter dem Tuch. Als sie ihn sah, winkte sie, schob sich durch die Menge, ihm entgegen. »Die Kammenhubers hab ich net mehr vorgefunden«, sagte Peter. Katharina nickte und blickte auf den Platz, den der Regen innerhalb von Sekunden verändert hatte, wo sich Bäche bildeten und Pfützen unter ihren Schuhen. »Der Hagel! Et is all kaputt«, sagte sie in das vertosende Wetter, »Vatter ist beim Wagen. Die schönen Krüg! Wat sollen wir bloß jetzt machen?«

Augenblicke hatten genügt, um das Geschäft eines Monats zu zerstören.

Den ganzen Abend beratschlagten sie, was zu tun wäre. Sie kamen überein, dass Peter den weiten Weg nach Wadgassen nochmals auf sich nehmen solle, um Nachschub zu holen. Allerdings musste es ihm gelingen, dort auf Kommissionsbasis zu kaufen, anders war kein Handeln möglich.

Es war eine anstrengende Fahrt zurück an die Saar. Tagsüber glühend heiß, am Abend gewitterte es. Im Nahetal gab es einen derartigen Wolkenbruch, dass der Esel fast durchgegangen wäre. Lange Minuten verbrachte er damit, das aufgeregte Tier im Zaum zu halten. Die Straße entlang der Nahe war von Gießbächen überschwemmt. In einer Scheune hatte er sich mit seinem Fuhrwerk Unterstand gesucht. Gleich daneben war ein Wirtshaus, in dem Fuhrleute einkehrten und Händler ihr Vieh unterstellten.

Peter entschloss sich, in der Wirtsstube etwas zu essen. Im Eingang standen Leute gedrängt. Sie alle trieften vor Nässe, füllten mit ihrem feuchtwarmen Dunst die Wirtsstube. Einige der Händler standen in Hemdsärmeln; die nassen Kittel hingen am Ofen. Andere trockneten sich die Strümpfe, reckten die nackten Füße an die Ofentür.

Peter setzte sich auf eine Bank am Fenster. Ungefragt brachte ihm die Wirtin einen Krug Wein. Bauern debattierten über Teuerungen und schlechte Ernten. Wut machte sich breit auf die Politik. Im Nu wurde es laut. Einer schrie, er müsse drei Thaler für den Zentner Kartoffeln bekommen, sonst fresse er sie selbst. Ein anderer entgegnete dass es ohnehin Winterkartoffeln seien, schon ganz weiß von Keimlingen. »Wucherpreise!«, tobte ein dritter und spuckte verächtlich auf den Boden. Es ging um Rechte und Freiheit, um Kartoffeln und Weizen, den König, um Gesetze. Immer lauter wurde das Geschrei. Ein bärtiger, jüngerer Mann, nach seiner rotgrünen Tracht zu urteilen ein Händler aus den südlicheren Gebieten, tat sich besonders hervor. Wortgewaltig war seine Rede, die schwarzen Augen blitzten, als er einen Dolch zückte, den er drohend in die Luft hielt. »Ihr dürft nicht aufgeben! Soll denn nur in Baden gekämpft werden?«, schrie er und schlug auf den Tisch, »widersetzt Euch endlich! Wer feig ist, wird ein Geknechteter bleiben!« Und obwohl Hecker, der Revolutionsführer, längst nach Amerika emigriert war, hob er den Humpen und ließ ihn hochleben. »Ein Hoch dem Hecker!«

Alles reckte die Arme, wiederholte die Parole, Schnaps und Wein flossen in die Kehlen und über den Tisch, einige pfiffen. Der Bärtige war gerade dabei Flugblätter auszuteilen, als zwei Männer hereinstürzten, laut und aufgeregt Gendarmen ankündigten, die sie auf Höhe der Landstraße gesehen haben wollten. In diesem Augenblick hätte man eine Stecknadel fallen hören können. Sacht und leise leerte sich die Stube. Der Wortgewaltige stand als Erster auf, verließ die Wirtschaft durchs Fenster. Nach und nach pressierte der Rest, schließlich blieb Peter allein mit dem Wirt. »Mein Zech!«, fluchte der, »alles Gesindel!« Dem geprellten Wirt wären die Polizisten schon recht gewesen, aber niemand kam. Nichts geschah.

In der Nacht schrieb Peter, auf einem Strohsack liegend, im Schein einer Kerze seine Eindrücke nieder.

So sitzen sie beim Bärenwirt im späten Ampelscheine
Durch wüsten Lärm der Becher klirrt, gefüllt mit Moselweine.
In Blusen, streifig weiß und blau, in Hüten mit Agraffen,
an Wand und Gürtel ernst zur Schau verschiedenartige Waffen.
Das Haar, so lang und wild verworrn streckt sich bis auf den Nacken,
am Wasserstiefel sitzt der Sporn den wilden Hengst zu hacken.
Die Wange glüht, es blitzet drein das Auge todesmutig,
und auf den Tischen, feucht vom Wein, schlägt sich die Faust fast blutig.
Sie schwören: »Fürst und Pfaffen Tod! Tod jedem Unterdrücker!«
Heil Deutschland! Frei von aller Not! Dank Euch, Ihr Volksbeglücker.
Des dicken Wirtes Bärenbass verleiht erst Kraft und Würze,
er lehnt am halb geleerten Fass in Zipfelmütz' und Schürze.

Laut preisen sie der Freiheit Glück, die Gleichheit auch daneben,
Begeist'rung lässt in Lied und Blick recht hoch den Hecker leben.
Auf einmal an der Türe hört man die Patrouille schellen
mechanisch fahren auf gestört die tapferen Gesellen.
Da flieht das kühne Bataillon wie Katzen durch die Fenster
Und schleicht im Dunklen still davon wie flüchtige Gespenster.
Wie schnell die Hoffnung hier verschwand, jüngst mutig noch zu schauen,
willst ferner noch, mein Vaterland, auf solche Helden bauen?

Am nächsten Tag war es frühmorgens noch angenehm, gegen Mittag aber schon drückend heiß. Unzählige Mücken umschwirrten den Esel, dem immer wieder Schauer über den Rücken liefen. Auch Peter hatte das Gefühl, aufgefressen zu werden. Tagelang hielt sich die Hitze. Er beschloss in Saarbrücken eine Rast einzulegen und Mathilde zu besuchen.

Wie immer wurde er, kaum dass sie ihn begrüßt und erfreut hineingebeten hatte, auf herzlichste Weise bewirtet. Er erzählte ihr, was er unterwegs gehört und gesehen hatte, sprach über seine Plagen als Händler, über die Not und die Hoffnungen der Menschen. Mathilde schüttelte den Kopf. »Ach, Peter, ich glaub, da gibt es nicht mehr viel zu hoffen.« Während sie Tee aufgoss, sprachen sie über die Paulskirchenverfassung, die im März als Verfassung des Deutschen Reiches verkündet worden war und die einen Grundrechtekatalog sowie eine konstitutionelle Monarchie mit einem Erbkaiser an der Spitze vorsah, der durch demokratische Abstimmung gewählt werden sollte. Die Rolle des Kaisers der Deutschen sollte Friedrich Wilhelm IV. übernehmen und Mathilde berichtete, was sie über die Abordnung gelesen hatte, die sich auf den Weg nach Berlin gemacht hatte, um dem preußischen König die Kaiserkrone anzubieten. »Ich hätte nicht gedacht, dass der ablehnen würd. Der betrachtet sich immer noch als König von Gottes Gnaden.«

Enttäuscht saßen sie in der Stube, mutmaßten über den Bund, das Reich, das gegen den Widerstand des Königs und der übrigen Fürsten im Deutschen Bund nicht zustande gekommen war. Sie hatten beide allerhand sagen und vermuten hören. Die Nachricht, dass all das gescheitert war, schmerzte. Peter dachte an das letzte Jahr, an die Lektüre von Dantons Tod, an den Buchhändler, an die Forderungen der vielen Redner auf den großen Plätzen.

Lange sprachen sie über das Elend dieser aufgeladenen Zeit. »Wo dat bloß hingeht?«

Dann brachte Mathilde das Gespräch auf ihren Bruder, fragte Peter nach neuen Gedichten und Sagen. Er las ihr Gereimtes vor: die Sage vom Weinfelder Maar, vom Heiratsmirakel, vom Spieler in der Christnacht.

Er blieb über Nacht und als er sich anderentags verabschiedete, fühlte er sich – wie immer nach einem Besuch bei Mathilde – satt und ausgeruht.

Die politische Atmosphäre stimmte ihn schwermütig. Es half ein wenig, dass Alfred Villeroy es ihm ermöglichte, in Wadgassen und Wallerfangen wieder auf Kommission zu kaufen. Trotzdem wurde er das Bedrückende der Zeit nicht los, fühlte sich machtlos, klein und unwissend.

Zurück in Kreuznach fand er seine Eltern in einem hilflosen Zustand. Kläs hatte mehrere Gichtanfälle erlitten und lag nun, von Fieberschüben malträtiert, mit schmerzverzerrtem Gesicht auf einem Sack Stroh in einer verlassenen Gerberei. Das Fußgelenk war geschwollen, stark gerötet und fühlte sich heiß an. Fiebrig glänzten seine Augen. Katharina kühlte mit nassen Lappen und Quarkumschlägen. Jedes Mal, wenn sie Kläs' Fuß berührte, schrie er. An Gehen war nicht zu denken. Katharina wich nicht von seiner Seite. Angst machte ihr der Zustand ihres Mannes, genauso wie die Zustände draußen.

Sie beschlossen, dass es das Beste wäre, wenn Peter mit der Ware allein weiterziehen würde, zunächst bis Meisenheim; dort wäre es vielleicht ruhiger. Und dann sollte er sein Glück auf den Dörfern entlang des Glan versuchen.

Bevor sie sich trennten, packten sie für Elisabeth zwei Hotten voll Glas, mit denen sie von Haus zu Haus ziehen wollte, brauchte sie doch Geld, um die Eltern bis zu Peters Rückkehr zu versorgen. Und das konnte dauern.

Wirklichkeit und Wahn

Auch der Marktplatz in Meisenheim war überlaufen. Unzählige Menschen drängten in Richtung einer Holzbühne, auf der Trikoloren wehten. Straßenkämpfe und Demonstrationen waren im Gange. Dort, wo ansonsten ihr Standplatz war, waren nun Straßenbarrikaden errichtet. In rußgeschwärzten Tonnen schwelten Feuer, schwarz-rot-goldene Fahnen flatterten. Leute schleppten Eisenstangen, schwere Hämmer, Zaunpfähle und Holzplanken durch die Straßen. In der Obergasse, am Brunnen in der Lauergasse, auch in der Wagnergasse und gleich vor der Judenschule hatten sie Kutschen umgeworfen, die als Hindernisse herhalten mussten und durch zusätzliche aufgehäufte Säcke und Fässer, Zäune und Balken den Weg versperrten. Soldaten seien aufgetaucht, wurde unter vorgehaltener Hand erzählt. »In Berlin gießen sie aus den Bleifassungen der Fensterscheiben Gewehrkugeln«, schrie einer und reckte bedrohlich eine Mistgabel in die Luft, »da is wat los!«

Peter zog den Karren in Richtung der Mohren-Pharmacie, von wo eine Frau ihn heranwinkte. Schon während sie ihm entgegen kam, fragte sie nach Tassen, die Kläs mitzubringen versprochen hatte. Peter schlüpfte aus den Tragriemen der Hotte, kramte darin herum, konnte aber nichts finden, was der Kundin gefiel. »Nee, geblümt waren die, net gestreift.« Es dauerte nicht lange, da umsäumten weitere Leute Peters Karren, sprachen über die Republik, über Demokratie, über Ungerechtigkeit. Hier und da nahm einer eine Tasse oder ein Glas in die Hand, dann wendeten sie sich wieder ab und horchten nach immer neuen Rednern, die das Wort erhoben. Peter beeilte sich, seine Ware einzupacken, fürchtete Schäden. Die Kundin kräuselte verärgert die Stirn, kaufte aber am Ende doch zwei Tassen und verschwand schließlich im Gewühl.

Wortfetzen eines bärtigen Redners mit Zylinder erreichten Peters Ohr: »Es gibt viele, die ruhig vor einem vollen Teller sitzen können und es sich schmecken lassen, ohne sich drum zu kümmern, ob der Nachbar auch was aufm Teller hat. Damit is es vorbei außer bei den völlig Blinden. Allen soll der leere Teller der Armen den Appetit versauen, den einen aus Rechtsgefühl, den anderen aus Angst …«

Peter scheute die Menge, das Gewimmel und Durcheinander und war gerade dabei, sich einen Weg hinaus zu bahnen, als er Hannes erkannte, der sich an einem Brunnen über ein steinernes Becken beugte und trank. »Hannes! Wat machst du denn hier? Hab gedacht, du bist ins Lothringische gefahren!« Überrascht richtete sich Hannes auf. Wassertropfen glitzerten in seinem Bart. Mit der Hand wischte er sich den Mund. »Geschäfte«, murmelte er, »konnt noch wat umsetzen. Morgen fahr ich. Hier is mir zuviel los. Dat bringt nix für uns.«

»Ja, dat kommt wohl noch schlimmer.«

»Und ob. Jetzt geht et erst richtig los. Hab die Zeitung gelesen. Unser König will keine Schweinekrone aus den Händen von Volksvertretern, haste dat gehört? Der Ludergeruch der Revolution tät dran haften, hat er gesagt.«

»Ja, dat hab ich auch gehört. Und dat er jetzt Soldaten einsetzt. Der kann nix anderes als Soldaten marschieren lassen.«

»Ja, jetzt wird et hart.«

»Aber ich kann net glauben, dat alles umsonst war. Dafür haben manche dat Leben gelassen!«

»Manche?«, sagte Hannes. »Hunderte. Und et werden immer mehr. Wirst sehn, die Revolutionstruppen verschwinden, die Rädelsführer werden erschossen, tausende Revoluzzer zu hohen Zuchthausstrafen verurteilt. Wer kann – Demokraten und Linke – flieht int Ausland.« Hannes hatte Zeitungsartikel und Flugblätter gesammelt, einen ganzen Packen, den er aus seinem Beutel holte. »Da sind mutige Leut dabei. Wir dürfen net aufgeben.«

Er zeigte auf der gegenüberliegenden Marktseite auf ein Gasthaus, das wegen seiner frisch gestrichenen Fassade und der ausladenden Treppe nobel wirkte. »Komm, lass uns da rein gehn. Net dat ich hier Angst hätt. Aber ich brauch wat zwischen die Rippen. Wat is? Gehste mit?« Peter zögerte. In den Ochsen war er erst einmal eingekehrt und das war ihn teuer zu stehen gekommen. »Komm schon! Wenns dir ums Geld is«, sagte Hannes, der Peters Gedanken ahnte, »ich lad dich ein.« Unentschlossen zuckte Peter mit den Schultern. »Sollst mich net einladen. Komm, lass uns ans Obertor gehn, in den Bären, da kann ich mir mein Brot auch selbst leisten.« Hannes nickte. Zusammen verließen sie den Platz, überquerten ein paar Gassen und gelangten zu einem schmalen, hohen Gasthaus, das wegen einer von Salpeter zerfressenen Fassade und eines verrosteten Schildes wenig einladend aussah.

Auf Peters Frage, wie denn seine Reise verlaufen sei, erzählte Hannes vom großen Händlertreffen in Ahlen, wo er an Pfingsten gewesen war. Er prahlte damit, wen er getroffen und welche Geschäfte er gemacht hatte. Über Politik sprach er nicht mehr. Stattdessen kam er auf die goldgeränderten Gläser – die Handelsware seines Vaters – zu sprechen, denen er einen grandiosen Erfolg vorhersagte. In den besseren Restaurationen und Hotels an der Mosel hatte er vorgesprochen und sich Termine gesichert. In Doctors Weinstube in Bernkastel war es ihm gelungen, sechs Kisten à vier Stück mit den passenden Tüchern zu verkaufen, in der Cochemer Thorschenke sogar acht. »An jedem Glas verdien ich mich satt«, schmunzelte er und rieb sich den Bauch. »Ich bin der einzige, der sowat hat. Dat macht mir so schnell keiner nach! Dat isset ja. Wir müssen sehen, dat wir unterschiedliche Sachen haben, jeder wat anderes, dat die Leut neugierig werden.«

»Ich schreib Gedichte«, erwähnte Peter und dachte an das Heft in seiner Tasche, das randvoll geschrieben war und aus dem er gestern noch auf Wunsch einer Kundin vorgesungen hatte. »Mensch Pitter! Wat willste denn damit? Du bist und bleibst en Träumer. Pitter, Pitter, dat warste schon immer. Gedichte! Wer soll die denn brauchen? Und dat in der Zeit? Die kann man net fressen. Und glaub et mir, die Leut wollen wat sehen für ihr Geld, doch net so en Schreibkram …« Hannes lachte und zeigte auf Peters Karren. »Bei dir sieht man schon von weitem, dat du nix zu beißen hast. Aber Gedichte im Gepäck!«

»Dat mit den Gedichten is gar net so übel«, verteidigte er sich, »ich hab schon manch einem en Freud gemacht!«

»Weißte wat? Für dein Reimereien hab ich dich früher mal bewundert. Aber damit kannste höchstens alten Weibern imponieren. Zu mehr taugt dat net. Guck lieber, dat du dir selbst en Freud machst. Ach wat, Pitter, sieh zu, dat du vorankommst.« Peter sah aus dem Fenster. Hannes' Meinung berührte ihn nicht.

Sein Freund ließ ordentlich auftischen. Als Peter der köstliche Duft eines gelb gebratenen Fisches in die Nase stieg, erlahmte sein Widerstand und er griff zu, worüber sich Hannes belustigt zeigte. »Du warst schon immer en Hungerleider, Pitter!«

»Du etwa net?«, entgegnete Peter, »wir sind und bleiben doch all Hungerleider.« Kauend betrachtete er sein Gegenüber, der gierig ins knusprige Fleisch biss. »Als ich dat Anna in Meschede hab lassen müssen und den Jung dazu, hab ich gedacht, dat ich nie mehr auf die Füß komm. Aber jetzt geht et wieder und wem hab ich dat zu verdanken? Meinem Geschäftssinn.« Hannes prostete ihm zu. Sinnend sah Peter ihn an, dachte an Anna, Hannes' Frau, die auf dem Hausier bei der Geburt ihres ersten Kindes gestorben war und wie hart es für ihn gewesen sein musste, sie und den toten Sohn an einem fremden Ort zurückzulassen.

»Jetzt geht et aufwärts, trotz der miserablen Zeit!«, wiederholte Hannes und hob erneut das Glas. Eine junge Frau kam herein, den Nachbartisch abzuräumen, grüßte nach den beiden Händlern und stapelte bald Teller und Tassen aufeinander. Obwohl es draußen warm war, ging sie in einem groben blaugestreiften Winterkleid, das an den Armen durchgescheuert war und nackte, gebräunte Arme zeigte. Wenn Peter später an diesen Moment dachte, konnte er sie genau beschreiben: ihre füllige aber dennoch zart gegliederte

Gestalt, den braunen, zusammengebundenen Zopf, die flinken grauen Augen, die hellen Brauen, die auf schöne Weise zusammengewachsen waren, die spitze Nase, das Kinn mit dem Grübchen. In diesen Minuten, als Hannes von Börsenpapieren schwätzte, die gesunken seien, von Fabrikschließungen und Bankrotterklärungen, dabei immer wieder das Glas hob, da war es Peter, als hätte er etwas Überirdisches vor sich, eine Frau, die ihn hinriss, ein Gefühl, an das er nicht mehr geglaubt hatte.

»Louise!«, rief eine Stimme aus der Küche, »mach voran! Grad is en Kutsch gekomm.« Die Frau verschwand mit dem Porzellan hinter einer Tür mit Durchreiche. Ein Blick aus dem Fenster verriet Peter, dass neue Gäste eingetroffen waren, und er hielt die Kutsche im Auge, hoffend, Louise zu sehen. Im Hof des Gasthauses ging es lebhaft zu. Der Kutsche entstiegen Reisende, von denen sich einer vor den Kutscher begab und heftig gestikulierte. Peter konnte nicht hören, um was es ging, aber er sah, wie eine Frau, die offensichtlich ein Gepäckstück vermisste, einen ganzen Berg von Bündeln und Mänteln durchstöberte. Der Kutscher, ein dickbäuchiger Mann mit schwarzem Schnauzbart und Zylinder, fluchte und machte Anstalten, vom Bock zu steigen. Als die Wirtin zu Hilfe eilte, dachte Peter, jeden Moment auch Louise zu sehen. Aber solange er schaute, sooft er sich umsah und auf die Tür blickte, durch die sie entschwunden war, sie tauchte nicht mehr auf. Eine Weile blieben sie noch. Peter zögerte den Aufbruch solange wie möglich hinaus, aber irgendwann ging es nicht mehr. Hannes drängte und zahlte, sie gingen hinaus, ohne dass er Louise nochmals zu Gesicht bekam.

Ihretwegen erwog Peter bald wieder im Bären einzukehren. Aber schon Tage später sah er sie zufällig auf der Straße. Sie ging inmitten einer Schar von jungen Leuten, von denen einige verkleidet auf Pferden und Eseln ritten, andere zu Fuß unterwegs waren. An ihrem grünen, bis auf die Knöchel fallenden Rock war das Futter herunter getreten. Die vorne zugeschnürte Jacke aus blauem Kattun war zu groß, das rote Tuch, das sie um die Schultern trug, hing, in einen Zipfel mündend, lang über ihren Rücken herab. Auf dem Kopf bemerkte er ein Spitzenhäubchen über einer eckig gebogenen Haarspange. Eine Locke, die sie mit Zuckerwasser befeuchtet und mit einem Eisen gebrannt hatte, malte einen Schnörkel auf ihre Schläfe. Ein verkleideter Edelmann, Peter erkannte in ihm den Kellermeister aus dem Wirtshaus im Luisengässchen, führte einen Topf und eine Kelle mit sich, woraus er jedem zu trinken gab. Dem Zug voran sprang ein Bajazzo auf einem Besen, um Platz zu schaffen. Dort, wo der Bajazzo stehen blieb, zogen einige ihre Instrumente hervor, Pfeifen und Geigen, Fideln, Hörner und sogar eine Posaune und spielten nun, mitten auf der Straße, zum Tanz auf. Die anderen stiegen von ihren Tragetieren, fassten sich an den Händen und tanzten um den Platz, auf dem sich immer mehr Schaulustige einfanden. Einige davon reihten sich ein, andere standen gaffend am Rand. So wie ein Glashändler aus dem Schwarzwald, der seltsam fremd zwischen all dem lachenden Volk wirkte. Kinder waren auch darunter, sie tanzten auf ihre Art, sogar, wenn die Musikanten pausierten.

Magisch zog es Peter an diesen bunten Ort und bald erfuhr er, dass man Johanni feierte und dass in dieser Nacht alles passieren könnte, dass sogar einige Leute imstande wären, sich unsichtbar zu machen. »Rainfarn in die Schuh ...«, flüsterte ein Mädchen und zwinkerte mit den Augen, »nur in dieser Nacht und du bist unsichtbar ...« Peter lachte, das Mädchen hüpfte weiter und war bald wirklich unsichtbar. »Rainfarn«, dachte er und stellte sich Theoderichs Tarnkappe vor, »dat wär genau dat Richtige jetzt.«

Vorne sprang Louise, um sie herum ein riesiges Spektakel, rasende Musik. Spitze Töne von Pikkolopfeifen mischten sich in die dumpfen Bässe der Menge. Jemand geriet ins Stolpern, stürzte und riss andere mit. Peter bemerkte, dass auch Louise strauchelte. Hart schlug sie auf das Pflaster, mit ihr ein junger Mann, der sie an der Hand gehalten hatte. Der Mann stand alsbald wieder auf, rieb sich unter Grimassen die Knie. Beschäftigt mit den eigenen Schrammen achtete er nicht auf Louise, die immer noch am Boden lag. Da bahnte sich Peter mit Knüffen und Tritten einen Weg zu ihr, griff nach ihrem Arm und zog sie hoch. Abgehetzt sah sie aus mit dem geröteten Gesicht, dem wirren Haar, den zerdrückten Kleidern. Ein kurzer, dankbarer Blick traf ihn. Dann raste alles weiter, ein neuer Trupp überrannte den Platz. Louise, deren Arm er gerade noch gehalten hatte, wurde fortgerissen und verschwand im Getümmel.

Obwohl er die ganze Nacht herumgegangen und nach ihr gesucht, sogar einige Leute befragt hatte, Louise blieb verschwunden. Gegen zwei ging er zu seinem Karren zurück, den er in einem Schuppen in der Lauergasse abgestellt hatte. Eine Unterkunft würde er jetzt kaum noch finden. Er öffnete die Schuppentür, legte sich auf den Karren und sah hinaus. An Schlaf war nicht zu denken.

Trotz der Finsternis erkannte er die Umrisse eines Brunnens, einen Teil der Stadtmauer, dahinter ahnte er den Wald, der sich über dem Glan erhob. Dunkle, zerzauste Wolken gingen darüber. Gerne hätte er die Sternbilder betrachtet, besonders in dieser Nacht und sich abgelenkt von seinen diffusen Gedanken, die um Louise und die Eltern kreisten. Aber die Wolken waren dicht, gaben nur selten den Blick auf die Sterne frei, der Mond war nur zu ahnen, ein matter, ungewisser Schein. Von irgendwo bellte ein Hund, ein anderer gab Antwort, zweimal, dreimal, dann war wieder alles still. Er atmete die frische Luft, die von jenseits des Glans herüberwehte, lauschte nach Geräuschen.

Als in der Frühe die ersten Vögel trällerten, glaubte er sich mitten in einem Konzert. Ihn fröstelte. Er griff nach der grauen Jacke, zog sie aber nicht an sondern verharrte gedankenverloren auf dem Karren liegend, bis ein Hund mit aufgerissenem Maul auf ihn zusprang und an seinen Füßen schnoberte. Mit einem Tritt verscheuchte er das Tier, stand auf, streckte sich, kämmte sein Haar fest an den Kopf und bürstete den Rock. Zwar hatte er weder gegessen noch geschlafen, aber er fühlte sich frisch und erholt wie selten, ein Glücksgefühl schwang sich in ihm auf, als ihm die Idee kam, seine Suche nach Louise fortzusetzen.

Die Straße war menschenleer, als er mit Esel und Karren vor dem Gasthaus am Obertor zum Stehen kam. Er stieg die ausgetretenen Stufen hinauf. Die Tür war noch verschlossen; er dachte, später wiederzukommen. Er kehrte um, ließ sein Fuhrwerk im Hof, folgte ein Stück der Straße, um sich zu zerstreuen. Dort wickelte er ein Stück Brot aus seinem Beutel, biss hinein, konnte aber nichts hinunterkriegen.

Gegen neun erschien er zum zweiten Mal vor dem Bären. Immer noch war die Tür verschlossen aber in den oberen Räumen hatte ihn jemand bemerkt, denn ein Fenster öffnete sich und ein Männerkopf erschien: »Was willsch so früh? Komm um zehn …« Wieder musste er sich also gedulden, lief nochmals durch stille, menschenleere Gassen. Alle paar Minuten sah er nach dem Kirchturm. Als der Zeiger die Zehn erreicht hatte, eilte er zurück. Wieder der Hof, die Treppe, die braune Tür. Diesmal war offen und er trat in den Flur, von dort links in die Gaststube. Die Wirtsstube war leer. Ein vergessener Lappen und Spielkarten lagen noch vom Abend auf einem der Tische. Es roch nach kaltem Zigarrenrauch und abgestandenem Bier. Aus dem Bierhahn sickerte es in eine Schüssel, regelmäßig wie das Uhrenticken tropfte es in die rotbraune Lache, über die sich grünschimmernde Fliegen hermachten. An den Wänden hingen Hirschgeweihe und ein bunter, ausgestopfter Auerhahn. Peter war der erste Gast des Tages und bestellte eine Suppe. »Kannsch höchstens e Brennsupp habbe, anneres habbe mir net. Und das kann dauere«, sagte die Wirtin und Peter gab ein Zeichen, dass er einverstanden sei. »Ich hab Zeit.« Die Wirtin verschwand hinter der gleichen Tür, die einst Louise verschluckt hatte, kam aber bald darauf zurück und gab sich ans Putzen der Theke. Eine ganze Weile saß er in der kühlen Stube. Ständig überlegte er, was er sagen und tun sollte, wenn sie hinein käme, wie er sie ansprechen und wie begrüßen könnte. Aber Louise erschien nicht. Stattdessen kam die Wirtin mit der dampfenden Suppe, die sie mit einem Stück Brot servierte. »Supp, um die Zeit? Das is abber selte …«. »Tut aber gut. Ich hab wenig geschlafen«, antwortete Peter und die Wirtin warf ihm einen vielsagenden Blick zu. »Mit auf'm Johannes gewes?«, fragte sie und lachte. »Ja, dann tut das gut. Die jung Leut warn all unterwegs. Aber wer feiert, kann auch schaffe. Unsere sin all schon früh auf und in die Wingerten gezoge.«

»Dat Louise auch?« Die Wirtin, so schien es ihm jedenfalls, betrachtete ihn nun genauer. »Deshalb also die Supp«, sagte sie verächtlich, drehte sich um und ließ Peter allein. Die Suppe tat wirklich gut. Ruhig saß er, schöpfte und aß. »Ich hätt net fragen sollen«, ging es ihm durch den Kopf, während er nach draußen sah.

Auf dem Weg zum Markt gingen ihm die Worte seiner Mutter durch den Kopf. Dass er zu kränklich sei um zu heiraten, dass er keine Familie je ernähren könnte, dass er besser ledig und damit auch vieler Sorgen enthoben bleiben sollte, hatte sie ihm eingeschärft. Er war geneigt, ihr zuzustimmen. Ohnehin war es mit den Weibern schwierig. Auch jetzt, wo er über 25 Jahre zählte, hinderten ihn Zweifel und Misstrauen. Nein, er würde nicht mehr nach Louise suchen, er würde auch den Bären nicht mehr betreten. Er würde weiterziehen mit seinem Porzellan, den Töpfen, den Kopf voller Gedichte.

Dennoch: da war etwas, das ihn zurückhielt. Obwohl es ihn drängte, nach Kreuznach zurückzukehren, blieb er, kehrte nochmals im Bären ein und trank einen Schoppen. Bereits von der Gasse aus hatte er Louise in der Gaststube hantieren gesehen. Jetzt, da er an einem der Tische saß, raste sein Herz. Keinen Schritt von ihr ließ er sich entgehen, keine Handbewegung. Sein Blick folgte ihr, während sie zwischen den Gästen und den Tischen hin und her lief, Speisen brachte und Gläser füllte. Sie hatte die Haare sorgsam aufgebürstet und trug eine bestickte Leinenbluse. Er bemerkte, dass sie ein paar Mal herüberlinste.

Sie sprachen nur das Nötigste.

Am nächsten Abend kam er wieder und auch am übernächsten. Immer saß er am gleichen Tisch, trank Wein oder einen Schoppen, obwohl ihn die Ausgaben beunruhigten. Jeden Abend saßen auch kartenspielende Bauern über dunklem Bier in zinngedeckelten Gläsern, hoben kurz die Köpfe, wenn er eintrat und grüßte.

Am Samstag verkaufte er drei Fayencen und so erlaubte er sich wieder eine Einkehr im Bären. Er freute sich des stillen Einverständnisses, das er zwischen sich und Louise zu spüren glaubte. Er lehnte sich an die grünen, gebuckelten Kacheln des Ofens, betrachtete die Schatten, die die brennenden Kerzen an die Wände warfen und sah auf Louise, die geschäftig ihrer Arbeit nachging, jedem Ruf der Gäste folgte, schlagfertig selbst dreiste Scherze zurückgab, die mancher Gast sich ihr gegenüber erlaubte.

Eine Magd schrubbte die Tische mit Sand, ein paar Skatspieler saßen am Stammtisch. »Wild wär da! Mit Kartoffeln und rotem Kappes!«, rief der Wirt und meinte die Kartenspieler. »Das Reh is frisch, erst gestern geschoss. Ihr müsst bloß beim Essen aufpasse. Das Fleisch is voll Schrot!« Einer der Männer am Stammtisch drehte sich erbost um: «Was schwätzt du da? Voll Schrot? Hab mit einem einzige Schuss getroff. Da lass ich mir nix nachsage!« Der Wirt polterte weiter: »Ständig legst du mir so en Zeug auf den Tisch. Halber blind bisch, triffst net mal en Kuh, selbst wenn se vor dir steht!«

»Du Lump, ich bring dir nix mehr …!«

»Die Streithähn«, sagte Peter zu Louise, »ich tät mir mit dem Schrot schon zu helfen wissen. Aber mir is dat Reh zu teuer. En Suppe eß ich. Und trink en Schoppen dazu!«

Fröhlich war sie an diesem Abend, auch freundlicher als sonst und er hielt den Zeitpunkt für gekommen, sie anzusprechen. Als er zahlte, versuchte er es mit einem netten Wort, aber sie rechnete gewissenhaft mit ihm ab, ohne den Kopf zu heben. Erst als er aufstand und nach der Jacke griff, lächelte sie ihm zu. »Bis morgen also.«

»Nee«, antwortete er, »morgen um die Zeit bin ich schon weit. Ich hab heut meinen letzten Abend in Meisenheim und den hab ich so verbracht, wie ich et mir gewünscht hab. Mit Euch in der Näh.« Louise lächelte. Er spürte, dass sie gerne noch geredet hätte, aber es war schon Mitternacht, ein allgemeiner Aufbruch war im Gange und so musste sie weiter zu ihren Gästen, drehte aber den Kopf, als er zur Tür ging und winkte ihm hinterher. Er zögerte, wartete einen Moment. »Is noch was?«, rief sie und er nickte. Es war wie eine Eingebung, ein plötzlicher Wunsch, der nach Erfüllung drängte. Nach einem Zimmer für die Nacht fragte er, auch nach dem Preis, denn er wollte in Louises Nähe bleiben. Eine Nacht nur, bevor es wieder zu den Eltern ging.

Er sah, wie sie sich mit der Wirtin besprach. Dann nickte sie und gab ihm einen Wink. Er möge einen Moment warten. Es dauerte, bis sie von allen das Geld eingenommen, Gläser und Krüge abgewaschen, den Zins für sein Zimmer kassiert hatte. Dann nahm sie eine Kerze in die Hand und bat ihn, ihr zu folgen.

Sie stiegen eine düstere Treppe hinauf. Louise, deren schwarzer Schatten sich monströs an die Wände warf, ging voran. Sie klinkte eine Kammer auf. Es war ein enger Raum, in dem ein Bett stand, mit Leintüchern bezogen, daneben ein Tisch mit zwei Stühlen, in der Ecke ein Schrank. »Es is frisch gemacht.« Ihr beleuchtetes Gesicht schien ihm jetzt einen anderen Ausdruck als unten in der Stube zu haben. Sie stellte die Kerze auf den Tisch, sah ihn aus dunklen Augen aufmerksam an. »Wo wollt Ihr morgen hin?«, fragte sie. »Zuerst nach Kreuznach und dann in die Eifel«, antwortete er und scherzhaft wollte er wissen, ob ihr das vielleicht leid tue und sie ihn vermissen würde. Sie nickte. Irgendwie war er gerührt von dieser Geste. Die Kerze flackerte, der gelbe Schein ließ die Ecken des Zimmers verschwimmen, der Raum trat zurück. Da waren nur noch Louise und er. »Ich schlaf unten, in der Mägdekammer«, sagte sie, aber da hatte er sie schon an sich gezogen. Sie schwankte ein wenig, sank mit ihm gegen die Wand, stieß ihn dann aber erschrocken von sich. Nochmals griff er nach ihr, spürte, dass sie nun nachgab. Wieder suchte sie Halt an der Wand. Er drückte sie an sich, roch ihre Haut, ihr Haar, schloss die Augen. Lange und heftig küssten sie sich. Er glaubte, der Boden bewege sich, so unermesslich tief und warm war dieses Gefühl, das er seit Loni nicht mehr gehabt hatte.

Zwei Uhr war vorüber. Die Kerze war fast abgebrannt. Louise lag neben ihm. Das Weiß ihres Körpers leuchtete. Mit dem Finger fuhr er über ihren Rücken, wühlte seine Hände in ihr Haar, während sie wissen wollte, ob das Leben in der Eifel anders sei als in den südlicheren Gegenden. »Kälter isset und alles blüht später. Die

Leut sind ärmer. Aber schön isset auch.« Er dachte an sein Dorf, beschrieb die Landschaft um den Kailbach, erzählte vom kargen Alltag der Bauern und ließ nicht aus, dass er froh sei, unterwegs zu sein, vor allem in der Rheinpfalz, wo er sich immer schon wohlgefühlt hatte. Er stand auf, kramte in seinem Beutel und zog die schwarze Kladde hervor. »Über Meisenheim hab ich mal ein Gedicht gemacht! Sogar auf pälzisch«, sagte er. Gespannt richtete sich Louise auf, während Peter in seinem Heft blätterte »Hier isset.« Eng drückte sie sich an ihn, während er las:

Du traulich liewes Stedtche,
mei Meisenheim am Glan,
so muss ich dann, ach, läder
vor jez adjes der sahn.

Denn trotz geflicktem Kittel
und altverbausdem Hut,
war jo in deine Maure
man jederzeit mir gut.

Doach wann die Blume bliehe,
im Wald des Quellche springt,
un wann dann jedes Veelche
sei Friehjohrschliedche singt:

Dann komm ich widder zu euch.
Wills Gott mit frohem Sinn:
Bis dann mag er eich schitze,
ihr wisst joa, wer ich bin.«

»Du dichtest?«, fragte sie erstaunt und sah ihn bewundernd an. Dann griff sie nach der Kladde und blätterte. »Hast du das alles geschribbe?« Peter nickte. Louise rückte die Kerze näher zu sich heran und begann nun selbst zu lesen. Immer wieder blickte sie erstaunt auf. »Das hast du all geschribbe?« Ihr Finger fuhr entlang der Zeilen, manchmal lachte sie und drückte seine Hand. »Wie schön das es is«, flüsterte sie, »hör mal, hier:

Was drängt sich so dein Zauberblick
in meines Herzens Tiefe,
als ob er gern an's Licht zurück
begrab'ne Liebe riefe.

O, reiße nicht wieder auf,
die leicht vernarbten Wunden,
beschwöre nicht ans Licht herauf,
was längst in Nacht verschwunden.
Ach, lieber möcht' ich leer und kalt
allein nun stehn im Leben,
als mich der Liebe Allgewalt
noch einmal zu ergeben.

»En trauriges Gedicht«, flüsterte sie und machte sich eigene Gedanken dazu. »Ich hab noch nie en Dichter gesehe«, fuhr sie fort, während sie ihn interessiert betrachtete, das schwarze Haar, die grauen Augen, den ernsten Mund, bis er lachen musste. »Dichter sehn net anders aus als ander Leut. Ich kenn auch net viele, die schreiben. Einen Freund hab ich gehabt, an der Saar.« Er erzählte Louise von Brandt, von Follmanns Büchern, dem Puppentheater, das er als Kind gesehn hatte. »Immer hab ich gern wat Schönes gehört. Und gelesen hab ich, wat mir in die Händ kam. Irgendwann hab ich et selbst probiert mit dem Schreiben. Bin viel dafür verlacht worden!«

»Das glaub ich wohl«, sagte Louise, »da wo du herkommsch, wirst du kein Verständnis dafür finde. Aber das wär hier auch nicht anners. Bei nem Dichter, da denkt man an was Absonderliches. En Künstler eben. En Phantast. Es gefällt mir, dass du so einer bisch. Gefällt mir sehr!« Wieder drückte sie ihn an sich und er genoss die Berührung, die Zuneigung und die Anerkennung seiner Arbeit. Eine ganze Weile noch blätterten sie in Peters Heft, ab und zu las Louise ihm vor. Erst als die Kerze nur noch glomm, legte sie die Kladde aus der Hand. »Das sind sehr schöne Sache. Schad, dass ich es net behalte darf.« Peter lachte. Er nahm die Kladde und riss zwei beliebige Seiten heraus. »Für dich«, sagte er, »weil et dir gefallen hat. Dat gefällt net jedem.«

Gegen vier ging sie. Mit offenen Augen lag er auf dem Bett, die Hände hinter dem Kopf verschränkt und starrte an die Decke. Lange noch war es ihm, als läge sie neben ihm, als röche er ihre Haut. »Das sind sehr schöne Sache«, hörte er sie sagen, obwohl sie längst gegangen war. Schwebend fühlte er sich, glücklich wie lange nicht.

Peter verlängerte den Aufenthalt in Meisenheim. Die Geschäfte liefen zwar leidlich, aber mehr dachte er auch anderswo nicht umzusetzen. Mit unverhohlener Freude sah Louise ihn anderentags wieder im Bären sitzen. Glücklich fasste sie seine Hand. »Biste doch noch da gebliebe!«

In der nächsten Zeit trafen sie sich beinahe täglich. So oft es seine Zeit erlaubte, besuchte er das Gasthaus, trank einen Schoppen. Für Sonntag verabredeten sie sich zum Spaziergang.

An diesem Nachmittag waren die Ufer des Glan belebt. Kinder tänzelten an den Händen ihrer Mütter und Väter, junge Männer ließen ihre Kleinen auf dem Nacken reiten. Ein Pärchen, Arm in Arm, hielt die Hände über die Augen und sah den Vögeln nach. Andere standen am Ufer, horchten, wie der Fluss gegen die Steine plätscherte. Kutschen rollten neben ihnen; hart schlugen eisenbeschlagene Räder auf das Pflaster.

An der Kreuzung hatte jemand eine Bude aufgestellt. Pfefferkuchen gab es zu kaufen, auch Flaschen mit Lakritzsaft. Ein streunendes Kind, unter dessen Lumpen rot entzündete Hautstellen sichtbar waren, zeigte mit schamloser Unschuld seine Begierde nach den Süßigkeiten. »Och bitte, Herr, bitte, lasst mich doch Eure Finger abschlecke …!« Als ihm der Pfefferkuchenkrämer ein paar Brösel in die Hand streute, die der Junge sofort aufleckte, lachte Louise und sagte: »Siehste, Glück muss man habbe.« Dabei erinnerte sie Peter an seine Gedichte. »Du wirst auch Glück habbe. Da kommt noch was für dich. Das glaub ich ganz fest.« Louise konnte das Gedicht von der Lerche, das sie von ihm bekommen hatte, auswendig und sagte es auf, während sie an seinem Arm vom Wehr aus über den Rapportierplatz in Richtung Klenkertor ging. Kirchgänger traten aus der Antoniuskirche, eine Frau mit einem Säugling grüßte Louise. »Das sind die Katholischen«, flüsterte Louise, »unser Gottesdienst ist schon lang vorbei.«

»Bist du net katholisch?«

»Nee, wir sind protestantisch. Mit den Katholischen isses schwer umzugehen, sagt mein Vater.« Sie lachte über ihren Scherz und begann, den Vers von neuem aufzusagen. Als sie endete, sagte Peter: »Ich bin auch katholisch. Wie die Frau mit dem Kind.«

Louise stutzte. Er sah, dass sie mit irgendetwas kämpfte, aber sie sagte nichts, ging jetzt still neben ihm. Sie schwiegen, bis sie zum Schlossplatz kamen. Die dreischiffige Kirche vor ihnen, auf einem Hügel erbaut, überragte Gassen und Häuser. Immer noch blieb Louise stumm. Er fragte sich, ob er etwas Falsches gesagt haben könnte, etwas Törichtes. Ihr Schweigen wurde unerträglich. »Louise, wat is mit dir?«

»Ach Peter«, flüsterte sie und dabei brach sie in Tränen aus, »ich muss et dir ja sage. Wir könne uns net mehr sehn. Wenn mein Vatter wüsst, dass ich mit em Katholische geh. Da willigt der net ein – nie!«

Zwei Tage waren vergangen, seit er Louise zum letzten Mal gesehen hatte. Obwohl er ihr noch auf dem Schlossplatz mehrfach versichert hatte, dass es auch Mischehen gäbe – er dachte zwar nicht an eine Ehe mit Louise, aber im Überschwang seiner Gefühle hielt er die Idee für möglich – sie hatte sich nicht überzeugen lassen, stattdessen den ganzen Weg geheult. Erst gar nicht mitzubringen brauche sie ihn, ein sinnloser Versuch sei das. Seit Jahren tobe der Vater gegen die Katholischen. Über die Mutter sei es auch nicht zu versuchen. Sie teile diese Ansicht, daran wäre nicht zu rütteln. Mit rotverheulten Augen hatte Louise an ihm gehangen und am Ende gebeten, dass er keinen Versuch mehr machen solle, sie zu treffen.

Er tat, was sie wünschte.

Er ging nicht mehr in den Bären, auch sonst nirgendwohin, verbrachte eine letzte Nacht am Glanufer. Nackt sprang er in den trägen Fluss, der seinen erhitzten Körper kühlte. Er schwamm und tauchte ein Stück. In seinen Ohren war ein tiefes, pralles Klopfen. Weit unter dem Wasser glaubte er Töne zu hören. In der Strömung schlängelten sich die Flechten des Mooses, schwankend stiegen Blasen auf, ein Schwarm Elritzen schoss silbern zur Seite. Prustend tauchte er wieder auf, wusch sich und legte sich am Ufer ins Gras. In unglaublicher Klarheit spannte sich der Himmel über ihm, hoch und weit. Er fragte sich, warum alles so schwierig, warum ihm so wenig Glück vergönnt war.

Er sah den Sternenwagen fahren, die Milchstraße, Schwan und Leier, die unruhig blitzten. Eine Sternenkonstellation fiel ihm auf. Er sah sie nur teilweise, glaubte aber, die Form eines umgekehrten Y erkennen zu können. In dieser keilförmigen Gruppierung flogen die Kraniche, seine Haolegäns. Es schien ihm, als sei das Sternbild in Bewegung, als vernähme er Geschrei aus den hohen Wolken. Die Haolegäns. Nach wem riefen sie mit ihren quälenden Posaunenstimmen? Plötzlich vermisste er die grauen Vögel. Heimweh überkam ihn nach seinem armen Geburtsort. An den unergiebigen und beschwerlichen Feldbau dachte er, an das sumpfige Wiesenland. Jahrelang kannte er die Eifel nur noch von düsteren Wintern her. Nach warmen Tagen sehnte er sich, dorthin, wo es ihm heimatlich war.

Die Turmuhr schlug. Klamm wurde es, er griff nach Hose und Weste. Obwohl es Nacht war, brach er auf.

Er blieb in Hochstätten und Altenbamberg, in Ebernburg und Münster am Stein; die Gedanken an Louise verfolgten ihn.

Um sich abzulenken, sprach er mit dem Esel, dichtete über die Landschaft, über die Wechsel des Lichtes und des Wetters. Jetzt war die Ernte eingebracht, der Wind ging über die Stoppelfelder, trieb mit verlorenen Federn, Stroh und Spreu ein wirbelndes Spiel, blies graue Fäden losgerissener Spinnweben vor sich her. Die Schwalben

sammelten sich zum Flug. Auf den dürren Ästen einer Eiche saßen
Krähen, die aufflogen, als er näher kam und sang:

Ich bin ein fahrender Sänger,
gebürtig zu Niederkail,
und habe nebst Gedichten
auch Glas und Steingut feil.
Das eine gewährt mir Freude,
das andere gibt mir Brot
und so beschützen mich beide
vor inn'rer und äußerer Not.

Oft wenn zum Staube nieder
die Prosa mich gedrückt,
hat mich die Dichtung wieder
zum Himmel selig entrückt.

Hab so ich das Leben vergessen,
die Prosa erinnert mich dran.
So kreisen um mich im Wechsel
die Wirklichkeit und der Wahn.

Es schlingen zur Lebenskette
sich beide Ring an Ring.
Was brauche ich da noch zu wünschen,
dass es mir besser ging.

Gehöchtnis

Es wurde September, bis er Kreuznach erreichte. »Endlich, jetzt geht et heim«, freute sich Elisabeth und die Erleichterung über Peters Erscheinen war ihr anzusehen. Die Wochen ohne den Bruder waren hart gewesen. Das Elend stand ihnen ins Gesicht geschrieben. In der Gerberei war es muffig und eng. Der Gestank nach faulenden Tierhäuten und Gerbstoffen war nicht fortzubringen. Es gab kein Fenster, dafür ein Loch in der Wand, das sie mit Papier und Lumpen ausgestopft hatten. Aber irgendwie hatten sie sich mit den spärlichen Groschen, die Elisabeth auf ihren Hausiergängen verdiente, dort über Wasser halten können.

Jetzt lag ein mühsamer Rückweg vor ihnen. Kläs konnte kaum gehen, sie rasteten häufiger als sonst und waren auf trockene Lager angewiesen. Das Geld schmolz schon beim Hinsehen.

Wäre Peter nicht gewesen, mit dessen Verdienst sie immerhin die Kosten decken konnten, sie wären kaum heimgekommen.

Auch in den kalten Monaten war Peter derjenige, der Geld heranschaffte. Er ging mit in den Wald, half in der Stellmacherei, reparierte Körbe und wenn ein wenig Zeit blieb, dichtete er.

Am Sonntag nach Epiphanie zog es ihn trotz heftigen Schneetreibens hinaus. Er folgte dem Kailbach ein gutes Stück, ging dann querfeldein und fand sich, ohne dass er es beabsichtigt hatte, auf dem Weg nach dem Augenbildchen wieder. Eisig schnitt ihm die Kälte ins Gesicht, sein Atem schien in der Luft zu frieren. Gedankenschwer zog er die Weste fester, hielt sich ein Tuch vor Mund und Nase, stapfte mit derben Schuhen durch den Harsch. Nebel stand zwischen den Tannen. Die Rinden der Bäume und Sträucher waren einseitig weiß, die Äste hingen schwer auf den Weg. Mehrmals geriet er auf unebenen Boden.

Er kam an der Stelle vorbei, an der er vor Jahren mit Loni gelegen hatte. Unwillkürlich verlangsamte er seinen Schritt. Immer noch lag dieser Fleck Erde unverändert, nur die Jahreszeiten waren gekommen und gegangen.

Im Gesträuch vor ihm knackte es und als er aufsah, gewahrte er eine Person in einem Umhang, die ungeschickt über eine Wurzel sprang und sich hinter einer Tanne zu verbergen suchte. Das Weiß des Schnees blendete und er hob die Hand über die Augen. Eine schmächtige Gestalt hob sich vor dem Schneehintergrund ab, geduckt, ängstlich. Als er näher heranging, krallten sich Hände in ein Tuch, zogen es vor ein Gesicht, von dem jetzt nur noch Augen zu sehen waren. Die verhüllte Person machte einen Satz nach hinten, konnte aber nicht weiter, da ein Graben ihre Flucht hinderte. Er war sich nicht sicher, als er, fragend, ihren Namen nannte. »Loni?«

Es dauerte, bis sie das Tuch vom Gesicht zog. Wie ertappt stand sie vor ihm, verlegen sah sie ihn an. »Loni, wat machst du denn hier? Um die Zeit und allein?«

»Du bist doch auch allein«, antwortete sie, »wieso sollt ich dat net sein dürfen?«

»Isset dir nach Alleinsein?«, fragte er, denn längst hatte er ihren verängstigten, sorgenvollen Blick bemerkt, die düstere Aura, die nicht einmal das Tuch verbergen konnte. »Uns isset doch allen manchmal nach allein sein«, antwortete sie, »da geh ich hier rauf, bleib en bisschen und dann is et mir wieder wohl.«

»Ja, deshalb bin ich auch raus. Ich bin oft hier gewesen. Aber so schön wie damals an Hubertus hab ich den Ort net mehr gefunden.«

»Dat is lang her«, sagte sie und sah ihn mit traurigen, verschatteten Augen an, so dass er erschrak. »Loni, wat is mit dir?« Sie schüttelte den Kopf. »Dat, wat mit uns allen is. Weißte noch, wat der Follmann damals gesagt hat? Als ich mich von der Schul abgemeldet hab und dat Nähen lernen sollt, da hat er geschimpft, dat sich hier nix ändern würd, wenn all so weitermachen. Dat wir all nur ausgenutzt werden, wenn wir nix lernen.«

»Ja, ich weiß et noch. Damals – du warst schon weg – hat er uns viel Wahres gesagt, wat ich erst viel später begriffen hab. Ich weiß noch, dat er gesagt hat, dat ihr Schwestern, wenn ihr net hier geboren wärt, en gut Partie hättet machen können.«

»Ha«, lachte sie schmerzlich auf, »en gut Partie … Ich hab mir geschworen, auf die Kinder zu gucken. Für mich isset längst egal.

Aber die Kinder. Net mal dat gelingt mir. Nähen geh ich, Tag für Tag, von Haus zu Haus. Der Lorenz liegt zu Haus, manchmal hilft er in der Eisenschmied; säuft uns noch um Kopf und Kragen.«

Eine Weile schwiegen sie. »Weißte Loni, ich hab viel an dich gedacht. Wegen dir bin ich oft hergekommen. Ich weiß net, wat ich gesucht hab, aber jetzt, wo du hier vor mir stehst, weiß ich, auf wat ich all die Jahre gewartet hab.« Wieder hob sie das Tuch vor das Gesicht und er sah, dass sich ihre Augen mit Tränen füllten. »Wir haben all gewartet auf irgendwat und gehofft. Und jetzt? Dir haben se dat Dichten wohl ausgetrieben?«, fragte sie. »Nee, dat lass ich mir net austreiben. Dat is en Gehöchtnis, so en Zuflucht brauch ich.«

»Wat se dich immer dafür ausgelacht haben ...«

»Ja, dat hat weh getan. Aber ich hab et trotzdem net sein lassen. Ich war immer schon anders und bin et auch geblieben. Dat Schreiben hab ich für mich.« Wieder röteten sich ihre Augen. »Damals, dein Gedicht, dat hat mir der Lorenz abgenommen. Erst bist du dafür verprügelt worden, später ich. Und net nur einmal.« Als sie das sagte, konnte er nicht anders, er trat zu ihr, drückte sie fest an sich. »Ich hab dir noch ganz viel Gedichte geschrieben, all für dich, auch Brief ...«

»Lass Pitter, fang net davon an. Et is anders gekommen, alles.« Einen Moment nur umklammerten ihre Hände seine Schulter. Er spürte ihren warmen Atem, die kalte Haut ihres Gesichtes an seinem Hals. Dann schob sie ihn fort, lachte verlegen. »Ich muss jetzt gehn. Er wird mich suchen. Ich komm net mehr her.« Er versuchte sie zu halten, aber sie riss sich los. Fast drohend klang es, als sie rief, dass er ihr nicht hinterhergehen solle und so blieb er bedrückt stehen, sah die dunkle Gestalt sich entfernen, vor sich Spuren im Schnee, genagelte Schuhe von zwei Menschen. Das Graduale aus der Fastenzeit kam ihm in den Sinn, das er vor Jahren für sie gebetet hatte: » ... auf ihren Händen sollen Engel dich tragen, dass niemals deinen Fuß an einen Stein du stoßest ...«

Im Frühjahr gab es Neuigkeiten in Niederkail. Aus Elisabeth war eine Braut geworden. Stolz und schön stand sie neben Michael Niesen in der Kirche, ein grünes Myrtengeflecht im Haar. In der Bank dahinter, bester Dinge auch Katharina und Kläs, die in die Ehe mit dem gutmütigen Stellmacher nicht nur eingewilligt sondern die Sache auch vorangetrieben hatten. Elisabeth war es zufrieden. Jetzt konnte sie zu Hause bleiben und musste nicht mehr mit auf den Handel. Auch Peter war mit Michel einverstanden, der lange um seine Schwester geworben hatte, seine Eltern tatkräftig unterstützte und ihm eine regelmäßige Winterarbeit bot.

Dem Staube Flügel

Wochenlang regnete es. Ende März, als Peter allein losgezogen war, hatte alles nach einem schönen Frühjahr ausgesehen. Aber auf der gesamten Strecke bis an die Saar goss es unaufhörlich. Den ganzen Tag ging er in nassen Kleidern und Schuhen, die in den kurzen Regenpausen nicht trocken zu kriegen waren. Die ständige Feuchtigkeit glaubte er in den Knochen zu spüren. Rheuma, das würde Rheuma geben, dachte er immer wieder.

Erst in der Rheinpfalz änderte sich das Wetter. Von einem auf den anderen Tag brach eine ungewöhnliche Hitze aus. Vor Sobernheim rastete er. Die Wetterschwankungen machten ihm zu schaffen. Unter dem glühenden Hauch der Sonne, die ungeheuer brannte, wusch er sich an einem Bach, kühlte die Hände und strich sich die halblangen Haare mit Wasser glatt. Neben einer Buche streckte er sich, freute sich ihres Schattens, während er in der Kladde blätterte. Er hörte, wie der Esel den Kopf am Stamm rieb, sich dann dem Gras zuwandte, mit weichen Lippen daran riss und zauste, hörte auch das Malmen der gelben Zähne, aber er sah nicht hin sondern flüsterte einen Vers über sein Tier in das Sonnengeflimmer:

Bei Regen, Frost und Schnee, bei Nacht, sowie am Tage,
bei heißer Sonnenglut und leid'ger Fliegenplage
mit Hunger, Arbeit, Not – kurz – wie's die Zeit beschieden,

war's mehr mit seinem Los, als selbst sein Herr zufrieden.
Und schritt ich neben ihm, versenkt in stilles Dichten,
wusst' stets es seinen Gang nach meinem Schritt zu richten …

In Sobernheim war Peter in einer Schmiede untergekommen und die Frau des Meisters hatte ihm auf den nächsten Tag frische Wäsche versprochen. Gut gelaunt stand er bald darauf auf dem Marktplatz, hielt Ausschau nach Kundschaft und als sich niemand interessierte, begann er zu singen:

»Bemalte Gläser auch mit Griffen
aus Böhmen, glatt und schön geschliffen
und Tischkaraffen mit Gestell,
Champagnergläser schön und hell.«

Er hielt zwei fein ziselierte Gläser in die Höhe und führte aus:

» … das Glas hat man wohl nirgends besser
von Wadgassen und Fennerhütt.«

Er stellte die Gläser auf ein Brett, griff nach einem Bierseidel und einem Bocksbeutel für Frankenwein:

»Bouteillen, Seidel, Stengelgläser,
bringt jeden Monat Zirbes mit.
Zylinder, Pumpen, glas'ne Lichter
und Vogelgläser, sowie Trichter,
Salzkannen und für Branntewein,
Flaschen und Gläser, groß und klein …«

Nachdem er diese Waren wieder verstaut hatte, hob er nun Tassen aus seiner Hotte und drehte sie vor einer immer größer werdenden Zahl von Zuschauern:

»Von Wallerfangen Frühstückstassen,
bedruckt, einfarbig und bemalt,
mit Henkel dran, um anzufassen,
acht Kreuzer wird für's Stück bezahlt.
Verschiedene Muster Kaffeekannen,
Lavoir mit Becken, Büttchen, Wannen«,
- dabei zeigte er auf die Ware hinter sich –
»Compottchen, karree und gerippt,
und runde Tassen blau getippt.
Dergleichen mit Rosettenkränzchen,
auch marmorierte, rot und blau
und Vöglein drauf mit roten Schwänzchen,
sieht hier man ausgestellt zur Schau.
Salatchen, Teller, Steingutplatten
für Fische, lang und rund für Braten,
Nachttöpf' mit rund und flachem Rand …«
… ein paar Mädchen kicherten,
»… und Porzellan aus Sachsenland.«

»Ihr seid ja ein munterer Händler!«, rief eine Männerstimme aus
den hinteren Reihen und Peter bemerkte, wie ein beleibter Mann mit
schwarzer Kappe und einem neuwertigen Gehrock hinkend nach
vorne drängte. Schon geraume Zeit hatte Peter ihn unter den Schaulustigen bemerkt. Während er alle Hände voll zu tun hatte, Tassen
und Gläser in Papier zu wickeln, Kreuzer zu wechseln und jedem
seiner Kunden ein freundliches Wort mitzugeben, fühlte er den Blick
des Fremden auf sich gerichtet. »Einen fahrenden Dichter hab ich
noch nicht erlebt«, begann der Mann, »Ihr seid ja ein richtiger Poet.
Wo kommt Ihr her?«

»Aus der Eifel komm ich. Und außer Kannen und Töpfen gibt
et bei mir auch Verse und Geschichten.«

»Habt Ihr die selbst geschrieben?«

»Seht Ihr hier noch einen?«, war die knappe Antwort. Der Mann
forschte weiter: »Ja, gibt's die denn gedruckt?«

»Nee, nee, dat grad net«, entgegnete Peter, »die Leut müssen schon herkommen. Viele hier kennen mich schon lang. Ich komm ja oft. Die wissen dat. Und wenn einer danach fragt, trag ich Gedichte vor, auch Lieder und den Kindern erzähl ich wat …«

»Tragt Ihr auch für mich etwas vor?« Peter fasste den Unbekannten genauer ins Auge, hinter dem sich jetzt eine Frau durch die Schaulustigen drängte: »Ja, die Geschicht vom Viandener Spieler möcht ich hören!« Sofort stimmten einige zu: »Oh ja, erzählt nur! Erzählt!« Während Peter die letztgeorderten Waren in Papier hüllte, beschlich ihn ein seltsames Gefühl. Ob es an der guten Kleidung lag, der schwarzen Kappe, die ihn an einen Pfarrer erinnerte, an der geraden Haltung oder der Art zu sprechen, der Fremde flößte ihm Respekt ein. Er schien kein gewöhnlicher Kunde zu sein und Peter dachte nach, welches Gedicht er wohl zum Vortrag bringen könnte. Nein, das Stück vom Spieler wäre, obwohl es stets gut ankam, nicht geeignet, einen solchen Herrn zu belustigen. Aber musste er ihn belustigen? »Einen Moment noch«, bat er, während er die Karaffen zwischen Stroh packte, um Zeit zu gewinnen. Dann entschied er: »Ich will Euch eines meiner ersten Gedichte vortragen.«

Erwartungsvoll standen die Leute vor ihm, Kinder ganz vorne, Frauen mit soeben erstandenen Waren, Bauern in derben Kitteln, wovon einer drei Steinguttöpfe für Sauerkraut gekauft hatte, die er neben sich stapelte, und schließlich der Herr im schwarzen Rock. »Dat Gedicht heißt: »Woher?« Er wartete einen Moment, bevor er seinen Vortrag begann.

»Wenn ein Gedanke in mir wurde rege,
dann fragt' ich oft auf meinem Lebenswege,
ob ihn hervorgebracht mein armes Leben,
ob ihn der Herr der Welten mir gegeben.

Doch, der dem Staube einblies eine Seele,
dass Leib und Geist einander sich vermähle,
die Allmacht hat gerufen ihn ins Leben,
die Liebe, die er heiß sich fühlt durchbeben.

Die Güte, die begrüßt ihn jeden Morgen,
die Weisheit, die ihn leitet still verborgen,
die Kraft, die ihn beseelt zum kühnsten Wagen.
Wie soll dem Staube Flügel er versagen?«

Es war auf einmal sehr still geworden. Nur das Gedicht schien noch in der Luft zu hängen, sekundenlang sprach niemand. Die Blicke der Frauen wirkten verstört, die Bauern gingen ihrer Wege. Auf dem Gesicht des Unbekannten bildete sich eine Falte zwischen den Brauen.

»Noch wat«, rief die Frau von vorhin, »jetzt aber wat Lustiges!«

Keiner jedoch stimmte mit ein, es war plötzlich eine andere, neue Stimmung und Peter, um der Situation zu entkommen, wandte sich wieder seiner Ware zu. Die Kunden zerstreuten sich. Einzig der Mann blieb zurück. »… der dem Staube einblies eine Seele …? Das ist Poesie, eine schöne Sprache«, sagte er. Peter sah ihn ernst an: »Ja, aber seht selbst: Sowat wollen die Leut net. Die wollen Unterhaltung. Dat is zu ernst.«

»Aber das ist es sicher, was Euch in der Seele brennt.« Peter nickte. »Ihr habt Recht. Sowat brennt.« Eine Pause entstand. Schließlich zog der Mann den Hut. »Zeit mich vorzustellen. Oertel, Friedrich Wilhelm Oertel, evangelischer Pastor und Superintendent hier in Sobernheim. Euer Ton gefällt mir und da ich selbst schreibe und dichte, hat mich die Art Eurer Darbietung angezogen. Wo habt Ihr das Dichten gelernt?« Peter schluckte. »Gar net«, antwortete er, »einmal hat mir einer wat gezeigt, ansonsten hab ich mir dat selbst beigebracht.«

»Vielleicht in der Schule?«, versuchte es der Mann erneut. »Ich bin kaum in der Schul gewesen. Dat war und is einfach in mir. Ich hab den Kopf voll solcher Dinge. All mein Lebtag hört ich nämlich gern wat erzählen und als ich lesen konnt, gab et für mich nix Schöneres als Bücher. Wat ich gelesen hatt, wusst ich nach Jahr und Tag noch auswendig. Und irgendwann hab ich et selbst probiert und gedichtet.« Er konnte nicht sagen, warum er sich dem Fremden so öffnete. Vielleicht war es deshalb, weil er spürte, einen Gleichgesinnten vor sich zu haben. Die dunklen Augen Oertels ruhten eine ganze Weile auf Peter. »Dürfte ich Euch bitten, mich zu besuchen? Es würde mich freuen, sehr freuen sogar, mehr von Euch zu hören.« Er griff in seine Westentasche und zog ein Kärtchen heraus, auf dem Name und Anschrift abgedruckt waren. »Gleich morgen, da seid Ihr doch hoffentlich noch hier?« Peter nickte und besah sich das Kärtchen mit den geschwungenen Buchstaben. »Um vier. Und bringt Eure Gedichte mit«, wiederholte der Pastor, verabschiedete sich und verließ den Hausiererstand in Richtung der evangelischen Matthiaskirche.

Unsicher stand Peter zwischen seinen Waren, drehte die Karte zwischen den Fingern, las den Namen einmal, zweimal: Friedrich Wilhelm Oertel, Superintendent, Igelsbachstraße No. 10. Er sah dem Mann hinterher, der auf seltsame Art das linke Bein nachzog.

Sollte er es wirklich wagen, dort vorzusprechen? Lange schon litt er darunter, dass seine Kunst und sein Drang zum Schreiben doch entsetzlich zurückstehen mussten und er mutmaßte, dass es sich mit der Kunst auch anders verhielte, wenn ein Anstoß von außen käme. Dennoch sorgte eine innere Scheu vor dem Fremden für Unsicherheit, ehe er den Entschluss fasste, ihn aufzusuchen und sich vorzustellen. Seltsam, dass ihm gerade jetzt die Stimme seiner Mutter nicht aus dem Kopf ging, die ihm riet, vorsichtig zu sein, sich keine Hoffnungen zu machen. Ein Hausierer bliebe nun mal ein Hausierer.

Friedrich Wilhelm Philipp Oertel war der Sohn des evangelischen Pastors Peter Paul Oertel. Er hatte Theologie studiert, wurde bereits mit 19 Jahren ordiniert und übernahm zunächst die Stelle seines Vaters in Manubach. Dort führte er eine Gemeindechronik und begann zu schreiben, was lange im Stillen blieb. Seit 14 Jahren lebte er nun in Sobernheim, hatte inzwischen das Amt eines Superintendenten übernommen und die Schulaufsicht für den Kirchenkreis. Er war, ähnlich wie Peter, vom Drang beseelt zu schreiben, hatte es allerdings vor Jahren schon zu Veröffentlichungen gebracht, von denen eine sogleich den schriftstellerischen Durchbruch bescherte.

Eigentlich hatte er das Schreiben begonnen, um seine Haushaltskasse aufzubessern, schrieb deshalb zunächst unter dem Pseudonym F.W. Lips, das er aus den Initialen seiner Vornamen abgeleitet hatte. Nach nur mäßigem Erfolg packte ihn der Ehrgeiz. Er änderte seinen Stil und schrieb von nun an unter dem Pseudonym W.O. von Horn, das er abermals von seinen Initialen sowie von seinem Geburtsort Horn im Hunsrück ableitete.

Als Peter sich am Samstagnachmittag auf den Weg ins evangelische Pfarrhaus machte, wusste er nicht, dass sich hinter Wilhelm Oertel der bekannte Dichter W.O. von Horn verbarg. Er ahnte auch nicht, dass sein Gang ihn zu einem Förderer seiner Kunst tragen würde.

Am Mittag war er bei einem Barbier gewesen, der ihm für einen halben Kreuzer den Bart geschabt und die Haare geschnitten hatte. Nicht nur auf die Gedichte sondern auch auf seine Erscheinung wollte er achten, bürstete darum die Jacke und putzte die Schuhe. Dennoch sah alles bunt, zusammengewürfelt und ärmlich aus. Das schwarze Heft mit den Versen trug er in der Innentasche seiner Weste. Ein paar Mal tastete er unterwegs danach, was ihm Sicherheit gab.

Er fragte sich, was wohl wäre, wenn Oertel sein Schreiben als zu einfach, zu arm, nicht geschult einstufen würde, was er befürchtete. Um die mögliche Enttäuschung so gering als möglich zu halten, sagte er sich, dass sich nichts ändern, dass er wieder zurück zu seinem Karren gehen und weiter dichten würde, ganz im Stillen, so wie bisher.

Das weinlaubberankte Haus, ein Fachwerk, lag gleich an der Stadtmauer. Der Eingang befand sich seitlich, ein kurzer Blick in den Garten verriet, dass auch ein wenig Landwirtschaft betrieben wurde. Hühner kratzten auf dem Boden, zwei Schweine reckten die Köpfe aus ihrem Pferch.

Er klopfte. Oertels Hausmädchen öffnete die Tür. Stolz und stattlich stand es vor ihm, musterte ihn verwundert, indem es seine Kleidung genau ins Visier nahm, und er dachte daran, dass – nach dem Mädchen zu urteilen – hier nicht mit Schmalz gespart würde. Die junge Frau bat ihn in einen Vorraum, wo ihm allerhand Kunstgegenstände wie Heiligenbilder, Kerzenständer, ein zimmerhoher Spiegel mit Goldrahmen und zierliche Möbel mit Intarsien auffielen. Von diesem Vorraum führten fünf Türen in angrenzende Räume, eine Treppe wand sich in den ersten Stock des Gebäudes. Das Mädchen klopfte an der hintersten Tür und alsbald trat Oertel heraus, begrüßte ihn auf das Wärmste und bat ihn in die Stube, wo er über einem Buch gesessen hatte. Die Stube war geräumig, hell, die Decke zierten Stuckaturen, Allegorien der vier Jahreszeiten. Ein rotes Kanapee stand neben einem zugedeckten Flügel, die Stühle waren mit blumig gemusterten Stoffen bezogen, ein Kachelofen mit einem Kuppelaufsatz versehen, darauf Szenen aus dem Weinbau. Am Fenster trug eine Staffelei einen mit Leinen bespannten Rahmen, ein fleckiger Nesselstoff war darübergeworfen. Holzschnitte und Federzeichnungen hingen an den Wänden. Brille, Tintenfass und Pfeife lagen auf einer Schreibkommode.

»Ich freue mich«, sagte Oertel, schob ihm einen Stuhl zurecht und trug dem Mädchen auf, einen Tee zu bringen oder einen Kaffee, was sein Gast wünsche. »Oh nichts«, antwortete Peter, der nicht wusste, wohin mit seinen Händen. An seiner Stelle antwortete Oertel: »Else, bring unserem Gast einen Kaffee«, und zu Peter gewandt sagte er lachend: »Sie macht den besten Kaffee der Stadt, Zichorien-Kaffee, unser preußischer Kaffee!«

Peter spürte seinen Herzschlag schneller werden, als Oertel sagte, dass er den ganzen Morgen schon darauf brenne, seine Werke zu sehen. Jetzt war also der entscheidende Moment gekommen, vor dem er den ganzen Tag schon bangte. Er scheute sich, sein zerfleddertes Heft auf den Tisch zu legen und fühlte seinen Mut schwinden, als Oertel es in die Hand nahm und darin blätterte. Im Raum war es still. Nur das gleichmäßige Ticken einer massigen Standuhr und das Rascheln beim Umschlagen der Seiten waren zu hören. Das Mädchen klopfte und brachte dampfenden Kaffee, der nun vor Peter auf dem Tisch stand.

Oertel saß vertieft in die Zeilen. Peter sah sich im Raum um. Ein Bücherregal, das über die gesamte Länge des Zimmers ging und sogar über die Tür weitergeführt wurde, erregte seine Aufmerksamkeit. Bis unter die Decke türmten sich die Bücher, Quart- und Oktavbände. Die untersten standen in einem besonders hohen Fach, zugeschnitten für Folianten. Darüber stapelten sich flüchtige Papiere, vergilbte Blätter. Es waren schöne Bände unter den Büchern, einige in Leder gebunden mit goldgeprägten Rücken. Er sah eine Reihe theologischer Werke dicht aneinander gereiht und nummeriert, ferner Enzyklopädien, Wörterbücher, dicke Bände Goethes, las Namen wie Fichte, Herder, erkannte Kleists ‚Käthchen von Heilbronn'. Auch französische Werke waren darunter: Rousseaus ‚Contrat social' und Voltaires ‚Lettres Anglaises'. Die Bibliothek beeindruckte ihn und lange konnte er den Blick nicht abwenden. Keines der Bücher sah so zerlesen aus wie seine billige, in verschlissene Pappe gebundene Ausgabe der Eifeler Sagen, in der er wohl tausendmal geblättert hatte. Diese Bücher hier sahen teuer und wichtig aus.

Auf dem Tisch lag, mit einer Messingklammer zusammengeheftet, ein Manuskript. Handschriftlich hatte jemand ›Die Spinnstube‹ darauf geschrieben. Oertel räusperte sich: »Entschuldigt, dass ich Euch warten lasse. Zu begierig bin ich auf Euer Schreiben. Die Blätter auf dem Tisch sind für die neueste ›Spinnstube‹ gedacht. Das ist ein Kalender, den ich jährlich herausgebe. Ihr müsst wissen, dass Kalender den abgeschieden lebenden Dörflern oft als einzige Unterhaltungsliteratur dienen, meist aber von zweifelhafter Moral sind. Genauso verhält es sich mit den Unterhaltungen in den Bauernhäusern, wo man nicht nur zum Spinnen zusammenkommt. Ihr wisst selbst, rohe und schlechte Witze werden dort erzählt, welche die Röte der Scham auf keusche Wangen jagen. Man bedenke nur, was die Jugend so treibt. Wie viele landen im Besserungshaus, im Schmiedel!« Er stand auf, ging zum Fenster und öffnete einen der Flügel. »Auf Anregung des Oberpräsidenten der Rheinprovinz bringe ich seit Jahren einen etwas anderen Kalender heraus. Einen, der die religiöse Erziehung auf unterhaltsame Weise fördern soll.

Ihr findet moralische Unterweisung aller Art darin: Sonntagsheiligung, Kinderzucht, Gesinde, Brauchtum, Lob der alten Trachten. Im neuen Kalender findet sich nun endlich auch ein Bericht und zugleich eine Warnung vor allzu häufigem Branntweingenuss, ein Übel, das hierzulande fast üblich genannt werden kann. Auch Ratschläge für die Ehe sind enthalten. Ich fühle die Berufung, die Ehre des Hunsrücks zu retten, weil ich die Gegend kenne, weil ich die Menschen liebe. Seid doch so frei, darin herumzublättern, so wie ich es hier mit Euren Werken tue. Und trinkt Euren Kaffee.« Er schob Peter den Stapel zu und vertiefte sich erneut in dessen Verse.

Peter zog die Blätter zu sich heran. »Gott zum Gruße und dem Herrn Jesum zum Trost«, las er auf der ersten Seite. Das Manuskript war mehrfach überarbeitet worden. Peter bemerkte, dass der Schreiber an vielen Stellen über und unter den Zeilen geschrieben, dann wieder gestrichen, ganze Abschnitte herausgeschnitten und an anderen Stellen wieder eingeklebt hatte. Es war eine geübte Schrift, das erkannte er an der nachlässigen Art, wie die Buchstaben gesetzt waren. Er las ein Stück, konnte aber nicht klug daraus werden, blätterte und nippte zwischendurch am heißen Getränk. Der Kaffee schmeckte bitter. »Die Seiten sind nicht fertig«, erklärte Oertel mit kurzem Blick auf sein Manuskript, »seit Wochen schreibe ich daran und es geht mir damit auf und ab. Ich will aber heute nicht von mir reden, vielleicht soviel, dass ich den gleichen Drang verspüre wie Ihr.« Er lachte und vertiefte sich wieder ins Lesen.

Fast eine Stunde saß er über Peters Versen. Als er aufsah, hatte sich der Ausdruck seines Gesichtes verändert. Sein Blick ruhte einen Moment auf Peters Händen, die immer noch das Manuskript hielten. Verschafft und rau sahen diese Hände aus. Peter, der den Blick bemerkte, schob verlegen das Manuskript in die Mitte des Tisches, dorthin, wo es vorher gelegen hatte, und griff wieder nach der Tasse.

»Was ich hier lese«, sagte Oertel, »macht mir nicht den Eindruck eines autodidaktischen Künstlers, vielmehr den eines durchaus belesenen, philosophisch angehauchten Geistes. Ja, das kommt schon eher hin. Ein Naturtalent.« Peters Hand zuckte. Er hatte nicht alles verstanden, was Oertel meinte, aber er hatte ein Lob daraus gehört, ein Lob von höchster Stelle, wie ihm schien. Außer Brandt hatte niemand, der etwas vom Schreiben verstand, seine Verse angesehen. Oertel aber hatte Gutes gesagt und so lehnte er sich zufrieden zurück und sprach seine Gedanken offen aus: »Die Sachen hat nie einer gesehn. Ein paar davon trag ich vor, wenn Kundschaft kommt. Die Leut mögen dat, natürlich die vergnüglichen Sachen zuerst, aber die beschäftigen mich wenig. Et sind, wie Ihr richtig erkannt habt, die anderen, an denen mein Denken hängt. In den trüben Stunden entstehen die tiefsten Gedanken. Oft schreib ich sie auf.« Oertel, zunehmend interessiert an Peters Leben und Werk, fragte und deutete, ließ sich schließlich die ganze Geschichte erzählen. Er erfuhr vom harten Hausiererdasein, vom Leben in der Eifel, von den Versbüchern des Lehrers, von der Rede über Christi Kreuzigung und von verpassten Chancen einer Schulausbildung in Berlin, vom Pflichtgefühl den Eltern gegenüber. Er erfuhr auch von der Sehnsucht nach Musik und Kunst, dass das Verlangen schreiben zu wollen früh schon dringlich war. Schweigend hörte Oertel zu. Dann stand er auf und ging mit auf dem Rücken verschränkten Händen ein paar Schritte in der Stube umher. »Es ist doch seltsam, dass unser Herrgott oft die schönsten Gaben über denjenigen ausschüttet, denen die Mittel fehlen. Zirbes, Ihr seid ein Künstler, dessen bin ich gewiss. Ich kenn niemanden, der ohne Förderung und Zuspruch Verse in dieser Art und Vielfalt schreibt. Der Hausierhandel ist eines und die Dichterei das andere.« Peter schluckte. Es tat so wohl, verstanden zu werden.

Am Ende nannte Oertel ihn einen Freund und versprach, dass er etwas für ihn tun wolle. Er fügte hinzu, dass es schade sei, dass solche Werke nicht einem breiteren Publikum zugänglich seien und dass er sich für ihn einsetzen wolle. »Lasst mir was da von Euch, ich will sehen, was ich tun kann.« Peter überließ ihm das ganze Heft, er hatte die Gedichte ohnehin im Kopf, wo sie am besten aufgehoben waren.

Es dämmerte bereits, als jemand an die Tür klopfte und Oertel eine Frau hereinbat, die er Peter sogleich vorstellte: »Das ist Henriette, meine Frau.« Unbefangen lächelnd kam die Frau heran und streckte ihm eine beringte Hand entgegen. »Habt Ihr Euch gut unterhalten?« Peter befremdete es, dass eine Frau, noch dazu in einem neumodischen Kleid und auffälliger Steckfrisur, neben dem Pastor stand und vertrauensselig mit ihm plauderte. Oertel sah ihm diese Gedanken wohl an, denn er sagte: »Kinder haben wir auch. Sieben sind es geworden. Unser Sohn Georg Friedrich Hugo mag in Eurem Alter sein. Ich weiß, bei Euch im Katholischen stehn die Dinge anders. Aber es lohnt sich, über das, was man kennt, nachzudenken. Warum soll ein Pastor oder ein Pfarrer nicht heiraten und Erfahrungen machen wie andere Männer auch? Er kann sich besser hineindenken in so manche Sorgen, glaubt mir.« Dabei lächelte er seiner Frau zu und strich ihr über die Schulter. Peter wollte im Beisein der Frau auf solche Rede nicht eingehen, sagte nur, dass es bei ihnen nicht üblich sei, dass er aber jedem gerne zugestehen wolle, so zu leben, wie er es für richtig hielt. Er war nicht ganz sicher, ob er das auch so meinte, wie er es sagte – Follmann fiel ihm ein, der das gefordert hatte – aber er wollte darüber nachdenken. »Eine gefährliche Sache, wenn jeder so leben würde, wie er es für richtig hielte«, gab Oertel zu bedenken, »solange wir in unserem Glauben nicht wanken, in der Reinheit des Lebenswandels und in der Beachtung der Gebote des Evangeliums, besonders der Gebote der Liebe, bleibt uns Gnade nicht versagt. Beten müssen wir für alle jene, die immer noch vom alten Wahn des Heidentums oder des Islams umfangen sind, dass sie der Finsternis entrissen und zum Licht gebracht werden. Es sind so viele, die vom Weg des Heils abirren, was sich durch Unehrbarkeit und Unsittlichkeit in der Lebensweise und der Kleidung äußert, wodurch auch viele unschuldige Seelen ins Unheil gezogen werden. Aber genug davon! Das himmlische Paradies wird allen redlichen Christenmenschen gehören. Und da ist Toleranz eine gute Vorübung.« Henriette Oertel nickte, ergänzte, dass Glaube, Hoffnung und Liebe die Stützpfeiler sein müssten, die Liebe vor allem, sie als erstes.

Zum Abschied erhielt er eine neue Einladung ins Pfarrhaus und musste versichern, beim nächsten Besuch in Sobernheim wieder anzuklopfen.

Es dauerte fast vier Wochen, bis er wiederkam. Er konnte es kaum erwarten, dem Freund die neuen Gedichte zu zeigen, die er unterwegs niedergeschrieben hatte. Zu gespannt war er, wie sich Oertel zu den neueren Sagen und Gedichten äußern würde.

Gleich nachdem er sich auf der Bürgermeisterei gemeldet hatte, machte er sich auf den Weg ins Pfarrhaus. Er traf Oertel nicht an. Der war, wie er von dessen Frau erfuhr, nach Heidelberg unterwegs, eines Romans wegen, seine Rückkehr sei ungewiss. Mit einem spitzbübischen Lächeln verriet sie, dass ihr Mann auch eines der Zirbesschen Gedichte im Gepäck habe, eines, das ihm, aber auch ihr, besonders gefallen habe, er werde schon sehen.

Peter beschloss, sich ein paar Tage in Sobernheim aufzuhalten, mindestens aber bis Sonntag zu bleiben und hoffte dringend auf ein Wiedersehen mit Oertel. Auch am Samstag nach dem Markt fragte er nach, diesmal öffnete niemand. Selbst das Hausmädchen war ausgegangen. Im Hof nebenan spielten Kinder. Einige wippten an dem Eisengitter zum Pfarrgarten, andere schnippten Murmeln in Kuhlen und ließen Zinnsoldaten reiten. Eine Weile sah er ihnen zu, dann begab er sich wieder zu seinem Karren.

Als er Sonntag in Richtung des Pfarrhauses ging, öffnete sich bereits die Tür, bevor er angeklopft hatte. »Da seid Ihr ja! Hatte schon befürchtet, Ihr wärt abgereist!« Erfreut schüttelte ihm Oertel die Hand und bat ihn hinein. »Ich sitze über einer neuen Predigt«, bemerkte er und lächelnd fügte er hinzu, »aber für die Kunst muss immer Zeit sein. Was die Predigt betrifft, Ihr kommt wie gerufen. Vielleicht könnt Ihr mir raten?« Fragend sah Peter ihn an. »Ich? Euch raten?«

»Warum denn nicht?« Oertel ging zum Tisch und zog ein Blatt aus einem Stapel Papier. »Es ist eine große Frage, ob ein Pastor auf die durch das nationale Aufgewühltsein freigesetzten Gefühle, auf die sozialen Veränderungen, auf Aufklärung und Romantik reagieren soll oder sogar muss.« Statt etwas über das Manuskript zu sagen oder Stichworte für die Predigt zu notieren, wie er es angekündigt hatte, setzte er sich und begann von sich zu sprechen. Er erzählte, dass er es sich seit Jahren zur Gewohnheit gemacht habe, gleich morgens, meist noch im Schlafrock – wie er lächelnd ergänzte – die Tauf- und Sterbebücher nachzutragen, auch andere besondere Ereignisse wie Weinernten, Getreide- und Weinpreise, Wetter und Sonstiges täglich in einer Kladde niederzuschreiben sowie alle Verordnungen und Rundschreiben der höheren Behörde, das Kirchen- und Schulwesen betreffend. Er berichtete von seiner Arbeit als Superintendent, dass er ein Verzeichnis der Kirchenstühle führe, Männer- und Weibersitze, von denen er einen Teil jedes Jahr an wohlhabende Leute vermiete. »In aller Regel bleibt beim Ableben eines Stuhlinhabers der angemietete Platz im Besitz der Familie«, explizierte der redselige Oertel, »und natürlich sind die besten Sitze nur den Honoratioren vorbehalten. Dazu gehört hier bei uns vor allem der Adel. Nun gab ich bereits vor vielen Jahren dem Musikus Niedernberg die Zusage, auf der Empore, dem Herrschaftsstand, mit seiner Familie den Messopfern folgen zu dürfen. Seit ein paar Jahren beansprucht nun auch ein gewisser Reutter, seines Amtes nach Schreiber auf der Gemeinde, dieses Recht für sich und seine Angehörigen. Bis vor kurzem ging das ohne Schwierigkeiten, denn bei uns auf der Empore können gut und gern 30 Personen stehen. Es ging auch deshalb lange gut, weil Niedernberg nicht allzu häufig den Gottesdienst besuchte. In letzter Zeit aber steigerten sich die Auseinandersetzungen und vergangenen Sonntag gab es einen Eklat. Stellt Euch vor, Reutter brachte vor, dass Niedernberg seine Frau nicht gegrüßt habe. Sie soll daraufhin gedroht haben, dass selbiger nun nicht mehr auf die Empore dürfe, dass ihr Mann ansonsten die Familie hinunterprügeln ließe.« Oertel lachte. »Gott sei Dank hat es in der Kirche keinen Tumult gegeben. Aber jetzt hat Reutter ein Beschwerdeschreiben an die oberste Instanz eingereicht und alte Besitzrechte eingefordert. Dass sein Vater mit dem Erwerb eines Adelshofes auch die Emporenplätze erworben habe, schreibt er. Dazu gab er an, dass sein Vater auf eigene Kosten eine Vergitterung und einen aparten Verschlag habe machen lassen, um seine Devotionalien dort unterbringen und in Ruhe die Gebete verrichten zu können … und so weiter und so fort. Ich schrieb nun an meinen Vorgänger, um die Sache aufzuklären. Gestern kam ein

Brief zurück. Darin betont er, dass er nie eine Zusage erteilt habe, selbst gar nicht darüber hätte disponieren können und dass es wohl ein Entgegenkommen gewesen sei, den Platz des Musikus mit Reutter zu teilen, der inzwischen immer anmaßender geworden sei. Was soll man nur tun?« Peter meinte bloß, dass er da wohl wenig helfen könne, da er sich nicht auskenne. »Ja, ja, lassen wir das«, lachte Oertel, »es gibt Vergnüglicheres zu bereden.« Endlich kam er auf die Gedichte zu sprechen. »Ich hab mir alles genau angesehn.« Er zog die Kladde aus einem Stapel anderer Papiere, nässte den Zeigefinger an der Lippe und blätterte. »Manche Eurer Verse habe ich wieder und wieder gelesen. Es will mir scheinen, als dichte hier die Landschaft selbst. Die Eifel, die versteckteste und verkannteste der deutschen Landschaften, wird laut in Eurer Sprache und mit Eurer Stimme. Das hier«, dabei pochte er mit dem Finger auf die aufgeschlagene Seite, »ist die Landschaft selbst, die sich Eurer Stimme bedient. Der Stimme eines Menschen, der in ihr geboren und verwurzelt ist, der von keiner anderen Kultur, von keinem anderen Geist genährt ist als vom Geist, der Eigenart und der Kraft der Landschaft selbst.« Peter schluckte. Das hatte auch Brandt geschrieben. Oertel blätterte jetzt im Heft. »Mein Lob, ich will Euch mein Lob aussprechen! Wisst Ihr, was mich am meisten beschäftigt hat und immer noch beschäftigt?«

»Nein.«

»Wie einer mit hungerndem Magen und zerrissenen Schuhen von soviel Schönheit schreiben kann. Wie einer stark und unbeirrt den Segen der Landschaft besingt, während er Steingut herumkarrt! Diese Innigkeit der Empfindungen und des Gefühls vor dem Hintergrund Eures armen Lebens.« Peter sah an sich hinab. »Oh nein!« Oertel legte die Hand auf Peters Schultern. »Ihr braucht nicht an Euch hinabzusehen. Hinaufsehen solltet Ihr. Welch ein Geist, der Euch leitet!« Er ging zum Regal, suchte darin herum und zog einen in grünes Leinen eingeschlagenen Band hervor. »Mörike, das ist Mörike. Wird Euch gefallen. Nehmt es für ein bisschen Freude.« Peter dankte, bewunderte die Bibliothek, die Auswahl der prächtigen Bände. Ehrfürchtig hielt er die Mörike-Ausgabe in der Hand, als Oertel sich wieder zu ihm setzte. »Erzählt mir doch ein bisschen über die Eifel. Ist ein eigenwilliger Landstrich – oder? Man hört nicht viel, und wenn, dann wenig Erbauliches.«

»Ja, ja, preußisch Sibirien, dat haben alle gehört. Damit wird die Eifel noch lang zu schaffen haben. Aber et is mein Land und da fühl ich mich heimatlich. Wenn ich auch hier schöne Gegenden seh, dat Weinland gefällt mir immer, so gilt aber doch der Eifel mein Sehnen. Ja, et ist kalt, kälter als hier. Alles blüht später und Wein gibt et auch net.«

»Es gibt auch nicht viele, die schreiben«, fügte Oertel hinzu, »jedenfalls seid Ihr der erste Eifeldichter, der mir begegnet.«

»Dat stimmt vielleicht. Aber die Leut haben Sagen und Märchen und verwahren sie gut. Dat mit dem Dichten ist ja auch net einfach, wenn man Hunger hat. Da stehn andere Sachen an erster Stell. Die Wenigsten gehn richtig in die Schul. Wie soll man da dichten können?«

»Na ja, das Dichten ist ja auch nicht für jeden. Lesen auch nicht. Was soll man dazu sagen, dass heutzutage schon jeder Bauer eine Tageszeitung liest?« Oertel schüttelte den Kopf. »Ein Skandal. Aber lassen wir das. Hier hat sich eine Art Leseverein gegründet, Lesekommune nennen die sich. Jeden Monat gibt es ein Treffen. Nächstes Mal bin ich mit meinem Kalender eingeladen. Aber ich weiß nicht. Allzu oft kommen Werke zum Vortrag, die sich mit den Ideen der Toleranz und Aufklärung befassen, Ideen, die nicht jedem gut tun. Man denke nur an Voltaire oder Diderot mit seiner Enzyklopädie. Es ist eine wahre Manie daraus entstanden, alles erklären zu wollen. Ja, eine Manie ist es, alles anzuzweifeln, eine Mode, die sogar vor dem Glauben nicht Halt macht. Von da ist es nur ein kleiner Schritt, die Ansichten der Kirche für absurd zu halten, so wie es der schief gewachsene Voltaire und die anderen Aufklärer tun. Da kann man doch manchmal froh sein, wenn – so wie bei Euch in der Eifel – nicht allzu viel davon durchkommt.«

»Nee, da widersprech ich. Grade da wär et wichtig. Die Leut dort würden sich wohl interessieren, aber sie sind zu sehr mit dem täglichen Kampf um Brot befasst. Solche Ideen stehn ganz hinten. Vielen is sogar Lesen und Schreiben fremd.« Er dachte an seine Mutter. Sein Blick glitt wieder über Oertels Regal. »Das mit dem Lesen und Schreiben mag ja noch angehen«, pflichtete Oertel ihm bei, »die Forderungen würd ich wohl unterstützen. Aber heutzutage will man ja alles! Nehmt nur die neuen Forderungen nach Volkssouveränität, Gleichheit, Freiheit und Einheit! Das ist doch zu drastisch. Überall Aufständische und Straßenbarrikaden! Nicht weit von hier, in Kirchheimbolanden, wurde kürzlich ein Aufstand von preußischen Truppen niedergeschlagen. Auch hier also.«

»Vielleicht sind die Pfälzer mutiger«, gab Peter zu bedenken, »ich seh unterwegs viel Elend und Hunger. Et is verständlich, dat die Leut sich Luft machen.«

»Aber doch nicht so, lieber Zirbes. Es geht alles zu weit. Die Aufstände sind nur ein Beispiel. Nehmt doch mal die Weiber. Selbst die erfrechen sich, den Mund aufzumachen. Tja, mein Lieber, alles Überspanntheiten, die ihre Strafe und ihren Untergang schon in sich tragen.« Er sah Peters zweifelnden Blick und fügte hinzu: »Ist es für eine Frau denn nicht das Beste, sittsam zu leben und sich beizeiten einen rechtschaffenen Mann zu suchen? Man hört nur zu oft, dass sich viele Weiber ins Unglück stürzen, weil sie glauben, dass es auch anders ginge. Ich denke da an die vielen Verzweiflungstaten von Ausgestoßenen, von Kindsmörderinnen. Man hört von Mädchen, die die in Schande gezeugten Kinder umbringen. Eine Epidemie ist das, besonders auch unter den Mägden. Bringen ihre Kinder um und behaupten, dass sie tot geboren wären! Und was ist mit den Kindern? In der Grube der Ungetauften werden sie verscharrt.« Oertel endete damit, dass Erziehung, Disziplin, Ordnung und Respekt die Stützpfeiler sein müssten, besonders für die Jugend, die ja, wie er belustigt hinzufügte, sonst wachsen würde wie die Brombeeren. Einen solchen Vortrag über die Sitten hatte Peter nicht erwartet. Sie redeten noch den ganzen Nachmittag, zweimal brachte das Mädchen Kaffee und Hefegebäck. So angeregt hatten sie sich nie unterhalten. Längst nicht immer waren sie einer Meinung. Peters Blick »von unten« gab Oertel in manchen Angelegenheiten zu denken, ebenso lieferten Oertels Perspektiven

Peter neue Denkansätze. Auf einer gemeinsamen Glaubensbasis standen sie zusammen, wenn auch hinsichtlich einiger Lehrpunkte mitunter eine Verschiedenheit der Ansichten hervortrat, etwa was die Marienverehrung oder die Wundertätigkeit der Heiligen betraf. Doch waren diese Differenzen nicht trennend, sondern würzten die Zusammenkunft und belebten die Besprechung. Freundschaftlich trennten sie sich und Peter versprach, nach dem Handel in Kreuznach wieder vorbeizuschauen.

Die Tour stand unter keinem guten Stern. In Ebernburg hatten Kinder, die im Spiel durch die Gassen rannten, den Karren gerempelt, so dass 13 Krüge und Schüsseln zerbrochen waren. Die Kinder entkamen, der Schaden entsprach einem Wochenlohn. In Münster am Stein brach ein Wagenrad. Die Instandsetzung dauerte wegen Krankheit des Wagners zwei Tage und war kostspieliger als je eine Reparatur zuvor. In Kreuznach regnete es. Tagelang war der Himmel verhangen, kaum jemand war willens, nasse Krüge heimzutragen. Seinen Stand hatte er neben einer Metzgerei aufgeschlagen, wo geschmolzener Talg einen Übelkeit erregenden Geruch verbreitete. Auch sonst war der Platz nachteilig. Am Vormittag war hier ein Rind zerlegt worden, Blut sickerte zwischen den Pflastersteinen, vermischte sich mit dem Regen, spritzte Schuhe und Strümpfe rot. Der Metzger trieb neben seinem Hauptgeschäft einen Handel mit Eingeweiden, aus denen er Saiten für Musikinstrumente herstellen ließ. Er hatte genug zu tun. Leute gingen dort ein und aus, blieben auch manchmal vor Peters Auswahl stehen, kauften aber nichts.

Als er nach Sobernheim zurückfuhr, hatte er weder etwas verdient noch sich satt gegessen.

Sein erster Weg führte ihn wieder zu Oertel, der ihn schon erwartete und, wie er sagte, große Neuigkeiten parat habe.

Beflissen schob er Peter in die Stube, kramte in einem Stapel Papier, der sich auf dem Schreibtisch türmte, und zog Peters schwarzes Heft hervor. »Das hatte ich alles bei mir in Heidelberg. Wichtige Sache dort. Es gab einigen Zuspruch für meinen Roman, aber die Sache ist längst nicht ausgestanden. Viel Gerede, um nicht zu sagen, viel Geschwätz. Veränderungen hier, Veränderungen dort, alles Kleinigkeiten zwar, die einen aber doch zur Verzweiflung bringen können. 22.000 Exemplare werden von meiner ›Spinnstube‹ gedruckt. Sogar in Amerika, Brasilien und Argentinien gibt es rege Nachfrage. Man denke nur an all die Auswanderer, die unseren Kalender als eine Art Verbindungsglied zur alten Heimat abonniert haben. Aber es gibt noch mehr zu bereden als meine »Spinnstube«. Oertel blätterte in Peters Heft. An einer Stelle war als Ersatz für ein Lesezeichen ein abgerissenes Stück von einem Karton eingefügt. »Woher«, sagte er. »Wat meint Ihr?«, fragte Peter und sah ihn irritiert an. »›Woher‹. Sie haben es genommen!« Triumphierend schwenkte Oertel das Heft durch die Luft. »Das Gedicht ›Woher‹ wird abgedruckt. In der Sonntagsausgabe des Meisenheimer Boten. Und darüber wird stehn: Peter Zirbes, Dichter aus Niederkail in der Eifel. Was sagt Ihr?« Erwartungsvoll sah er Peter an, der nicht sofort begriff, wie diese Nachricht zu verstehen war. »Mein Gedicht? Und dat sagt Ihr erst jetzt?«, fragte er lachend. »Ich habs doch gesagt.« Oertel klopfte ihm auf die Schultern und fuhr fort: »Das Gedicht hat großen Beifall gefunden. Hillrich war begeistert. Er will es gleich zu Anfang August bringen. Ihr wisst hoffentlich, dass viele den Meisenheimer Boten lesen und dass die dort veröffentlichten Gedichte allesamt kritisch durchgesehen werden und deshalb von hoher Qualität sind. Sie werden auch vielfach gesammelt. Ihr werdet sehn, das ist der erste Schritt, dem andere folgen werden.« Verlegen saß Peter in dem lederbezogenen Stuhl mit der hohen Lehne und wusste wieder nicht, wohin mit seinen Händen. Er hatte nicht viel erwartet, Korrekturen und Verbesserungen vielleicht, aber eine Veröffentlichung, und so schnell …

Oertel berichtete nun von seinem Roman ›Friedel‹, den er einem Verlag vorgelegt hatte und der nun lektoriert und illustriert werden sollte. »Illustrationen von Ludwig Richter, das sorgt für eine Steigerung der Bekanntheit. Aber dennoch, kein einfaches Geschäft mit der Schreiberei. Trotzdem ist es wichtig, dass es uns gibt, dass unsere Arbeit nicht umsonst ist, und noch etwas …«, dabei kam er nah an Peter heran, »ich glaub fest dran: Bücher können etwas verändern. Denkt nur mal daran, was seit Schiller – nur durch eines seiner Werke – alles geschehen ist. Was von so einem Buch ausgeht! Ideen, Impulse, Strömungen … Oder Kant … Ach, die Liste ist ohne Ende! Ohne Bücher wäre die Welt ärmer, glaubt mir. Und dass wir uns getroffen haben, ist kein Zufall. Der Gehalt Eurer Dichtung, das Religiöse, das Ansprechende Eurer Persönlichkeit und die gedrückte Stimmung ziehen mich an. Das wird anderen Leuten ebenso gehen wie mir.« Oertel geriet ins Schwärmen. Peter verstand nicht immer, wovon er sprach. Mit Kant und Schiller kannte er sich nicht aus. Er zog die neuen Gedichte aus der Tasche und legte sie auf den Tisch. »Neue?«, wunderte sich Oertel und griff nach den Seiten. »Das gibt ja fast einen ganzen Band.« Er blätterte, las ein Stück, blätterte. »Famos. Ganz famos!« Er bat ihn, beim nächsten Mal alles mitzubringen, auch die Sagen und Geschichten. Als sie sich verabschiedeten, hatte Peter das Gefühl, als habe sein Leben eine Wendung erfahren. Er erwähnte noch, dass er bald zurück in die Eifel müsse und erst Ende März wiederkommen könne, bis dahin aber nicht nachlassen wolle mit seinem Eifer. Oertel drückte ihm fest die Hand und versprach, sobald der Abdruck erschienen sei, einen Brief nach Niederkail zu senden. Zum Abschied schenkte er Peter ein Buch, dessen Titel er laut vorlas: »Sämtliche historisch-romantischen Erzählungen und Geschichten von F.W.Lips. Meine erste Veröffentlichung.« Irritiert sah Peter auf den Namen. » F.W. Lips?«

»Ja, damals noch unter Pseudonym geschrieben, vielleicht mögt Ihr's.«

Oertel hatte ihm eines seiner Bücher geschenkt! Unterwegs las er den Titel und steckte es dann in die Seitentasche. »En Buch von Oertel und von mir en Gedicht in der Zeitung!«

Gestärkt wanderte er durch die Gassen, vorbei an zwei hageren Gestalten in dunklem Kaftan, mit runden Käppchen und langen Schläfenlocken. Obwohl Peter anzusehen war, dass keine Geschäfte mit ihm zu machen waren, hefteten sie sich an seine Fersen und versuchten, ihm gutes Tuch, unverwüstlich und fast kostenlos, anzudrehen. Einer hielt ihn sogar am Arm fest, nötigte ihn beinahe, den Stoff zu befühlen, die Qualität zu prüfen, bevor beide einsahen, dass sie an einen Händler geraten waren, der ebenso wie sie versuchte seine Ware loszuschlagen. »Gedichte hätt ich noch«, lachte Peter und am Ende lachten alle.

Tage später stand er wieder in Meisenheim auf dem Marktplatz, wo es laut und heiß war.

Mit einem Bettler, der abgezehrt und erschöpft, wie ein kranker Hund, heranschlurfte, dabei unablässig spuckte, sich den Mund mit dem schmutzigen Ärmel wischte und schließlich vor ihm auf den Boden sank, das schweißfeuchte Gesicht mit den Händen verdeckend, teilte er einen Kanten Brot. »Oh Herr, mein Gott, du bis gerecht …«, murmelte der Bettler, während er gierig in die harte Kruste biss und sich hinkend entfernte.

Neben Peters Stand machte ein Liederverkäufer auf sich aufmerksam: »Lasst Euch bedienen, ich hab Sammlungen mit zwei, vier, sechs, acht, sogar mit 15 oder 20 Liedern! Auch ganz neue Liebeslieder, für nur einen halben Groschen!« Immer wieder blieben Leute stehen, immer wieder rief er: »Kauft die berühmte Geschichte des bösen Reichen! Lest, wie er seine Hunde auf die Armen hetzt, denen er gegen harte Arbeit nur Krümel vom Tisch fallen lässt. Schaut Euch die Lumpen des Armen an und seht die Unzucht und Frechheit des Reichen! Kommt, seht und kauft! Kauft, kauft, kauft, ka-u-f-t!« Gerne wäre Peter hinübergegangen, aber er kam nicht dazu. Immer wenn bei ihm Nachfrage herrschte, war es am Liederstand leer und wenn er Zeit gehabt hätte, umringten Leute den Nachbarstand.

Gegen Abend machte er sich auf den Weg Richtung Odernheim, wanderte unterhalb der steilen Weinhänge, wo überall weiße Kopftücher der arbeitenden Mädchen im rotgoldenen Weinlaub blinkten und die Hänge ihm wie bevölkerte Ameisenhaufen schienen. Seit Tagen zogen auch vermummte Gestalten durch die Wingerte, bei Nacht hielten sie mit Knarren und Flinten nicht nur hungrige Vögel in Schach. Auch jetzt waren sie im Einsatz, wenn es umtriebig zuging und geschäftige Hände zwischen steilen Hängen die

Beeren pflückten. Immer wieder schreckten Schüsse den Esel, zweimal scheute das Tier.

Die Sonne sank schon und immer noch sah Peter von der Straße aus, wie sich Hände reckten und Rücken beugten, Hotten und Bütten gefüllt wurden. Gesang zog zu ihm herüber, schwere dunkle Töne mischten sich mit hohen, jungen Stimmen. Zehn, zwanzig Fuhrwerke standen im Wingertsberg. Männer in blauen Kattunjacken brachten die mühsam gefüllten Gefäße von den Hängen hinab zu den Bütten, die an den Feldrainen aufgestellt waren. Manche Büttenträger gingen den Lesern entgegen, kippten den Inhalt aus den Hotten in größere Behältnisse, andere blieben unten, stampften, um das Fassungsvermögen der Bottiche auszuschöpfen, die Trauben mit Stößeln oder Füßen.

Erst nach dem Angelusgeläut stiegen von überall Leser, Helfer und Winzer von den Bergen und gingen nach dem Kelterhaus; junge Frauen saßen zur Heimkehr auf den Wagen und winkten.

Überrascht war Peter, dass auch Louise unter den Mädchen war, die am Disibodenberg pflückten. Schon von weitem hatten sie sich erkannt. Mit erhitztem Gesicht rannte sie ihm entgegen. Ihr Tuch flog. »Peter, dass ich dich hier seh!« Erfreut fasste sie seine Hände. »Ich hätt auch net gedacht, dich wiederzusehen«, antwortete er verlegen, indem er sie betrachtete. Beglückt sah sie aus. Ihr Zopf hatte sich beim Laufen gelöst und nun mühte sich Louise die Locken unter das Tuch zu streichen. Sie ließ ihm keine Zeit für viele Worte, löste den Lederriemen ihrer Hotte, die sie auf seinen Karren lud, ein kiepenähnliches Gefäß aus dünnen Weiden geflochten, aber, anders als seines, innen verpicht. »Komm Hildchen, hier werden unser Lasten gefahre, oder?« Sie winkte ein Mädchen heran, das zögernd näher kam. Das Kind hatte einen sonnenverbrannten Teint, hervorstehende Augen und einen verstörten Blick. Jemand hatte ihm ein Schulterjoch aufgehalst; zwei mit Trauben gefüllte Holzeimer hingen daran. Louise griff in einen der Eimer, fasste eine Handvoll für Peter. Ihre Hände waren schwarz vom Saft und von der Erde. »Jo, guck dir mein Händ an, heut morgen habbe mer mit klamme Händ im nasse Laub die Traubenhängel gesucht. Tausende hab ich davon jetzt geschnitte. Ich weiß gar net, wie viel Hotten ich gefüllt hab!«, lachte sie und lud Hildchens Eimer neben ihre Hotte auf den Karren. »Wie süß die Trauben dies Jahr sind«, lobte Peter, sah dabei nur Louises Augen, ihren Mund, ihren Körper. »Schön, dass du wieder da bist. Dass ich dich heut seh, passt zum Tag und der war gut! Weißt, für mich gibt es nichts Schöneres als morgens im Wingert zu frühstücke, das Frühstück schmeckt da doppelt gut! Und reicht für den ganzen Tag. Morgen geht et weiter. Jetzt habbe mir abber Hunger! Komm doch mit uns ins Kelterhaus. Es tät mich freue.«

Peter überlegte nicht lange. Bald liefen sie nebeneinander, Hildchen setzten sie auf den Esel. Unterwegs bemerkte Peter, dass sich der Riemen von Louises Schuh gelockert hatte. Sie stellte den Fuß auf einen Grenzstein, bückte sich, um das Band festzuziehen. Wie schön das aussah! Peter konnte kaum den Blick abwenden. Irritiert nahm er ihren Arm.

Es war ein ausgelassener, warmer Abend. Im Kelterhaus, das die gefüllten Bütten aufnahm, saßen sie auf strohgeflochtenen Hockern und tranken aus kleinen Tassen den noch ungegorenen, süßen Traubensaft. Während die Winzer kelterten, fanden sich nach und nach alle Helfer ein, kosteten den frisch gewonnenen Trunk und mutmaßten untereinander, welch früherer Jahrgang dem neuen wohl an Geschmack und Güte nah käme. An jedem Tisch bekam der Wingertschütze einen Trester, jedes Mal begleitet von einem lauten Wohlbekomms! Seit Tagen schon schäumte der Most in den Fässern. Schwer stand der Duft des gärenden Weines in der Luft, scharf und süß und faulig. Mückenschwärme tanzten um die Fässer und um die Kerzenstumpen; manchmal flogen sie auf, wie an Schnüren hingen sie in der windlosen Schwüle.

Hildchen saß schweigsam und unbeteiligt da, dann stand sie plötzlich auf und verabschiedete sich. Louise, die die ganze Zeit schwätzte und erzählte, hatte sich in weinseliger Laune dicht an Peter geschmiegt. »Über drei Jahr hab ich im Bären geholf und mich ordentlich abgerackert. Ich schaff gern, aber das war schon Schufterei. Im Wingert isset mir lieber.« Sie fragte ihn, ob er noch dichte, und als er von der Sache mit Oertel berichtete, ging ein Leuchten über ihr Gesicht. »Du wirst et sehn. Der hilft dir. Oh Peter, das hättst du verdient.«

Dann erzählte sie wieder von sich, dass der Wirt ihr nachgestellt, ihr in eindeutiger Absicht mehrfach in den Keller gefolgt sei. »Zudringlich war der zuletzt, das kann man sich gar net vorstelle. Aber ich hab ihm gesagt, dass er sich fortschere soll, dass sie mir so einen wie den auf den Rücken binde könnten, ich tät ihn net wolle. Immer wieder ist er zudringlich geworde und da hab ich, ohne der Wirtin ein Wort zu sage, die Stell aufgesagt und jetzt hoff ich drauf, nach dem Herbsten in einem Pfarrhaus in Dienst zu komme.«

Ganz nah zusammen saßen sie, er hörte gar nicht mehr recht hin, ihr nackter Arm streifte sein Gesicht, er roch ihre Haut, ihr Haar. Er musste sich Gewalt antun, sie nicht anzufassen.

Ihretwegen ging er zurück nach Meisenheim. Sie sahen sich noch einige Male und wieder fühlte Peter die Verbundenheit, die er bisher nur mit Loni geteilt hatte, dieses warme Gefühl, das sich jedes Mal in seiner Magengegend ausbreitete, wenn er sie ansah. Dass sie so unbefangen mit ihm umging, sich ihm so offen mitteilte, verwunderte ihn. Anfangs glaubte er, dass die einstigen Gefühle für sie wieder aufbrechen würden, dachte an die Nacht im Bären. Stark wurde der Wunsch, ihren Körper zu fühlen, ihr nah zu sein wie in jener Nacht, in der er seine Einsamkeit für ein paar Stunden vergessen hatte. So drängte er, zu sehr lockten ihr Körper, die weiche Haut.

Vielleicht sagte sie es aus Schutz, vielleicht, weil es sie lange gequält hatte. Als Antwort auf sein Drängen begann Louise zu reden über das, was unausgesprochen zwischen ihnen stand. Ohne Scheu sprach sie aus, was sie beschäftigte, offen und ehrlich erklärte sie sich ihm. Dass sie vom ersten Moment an Zuneigung für ihn verspürt habe, dass diese Zuneigung gewachsen sei mit jedem seiner Besuche im Bären. An nichts anderes als an ihn habe sie denken können, so dass sie schließlich, als er am letzten Abend das Zimmer bestellte, entschlossen war, die Nacht bei ihm zu bleiben. Sie erzählte von den glücklichen Tagen danach, als er ihretwegen den Aufenthalt in Meisenheim verlängert hatte. Als sie ihm gestand, wie sehr der Abschied sie damals geschmerzt hatte, füllten sich ihre Augen mit Tränen. »Und da hab ich immer dein Gedichte gelesen, und jedes Mal hab ich en annere Sinn drin gefunde. Und trotz allem, du weißt schon, hab ich gehofft, dass ich dich wiederseh.«

In enger Umarmung saßen sie. Berührt von ihren Worten kam auch er nicht umhin, über sich zu sprechen. Auch er erzählte, wie es ihm gegangen war, als er mit Hannes im Bären saß und sie gesehen hatte. Von seinen Hoffnungen redete er und lächeln musste sie, als er ihr Kleid beschrieb und erwähnte, dass ihn die vielen Besuche im Bären damals fast ruiniert hätten. »Et is mir net oft so gegangen, einmal nur, in unserem Dorf. Dat Mädchen hieß Loni.« Auch davon erzählte er zum ersten Mal und jetzt verschwand der Drang nach ihrem Körper, er genoss das Gespräch, die Offenheit, die Nähe. Es war Zeit vergangen, sie hatten sich verändert. Die Zuneigung war geblieben und er spürte wie langsam etwas Neues zwischen ihnen entstand: Freundschaft.

Hoffnungen

Wenn auch die Umsätze des Sommers zu wünschen übrig ließen, so stärkte ihn auf der Rückreise Ende Oktober doch Wertvolles: Louises Verbundenheit und Oertels Unterstützung.

Zurück in der Eifel hoffte er jeden Tag auf Nachricht aus der Rheinpfalz.

Aber der Abdruck in der Meisenheimer Zeitung ließ auf sich warten. Oertel hatte versprochen zu schreiben, aber bis in den Winter gab es keine Meldung aus Sobernheim. Fast glaubte er, alles sei ein Gespinst gewesen. Die kalten Monate verbrachte er mit Schreiben, ansonsten mit Tätigkeiten, die mit seinem Hausier zusammenhingen. Auch in den Wald ging er, Holz hacken und schichten, Laub sammeln, Reisig holen und die anderen üblichen Dinge. Alle zwei

Tage ging er nach Landscheid und fragte auf der Posthalterei nach Briefen. Auch von Louise kam keine Nachricht, obwohl er ihr immer wieder schrieb, zweimal auch ein Gedicht.

Ende Februar fragte er wieder nach und wie so oft schon, war die Antwort abschlägig. »Leider net, Pitter. Gar nix is da für dich. Da biste wohl vergessen worden.« Breit grinsend sah Postmattes ihn an. »Tja, da wartest du und wartest«, sagte der Harzsieder Thönnes, der, alt geworden, hinter ihm in die graue Stube getreten war und nun spöttisch seinen Hut zückte: »Guten Tag, edler Dichter!«

»Unser Pittchen hofft auf sein Gedichte«, foppte Mattes, »bald jeden Tag fragt er nach Post aus der Rheinpfalz. Aber et kommt nix.« Thönnes setzte den Hut wieder auf. »Hoffste immer noch auf die Gedichte? Dat gibt et doch gar net. Et wär besser, du würdst dat sein lassen. Die haben dich schön eingewickelt, merkst du dat immer noch net? Außerdem, meinst du, die warten auf so einen wie dich? Ha! Dat ich net lach! En Dichter willste sein? Wann willste endlich merken, dat dat für unsereins nix bringt. Wir all hier müssen mit Schweiß unser Brot verdienen, mit dem, wat wir mit unseren Händen schaffen können. Dat wird immer so bleiben. Bis Sanktnimmerlein. Bis wir umfallen.« Resigniert winkte er ab. »Hach, vergiss dat mit der Schreiberei! Dat is wat für die feinen Herren ...« Während Mattes sang: »Lasst alle Hoffnung fahren ...«, ging Peter grußlos hinaus. Es reute ihn, dass er Postmattes Vertrauen geschenkt hatte.

Wann würde er endlich begreifen, dass in diesem Dorf niemand Verständnis für seine Dichterei aufbringen würde? »Ich bin et auch selbst schuld!«, dachte er auf dem Heimweg. »Warum erzähl ich denen überhaupt wat? Die nutzen doch nur alles gegen mich.«

Sehnsucht keimte in ihm, Sehnsucht nach verständigeren Menschen, nach den Menschen der Rheinpfalz, die anders dachten und vielleicht auch deshalb offener, freundlicher und mutiger waren. Oertel kam ihm in den Sinn, der zwar konservativ eingestellt war, aber dennoch für Toleranz eintrat, bisweilen sogar, was die Religionen betraf; Louise, die seine Gedichte auswendig kannte. »Undenkbar hier«, dachte Peter, »undenkbar!

Es war ein langer, schneereicher Winter in diesem Jahr. Wochenlang war der Boden knüppelhart gefroren. Die Kälte war so bissig, dass Peter die Haut an den Händen riss, wenn er im eisstarren Wald nach Reisig suchte. Im Haus zog es. Bei Stürmen pulverte der Schnee durch Ritzen und Spalten. Kläs hatte Haus- und Stalltür dick mit Stroh verkleidet. Bis Februar konnten sie kaum das Haus verlassen. Das Wetter war auch eine Erklärung für die ausbleibende Post.

In Klausen war ein Bauernhof abgebrannt und der in Not geratene Eigentümer sah sich gezwungen, das noch übrige Vieh zu verkaufen, weil er das Futter nicht mehr aufbringen konnte. Nach reichlichem Abwägen kaufte Peter ihm ein Pferd ab. Lange hatte er mit Kläs beratschlagt, aber 20 Gulden waren günstig, und sie dachten an die Erleichterungen, die die Reise mit einem Pferd bot. Es war ein kleines, aber kräftiges Tier mit zottigem Fell, das jedes Mal, wenn Peter ihm den Kopf streichelte, die Nüstern blähte und die Ohren spielen ließ.

Im Februar klarte es auf. Die Wege waren wieder befahrbar. Dennoch erreichte ihn keine Nachricht.

Im März, just an dem Tag, als die ersten Kraniche wieder über Niederkail kreisten und der Karren fertig gerüstet dastand, war ein dicker Brief eingetroffen. ‚Meisenheimer Bote' war darauf gedruckt und in einem Rahmenstempel las Peter den Absendeort, dazu das Datum: 7. März 1852. Aufgeregt riss er am Kuvert und schlitzte es mit dem Fingernagel seitlich auf. Er entnahm dem Brief mehrere Seiten, dreifach gefaltet und an einer Ecke mit einer Metallklammer gehalten. Er trat ans Fenster und begann zu lesen. Im Anschreiben bedankte sich ein Bertold Lauber, Redakteur des Meisenheimer Boten, für das Einverständnis eines Abdrucks. In einer krakeligen Schrift mit hohen Buchstaben bezog er sich auf die Vermittlung des Superintendenten Oertel, an den etwaige Zuschriften weitergeleitet würden. Dem Anschreiben lag der Zeitungsausschnitt bei. Aufgeregt faltete Peter das Blatt auseinander. Oben rechts hatte jemand mit rötlicher Tinte das Datum notiert. Gleich darunter las er in schnörkeligen Lettern ›Woher‹. Eine ganze Spalte hatten sie ihm gewidmet. Gedruckt sah der Text ganz anders aus als geschrieben und fast war es ihm, als sei es nicht mehr sein Text, als sei auch der Name, der kleiner und unter dem Gedicht vermerkt war, nicht seiner. Auch die Anordnung der Zeilen hatte sich verändert, neue Umbrüche waren entstanden. Vier Zeilen pro Strophe waren es jetzt. Erst als er es las, einmal, zweimal, kam das Gefühl zurück, das er beim Schreiben empfunden hatte und er erkannte sich wieder. Plötzlich schwoll Stolz in seiner Brust. Wie gerne hätte er jemandem die Zeilen gezeigt, Louise vielleicht: »Denk mal an, sie haben et wirklich gedruckt …«

Die Einzige, die sich in Niederkail mit ihm freute, war Elisabeth. Die Eltern nahmen es zur Kenntnis, so wie sie alles zur Kenntnis nahmen; sie zweifelten.

Auch dieses Jahr fuhr er allein. Die Mutter war krank, verlangte, dass Kläs bei ihr bleiben sollte. Da aber auch der Vater geschwächt war, erbot sich Elisabeth, die im Winter Mutter eines Mädchens geworden war, die Pflege der Eltern zu übernehmen. Kläs entschied sich trotz seiner Gichtattacken, die vom letzten Jahr übrig gebliebene Ware auf den alten Karren zu packen und mit dem Esel nach Kyllburg, von dort entlang der Kyll über St. Thomas, Usch, Mürlenbach, Birresborn und Lissingen bis nach Gerolstein zu gehen.

Peter spannte das Pferd an. Unter dem Geschrei der Haolegäns zogen sie los, ihre Wege trennten sich noch im Dorf.

Dieses Jahr ließ der Frühling lange auf sich warten. Weder an Erlen oder Weiden waren Triebe zu sehen, nur die Fichten standen grün wie immer. Eine frostige Kälte lag über dem Land. Eingemummt saß Peter auf seinem Karren, behauchte die Hände, rieb das von Kälte taube Gesicht. Der schneidende Wind kühlte bis auf die Knochen. Er sah auf den eingefallenen, weichen Rücken des Pferdes, das zuweilen den Schweif peitschte und den Kopf zurückwarf. Noch war auch der Morgen düster. Nicht einmal waschen konnte er sich, das Wasser war in den Trögen gefroren. In der Gegend von Binsfeld, wo er einkaufte, wärmte er sich an den offenen Feuern in den Werkstätten der Töpfer.

In den Nächten wölbte sich ein kalter Himmel über ihm; bläulich blitzten über dem Gespann die Sterne. In ihrem gleichmäßigen Licht sah die Landschaft noch weiter und unbelebter aus als sonst. Auch der Mäusebussard, der mit langsamem Flügelschlag über dem Wald segelte, trug nicht dazu bei, die Einsamkeit zu vertreiben. Müde saß Peter auf dem Karren. Gerne hätte er geschlafen. Um sich warm zu machen, stieg er ab und ging eine Weile neben dem Pferd. Vom wilden Wacholder brach er ein Blatt, zerrieb das harte, würzige Grün zwischen den Händen und sog den Duft ein.

Steinig und öde waren diese immerwährenden ausgefahrenen Wege voller Räderspuren, daneben Felder und Wiesen, manchmal ein Wald. Gestrüpp und Disteln wuchsen reichlich. Ein Star flatterte von einem Ast auf; sein anhaltender schwätzender Gesang klang spottend. Das Pferd schnaufte und hob den Kopf. Die Nüstern bebten. Am Himmel, der aussah wie geronnene Milch, kreiste ein Greifvogel. Wieder ein Hühnervogel? Er fragte sich, wie der Vogel ihn wohl sah? Wohl als einen dunklen beweglichen Fleck, zu groß als Beute, zu weit weg, um ihn fürchten zu müssen.

Nachdem Peter die üblichen Einkäufe getätigt hatte, machte er sich auf den Weg in das nordpfälzische Bergland. Anfang April war es noch kühl und klamm. Er folgte dem Glan nach Meisenheim, nahm die gewohnten Wege durch den Ort, an der Ritterherberge vorbei durch die Gassen in Richtung der Schlosskirche. Eine Gruppe Kinder wanderte lärmend zur Schule, alle trugen blaue Leinenbeutel quer über der Brust. Im Stall des Gasthofes am Markt band er das Pferd am hintersten Pfahl fest, dort, wo es am wärmsten war. Er rieb es mit Streu ab, warf ihm die Decke über den Rücken, klopfte ihm auf den Hals und strich mit gespreizten Fingern durch die verzottelte Mähne. »Jo, jo, jetzt kannste stehn und schnaufen!« Etliche andere Pferde waren hier untergebracht, Ketten rasselten, Hufe scharrten. Kühe lagen breit in der Streu. Ein Knecht trat ein und begann mit kräftigen Bürstenstrichen eines der Pferde zu striegeln.

Peter ging in die Wirtsstube. Die Luft stand vom Rauch, der gusseiserne Ofen hitzte und dampfte, die Holzscheite darin summten.

Er trank ein Glas heiße Milch, von einer schlecht gelaunten Magd mürrisch dargereicht, aß ein Brot mit Schmalz, wärmte seine Finger an der Schale, während seine Augen das Fenster fixierten.

Bevor er Oertel besuchte, wollte er Louise sehen. Beim Weinbauern fragte er nach und erhielt die Adresse eines Leinenwebers, der am Ufer des Glan eine Fabrikation unterhielt.

Leicht war es, Louise zu finden.

Wohltuend war das Wiedersehen auf dem Hof der Weberei, wo er sich nach ihr erkundigte. Obwohl die Meisterin ihnen höchstens fünf Minuten zubilligte und sie während dieser Zeit nicht aus den Augen ließ, störte sich Louise nicht an ihrem strengen Ton sondern umarmte Peter auf das Herzlichste. Als er wissen wollte, warum sie nicht geschrieben habe, empörte sie sich. »Ich hab net geschriebe, weil du net geschriebe hast, wie könnt ich denn als Erste…«

»Nee, nee«, unterbrach Peter, »ich hab geschrieben …« Es stellte sich heraus, dass der Herbergswirt, bei dem sie zuletzt gewohnt hatte, die Post nicht weitergegeben hatte, was jetzt für Gelächter sorgte. »Dann hab ich also gedacht, du schreibst net und du hast gedacht, ich schreib net …«

»Ja, und du hast bloß net geschrieben, weil Mädchen so stolz sind und nie als Erstes schreiben!«

»Jetzt reichts! Geschafft wird und net geschwätzt!« Wütend fuhr die Stimme der Meisterin dazwischen. Peter blieb kaum Zeit, das Zeitungsstück zu zeigen, wofür er einen Kuss erntete. »Peter, ich freu mich so!« Froh machte es ihn, dass Louise seine Gedichte genoss und ihn zumindest ein bisschen dafür bewunderte, dass er in Worte fassen konnte, was sie fühlte.

Am Abend trafen sie sich auf der Glanbrücke, liefen ein Stück, bis die Häuser weniger wurden. Am Ufer des Flusses saßen sie, als Louise eine Mappe aus der Tasche zog, in der sie ausgeschnittene Texte verwahrte, Gedichte zumeist, aber auch Erzählungen und Märchen. »Guck, was ich hab! Seit ich dich kenn, sammel ich die Sachen. Es sind schöne Verse dabei. Alles aus der Meisenheimer Zeitung«, sagte sie, blätterte mit ihren gebräunten Händen in dem Stapel herum und zog einzelne Blätter hervor. »Schau, hier hat selbst Oertel geschriebe, unser guter Oertel vom Hunsrück, hier eine Reisebeschreibung von ihm; auch ne Fabel ist dabei. Das Gedicht von Schiller ist das längste«, lachte sie und breitete ein Blatt auseinander, auf dem, passend zu den Versen, eine Illustration abgebildet war. »Oertel und Schiller«, bemerkte Peter, »ja, dat sind die Großen! Haben beide die Lateinschul besucht und net nur dat …«

»Still«, sagte Louise und hielt ihm einen Finger vor den Mund. »Du sollst Dich nicht länger verstecke. Denk dran, wie viele Leut du schon mit deinen Gedichten erfreut hast! Denen du aus der Seel gesproche hast. Mach dich nicht länger so klein. Hast eben einen anderen Weg vor dir als die Großen. Aber deine Kunst ist allemal so wichtig wie deren auch!«

Dann zog sie einen weiteren Zeitungsausschnitt hervor und sah ihn erwartungsvoll an. »Schau, ich hab es wahrscheinlich schon gelese, als du in der Eifel noch auf Post gewartet hast. Hier ist es: ›Woher‹, von Peter Zirbes!« Diesmal erntete sie einen Kuss. Selten hatte ein Mensch ihn so bestärkt. Oertel natürlich, auch Brandt. Glücklich sah er sie an, wie sie in ihrem dunkelblauen Filzkleid vor ihm saß, das Kinn in die eine Hand stützte und mit der anderen das Blatt mit dem Gedicht hielt. Ihre braunen Haare, fest zu einem Knoten zusammengebunden, bedeckten die Hälfte der Ohren und umrahmten ihr feines Gesicht mit den grauen Augen. Obwohl ihm gerade noch nach Scherzen war, überkam ihn jetzt eine seltsame Schwermut. »Et is mir all so dunkel«, sagte er, »in meinem Kopf ist nur Durcheinander. Ja, et gibt en Gerüst, en Entwurf, wat mich aber auch net fortbringt. Da ist die Arbeit, die ständige Reiserei, dat Leben auf der Straß. Un immer allein, Louise, alles is mir oft so einsam, so grau und ohne Zuflucht. Die Schreiberei hilft mir, treibt mich aber auch. Ich kann et net lassen, selbst wenn ich wollt.«

»Es ist der Gegensatz, der dich quält«, sagte sie ernst, »weil du empfindest, was annere anners empfinde. Weil du siehst, was annere net sehe. Vielleicht ist es nötig, dass du so lebst, so lebe musst, um zu schreibe. Und die Einsamkeit? Viele Künstler sind einsam …«

»Ja, kann sein. Ich fühl mich unsichtbar und zugleich beobachtet und bewertet. Kannst du dat verstehn?« Louise nickte und er fuhr fort: »Mir isset oft, als ob ich zwischen zwei Welten steh und in keiner daheim bin. Manchmal denk ich, dat et Neid is, so en schwermütiger Neid auf andere, die et besser haben. Die dichten können und dafür anerkannt werden. Oft schäm ich mich für die Gedanken.« Sie griff nach seiner Hand. »Künstler haben oft ein tragisches Leben. Die müssen das Menschliche darstelle, ohne dran teilzuhabe.« Erstaunt sah er sie an. »Wat du da sagst, Louise. Ja, et is oft ne Qual, dat Einsame, die Gegensätz, die Widersprüch. Und dann der harrende, süchtig machende Fleiß, der mich drängt …« Eine Weile schwiegen sie. Dann begann er erneut. »Wat Herkunft und Bedingungen für einen Künstler bedeuten …« Er drückte ihre Hand. » … wat et bedeutet, Gedichte schreiben zu müssen, um wat zu verstehen, zu begreifen. Und dat Suchen nach en bisschen Vertrauen und Liebe. Immer spür ich Sehnsucht nach wat, wat ich gar net beschreiben kann. Dann die spöttischen Blicke und ich merk, dat ich mich kaum verständigen kann. Et gibt so wenige, die dat verstehn. Hier geht et ja noch und jetzt, bei dir. Zuhaus' ist et schlimmer.« Verstimmt schüttelte er sich rötliche Ameisen von den Hosenbeinen.

Er blieb noch ein paar Tage in Meisenheim, setzte auch einiges um. Louise sah er noch einmal, kurz nur, denn an ihrem einzigen dienstfreien Tag half sie in einem Krankenhaus am Liebfrauenberg.

Dass Peter sich zu Unrecht wegen Oertels Schweigen sorgte, erfuhr er, als er wieder nach Sobernheim kam. Zwei Briefe hatte Oertel im Frühjahr an ihn abgeschickt, beide waren zu spät in Niederkail angekommen und mit dem Stempelaufdruck »Adressat auf dem Hausierhandel. Aufenthalt unbekannt. Rückkehr voraussichtlich Ende Oktober« ins Pfarrhaus zurückgeschickt worden. Während er gebangt hatte, Oertel habe das Interesse an ihm verloren, erfuhr er nun, dass sein Gönner nur zu sehr damit beschäftigt gewesen war, nach Hilfe und Unterstützung für seinen armen Poeten aus der Eifel, wie er ihn nannte, zu suchen. »Das Gedicht im Meisenheimer Boten hat besten Anklang gefunden. Es gab einige Zuschriften. Ich will Euch unterstützen. Ich weiß selbst nicht genau, was mich so derartig drängt, Euch in diesen Herzensangelegenheiten beizustehen. Vielleicht ist es Euer Leben, die Armut und Euer Wille zu schreiben. Vielleicht leitet mich auch die Ironie, dass es Gott gefallen hat ausgerechnet über Euch, einem armen Steinguthändler aus einer der ärmsten Gegenden Preußens, eine Gabe auszuschütten, die, so wie es jetzt steht, niemals Früchte tragen wird. Wer weiß, ob ich nicht deshalb dazu bestimmt bin, Euch zu helfen?«

»Nur der Armut wegen nehm ich keine Hilfe an«, begann Peter, »um Mitleid zu heischen, bin ich net gekommen. Wenn et meine Kunst net ist, dann sagt et nur grad heraus. Ich kann dat vertragen!«

»Aber nein! Wo denkt Ihr hin?« Beschwichtigend hob Oertel die Hand und rief nach Else, einen Kaffee zu bringen. »Heutzutage schafft es kaum noch ein Dichter ohne Hilfe zu einer Veröffentlichung zu kommen. Selbst die Großen hatten ihre Anlaufschwierigkeiten. Ihr dürft nicht so stolz sein. Eure Armut macht es Euch noch viel schwerer als anderen, in dieser Richtung weiterzukommen. Ja, wenn Ihr Goethe hießt …« Else brachte dampfenden Kaffee und Gebäck. »Also ich stehe zu Euch. Nehmt die Hilfe ruhig an, sie kommt von Herzen!«

Wenig später erschien Peter nochmals in Sobernheim. Wieder gab es Neuigkeiten. Oertel hatte den Landrat Heuberger in St. Goar um Hilfe angefragt, ihm brieflich die Situation geschildert und das gesamte »Zirbessche Manuskript« beigelegt, mit der Bitte es zu lesen und sich daran zu erfreuen. Er fügte hinzu, dass er die Herren aufgefordert habe, die Schrift wohl zu bewahren, da es ein Unikum sei, ein zweites nicht existiere. Natürlich habe er, schon aus diesem Grund, sich eine Notiz über den Erhalt der Dichtungen erbeten. Peter solle sich also nicht sorgen, die Dinge seien angeregt. »Ihr seht, Freund Zirbes, es muss in alle Hörner gestoßen werden, damit ich Euch ein Kapitälchen sichern kann.«

Schon Mitte des Monats waren sie wieder verabredet und obwohl es für den Porzellanhandel Einbußen bedeutete, verlängerte Peter die Zeit in Sobernheim. Er erfuhr, dass Oertel einen zweiten Brief an den Landrat hatte folgen lassen, worin er ihn mit Nachdruck beschwor, sich endlich der Sache anzunehmen. Wie es ausgehe, sei ungewiss. Oertel machte keinen Hehl daraus, dass er Peters Armut mit ins Kalkül gezogen hatte. »So hab ich den Landrat aufgefordert dem Schwärzer noch etwas mehr abzuzwicken, für Euch, den blutarmen Dichter, wo Ihr doch so arm wie Hiob seid.«

Eine Weile wusste Peter nicht, ob er sich über diese Bemühungen freuen oder ärgern sollte. Was seine Gedichte betraf, so wollte er die Hilfe gerne annehmen, ja, musste es sogar, gab es doch ansonsten kein Licht am Horizont. Was aber die Sache mit der Armut betraf, nein, es missfiel ihm, dass Oertel dies angeführt hatte, waren doch Dichtung und Armut zweierlei. Wertschätzung für die Dichtung ja, aber Mitleid? Nein, das würde er entschieden ablehnen.

Um sich Rat zu holen, fuhr er nach Meisenheim, zu Louise.

Die Obstbäume blühten, die Sonne wärmte schon. Ein frischer Erdgeruch hing in der Luft, Knospen steckten auf den Ästen der Hecken, trieben aus, verströmten einen ersten, feinen Duft. In den Feldern standen Bauersfrauen, steckten mit kleinen Schritten Bahnen zur Aussaat ab, auch Beete für krausen Kohl, Salat, Stangenbohnen und Möhren. Pfeifend schritt ein junger Bauer die Furchen auf und ab, warf in regelmäßigen Abständen Samen aus. Neben einem Weiher häufelten Mädchen Früherbsen und steckten Reiser in die Erde. Ein Zuruf erreichte sein Ohr, ein Gruß.

Als er in der Leinenweberei anklopfte und nach Louise fragte, erhielt er von einem Knecht die Auskunft, dass sie krank gelegen sei an Scharlach und sich nun zur Pflege zu Hause aufhalte. Auf die Frage, wann man sie zurückerwarte, zuckte er die Schultern. »Wenn ich das wüsst.«

Am Ostersonntag kam Peter unangemeldet zu Oertel. »Stör ich?«, fragte Peter auf der Schwelle des Pfarrhauses. »Nie. Kommt rein, es freut mich! Ihr kommt gerade recht.«

Im Flur sprachen sie über das Wetter, stellten fest, dass der April noch spektakelte, dass es aber, den Wetterregeln gemäß, an Pfingsten tropisch heiß werden könne. Eigentlich hatte Peter vorgehabt, Oertel unverzüglich mitzuteilen, dass er Mitleid nicht wünsche und die ganze Sache abblasen wolle, aber der Pastor ließ es dazu nicht kommen. Kaum dass sie in der Stube saßen, teilte der ihm erfreut mit, dass seine Gedichte in den ihm zugänglichen Literatenkreisen, wo er das ein oder andere vorgetragen hatte, als wertvoll eingestuft worden seien und dass er deshalb den Wunsch an den Landrat herangetragen habe, eine Abschrift mit Auszeichnung durch dessen Behörde zu veranlassen. Diese Auszeichnung werde er als Vorboten für eine Subskription im Frankfurter Conversationsblatt Didaskalia, einer viel beachteten Kulturbeilage, abdrucken lassen. »Zirbes, es gibt Einiges zum Freuen!« Peter verstand zunächst nicht, was Oertel andeutete. Erst als er vernahm, dass ein Gedichtband herausgebracht werde, allesamt Zirbes-Gedichte und dass der erste Druck des Buches noch Ende des Jahres folgen solle, entspannten sich seine Züge. »Mein Gedichte? Als Buch?«

»Alle mögliche Förderung habe ich in dieser Sache erbeten«, nickte Oertel, »das erwarte ich vom Landrat. Eine Gewissenssache ist es. Nach Kosten für den Druck, die Broschur, den Umschlag, die Korrektur habe ich bereits gefragt. Geld ist natürlich keines da, wie immer. Erst muss die Subskription gedeckt sein, ehe der Druck beginnen kann.« Peter saß am Tisch, zunächst unfähig eines Wortes, drehte die Mütze in der Hand und fragte sich immerzu, ob er sich wohl verhört habe, ob Oertel nicht eher einen eigenen Gedichtband plane. »Meint Ihr wirklich meine Gedichte?«, fragte er mit ungläubigem Blick. »Aber ja. Ihr seid gemeint und auch Eure Gedichte«, lachte Oertel, dem die Aufregung seines Gegenübers nicht entgangen war, »im Moment geht es hier nur um Eure Werke. Aber, habt Ihr gehört? Die Subskription muss gedeckt sein.« Oertel schmunzelte immer noch. »Subskription?«, fragte Peter. »Ja, das ist eine gängige Methode, den Absatz einzuschätzen.« Oertel setzte seinen Zwicker auf. »So etwas wie ein Vorabverkauf. Schon Mozart hat das mit seinen Konzerten gemacht. Das ging in etwa so, dass er in Musikalienhandlungen Subskriptionslisten für seine kommenden Konzerte ausgelegt hat, in die man sich bei Interesse eintragen konnte. Wir machen das mit Büchern. Ich habe selbst Subskriptionsausgaben herausgebracht, die ›Rheinischen Dorfgeschichten‹ beispielsweise. Die Leute, die interessiert sind, sollen Euch unterschreiben, dass sie eines oder mehrere Bücher abnehmen werden. Damit ist das Risiko, dass wir auf den Büchern sitzen bleiben, sehr viel geringer. Wir lassen auf Subskription drucken. Was später vom Verkauf übrig ist, gehört Euch.« Er sah Peter ernst an. »Wegen der Subskription bedenkt, dass unser geschätzter Schiller auf einem großen Stapel seiner ›Räuber‹ sitzen blieb, die er unvorsichtigerweise im Eigenverlag herausgegeben hatte, was zeitweise für einen riesigen Schuldenberg sorgte. Kurz gesagt, es ist wichtig zu wissen, wie viele Exemplare verkauft werden können, wie viele wir also drucken sollen. Bei aller Liebe zur Kunst, die Kosten müssen gedeckt werden.« Peter nickte. »Ich soll also überall herumfragen und …«

»Genau«, fuhr Oertel dazwischen, »Ihr kommt doch herum und mit den Leuten ins Gespräch. Das dürfte keine Schwierigkeit sein. Glaubt mir, wenn die Leute für Euer Buch unterschreiben, dann kaufen sie es auch! Etwa 800 Unterschriften müssten zusammenkommen bis Herbst. Und dann geben wir es im Selbstverlag heraus. Der Landrat unterstützt die Sache. Wie genau, weiß ich noch nicht. Ich erwarte jeden Tag seine Antwort. Geduldet Euch noch ein paar Tage. Dann liegen auch die Formulare für die Subskriptionslisten vor. Kommt nächste Woche wieder. Und nun freut Euch erst einmal!«

In der Nacht fand Peter keinen Schlaf und manchmal dachte er, dass alles ein Traum gewesen sei, dass bald jemand kommen und ihn wecken würde. Aber niemand kam und am nächsten Morgen war es ihm, als ob nun endlich die neue Zeit anbreche, die er so sehr herbeigesehnt hatte. Die Tage zogen sich, jede Minute war er mit dem Gedichtband beschäftigt; seine Gedanken flogen. Ende der Woche lagen die Listen noch nicht vor. Deshalb beschloss er, des Geschäftes und Louises wegen nach Meisenheim zu fahren.

Auf dem Markt war nichts umzusetzen, immer noch lasteten Armut und Not. Auch Louise fand er nicht vor. Es blieb ihm nur, ihr ein paar Zeilen zu hinterlassen.

Als er das nächste Mal bei Oertel anklopfte, fand er einen verärgerten Superintendenten vor. »Der Landrat hat bisher weder die Listen geschickt noch brauchbare Zahlen genannt. Gleich nach Eurem Besuch hab ich deshalb zur Feder gegriffen.« Auf dem Tisch lag die aufgeschlagene Schreibmappe mit einem Brief. »Der geht heute noch zur Post!«, sagte Oertel und zeigte auf die Zeilen, die Peter kurz überflog.

Herrn Landrat Heuberger
Hochwohlgeboren
Sankt Goar, am 30. April 1852

Eilt sehr!
Mein Lieber!
Wie es zugeht, dass ich seit Wochen kein Wort von Ihnen höre, keine Antwort auf meine Fragen, keine Subskriptionslisten von den Zirbes'schen Gedichten, keine Abschriften etwaiger Poesien, das weiß ich nicht zu begreifen, es sei denn, dass ich Sie für krank halten müsste und das verhüte Gott!
Gar fatal wird es mir sein, wenn Poeta Zirbes herkommt und ich ihm die Subskriptionslisten nicht geben kann; senden Sie sie doch schnell!
Der Ihrige, Oertel

Er erklärte Peter, dass er sich keine wirklichen Sorgen um die Unterstützung durch den Landrat mache. Zu eng sei ihre Bande, zu gut auch die Freundschaft, zu wichtig beider Position, das Schreiben und Tun. »Heuberger ist die beste Adresse, die man sich denken kann. Kunstsinnig wie er ist, steht er in Kontakt mit allen bekannten Literaten, die sich am Rhein angesiedelt haben. Leute wie Heine, auch Brentano aus Ehrenbreitstein, Freiligrath aus St. Goar, Schücking und Geibel sind Gäste bei ihm. Auf einer Reise nach Italien hat sogar Turner ihn besucht, der verrückte, mürrische Maler mit seinen eigenwilligen Landschaftsbildern.« Trotz des Lobes für seinen Freund ärgerte es Oertel, dass die Dinge in Peters Fall langsam und zäh gingen und Leidenschaft für die Sache fehlte. Das war ihm deutlich anzumerken.

Anfang Mai erfuhr Peter von einem Brief Heubergers an Oertel. Als er an diesem Tag das Pfarrhaus betrat, fand er seinen Gönner wieder in gereizter Stimmung. »Die machen nicht voran. Ein zäher Apparat ist das. Obwohl ich dränge, dränge und nochmals dränge.« Er stand auf und zog einen Brief aus einem Bündel anderer Briefe und legte ihn vor Peter auf den Tisch. »Da seht Ihrs. Lest selbst! Aber das hat eine Fortsetzung, das gelobe ich!« Peter griff nach dem Brief. Neben viel Banalem, Privatem und Geplauder bezog sich Heuberger erst am Ende des Briefes auf die Herausgabe seiner Gedichte. Mit einem spöttischen Unterton fragte er, welch zu guter Geist es sei, der ihn, Oertel, wohl leite, ein solches Werk herausgeben zu wollen. Unumwunden schrieb der Landrat, dass es den Gedichten nicht nur an Originalität fehle, dass der Verfasser auch offensichtlich die Form nicht beherrsche, dass selbst ihn die kräftigen Ausdrücke genieren, dass die Wortstellungen unerträglich, alles sehr gezwungen und unnatürlich klänge. Weiterhin wies er an einem Exempel nach, dass Zirbes den Dativ unkorrekt gebrauche, der Genitiv sei überhaupt nicht zu erklären. »Alles in allem zeigen die Ausführungen große Mängel im Versmaß sowie unzählige Ausdrucksfehler. Derjenige, der ihm dies beigebracht haben soll, muss ein peinlicher Dilettant gewesen sein.« Heuberger schloss damit, dass er es zwar ihm, Oertel, überlassen, ihn aber wohlweislich und ausdrücklich darauf aufmerksam machen wolle, dass es ein nicht einschätzbares Risiko sei, derlei Dinge zu publizieren, ein Risiko, das er gut abwägen solle.

Das Blut schoss Peter in den Kopf, er fühlte seinen Puls rasen. Unsicher suchte er Oertels Blick. »Alles Ausreden. Nicht persönlich zu nehmen. Damit geben wir uns nicht zufrieden. Die Gedichte werden erscheinen, so wahr ich Oertel heiße.« Er klopfte Peter auf die Schultern, »Kopf hoch. Wir geben nicht auf. Er wird es machen. Er muss es machen.« Oertel schien keine Zweifel zu haben; Peter hingegen sah seine Hoffnungen schwinden. Wäre er doch bloß niemals hierher gekommen. Der Pastor, der es so gut mit ihm meinte, hatte nichts als Scherereien und zusätzliche Arbeit mit ihm, die Mühe würde sich nicht lohnen. Er war nah dran, seinen Gönner zu bitten, die ganze Sache ruhen zu lassen. »Vielleicht hat er recht, der Landrat«, sagte Peter, »ich hab dat Schreiben ja net richtig gelernt. Ihr wisst schon.«

»Oh nein, Peter Zirbes, Ihr seid ein Naturtalent, ein Naturdichter, wie ich ihn mir nicht besser denken kann. Um Eure Fähigkeiten müsst Ihr Euch nicht sorgen. Wer die nicht erkennt …« Er wies auf einen Sekretär, auf dem ein angefangener Brief lag. »Ich bin bereits dabei zurückzuschreiben, einen Brief, der es in sich hat! Darauf könnt Ihr Euch verlassen. Ich habe keine Zeit damit vertan, über den Brief Heubergers nachzudenken. Grämt Euch deshalb nicht!«

Vom Flur aus rief Henriette nach ihrem Mann. Er entschuldigte sich. »Wartet einen Moment. Ich bin sofort zurück.« Während Oertel draußen mit seiner Frau sprach, stand Peter auf und ging zum Sekretär. Es war nicht seine Art, Oertels persönliche Dinge anzusehen, aber Heubergers Äußerungen verletzten ihn und es drängte ihn zu erfahren, wie der Pastor wirklich dazu stand.

Sobernheim, im Mai 1852

Lieber Freund!
Offenheit ist eine schöne Sache und anerkennenswert! Andere Leute sagen es nicht so unumwunden wie Sie! Allen Respekt! Und Sie haben auch Recht, wenn Sie das Originelle, wenn Sie das Vollendete in Inhalt und Form vermissen aber Sie vergessen, dass Zirbes ein Mensch ohne alle Bildung ist! Ich muss Ihnen da entgegentreten, wo Sie schonungslos hart sind. Ihr Standpunkt ist ein falscher. Die Vogelperspektive in Ihrer

Bildung ist nicht der Standpunkt, von dem aus der einfache Naturmensch Zirbes beurteilt sein will und soll und darf. Stellen Sie sich in die tiefste Tiefe, wenn Sie können und dann schauen Sie dem armen, anspruchslosen Zirbes in die Augen. Ich stelle mich zu Zirbes in seiner Bildungslosigkeit, Armut, Demut, Niedrigkeit und finde in seiner Dichtung doch mehr als Sie und breche nicht auf dem Knie den kritischen Stab. Ich leugne nicht, dass ich von meinem Herzen mehr geleitet werde, alle die Opfer für Zirbes zu bringen, die ich bringen muss. Wenn da mein nüchterner Verstand ins Spiel käme, müsste ich Hand abziehen. Ich will ihm eine bessere Zukunft gründen mit Gottes Beistand und betrachte mich als das dazu von Gott erwählte Werkzeug. Da liegt der Grund meines Tuns. Es ist möglich, dass ich eine Schlappe davon trage, sehr möglich, aber – voluisse iuvat*! In der Kammer meines Herzens sitzt einer, der sagt: Wag's! Es ist für einen armen Menschen. Ich hoffe, Sie würdigen das!
Ihr getreuer Oertel

Ihm eine bessere Zukunft gründen, das also war Oertels Absicht. Nicht die Gedichte hatten es ihm angetan sondern seine Armut. Sein Elend war also der Beweggrund, nicht sein Talent. Die Gedanken brannten. Eine Entmutigung für sein ganzes Schaffen. Er schluckte, fühlte Druck auf der Brust. Gleich würde Oertel zurück sein.

Was, wenn er einfach gehen würde? Einen Moment schwankte er. Sein Blick wanderte zum Fenster. Was, wenn er gehen würde?

In diesem Moment trat Oertel ein, erkannte die Situation. »Lest den Brief nur ganz und in Ruhe. Ich möchte Euch nichts vorenthalten. Aber wisst, dass das, was Ihr dort lest, der Sache weiterhelfen wird. Bedenkt, wer Erfolg haben will, muss kämpfen! Und das mit allen Mitteln. So schwer Eure Armut auch auf Euch lastet, so brauchbar ist sie für unser Vorhaben.«

»Die Armut ist eine Sache, die Gedichte eine andere. Aus Mitleid kann ich keine Hilfe annehmen.«

»Seid nicht so stolz, guter Zirbes! Die Schreiberei ist ein hartes Brot. Da kommen neben Anerkennung und Bewunderung auch Bloßstellungen, Demütigungen, Spott. Die Armut ist ein Argument. Bald aber werden es die Gedichte sein. Nur Mut also! Der Brief dort ist nichts anderes als ein Bettelschreiben. Aber nützlich.«

Peter sah auf den Brief, dann auf Oertel. »Ich möcht Euch bitten, mir Eure offene und ehrliche Meinung zu sagen. Sagt et graderaus, wenn ich Euch net überzeugen konnt. Ich werd et anzunehmen wissen.«

»Aber Zirbes!« Oertel trat auf ihn zu, lächelte. Ernst stand Peter vor ihm. »Nein, bitte, offen und ehrlich«, wiederholte er und fühlte, wie sein Puls raste, »et is wichtig. Ich muss et wissen.« Oertel setzte sich. »Zirbes, Ihr seid ein ungewöhnlicher Mensch. Stolz dazu. Jedem anderen wären diese Mittel recht gewesen. Ich will Euch meine Ansicht mitteilen und dabei unsere freundschaftliche Verbundenheit auslassen.« Er räusperte sich. Sekundenlang war es still in der Stube. »Ich habe nie einen Menschen erlebt, der völlig ohne Bildung und ohne Förderung etwas Dergleichen tut wie Ihr. Darin liegt meine Bewunderung für Euch. Oft habe ich mich gefragt, wie kann so ein einfacher Mensch solche Verse schreiben? Von was ist er erfüllt, wo nimmt er die Willenskraft, die Worte her? Denn es sind nicht die Worte eines Ungebildeten. Sie sind einfach da, sprudeln hervor, von der Natur gegeben. Euer Talent ist unbestritten. Das hat auch die Resonanz an Eurem Gedicht »Woher« gezeigt. Ich stehe zu Euch, auch was das Werk betrifft. Natürlich stecken Fehler drin, grammatikalische Dinge, Aufbau und Stil. Sicher muss überarbeitet werden, das ist immer so. Aber es wird erscheinen. Ihr seid ein Mensch von außergewöhnlichem Talent. Es grenzt an ein Wunder, dass Ihr so schreibt. Aber das sage ich Heuberger nicht. Heuberger ist ein Schulmensch, man muss ihn zu nehmen wissen.« Peter antwortete nicht sofort. Oertel stand auf, ging zum Sekretär, überflog den Brief. Dann klappte er die Briefmappe zu. »Da ist noch etwas, Zirbes.«

»Nur raus damit!«

»Heuberger verlangt eine Probe Eures Könnens. Er verlangt, dass ihr ihm beweist, dass ihr die Sachen selbst geschrieben habt. Ein Exempel sozusagen. Hierher will er kommen. Euch ein Thema stellen. Das ist üblich. Wir sollten das hinter uns bringen. Seid ihr Montag noch hier?«

»Er misstraut mir also?«

»Sagen wir, Euer Werk verwundert ihn. Und was bedeutet das? Es ist ein gutes Zeichen für die Qualität. Sag ich's doch.« Oertel lachte. »Ich will es mir bedenken«, antwortete Peter. »Nein«, fiel ihm Oertel ins Wort, »Eurer Dichtung wegen gibt es nichts zu bedenken. Ihr werdet Heuberger beweisen, was Ihr könnt. Dessen bin ich gewiss! Und dann kommt die Sache ins Rollen.«

Obwohl Oertel sein Talent bewunderte und ihn nach Kräften aufzubauen versuchte, es blieb doch eine Enttäuschung zurück und die schmerzte mehr, als er sich zunächst eingestehen wollte. Bis Montag sprangen seine Gedanken hin und her.

Wie gut wäre es jetzt, wenn er jemanden um Rat fragen könnte. Louise fiel ihm ein. Dann aber wurde ihm klar, dass er die Sache mit sich selbst abmachen müsse. Einerseits sagte er sich, dass er nichts zu verlieren habe und dass jeder Schritt nach vorne immer ein Risiko berge. Andererseits fürchtete er, bloßgestellt zu werden. Dann wieder dachte er, dass eine solche Prozedur nicht mit jedem veranstaltet würde. Wenn schon der Landrat den weiten Weg von St. Goar auf sich nahm, nur um ihn schreiben zu sehen, musste sein Werk doch auf die eine oder andere Art Verwunderung ausgelöst haben. Dem Beweis, den er erbringen sollte, gingen Zweifel voran. Wäre sein Werk gänzlich schlecht, würde Heuberger kaum argwöhnen. Außerdem gab es noch Oertel, der sich selbstlos für ihn einsetzte, dem er schon deshalb die Bitte nicht abschlagen wollte. Oertel, sein guter Oertel.

Unbehagen fühlte er vor der Prüfung. Ständig redete er sich ein, dass ihm nichts Schlimmeres passieren könne, als weitermachen zu müssen wie eh und je. An Follmann dachte er, an Loni, an Elisabeth, an den Großvater, an Louise. In seiner Vorstellung machten alle hoffnungsfrohe Gesichter.

Am Montagnachmittag fand sich Peter im Sobernheimer Pfarrhaus ein. »Bringen wir es also hinter uns«, raunte Oertel ihm im Flur zu.

Heuberger wartete in der Stube. Sein blasses Gesicht mit wässrigen Augen wirkte erschöpft. Er trug einen Rock aus braunem Tuch mit einem hochstehenden Umlegekragen, eng anliegenden Ärmeln, dazu helle Beinkleider. Nach einer steifen Begrüßung – Heuberger hatte ihn streng angesehen – saß er bald an Oertels Schreibtisch vor einem leeren Blatt, mit der Aufgabe über seine Situation als wandernder Händler in etwa zehn Minuten Zeit ein paar Zeilen zuwege zu bringen.

Anfangs dachte er daran aufzustehen, hinauszurennen, zurück zu seinem Karren. Als er sich aber umdrehte und Oertels aufmerksamen Blick auf sich gerichtet fühlte, nickte er und sagte: »Nun gut.«

Ein paar Minuten saß er, die Anwesenheit Heubergers hemmte, die Stille im Raum drückte. Schon begann Heuberger mit Oertel zu flüstern. Er fluchte innerlich, dass er wirklich gekommen war, diese lächerliche Probe zu bestehen, wusste nicht, wie er es anfangen sollte, starrte vor sich auf das Blatt, so leer, so weiß. Der Anfang? Wie könnte er bloß beginnen? Ihm fiel ein, dass er tausend Mal schon seine Alltäglichkeiten in Verse gesetzt hatte. Erst vor kurzem waren ihm, als er neben dem Pferd ging, Reime eingefallen, die den Hausier meinten und er tauchte die Feder in die Tinte und schrieb:

Halb zerrissen sind die Kleider,
ohne Sohlen sind die Schuh'.
Immer vorwärts! Immer weiter!
Nirgends hat der Wand'rer Ruh'.

Er strich das Wort Wand'rer, ersetzte es durch Händler. Dann strich er Händler und schrieb wieder Wand'rer.

Draußen kämpfen Elemente,
Regen, Winde immerfort;
doch er ist noch nicht am Ende,
wandert noch von Ort zu Ort.

Heuberger stand auf, trat an den Schreibtisch und sah ihm über die Schulter. »Verzeihung«, sagte Peter, indem er sich umdrehte und ihm fest in die Augen sah, »könntet Ihr unter solch einer Beobachtung schreiben?« Heuberger räusperte sich, trat zurück und setzte sich wieder. w

Kommt er abends in der Kneipe
ganz durchnässt vom Regen an,
zittert er am ganzen Leibe,
frostgeschüttelter Wandersmann.«

Er las das Geschriebene nochmals durch, dann trennte er das Blatt ab und reichte es Heuberger, der sich erst umständlich einen Zwicker aufsetzen musste. »Das habt Ihr wohl auswendig gekonnt?« Oertel mischte sich ein. »Es ist ihm nicht zu verdenken, wenn er aus der Erinnerung schreibt. Es gibt viele Reime in seinem Kopf.« Heuberger las nochmals, reichte das Blatt weiter an Oertel. Sein Gesicht war ausdruckslos. Auch Oertel las. »Na, wer sagts denn?«, lachte er, »ich hab wohl nicht zu viel versprochen!«

»Die letzte Zeile kann holpriger gar nicht sein.« Heuberger zeigte mit dem Finger auf den dritten Vers. Peter griff nach dem Blatt, tauchte die Feder ins Blau, durchkreuzte die Zeile und schrieb: »frostgeschüttelt, Wandersmann!«

»Aha. Ihr begreift also …?«, fragte Heuberger. Er zog die Augenbrauen nach oben und sah ihn verwundert an. »Für die Kürze der Zeit ist es recht brauchbar. Ich will mir die Sache durch den Kopf gehen lassen«, schmunzelte er, »aber freut Euch nicht zu früh!«

Nur ein paar Tage dauerte es diesmal, bis Oertel Post aus St. Goar erhielt. Diesmal mitsamt der Subskriptionslisten sowie preislicher

Angebote für den Druck und die Aufmachung des Buches. Wie Oertel erwartet hatte, war zwar viel Wasser den Rhein hinunter geflossen, aber letzten Endes war alles genehmigt worden und endlich durfte er seinem armen Poeten alle Zusagen machen.

Am Sonntag, als Peter an seiner Tür anklopfte, lagen wie versprochen sämtliche Formalitäten vorbereitet auf dem Tisch in der Stube. »Seht nur«, lachte Oertel, »den Umschlag haben wir auch schon.« Er drückte Peter ein handgeschriebenes Stück Papier in die Hand, stellte sich neben ihn und las laut vor:

Gedichte
von
Peter Zirbes
hausierender Porzellanhändler von Niederkail in der Eifel
herausgegeben
von
O.W. von Horn

Die von einem warmen, religiösen Geiste durchdrungenen Gedichte von Peter Zirbes haben überall, wo sie bekannt werden, den Beifall aller derer gefunden, welche für gemütliche Poesie empfänglich sind. Sie werden ein geschmackvoll auf gutes Papier gedrucktes Bändchen ausmachen, welches den Subskribenten in schönem Umschlage für 17 Silbergroschen oder 1 Gulden geliefert wird, sobald die Subskription geschlossen ist, um deren Förderung zum Besten des bedrängten Dichters bittet

Sobernheim, im Juni 1852
W.O. von Horn

»So soll es aussehen. So halte ich es für gut. Wenn Ihr etwas einzuwenden habt, sagt es nur.« Peter nickte bloß, das Blatt in seiner Hand zitterte leicht. »Ich bin sogar sehr einverstanden.« Oertel griff nach einem neuen Papier. »Und hier ist die Liste, die dazu gehört.

Seht, hier werden Namen und Stand der Subskribenten, deren Wohnort, die Zahl der gewünschten Exemplare eingefügt. In die Spalte ganz rechts könnt Ihr Bemerkungen eintragen.« Peter griff nach den Blättern – Oertel hatte eine dreiseitige Liste für Namen beigelegt – dachte an Mozart und stellte sich vor, wie der durch Salzburg gezogen war und für seine Werke geworben hatte. »Ob dat wohl einer unterschreibt?«, fragte er unsicher. »Ich habe gesehn, wie die Leute vor Eurem Hausiererkarren standen und einzelne Gedichte oder Geschichten nachgefragt haben. Die Leute hören alle gern und überall etwas Schönes. Umso besser ist es, wenn sie es auch nachlesen können. Glaubt mir, das wird schon!« Aufmunternd klopfte er Peter auf die Schulter. »Eure Tour fängt ja jetzt erst an. In ein paar Wochen sehn wir uns wieder. Ihr werdet sehn, bis dahin ist die Liste vielleicht schon zu klein. Das Buch erscheint dann im Herbst. Die Planung ist gut. Viele der Bücher sind bestimmt auch zu Weihnachten gedacht.« Oertel lachte und Peter ließ sich anstecken von dem herzlichen Wohlwollen und der Zuversicht, die von diesem Mann ausging. Als sie sich verabschiedeten, riet ihm Oertel augenzwinkernd, vor der Abfahrt noch auf der Bürgermeisterei vorzusprechen. Dort habe er für ihn einen neuen Gewerbeschein ausgehandelt, der weiterhelfen würde.

Am Abend fand er keine Ruhe. Er sinnierte, welches wohl die beste Möglichkeit wäre, die Leute zu einer Unterschrift zu bewegen. Er legte sich allerhand Sätze zurecht, wollte auch nachfragen, welche seiner Gedichte besonders gewünscht würden, ja, eine Wunschliste würde er erstellen. Bedenken hatte er des Preises wegen. 17 Silbergroschen oder einen Gulden – ob die Leute bereit wären, das zu zahlen?

Am anderen Morgen begab er sich schon früh auf die Bürgermeisterei. Pfeifend ging er durch die Gassen, sah nach den Vögeln, nach den Wolken. An einem Zaun wuchsen Himbeeren. Die roten Früchte waren prall und reif, die Ranken glänzten in der Sonne, Bienen und Wespen schwirrten herum. Peter zupfte am Strauch, die Süße der Frucht beschwingte seinen Schritt, kauend betrat er die düstere Amtsstube. »Seid Ihr der Dichter Peter Zirbes?« Es war das erste Mal, dass er derart angesprochen wurde, und er wusste zuerst nicht, ob er die Frage guten Gewissens bejahen konnte. »Seid ihr nun der Dichter oder nicht?« Als die Frage erneut im Raum stand, nickte er und sagte mit fester Stimme: »Ja, dat bin ich.« Im Gewerbeschein, den man ihm nach einigem Prozedere in die Hand drückte – Oertel hatte an seiner statt die Gebühren beglichen, sich aber im Geburtsjahr geirrt – stand es dann schwarz auf weiß: ›… für den Dichter Herrn Peter Zirbes aus Niederkail in der Eifel, Reisezweck: um selbst verfasste Gedichte abzusetzen …‹

»Der Schein ist der Anfang von wat«, dachte er und spürte lächelnd dem Himbeergeschmack im Mund nach.

Später an seinem Stand machte er den ersten Versuch. Er heftete die komplette Seite des Meisenheimer Boten mit dem Gedicht »Woher« auf eine Pappe, die er gut sichtbar an einen der Steinkrüge lehnte. Schon die erste Kundin entdeckte das Plakat und fragte interessiert: »Seid Ihr das net? Peter Zirbes – Steinguthändler aus Niederkail? Und das war in der Zeitung?« Bewundernd sah sie Peter an, der sofort die Gelegenheit nutzte, ihr mehr über seine Dichterei zu erzählen und schließlich mit der Frage endete, um die er lange herumgeredet hatte. »Aber sicher!«, sagte sie spontan, »nur zahlen tun wir später – schließlich weiß man ja net, ob Ihr wiederkommt.« Sie lachte und drohte mit dem Finger. Dann nahm sie den Stift, den Peter bereit hielt und unterschrieb. Noch zweimal gelang es an diesem Vormittag, Unterzeichner zu finden und als er für den Mittag die braune Decke über seine Ware warf und sich für eine Pause hinter das Regal verzog, war er fürs Erste zufrieden.

Auch am Nachmittag blieben Kunden vor der Pappe stehen und lasen. Jedes Mal spürte er bewundernde Blicke, wenn Leute die Zeilen mit ihm in Verbindung brachten und nachfragten, wie er zum Dichten gekommen sei und wie er es sich erkläre, dass ihm so schöne Worte einfallen würden. Einigen, die sich interessierten, war der Preis zu hoch. Andere wollten handeln. Zuerst dachte er daran, einen Krug oder sonst etwas zuzugeben, verwarf aber den

Gedanken und blieb beim festgesetzten Preis. Nur eine Unterschrift gab es am Nachmittag.

In den darauf folgenden Tagen bemerkte er, dass die Leute noch mehr auf seine Kunst aufmerksam wurden, wenn er dazu sang und Flöte spielte. Auch stellte er fest, dass sich dadurch das Geschäft mit dem Geschirr verbesserte. Bis Ende der Woche hatte er elf Unterschriften zusammen. Ein weiter Weg bis 800, dachte er und machte eine Rechnung auf: den Juni hinzugerechnet, blieben ihm bis November sechs Monate. Das wären ungefähr 24 Wochen, jede Woche elf Unterschriften, nein, dann hätte er nur ein Drittel seines Solls erfüllt. Er musste also seine Bemühungen mehr als verdoppeln und beschloss deswegen, jeden Abend zwar zur üblichen Zeit mit dem Verkauf aufzuhören, aber noch eine Stunde länger dabei zu bleiben. Diese zusätzliche Stunde wollte er aber rein für die Kunst nutzen, indem er ein kleines Programm anbieten würde: Vorträge und Lieder.

Mit der Umsetzung zögerte er nicht. Gleich am nächsten Abend versammelten sich Schaulustige um seinen Stand, die glaubten, dass es sich um ein Theater handele. Die, die ihn kannten, applaudierten für die neue Idee. Es waren auch junge Leute darunter, Leute, die selbst dichteten und sich für seinen Werdegang interessierten. »Wie kurios«, riefen sie, und lockten damit weitere Neugierige an, »ein dichtender Steinguthändler!«

In den nächsten beiden Wochen brachte er es auf 131 Unterschriften aus Kreuznach und Wöllstein, Flonheim und Armsheim. Obwohl es über zwei Wochen anhaltend geregnet hatte, war die Liste Ende Juni auf 211 angewachsen. Noch fünf Monate blieben ihm und wenn er jeden Monat 100 Signaturen brächte, könnte er es ungefähr schaffen.

Während seines Aufenthaltes in Meisenheim hatte er immer wieder nach Louise geforscht aber nirgends eine Spur gefunden.

Vom Knecht des Leinenwebers erfuhr er bloß, dass sie nach ihrer Krankheit nicht mehr zurückgekommen war.

Im September machte er einen Umweg über Sobernheim, um Oertel zu sehen. Als Peter anklopfte, saß der Pastor über Stapeln von ungeordneten Papieren und blätterte. Die Liste mit möglichen Zirbes-Gedichten lag ausgebreitet auf dem Tisch, daneben die neuen Gedichte, die Peter auf seiner letzten Reise überarbeitet hatte. Oertel hatte sich inzwischen seine Gedanken zu einer Auswahl gemacht und beschloss, 53 Gedichte und Sagen, darunter ›Der Trunkenbold in der Christnacht‹ und ›Der Teufelsstein‹ sowie Einiges in Mundart aufzunehmen. »Das wird ein schönes, ansprechendes Buch. Die Gestaltung überlassen wir der Druckerei Sassenroth in St. Goar. Bewährte Qualität.« Sichtlich zufrieden lehnte er sich zurück und griff nach einer Zigarrenkiste, die auf dem Tisch lag. »Raucht Ihr?«, fragte er, indem er Peter die geöffnete Schachtel hinhielt. »Dazu fehlt mir et Geld. Aber wenn mir eine angeboten wird …« Peter griff zu. »Die Sagen aus Eurer Heimat gefallen mir«, sagte Oertel während er ein Streichholz entflammte, »die Stimmung, dieses Düstere, oft Unheimliche der waldigen Berge, die karge Landschaft mit den schroffen Felsen und den schaurigen Maaren. Wenn man das so liest, erkennt man schnell, dass die Vorstellung von sagenhaften Wesen und geheimnisvollen Geistern die Menschen in Eurer Gegend viel stärker beeinflusst hat als bei uns, wo es milder ist. Deshalb ist es wohl auch so, dass Spuren eines Aberglaubens in euren Sitten und Gebräuchen deutlicher erkennbar sind.« Peter pflichtete ihm bei, sah dem aufsteigenden Qualm nach, den seine Zigarre verursachte und sagte: »Ja, manchmal muss ich selbst drüber nachdenken, wat Glaube is und wat Aberglaube.«

»Ich empfinde es als schwierig, in euer Volksleben hineinzublicken. Fremden gegenüber ist das Volk, so hört man jedenfalls, doch ziemlich spröd.«

»Die Leut sind so wie die Gegend. Et is kein einfaches Leben in der Eifel. Et gibt wenig gutes Ackerland zwischen den starren Felsgründen. Sich da zu ernähren, macht net grad weich. Die schwere Arbeit wirft fast nix ab. Arm sind die Leut, ausgedörrt, net nur vom Wind. Dat drückt und bringt eben die Gesinnung, von der ihr meint, dat sie spröd is. Ja, an der Mosel sind die Leut geselliger.«

»Ich erinnere mich an einen Jungen aus der Eifel, einen stolzen dunklen Jungen in einem zerschlissenen Tuchwams mit Leinenhosen und einer bunten Weste. Er brachte, als ich mit einer Gesellschaft durch das Gerolsteiner Land reiste, Wein und Esswaren an eine herrliche Stelle an der Kyll, wo wir ein Picknick hielten. Es waren gute, herzhafte Sachen, die er uns im Auftrag unseres Reiseführers brachte und er selbst sah nicht so aus, als sei er Solches gewohnt. Einer meiner Begleiter fragte ihn, wo er herkomme und ob er von den Vorräten nicht etwas für sich und seine Familie nehmen wolle. Er antwortete, dass er aus Lissingen käme und nichts annehmen wolle. Wir haben Brot, sagte er. Ja, ich hab diesen stolzen Gesichtsausdruck nicht vergessen.« Peter zog an der Zigarre. Sein Blick ging zum Fenster. »Dat kann ich mir gut vorstellen«, nickte er. Oertel sprach jetzt darüber, dass es ihm gefalle, dass man auf den Eifeldörfern auf strenge Sittlichkeit achte und brachte einen Vergleich zur Rheinpfalz, wo er manches bemängelte, besonders im Hinblick auf die Jugend. »In der Eifel wird auf Ordnung gesehen und jeder Verstoß wird bestraft. Habt ihr den Namen Ernst Weyden gehört?«

»Nein.«

»Er hat über die Eifel und seine Bewohner geschrieben. Ein Historiker und Volkskundler. Ich erinnere mich an eine Passage in einem Buch, wo er schrieb, dass es in der Eifel Dorfschaften gäbe, wo in über dreißig Jahren nur ein uneheliches Kind geboren worden sei. Abschreckend ist wohl, dass die zu Fall gekommenen Mädchen in der Kirche einen eigenen Platz haben, nahe der Tür, einen Schandplatz.«

»Ja, auf Sittlichkeit wird gesehen. Leut, die anders denken und anderes tun, haben nix zum Lachen.« Ernst saß Peter auf seinem Stuhl, dachte an das Gedicht für Loni und wie sie ihn dafür verspottet hatten. Als ob Oertel seine Gedanken erraten hätte, fragte er: »Dat gilt wohl auch für Dichter?« Peter nickte. »Jeder der anders ist, hat et schwer. Ich kenn dat Gefühl ausgeschlossen zu sein nur allzu gut. Gedichte sind den Leuten bei uns fremd. Ich kann et keinem verdenken. Aber weh tut et trotzdem.«

Bevor er sich wieder auf den Weg machte, erzählte er noch von den Subskriptionslisten und dem Interesse der Leute an seinen Gedichten.

Der Besuch bei Oertel hatte gut getan.

Auf einer Wiese rastete er, wo Schilf um eine Quelle wuchs. Mit der hohlen Hand schöpfte er Wasser, das aus dem Boden sprudelte, trank und genoss die Kühlung. Er knöpfte seine Ärmelbündchen auf, streifte das Hemd herauf und wusch sich das Gesicht. Bis zum Ellbogen hielt er die Arme ins Wasser. Rötliche Fasern quirlten herauf. »Eisen«, dachte er, »Ewigkeit.«

In Meisenheim verbrachte er wieder einige Tage auf dem Markt. Heiß war es, leidlich lief das Geschäft. Die Tonwaren aus der Eifel ließen sich kaum noch verkaufen; zu viele der Speicherer Töpfergesellen waren selbst unterwegs.

Wo er sich eine Auskunft erhoffte, fragte er nach Louise. Kurz vor seiner Abreise erfuhr er von der Bärenwirtin, dass Louise in einem Pfarrhaushalt untergekommen war. »Ob das noch stimmt, weiß ich net. Die bleibt nirgends lang!«

Noch in der gleichen Stunde begab er sich zum Pfarrhaus. Er kam günstig. Der Pastor war auswärts, Knechte und Mägde auf den Feldern. Durch das offene Fenster sah er Louise an einer Feuerstelle hantieren. Schwitzend, mit rotem Gesicht, stand sie vor einem dampfenden Topf, dessen Inhalt sie mit einem groben Holzlöffel rührte. Einen blauen Rock hatte sie bis zu den Knien geschürzt. Satt und süßlich roch es. Als sie ihn sah, jauchzte sie. »Woher weißt du, dass ich hier bin? Dass du mich gefunne hast … Komm rein, die Herren sind all weg!« Erfreut eilte sie ihm entgegen, ließ sich umfangen und küssen. »Lass dich ansehn«, sagte Peter, hielt sie ein Stück von sich weg und kam zu dem Ergebnis, dass sie hübscher sei denn je. »Ach, schäker net«, lachte sie, rannte zurück zum Kessel, wo es blubberte und dampfte. »Ich hab überall nach dir gesucht und herumgefragt …«

»Hab ich mir gedacht. Aber das ging so schnell mit der Stell hier. Ich hab dir zweimal geschribbe! Aber du warst ja unnerwegs!« Lachend küsste sie ihn auf den Mund. »Guck, wie viel Zwetsche wir habbe«, freute sie sich und wies auf die Körbe, die in der düsteren Küche standen. »Drei Körb hab ich schon gewasche, geschnitte, entsteint, mit Zucker aufgekocht …«

»Und dat bei dem Licht«, lachte Peter und griff nun selbst in den Korb. »Die sind wirklich prima dies Jahr!« Louise fuhr fort: »Drei Körb aufgekocht, Zucker rein, in deine Steinguttöpf gefüllt, mit Wachs versiegelt …«

»En Meisterin biste, en Zauberin, verwandelst Sommerfrücht in Gelee und Marmelad«, fiel ihr Peter ins Wort, »und den Boden dazu!« Er lachte und wies auf die Steinplatten, die rot und verschmiert aussahen. Dann beschwerte er sich, dass er sie immer wieder suchen müsse, dass sie ständig verschwände. »Unstet biste, hältst et nirgends lang aus, oder?«

»So unstet wie du«, gab sie zurück und sah ihm fest in die Augen, »aber es käm ganz drauf an, wer mich fragen würd. Vielleicht tät ich dann länger bleiwe.«

Täglich gab es Unterschriften für sein Buch. In Meisenheim verbrachte er seine Zeit teils auf dem Marktplatz, teils indem er mit der Hotte von Tür zu Tür zog. So oft es möglich war, traf er sich mit Louise. Abends unternahmen sie Spaziergänge entlang des Glan, hockten am Ufer, wo sie sich gegenseitig Gedichte vorlasen.

Die Tage mit Louise beglückten ihn. Wieder dachte er an Liebe, konnte seine Empfindungen aber nicht eindeutig erfassen, wohl auch deshalb nicht, weil gerade jetzt ein anderes Gefühl deutlich und stetig in ihm aufstieg, nicht zu vertreiben war und sich ausgerechnet in einer Zeit bemerkbar machte, in der er jeden Gedanken daran für abgetan hielt: Loni. Es war merkwürdig, je verbundener er sich mit Louise fühlte, je öfter er sie sah, desto mehr kreuzte Loni seine Gedanken. Er versuchte diese Einbildung zu unterdrücken, aber sie ließ sich nicht vertreiben. Er redete sich ein, dass es sinnlos sei an sie zu denken. Aber da war Loni, immer wieder Loni. Loni, wie sie ihr Gesicht vor ihm versteckte. Loni, auf der Suche nach Ruhe und Einsamkeit.

Kurz vor Martini nächtigte Peter neben gut zwanzig anderen Händlern und Fuhrleuten auf seinem Karren auf dem Wiesengrundstück in der Hembst. Ein modrigfeuchter Geruch zog vom Bach herüber. Unter den Brettern und Stämmen am Ufer hausten Wasserratten, fette Tiere, langschwänzig. Nass und triefend liefen sie zwischen den Wagen. Die Pferde waren unruhig, schnaubten, scharrten mit den Hufen, Eisengeschirre schlugen aneinander. Der Mond stand schräg, als Peter aufwachte. Einen Moment lag er benommen vom Schlaf, dann hörte er Schritte. Er spähte in die Dunkelheit und gewahrte einen Trupp Männer, der sich an die Fuhrwerke heranschlich. Die Männer umkreisten die Wagenburg, machten sich an einer abseits geparkten Chaise zu schaffen. Peter wollte pfeifen, aber schon hatte ein wachsamer Händler den Hahn seiner Flinte gespannt und schoss unter seinem Karren heraus mehrfach in Richtung der Eindringlinge. Schneller als erwartet wichen die Männer zurück.

Gegen Morgen gab es ein Geläuf. Etliche Händler stellten fest, dass Ware fehlte. Ganze Kisten waren fortgeschafft worden. Der Ruf nach Nachtwachen und Waffen wurde laut. Einer tobte, dass keinem mehr zu trauen sei, dass man sich als Händler bewaffnen müsse, sich nur noch mit geladener Flinte auf den Strohsack legen könne. Ein anderer kritisierte die Regierung, die an allem Schuld sei. »Gegen die Armut müsst wat getan werden! Sonst kriegt keiner dat Bandenwesen in den Griff! Ständig müssen wir Plünderungen, Diebstahl und Raub fürchten. Nirgends fühlt man sich sicher!«

Auch Peter war Ware weggekommen. Eine Kiste mit Fenner Glas fehlte, als er die Bestände überprüfte. Aufgeregt tastete er nach den Subskriptionslisten. Obwohl ihn der Verlust des Glases hart traf, atmete er erleichtert auf, als er die Listen in der Hand hielt.

Als Peter nach Martini in Sobernheim auftauchte, freute er sich über 702 Subskriptionen, die er stolz Oertel vorlegte. »Wer sagt es denn!« Sichtlich erfreut studierte Oertel die Liste, nickte bei Namen, die er kannte, anerkennend und ließ am Ende eine Flasche kommen. »Els, bring uns vom Mosel! Es gibt etwas zu feiern!« Bald saßen sie beim Wein, rauchten Zigarren. Eingehüllt in dicken Rauch explizierte der Pastor die weitere Vorgehensweise und teilte Peter mit, dass der Zeitpunkt der Ablieferung nun auf den 18. Dezember festgelegt werden könne und er zusammen mit der Druckerei Sassenroth die Gedichte inzwischen rangiert und unter Rubriken geordnet habe.

Spät ging es in diesem Jahr nach Niederkail zurück.

Der Herbst war warm gewesen. Bis Buß- und Bettag hatte das Wetter sich gehalten, jetzt aber hatte der erste Frost mit seinen kalten Fingern alles gestreift. Ein kalter Nordwind blies, Nebel lag wie eine dichte, weiße Decke über den feuchten Feldern und nässte Kleider und Schuhe. Krähen flogen mit heiserem Schreien auf, schwarze Flügel unter großen Wolken. Der Sonnenhut ließ die Blätter hängen, die Pfützen auf den Wegen bildeten den typischen weißen Rand.

Im Hunsrück begann es zu schneien. Oberhalb der Hangbrücher geriet Peter in einen Schneesturm. Mann, Karren und Pferd verschmolzen mit der Landschaft. Heftige Windböen rissen Äste von den Bäumen, fegten sie vor sich her, versperrten Straßen. Eisig schnitt ihm der Wind ins Gesicht.

Hinter dem Idarwald gab es kein Durchkommen mehr. Durchgefroren und erschöpft klopfte er an einer Wirtshaustür. Ein Hund rannte heran, warf den Kopf, bellte dumpf und hohl, fletschte die Zähne. Der Wirt, der vom Gebell angelockt in einer Wolke von Essensgeruch und Wärme breit in der Tür erschien, musterte ihn argwöhnisch. Den Schnee von Hose und Jacke klopfend, fragte Peter nach Unterkunft. »Kommt drauf an.« Immerhin ließ ihn der Wirt ins Haus. Im düsteren Flur hob er eine Kerze dicht an Peters Gesicht. »Für Vagabunden und Streuner gibt et hier nix. Hab mir mit meiner Mildtätigkeit schon Diebe und Brandstifter int Haus geholt«, polterte er. »Da hinten liegt ein Laubsack. Wat anderes gibt et net. Dat Haus is voll bis unters Dach.« Obwohl der Wirt nicht so aussah, als ob Feilschen Sinn machen würde, schaffte es Peter, ihm außer dem Schlafplatz und Essen noch Futter für das Pferd abzuhandeln.

In der Stube war es dunkel und rauchig. Ein schwarzes Huhn pickte in dem schlecht gefegten Zimmer die Speisereste auf. Zu essen gab es eine Brennsuppe.

Die Nacht war unruhig, unbequem das Lager. Der Raum war offen, ständig polterten Leute herein. Die Ausdünstung ihrer nassen Kleider roch widerlich. In der vollgestopften Kammer rasselte der Atem der Schlafenden. Am Morgen sah Peter, dass sich außer ihm noch drei Männer auf dem Lehmboden ausgestreckt hatten. Sie lagen mit offenen Mündern, ihr Röcheln und Schnarchen ekelte ihn. Als er aus dem trüben, mit Fliegenkot bespritzten Fenster sah, wusste er, dass an ein Fortkommen in den nächsten Tagen nicht zu denken war. Weil er jede zusätzliche Ausgabe fürchtete, war doch der Sommer nicht einträglich gewesen, feilschte er erneut um Schlafplatz und Essen.

Fast eine Woche steckte er fest. Der Wirt war ein Wucherer. Peters Geldvorräte schmolzen, so viel hatte er nicht kalkuliert. Was er auf der einen Seite verlor, gewann er auf der anderen: Zeit, um an seinen Eifeler Sagen zu arbeiten. Ein ganzes Heft voller Notizen trug er bei sich, als er endlich weiterziehen konnte. Beflissen hatte er in Verse gebracht, was ihm unterwegs an Geschichten, Anekdoten und Legenden zu Ohren gekommen war.

»Abends bei geschloss'nen Laden, wenn der Nordwind heult und stürmt
und vor's Haus in weißer Wolle über Nacht ein Bollwerk türmt.
O, wie ist man still und einsam, abgeschlossen von der Welt,
wenn man jeder Fessel ledig, Einkehr bei sich selber hält.

Was vom Lärm des Tags verscheuchet, von des Lebens wildem Drang
in sich selbst hinab geflüchtet, löst sich auf in Wort und Klang.

Wie im tiefsten Schacht der Erde gräbt des Bergmanns Fleiß
nach Gold,
hebt der Geist aus eig'ner Tiefe Schätze reich und wunderhold.

Drum, in solchen Wintertagen, dank dem Himmel jedermann,
der am eig'nen warmen Herde sich des Lebens freuen kann;
dessen Fleiß der Sommer lohnte, wenn auch nicht mit Überfluss
und des Armen treu gedenket, der da friert und darben muss.«

Am Ufer

In Niederkail wurde er diesmal misstrauisch beäugt. Die vor
ihm zurückgekehrten Händler hatten hier und dort etwas über
ihn aufgeschnappt und längst machte es die Runde, dass er öffentlich Gedichte vortrug und dabei sei, einen Gedichtband herauszubringen.

»Glaubt wunder wat und nennt sich neuerdings Dichter.«

»Dat soll en Dichter sein?«

»Hochmut kommt vor dem Fall.« So gingen die Gespräche im
Lamberty.

Am Sonntag nach dem Hochamt begab sich Peter zum Frühschoppen. Alle Köpfe fuhren herum, als er eintrat. Gerade hatten sie über ihn gesprochen. Sofort verstummten die Gespräche.
Molters zeigte sein breitestes Grinsen. »Tach Pitter. Wir schwätzen
grad über die Eisenbahn. Aber, so Sachen interessieren ja en Dichter schließlich net, oder?« Alles lachte. Melzer, der Barbier, schlug
ihm auf die Schultern. »Aber en Schnaps trinkste trotzdem, wa?«

»Nee, lass.« Peter zwängte sich nach hinten, den Tischen zu, wo
er Hannes sitzen sah, der ihm zuwinkte. »Komm Pitter, verzähl uns
wat!« Er rückte ein Stück in die Bank hinein und Peter ließ sich auf
dem von seinem Vorgänger angewärmten Platz nieder.

Hannes schob ihm einen Schnaps hinüber. »Die ganze Zeit schwätzen sie wieder über die Eisenbahn. Dabei hat von denen hier noch

keiner so en Ding gesehn. Der dumme Molters meint, dat er net einsteigen würd. Bei seinem Pferd wüsst er, wat er hätt … Die werden sich all noch wundern!« Von hinten knuffte jemand Peter in den Rücken. »Na Pittchen, wat macht die Dichterei? Hab gehört, du verkaufst jetzt Bücher anstatt Porzellan.« Gelächter entstand und sein Nachbar raunte ihm zu: »Also wat du damals für dat Loni geschrieben hast, dat war schon schön, so lieblich, also auf die Idee wär ich nie gekommen …« Thönnes blieb fast die Luft weg vor Lachen. Peter roch seine Schnapsfahne. »Wat will eigentlich en Mensch mit nem Buch? Hä? Ich frag euch …!«, spottete er. »Dat is doch bloß rausgeschmissenes Geld! Bei uns findste en Gebetbuch, für wat brauchtse noch eins?«

»In den Städten gibt et ganze Läden voll mit Büchern«, mischte sich der Schmied ein, schüttelte den Kopf und machte eine wegwerfende Bewegung. »Lesen! Dafür fehlt uns die Zeit. Wir haben hier genug ander Sachen zu tun. Wat meinste Pitter, wer dir dat Zeug abkaufen soll? Zum Heizen is et zu teuer!«

»Also ich kenn auch keinen, der in so einem Buch mal wat Brauchbares gelesen hätt. Ich kauf mir lieber wat Nützliches für mein Geld. Wat kost eigentlich so en Buch?«, fragte Thönnes und grinste. »Ach lass doch«, antwortete Peter, »brauchst ja keins zu kaufen.«

»Wisst ihr eigentlich, dat sogar unserem Landrat in Wittlich zu Ohren gekommen is, dat der Pitter Bücher verkaufen will?«, stichelte Thönnes und hob den Finger. »Und wisst ihr auch, wat der dazu gesagt hat?« Wichtig riss er die Augen auf, blickte von einem zu anderen. »Dat alles abgeschrieben wär, dat hat der gesagt! Ha! Wat sagste dazu, Pittchen?« Hämisch zuckte sein Mund. Peter wollte sich umdrehen, aber Simon fasste ihn an der Schulter. »Mach dir nix draus. Sag uns doch lieber, für wat schreibst du eigentlich so viel? Wenn du wenigstens noch Geld damit verdienen könntst. Aber dat wird ja nix …« Wieder folgte Gelächter. Von hinten rief eine Stimme: »Frag ihn doch mal, für wen er schreibt. Dat wär vielleicht interessant …«

»Nä«, spöttelte Molters, »mit den Weibern kann dat nix zu tun haben. Oder Pitter? Wenn et nach dem Schreiben ging, müssten die dir doch reihenweis zu Füßen liegen!« Thönnes zwinkerte listig mit schnapsseligen Augen nach seinen Kameraden. »Komm Pittchen«, dabei schlug er ihm auf die Schultern, »mach du weiter mit der Dichterei. Wir gehen gleich heim zu unseren Weibern ... hey, hey, heissassa ...!«

Peter hatte genug. Er leerte das Glas und griff nach der Jacke. »He, nimm et net so tragisch, du weißt ja, wie sie schwätzen«, sagte Hannes. »Ihr müsst wissen«, mischte sich Pitt ein, der Schwager des Harzsieders, »der Mensch will allzeit mehr gelten, als er ist. Pitter, du hast immer zu den Ärmsten gehört und eines ist sicher: Da ist so eine gewisse Geschämigkeit, die du net abschütteln kannst, wodrüber der Arme net Herr wird. Jetzt versuchst du et eben mit Büchern. Dat kann doch keiner dir verdenken ...« Verächtlich verzog sich sein Gesicht. »Aber weißte, wat du hier im Dorf damit erreichst?« An seiner Stelle konterte Hannes: »Halt dein Schnauz! Wenn du se net hältst, kriegste en paar rein!«

»Ach lass doch, Hannes«, sagte Pitter, »dat hat doch keinen Zweck.«

Bis hinaus auf den Flur dröhnte das Gelächter. Wütend schlug er die Kneipentür hinter sich zu, überquerte den von zertretenem und zerfahrenem Dreck verschmutzten Hof, während er die Fäuste ballte.

Nicht nur die Niederkailer spotteten. In der Töpferei des Melchior Manz erfuhr er, dass sich auch die Handelskollegen aus anderen Dörfern über ihn das Maul zerrissen. »Dat du en Narr wärst, sagen sie, en Faulenzer. Dat du dein Zeit mit nutzlosem Zeug vergeuden tätst. Wärst ja kaum in die Schul gegangen und jetzt würdst du als Gelehrter auftreten ... Auch, dat du dich recht dick tätst mit deiner Schreiberei!« Manz hatte allerhand aufgeschnappt. Natürlich spürte Peter, dass auch Neid dabei war, was auch der Töpfer vermutete. »Dat is wie bei den Hühnern. Wenn eins dabei ist, wat sich anders verhält, wird et gepickt.« Auch Manz bestellte ein Buch. »Dat Schreiben is genauso en Kunst wie dat Töpfern. Da müssen wir zusammenstehn.«

Kurz nach St. Barbara hielt Peter sein erstes Buch in den Händen. In einer Kiste war die Hälfte der Auflage per Kutsche an ihn geschickt worden und er verbrachte den ganzen Abend damit, darin zu blättern, zu lesen, zu sichten, zu begutachten. Ein einfach gehaltenes Buch war daraus geworden. Das rötliche Titelblatt war mit braungoldenen Ornamenten verziert, in der Mitte war zu lesen: »Gedichte von Peter Zirbes, hausierender Porzellanhändler von Niederkail in der Eifel, herausgegeben von O.W. von Horn …« Stolz betrachtete er sein Werk, das floral gestaltete, dekorative Vorsatzpapier, den Buchrücken mit den Bünden, das rote Lesebändchen, das feine Papier. Auch Kläs und Katharina waren bewegt; Elisabeth kam mit ihren beiden Kindern, auch Hannes von nebenan und alle standen um die Kiste, jeder mit einem Buch in der Hand. »Jetzt biste also wirklich en Dichter!« Stolz blätterte Elisabeth in seinem Buch und las:

»Von keinem hohen Range bin ich,
auf keiner hohen Schule war ich;
drum Leser sei so strenge nicht,
wenn manchem Vers noch was gebricht.
Denn wäre ich studiert
und tüchtig ausstaffiert
mit angelernter Ziererei
und eleganter Narretei,
dann würd' ich dichten wie verrückt,
dass es die halbe Welt entzückt!«

»Oh Pitter«, rief sie glücklich, »so isset doch wahr, wat du dir so lang gewünscht hast. Erst neulich hab ich zum Hannes gesagt, du bist dabei, dir en Namen zu machen! Und jetzt isset soweit!« Stolz wies sie auf den Buchtitel. »Gedichte von Peter Zirbes …! Unser Pitter!«

Da einige der Bücher auf Weihnachten bestellt waren und weil Elisabeth versprach, auf die Eltern zu sehen, reiste Peter zum ersten Mal im Winter in Richtung Süden.

Die Reise war anstrengender als alles, was er je unternommen hatte. Im Hunsrück, wo er einen Teil der Bücher auslieferte, schaufelte er den Karren alle hundert Meter aus dem Schnee. Vor Kälte glaubte er taub zu werden und erfrieren zu müssen. Die Lager waren nass und eisig. Die Frostbeulen juckten, dicke Stellen bildeten sich an Füßen und Händen. Ständig hauchte und massierte er die Gelenke, was wenig half. In der Nähe von Trier verbrachte er eine Woche im Schuppen eines Bauernhofes, weil ihn eine Grippe hinstreckte. Wäre der Bauer nicht gewesen, er hätte sich nicht zu helfen gewusst. Die Hals- und Gliederschmerzen hielten sich hartnäckig, das Kopfstechen raubte ihm fast den Verstand.

Er blieb ein paar Tage in Saarbrücken bei Mathilde, wo er langsam wieder auf die Beine kam. Was mit Widrigkeiten begann, endete glücklich. Die Leute rissen ihm die Bücher aus den Händen. Auch Oertel hatte seine weit verzweigten Beziehungen genutzt, die Kulturvereine und Literatenkreise angesprochen, einige Exemplare sogar persönlich verschickt und seinen Anteil damit erfolgreich und leicht unter die Leute gebracht.

Als er nach Meisenheim kam, war die Bücherkiste leer. Zu Louise zog es ihn, ihr die guten Nachrichten mitzuteilen. Sie trat gerade aus der Tür des Pfarrhauses, ohne Hut und Tuch und lachte ihm entgegen. »Hab dich schon gesehn! Siehst aus, als hättsch Neuigkeite?« Glücklich umfasste er Louise und zog sie heftig an sich. »Ja. Ich bin so froh, dat ich endlich mal am Ufer bin. Et is alles sogar besser gekommen, als ich et gedacht hab. Nur acht Wochen und schon is die erste Auflage vergriffen! Jetzt ängstigt mich nix mehr und auch nix soll mich in Zukunft stören. Ich werd weiter dichten können, so wie ich et gewünscht hab. Zu Oertel muss ich, morgen schon, will sehn, wie et weitergehn soll.« Glücklich strich Louise ihm über die Stirn. »Da siehst du es.«

Ein Versuch

Trotz der erfolgreichen ersten Auflage schlug der Versuch Oertels, Peters Existenz durch ein hinreichendes Vermögen und Einkommen vor drückender Not zu sichern, fehl. Zwar waren die Unkosten für die erste Auflage gedeckt, aber ansonsten blieb von den Büchern nur wenig, viel zu wenig. Immerhin ermöglichte ihm das Geld, nicht gleich wieder auf den Hausier zu müssen. Bis Mai würde er diesmal in Niederkail bleiben können. Diese Zeit brauchte er, um eine neue Tour vorzubreiten und um nach den Eltern zu sehen, denen es nach wie vor schlecht ging.

Noch im Frühjahr schickte Oertel die Bilanz, die trotz des Erfolges der Bücher finanziell eine Enttäuschung war. Mit gleicher Post riet er Peter, ein Exemplar seines Gedichtbandes mit der Bitte um Zuwendung an den König, an Friedrich Wilhelm IV. höchstselbst, zu senden. Wie er schrieb, fördere der König die Künste und unterstütze nach Gutdünken Poeten und Maler, auch Musiker und Bildhauer. Es sei ein Versuch, so Oertel, der lohnend sein könnte, der ihn nur den Versand eines Buches koste. Mehr als Nein könne selbst der König nicht sagen und das sei unwahrscheinlich.

Tagelang dachte Peter über den Vorschlag nach. Nachdem er sich mit seiner Schwester, dem Schwager und Hannes beraten hatte, packte er eines der Bücher in Papier und griff zur Feder.

Rhein-Provinz.
Regierungs-Bezirk Trier, Kreis Wittlich,
Bürgermeisterei Landscheid,
Niederkail, im März 1853

An Ihre Majestät
Friedrich Wilhelm IV., König von Preußen in Berlin
Von hoher Ehrfurcht und treuer Liebe zu Eurer Kaiserlich,
Königlichen Majestät durchdrungen, wagt es ein armer
Steinguthändler, Eurer Königlichen Majestät die Erstlinge

seiner einfachen, schlichten Dichtungen zu Füßen zu legen. Aufgewachsen in der rauen Eifel, großgezogen an der Brust der Armut, begrüßt im Leben von Sorgen und begleitet von ihnen durch alle Windungen des dornigen Lebensweges, hat der Herr aller Gnade mir die eine Gabe verliehen, die, im Liede auszusprechen, was die Seele fühlt, damit der Trost von oben nicht mangele bei dem Weh hier unten.

Ein befreundeter, wohlwollender Mann hat durch besondere Fügung in Erfahrung gebracht, dass ich die Sagen meiner engeren Heimat, um dieselben zu Ehren zu bringen, selbst unter den widersprechendsten Verhältnissen gesammelt und poetisch bearbeitet habe. Dieser edle Mensch veranlasste mich, diese Sammlung in neuer Ausgabe drucken zu lassen, um mir durch die Herausgabe einen freundlicheren Lebensabend zu bereiten. So ward dieses Büchlein, welches ich mir alleruntertänigst erlaube, Eurer Kaiserlich, Königlichen Majestät zu überreichen, herausgegeben, um meine sorgenvolle Lage etwas zu mildern. Wollten Eure Kaiserlich, Königliche Majestät geruhen, auch nur einen Blick in das Büchlein zu werfen, das einer der niedrigsten, aber gewiss einer der treuesten unter Eurer Kaiserlich, Königlichen Majestät Untertanen Allerhöchst Ihnen zu überreichen wagt, so würde sich ein Lebensbild darstellen, wie vielleicht kaum je eins den Blicken Eurer Kaiserlich, Königlichen Majestät begegnet ist. Es ist das Gefühl der einfachen, tief empfundenen Wahrheit, was mir aus der Seele quoll, schlicht und natürlich wie das Lied des Vögleins auf dem grünen Zweige. Möge Eure Kaiserlich, Königliche Majestät mir in Königlicher Huld den Schritt vergeben, den ich wagte, und mir nicht zürnen.

Eurer Kaiserlich, Königlichen Majestät
treugehorsamster und untertänigster
Peter Zirbes

Unter der Eiche

In der Nacht vor Gertrudis hatte Elisabeth einen Jungen zur Welt gebracht und anderentags ging Peter, das Kind zu sehen.

Nach Anbruch der Nacht kam er nach Hause und gewahrte zu seinem Erstaunen Loni vor seinem Haus, gelehnt an die Eiche. Als sie ihn sah, trat sie einen Schritt zurück, als wolle sie sich hinter dem Stamm verstecken. Sie schien in einer Zerstreutheit und Unruhe, unablässig bewegte sie die Hände. »Frag net, wieso ich hier bin. Ich weiß et selber net«, sagte sie. »Du kannst gehn, wohin du willst und wenn et dich hierher zieht, freut et mich«, antwortete er und griff nach ihrer Hand, »du kannst immer kommen, wenn et dir danach is.«

»Dat du immer so freundlich bist«, sagte sie und er verstand nicht. Eine Weile schwiegen sie. Er sah sie an, das Tuch, mit dem die krausen Haare gebunden waren, die helle Haut, die umschatteten Augen. »Pitter, wat denkst du von mir?« Betroffen über diese Frage wusste er zunächst keine Antwort. »Aber Loni, du weißt doch, dat du für mich …«

»Nee, dat mein ich net. Ich will wissen, wat du von mir glaubst«, sagte sie langsamer, schmerzlicher. »Ich schätz dich Loni. Sehr sogar. Warst immer tapfer. Die Sach mit deinem Vatter. Dein Arbeit. Dat mit Lorenz. Ich weiß, dat du viel Kraft brauchst.« Als er das sagte, presste sie die Lippen zusammen, ihre Augen füllten sich mit Tränen. Fest hielt sie seine Hand, doch als er Loni umarmen wollte, stieß sie ihn fort. »Loni, wat is mit dir?« Nochmals zog er sie heran, strich ihr über Kopf und Schultern, was sie sich nun gefallen ließ. In stiller Umarmung standen sie unter der Eiche. »Ich denk immer, dat ich fort müsst vom Lorenz«, flüsterte sie, »aber et is doch en Sünd, so zu denken. Und et is en Sünd herzukommen.«

»Aber en lässlich Sünd«, antwortete Peter, um sie zu beruhigen. »Komm Loni, wir gehn en Stück.«

Sie gingen über die Wiese hinunter zum Kailbach. Schwarz und kalt strömte das Wasser vorbei. Der Boden war schlammig. »Manchmal will ich net mehr leben. Wenn die Kinder net wären …« Peter erschrak, zog sie erneut an sich. »Dat sollst du net denken. Sowat darfst du net denken!« Fassungslos sah er sie an, während ihr Blick in die Ferne ging. »O doch Pitter. Dat darf ich denken. Alles darf ich denken. Dat Denken is dat einzige, wat ich hab und damit kann ich et halten, wie ich will.« Er dachte an sein Gedicht von der Gedankenfreiheit und dass Loni Ähnliches meinte. »Mir isset auch oft schwer. Aber et gibt immer wieder Momente, wo et sich zu leben lohnt. So wie grad jetzt, wo du bei mir bist!«

»Ach Pitter!« Bei all der Rätselhaftigkeit ihres Verhaltens, bei all der Trauer, die sie umgab, war ihm doch die Tatsache, dass sie ihn gesucht hatte, angenehm. Er konnte es sich nur so erklären, dass er ihr doch etwas bedeuten müsste. Immer noch hielt er sie umklammert, ließ sie weinen. »Morgen sieht et anders aus«, flüsterte er, »der Tag rückt die Dinge wieder an den Platz, von wo die Nacht sie verstellt hat.«

»Wat du immer für schöne Sätze hast. Hättst auch mehr und anderes wollen, oder?«

»Ich hab oft beklagt, dat ich damals net nach Berlin auf die Schul bin. Dat hätt ich wohl machen sollen. Aber et is müßig, drüber nachzusinnen.« Sie wischte sich die Augen mit dem Schultertuch. »Hab auch gehört, dat et en richtiges Buch mit deinen Gedichten gibt!«

»Ja, Loni und ich bring dir eins. Kommste wieder?« Von sich aus küsste sie ihn auf den Mund, heftig drückte er sie an sich und sie begann erneut zu weinen. »Weißt du noch, dat du gesagt hast, dat du mich nie mehr loslassen wollst? Warum hast du et doch getan?«

»Aber Loni … weil du et wolltest. Wat hätt ich denn tun sollen?« Wieder wischte sie die Augen. »Bei dir kann man weinen«, sagte sie, »dat kann man net überall.«

Die Sache mit Loni beirrte ihn. Lange wusste er nicht, was er von ihrem Besuch halten sollte.

Wieder und wieder dachte er darüber nach, drehte und deutete jedes ihrer Worte, jede Geste. Er konnte und wollte das Gefühl für sie nicht wieder Macht bekommen lassen, drängte es fort, bekämpfte es mit der Vernunft, hielt sich Lonis Ehe vor Augen.

Aber seine Empfindungen drängten doch ständig hervor, am deutlichsten, wenn er sich davon befreit glaubte. Er verglich dieses Gefühl mit dem, was er für Louise hegte, verglich auch die Verse, die unter diesen Eindrücken entstanden waren und kam zu dem Schluss, dass sein Fühlen für die Eine und die Andere gänzlich unterschiedlich war, auch aus einem anderen Teil seiner Seele zu rühren schien.

Das Gefühl für Louise war leichter, heller, wie auch die Pfalz luftiger und lieblicher war. Loni, das war auch die Landschaft, die Schwere und die Not dieses Landstriches, die zerstörenden Kräfte, die darin wirkten, die Enge, die Armut, die Verzweiflung, aber auch die Bindung daran und die Hoffnung. Es war der Glaube, die Natur und alles Schöne. Es war auch das Heimweh, das ihn trotz der schönen Gegenden, die er kennen gelernt hatte, immer wieder streifte. Es war seine Liebe zu diesem Stück Erde, wo sie beide, Loni und er, verwurzelt waren, verknüpft mit ihren Schicksalen, getrieben von unergründlichen Gesetzen.

Peter wartete. Jeden Abend sah er aus dem Fenster nach der Eiche, hoffend, sie käme zurück. Er lebte in einer Sehnsucht, einer ständigen Erwartung.

Als er in der letzten Märznacht beim Schein einer Öllampe in der Stube über einem Buch saß, hörte er, wie leise ans Fenster geklopft wurde. Er stand auf, erkannte Lonis Schatten unter dem alten Baum, ließ alles stehen und liegen, rannte hinaus und presste sie an sich, wissend, dass seine Gefühle für sie eine Berechtigung hatten, dass er sie zeigen durfte. »Ich lass dich nie mehr los!«

Von da an sahen sie sich häufiger. Ihre Treffen blieben im Geheimen und hoffnungslos, wie es mit seinen Bemühungen um Loni immer schon war. Dennoch sehnte er sich nach diesen Begegnungen, mit Leib und Seele hing er daran. Ab der Dämmerung spähte er hinaus.

Kam sie nicht, wusste er kaum, wohin mit sich selbst. Kam sie aber, fand er sich in Euphorie. Meist gingen sie über die Wiese hinter dem Haus ein Stück den Kailbach hinauf, bogen in ein Waldstück, wo ihnen ein Schuppen mit Werkzeugen der Waldarbeiter Schutz bot. Manchmal kam Loni nur kurz. Wenn Lorenz aber in der Eisenschmiede arbeitete, blieb sie bis in die Nacht. Beseligt war er, wenn sie sich in seine Arme schmiegte. Berauscht, wenn er ihren Körper an seinem spürte, ihre Lippen an seinen. Loni fesselte ihn immer mehr. Ihr Gesicht war Kümmernis und Trauer, ihr Körper Sinnlichkeit und Schönheit. Sie war nah und fern zugleich, verstand es, sich in einen Blick zu flüchten, in Schweigen oder ein missverständliches Wort zu hüllen. Zwischen höchstem Glück und quälendem Verzicht schwang das Pendel seiner Liebe. Danach saß er und schrieb, was ihm seine Seele eingab, denn Erfüllung fand er nur in seinem Schreiben und auch da sprachen der Schmerz und die unerfüllte Sehnsucht aus den Zeilen.

In der Karwoche ging Peter zur Posthalterei nach Landscheid. Er hatte kaum die Tür zur Stube geöffnet, als ihm Hannes entgegen kam. »Et is Post da! Und rate von wem! Von allerhöchster Stell! Mattes dreht den Brief schon den ganzen Tag durch die Finger!« Hannes lachte und blieb neugierig stehen, sah nach Postmattes, der sofort, als er Peter gewahrte, die Schublade öffnete und mit wichtigem Blick einen Brief herauszog, den er in der Luft schwenkte. »Von Seiner Majestät Friedrich Wilhelm höchstselbst! An den Dichter Peter Zirbes …, hach, wenn der wüsst …« Laut prustete er. »Der Dichter Peter Zirbes, dat is wohl zum Lachen! En Dichter biste also … Ich muss allerdings sagen, dat so en Brief noch nie in Niederkail angekommen is.« Peter griff nach dem Brief, fürchtete weiteren Spott und wollte verschwinden, als ihn Postmattes zurückbeorderte. »Halt! Dat is en Geldanweisung. Von höchster Stell. En wichtig Sach. Dat muss ordnungsgemäß erledigt werden. Oder willste dat Geld net? Ausweisen musst du dich auch!« Irritiert stand Peter vor ihm. »Jetzt mach kein Sachen. Kennst mich länger wie dein Frau!«

»Na gut. Wollen wir en Aug zudrücken.« Aber jetzt die Unterschrift! Weder Brief noch Geld gehn raus ohne Unterschrift.« Neugierig reckte Mattes den Kopf. »Wat hast du eigentlich mit dem

König zu schaffen?« Hannes mischte sich ein. »Dem wird wohl zu Ohren gekommen sein, dat wir hier en Dichter haben.« Er schlug Peter auf die Schultern. »Oder, Pitter? Hat sicher damit wat zu tun? Mensch, dat hätt ich nie geglaubt!«

»Der schickt dir wat für dein Bücher?« Mattes schüttelte den Kopf. »Und wir schaffen uns kaputt für nix und wieder nix.« Zwei Formulare füllte er aus, schob eines in Peters Richtung. »Eins für dich, eins für den König. Also dat der dir …, nee, also so wat is mir noch net passiert.« Dann ging er zur Kasse, drehte mit der Kurbel, bis die Kasse aufsprang. »Fuffzig, hundert, Mensch Pitter, hundertzwanzig, hundertvierzig, hundertfuffzig!« Peters Puls raste. So viel Geld? Hatte ihm der König wirklich …? Nein, das musste ein Irrtum sein. Diesen Gedanken durfte er nicht zu Ende denken, nicht einmal zu Ende hoffen. Ungläubig nahm er das Geld und einen versiegelten Brief, ließ Hannes und Mattes zurück und verschwand auf dem Feldweg nach Niederkail.

Am Mühlengraben, wo er sicher war keinem zu begegnen, tastete er nach dem Umschlag, zog das Schreiben hervor, suchte nach einem Taschenmesser, schlitzte das dicke Papier auf, entfaltete ein Dokument, das zahlreiche Stempel und Unterschriften aufwies. Friedrich Wilhelm IV., König von Preußen, der für alles Edle und Hohe schon als Kronprinz eingetreten war, den man den Romantiker auf dem Thron nannte und für den – nach seinen eigenen Worten – sich kein Stück Papier zwischen ihn und das Volk drängen sollte, hatte ihm tatsächlich eine Dankadresse mit einer Zuwendung von 150 Thalern zukommen lassen!

Peter konnte es kaum fassen. Mehrmals las er den Brief, mit dem Finger fuhr er über das rote Siegel, das feste, helle Papier. 150 Thaler! So viel hatte er in seinem Leben kaum jemals auf einem Haufen gesehen! Erleichterung breitete sich auf seinem Gesicht aus. Fast hatte er geglaubt, beim Juden borgen zu müssen, so wie es Hannes des Öfteren tat.

Zu Hause versteckte er den Umschlag zunächst zwischen Buchseiten. Er hatte das Gefühl, zum ersten Mal für etwas Geld erhalten zu haben, das wirklich von ihm, aus seinem Innersten kam. Es war etwas Eigenes, etwas Besonders. Eine Reserve würde es sein, eine wichtige vielleicht. Einen Teil würde er Elisabeth geben, einen Teil den Eltern. Auch an Loni dachte er.

Wenn Peter das Geld am Abend nicht gezeigt hätte, Kläs und Katharina hätten es nicht geglaubt. Die Hände schlugen sie überm Kopf zusammen. »Und dat is wirklich für die Gedichte?« Kläs musste sich setzen. »Dat hätten wir net gedacht, dat dat mit dem Schreiben wat einbringt. Weißte noch Pitter, wie du mal en Gedicht von Schiller an unserem Stand vorgetragen hast und en Mann deswegen en Krug gekauft hat?« Peter glaubte, Stolz in den Zügen seines Vaters zu erkennen. »Denkste noch an Berlin?«, fragte Kläs plötzlich. »Nee Vatter, dat is vorbei«, log er, spürte Kläs' Blick fest auf sich gerichtet und lächelte verlegen.

Innerhalb von Stunden ging es durch das Dorf. Dass Peter Geld bekommen hatte, vom König höchstselbst, für Gedichte, die er wohlmöglich abgeschrieben habe, denn wie sonst sollte ein Schottelskrämer* zum Apoll kommen? Dass viel Geld im Spiel sei, wurde gemunkelt, fünfhundert, vielleicht sogar tausend Thaler. »Jetzt wird er übermütig«, mutmaßte Molters im Lamberty und schnalzte mit der Zunge. Alle pflichteten ihm bei. »Werdet sehn, dat tut ihm net gut. Denkt sowieso schon wunders wat.«

»Man sollt meinen, der König hätte Besseres zu tun, als Schundgedichte zu lesen?«

»Och, dat is doch en ganz raffiniert Sach! Wovon soll der denn so dichten können? Wo soll der dat denn gelernt haben? Dat hat der doch all abgeschrieben und jetzt rühmt er sich damit!«

»Für sowat hat der König Geld? Der tät besser unserer Landwirtschaft auf die Füß helfen.«

Peter ahnte, was sie sagen würden. Er vermied es ins Dorf zu gehen, blieb in der Stube, wo er dichtete und ein Selbstbildnis malte, das ihn mit der gefüllten Hotte zeigte, einem Krug in der Hand, die Jacke über die Schulter geworfen neben einem Baum, auf dem eine Meise saß und sang. Die ganze Zeit dachte er an das Geld und es ehrte ihn, dass er in den Augen des Königs ein förderungswürdiger Dichter war.

Er schrieb an Louise, auch an Oertel. »Des Königs Güte machte mir ein Gnadengeschenk von 150 Thalern. Ich bin nun im Besitze einer eigenen Barschaft, wie ich sie in einer Reihe von Jahren aus dem Hausierhandel nicht hätte erübrigen können.«

Beide antworteten innerhalb von nur zwei Wochen und freuten sich über sein Glück. Oertel schlug vor, weitere Bücher an wichtige Personen zu versenden, die mit Peter bekannt waren. Peter zögerte, packte dann aber einige Bücher in festes Papier und verfasste Briefe an Eugen Boch, Alfred Villeroy und den Grafen von Kesselstadt, Besitzer des Schlosses Dodenburg. Auch diesmal wurde er nicht enttäuscht. Alle antworteten, lobten seine Gedichte und deren Bedeutung für Heimat und Landschaft, sandten ihm Geschenke.

Ohne Peter darüber in Kenntnis zu setzen, verschickte Oertel weitere Bücher an Zeitungsredaktionen, von denen er sich eine Erwähnung oder einen Abdruck versprach: Meisenheim, Kusel, Andernach, Koblenz, Cochem, Wittlich, Adenau und Trier. Einige der Zeitungen reagierten, indem sie einen Abdruck brachten.

Seit Wochen hatte sich Loni nicht mehr sehen lassen. Unablässig grübelte Peter, was wohl passiert sei und wie es ihr ginge. Vor allem aber quälte ihn die Frage, ob sie zurückkommen würde. Bei dem Gedanken, dass sie sich von ihm abgewandt haben könnte, überkam ihn eine Bestürzung, die ihm das Denken nahm. Nächtelang saß er mit leerem Magen am Fenster und starrte nach der Eiche. Er fragte und forschte, ging ins Lamberty und erfuhr, dass Lorenz seine Arbeit auf der Eisenschmiede nun endgültig verloren habe. Ein Nichtsnutz sei der immer schon gewesen, ein Faulenzer aus den Windeln heraus, wegen Sauferei hätte man ihn nun endgültig fortgejagt. Längst wäre das fällig gewesen, der Schmied sei es müde gewesen mit ihm. Man mutmaßte, dass es nun an Loni sei, die Familie durchzubringen, dazu den Suff ihres Gatten. »Tja, Pitter«, stichelte Molters, »jetzt könnste en gutes Werk tun. Geld hättste ja genug. Dat Loni tät sich freuen. Wo du doch so gut stehst mit dem Loni …!«

Ein paar Mal versuchte Peter Loni anzusprechen, frühmorgens, wenn sie sich, den hölzernen Nähkasten geschultert, auf den Weg in die Dörfer machte. Zweimal wechselte er ein paar Worte mit ihr, ansonsten scheuchte sie ihn fort. »Net dat uns einer zusammen sieht.«

Jedes Mal blieb er enttäuscht zurück, sah ihr nach, wie sie mit dem schwarzen langen Rock und dem grünen Schultertuch weitereilte und sich nicht mehr umsah. Immer wieder spähte er an den Abenden nach der Eiche.

Dann, Mitte April, klopfte sie wieder an sein Fenster. Sofort eilte er hinaus. Sie empfing ihn mit einer hastigen Umarmung, dann zog er sie in die Dunkelheit der Wiesen. Erst im Schuppen, wo sie eine Kerze entzündeten, sah er, wie mitgenommen sie aussah. »Endlich, Loni …«

»Der Lorenz …«, sagte sie tonlos, klammerte sich an ihn, küsste ihn, begann, sich mit hastigen Bewegungen auszuziehen. Trotz des kümmerlichen Lichtes erkannte er, dass sie grün und blau geschlagen war. »Wat is dir passiert?«, fragte er entsetzt, während er die Wunden auf ihrem mageren Körper tastete. »Du weißt et doch.«

»Dat Schwein! Hingehn werd ich, so ein Schwein …!«

»Beruhig dich, Pitter. Damit muss ich allein fertig werden. Da kann mir keiner helfen. Auch du net.« Sie blies die Kerze aus, verbot ihm, darüber zu reden oder gar etwas zu tun, kündigte an, dass sie sobald nicht mehr kommen könne, dass aber ihr Denken an ihm hinge, dass er der Einzige sei, dass aber Gott anderes mit ihr vorhabe und dass ihrer beider Schicksal in seiner Hand läge.

Die Nacht im Schuppen war für lange Zeit die letzte Begegnung. Die Reise stand an und schon als Peter an Georgi loszog, trug er Heimweh in sich. Das Verlangen nach Loni war stark und er spürte, dass weder die Zeit noch die Entfernung ihm diesmal helfen würden. Selbst in Orten, die er liebte, hielt er sich kaum auf, blieb weder bei Mathilde in Saarbrücken noch bei Oertel und Louise, immerzu drängte es ihn weiter, nirgends fand er Ruhe.

Lonis malträtierter Körper und die Sorge um die Eltern ließen ihn früher als sonst heimkehren.

Schon in der Woche vor Michael reiste er durch Trier. Der Sommer war lang und heiß gewesen. Immer noch stand in den Gassen die gestaute Hitze der letzten Monate, fand keinen Abzug. Müde zog er seinen Karren durch die Rindertanzstraße. Vor einem Photogeschäft in der Christophstraße verlangsamte er seinen Schritt. Sein Blick blieb an einem gemalten Transparent hängen:

Kunstphotographisches Atelier Schmitt
Erstklassige künstlerisch ausgeführte Aufnahmen in allen Größen und Ausführungen Zahlreiche Anerkennungen
Landschaften – Postkarten – Personenbildnisse – Farbenphotos
Grabplatten mit Personenbildnissen auf Porzellan – unvergänglich
Medaillons in Semi- und Echtemaille

In einem Ansichtsfenster neben der Eingangstür standen gerahmte Photos auf rotem Samt. Auf einem der Bilder war die Pfalz bei Kaub zu sehen, ein weiteres zeigte Ehrenbreitstein mit dem Rhein. Gleich daneben waren zwei Daguerreotypien ausgestellt, eine mit einer Gruppe von Musikanten vor dem Trierer Dom, die andere zeigte Mädchen mit weißen Kopftüchern und Körben auf dem Rücken. »Weinlese in Kröv« hatte jemand darunter geschrieben.

Lange stand er vor dem Fenster. Den Portraits, die Oertel von sich und seiner Familie hatte anfertigen lassen, galt immer schon seine Bewunderung. So ein Photo, dachte er, ist der sichtbare Beweis für etwas. Damit konnte man sich seiner Existenz versichern, ja, sich selbst unter Beweis stellen. Er verglich die Darstellung der Weinlese mit seinen eigenen Eindrücken, den Beschreibungen in den Gedichten und kam auf den Gedanken, dass nichts Geschriebenes die Gewissheit für das Sein geben könnte. Eine Abbildung der Wirklichkeit, das könne nur ein Photo leisten. Es fiel ihm auf, dass es das

Übel der Sprache sei, dass sie für sich selbst nicht bürgen könne, weil sie erfunden sei, ja, dies sogar ihr Wesen ausmache und dass er, wenn er sie zur Widergabe der Wirklichkeit benutzen wollte, einen enormen Aufwand betreiben müsse, wie etwa die Logik bemühen. »So en Photo aber verhält sich gleichgültig gegenüber jeder Vermittlung. En Photo erfindet nix, et is Bestätigung selbst.«

Einem Impuls folgend, band er das Pferd an ein Geländer, warf eine Decke über den Karren und betrat das Geschäft. Einmal im Leben wollte er sich diesen Luxus leisten und jetzt, durch die Gabe des Königs, war es ihm möglich gemacht worden.

Ein gedämpftes Licht und ein fremder Geruch waren das Erste, was ihm auffiel. Unzählige Portraits hingen an den Wänden, auch Landschaften, Häuser und Gegenstände waren abgebildet. »Ja, seht Euch nur um. Ich biete Portraitphotographie mit Draperien im Hintergrund, Staffeleien, Gobelins, sogar mit Palmen im Atelier!« Ein Mann in einem dunklen Kittel war hinter die Verkaufstheke getreten, verbeugte sich, wies auf einzelne Photos. »Aber vielleicht wünscht Ihr eine Darstellung von Euch in der Natur? Auch das ist möglich.«

»Ein Portrait«, sagte Peter, »nur eine einfache Aufnahme. Net zu teuer.«

»So einfach wird es nicht sein«, schmunzelte der Photograph, »das Photographieren ist schließlich Kunst.« Er führte Peter in einen Nebenraum, hieß ihn Platz nehmen, brachte ein Licht und legte ihm verschiedene Musterbücher vor. »Zur Anregung«, sagte er, »nehmt Euch die Zeit zu überlegen, wie Ihr dargestellt werden wollt: stehend oder sitzend. Denkt über den Hintergrund nach, die Requisiten. Nehmt Euch Zeit.«

Eines Kunden wegen, der hereingekommen war, verließ der Photograph den Raum und so hatte Peter Gelegenheit, sich umzusehen. Das Atelier war mit einer Art Bühne ausgestattet, deren Hintergrund mittels auf Holzrahmen gezogene, bemalte Leinwände ausgetauscht werden konnte. Die Kulissen – darunter eine romantische Darstellung der Akropolis – liefen auf Schienen und wurden offensichtlich per Seilzug bewegt. Diverse Requisiten lagen und standen herum: Kleinmöbel, Gebetbücher, Spielzeug, Hüte. Es gab einen Spiegel sowie einen Schminktisch mit Bürsten, Kämmen und Puderquasten. Schalen und Flaschen mit Chemikalien, allerhand feinmechanische Geräte, Pressen und Gläser, diverse Pappen und die dazugehörigen Schneidemaschinen standen herum. In einem mit Wasser gefüllten Ablaufbecken weichte Papier. Dahinter befand sich ein abgedunkelter Raum, abgetrennt durch ein hölzernes Schiebefenster.

Kopfschüttelnd kam der Photograph zurück. »Was die Leut alles wünschen!«, lachte er, »da wollt grad einer im Brautkleid seiner Frau abgebildet werden … Aber mir solls ja egal sein. Er kommt morgen.« Beflissen legte er Peter ein weiteres Musterbuch vor, wies auf unterschiedliche Posituren. Männer in Uniformen waren zu sehen, in Arbeitstrachten, sitzend, zu zweit oder in einer Gruppe. Einer lag rauchend auf dem Boden, halbnackt, mit Tätowierungen und einer Seefahrermütze in der Hand. »Nee, nee, nix so Aufwändiges …«, sagte Peter, denn plötzlich fühlte er Beklemmung des Preises wegen, nach dem er noch nicht gefragt hatte und der doch, in Anbetracht seiner Lage, ausschlaggebend für einen Auftrag war. Wie er geahnt hatte, berechnete der Meister die Portraits nach Aufwand, empfahl aber sogleich, nicht die günstigste Variante zu wählen, sondern, da es ja für die Ewigkeit wäre, sich die Aufmachung gut zu überlegen. »Es ist etwas Wichtiges, etwas Neues auch und verglichen mit gemalten Portraits wesentlich günstiger und schneller. Drei Thaler und zwei Groschen das Bild, das ist der Preis für eine annehmbare Aufnahme, eine Ausgabe, die Ihr nicht bereuen werdet.« Peter schluckte. Drei Thaler und zwei Groschen war mehr, als er ausgeben wollte, aber in Anbetracht des königlichen Geldgeschenks nickte er. »So machen wir et.« Als einzigen Zusatz bat er sich aus, mit seinen Büchern abgelichtet zu werden.

Der Photograph bat ihn an den Schminktisch, puderte ihm Nase und Stirn, forderte ihn nach dieser ungewohnten Prozedur auf, die Bücher zu nehmen und sich auf den Bühnenstuhl zu setzen. Dann schob er einen Tisch heran, griff nach Peters Schultern, rückte ihn zurecht, richtete seine Kleider, zupfte hier und dort am Stoff, glättete den Hemdkragen und überprüfte die Haltung, indem er einen Schritt zurück trat. Zwei der Bücher legte er auf den Tisch neben Peter, eines empfahl er ihm in die Hand zu nehmen. Peter legte den Arm in einer Weise auf den Tisch, dass die Hand mit dem Buch locker herunterhing. »Ja, so ist es recht.« Der Photograph betrat die dunkle Kammer, beschichtete Platten mit einer Emulsion, schob eilig einen schweren Kasten auf einem Holzstativ heran, in den sich die bearbeiteten Glasplatten einschieben ließen. »Jetzt muss es schnell gehen, alles lichtempfindliche Sachen …« Mit gekonnten Griffen befestigte er die Linse an einem kurzen Blechrohr. »Und jetzt ganz ruhig sitzen bleiben. Nicht wackeln! Und nicht erschrecken!« Der grauhaarige Kopf des Photographen verschwand hinter dem Apparat unter einem schwarzen Tuch. Nur Sekunden dauerte es: ein dünnes Band brannte nach dem Anzünden ab, ein klackendes Geräusch folgte. Der Kopf tauchte wieder auf.

Drei Bilder hatte Peter bestellt, noch zweimal wiederholte sich der Vorgang.

Über eine Stunde saß er mit seinem Buch in starrer Haltung und war froh, endlich aufstehen zu können. »Jetzt werden die Abzüge auf Karton gezogen, das dauert«, erklärte der Photograph und fügte hinzu, dass sich Peter bis zur Fertigstellung ein paar Tage gedulden müsse, dass aber auch eine Aushändigung per Post in Frage käme. Da Peter nach Hause drängte und der Mann keine genauen Angaben machen konnte, entschloss er sich für den Postweg.

Zum ersten Mal bezahlte er für etwas, von dem er wusste, dass es seine Eltern als unsinnig, seine Schwester als überflüssig, Louise als leichtsinnig bezeichnen würden. Nein, auf Verständnis war nicht zu hoffen und dennoch spürte er, dass ihm dieser Schritt den Rücken stärkte. Blinzelnd trat er aus dem Geschäft. Düster war es drinnen gewesen, ungewohnt, und draußen so hell. Als ihn das Gewühl der Trierer Gassen wieder aufnahm, fühlte er sich anders als vorher, wie nach einem guten Essen.

Geh mir nicht fort

Loni liebte ihn; er war sich sicher, hatte sie doch vor Freude geweint, als er sagte, dass er ihretwegen früher zurückgekommen war. Im Schuppen trafen sie sich, jenem düsteren und rauen Ort, wo er glaubte, die schönsten Stunden seines Lebens zu verbringen. Tagsüber arbeitete er bei Michel, im Wald oder im Haus. Wenn Zeit blieb, schrieb er Lieder und Verse oder las. Wenn Loni kam, war er glücklich und ruhig; empfand sich aufgehoben und sicher. Kam sie nicht und kannte er keinen Grund, lag er wach, horchte nach jedem Geräusch, fühlte ihre Liebe sofort aufs Äußerste bedroht, indem er glaubte, dass sie sich von ihm abgewendet habe. Dann hoffte und betete er, litt auch der Sünde wegen, die sie beide auf sich genommen hatten, dachte auch deshalb leiden zu müssen.

Zweimal hatte er bereits auf der Poststelle in Landscheid nach einer Sendung gefragt, erst beim dritten Mal winkte Postmattes mit einem Brief. »Aus Trier«, nickte er und gab ihm den Rat, den Brief gut aufzuheben. »Immer dein Bemerkungen«, sagte Peter, »wüsstst wohl gern, wat drin is?« Breit grinsend stand Mattes hinter seinem Schalter. »Kunstphotographisches Atelier Schmitt. Da kann ich mir schon wat denken. Aber mir kann et ja schließlich egal sein, wer dir da wat schickt. Hab wat anderes. Haste schon mal wat von Telegraphie gehört?«

»Wat willste denn damit?«, murmelte Peter und wollte fort, als Mattes ihn an der Jacke fasste. »Jetzt isset so weit. Zwischen Irland und Neufundland verläuft jetzt ein Telegraphenkabel. Dat muss man sich mal vorstellen. Durch den ganzen Ozean läuft dat. Dat is der Fortschritt.«

»Und? Kommt der Fortschritt auch zu uns?«

»Dat kannste glauben. Schneller als wir denken.« Ganz gerade stand er jetzt, als er in bestem Hochdeutsch anfing: »Der amerikanische Präsident hat gesagt, das wär ein von der göttlichen Vorsehung auserwähltes Instrument zur Verbreitung von Religion, Zivilisation, Freiheit und Recht über die ganze Welt …«

»Wo hast du dat denn her?«

»Dat stand in der Zeitung. Auch, dat der dicke Strang schon zweimal gerissen is, aber jetzt hat et geklappt. Nachrichten erreichen uns so schnell wie noch nie! Heut hab ich so ne Nachricht gesehn«, zwinkerte Postmattes. Erwartungsvoll hing sein Blick an Peter, der aber nur mit den Schultern zuckte. »Da verstehste erstmal gar nix«, fuhr Mattes fort, »da sind nämlich keine Buchstaben zu sehn, sondern Striche und Punkte. Ein A ist zum Beispiel en Punkt und en Strich, en B en Strich und drei Punkte. Schicken kann man dat mit Strom. Dat Telegraphiergerät hat Tasten, die kannste kurz oder lang drücken, je nachdem wat du schreiben willst. Der Stift, der da dran befestigt ist, schreibt bei kurzem Drücken en Punkt, bei langem Drücken en Strich. Dann musst du die Nachricht nur noch entziffern können und schon kannste dat lesen.«

»En Brief is mir lieber«, war Peters ungerührter Kommentar. Er begab sich zur Tür, während Mattes ihm ärgerlich hinterher rief: »Dat du immer so komisch bist …!«

Zu Hause riss er ungeduldig den braunen Pappumschlag mit den Sichtvermerken der Post auf und zog ein weiteres Kuvert aus festem Papier heraus, in das die Photos eingeschlagen waren. Jedes Bild war einzeln verpackt und jedes Mal, wenn er eines auswickelte, zuckte er. So also sah er aus. Anders als in dem gesprungenen Spiegel, der im Schrank hing, anders auch als auf seinen Selbstportraits.

Zufrieden legte er die Bilder nebeneinander auf den Tisch und trat einen Schritt zurück. Dann stellte er sie hochkant, lehnte sie gegen einen Krug. Der Photograph hatte die Aufnahme nach dem Entwickeln zum Fixieren in ein Vergolderbad gelegt, das einen bräunlichen, sephiafarbenen Ton erzeugte. »Wie gemalt«, dachte er, während er die Bilder betrachtete, die ihn alle in der gleichen Pose zeigten: sitzend, mit seinem Buch in der Hand. Ernst sah er aus, auch bedacht. Sah so ein Dichter aus? Aber wie sah überhaupt ein Dichter aus? Auf allen Photos ging sein Blick in die Ferne. An was er wohl in diesem Moment gedacht hatte? Er betrachtete die Frisur, den Backenbart, den Schal, den er locker um den Hals trug, den hellen Überwurfkittel aus rauem Leinen, die Eifeltracht. Lange ruhte sein Blick auf seiner Hand, die einen der Gedichtbände locker hielt, den Zeigefinger in der Mitte des Bandes. Auf dem Tisch neben ihm lagen zwei weitere Bücher. Er wählte das schönste Photo aus, brachte dann alle drei Aufnahmen in die Reihenfolge, in der sie ihm am besten gefielen. Eine dachte er Loni zu schenken, eine andere Louise, die einmal gesagt hatte, dass Photos die Seelen der Abgelichteten rauben würden. Lächeln musste er über diesen Irrglauben. Nein, er hatte seine Seele nicht im Photogeschäft gelassen, bloß einen Moment seines Lebens festgehalten, den jetzt ein Hauch Ewigkeit umgab. Es war wie ein Fingerabdruck im Ton, ein Gefühl, die Vergänglichkeit für diesen einen Moment aufzuheben. Vielleicht war es nur der eitle Versuch, sich hinüberzuretten, etwas von sich selbst dazulassen. Er sammelte die Bilder wieder ein, das schönste hielt er für Loni zurück. Dann zog er Mörikes Gedichte aus dem Regal, steckte die Abzüge zwischen die Seiten und schob das Buch zurück.

Nachts im Schuppen konnte er kaum erwarten, Loni das Photo zu geben. Gespannt sah sie zu, wie er es aus dem Papier wickelte. »En Bild?« Sie nahm die Aufnahme, hielt sie hinter die Flamme, um besser zu sehen. »Dat bist du ja«, sagte sie, »en Photographie, dat is ja en echt Photographie von dir.«

»Ja, hab ich in Trier machen lassen. Für dich. Dat du mich net vergisst.« Eine ganze Weile betrachtete sie das Bild. »Pitter, sowat is doch teuer?« Er nickte. »Dafür hast du Geld ausgegeben?« Er wurde unsicher, denn ihre Stimme zitterte. »Ich racker mich jeden Tag ab, dat ich mein Kinder durchbring. Nie hab ich dich deswegen um Geld gefragt. Für sowat haste also Geld?« Entsetzt sah er sie an. »Aber Loni, ich hab gedacht, du freust dich.«

»Und wie ich mich freu!«, sagte sie bitter, »dat Bild kann ich doch gar net brauchen. Wat meinste, wat der Lorenz mit mir macht, wenn er dat findet? Dat ich dich net vergess, haste gesagt. Wie könnt ich dich vergessen? Dafür brauch ich kein Bild.« Mit diesen Worten packte sie es wieder ins Papier, schob es in seine Weste zurück, griff nach dem Tuch und wollte hinaus. Enttäuscht stand er ihr im Weg. »Geh doch net, Loni. Et is ja auch viel besser, dat du kein Erinnerung brauchst. Ich hab net dran gedacht.« Loni stieß ihn fort. Im Dämmer sah er, wie sie über die Wiese rannte, an der Eiche vorbei, den Hügel hinauf.

Wochenlang kam sie nicht. Weihnachten ging vorüber, das Erscheinungsfest stand an, ohne dass er etwas von ihr hörte. Obwohl er manchmal glaubte, den Schmerz, den er ihretwegen hatte, nicht mehr aushalten zu können, unternahm er nichts, sie zu sehen oder zu treffen. Zwar dachte er daran, ihr etwas von seinem Geld zu geben, glaubte aber den Zeitpunkt versäumt zu haben. Es war eine Unsicherheit in ihm, ein Gefühl, sich falsch verhalten oder falsch gehandelt zu haben.

Trotz seiner schweren Gedanken hatte er in diesem Jahr mehr denn je geschrieben. Aus Trier hatte er vier neue Kladden mitgebracht, deren Seiten bald schon keinen freien Platz mehr boten. Überlegungen, Betrachtungen und Gedichte, auch Auszüge aus Werken anderer Dichter hatte er darin notiert. Mehr und mehr hatten es ihm die Sagen von Eifel und Mosel angetan. Überall wo er hinkam, interessierten ihn die Geschichten der Landschaft, der Burgen, der Denkmäler, so dass er bald eine Sammlung an Anekdoten, Legenden und Sagen beisammen hatte, die er auf seinen Fahrten in Gedichtform brachte. Neben den Versen versuchte er, größere zusammenhängende metrische Bearbeitungen zu Papier zu bringen. Die Sagen um die Neroburg beschäftigten ihn, auch die Kröver Reichssagen, die Knüppelarmee, worin er den Aufstand gegen die Franzosen 1798 beschrieb, die Dahner Sprünge und Fischiana, Debatten um die Bildung einer Fischereigesellschaft in Salmrohr. Sogar eine große Oper in drei Akten war darunter: Der moderne Tyrann von Syrakus. Er schickte Oertel die Sachen per Post. Die Antwort war abschlägig. Oertel schrieb, dass die meisten seiner Sagen für ein breites Publikum nicht ansprechend seien, dass auch die Oper sich für eine Herausgabe nicht eigne. Ein paar Gedichte wolle er behalten, denn – so fügte er hinzu – schließlich sei es Zeit für einen neuen Band.

Ruhelos

An ein Zubrot war den ganzen Winter kaum zu denken. Arbeit gab es erst ab Januar und außerdem – das wog schwerer – hatte er alle Hände voll mit der Pflege der Eltern zu tun. Kläs, von Gicht geplagt, war schon im Sommer in Niederkail geblieben. »Dat war mein letzt Tour, ich hör den Kuckuck net mehr singen«, hatte er gesagt, als er aus Gerolstein zurückkam. Peter und Elisabeth befürchteten, dass er Recht behalten könnte.

Auch Katharina kränkelte, litt mehr denn je unter Schmerzen in den Beinen und war manchmal tagelang nicht imstande, das Haus zu verlassen.

Ab Januar arbeitete Peter im Wald und auf der Stellmacherei. Den Rest der Zeit sorgte er für das Essen, kochte, wusch und putzte, bettete die Mutter, bereitete Umschläge für Kläs. Wochenlang rührte er kein Buch an. Weder zum Lesen noch zum Schreiben blieb Zeit.

Im Februar kam ein Brief aus Düsseldorf, worin man ihm eine Kaufmannsstelle in einem Verlag anbot. Der Verleger schrieb, dass er seine Gedichte kenne, auch das Buch und dass er sich, in Anbetracht von Peters schriftstellerischem Talent und der angespannten wirtschaftlichen Lage, über die er in Kenntnis gesetzt wäre, freuen würde, wenn sie sich bald schon treffen könnten. Im Folgenden beschrieb er die Stelle, die interessant klang. Mit Texten und Büchern hätte er zu tun, auch mit einer Zeitung, die der Verlag herausbrachte. Peter zeigte Kläs den Brief und las ihn Katharina vor. Aber sie schlugen nur die Hände überm Kopf zusammen: »Oh jesses, da is ja gar net dran zu denken. Wat sollen wir denn ohne dich machen?« Wieder waren es die Eltern, die Umstände, aber auch Loni, die ihn davon abhielten, einen neuen Schritt zu wagen. »Nee, et is wirklich net dran zu denken«, antwortete er, indem er seine kranken Eltern bedachte, »ich freu mich aber trotzdem über den Brief.«

Er schrieb zurück, bedankte sich für das Angebot.

»Wie damals die Sache mit Berlin, so weiß ich schon jetzt, dass ich diesen Schritt bereuen werde …«, notierte er in die Kladde, nachdem der Brief mit der Absage bei Postmattes abgegeben hatte.

Anfang März setzte Tauwetter ein. Das Wasser des Kailbachs stieg, färbte sich lehmgelb, Baumstämme und Äste trieben den Bach hinunter, sich in Wirbeln drehend. Stroh und Rinden kamen geschwommen, auch Klumpen von Erde. Das Wasser stieg höher und höher, wallte in Strudeln. Die Haolegäns kreisten wieder über dem Meulenwald. Unter Winken, Rufen und Lachen zerstreuten sich am Gertrudistag die Fuhrwerke der Händler in alle Richtungen.

In diesem Jahr konnte Peter nicht zur gewohnten Zeit aufbrechen. Im Zirbeshaus sorgten sie sich um den Vater. Arme und Beine hatten Kläs den Dienst versagt, mit der rechten Hand konnte er mit Mühe und Not noch den Löffel heben. Kauen und Schlucken gingen mühsam. Eine leichte Besserung war nur von kurzer Dauer, danach wurde ihm selbst das Sprechen schwer. Immer wieder wurde er von Krämpfen und Koliken geplagt, sein kräftiger Körper war innerhalb eines halben Jahres zum Skelett abgemagert.

In der Woche nach Maria Verkündigung kam das Fieber. Nächtelang lag er wirr redend oder aber ohne Bewusstsein. Am Samstag half Elisabeth, erhitzte eine Schüssel Wasser, gab Kräuter hinein, nässte einen Lappen und betupfte dem Kranken die Stirn. An diesem Tag lag Kläs bleich und unbeweglich auf dem Kissen, wie lauschend in eine tiefe Stille. Dann, plötzlich, hielt Elisabeth inne, warf sich am Bett des Vaters nieder, weinte und schluchzte. »Pitter, Pitter, so komm doch …! Der Vatter!«

Noch am Abend betrat Loni das Haus. Die Mutter hatte sie rufen lassen, um für Kläs einen schwarzen Anzug zur Leich zu nähen. Ihre Blicke begegneten sich, als sie die schlammigen Schuhe am

Reiserbesen abstreifte. »Mein Beileid, Pitter«, sagte sie und streckte ihm die Hand entgegen.

Sie folgte ihm in die Kammer, wo Nachbarn den Vater aufgebahrt hatten. Zu Füßen des Leichnams standen sie und beteten. Wächsern war Kläs' Haut, die Gesichtszüge ruhig und entspannt. In die gichtgekrümmten Finger hatten sie ihm ein Kruzifix gegeben. Auf dem Tisch stand ein Glas Weihwasser mit einem Palmreis; auch ein Öllämpchen brannte.

Die Luft in der Totenkammer nahm Peter den Atem. Er ging hinaus, blieb in der Stube, von wo er die Mutter und Loni miteinander flüstern hörte. Noch während Loni Maß nahm, kamen Nachbarsfrauen, den Rosenkranz zu beten. Peter begleitete auch sie in die Kammer. Dann ging er in den Stall. Er dachte an Loni, dann an Kläs, an den ersten Markt, den er mit seinem Vater erlebt hatte, damals in Meisenheim. Tränen schossen in seine Augen, als er sich erinnerte, wie sein Vater Elisabeth hoch in die Luft gehoben und ihr die Landschaft gezeigt hatte: »Und dat is die Mosel!«

Als er wieder in die Stube trat, saß Loni sinnend auf dem Stuhl am Fenster und blickte hinaus in die regenverhangene Weite. Vom Dorf mit seinen Hütten und Strohdächern war von hier wenig zu sehen. Ein Ast der Eiche reichte fast bis ans Fenster, ein leichter Wind schüttelte Tropfen von den Blättern. Dahinter die Wiese, der Hügel.

Im Zimmer begann es zu dunkeln. Bald ließ der sinkende Tag nur noch ein Dämmerlicht in die Stube. Er sah sie an, ihre vertraute Haltung, die Art, wie sie den Kopf neigte und ihn anlächelte. Ihr Lächeln irritierte ihn. Er dachte an seine ersten Zeilen, die er ihr gewidmet hatte, wofür er so grässlich verlacht worden war. »Wie lachtest du Loni, lachtest über mich und meine Zeilen ... Lachst du auch jetzt noch? Ja, du lachst immer noch und hast sicher Recht ... Mir möchte das Herz schier vor Kummer vergehn, seitdem ich dich, mein Mädchen, gesehn ... Du warst es doch, für die ich gelitten und geschrieben hab und immer hoffte, dass du daran teilnähmest. All die Gedanken, die ich deinetwegen hatte, die Zweifel, die bis heut geblieben sind ...«

Zerfressen sah er sich zwischen den Gefühlen für Loni, dem Auf und Ab seines Schaffens, dem Aufgeriebensein zwischen diesen Extremen, hin und her geworfen, verirrt, bis sie ihn aus seinem Sinnieren riss: »Dat mit deinem Vatter tut mir leid. Ich weiß, dat du an ihm gehangen hast.« Er zog seinen Stuhl neben das Fenster, an dem sie saß. Schwarz reckten sich die Zweige der Eiche gegen das Gewölk: dunkel die Stelle, wo sie oft auf ihn gewartet hatte. Eine Weile schwiegen sie. »Ja, Loni. Ich hab sehr an ihm gehangen. Vorhin hab ich dran gedacht, wie er, als wir noch Kinder waren, unser Lies hochgehoben und ihr die Mosel gezeigt hat.« Loni lächelte. »Dat sind jetzt Erinnerungen. Ich hab auch oft so Momente vor Augen. Mit meinen Vatter …«

»Haste eigentlich mal wieder wat gehört von ihm?« Sie schüttelte den Kopf. »Nie. Du weißt et ja. Nach der Hochzeit kam nix mehr. Von keinem mehr. Die wissen net mal, dat ich Kinder hab.«

»Vielleicht is wat passiert?« Sie zuckte mit den Schultern. »Ich hätt damals mitgehn sollen nach Amerika. So wie du nach Berlin. Aber wer weiß schon, wat gut ist. Ich fühl mich oft so allein.« Lange sah er sie an, bemerkte, wie die Zeit Lonis Gesicht durchwandelt hatte, mit ihren Schatten und ihrem Licht.

Seine Gedanken führten ihn in die Vergangenheit. Er dachte an die Hubertusnacht, in der er mit Loni über die Felder gelaufen war, die Nacht, in der er zum ersten Mal ihren Körper berührt hatte. Es war ja wenig, ging ihm durch den Kopf, ein paar glückliche Stunden, das so genannte Glück. Aber manch einem wird nicht einmal das zuteil.

Eine Nachbarin kam herein und störte die Ruhe. »Ihr sitzt ja im Dunkeln. Ja, Pitter so is et dir also um et Herz.« Sie zündete ein Licht an und begann auf Geheiß der Mutter mit Mehl und Schmalz zu hantieren, Eier zu schlagen und Zucker zu reiben. Während andere Nachbarn mit Katharina Totenwache hielten, stieß sie Gewürze in einem Mörser, zog ein mitgebrachtes Päckchen Rosinen aus einem Beutel. Immer wieder wischte sie sich die Augen. »Jetzt is er tot. Gott hilft seiner Seel. Er soll en schöne Leichenschmaus kriege.«

»Ich helf auch«, sagte Loni und erhob sich. »Bis morgen Mittag hab ich dat Hemd fertig. Dann komm ich wieder.« Dankbar sah Peter sie an.

Loni hielt, was sie versprochen hatte. Sie brachte nicht nur das Hemd, das sie aus feinem Leinen gefertigt hatte, sondern auch Mehl und Eier für eine Rührspeise. Im Haus war es umtriebig. Ständig kamen Leute, um am Totenbett zu beten. Der Pfarrer war da gewesen; am Nachmittag kam der Schreiner, um für den Sarg Maß zu nehmen. Drei Nachbarsfrauen waren mit Kochen und Backen beschäftigt. Warmer Kerzengeruch durchströmte das Haus, das Geflüster der Beterinnen hielt den ganzen Tag an.

Auch am Tag der Beerdigung gab es keinen Moment der Ruhe. Das halbe Dorf ging betend hinter dem Sarg. Peter ängstigte sich um Katharina, die am Morgen einen Schwächeanfall gehabt hatte und kaum in der Lage war, dem Sarg zu folgen. Stützen musste er sie, ihretwegen ging der Zug langsam. Elisabeth folgte mit Michael und den Kindern, wieder wölbte sich ihr Bauch. Mager sah sie aus, spitzgesichtig und krank.

Es war eine Beerdigung im bescheidenen Rahmen, ohne jegliches Gepränge. Mit einem Ausdruck von Leere, die jedes unbestimmte Gefühl ins Gesicht zeichnet, sah Peter auf den Sarg vor dem offenen Grab, auf den Pfarrer im festlichen Gewand, die Messdiener, die Bauern und Händler, die um das Erdloch standen. An Seilen glitt die Totenlade in die Tiefe, Klumpen von Erde zerplatzten auf der grob gezimmerten Kiste mit dem Kreuzzeichen. Betend standen die Träger mit gesenkten Köpfen auf der frisch aufgehäuften, matschigen Erde. Ihr Gemurmel konnte Peter nicht verstehen. Er sah nur, wie Münder sich bewegten. Weinend hatte sich Elisabeth bei der Mutter eingehakt, beide hielten Buchs in Händen.

Loni stand weiter hinten, ein paar Mal spürte er ihren Blick. Am Grab des Vaters wusste er, dass sie der Zauber seines Lebens bleiben würde. Loni, ihre Gestalt, ihr langsam verwelkendes Gesicht. Er versuchte den Gedanken zu verdrängen, dass auch ihre und seine Zeit verging, dass jetzt er, nach seinem Vater, in der vordersten

Reihe stand, aber er dachte es doch. Er sah nach Loni mit ihren braunen Locken und der verschossenen Pelerine.

Der Mutter wegen verzögerte er die Abreise bis in den April. Sie war untröstlich, dass Kläs als Erster gegangen war. Nur noch Düsternis und Krankheit hatte sie vor Augen, konnte kaum noch gehen, die Krampfadern stachen. Entrückt saß sie in ihrer Kammer, weit weg mit den Gedanken.

»Wie isset gut, dat du bei mir bist«, sagte sie zu Peter und wehrte sich, als er ihr mitteilte, dass Elisabeth oder der Schwager während seiner Abwesenheit nach ihr sehen würden. Obwohl Katharina bettelte und forderte, musste sie letztlich einsehen, dass Peter nicht bleiben konnte. Denn nach dem Tod des Vaters hieß es für ihn erst recht, den Handel weiter zu betreiben. Er versprach ihr, die Touren kurz zu halten und alle paar Wochen nach Hause zu kommen.

Bevor er fuhr, hatte er versucht, ein neues Treffen mit Loni abzumachen, was ihm nicht gelungen war. Wieder reiste er mit dem Gefühl, etwas daheim gelassen zu haben, wieder fühlte er sich unterwegs fremd und einsam. Kaum, dass er irgendwo angekommen war, drängte es ihn weiter.

Die Umsätze waren schlecht. Es gab Tage, an denen er besser auf dem Strohsack liegen geblieben wäre. Die Händler stöhnten alle. Es gab immer mehr Ware, immer mehr Konkurrenz und feste Läden, besonders in den Städten.

Er besuchte Mathilde, blieb zwei Tage in Saarbrücken, wo er mit Essen, Kunst und Literatur verwöhnt wurde.

Die Tage in Meisenheim verbrachte er auf dem Marktplatz. Abends traf er sich mit Louise, die immer noch im Pfarrhaushalt diente und sich einen ganzen Sonntag für ihn freigenommen hatte. Durch die Wingerte spazierten sie. Immer noch spürte er das Band zwischen ihnen, eine Freundschaft, die ihm kostbar war. »Sag Louise, warum suchst du dir eigentlich keinen Mann?«, fragte er, während sie unterhalb des Hengstberges im Gras saßen und er ihr Gedichte vorlas. »Weil ich mir keinen such, nur um einen zu haben«, antwortete sie und fügte hinzu, dass er es eigentlich wissen sollte. »Es gab einen Mann, den hätt ich gern behalten, aber dat ging net. Und en anderen will ich net.« Fest schubste sie ihn gegen die Schultern und lachte. »Warum hast du dir denn kein Frau gesucht?«

»Ich hab kein gefunden. Hab mich wohl zu blöd angestellt.« Sie gab ihm den Rat bei seinen Gedichten zu bleiben, das mache ihn tragisch und interessant zugleich. »Lach net«, forderte er sie auf und sein Gesicht wurde ernst, als er von seinem Schreiben zu erzählen begann, von den Sagen, die Oertel abgelehnt hatte, von Loni. »Nächstes Jahr kann ich vielleicht net mehr kommen. Mein Mutter ist bettlägerig und mein Schwester zu schwach. Ich werd mich kümmern müssen und mir wat anderes überlegen, womit ich mein Brot verdien.« Lange sah sie ihn an, strich ihm mit dem Finger die Haare hinter die Ohren, bemerkte erste, graue Fäden darin. Sie tastete über sein Gesicht, die dunklen Brauen, die bräunliche Haut, die Bartstoppeln. »Es wär so schad, dich net mehr zu sehn«, sagte sie traurig. Statt einer Antwort zog er die Flöte hervor und spielte ihr das Lied vom armen Augustin.

Irgendwann geht es besser

In den Jahren darauf war der Mutter wegen tatsächlich keine Reise in die Pfalz möglich. Peter schrieb Briefe an Louise und Oertel, oftmals legte er Gedichte bei. Dringend empfahl ihm der Pastor an die Herausgabe eines neuen Buches zu denken. Es müsse an den ersten Band angeknüpft werden, ansonsten geriete Peter in Vergessenheit. In jedem seiner Briefe lud Oertel ihn ein ins Pfarrhaus zu kommen, um eine neue Auswahl der Gedichte zu besprechen.

Als sich Peter im Frühjahr 1864 wirklich zu einem Besuch des Pastors sowie einer neuen Hausiertour entschloss – Elisabeth hatte ihn überrreden könnne, indem sie ihm die Pflege der Mutter abnahm – musste er nach Wiesbaden statt nach Sobernheim reisen. Ein paar Monate zuvor hatte Oertel um Amtsentlassung gebeten, da seine Gesundheit stark angegriffen war. Als Altersruhesitz hatte er sich Wiesbaden ausgesucht, wo er etliche Freunde und seinen Verleger in der Nähe wusste.

Obwohl Ende April abgemacht war, kam Peter aufgrund des schlechten Wetters erst im Mai nach Wiesbaden. Die gleiche Beklemmung, wie er sie bei seinem ersten Besuch in Sobernheim empfunden hatte, beschlich ihn, als er nach der Emser Straße suchte und den Karren schließlich vor einem imposanten, auf einem Hügel erbauten Neubau an der Straße nach Schwalbach abstellte. Acht Fenster zur Straßenseite, zwei davon als Gaube ausgebaut, alle mit schweren Gardinen, die überall dort bauschten, wo die Fenster aufstanden. Hell schien es drinnen zu sein. Ein Garten umrahmte das Ganze, Spalierbirnen fielen ihm auf. Ein Pfau stelzte über die mit Akelei bepflanzten Rabatten, über einem Topf mit Goldlack taumelten Kohlweißlinge. Eine Treppe mit einem aufwändig geschmiedeten Handlauf führte hinauf zur Haustür. Klein und gering kam sich Peter vor, als ein ihm unbekanntes Dienstmädchen die von wildem Wein umrankte Tür öffnete und ihn hineinbat. Die Wände des Flurs waren mit gepresstem Leder überzogen. Zwei geschnitzte Vitrinen standen sich gegenüber, in denen Humpen und seltsame Vasen, Porzellanfiguren und kunstvolle Kerzenhalter zu sehen waren.

Er fand Oertel in der Stube, wie immer, mit Schreiben beschäftigt. Ein paar Möbel erkannte er wieder, darunter ein Buffet mit Zinnkrügen und Silber. Auch das Regal mit den Büchern. Immer noch beeindruckte ihn diese Sammlung. Eines der Bücher lag auf dem Tisch: Lederecken, feiner marmorierter Kopfschnitt. Daneben lag ein handgeschriebenes Heft, lose Blätter steckten darin, mit grünen Randglossen versehen.

Ein Vogelkäfig stand vor dem Fenster. »Kanarien und Kakadus, meine Leidenschaft«, lachte Oertel, nachdem sie sich begrüßt und Peter auf dem Kanapee Platz genommen hatte. Oertel wies auf zwei weiße Vögel mit gelbem Kopfschmuck, die sich pickten und dabei wild im Käfig herumflatterten. Aus der offenen Tür flog ein dritter Vogel, setzte sich auf seine Hand und ließ sich von ihm hätscheln. »Als Kind hatte ich einen Freund, einen Schneider, der mir während seiner Arbeit lange Geschichten erzählte. Auch er züchtete Kanarien und Kakadus, sicher hab ich's mir von ihm abgeschaut.« Henriette brachte Kaffee und Gebäck, stellte alles auf einen Tisch mit einer bunt bestickten Decke. Peter warf einen Blick auf die vielen Gemälde, die eine der Wände komplett bedeckten. »Die Kunst! Ja, die Kunst!«, rief Oertel. »Wie erhaben, wie tröstlich ist die Kunst!« Er zeigte auf eine Darstellung des Heiligen Franziskus, die unvollendet war. »Seht nur, was für eine Darstellung.«

»Rückt doch an den Tisch«, bat Henriette, während Oertel aufstand, um für Peter die ersten Kapitel seines neuesten Manuskriptes, ein Werk über den Rhein, zu holen. Nachdem er einen ganzen Stapel Papiere zusammengetragen hatte, bückte er sich vor einem Regal, zog zusammengerollte Zeichnungen hervor, die er auf dem Tisch ausbreitete, darunter einen Kupferstich des Rheins bei Worms, der zum ersten Teil der Beschreibungen passte. Lange sprach er darüber, holte weitere Kupferstiche, explizierte die Einteilung, auch welche Geschichten und Sagen Aufnahme gefunden hatten.

Dann zeigte er Peter das Haus mit Kaminzimmer und Terrasse. Erst jetzt, während sie ein paar Schritte gingen, bemerkte Peter, dass Oertel alt geworden war. Sein Hinken war ausgeprägter, sein Gang gebeugter. Draußen im Garten deutete er auf Büsche und Blumen, erläuterte ein paar Besonderheiten am Bau, freute sich an seinen Pfauen. Auch über seine Werke sprach er, über neue Pläne. »Wie lange kennen wir uns, Peter Zirbes?«, fragte er und rechnete, »zehn, zwölf Jahre?« Er kam zu dem Ergebnis, dass in dieser Zeit über 50 Volks- und Jugendbücher aus seiner Feder geflossen waren. »Fuffzig Bücher ...«, sinnierte Peter und versuchte sich den Stapel vorzustellen. Wie bewunderte er den Mann, dessen Disziplin und Eintreten für die Kunst ihm vorbildlich schien. Wenn er doch auch mehr Zeit hätte, sich nicht jeden Tag um den Lebensunterhalt so plagen müsse, wenn er doch auch einen festen Verleger hätte. Schreiben würde er, dichten, täglich, stündlich. Er dachte an den Verleger Julius Niedner, der seit Jahren die Oertelschen Werke herausgab und seinem Schreiber herzlich zugetan war.

Oertel riss ihn aus seinen Gedanken indem er ihm nochmals empfahl, sobald wie möglich wieder einen Gedichtband herauszubringen, wieder im Eigenverlag, wieder mit Subskribenten, um das Risiko zu schmälern. Er sicherte ihm in jeder Hinsicht Hilfe zu. »Laßt mir sämtliche neuen Gedichte von Euch an. Ich will alles sichten und ordnen«, ermutigte er ihn, »und Herbst sehn wir, was wir davon nehmen!«

Peter überließ Oertel zwei prall gefüllte Kladden. Schon im Sommer gab es Gespräche über eine zweite Auflage seines Buches, das mit neuen Gedichten ergänzt werden sollte. Insgesamt würden es 84 werden. Von den Sagen und dem Drama wollte Oertel absehen. »Zu ausgefallen, zu sonderlich«, urteilte er und riet, bei den Gedichten zu bleiben. »Höchstens ein oder zwei Sagen mit allgemein bekanntem Hintergrund können wir nehmen. Eine heikle Sache sonst, wir dürfen kein Risiko eingehn.«

Wie bei der ersten Ausgabe, so warb Peter auf seinen Fahrten ein zweites Mal mit Subskriptionslisten für seine Bücher. Es fiel ihm leicht, die Unterschriften zusammenzubekommen. Leute, die seine Gedichte kannten, unterschrieben erneut, sprachen Empfehlungen aus, wollten seine Bände verschenken. Überdies wurde er mit Zuspruch überhäuft. Das, was er mit seinem Hausier nicht schaffte, gelang ihm mit den Büchern.

Dank der Hilfe Elisabeths, die sich in seiner Abwesenheit um die Mutter kümmerte, tätigte er bis Herbst 1600 Vorbestellungen und so legte Oertel die Auflage auf 2000 Stück fest. Aufgrund der erfolgreichen ersten Auflage gab es auch wieder einen Zuschuss, genehmigt durch den Landrat Heuberger, diesmal ohne Prüfung.

Peter hatte allen Grund, sich zu freuen. Er war mit 39 Jahren Verfasser, Verleger und Subskribentensammler in einer Person. Nie hätte er erwartet, solch eine Resonanz zu bekommen und je mehr er darüber nachdachte, desto ferner rückte das Geschäft mit dem Porzellan, das ohnehin immer schlechter wurde.

Er verlebte einen ruhigen Winter, kümmerte sich um die Mutter, arbeitete in der Stellmacherei und im Wald, dichtete und malte, schrieb lange Briefe an Oertel und Louise, sinnierte erneut über den Sagen in Gedichtform.

Das Einzige, was ihn in dieser Zeit quälte, war die Erinnerung an Loni. Loni, mit der er seit der Beerdigung seines Vaters nicht mehr gesprochen hatte. Loni, die ihm aus dem Weg ging, wenn sie ihn sah.

»Gell Pitter, wenn dat Frühjahr kommt, dann fährste net mehr so weit.« Ständig bat Katharina Peter, in ihrer Nähe zu bleiben, für sie zu sorgen, ihr beizustehen. Schon frühmorgens rief sie nach ihm, während er, oftmals mit einem Seufzer, in die Kleider fuhr. »Die Mutter is so diffizil«, hatte er Hannes schon im letzten Jahr erzählt, »ich weiß net, ob ich den Hausier noch lang machen kann.«

Katharina war seit Kläs' Tod immer hilfloser geworden. Die Beine waren es, weswegen sie bald nur noch an besonders guten Tagen allein aufstand, sich neben dem Bett auf einen Stuhl setzte und zusah, wie Peter ihr die Kissen aufplusterte, nicht ohne ihm jedes Mal zu explizieren, wie das zu tun sei. »Guck doch, da ballen sich noch Federklumpen. Wie soll ich da drauf liegen können?«

»Ach Mutter, dat Bettliegen macht Euch den Kopf dösig. Aufstehn sollt Ihr und rausgehen!« Katharina stand bald gar nicht mehr auf; einzig, wenn der Pfarrer angekündigt war, wollte sie gewaschen werden und die weiße Bluse anziehen.

Peter wusch und fütterte sie, zog ihr frische Wäsche an und bettete sie. Er tat alles, was zu ihrer Pflege nötig war, nahm in Kauf, dass sein Handel noch weiter zurückging. Das Schreiben jedoch setzte er fort, tags, nachts, immer öfter an ihrem Krankenbett.

Klagend lag sie ganze Wochen, das Gesicht weiß geworden, die Haut durchsichtig, hinfällig der Körper. Jeden Tag konnte man das Schwinden der Kräfte sehen. Oft glaubte Peter, ihre letzte Stunde sei angebrochen und wich tagelang nicht von ihrem Lager. Dann aber folgten wieder Tage und Wochen, in denen das Leben zurückkehrte.

Gleichzeitig mit den Haolegäns traf die Bücherkiste ein. Tausend Stück der zweiten Auflage, einem einfach gestalteten Bändchen mit hellbraunem Buchdeckel, auf dem in schwarzen Lettern sein Name stand, einem grün gemusterten Vorsatzblatt und einem blauen Lesebändchen lagen vor ihm. Die anderen Tausend waren zu Oertel geschickt worden, der den Vertrieb in der Rheinpfalz übernehmen wollte.

Den Abend verbrachte er damit, in den Seiten zu blättern. Auf einer Holzkiste saß er, begutachtete die Auswahl der Gedichte, die Schriftgröße, die Aufmachung.

Eigentlich passte es ihm nicht, Elisabeth für die Zeit der Bücherauslieferung die Pflege der Mutter zu überlassen. Zu schwach schien ihm die Schwester. Nachdem das fünfte Kind bei der Geburt gestorben war, war sie selbst kaum auf die Beine gekommen. Jetzt war sie wieder schwanger und hätte mit sich und ihren Mutterpflichten genug gehabt. Aber es blieb ihm keine Wahl. Das Buch war gedruckt, Geld fehlte an allen Enden. Elisabeth musste ihm gut zureden, bis er endlich das Pferd anspannte und die Kisten auf den Karren hievte.

Im Trierer Raum ging alles gut.

Aber schon im Hunsrück traf er viele seiner früheren Subskribenten nicht mehr an, weil sie inzwischen verzogen oder gestorben waren. Zudem hatten sich die Vorschriften für seinen Handel verschärft. Im Oldenburgischen verweigerte man ihm den Selbstvertrieb. Im Nassauischen konnte er kein einziges Exemplar absetzen, weil ihn niemand kannte. Ausgerechnet für Teile der Rheinpfalz und Rheinhessens, wo er sich Erfolg versprochen hatte, erhielt er keinen entsprechenden Gewerbeschein.

Oertel, mit dem er sich diesmal in Meisenheim traf, konnte es kaum fassen und bedauerte den Misserfolg zutiefst. »Das sind die Vorschriften, diese sinnlosen Vorschriften. Aber auch die Zeiten! Kunst und Literatur stehn bei den Leuten nicht allzu hoch. Außerdem seid Ihr noch nicht bekannt genug. Daran müssen wir arbeiten.« Trotz aller Widrigkeiten ermunterte er ihn, nicht aufzugeben, weiter nach Interessenten zu suchen. Er versprach, Redaktionen im Raum Rhein und Mosel anzuschreiben und das Buch in der Spinnstube lobend zu erwähnen. Außerdem nahm er ihm einen zusätzlichen Stapel der Bücher ab, die er als Geschenke dachte. »Lasst

Euch dadurch nicht vom Schreiben abbringen«, riet er, »es wäre zu schade drum. Was Euch passiert ist, ist auch den Großen passiert.«

»Nee, Schreiben werd ich weiter, dat nimmt mir nix und niemand, aber dat mit den Büchern geht net mehr. So en Risiko kann ich mir net leisten.« Oertel verstand. »Das macht den wahren Dichter aus. Der nicht für Ruhm und Geld schafft, sondern aus seinem eigenen, inneren Drang heraus.«

Tage später führte ihn sein Weg zu Louise. Viel Zeit war vergangen, seit sie sich zuletzt gesehen hatten und Louise hörte gar nicht mehr auf, sich zu freuen. Als sie von seinen Misserfolgen hörte, litt auch sie mit ihm und versuchte zu helfen, indem sie zehn Bücher übernahm, für die sie Interessenten suchen wollte.

Ein Händler aus Morbach gab ihm den Rat, dass es eine gute Sache sei, Kontakte nach Amerika aufzubauen, damit seine Bücher an die vielen Eifeler über dem großen Wasser geschickt werden könnten. »Die greifen nach allem, wat aus der Heimat kommt, besonders nach Büchern. Du musst nur einen finden, der dat vermittelt.«

Peter fand weder einen Vermittler für seine Bücher, noch sonst Interessierte. Trotz Hungers und schlechter Lager durchwanderte er die verbleibenden Gebiete, klopfte an den Türen, fragte, zeigte, explizierte, wurde vertröstet, hingehalten, fortgeschickt und ausgelacht.

Müde und ausgebrannt hatte er nach mehr als dreimonatigem sinnlosen Herumreisen genug.

Einschließlich der Kosten des somit nutzlosen teuren Gewerbescheines zu zwölf Thalern und 18 Silbergroschen hatte er die Summe von 30 Thalern eingebüßt. Vergrämt und zerschlagen begab er sich auf den Heimweg. Mit einem Stock in der Hand wanderte er neben seinem Pferd durch den Staub, ein gekrümmter Schatten, den Blick gesenkt, erschöpft von den vielen fruchtlosen Versuchen. Manchmal blieb er stehen, horchte nach den Vögeln. Dann setzte er seinen Weg fort, hilflos und niedergedrückt. Ein Text kam ihm in den Sinn, der, den er als Vorwort für seine zweite Auflage formuliert hatte: »Bring ich es denn in der Welt nicht weiter, so will ich auf den Trümmern meiner gescheiterten Hoffnungen Gott einen Altar bauen und ihm danken, dass ich als armer, wandernder Steingutshändler, wenn auch ein kümmerliches, so doch ein selbstverdientes Stück Brot esse. Und wenn auch einmal das Auge feucht wird, will ich denken, dass das Leben hier ja doch nur eine Reihe von Täuschungen ist.« Als sich ein kühler Wind auftat, der den Geruch von Regen brachte, flüsterte er dem Pferd ins Ohr: »Ja, dat will ich denken. Irgendwann geht et uns allen besser.«

Ich komme her von Niederkail

Auf der Straße zwischen Kirn und Rhaunen überholten ihn Kinder mit einem Handkarren. Ins Gepolter der Räder mischte sich das verschämte Gekicher dreier bunt ausstaffierter Mädchen, die wie Vögel dicht an dicht auf dem Karren saßen und vom prahlerischen Gehabe der beiden Jungen, die die Karre zogen, beeindruckt schienen. Ein paar Mal drehten sich die Mädchen nach Peter um, lachten, bis er ihnen winkte. »Net so waghalsig!«, rief er und hob die Mütze.

Bis zu einem Waldstück hatte der Karren ein gutes Stück Vorsprung; dennoch hörte er ihr Lachen und Singen. Am Hahnenbach machten sie Halt, die Mädchen sprangen ab, zogen Schuhe und Strümpfe aus, tauchten die Füße ins Wasser, alberten herum, die Stimmen hoch und schrill. Ein paar Wäscherinnen, die ein Stück bachaufwärts knieten und klatschend Tücher schwenkten, sahen herüber. Peter, dem das Bild gefiel, entschloss sich, das Pferd saufen zu lassen, eine Rast einzulegen. Immer wieder ging sein Blick zu den Kindern, die nicht nachgelassen hatten zu johlen und zu kreischen, jetzt Steine in den Bach warfen und sich gegenseitig mit Wasser bespritzten. Jedes Mal, wenn ein neuer Wasserschwall Röcke und Hosen nässte, begann das Geschrei von vorne.

Natürlich waren sie auf ihn aufmerksam geworden. Er spürte ihre neugierigen Augenspiele, die Blicke auf ihn, den Karren und das Pferd gerichtet. Einer der Jungen, der bald vor Wasser triefte, kletterte auf einem Baumstamm herum, der ins Wasser ragte und stimmte übermütig ein Lied an. »Es gingen drei Jäger wohl auf die Pirsch, sie wollten erjagen den weißen Hirsch! Sie legten sich unter den Tannenbaum, da hatten die drei einen seltsamen Traum …« Mit tiefer Stimme ahmte er den ersten Jäger nach, der andere Junge, der vom Ufer aus zusah, übernahm die Stimme des zweiten. »Und als er sprang mit der Hunde Geklaff, da brannt ich ihm auf das Fell, piff, paff!« Wieder johlten die Mädchen, besonders als Letzterer die Gewehrschüsse mittels Steinen demonstrierte, die er mit voller Kraft ins Wasser schmetterte. »Husch, husch! Piff, paff, trara!« Eines der Mädchen sprang ans Ufer, den Rock hoch geschürzt. Ihre schwarzen Haare glänzten.

Peter zog das Pferd von der Tränke und wollte sich wieder aufmachen, als der Junge, der das Jägerlied angestimmt hatte, mit dem Finger auf seinen Karren deutete, dann auf einen Stein stieg, der aus dem Wasser ragte, und erneut zu singen begann. Peter zögerte. Die Melodie kannte er nicht, aber der Text ließ ihn aufhorchen:

Ich komme her von Niederkail
und habe Glas und Steingut feil.
Verkaufe es zu barem Geld,
wenn's den Damen und Herren gefällt …«

Im ersten Moment begriff er nicht. Dass es ein Hohn auf seinen elenden Karren sein sollte, das verstand er. Dann erst erfasste er, dass es sein Gedicht war, dass der Junge es auswendig wusste, denn jetzt begann er von vorne, zwei der Mädchen stimmten ein. » … und habe Glas und Steingut feil, verkaufe es zu barem Geld, wenn's den Damen …« Die Strophe ging im Gelächter unter und dann wollten sie weg, schubsten sich gegenseitig über glitschige Steine. »He, wartet doch! Wisst ihr, wie dat Lied weitergeht?« Der Junge schüttelte im Wegrennen den Kopf, aber eines der Mädchen, das sich im Hintergrund gehalten hatte, nickte. »Ich weiß et.« Peter lachte, tat ein paar Schritte in Richtung der Kinder. »Gefällt et euch?«

Ratlos sahen sie sich an, wussten mit seiner Freundlichkeit nichts anzufangen, fürchteten Strafe, drängten fort. »Wo habt ihr denn dat Lied her?«, rief er. »Dat haben wir in der Schul gelernt. Dat is kein böses Lied«, entschuldigte das Mädchen den höhnenden Trupp, während es den anderen hinterher eilte. »In der Schul?«, rief Peter. »Aber et steht doch in keinem Schulbuch?«

»Der Lehrer hat et an die Tafel geschriebe!«

Die Mädchen kletterten auf den Wagen, zupften die nassen Kleider und Haarbänder zurecht, die Buben zogen an der Deichsel. In gebührendem Abstand kreischten und lärmten sie erneut: »Ich komme her von Niederkail und habe Glas und Steingut feil, verkaufe es zu barem Geld, wenn's den Damen und Herren gefällt …« Peter klopfte dem Pferd den Hals. »Haste dat gehört? Unser Gedicht …« Sein Blick blieb an der Ladung hängen. Krüge waren zu sehen und Teile von in Stroh gepacktem Porzellan. »Die haben dat Gedicht gekannt. Mein Gedicht! Die haben den Wagen gesehn und an dat Gedicht gedacht! In der Schul gelernt. In der Schul!« Er konnte es nicht fassen und obwohl es ein Spottlied auf ihn hatte sein sollen, konnte er sich Schöneres nicht vorstellen. Sein Gedicht. Abgedruckt in der ersten Ausgabe seines Gedichtbandes. Für wertvoll erachtet von einem Hunsrücker Lehrer. Er war so aufgelöst und guter Dinge, dass er laut zu singen anfing:

»Ich komme her von Niederkail
und habe Glas und Steingut feil.
Verkaufe es zu barem Geld,
wenn's den Damen und Herren gefällt.

Kaum zieht der Winter aus dem Land,
nehm ich den Wanderstab zur Hand
und wand're, reise mit Bedacht
wie's jeder meinesgleichen macht.

Mit wie viel Sorg', mit wie viel Müh'
muss man den Handel pflegen hie,

des Morgens früh, des Abends spat,
dazu man schlechte Herberg' hat …«

Die Kinder waren über einen Hügel verschwunden. Er konnte sie nicht mehr sehen, nur noch hören. Sie waren fort, aber sie
kannten sein Gedicht!

Zu Hause wurde er dringend erwartet. Elisabeth hatte mehrere Schwächeanfälle erlitten und war nicht in der Lage, nach der
Mutter zu sehen. Michel, der Schwager, hatte Katharinas Pflege
übernommen und fütterte sie mit Brei, als Peter eintrat. »Dat wird
immer schlimmer«, klagte Michel, »überall nur Kranke. Hoffentlich hält dat Lies durch.« Er fragte nicht, wie es für Peter gewesen
war und auch für Peter rückte der Misserfolg bald in den Hintergrund; sah er doch, dass es hier notwendigere Dinge zu tun und zu
denken gab. »Oh Pitter, dat du wieder da bist«, lächelte Katharina
und reckte die dürre Hand, »dat wurd aber auch Zeit.«
Der Schwager erwähnte noch, dass Post für ihn gekommen sei.
Auf der Fensterbank an der Spül läge ein Brief, dann verabschiedete er sich. »Die Mutter is ja jetzt in guten Händen. Ich muss zu
Lies und den Kindern.«
Die ganze Woche brachte Peter damit zu, den Haushalt wieder
nach vorne zu bringen, für die Mutter zu kochen, zu waschen, sie
zu pflegen. Kurz nur besuchte er Elisabeth. In ihrem braunen, zerschlissenen Kleid stand sie in der Kammer der Kinder. Sie war zu
schwach, eines der Kleinen zu heben, das immer wieder an ihrem
Rock zog und zerrte. »Mutter, Mutter …« Noch schmäler war sie
geworden, immer spitzer das Gesicht. Grotesk wölbte sich bei dieser Magerkeit ihr Bauch. »Wie war et mit deinen Büchern?«, war
das Erste, was sie fragte. »Ach Lies, et war nix. Ich hab nur Schulden mitgebracht!« Traurig sah sie ihn an. »Wir sind wohl all net
vom Glück verfolgt.«
Die Mutter schlief schon, als er nach Hause kam. Er zündete
eine Kerze an, setzte sich an den Tisch und starrte vor sich hin in
die Flamme. Vom Fenster in der Küche zog es. Er stand auf und

stopfte ein Tuch vor den undichten Laden. Etwas rutschte zu Boden, ein Brief. Jetzt erst erinnerte er sich daran, dass Michel einen Brief erwähnt hatte. Er hob ihn auf und brachte ihn ans Licht.

Der Brief war an ihn gerichtet und mit einem eckigen Stempel versehen. Vorsichtig ritzte er mit dem Daumennagel den Umschlag auf. Innen lag ein weiterer Umschlag, diesmal waren bunte Stempel darauf. New York konnte er entziffern und das Wort Pacific, ferner Adressen von Personen, die er nicht kannte. Er zog einen Brief und einen Zeitungsausschnitt heraus. Der Absender, Peter Joseph Rottmann, Bürgermeister in Simmern, schrieb, dass er selbst Gedichte in Mundart verfasse und mit Auswanderern in Kontakt stehe, die Peters Gedichte schätzten. Letzte Woche sei eine Ausgabe der New Yorker Staatszeitung bei ihm angekommen, die er herzlich gerne weitersenden wolle, da sie eine ausgezeichnete Kritik der Zirbesgedichte enthielte. Ganz bewegt sei er gewesen, kenne er ihn doch vom Handel. Nach der Adresse habe er geforscht, in Wittlich angefragt und darauf gesehen, dass der Brief schleunigst in die Eifel befördert werde. Sollte Peter wieder durch Simmern reisen, so möge er doch hereinschauen und seine Gedichte mitbringen.

Peters Hand zitterte, als er das Zeitungsblatt auseinander faltete:

New Yorker Staats-Zeitung vom 18. Juli 1865, No. 7.

» ... wenn man aber die Gedichte liest, ohne zu wissen, auf welchen Seitenpfaden der Verfasser sich die Bildung der Sprache erwarb und wie er in dem Empfindungskreise moderner deutscher Lyrik heimisch geworden ist, wird man schwerlich ahnen, dass der Dichter nicht den gewöhnlichen Weg der Schule und Universität gegangen ist. Seine Sprache ist die eines gebildeten Mannes, ja, sein Wortschatz ist nicht klein. Er hat Freude an originellem Ausdruck und weiß mit Bewusstsein seltene Wörter zu poetischer Färbung zu verwenden. Auch sein poetisches Empfinden ist so völlig das eines gebildeten Dichters, dass sich bei ihm der ganze herkömmliche Vorrat von poetischen Bildern und Anschauungen von Variationen Goethe'scher Ideen findet, welche den Gedichtsammlungen der meisten modernen Dichter gemeinsam sind. Er hat ein frommes Gemüt; die lyrischen Stimmungen, welche dem Christen in der Natur aufgehen, sind ihm vorzugsweise gelungen. In manchen Strophen gewinnt innige Empfindung auch schön gehaltenen Ausdruck. Auch wo er die Natur betrachtet, ist es ganz in unserer gebildeten Weise. Grundton ist auch ihm die uralte, heimische Auffassung: Freude über das Erwachen des Frühlings und Herzbeklemmung über das Welken im Herbst. Röslein, Waldbach, Burgruine, Morgen und Abend fehlen nicht.«

Gustav Freytag

Um Naturdichter ging es in dem Artikel, um deutsche Naturdichter, Talente, die ohne Hilfe zum Schreiben gefunden hatten. Und Gustav Freytag, der berühmte Gustav Freytag, hatte ihn nicht nur erwähnt, er hatte, wie Rottmann schrieb, tatsächlich im Sonntagsblatt der New Yorker Staatszeitung eine ausgezeichnete Kritik über ihn verfasst. Nochmals las er, auch das, was sonst noch auf der Seite abgedruckt war. Der Ratschlag des Händlers, Kontakte nach Amerika aufzubauen, fiel ihm ein. Jetzt waren die Kontakte wahr geworden, ohne dass er etwas dazu getan hatte.

Er zog einen Stuhl ans Fenster, legte den Zeitungsausschnitt vor sich neben die Wasserschüssel und setzte sich. Mit der Hand stützte er den Kopf. New York! Riesige Häuser stellte er sich vor und einen Dampfer, dessen Rauch den Himmel schwärzte. Amerika! Seine Verse hatten es also bis nach Amerika geschafft. Nochmals las er alles.

Am gleichen Abend schrieb er an Rottmann und bedankte sich, ferner an Oertel und Louise. Wie gerne hätte er auch Loni die Zeilen gezeigt, aber nun war schon so viel Zeit vergangen, seit sie nicht mehr kam.

Abschied und Begegnung

Die Jahre, die nun folgten, schienen ihm wie eine Ewigkeit. Er fühlte sich wie in einem Exil, dachte immerzu, auf der Stelle zu treten, getrennt zu sein von den wesentlichen Dingen, sich im Dunklen zu bewegen, in ständigem Verzicht, ohne Hoffnung. Er schrieb zwar aber nur für sich und die Kladde, wie er meinte.

Die Mutter hatte ihn in Beschlag genommen, mehr als es für ihn gut war. Zu Elisabeth wollte sie nicht, sah sie doch, dass die Tochter vor Schwäche kaum imstande war, sich um die eigenen Kinder zu kümmern. »Unser Lies wird net alt«, unkte sie. Wieder redete sie auf Peter ein, dass er bei ihr bleiben müsse, lebenslang habe sie sich für die Familie aufgerieben, nun sei sie alt und schwach und gebrechlich, zu nichts mehr fähig.

Peter blieb zu Hause. Seine Reisen wurden seltener. Mehr und mehr verdingte er sich als Tagelöhner, um für die Mutter da zu sein. Er stand zwar in Briefkontakt mit Oertel, Louise und Mathilde, aber die Briefe dauerten und oft vergingen Wochen, bis er Antwort erhielt. Seine Bücher versuchte er auf den kürzeren Touren durch das Kylltal abzusetzen. Immer noch standen gefüllte Bücherkartons in seiner Kammer.

Er litt unter seiner Einsamkeit, ebenso an der Unfähigkeit, etwas dagegen zu tun. Er fühlte seine Zeit verstreichen, hatte oft den Eindruck, sie sinnlos zu vergeuden. Viel zu selten fand er jemanden, mit dem er sich austauschen konnte.

Für eine längere Reise verließ er die Eifel erst wieder, als die Moarbeln reiften. Elisabeth hatte Michel gut zugeredet, Peter mit der Pflege der Mutter zu unterstützen. Ihn selbst ermunterte sie, es mit den Büchern nochmals zu versuchen.

Obwohl ihn das Gewissen plagte – schon zum zweiten Mal hatte Elisabeth ein Kind verloren – saß er jetzt auf dem Wagen. Das Pferd blähte die Nüstern, immer wieder schlug es mit dem Schweif. Vor ihm lagen abgeerntete Felder, es roch nach Kohl und Zwiebeln. Er sah Kinder und Frauen mit Körben und Eimern in die Wälder ziehen. Braungebrannte Dörfler winkten ihm hinterher. »Ne gute Ernte wünsch ich euch!«, rief er einem bunt ausstaffierten Trupp zu. Ein Junge lachte und schwenkte die Kappe: »Ja, und wenn kein Moarbeln mehr da sind, geht et in die Pilze!«

Ein wenig reizte es ihn abzusteigen und ebenfalls nach den blauen Beeren zu gehen, aber dann spornte er das Pferd an: »Et is noch weit.«

Er war froh, aus der Enge fortzukommen, aus der Krankenkammer der Mutter. In die Pfalz zog es ihn, zu Oertel und Louise, die er lange nicht gesehen hatte.

Auf dem Weg nach Binsfeld kam ihm eine Frauengestalt entgegen. Eines hölzernen Kastens wegen, den sie auf dem Rücken trug, ging sie gebeugt und richtete sich erst auf, als er knapp vor ihr zum Halten kam. »Loni!« Er sprang vom Karren, wollte ihre Hände fassen, aber sie erwiderte diese Geste nicht. »Tach Pitter. Fährste wieder?«

»Ja, in die Pfalz. Und wenn du willst, hol ich dich mit!« Ihr Lächeln auf diese Antwort war kaum sichtbar. »In die Pfalz …, ja wenn dat bloß ging. Pitter, dat du et weißt: ich wär gerne wieder zu dir gekommen. Aber dat ging net mehr. Wegen dem Lorenz …«

»Wenn du wüsstst, wie ich dich vermisst hab. Ständig hab ich gewartet …«

»Ich hab alles gebeichtet. Et war doch en Sünd.«

»Isset denn kein Sünd, wie dich der Lorenz behandelt? Wir haben uns doch gern …«

»Aber et is vorbei«, sagte sie, »ich hab mich abgefunden mit allem. Wat soll ich auch sonst machen?«

»Loni, bald komm ich zurück. Und dann klopfste wieder. Ja, Loni?« Sie antwortete nicht. »Loni, hörste?«

»Pitter, lass mich gehen.«

»Loni, so versprich doch …«

»Ich kann nix versprechen. Wenn du zurückkommst, wirste sehn …« Ein ganzes Stück noch lief er neben ihr her, redete auf sie ein, bat und drängte. Erst als Karren und Pferd außer Sicht kamen und er Loni immerhin einen Händedruck abgerungen hatte, eilte er zurück.

Ein Versprechen hatte er Loni nicht abpressen können. Auf der ganzen Tour verließ ihn das Gefühl nicht, bald zurückkehren zu müssen.

Das Treffen mit Oertel war anregend. Zusammen mit dem Pastor besuchte er einen evangelischen Gottesdienst und war erstaunt, dass er nichts Frevlerisches daran finden konnte. Außerdem lud ihn sein Förderer zu einem der Literatenabende ein, stellte ihn als Naturdichter und Naturtalent vor und ließ ihn eines seiner Gedichte lesen, wofür er etliches Lob erhielt. Trotz der Pleite des letzten Jahres hielt Oertel viel von der Idee, es weiterhin mit Schreiben im Selbstverlag zu versuchen. »Da lässt sich Einiges machen. Wo ich Eure Gedichte vorstelle, gibt es positive Resonanz!«

Er verließ Oertel mit einem guten Gefühl, dachte unterwegs über die Idee nach, malte sich aus, wie und mit welchen Mitteln es anzustellen wäre, kalkulierte und schätzte.

Er reiste nach Meisenheim, wo er am Markttag zwölf Bücher verkaufen konnte, dafür aber auf dem Porzellan sitzen blieb.

Der Besuch bei Louise irritierte ihn. Sie ließ sich verleugnen, als er den Karren vor dem Pfarrhaus abstellte und anklopfte. »Ich soll sagen, sie wär net da«, richtete eine Magd ihm aus, verdrehte aber die Augen, betrachtete ihn von allen Seiten und ging lachend ihrer Wege. Am anderen Tag versuchte er es wieder. Diesmal fand er Louise im Hof, beim Füttern der Hühner. Sie hatte offensichtlich nicht mit ihm gerechnet, denn sie machte ein erschrockenes Gesicht, teilte ihm auch sogleich mit, dass sie arbeiten müsse, die ganze Woche, keinen Tag frei bekäme, dass ihr das zwar leid täte, sie sich aber diesmal nicht treffen könnten. Merkwürdig schien ihm ihr Gebaren und so passte er sie eines Abends am Jakobswingert ab, wusste, dass sie dort das Vieh abholen würde und sprach sie ohne Umständlichkeiten darauf an. »Wat biste denn so komisch? Ich hab dir doch nix getan.« Eine Weile druckste sie herum, klagte, dass sie viel Arbeit hätte, dass ihr der Pfarrer kaum Zeit ließe. »Louise, da ist doch wat anderes.« Eine Weile schwieg sie, sah auf den Boden. Erst auf den Feldwegen begann sie. »Peter, einmal musst du es ja

370

erfahre. Ich hab jemand gefunde. Den Ulrich. Ich hatt keinen Mut, es dir zu schreibe.«

»Aber warum denn net? Wir haben uns doch immer alles erzählt.«

»Für mich hat es so lang nur dich gegebe. Ich hab keinen anderen angeguckt. Du weißt es ja. Und als ich den Ulrich kennen gelernt hab, da war das für mich erstmal wie ein Verrat an dir.« Sie blieb stehen und er sah, dass sie mit den Tränen kämpfte. Während das Vieh weiter trottete, zog er sie an sich, strich ihr über den Rücken. »Man muss dat Glück da packen, wo et wartet. Dat is en Pflicht«, sagte er, während er sie fest drückte und dachte, dass sie es verdient hätte. Louise, die immer an seiner Seite gestanden, immer ein Ohr für seine Sorgen und Gedanken, auch für die Gedichte gehabt hatte. Mehrfach versprachen sie sich, an ihrer Freundschaft festzuhalten. »Und ich schreib dir auch. Und du schreibst mir auch. Dein Gedichte und dein Gedanke …« Er nickte und wusste im gleichen Moment, dass sie sich nicht mehr sehen würden.

Es war eine merkwürdige Reise gewesen. Auf dem Heimweg beschäftigten ihn das Wiedersehen mit Loni, das Gespräch mit Oertel, der Abschied von Louise. Die schlechten Geschäfte machten ihm zu schaffen, ebenso wie die Situation zu Hause.

Mit einem Seifensieder saß er in einer Morbacher Gaststube. Sie waren sich schon ein paar Mal begegnet, zuletzt in Kreuznach. Das Fuhrwerk des Sieders, vor Jahren noch von einem strammen Pferd gezogen, war einst voll gepackt gewesen mit Seifenpulver und Soda, in Holzkübeln abgefüllte Schmierseife, Schuhfett, Wagenschmiere und Bremsöl. Jetzt handelte er nur noch mit Seifenpulver und Soda, was er auf dem Rücken trug, und auch dieses Geschäft ließ zu wünschen übrig. Wie dem Seifensieder so ging es allen Händlern.

»Das kommt immer schlimmer«, wetterte der Mann, der nur noch aus Haut und Knochen zu bestehen schien, »man sollt meinen, schlimmer geht es net mehr, aber es geht doch noch schlimmer! Bei uns im Nassauischen frisst das Vieh schon die Strohdächer an.«

»Ich hab die Unkosten für die Fahrt noch net drin. Und et is schon August«, klagte Peter und stützte den Kopf auf die Hände. »Die

Eisenbahn is an allem Schuld«, wetterte der Händler, »da rentiert sich unser Hausier nicht mehr! Mach dir nix vor, Zirbes! Die Zeiten haben sich geändert. Alles ist schneller geworden und wer da nicht mithält, hat bald das Nachsehn!« Peter nickte. »Wem sagst du dat? Hab schon Sorg vor dem Winter.« Dass er hungerte, in Nässe und Unbehaglichkeit schlief, war ihm anzusehen. »Überlegt Euch wat anderes«, riet der Mann, »das geht net mehr lang so. Die können jetzt alles schneller und besser transportieren. Wenn wir net Hungers sterben wollen, muss uns schleunigst was einfallen!«

So wie der Seifensieder redeten viele. War Peter auf seinen früheren Touren Dutzenden von Händlern begegnet, so traf er jetzt immer weniger; einige kamen gar nicht mehr. In den Städten, sogar auf dem Land mehrten sich die festen Warenläden und Handlungen. In Meisenheim hatte kürzlich eine Porzellanhandlung eröffnet.

Längst grübelte er darüber, wie und womit vielleicht noch etwas zu retten wäre, auf welche Weise er die Mutter und sich über Wasser halten könnte. Schon fuhr er Katharinas wegen seltener, was beträchtlich an seinen Rücklagen zehrte. Lange würde er nicht mehr warten können. In Niederkail begannen etliche der Händler, sich auf bestimmte Waren zu spezialisieren, die Routen zu verändern. Andere arrangierten sich mit den Entwicklungen der Zeit, nutzten Eisenbahn und feste Läden zu ihren Gunsten, vergrößerten das Geschäft, vertrieben teurere und seltenere Ware. Aber das waren nur die, die Reserven hatten. Die meisten gaben auf.

Peter beriet sich mit Michel und Hannes, auch mit anderen Händlern, deren Sorgen seinen glichen.

Indem er sich immer deutlicher vor Augen hielt, dass die Zeiten als Händler für ihn vorbei waren, tat er das, was am Nächsten lag: Langsam aber stetig baute er sich eine kleine Landwirtschaft auf. Mit einem Teil der königlichen Thaler und Hannes' Unterstützung zimmerte er aus Brettern einen Stall und einen Schuppen, schaffte ein paar Hühner und Gänse an, zwei Bienenstöcke, außerdem eine Kuh, ein knochiges, dünnbeiniges Vieh mit stark gekrümmten Hörnern, das er in die Weiden am Kailbach schickte, wo es sich sein Futter selbst suchen musste.

Seine Fahrten wurden seltener. Nur wenn Michel ihm einräumte nach seiner Landwirtschaft und der Mutter zu sehen, konnte Peter fort. Meist reiste er entlang der Kylldörfer, nach Bitburg oder Trier. Diese Reisen waren kleine Fluchten, die fast nichts einbrachten, ihn aber zum Dichten und Schreiben inspirierten.

Als sich die Wälder färbten und Nebel über den Feldern lag, wusste er, dass er lange nicht mehr fortkommen würde. Katharina konnte sich kaum noch rühren, Elisabeth war krank und Michel hatte genug damit zu tun, die eigene Familie durchzubringen.

Ab November hätte er mit in den Wald gehen können, aber Katharina brauchte seine Hilfe. Tage und Nächte wachte er an ihrem Bett, saß auf einem Stuhl am Fenster, schrieb oder las. Wieder lebten sie von der Hand in den Mund; die Landwirtschaft warf nichts ab und durch die seltene Tagelöhnerei konnte er nur wenig heranschaffen.

Im Dezember lag das Dorf eingeschneit. Zwischen riesigen weißen Hügeln liefen Wege wie Mausgänge von Haus zu Haus. Nur vor den Türen war der Schnee weggeschafft. Fortwährend polterten stäubende Massen von Strohdächern, türmten sich unter den Fenstern.

Seit Tagen beobachtete Peter, dass Loni frühmorgens, noch vor dem Hahnenschrei, am Haus vorbeistapfte, den Nähkasten auf dem Rücken, das braune Tuch um den Kopf. Mühsam kam sie voran, immer wieder versank sie im Weiß, ihr Atem dampfte. Jedes Mal traf es ihn bis ins Mark, wie gebannt verfolgte er jeden ihrer Schritte. Regelmäßig äugte sie nach dem Fenster, beschleunigte dann den Gang.

»Wat verrenkst du dir denn so die Augen?«, fragte Katharina, der nicht entgangen war, dass er nach irgendetwas Ausschau hielt. »Nix Mutter. Nur en Tier. Draußen liegt Schnee.«

Am Tag vor St. Barbara hatte es Neuschnee gegeben. Früher als sonst war Peter aufgestanden, beeilte sich, den Weg freizumachen, schaufelte sich Loni entgegen, mühsam, verbissen. Nur eine schmale Spur wurde sichtbar, zu groß waren die Massen dieser Nacht. Dennoch, so hoffte er, wäre es eine Spur, die Loni zupass käme. Er war bereits ein gutes Stück vorangekommen, als sich ihm vom Dorf her eine dick vermummte Gestalt näherte. Schon klopfte sein Herz, heftig atmend stand er mitten im Weiß. »Morgen Pitter«, rief Molters Anna schon von weitem, »wat machst du denn schon so früh hier draußen? Hast wohl auf mich gewartet«, scherzte sie und bedankte sich, weil er ihren Gang erleichtert hatte.

Enttäuscht stand er auf die Schaufel gestützt, sah auf den Weg, den Loni in letzter Zeit immer gegangen war. Dann ging er ins Haus zurück.

Das Wetter änderte sich nicht. Auch am anderen Morgen fielen die Flocken dicht und schwer, jagten unaufhörlich aus grauen Wolken und ließen kaum den Weg erkennen. Obwohl Katharina schon zweimal gerufen hatte, stand Peter am Fenster, unfähig seinen suchenden Blick abzuwenden. Flocken knisterten gegen die Scheiben mit den Eisblumen, in die er ein Loch gehaucht hatte. Vom Dorf her bahnte sich jemand einen Weg, gebeugt gegen das Wetter kämpfend, ein schwarzer Fleck im blendenden Weiß. »Wo gehste hin?«, jammerte Katharina, als er eiligst in die Kleider fuhr und aus dem Haus stürzte.

Trotz des Flockenwirbelns hatte er Loni bald eingeholt. »Loni, wat für en Wetter! Ich geh mit! Hab auch gestern auf dich gewartet.« Ein Rabenschwarm flog erschreckt von kahlen Zweigen, rau krächzend ließen sie sich auf dem Dach des Zirbeshauses nieder.

»Wartest du immer noch?«, fragte Loni, als er sich näherte. Sein Atem ging hastig. Fest waren seine Augen auf sie gerichtet. Schnee bedeckte ihr Tuch, glänzte auf ihrem frostgeröteten Gesicht. Eine Flocke verfing sich in ihren Wimpern. Sie wollte sie fortwischen, aber er kam ihr zuvor. Mit einem Tuch tupfte er die Nässe von ihrem Gesicht, dann zog er sie an sich, spürte ihre kalten Lippen, sah wie Flocken auf ihrem Hals schmolzen, wie der wirbelnde Schnee um sie herum tanzte, küsste sie verlangend und atemlos, tastete ihren Körper, den er so lange nicht gespürt hatte.

Wieder trafen sie sich im Schuppen. Trotz Schnee und Kälte, trotz Katharinas Rufen beeilte er sich, abends fortzukommen. Manchmal kam Loni, manchmal nicht. Dann ging er enttäuscht zurück, sprach nicht mehr, versank über seinen Büchern. Immer wieder lenkte er seine Schritte zum Schuppen. Kam sie, fühlte er sich glücklich und satt.

Im März schickte er Gedichte an Oertel, der ihm nach wie vor zuredete, einen neuen Band im Eigenverlag herauszubringen. Lange erschien ihm die Idee absurd, dennoch liebäugelte er damit. Ende des Monats wollte er nach Wiesbaden reisen, um mit Oertel die Konditionen zu besprechen. Wenn es noch einmal ein Buch geben sollte, dann mussten die Risken für ihn gemindert werden.

Aber es stellte sich heraus, dass an eine ausgedehnte Tour nicht zu denken war. Katharina litt nur Peter an ihrer Seite und so blieb er in Niederkail, fuhr nur, wenn es ihr Zustand zuließ, die kurzen Strecken entlang der Kylldörfer Richtung Norden, wo weder das Geschäft mit den Büchern noch das mit dem Porzellan einträglich war.

In der Karwoche wich er nicht von Katharinas Krankenlager; auch die Nacht zum Karfreitag verbrachte er an ihrem Bett. Gegen Morgen trat er ans Fenster, stieß es auf und lehnte sich weit hinaus. Kühle Luft zog herein. Der Wind hatte Regen gebracht. Er ging plötzlich nieder in einem heftigen Guss und ließ bald wieder nach. Nur das Nieseln blieb. Es roch nach Erde und Frische, der knospende Ginster hing voller nasser Tropfen, nur hier, in der stickigen Kammer schnürte es ihm die Luft ab. In der Nacht hatte er das Gefühl gehabt, den Totenvogel gehört zu haben, und jetzt, wo alles hell war, äugte er nach dem Gezweig der Eiche. Als aber nach angestrengtem Lauschen nichts zu hören war, glaubte er an eine Sinnestäuschung. »Aberglaube, alles Aberglaube.« Dennoch blieb das Pfeifen des Vogels in seinem Kopf. »Kuvitt, kuvitt, und bringe auch en Schippchen mit …« Energisch schloss er das Fenster.

Die Mutter erwachte. Sie hob den Kopf, ihre Augen glänzten, das Hemd rutschte ein Stück und entblößte ihre welken Schultern.

»Bleib noch en bisschen da. Et dauert net mehr lang.« Kaum hörbar fügte sie hinzu: »Pitter, wat ich dir sagen will. Lass die Sach mit dem Loni. Et is doch verheiratet.« Er erschrak und hatte keine Antwort. Nie war zwischen ihnen darüber gesprochen worden. Er ahnte nicht einmal, dass sie es wusste.

Katharina lauschte, als warte sie auf einen Ruf sich aufzumachen, auf ein Zeichen. Aus tiefliegenden glasigen Augen blickte sie zum Fenster, hinauf in Wolken, die an auseinandergerissene Watte erinnerten. Alt und bleich, wie ein verdörrter Ast, war ihre Haut. Sie hatte das Kinn vorgeschoben, die dünnen Lippen über dem zahnlosen Kiefer fest zusammengepresst. Unter der Decke schob sich ihm ihre fahle, knöcherne Hand entgegen, die er unsicher ergriff. »Et is schon recht«, sagte sie, blickte an Peter vorbei, die Augen weiteten sich, als sehe sie eine ferne Landschaft. Mit ihren trockenen Lippen lächelte sie, löste die Hand, die Peter nicht lassen wollte, fürchtete er doch diesen klaren und unbeweglichen Moment, das Unausweichliche dieser Stunde. Er drückte ihre Hände gegen seinen Mund, gegen die brennenden Augen.

Wenig später standen links und rechts neben Katharinas Bett brennende Kerzen, am Kopfende das Kruzifix. Die Kerzen schwelten; die Luft lastete. Die Tote lag nicht mehr in dem verschlissenen kattunenen Hemd, sondern war gewaschen und aufgebahrt worden. Sie trug nun ein weißes Leinenkleid, das seit Kläs' Tod, für den Fall ihres eigenen, im Schrank bereit gelegen hatte. Als der Pfarrer eintrat, voran ging ein Messdiener mit einer Kerze, hatten sich längst Frauen zum Beten eingefunden. Nacheinander tauchten sie den Palmstrauß ins Weihwasserschälchen neben der Tür, besprengten die Tote, knieten vor dem Kruzifix. In ihr gedämpftes Flüstern mischten sich Gebete. Mit hochgereckten Armen hielt der Pfarrer das Kreuz, bewegte es über der Toten. Die Frauen bekreuzigten sich, Weihrauch zog aus einem Messinggefäß, Weinen füllte die Stube. » … das ewige Licht leuchte ihr, oh Herr, bei deinen Heiligen in Ewigkeit, denn du bist mild. Herr, gib ihr die ewige Ruhe und das ewige Licht leuchte ihr, befreie sie von allen Sünden und mache sie deiner Erlösung teilhaftig, der du lebst …« Trud, die Nachbarin, öffnete das Fenster. Die hellen Vorhänge bauschten sich, als sie flüsterte: »Jetzt kann die Seel raus …«

Für Katharina wurde eine Novene gelesen. Jeden Abend saß Peter in der Kirche, wo sich zu Ehren der Mutter Leute versammelten und beteten. Im gemeinsamen Beten glaubte er Kraft schöpfen zu können, eine Verbindung zu spüren, auch zu den Leuten seines Dorfes.

Wochenlang trauerte er alten Zeiten hinterher. Ruhig und klar schienen ihm die Tage, an denen sie alle zusammen gefahren waren: Tage, in denen es Sommer war, die Märkte laut und voll, er unter dem Gesäusel des Windes gedichtet und Lieder auf der Flöte geübt hatte.

Schwer war es ihm, jetzt allein in diesem kummergekrümmten Haus zu sein. Abschüssig wie die Hütte, so stand auch er. Einsam waren seine Abende, wenn er am Fenster saß, zusah, wie die Blätter der Eiche dicht wurden und Vögel sich darin stritten, die braunen Früchte runder wurden und schließlich prall und glänzend an den Ästen hingen.

Einsilbig und niedergeschlagen saß er manchmal im Lamberty und starrte auf den leeren Krug, den er sich nie zweimal füllen ließ.

Gegen Ende des Sommers klopfte Loni wieder an sein Fenster. Und wieder begannen Wochen des Wartens und des Hoffens.

Gesinnungen

Der Herbstzug der Haolegäns stand bevor. Auf großen Routen zogen die ersten Schwärme in die Winterquartiere. Bei Wind von Nordost und klarer Sicht schwangen sie sich auf, folgten ihren festen Flugkorridoren. Über Tage konnte man Kranichkeile und –ketten am Himmel sehen, das Trompeten der Leitvögel hören.

Durch dunkle, zerfetzte Wolken schwangen sie sich, als Peter mit Loni über die Wiesen zur Mühle ging. Mit der Hand zeigte sie hinauf. »Die Gäns! Da denk ich immer an Amerika.«

»Aber die fliegen net nach Amerika. Die kämen net über die See«, antwortete er und sie nickte. »Ich weiß. Trotzdem denk ich dat. Ich frag mich, ob dat wohl immer dieselben Vögel sind? Ich mein, dieselben wie letztes Jahr?«

»Ich weiß et net, aber ich glaub schon«, entgegnete Peter. »Wieso kommen die eigentlich immer wieder zurück? Ich stell mir dat schön vor, in den warmen Ländern.«

»Wer weiß, welchen Gesetzen die folgen müssen. Da sind welche aus Finnland, dem Baltikum, Polen und Weißrussland dabei. Und alle haben dat Ziel in die Wärmt zu kommen, dahin, wo et Nahrung gibt. Mit unserem Hausier sind wir denen ähnlich. Als Kind hab ich davon geträumt, mich unter den Flügeln zu verstecken und mitzufliegen.« Er fasste ihren Arm. »Afrika, der Nil, …, aber heut weiß ich, dat alles schon recht is, wie et is und dat die Erd, auf der wir jetzt laufen, et wert is, drin zu verwesen.« Erstaunt sah Loni ihn an. »Pitter, wat du da sagst …«

»Ich wollt nirgends andres sein, auch wenn et mir oft hart is und ich mich allein fühl …« Loni zog das Tuch fester um die Schultern. »Sind wir denn net all allein? Wir laufen en Stück zusammen, meinen, wir hätten jemand, an dem wir uns festhalten können. Aber dat is alles Einbildung.« Er blieb stehen, hob den Kopf nach den Kranichen. Ein neuer Zug flog direkt über ihnen, an der Spitze wechselte der Leitvogel. »Krrejjiiiäö…..« Auch Loni sah hinauf nach dem lauten Schwarm, kniff die Augen und lächelte. Ständig, auch jetzt, wo sie bei ihm war, spürte er diese unbestimmte Sehnsucht. Plötzlich, unter dem Geschrei der Vögel, entdeckte er, dass seine Sehnsucht nicht, wie er immer gedacht hatte, davon abhing, dass sie bei ihm war, sondern dass sie tief in seinem Innersten gründete, ein Verlangen war, ein Begehren, ein Wollen sich selbst zu finden, und er verstand, dass das die eigentliche Aufgabe seines Lebens war. Für diese Gedanken hatte er keine Worte. Immer noch hing sein Blick an den Vogelketten, bis sie sagte: »Ich kann die nächste Zeit net mehr kommen. Nur dat du et weißt.« Er nickte und nahm sie an der Hand. Unter dem großen Flügelschlagen gingen sie zurück über die Wiesen.

Im Advent zog es ihn, wenn es zu einsam wurde, hinüber zu Hannes, dessen Haus an den Abenden oftmals Treffpunkt der Dörfler war. Laut und lustig ging es dort zu, so auch am Abend der Hl. Luzia. Da kam Anna, die Tochter von Molters, ein Tuch um den Kopf geschlagen, das Spinnrad mit sich tragend. »Joden Owend«, sagte sie und wischte sich mit dem Ärmel die Schnee- flocken aus dem Gesicht. Während sie sich setzte, Rad und Flachs in Ordnung brachte, füllte sich die Stube bis auf den letzten Platz. Der alte Bilger setzte sich auf die Ofenbank und machte den Spul- kasten zurecht. »Tach Pitter. Dat du auch mal wieder kommst …« Seine Frau saß vor dem Takenschrank, links und rechts neben ihr die Mägde und Kätchen, das Kuhmädchen, alle mit Spinnrädern. Sie beteten, tratschten, kicherten, manchmal sangen sie. Gliedermü- de von der Arbeit räkelten sich Knechte und Pferdejungen auf der Bank, stützten die Köpfe mit den Händen, sahen den Frauen beim Arbeiten zu. Auf und ab gingen die Füße an den Spinnrocken, die Räder schnurrten, flinke Finger verwandelten bauschige Schafswol- le in feste Garnstränge. Seidig glänzend lag auch der verarbeitete Flachs bald auf dem Tisch. »Wie Menschen bloß auf sowat kom- men, Kleider aus Flachs …«, dachte Peter. Der alte Bilger erzählte Anekdoten vom Hausier, kam auf die große Plünderung bei Lever- kusen zu sprechen, wo in der schlechten Zeit vierzehn Niederkai- ler und Landscheider Wagen ausgeraubt worden und die Händler bettelarm ins Dorf zurückgekehrt waren. Dann sprachen sie über eine Hauskollekte für St. Gertrudis in Landscheid und auch Peter erklärte sich bereit mitzuhelfen.

Nasse Schneeflocken klatschten ans Fenster. Sogar drinnen hörte man, wie der Wind zunahm und jetzt ums Haus pfiff, wo es warm und gemütlich war. »Dat du immer so allein bist, Pitter«, sagte Hannes' Mutter und sah ihn fragend an. Hannes, der Peters Bedürf- nis nach Alleinsein und Ruhe kannte, antwortete an seiner Stelle.

Er erläuterte den Anwesenden, dass Dichter von Natur aus einsam seien, ja sogar einsam sein müssten, da nur in der Abgeschiedenheit Gedichte erst entstehen könnten. Zweifelnd sahen alle auf Hannes, dann auf Peter. Deutlich war ihnen anzusehen, dass niemand in der Stube damit etwas anzufangen wusste.

Als er in der Nacht frierend auf seinem winterfeuchten Strohsack lag, dachte er, dass ihm alles durch die Finger glitt, unwiederbringlich, dass nichts bleiben würde. Die anderen hatten Familien, Frauen und Kinder, er hatte nichts.

Er wünschte sich von Loni wenigstens zu träumen. Die Liebe zu ihr schmerzte seit Jahren. Ein Gefühl, das da war und sich entzog, da war und sich entzog … Mit Loni verband er eine Sehnsucht, die auch dann nicht erfüllt wurde, wenn sie neben ihm ging. Er stellte sich vor, dass Loni, jetzt wo er allein lebte, zu ihm ins Haus kommen könnte. Dann aber fielen ihm die Eltern ein und dass ihn die Mutter noch auf dem Totenbett gebeten hatte, die Sache zu beenden. Nein, ins Haus konnte sie nicht kommen. Was die Mutter wusste, würden vielleicht auch andere ahnen, sicher würde schon geschwätzt. Loni, arme Loni …

Er stand auf, schrieb Gedichte, in denen er seine Furcht und Mutlosigkeit in Worte fasste, eine halbe Kladde füllte er, nur für sich. Blinzelnd, mit gequältem Stirnrunzeln saß er dicht über das Blatt gebeugt. Am Ende der Nacht suchte er Zuflucht dort, wo er sie so oft gefunden hatte: Er betete.

Obwohl er den Gedanken, mit neuen Subskriptionslisten loszuziehen, lange für absurd gehalten hatte, war über das Frühjahr der Entschluss gereift, es doch nochmals mit den Büchern zu versuchen. Den Sommer über sammelte er Sagen und verbrachte seine Abende damit, sie in Verse umzuformen. Im Herbst ordnete er alle häuslichen Angelegenheiten, packte sämtliche Gedichte und Sagen zusammen und war drauf und dran ein neues Wagnis einzugehen. Zwei Tage, bevor er die Kyllstrecke fahren wollte, entnahm er einer Zeitungsnotiz, die Hannes ihm an die Tür gesteckt hatte, dass das Subskriptensammeln im Umherziehen verboten worden war.

Er hätte sich dadurch kaum einschüchtern lassen, wenn nicht gleichzeitig ein Brief von Oertel eingetroffen wäre, der ihm, ebenfalls bezugnehmend auf das neue Gesetz, dringend davon abriet, weiterhin auf diese Weise seine Bücher zu vertreiben. Er empfahl abzuwarten, nichts zu tun als weiter zu schreiben und zu sammeln, vertröstete ihn, es würde ihm schon etwas für seinen armen Poeten einfallen.

So lange bis Oertel etwas einfiel, konnte er nicht warten. Ständig überlegte er, womit sich außerhalb des Hausiers etwas verdienen ließe. Er sinnierte, spekulierte, grübelte mit Hannes und Michel über ein neues Zubrot. Sein Feldbau gewährte ihm weder eine ausreichende Beschäftigung noch ein Auskommen.

Auf den letzten Reisen hatte er erlebt, wie immer mehr feste Warenläden eröffnet wurden. Da es seit über zehn Jahren keinen Krämer mehr in Niederkail gab und alle häuslichen Bedürfnisse auswärts erledigt werden mussten, glaubte er, mit der Gründung einer Handlung für Kolonial- und Spezereiwaren die restlichen Thaler des Königs gut anzulegen.

Den Laden richtete er gleich hinter der Eingangstür und in der Stube ein. In den Porzellanschütten seines Krämerschrankes verwahrte er Mehl und Zucker, Salz und Grieß, Buchweizen und Graupen, getrocknete Erbsen und Bohnen, Pflaumen und Backobst. Auf einer Bank standen die Waage mit blank geputzten Schalen aus Messing, daneben die Gewichte sowie ein Pappkarton, der als Kasse diente. Unter der Bank befanden sich eine Flasche mit Essig und Töpfe mit Senf, Zichorienkaffee, Tee und Tran. Auch Mausefallen aus Neroth, Hinter- und Vorderseile für den Windelbaum auf Heu- und Strohwagen, Stränge zum Pferde-Anschirren, Wäscheleinen, Hühnerfutter, Schrot und Kleie für die Schweine gab es. Sogar Speck hing am Haken, zum Abschneiden parat. Spucknäpfe aus Emaille, für die Verwender von Kautabak, Schüsseln, Töpfe und Pfannen, Kaffeekannen, Tassen und Teller sowie Becher waren noch vom Hausier übrig. Sensen und Sicheln konnte man bei ihm kaufen, auch Harken, Forken und Spaten sowie Besen und Bürsten, Handeulen und Schaufeln. Alles was er anbot, hatte er ohne Vorkasse auf Kommission bekommen, sogar den Speck. Wochenlang hatte es gedauert, bis er alles zusammengetragen und die Preise verhandelt hatte. Von einer Ladeneinrichtung konnte kaum die Rede sein. Der Krämerschrank mit den Schubladen stammte aus dem Nachlass von Hannes' Großonkel, dessen Eltern in Landscheid vor Jahren einen Laden betrieben hatten.

Die erste Zeit gab es für Peter mehr als genug zu tun. Die Leute waren neugierig, kauften auch. Viele Niederkailer versuchten zu handeln, ließen anschreiben, wollten anschließend nichts mehr davon wissen. Ein paar Mal hatte er Sachen geborgt, was ihm nicht gedankt wurde. Er ärgerte sich, ständig hinter dem Geld her sein zu müssen. Die Folge waren häufige Streitereien, die ihm im Dorf übel angerechnet wurden. Die Kundschaft ging mehr und mehr zurück. Bald schon sah er sich gezwungen, sein Angebot zu reduzieren und war erleichtert, dass es nur Kommissionsware war.

Ein ganzes Jahr hatte er vergeblich gehofft, dass Loni in den Laden kommen würde. Er hatte schon nicht mehr damit gerechnet, da stand sie eines Tages, ein Kind an der Hand, auf den grauen Steinplatten neben der Feuerstelle, kramte eine Tasse aus einem Beutel und bat um Salz.

»Wir brauchen halt net viel«, rechtfertigte sie ihr Fortbleiben und ergänzte, dass sie auch deshalb nicht gekommen sei, weil sie oft tagelang in Diensten stehe, auch außerhalb von Niederkail, und manchmal erst spät in der Nacht heimkehre. »Du brauchst dich doch net zu entschuldigen«, sagte Peter, »obwohl ich oft gehofft hab, dat du mal kommst …« Er füllte die Tasse mit Salz und reichte sie dem Kind. »Aufpassen und grad halten …«, lächelte er. Loni sah sich im Laden um. »Dat sieht ja ganz schön aus.«

»Hier is gar nix schön«, antwortete er, »dat Geschäft bringt nix. Wie alles, wat ich angefangen hab. Die Leut ärgern sich, wenn ich net anschreiben will und schwätzen schlecht über mich. Manchmal holen sie mich nachts aus dem Bett und wollen wat geborgt haben.«

»So sind die Leut eben. Ich näh mir auch manchmal die Finger blutig. Für nix und wieder nix.«

»Wir haben uns wohl all nix Leichtes ausgesucht«, sagte er, erzählte, dass es auch mit dem Buchverkauf nichts geworden war, weswegen er den Laden aufgemacht hatte. »Mit dem Verkaufen kenn ich mich ja aus«, fügte er hinzu, »wat soll ich auch sonst machen?« »Ich weiß wohl, dat du anderes im Sinn hättst. Die Bücher, dat Dichten.« »Ja, dat Dichten.«

Sie sprachen noch eine Weile über vergangene Zeiten. Persönliches tauschten sie nicht aus. Wohl auch des Mädchens wegen nicht, das scheu zwischen ihnen stand, die Tasse in der Hand.

Zwei Wochen später erschien das Mädchen allein in seinem Laden. Ängstlich blickte es aus dunklen Augen, die denen Lonis glichen, legte etwas in Papier Gewickeltes auf die Bank. »Dat schickt mein Mutter«, sagte es, wies auf das Päckchen und sah dann scheu auf den Boden. Es trug eine Tasse bei sich, die es Peter entgegenhielt. »Fragen soll ich, ob wir noch mal Salz haben können.«

»Solang ich Salz hab, habt ihr auch Salz.« Während des kurzen Gesprächs hob es nicht einmal den Kopf und kaum, dass es die gefüllte Tasse in der Hand hielt, knickste es und beeilte sich fortzukommen.

Mit Verwunderung hob Peter das Päckchen in der Hand. Es war leicht und weich. Erfreut zog er einen aus grobem Leinen gewebten Stoff mit gehäkelten Spitzen aus dem Papier. Er faltete ihn auseinander, entdeckte gestickte Blumen darauf, fuhr mit dem Finger über Borte und Kreuzstiche. Wie kunstvoll die Stiche, wie exakt die Spitze! Er überlegte, wo es anzubringen sei, ging im Haus umher und stellte fest, dass es sich als Vorhang eignen würde und genau ans Fenster vor der Feuerstelle passte, wo nur ein fadenscheiniger Lappen hing, dessen Ränder längst riffelten.

Er hob das Tuch gegen die Scheibe, sah, dass es aus grobem Flachs gewebt war, das nicht frei war von Schewe*, der Faden lief unregelmäßig und knotig: ein Stoff, den seine Mutter für hahnebüchene Kittel zur Mistarbeit verwendet hatte. Dass Loni sicher nichts anderes gehabt hatte, dachte er, denn die fein gearbeitete Spitze passte nicht recht und auch die Blumen hätten einen schöneren Untergrund verdient. Sein Blick blieb an der Stickerei hängen. Zwei Pflanzen nebeneinander waren es, die Stängel verzweigten sich mehrmals, bis sie oben in kleinen gelben Blüten endeten, die sich einander zuneigten. Die Blätter erinnerten ihn an etwas. Er legte das Tuch beiseite, ging in die Kammer, kramte nach seinen alten Kladden, stöberte so lange in Schubladen und Kartons, bis er schließlich eine der ersten Gedichtsammlungen in der Hand hielt. Er brauchte nicht lange zu blättern. Wie von selbst öffnete sich das Heft an der Stelle, wo er die einzige, übrig gebliebene Blüte verwahrte, die Loni ihm an Hubertus an die Jacke gesteckt hatte. Kein Zweifel, vor ihm lag die gleiche Blüte, gestickt auf Leinen: Schöllkraut.

Der Warenhandel brachte nur Pfennige ein. Dennoch hatte die Sesshaftigkeit Vorteile. Mehr denn je kümmerte er sich um seine Gedichte, schrieb und formulierte, brachte Sagen in Versform. Oft war er erschöpft von dieser besessenen Arbeit, aß kaum, die Kleider schlotterten um seinen Körper, Schatten lagen um die Augen, verwildert waren die Haare.

Er las Bücher, zu deren Lektüre ihm bisher die Zeit mangelte: über Zoologie und Botanik, über Vogelstimmen, eines über Kriechtiere und Lurche fremder Länder, ein anderes über Bienenzucht. Über einen Trierer Altpapierhändler kam er zu einer Ausgabe von Gustav Freytags ,Soll und Haben'. Auch Gedichte von Levin Schücking erreichten ihn auf diese Weise, ebenso verschiedene Werke Nikolaus Lenaus, dessen Naturlyrik – besonders die Lieder über Schilf und Wald – ihn wegen des melancholischen Tons zu eigenen Werken inspirierte.

Auch mit Philosophie befasste er sich, las Aufsätze unterschiedlichster Art, spürte, dass – je länger und intensiver er sich damit befasste – neue Gedanken in ihm wuchsen, die ihm dazu verhalfen, dass er bald sich und seine Umgebung aus veränderten Perspektiven betrachtete; war er doch von Natur aus zum Fragen angelegt und für Zweifel empfänglich.

Besonders Spinoza fesselte ihn. Er hatte nicht viel von ihm gelesen, aber die Idee, dass alles, was existiere, Natur sei, die mit Gott gleichzusetzen wäre, schien ihm denkbar. Auch die Ansicht, dass alle Gedanken die Gedanken Gottes seien oder die der Natur, gefiel ihm. Und dass es nur einen Gott gäbe, eine Natur oder eine Substanz. Alles sei eins, alles hinge zusammen, das schrieb Spinoza und er fragte sich, wenn das wahr wäre, wozu dann die vielen Unterscheidungen taugten, besonders die der Religionen. War ihm Gott nicht auch allgegenwärtig? Erkannte er ihn nicht überall, in den brennenden Altarkerzen, dem Lachen der Kinder, den Weinbergen an der Mosel, dem Wind über dem Kailbachtal?

Mit Vergnügen las er Voltaires Candide. Er hatte das Buch bei Oertel stehen sehen, in Leder gebunden, mit einem schönen Kopfschnitt, wusste, dass es in Frankreich auf dem Index der verbotenen Bücher gestanden hatte. Er selbst besaß nur eine zerlesene Pappausgabe, die aus den Beständen des Papierhändlers stammte, was ihn nicht störte, konnte er doch nach Belieben seine eigenen Anmerkungen an den Rand notieren. Im Falle von Candide wusste er zunächst nicht, ob er es als frevlerisches Werk ansehen sollte oder als ein amüsantes, machte sich der Verfasser doch über den Papst lustig. Kühn fand er die Art und Weise, wie Voltaire mit den Waffen des Sarkasmus und der Ironie seine Überzeugung in diesem dünnen Bändchen auf die Hauptfigur übertragen hatte, auf eine Weise, die ihn vielfach schmunzeln ließ. Dass Voltaire als gläubiger Mensch mit den Ansichten der Kirche in keinster Weise übereinstimmte und deutliche Kritik vorbrachte, besonders gegen die katholische, entnahm er einem Ausschnitt aus den Philosophischen Erzählungen, wo er auch eine weitere nachdenkenswerte Aussage fand: dass nämlich Zweifel der erste Schritt zu Weisheit und Aufklärung seien und dass das sicherste Mittel gegen das Unglück in der Welt die Arbeit sei, die drei der schlimmsten Übel von den Menschen fernhalte: Langeweile, Laster und Not. Auch Voltaire bejahte die Unsterblichkeit der Seele. Was die Freiheit des Willens betraf, der sich der Franzose sicher war, so dachte Peter anders, glaubte er doch, Gegenteiliges erfahren zu haben.

Einer Schrift Kants entnahm er, dass der Mensch zwar Aussagen machen könne, wie er die Dinge von seinem Verstand aus wahrnähme, dass aber niemand imstande sei jemals Gewissheit über die Dinge an sich zu haben. Die absolute Wahrheit sei nicht fassbar, für niemanden, denn jede Deutung der Welt ginge vom eigenen Inneren aus, von der Art und Weise, wie die Empfindungen geartet seien.

Irgendwie beruhigten Peter diese Schriften. Oft stimmte er überein und da, wo er es nicht tat, wurde ihm mehr und mehr bewusst, dass es so viele Ansichten wie Menschen gab und dass es deshalb töricht und vermessen sei anzunehmen, dass nur die eigene Meinung Gültigkeit besäße. »So wie jeder Hund besser und mehr hört als ich, so wie jeder Vogel besser sieht und auch ganz andere Sachen sieht, so bin ich mir sicher, dass es Dinge gibt, die ich nie erfassen kann. Ich vertraue, dass Gott immer mit uns ist«, schrieb er an Oertel, mit dem er sich regelmäßig austauschte und der sich dafür interessierte, womit Peter seine Zeit verbrachte.

Oft saß er über den Büchern, die ihm Oertel schickte. ›Lehrbuch der evangelischen Kirche‹, ›Die evangelische Kirche – ein Wegweiser‹, ›Evangelisches Gesangbuch für das Rheinland und Westfalen des Martin Luther‹, ›Katechismus der Unterscheidungslehre‹, Bücher über Zwingli und Savonarola. Nach intensivem Studium und einem Vergleich der Schriften mit denen, die ihm bekannt waren, glaubte er einige Grundsätze gefunden zu haben und stellte außerdem fest, dass es viel Verbindendes gäbe, mehr als Trennendes.

Früher hatte er mit Oertel über diese Dinge gesprochen, auch mit anderen hatte er gerne diskutiert, sich neuen, fremden Einflüssen und Ideen ausgesetzt und aufgesogen, was er für sich brauchen konnte. Gerne wäre er wieder gefahren, aber jetzt, da er den Warenhandel betrieb, sah er keine Möglichkeit.

Der Oberforstmeister von Spörken war ein Jahr nach Peters Geschäftsgründung von den Preußen im Amtsbezirk Wittlich eingesetzt worden und wie alle Funktionsträger evangelischen Glaubens. Er war ein hoch gewachsener, rotgesichtiger Mann mit krausem Haar und einem wuchernden Bart. Von dem eigenbrötlerischen und seltsamen Dichter Zirbes hatte er im Lamberty gehört und zunächst war es pure Neugier, die ihn in den kleinen Laden trieb.

In einer streng katholischen Gegend war es für ihn nicht immer einfach, Anerkennung für seine Ansichten zu finden. Bei Peter jedoch fielen manche seiner Überzeugungen auf fruchtbaren Boden. Hin und wieder kaufte von Spörken etwas, kam aber vornehmlich, weil er das Gespräch suchte und ging wieder, sobald Kunden auftauchten. Nicht selten verwechselte er die Zirbessche Warenhandlung mit einer Gaststube, indem er die Schnapsflasche, die er bei Peter orderte, gleich öffnen ließ und den Tabak entfachte, den er in einer geschwungenen Pfeife mit Elfenbeingriff zu rauchen pflegte. Manchen Abend saßen sie zusammen, besprachen sich in Dingen der Kunst und Literatur, denn darin waren beide aufmerksam. Nie ließ sich von Spörken auf ein Gespräch über Peters Situation ein, wollte nichts hören über dessen armselige Lage, auch nichts über die Bücher. So blieben die Gespräche über die persönlichen Belange an der Oberfläche. Sprachen sie aber über Dichtung und Kunst, Politik und Gesellschaft, so konnten sie tiefer nicht schürfen. Die Unterhaltungen über Luther waren abendfüllend. »Es gibt Unterschiede, aber auch Verbindendes«, sagte von Spörken, während sie über die verschiedenen Religionen, den Glauben an den gekreuzigten und auferstandenen Christus und über die Existenz des Heiligen Geistes sprachen. In der Heiligen Schrift fanden sie den gleichen Nutzen, sogar in großen Teilen der Auslegung waren sie einer Meinung, besonders aber in dem Glauben, dass jeder Mensch von Gott geliebt und angenommen werde, nicht aufgrund eigener Leistung, sondern allein aus göttlicher Gnade. Über Letzteres redeten sie lange und ausführlich, auch unter Berücksichtigung verschiedener theologischer Werke. Überein kamen sie auch darin, was das Glaubensbekenntnis anging, die Feier des Sonntags, die Feste, die Gebete und Lieder. »Et is doch eigentlich Unsinn, dat soviel Aufhebens darum gemacht wird. Der Einsatz für soziale Gerechtigkeit, Frieden und Bewahrung der Schöpfung liegt uns doch allen am Herzen.«

Was die Unterschiede in den theologischen Schwerpunkten betraf, so ergaben sich bisweilen hitzige Diskussionen. Über den Papst stritten sie. Als Nachfolger von Petrus sei er als Hirte der

Kirche vorangestellt, meinte Peter. Von Spörken hielt dagegen und erläuterte, dass es keinen Anspruch auf einen obersten Schlüsselträger geben könne. Ebenso bezweifelte er, dass die Priesterweihe eine sinnvolle Sache sei. »Oh nein, nur ein geweihter Priester kann unseren Feiern vorstehen, nur er kann Brot und Wein heiligen«, entgegnete Peter, verwies auf Johannes und Timotheus und kam auf die Sakramente zu sprechen, von denen er alle sieben gleichermaßen befürwortete. »Dafür gibt es keinerlei Einsetzungsworte Jesu. Wo nehmt ihr Katholischen das also her?«, lachte von Spörken und füllte Peter das Glas. »Auch eure Marienverehrung, die Mariendogmen, die Sache mit der Erbsünde, das Zölibat! Eure Kniebeugen vor dem Allerheiligsten! Unhaltbar!« Dann brachte er die Rede auf den Dünkel, den die Katholischen hätten. »Der alleinseligmachende Glaube!«, spottete er und erinnerte Peter an den Besuch des preußischen Königs, der vor Jahren, noch als Prinz, mit seiner Prachtkutsche bis Bitburg gereist war, wo sich die Geistlichen geweigert hatten, wie es bei solch hohem Besuch üblich war, die Kirchenglocken zu läuten. »Geweihte Kirchenglocken dürften nicht zum Empfang eines Andersgläubigen geschlagen werden! Das muss man sich mal vorstellen!« Eine ganze Weile echauffierte sich Spörken über diesen Vorfall. Eigentlich wollte Peter einwenden, dass es ja schließlich ein Nachspiel in Bitburg gegeben hätte, aber er schwieg. Zu häufig schien ihm sein Gegenüber anmaßend, wie viele der preußischen Funktionsträger, die sich Meinungen zu Themen erlaubten, die ihnen nicht zustanden.

Manchmal fürchtete er Gottes Strafe für die vielleicht lästerlichen und frevlerischen Gespräche, die sie miteinander führten. Tagelang vermied er es dann von Spörken zu treffen, hielt sogar einmal den Laden geschlossen, als er den Förster in seinen schweren Stiefeln über das Feld kommen sah.

Da waren ihm die Bücher lieber, obwohl er auch dort Meinungen fand, die ihm frevelhaft schienen, die ihm aber – je länger er sich damit befasste – bald natürlich vorkamen. Für sich kam er zu dem Schluss, dass trotz aller inhaltlichen Unterschiede die Religi-

onen dasselbe lehrten, dass nämlich jeder Mensch zu jeder Zeit verpflichtet sei, auf sein Gewissen zu hören und danach zu handeln.

Gebt mir Brot!

Eigentlich hatte er vorgehabt, im Frühjahr 1866 mit seinen
Büchern nochmals in die Pfalz zu reisen. Aber die Auseinander-
setzungen zwischen dem Deutschen Bund und dem Königreich
Preußen hielten ihn bis zum Sommer davon zurück.

Erst als nach dem kriegsentscheidenden Gefecht bei Königgrätz
Preußen Führungsmacht in Deutschland wurde, reiste er zur Laa-
cher Abtei, von wo ihn ein Brief mit einer Buchbestellung erreicht
hatte. Von dort ging es nach Mendig, dann den Rhein entlang bis
nach Bingen, wo er einen Teil der zweiten Auflage erheblich unter
Preis verkaufte.

Wieder zu Hause erreichten ihn wohlgemeinte Artikel, die inzwischen über ihn erschienen waren, so in der Illustrierten Zeit, der
Trierischen Zeitung, dem Saarlouiser Journal. Sogar in der Eiflia
Illustrata wurde er erwähnt. Rückmeldungen von begeisterten
Lesern kamen aus der Pfalz, dem Hunsrück und der Eifel. Gut tat
es, wenn ihm Leute mitteilten, was sie in seinen Gedichten gelesen,
wie sie sich selbst darin gefunden hatten und dass sie auf Neues
brennen würden.

Dennoch schrieb er allen zurück, dass er sich außer Stande sehe,
die Finanzmittel für ähnliche Vorhaben nochmals aufzubringen:
dass er nämlich sitzen geblieben sei auf seinen Kisten und dass
auch des neuen Gesetzes wegen an eine Fortsetzung dieses Geschäftes nicht zu denken wäre und er nur noch für sich dichten wolle.

Nach jedem dieser Briefe saß er niedergeschlagen in seiner Kammer, verfluchte die Umstände, die ihm eine Lebensweise aufzwan-
gen, die weit von dem entfernt war, was er eigentlich hatte tun
und sein wollen.

In seine Kladde notierte er:

Wollt ihr, dass ich noch fort singe? Gebt mir Brot!
Frohes Lied nicht, herbe Klage bringt die Not.
Dass man meine Verse lobet und mich ehrt,
ist mir wen'ger als ein Stücklein Brotes wert.
Niemand kann vom Winde leben, der da lebt,
ob sein Geist die höchste Stufe auch erstrebt.
Die mit lauter schönen Floskeln ausstaffiert,
etwas um den Mund, jedoch nichts drein geschmiert.
Schließlich, wollt ihr, dass ich singe?
Gebt mir Brot!
Denn was nützt mir alles andre, wenn ich tot.

Der folgende Winter blieb einsam und kalt wie die Winter zuvor. Wieder drückte ihn die Sorge, sich bald nicht mehr ernähren zu können, war doch bis weit in den Februar außer von Spörken und Hannes kaum jemand im Laden gewesen.

Am Josefstag fuhr er missmutig und übel gelaunt in die Stiefel, ging in den Stall, wärmte sich die Hände am Atem der Kuh, klopfte dem Pferd den Hals. Bald darauf stapfte er durch die Felder, sah nach der Wintersaat. Es roch nach Schnee, die graue Stille drückte. Nachdenklich sah er nach dem Haus des Pfarrers. Aus dem Schornstein rauchte es und er stellte sich vor, wie behaglich es wohl drinnen sein mochte, dass es zum Mittag Kraut und Wurst gäbe und wie sich Hochwürden nach dem Essen auf der Ofenbank räkelte. Gerne wäre er ins Dorf zum Lamberty gegangen, aber Geld war keines da und so kehrte er nach Hause zurück.

Kalt war es in der Stube, klamm. Er wollte kein Holz verbrauchen und so blieb er in Jacke und Hut. Länger schon hatte er darüber nachgedacht, eine kleine Schankwirtschaft einzurichten, nicht für die Niederkailer, die diese Idee nur belächeln würden. Eher dachte er an fremdes Publikum, denn öfter war es vorgekommen, dass Kunden den Wunsch nach einem Getränk äußerten. Von Spörken hatte ihn in seiner Idee bestärkt und er dachte, dass es nicht nur zu seinem Warenhandel passen, sondern diesen Handel vielleicht sogar ankurbeln würde.

Am Nachmittag saß er, mit beiden Händen den Kopf stützend, eine lange Weile am Tisch. Dann zog er Blatt und Feder aus der Schublade, rückte den Tisch ans Fenster und formulierte ein Gesuch zwecks Erteilung einer Konzession zum Betrieb einer Schankwirtschaft an den Bürgermeister. Er begründete sein Vorhaben damit, dass ihm mit dem Gewerbeschein für den Kleinhandel durch das Landratsamt auch die Erlaubnis erteilt worden sei, geistige Getränke verkaufen zu dürfen und dass es sich häufig füge, dass Fremde bei ihm einkehrten in der Meinung, er betriebe eine Wirtschaft.

Schon Ende März wurde die Konzession erteilt, aber außer den Flaschen, die von Spörken zu einem günstigen Preis bei ihm versoff, verkaufte er den ganzen Sommer über nur eine halbe Bouteille Schnaps. Auch dieser Versuch führte zu nichts.

Das ferne Licht des Mondes

Drei Jahre hatte er Oertel nicht gesehen und seit dem Frühjahr war kein Brief mehr gekommen. In Sorge um seinen Freund reiste er im November 1867 erneut nach Wiesbaden, eine dick gefüllte Kladde in der Tasche. Aber sein Besuch in der Oertelschen Villa sollte ein trauriger werden. Von Henriette Oertel, die ihn zwar erfreut eingelassen hatte, aber kurz darauf bekümmert und abgezehrt in ihrem Sessel saß, erfuhr Peter, dass sein Freund im Oktober verstorben war. »Ein Schlaganfall. Während eines Spaziergangs mit Dr. Heydenreich. Sie brachten ihn heim, bewusstlos. Noch vor Mitternacht hat sein Herz aufgehört zu schlagen, obwohl Heydenreich alles getan hat …« Peters Blick streifte Oertels Bücherregal, den Schreibtisch mit einem Stapel loser Papiere. Er schluckte. Dass sein Freund tot sein sollte, traf ihn. »Kaplan Naumann sagte in der Grabrede, dass er ein warmes Herz gehabt hätte für die Nöte des

Volkes, dass er ein christlicher Schriftsteller war ...« Sie wischte sich die Augen. »Wenn ich in seinem letzten Werk blättere ...«

»Der Rhein? Ist es heraus?« Henriette nickte. »Und wie schön es geworden ist. Die Geschichten und Sagen der Burgen, der Abteien, der Klöster unserer schönen Heimat, die Kupferstiche darin ...« Bei diesen Worten stockte sie und Peter sah, dass ihre Augen schwammen. »Lebensbrot hat er dem Volk geboten, hat Naumann gesagt.«

Gerne hätte sie Peter zum Grab begleitet, aber sie sah sich außer Stande, das Haus zu verlassen. Zum Abschied schenkte sie ihm eine signierte Ausgabe ›Der Rhein‹ und hielt lange seine Hand. »Wir werden uns nicht mehr sehen, lieber Freund«, sagte sie, »aber wir sind durch ihn miteinander verbunden. Er hatte eine sehr hohe Meinung von Euch.«

Draußen zog er den Karren zum Friedhof in der Platter Straße. Er brauchte nicht lange zu suchen. Das einzige frische Grab lag in der Nähe des Eingangs. Hier also fand er seinen Freund, einen der wenigen, die ihm geholfen, ihn unterstützt hatten. Das letzte Gespräch mit Oertel ging ihm durch den Kopf, der ihn immer wieder ermuntert hatte zu schreiben. »Ihr müsst schreiben, Zirbes, dafür seid Ihr auf der Welt!«

Lange starrte er auf die aufgeworfene, mit Lehm vermischte Erde. Ein schwarzes Kreuz stak am Kopfende des Grabes, umwickelt mit einem Trauerflor. Was wäre er wohl geworden ohne Oertel?

Der Winter war lang und entbehrungsreich. Wieder reichte in Niederkail die Nahrung nicht aus, was besonders für Elisabeth und die Kinder bedrohlich war. Der Sommer, der folgte, war nass und kühl. Ein einziges Gewitter vernichtete die gesamte Ernte. All die mühselige Arbeit auf den kargen Böden war damit umsonst gewesen. Ins Unheil gestoßen fühlten sich die Eifeler, vergessen, den Naturgewalten ausgeliefert.

Im Spätherbst des Jahres 1868 brachte Elisabeth ihr neuntes Kind auf die Welt. Den Sommer über hatte sie sich kaum auf den Beinen halten können und kurz vor der Geburt sah sie aus, als ob der Wind sie forttragen könnte. Die meiste Zeit ihrer Schwangerschaft hatte sie liegend verbracht, geplagt von Schwächeanfällen und ständigem Unwohlsein. Peter half vor allem Michel, wo es ging, sah nach den Kindern, kümmerte sich um die Landwirtschaft und brachte ihnen alles, was er irgendwie selbst erübrigen konnte.

Es stürmte, als Michel ihn mitten in der Nacht aus dem Bett holte. In einer dünnen Jacke stand er draußen, sein Atem ging hastig, stand weiß in der Luft. »Pitter komm, du musst auf dat Lies sehn! Ich muss den Doktor holen! Dat Lies …«

Während Michel nach Landscheid eilte, hastete Peter zum Haus der Schwester.

Drinnen war alles ruhig. Als er die Tür zur Stube öffnete, sah er die Kinder auf ihren Strohsäcken liegen, schlafend, dicht an dicht, eingerollt, verschlungen in trunkenen Bewegungen, jedes in einem eigenen Traum. Im Schein des Mondes konnte er ihre Gesichter erkennen, mager und weiß, besonders im Schlaf, die Haare zerzaust und verklebt. Noch diese vier von neun Kindern, die Katharina geboren hatte, waren am Leben. Eine Wolke schob sich vor den Mond. Peter stolperte durch die Stube. Eines der Kinder stöhnte. Er hörte, wie das Kleinste schneller am Daumen saugte, ein glitschendes Geräusch.

Elisabeth lag in der Kammer, auch sie schien eingeschlafen. Die Wiege, die hinter ihr stand, war wieder leer; sie wusste es noch nicht. Peter zog einen Stuhl heran, setzte sich neben ihr Bett, sah auf ihr Gesicht, das nur dann zu erkennen war, wenn die Wolken draußen weiterzogen und das ferne Licht des Mondes hineinließen, das Figuren auf den Boden und das Bett zeichnete. Elisabeths Kopf lag seitlich, eine graue Haarsträhne zog sich über die Schläfe. Selbst im Schlaf sah sie bekümmert und verhärmt aus. Tiefe Falten hatten sich in ihre Haut gegraben. Ihre verschafften Hände mit deutlich hervortretenden Adern lagen auf der Decke. Er dachte daran, wie gern diese Hände den Esel geführt, wie gern sie in seinen Büchern geblättert hatten … Lies, seine Lies! Lange saß er, wachte, horchte auf ihren Atem. Michel kam nicht. Auch der Morgen schien nicht zu kommen, die Stunden zogen sich.

Als sie laut atmete mit einem schweren Seufzer, neigte er sich zu ihr, fasste die dürre Hand und einen Moment lang schien es ihm, als ob sie etwas sagen wollte. Aber es war nur ein leises Stöhnen, bevor der Atem aussetzte. Er erschrak, beugte sich ganz hinab, tastete nach ihrem Puls, spürte nichts als ihre schlaffe Hand. Aufgeregt nestelte er am Ärmel ihres Nachthemdes, drehte die Hand, suchte nochmals nach dem Pulsschlag. »Lies, Lieschen …«

Lange verstand er nicht. »Lies«, weinte er, »Lies, denk an dein Kinder …«

Als Michel die Kammer betrat, fand er Peter in krampfartigem Weinen über die Schwester gebeugt.

Nur 38 Jahre alt war sie geworden und hatte nichts als Elend und Armut gesehen. »Wat soll bloß aus den Kindern werden?«, fragte sich Michel unablässig, während seine Kleinen dastanden, den Schreck über den Verlust der Mutter in den Augen und sich ängstlich an den Händen hielten.

Wieder sah sich Peter vor höhere Aufgaben gestellt, sagte dem Schwager alle Hilfe zu, nahm zwei der Kinder den Winter über bei sich auf.

Er freute sich über ihre Gesellschaft, las ihnen vor, erzählte Geschichten, sorgte für Essen und Kleidung und dafür, dass das Holz nicht ausging, denn Kälte drückte auf das Strohdach. Er kümmerte sich um den Laden, um die Landwirtschaft; ans Schreiben war nicht zu denken. In dieser Zeit reifte der Entschluss, nicht mehr mit dichterischen Erzeugnissen an die Öffentlichkeit zu treten.

Alles ist möglich

1870 entbrannten neue politische Konflikte. Bismarck, dem immer mehr Menschen zutrauten, dass er den Traum von der Einheit verwirklichen könnte, war gewillt, die süddeutschen Staaten mit dem Norddeutschen Bund zu vereinen. Als Mittel diente ihm wieder ein Feldzug, ein Krieg gegen den gemeinsamen Feind Frankreich. Durch geschicktes Taktieren erreichte er, dass Frankreich Preußen und seinen Verbündeten den Krieg erklärte und vor der Welt als Aggressor dastand.

Obwohl es Peter lange schon fortdrängte, schien es ihm in dieser Zeit zu riskant seinen Karren anzuspannen und über Land zu ziehen. Im August hatte die französische Armee Saarbrücken eingenommen und nun marschierten deutsche Soldaten gegen Frankreich. Sogar der Ausbau der Eisenbahn wurde deswegen vorangetrieben. Im September tobten auf den Spicherer Höhen, unmittelbar an den Stadtgrenzen Saarbrückens, Schlachten, die für beide Seiten mit großen Verlusten verbunden waren. Voll Sorge schrieb Peter an Mathilde, bot ihr an, sie in die Eifel zu holen, erhielt aber keine Antwort.

Nachdem im September die Franzosen bei Sedan geschlagen worden waren, breitete sich eine nationale Euphorie aus, von der auch er sich anstecken ließ. Dem erstaunten Michel kündigte er an, dass er nach dem Winter wieder reisen und neue Buchverkäufe ankurbeln werde. »Du hast doch gesagt, dat machste nie mehr«, wunderte sich Michel, aber Peter wollte nicht an seine alten Worte erinnert sein. »Dat is jetzt en Zeit, wo alles möglich is, du wirst et erleben.«

Den ganzen Winter über verließ ihn dieses gute Gefühl nicht. Obwohl er und die Kinder hungerten und froren, saß er jede Nacht, wenn die anderen schliefen, in seiner finsteren Kammer vor der Kladde, neben sich eine Kerze und ein Glas Wasser und schrieb. Zu lange hatte er darauf verzichtet.

In dieser Zeit bearbeitete er einen großen Teil der Sagen. Manche der schon bekannten Stücke fand er in einem wenig gefälligen Gewand und suchte sie in ansprechendere Form zu kleiden. Alles Mögliche schürfte er zu Tage und suchte es der Vergessenheit zu entreißen.

Was die Gedichte betraf, so wurde er mit den Jahren mutiger und lauter. Das lag daran, dass er sich in der Gemeinde stärker einbrachte, sich einsetzte für die Belange des Dorfes, was ihm etliche Postenträger krumm nahmen. Was lag für ihn näher, als seinen Ärger in Versform zu bringen?

In seiner neuen Versdichtung ›Fischania‹, die er in Erinnerung an eine in Salmrohr stattgefundene Versammlung zwecks Bildung einer Fischereigenossenschaft für Salm- und Kailbach verfasste, kritisierte er mit scharfer Feder die Zustände in der Eifel, in der Gemeinde. Er wetterte gegen die Reichen, die es sich leisten könnten, die Bäche zu pachten, den Bauern aber verwehrten, einen Fisch zu fangen. »Ist denn der Bauer weiter nichts wert als Lasten zu tragen? Und die Jäger knallen Bussard, Fuchs und Katze ab, weil sie in ihren Augen Raubtiere sind! Sie zertreten dem Bauern Land und Früchte, nur um einen Hasen zu jagen.« Ebenso klagte er die Herren im Kreisrat an, dass sie sich gar selten mit der Sense in der Hand erhitzten, oft mehr in der Theorie als in der Praxis lebten und obendrein glaubten, zwischen Recht und Unrecht urteilen zu dürfen. Auch die Hilfsvereine und Kassen gerieten in seine Kritik. Sie seien zwar gegründet worden, um das Volk zu unterstützen, aber die Vorsitzenden und Entscheider dächten in Wahrheit nur an sich und würgten mit falschen Schacherzinsen den armen Schuldner. Auch die Lehrer verschonte er nicht.

»Mechanisch lässt man laufen nur
den Faden von der Spule,
tut eben das und was man muss
in vorgeschrieb'nen Stunden.
Und prahlt noch,
wie man sich zum Wohl
der Menschheit hat geschunden.«

Ebenso prangerte er an, dass ein begabtes Kind auf dem Lande keine Chance habe, eine höhere Schule zu besuchen. Es müsse auf Gymnasium und anderes verzichten und zu lesen bekomme es, obwohl es an guter Literatur nicht fehle, nur ›Pastor Martins Schriften‹. Einem weniger begabten aber reichen Kind hingegen stünden Tür und Tor offen. Ein Dorn im Auge waren ihm auch die bigotten verlogenen Gesten manch eitler Christen, die sonntags wie die Pfauen zur Kirche zögen, und wenn sie einen Schurkenstreich ausgeführt hätten, Messen lesen und Kerzen brennen ließen, um dadurch Gott zu beschwichtigen.

Dem Bürgermeister von Binsfeld kreidete er an, dass er der Tyrannen Grundsätze übe und stets vom hohen Roß herab in wohlgeübter Suada* spräche, die Gesetze aber zum Schaden und nicht zum Nutzen der Leute anwende.

»Halt endlich dein loses Maul«, riet Michel, als er erfuhr, dass Peters Verse die gewünschten Adressaten erreicht und Unfrieden gestiftet hatten. »Schon jetzt kommt von den Binsfeldern keiner mehr in die Stellmacherei. Wenn du et auch noch hier verderben willst! Ich will dir nur sagen, dat wir bald gar nix mehr zu fressen haben!« Peter hielt dagegen. »Dat Hungern schreckt mich net. Et muss gehandelt werden! Und dat dringend! Zwar werd ich wohl net viel ausrichten können mit meiner Schreiberei und am End wird man mich zu den Narren schicken, aber et is mein Aufgab zu schreiben und die Wahrheit zu sagen!«

Er zog ein beschriebenes Blatt aus der Kladde und noch während er las, hörte er, wie Michel sich entfernte und fluchend die Tür zuschlug:

>»Zum Mittel muss man greifen,
> drum frisch zum treuen Bund die Hand,
> was zaudern wir noch länger!
> Viel tausend gibt's ja in der Welt,
> die klüger als der Sänger!«

Einige seiner Gedichte schickte er an Zeitungsredaktionen, die seine spitzen Texte manchmal veröffentlichten. Beträchtlichen Unmut gab es deswegen. Aber je mehr darüber geredet wurde, desto mehr erhöhte sich die Aufmerksamkeit und damit auch bald die Nachfrage. Peter erhielt sowohl Briefe mit Drohungen als auch Dankesschreiben, was ihn zwar einerseits freute, ihm andererseits aber seine elende Lage verdeutlichte und die Unfähigkeit vor Augen hielt, etwas anderes anzufangen.

Weder im Frühjahr noch im Sommer fuhr er mit seinen Büchern, obwohl das Jahr vielversprechend anfing.

Im Januar 1871 wurde im Spiegelsaal von Versailles der preußische König Wilhelm zum Deutschen Kaiser Wilhelm I. ausgerufen. Endlich gab es einen Kaiser, ein Reich und bald darauf sogar eine Verfassung. Wochenlang wurde heftig diskutiert. Eine einheitliche Rechtssprechung wurde auf den Weg gebracht, als erste gesamtdeutsche Währung sollte die Mark die Währungen der einzelnen Länder ablösen. Es gab Bestrebungen, das Eisenbahnnetz noch feiner zu spinnen, mehr und mehr Randgebiete zu erschließen. Handel und Industrie erlebten einen nie dagewesenen Aufschwung, Männer ab 22 Jahren durften wählen. Bald zeichnete sich ab, dass das geeinte Deutschland zum größten Machtfaktor in Europa werden könnte.

Einige hegten Hoffnungen, dass sich endlich etwas ändern würde, glaubten, dass die Einheit das Ziel aller Träume sei. Auch in Peter keimte Hoffnung, als er am Sonntag nach der Aschenweihe im Lamberty stand, wo Bauern und Händler lautstark debattierten. »Ach wat«, rief Hannes, »glaubt doch net alles. Dat is ein Werk der Fürsten und die wären doch dumm, wenn dat net wieder alles zu ihren Gunsten wär.«

»Du darfst net vergessen, dat viel gekämpft worden is. Denk nur an die 48er Aufständ. Et hat geheime Wahlen gegeben für den Reichstag. Dat gab et noch nie!«

»Der Reichtag kann nix entscheiden. Gar nix. Über die Regierung hat der net einen Funken Kontrolle! Dafür is nur der Kaiser verantwortlich.« Molters stopfte seine Pfeife nach, eine stinkende Rauchwolke stieg auf. Pitt kippte einen Schnaps und zog an seinem Stumpen. »Un Bismarck!«

»Ja, un Bismarck. Aber die sind doch sowieso ein Kopp und ein Arsch!«, schrie Hannes dazwischen. »Haste wat dagegen?«

»Allerdings. Die zwei bestimmen die Politik. Der eine is gleichzeitig König, der andere Ministerpräsident von Preußen, wat meinste, dat is en riesiges Gebiet.«

»Jawohl«, mischte sich der junge Thönnes ein, »und die haben och die größte Armee.« Pitt wusste dazu nichts zu sagen, bestellte stattdessen ein neue Runde Schnaps, während Molters mit wichtigem Blick verlauten ließ: »Richtig. Und all dat können unser Kaiser und Bismarck in die Waagschale werfen, wenn et nötig wird.« Wieder muckte Hannes auf. »Wisst ihr, wat dat heißt? Maul halten, Steuern zahlen, Soldat werden – so sieht et aus!« Hin und her flogen die Worte. Als der Wirt knallend einen neuen Pfropfen aufzog, bahnte sich Hannes einen Weg nach draußen. »Gehste schon?«, fragte Peter. »Dat Geschwätz is doch net zum Aushalten«, antwortete Hannes und wollte an ihm vorbei. Peter nickte und griff nach dem Glas. »Ich geh mit. Hab sowieso ander Sachen im Kopf. Über sowat können wir uns lang die Köpp heiß reden, dat nütz doch gar nichts. Ich geh wieder auf Tour. Hab die Sagen umgearbeitet!«

»Ha! Mit Sagen gehst du auf Tour? Ja, unser Dichter! Immer wat anderes, immer en eigen Supp! Mit Sagen! Mensch, die will doch keiner. Guck dich doch mal an. Wenn du mal net mehr aussehen willst wie Lazarus nach der Auferweckung von den Toten, musst du wat anderes machen!«

»Hannes, lass et doch gut sein. Wir müssen all zusehn …«

»Aber net bei allem. Mit deiner Schreiberei wär auch wat zu machen. Wenn du et richtig anstellen würdst.«

»Und wie soll dat deiner Meinung nach gehn?«

»Indem du die Sagen dahin steckst, wo sie waren und so weiter machst wie letztes Jahr. Hast doch selbst gemerkt, dat die Leut aufmerksam wurden. Provokante Sachen musst du schreiben, brisante Sachen. Pass mal auf, ich hab wat für dich. Da drüber kannst du mal wat dichten!« Er kramte einen speckigen Ausschnitt aus der Bitburger Zeitung hervor und las: » 21. Januar 1871. Bürgermeister Hubert Prim macht bekannt: An der hiesigen evangelischen Kirche sind in den letzten Wochen unvorsichtig oder böswillig mit Kot und Steinen mehrfach Fensterscheiben eingeworfen worden. Ich ersuche jeden, auf die Täter zu achten und sie eventuell zur Anzeige zu bringen.« Er sah vom Blatt auf. »Ha, wat sagste? Dat is doch wat! Über sowat musst du schreiben, Pitter!« Peter zuckte mit den Schultern. »Provokante Sachen schreiben, nur um mehr umzusetzen? So gut müsstest du mich kennen ...«

»Mensch Pitter! Von irgendwoher willste doch endlich mal wat zu fressen kriegen oder net?«

Trotz aller Umschwünge im Land änderte sich in der Eifel einstweilen nichts. Immer noch träumte Peter davon neue Bücher herauszubringen; die Sagen spukten durch seinen Kopf. Aber aus Sorge und Mitleid um Elisabeths Kinder blieb er zu Hause und verdingte sich weiterhin im Tagelohn.

»Unter der Bedingung einer moralischen Führung und nicht ungesetzlichen Wandels in tätiger und gewissenhafter Pflichterfüllung des Gehorsams und der pünktlichen Befolgung der ihm erteilten Befehle« wurde er im Herbst unerwarteterweise mit behördlicher Erlaubnis für einen Winter als Privatfeldhüter auf den Gemarkungen der Gemeinden Niederkail, Landscheid, Binsfeld, Spang und Dahlem eingesetzt.

Nahm er es anfangs ganz genau, so begann er bald zu sehen, was er sehen wollte. Sollte er angehen gegen die Herren, die Gesetze erließen, die sie selbst nicht einhielten, oder sollte er sich totschlagen lassen von Bauern, die in den königlichen Forsten frevelten? Nur zu gut erinnerte er sich an die Zeit, als er mit seinem Großvater Holz gesucht hatte, dass auch sie des Hungers wegen manchmal den Knüppel ausgepackt hatten, wenn ein Hase allzu nah herangekommen war. Wenn er es nun knallen hörte, wenn plötzlich über den Tümpeln mit pfeifendem Flügelschlag und erschrecktem Schreien schwere Vögel herabschlugen, Hunde außer sich vor Anspannung wild kläffend durch das Dickicht preschten, musste er wohl oder übel nachsehen. Das, was keine Geräusche machte, konnte er schließlich weder hören noch sehen.

Immerhin half ihm und den Seinen diese Tätigkeit über den Winter. Wenn er die Kinder essen sah, war er zufrieden. Mager und blass waren sie, daran war wohl nichts zu ändern, dankbar für das kleinste Stück Brot. Die Zeit mit den Kindern versöhnte ihn mit Vielem. Die Idee einer Drittauflage seines Gedichtbandes gab er ihretwegen auf. Stattdessen mühte er sich, Geld oder Naturalien heranzuschaffen.

Zehn und acht Jahre zählten sie jetzt, Hanna und Hubert. An den Abenden umringten sie ihn, wollten Geschichten aus der Zeit hören, als die Mutter noch mit auf dem Hausier gewesen war. Beflissen waren sie zu erfahren, wie es anderswo aussähe und wie die Menschen dort lebten. Peter erzählte, ohne müde zu werden – die Geschichte von Elisabeth und dem Esel forderten sie immer wieder – und es überraschte ihn, was sie sich alles merkten. Er zeigte ihnen das Geheimnis mit dem ausgerissenen und wieder angewachsenen Daumen, Schattenspiele mit den Fingern, einen Zaubertrick mit Zündhölzern. Zu besonderen Anlässen packte er die Flöte aus. Dann saßen sie mit versunkenen Augen, träumend. Hannes hatte ihnen ein Kaleidoskop mit unzähligen ineinander fallenden, farbigen Scherben mitgebracht und wochenlang gab es nichts Schöneres, als das Spielzeug zu Peters Flötenmusik vor der Kerze zu bewegen.

Tagsüber schickte er sie in die Schule und ließ sich berichten, was sie gelernt hatten. »Die Menschen stammen vom Affen ab«, kam Hanna eines Tages aufgeregt nach Hause, als Peter im Hof stand und mit Michel Holz hackte. »Wo hast du dat denn her?« Zornig hielt Michel mit dem Hacken inne. »Der Lehrer hat et gesagt.«

»Dat wird der net wagen. Dat is Gotteslästerung! Soweit käm et noch …«, schimpfte er. »Doch. Dat hat der in der Zeitung gelesen.« Hubert mischte sich ein. »Ja, dat hat der gelesen, hat uns aber gesagt, dat wir dat net glauben sollen. Dat hat einer erforscht. Aber richtig gesagt, dat wir vom Affen abstammen, hat der net.«

»Allein sowat zu denken! Glaubst du solchen Unfug etwa?«, fragte Michel und hob drohend die Faust. »Der hat gesagt, dat Affen und Menschen aus einer Entwicklungsreihe kämen, dat sich der Mensch aber weiter entwickelt hat«, erklärte Hubert auf seine altkluge Art. »Also doch.« Michel stemmte die Hände in die Hüften. Peter zwinkerte Hubert zu. »Also ich hab mal en Affen gesehn. Der hat auf nem Leierkasten gesessen und für den Leierspieler Geld eingesammelt. Der war schon den Menschen ähnlich …«

»Oh du … bist ein Gotteslästerer!«, schrie Michel, »dat is Ketzerei, hältste wohl dein Schnauz vor den Kindern …!«

Irgendwie hatte Michel es ernst gemeint. Es war wirklich besser, still zu bleiben über solche Gedanken. Peter dachte an Galileo, der es zu sagen gewagt hatte, dass die Erde rund sei. »Wat dat bloß mit Gotteslästerung zu tun hat«, dachte er bei sich, »dat eine schließt doch dat andere gar net aus.« Er merkte Hubert an, dass der Junge gerne mehr darüber erfahren hätte, aber da er selbst keine Antwort wusste, schwieg er, setzte ein neues Holz auf den Klotz, griff nach der Axt und schlug zu.

Katzengold

An dem Tag, als die Moselbahn eröffnet wurde, rannte alles, was Beine hatte, um zu gucken. Auch Peter machte sich mit den Kindern und Hannes auf den Weg zu der bei Wengerohr gelegenen Station, die den Namen Wittlich erhalten hatte. Erstmalig fuhr nun eine Eisenbahn durch die bis dahin abgelegenen Landschaften der Eifel und kündete von einer neuen Zeit. Es war ein großes Ereignis, als man die Lok geschmückt und bebändert diese neue Strecke fahren ließ und es wurde feierlich begangen. Blumenstreuende Kinder waren gekommen, Reden wurden gehalten, blankpolierte Trompeten und Hörner blitzten im Licht.

»Zurück! Alles zurücktreten!«, rief ein Mann mit Schnauzbart und goldbeknöpfter Uniform, indem er Schaulustige auf dem Bahnsteig nach hinten schob. Das stoßartige Stampfen und das Geratter wurden lauter und bald schob sich wie eine kolossale schwarze Masse, begleitet von einer riesigen Dampfwolke, ein Ungetüm auf Eisenrädern in den Bahnhof. »De Deuwel kommt …«, rief eine Frau, als die

Dampflok zischte und schnaufte. »Jetzt können wir unser Gemüs endlich auch auf die Wochenmärkt nach Köln und Aachen tragen!« Mit kreischenden Bremsen hielt der Zug, die Leute machten unwillkürlich nochmals einen Satz zurück. Oben aus einer Führerkabine, neben dem Kohlenbecken, blickte ein Mann mit rußgeschwärztem Gesicht, winkte nach den Bauern und Händlern, von denen einige unter Scherzen, Gelächter und Winken die Wagen bestiegen. Furchtsam staunend über das neuartige Gefährt, das gänzlich ohne Pferde gezogen wurde, äugten Hanna und Hubert hinauf.

Der Uniformierte auf dem Bahnsteig hielt ein Schild nach oben und pfiff. Fauchend und stampfend setzte sich der Zug langsam wieder in Bewegung. Hinter einem mit Vogelkot bespritzten Fenster standen winkende Kinder mit Blumen. Auf dem gleißenden Schienenstrang rollte der Zug in die Landschaft hinaus. Die Zurückgebliebenen beschirmten die Augen mit den Händen und sahen dem Gefährt nach, wie es rauchend und keuchend in die flirrende Hitze fuhr, vorbei an Streifen von Gebüsch. Die Kinder in den Wagenfenstern winkten noch eine ganze Weile, Wind umbrauste einen hinausgehaltenen Kopf, Haare flatterten, die Hände wurden kleiner und kleiner, verloren sich irgendwann im weißen Dampf, dann verlor sich auch der Zug unterhalb der im Dunst gelegenen Hügel, der wogenden, reifen Felder.

»Dat is die neue Zeit«, sagte Peter zu Hannes, als sich die letzten Rauchwolken aufgelöst hatten. Hannes, der immer noch sein Brot als Händler verdiente, spekulierte über die Vorzüge für seinen Hausier. »Wenn wir mithalten wollen, müssen wir schneller und besser werden. Da sind Transportmöglichkeiten für uns Händler dat Wichtigste. Du wirst et sehn. Manch einer sucht sich jetzt en Arbeit, die weiter weg liegt. Dat sind Chancen für uns all!«

»Ich weiß net, ob et gut is, wenn alles immer schneller wird.«

»Wenn all so denken würden wie du, kämen wir nie voran. Du hast die Wahl: mithalten oder untergehn. Wat haben wir denn zu verlieren? Dat kann doch nur besser werden. Biste schon mal mit so nem Zug gefahren?« Peter schüttelte den Kopf. »Bis jetzt hat mich mein Pferd immer dahin gebracht, wo ich hinwollt!«

»Ja, ja, so schwätzen viele. Aber dat ändert sich jetzt. Dat is en nützlich Sach. Du glaubst gar net, wat für en Gefühl dat is. Die Häuser rauschen nur so vorbei, Dörfer, Wiesen, Felder, so schnell kannste kaum gucken. Manchmal blitzt en Bach oder en See, Wege drehn ab, ändern die Richtung, laufen auf Dörfer zu, von Dörfern weg. Dat sieht aus dem Zug alles ganz anders aus …« Zweifelnd sah Peter in die Ferne, in die der Zug entschwunden war.

Weit vorne sah er Loni gehen, schwatzend, inmitten anderer Frauen. Hanna kam herangehüpft, funkelndes Katzengold lag in ihrer Hand, die sie Peter triumphierend entgegen streckte. »Am Hals getragen hilft et gegen Magenschmerzen«, lachte er. Als Hanna sich wieder verzog und er nach vorne spähte, war Loni verschwunden.

»Tja, alles wird schneller«, wiederholte Hannes und meinte die Eisenbahn. »Wusstest du, dat auf Fenner Hütt fast nur noch Pressglas hergestellt wird? Dat is viel billiger als geblasenes. Außerdem können die jetzt an einem Tag dreifach soviel produzieren wie früher. Man kann auch alles besser stapeln, alles passt ineinander!«

»Is et denn auch schöner?«, fragte Peter. »Praktischer is et! Schöner, schöner, … du immer mit deiner Schönheit.« Es dauerte einen Moment, dann sagte Hannes: »Nee, schöner is et net.«

Niederkail

Das Feuer brach einen Tag vor Maria Himmelfahrt, einem ungewöhnlich heißen Tag des Jahres 1879 aus, nachmittags gegen vier Uhr. Nur Minuten später hingen schwarze Rauchwolken über dem gesamten Dorf, Flammen schlugen aus Scheunen und Häusern, bewegten sich schlangenartig vorwärts, rollten sich wie Blitze über die Strohdächer, bissen sich überall fest, wo sie Nahrung fanden, vereinigten sich zu einem fauchenden Feuermeer. Menschen flüchteten auf die Straße, Tiere brachen aus den Ställen, rannten blindlings in die Wiesen. Die ganze Nacht stöhnte das Dorf in der Feuersbrunst. Dichter schwarzer Rauch quoll aus den Häusern,

Stallungen und Scheunen brannten mit Tieren, Ernten, Hab und Gut. Ruß trieb im Wind. Unermüdlich versuchten die Niederkailer mit Eimern und Schüsseln dem Brand entgegenzutreten; dennoch schwelten die Feuer etliche Tage.

Mehr als das halbe Dorf fiel dem Feuer zum Opfer. Acht Menschen kamen ums Leben, darunter der Schmied, dessen verkohlten Leichnam man in der Scheune fand; neben ihm in umschlungener Haltung die verbrannten Leiber seiner Kleinsten.

Gott sei Dank war das meiste Vieh auf den Weiden gewesen, die Schweine bei der Herde im Wald.

Die abseitige Lage hatte dem Zirbeshaus zum Vorteil gereicht: es war verschont geblieben. Vom Holzhaus des Schwagers stand nur noch das Gerippe. So kamen die Kinder einstweilen alle zu Peter, Michel zog zu seiner Schwester nach Landscheid. Und damit hatten sie es verhältnismäßig gut getroffen. Andere obdachlose Familien hausten in Bretterverschlägen und Scheunen, zerstreuten sich auf Höfen der Nachbardörfer. Manche zogen fort in Heimatlosigkeit und noch schlimmere Armut.

Hatten sich in den letzten Jahren bereits viele der jungen Männer nach Arbeit an Rhein und Ruhr umgesehen, so zogen jetzt auch etliche der Älteren zu den Stahlwerken ins Ruhrgebiet, zu den düsteren Fabriken mit den hohen Schloten, in den nie endenden Rauch, in den Schweiß, in die sprühenden Feuer der schnaubenden Maschinen. Ihre Familien sahen sie nur noch an Weihnachten und zu den Ernten. Frauen und Kinder blieben zurück, verrichteten nun die Männerarbeit, ackerten wie die Pferde, schleppten Holz, Rüben und Kartoffeln in Hotten nach Hause, zogen den Pflug, schlachteten das Vieh. Um den Hunger zu verdrängen, rauchten sie Pfeifen mit stinkendem Tabak, während sie zusehen mussten, wie es immer weiter bergab ging mit ihnen, wie das Dorf sich leerte, wie es immer schwerer wurde, den Feldern Nahrung abzuringen. Zu allem Übel hatten nicht Wenige zu begreifen, dass es vergeblich war, auf die Männer und Söhne zu warten, von denen sich mancher in seinem Schmerz, in seiner Sehnsucht und dem Hunger nach einem bisschen Glück immer seltener sehen ließ, geschweige denn Geld schickte.

Auch Melzers Lorenz, das munkelte man im Dorf, habe sich dem Trupp ins Ruhrgebiet angeschlossen und das, obwohl sein Haus während des Brandes nicht zu Schaden gekommen war. Seine Söhne habe er mitgenommen, Loni sei mit dem Mädchen allein zurückgeblieben.

Kurz nachdem Peter diese Neuigkeiten erfahren hatte, traf er Loni auf dem Weg zur Bahnstation. Nachdem sie anfangs wortkarg neben ihm ging, begann sie bald, über ihre Sorgen zu reden. Um sich durchzubringen, schneidere sie mehr und mehr auswärts, bis hinter Wittlich ginge sie, froh sei sie über die Moselbahn. »Einen Hausierhandel hab ich obendrein angefangen. Jetzt kannste Bänder, Garn und Schuhlitzen bei mir kaufen. Dat Geld brauchen wir dringend. Der Lorenz und die Jungen sind fort. Geld kriegen wir net.« Bewundernd sah Peter sie an. »Stark biste, Loni.«

Bis ins Frühjahr sah Peter sie jeden Morgen in aller Frühe an seinem Haus vorbeigehen. Wenn er Zeit hatte, begleitete er sie bis zum Wäldchen. Sie zu sehen, beflügelte ihn immer noch. Grau war Loni geworden. Auch im Gesicht hatten die Jahre Spuren gegraben. Immer noch trug sie die grüne Pelerine, die Haare waren neuerdings zu einem Dutt geschlungen. »Die Augen tun et net mehr«, klagte sie und meinte die Näharbeit, die ihr nicht mehr von der Hand ging, weswegen sie den Handel angefangen hatte. Lorenz erwähnte sie nicht mehr und auch die Söhne nicht, obwohl Peter spürte, dass sie die Jungen vermisste. Manchmal ging die Tochter mit, ein stilles, zartes Wesen mit verträumten Augen.

Immer noch waren die Momente mit Loni die schönsten für ihn. Wieder schrieb er ihr Verse, die sie zur Kenntnis nahm, sonst nichts. Sie wunderte sich darüber, ließ ihn aber gewähren.

Ein Zubrot

Jahre vergingen, die weder Peters Einsamkeit noch etwas an seiner Situation änderten. Auch mit den Büchern wurde es nichts. Die Kinder waren mit der Zeit wieder zu Michel gezogen, der in Landscheid neben seiner Schwester eine herabgekommene Hütte gepachtet hatte und mit viel Aufwand die Stellmacherei am Leben hielt.

Üble, gesundheitsschädliche Bedingungen in Fabriken, horrende Arbeitszeiten, dazu Sonntagsarbeit lösten immer wieder Proteste und Streiks aus. Arbeiter forderten die Festlegung einer Maximalarbeitszeit, dazu Mindestlöhne, Beschränkung der Kinderarbeit und eine Verordnung der Sonntagsruhe. Nicht aus Überzeugung, sondern weil er den wachsenden Einfluss der Sozialdemokraten ausbremsen wollte, hielt Bismarck angesichts des Massenelends und der aus ihm erwachsenden revolutionären Gefahr sozialpolitisches Handeln für dringend geboten. Dahinter stand die Überlegung, dass Arbeiter sich dem Staat stärker verpflichtet fühlten, wenn dieser ihnen ein gewisses Maß an Sicherheit garantiere. Die Krankenversicherung, die er im Sommer 1883 einführte, war ein erster Schritt, der allseits begrüßt wurde.

Auch in Niederkail wurde über die Vorzüge der neuen Versicherung gesprochen und als ein Jahr danach das Unfallversicherungsgesetz in Kraft trat, mit etwas Verzögerung auch eine Alters- und Invalidenversicherung, hatte sich Bismarck einige Freunde gemacht. Auch Peter machte sich Gedanken über die Verbesserungen. Der Trierischen Zeitung hatte er entnommen, dass nun auch Brandversicherungen in der Rheinprovinz Gesetz werden sollten und dass für jede Gemeinde Agenten gesucht würden, die nicht nur Verträge abschließen sondern die Leute auch diesbezüglich beraten sollten. Vielleicht wäre das ein Zubrot für ihn? Er schrieb an die angegebene Adresse und bat um Unterlagen. Postwendend erhielt er einen dicken Umschlag mit Informationen. In einer Broschüre war der Gesetzestext abgedruckt, zudem die Leistungen einer Brandversicherungskasse. Neben Versicherungen gegen Feuer-, Sturm- und

Wasserschäden war von Absicherungen gegen Blitzschläge die Rede, einer Weidetierversicherung, einer Sicherung der Feldfrüchte gegen Hagelschlag sowie einer Haftpflicht für Hundehalter. Die Sache überzeugte ihn. Was die Agentur versprach, konnte sich sehen lassen. Das wären Verbesserungen für die Bauern und Peter erwog, sich als zuständiger Agent der Provinzial-Versicherung für Niederkail zu bewerben.

Die Sache wurde spruchreif. Obwohl ihm neuerdings Gichtattacken heftig zusetzten, war er bereits wenige Tage später als Agent unterwegs. Im Gepäck trug er die gesetzlich vorgeschriebenen Brandversicherungsrichtlinien für die Rheinprovinz. Eine Schulung in Wittlich hatte er hinter sich gebracht, sich verpflichtet, pro Woche mindestens fünf Höfe oder Haushalte zu besuchen.

Jeden Tag war er unterwegs. Abends saß er noch spät in den Bauernstuben, erklärte und zeigte, legte die Vorzüge dar.

Aber was sich gut anließ, kam schnell ins Stocken, versiegte schließlich ganz. Die Leute, die ihn als Steinguthändler, Dichter und Nebenerwerbslandwirt kannten, nahmen ihm die Sache nicht ab, berieten sich mit anderen Agenten. Sie waren vorsichtig mit ihrem Geld, misstrauten nicht nur seinen sondern jeglichen Verträgen, den Versprechungen; denn zu oft hatten sie erlebt, dass man sie über den Tisch gezogen hatte. Bald stellte sich heraus, dass sie einem Konkurrenten in Landscheid den Vorzug gaben. Nur wenige Verträge landeten in Peters Tasche, entsprechend gering war der Verdienst und so war es mit den Versicherungen wie mit allem anderen.

Eine Mission

In Berlin überstürzten sich die Ereignisse. Im März 1888 starb Wilhelm I. Weil nach nur 99 Tagen im Amt auch sein Sohn und Nachfolger, Friedrich III., das Zeitliche segnete, wurde sein Enkel Wilhelm II., mit nur 29 Jahren Kaiser. Von einem Dreikaiserjahr war die Rede.

In der Eifel wurde ein Verein gegründet, der es sich zur Aufgabe gemacht hatte, die Belange der Bevölkerung zu vertreten und zu fördern, auch in kultureller Hinsicht.

Schon als es auf einer der ersten Sitzungen um die Förderung der Literatur ging, erinnerten sich einige der Mitglieder der Zirbes-Gedichtbände und erachteten Peters Werke, die Gedichte, die Sagen und Balladen, als förderungswürdiges Kulturgut der Eifel.

Im Spätsommer machte sich deshalb eine kleine Delegation aus Bad Bertrich auf den Weg nach Niederkail.

Trotz Schmerzen in den Beinen hatte Peter den ganzen Nachmittag damit verbracht, Stroh zu häckseln und hielt erstaunt inne, als eine Gruppe von Männern am schlehenbewachsenen Hang vor seinem Haus stehen blieb. In ihren Röcken mit breiten Umlegekragen, den weiten Pantalons, den Stiefeln, den hohen, geraden Hüten mit den geschweiften Krempen, machten sie einen wichtigen Eindruck. »Den Dichter Zirbes suchen wir!«, rief einer. »Wat wollt Ihr denn von dem?«, rief Peter zurück, ließ die Arbeit sinken. Er erkannte den Drucker Zender aus Bitburg. Fragenden Blickes stand Peter neben seinem Strohhaufen. »Wir kennen uns doch, Zirbes«, grüßte der Drucker, kam hutlüftend den Hügel herab und streckte ihm die Hand entgegen. »Wir kommen vom Eifelverein und hätten ein paar Fragen bezüglich der Gedichte und Sagen.«

Peter bat sie in die Stube, wo sie Platz nahmen und sich der Reihe nach vorstellten. Drei ältere Männer waren es, vorneweg der Trierer Lehrer Adolf Dronke, Gründer des Vereins, sowie die Herren Zender und Lütz, allesamt in Amt und Würden und interessiert, den neuen Eifelbund voranzubringen. In langer Rede erklärten sie ihm den Sinn ihrer Mission, die anstehende Vereinsarbeit, den Satzungszweck, dass es längst an der Zeit sei, diese Ideen voranzutreiben, habe doch der Niedergang der Eisenindustrie, die rückständige Landwirtschaft, Armut und Abwanderung dazu geführt, dass die Eifel immer mehr ins Hintertreffen geraten sei. Einem weiteren Niedergang müsse deswegen dringend entgegengewirkt, das Brauchtum gepflegt, der Denkmalschutz ernster genommen werden. »Wir wollen, dass das Interesse an der Eifel wieder gestärkt wird und denken dabei an Wanderungen und Exkursionen aller Art, auch an Vorträge und Führungen«, sagte Lütz und Dronke ergänzte: »24 Ortsgruppen haben sich schon gebildet, mit beinah 1500 Mitgliedern.«

»Euer Vorhaben in allen Ehren«, sagte Peter, »aber falls Ihr hier seid, um mich als Mitglied zu gewinnen, da muss ich gleich sagen ...« Dronke lachte. »Nee, nee, lieber Zirbes. Zwar wär dat net schlecht, sogar ein Renommee für uns. Aber wir kommen wegen wat anderem. Eins haben wir nämlich noch net gesagt. Dat der Eifelverein sich für heimatkundliche Literatur einsetzen wird. Und da sind wir hier doch genau richtig, oder?« Mit wichtigem Gesicht mischte sich Lütz ein, erklärte, dass es dem Verein eine besondere Ehre sei, wenn er, der Dichter Zirbes, geneigt wäre, seine Gedichte oder besser noch die Eifelsagen neu herauszubringen. Zender fügte hinzu, dass es nicht nur der neu gegründeten Vereinigung gut zu Gesicht stünde, einen Eifeldichter zu präsentieren, den ersten übrigens, der ihnen bekannt sei, dass diese Idee auch für sein literarisches Schaffen eine Chance bedeuten könnte. »Eure Dichtung is nämlich einzigartig«, mischte sich Dronke ein, »nix is künstlich, alles in Eurem Werk is echt und bodenständig und mit der Natur verwurzelt.« Peter winkte ab. »Ja, ja, dat sagen viele. Aber ich weiß net, ob dat mit dem Buch Zweck hat. Ich bin jetzt 63 und hab Gicht wie früher mein Vatter. Manchmal wundert et mich, dat ich net wahnsinnig werd vor Schmerzen. Wozu eine neue Auflage erscheinen lassen, deren Vertrieb ich net mehr selbst besorgen kann, wovon ich vielleicht keinen Nutzen mehr hab und deren Besorgung und Ordnung ich anderen überlassen muss? Denn rausbringen müsst ich et wohl im Selbstverlag, oder?«

»Dat wär wohl wahr. Aber Zirbes, wir können Euch Unterstützung zusagen, wat die Reklame und den Verkauf, vielleicht auch den Versand angeht. Das wäre ein großer Batzen der Arbeit.«

»Nee, dat ehrt mich zwar, aber ich kann im Moment wirklich net dran denken.«

»Bedenkt: Eure Sagen und Gedichte sind für uns wertvoll. Für die Eifel. Für die Leut hier.« Zender ließ nicht nach, Peter die Vorzüge einer Veröffentlichung zu erläutern, er solle doch darüber schlafen und die Gelegenheit nicht vorbeiziehen lassen. Auch Lütz bekräftigte die Absichten des Vereins, ihn als Dichter wieder bekannter zu machen. »Wir bringen eine Vereinsschrift heraus. Regelmäßig. Da würden wir auf das Buch hinweisen.« Sie sprachen noch über Heimat und Landschaft, über Tradition und wiederholten mehrfach, dass der Verein stolz wäre, ihn als Dichter zu präsentieren. Peter spürte, dass sie ein wirkliches Interesse an seiner Kunst hatte und so versprach er, zumindest darüber nachdenken zu wollen.

Zunächst hatte er den Gedanken an eine Neuauflage erfolgreich zur Seite geschoben. Vor Jahren noch wäre ihm dieser Vorschlag zupass gekommen, aber jetzt? Ohnehin war er viel zu beschäftigt mit sich selbst; die Schmerzen waren oft arg, an manchen Tagen konnte er kaum gehen, geschweige denn arbeiten.

Als sich aber Ende der Woche eine Besserung einstellte, begann er über das Ansinnen nachzudenken. Der Besuch der Herren ehrte und inspirierte ihn und dennoch nahm er sich vor, wenn sie wiederkommen sollten, abzusagen; denn es war zwecklos, sinnlos, schon einmal war ein ähnliches Unterfangen gescheitert, ein zweites Mal könnte er sich das unmöglich leisten.

Anfang September jedoch, er fühlte sich gut wie selten, hatte das Gesuch wieder andere Konturen angenommen und er wog ab, rechnete, plante.

Um St. Michael erschienen Zender und Lütz erneut. Obwohl sich Peter zunächst ablehnend verhielt, spürten sie doch, dass er zu gewinnen wäre. »Ich hab inzwischen drüber nachgedacht«, begann Peter, »dat scheitert an dreierlei. Erstens hab ich dat Geld net, net im Mindesten. Dat sind für mich Ausgaben, die ich net bestreiten kann. Zweitens kann ich net mehr herumfahren, der Gesundheit wegen. Und dann fehlt die geeignete Persönlichkeit, eine entsprechende Auswahl zu treffen.« Sofort versuchten die Herren seine Bedenken auszuräumen und nannten ihm Namen: Professor Conrad aus Koblenz und Gymnasiallehrer Dr. van Hoffs aus Trier, das hatten sie im Vorfeld geklärt, wollten sich seinem Werk widmen, sich der Mühe unterziehen, alles zu sichten und zu bewerten. Die Werbung würde der Verein übernehmen, was in Anbetracht der steigenden Mitgliederzahlen eine verheißungsvolle Sache wäre. Und was das Geld betraf, so würden sie ihm zu einem günstigen Kredit verhelfen, einem Kredit, den er mit den Einnahmen durch den neuen Band bald getilgt hätte. Sie überlegten hin und her, kalkulierten, schätzten. Lütz hatte Auskünfte eingeholt. »Ihr braucht 1200 Mark. Da sind die Druckkosten enthalten. Natürlich bei einfacher Ausstattung. Vielleicht könnte man zu dem Preis ein paar Zeichnungen hinzufügen, was sich gut machen würde. Das ist nicht die Welt, wenn man bedenkt, was Ihr einnehmen könntet.«

Wieder keimte in Peter die Hoffnung, dass ihm seine Dichtungen zu einer besseren Position verhelfen könnten. Nach langem Abwägen und nach Beratung mit Michel stimmte er einer Neuauflage schließlich zu, unterschrieb den Kredit, der in der Tat günstig war, und machte sich sogleich daran, eine Auswahl von Gedichten und Sagen für die Herren Hoffs und Conrad, die seinen Entschluss ebenfalls bekräftigten, zusammenzustellen.

»Eifelsagen‹, der neue Titel sollte sich bevorzugt den Sagen widmen, aber es waren auch Gedichte, sittliche, heimatliche Verse vorgesehen; ein moralischer Hintergrund sollte bei allem erkennbar sein.

Seiner Erst- und Zweitauflage entnahm er einige sehr persönliche Gedichte, die dem Dorf und der Eifel gewidmet waren und die den Bedingungen der Herren entsprachen. Was die Sagen betraf, so wählte er aus den neueren Skripten, wo er unter anderem auch die Geschichten rund um Dodenburg aufgriff, die er zur Renovierung des dortigen Schlosses dem Grafen von Kesselstatt geschenkt hatte und die in der Trierischen Zeitung abgedruckt worden waren.

Bis Weihnachten zog sich die Auswahl. Auch deshalb, weil er noch hier und da verbesserte, ergänzte, vertiefte. Mit einem guten Gefühl schickte er das Manuskript ab.

Erst zu Beginn der Fastenzeit kam Nachricht aus Bad Bertrich. Man habe sich die Qualität, insbesondere die der Sagen, reichlich anders vorgestellt, schrieb van Hoffs und kündigte mit gleicher Post seinen Besuch im März an.

Nach Josefstag standen sie wieder vor seiner Tür. Diesmal brachten sie Professor Conrad mit. Spät kamen sie an, durchgefroren. Mit dem Zug waren sie bis Wittlich gefahren, von dort mit der Kutsche bis Minderlittgen, wo sie in einen Schneeschauer geraten waren und einen Umweg in Kauf nehmen mussten.

Nachdem sie sich am Ofen aufgewärmt hatten, kam van Hofs zur Sache. Er beanstandete die sprachliche Qualität und Ausdrucksweise und erklärte, dass sie gezwungen seien, an verschiedenen Gedichten erhebliche Abstriche zu machen. »Wir haben die dargebotenen Gedichte und Sagen mit großer Gründlichkeit und Verantwortung gesichtet«, sagte er, während er Peters Manuskript auf den Tisch legte und anfing, darin herumzublättern. Mit rotem Stift waren Worte und Sätze gestrichen, umkreist, mit Fragezeichen versehen. »Beginnen wir mit einer Sage in Gedichtform: ›Die Entstehung des Weinfelder Maares‹. Mein guter Zirbes, ich kann nicht die Spur eines sittlichen Hintergrundes entdecken. Diese Sage scheint mir leere Phantasterei. Ich würde es nicht aufnehmen.« Peter hielt dagegen, dass er das Gedicht treu nach der Sage ausgeführt habe. »Muss denn alles einen sittlichen Hintergrund haben? Ich bin kein Bußprediger! Et is falsch, immer nur die Moral ablesen zu wollen. Et geht um Natur und Leben, um Geheimnisse, die damit zusammenhängen.« Van Hoffs schüttelte den Kopf. »Es stimmt nicht zur Wirklichkeit. Reine Erfindung.« Conrad nickte zustimmend. »Dann schöpfe ich also aus unrichtigen Quellen? Ist die Entstehung des Weinfelder Maares keine Erfindung wie die meisten Sagen?«, fragte Peter. Van Hoffs winkte ab. »Natürlich kann man behaupten, dass Sagen erfunden sind. Deshalb darf man sie aber noch lange nicht nach Belieben ändern. Sie sind ein Volksgut, das bewahrt werden soll. Ihr habt Euch nicht an die Vorlage, nicht an die Tradition gehalten. Das müsste geändert werden.«

»Und hier«, Conrad blätterte weiter, »meint Ihr nicht, ein deutscher Dichter sollte unnütze Fremdwörter meiden?« Mit seinem Finger deutete er auf mehrere umkreiste Wörter. »Noch was: Mich genieren die kräftigen Ausdrücke.« Peter verbiss sich das Lachen, als er die Textselle las. »'Bravo! Stopft dem frechen Gesindel das Maul!' Mich genieren die kräftigen Ausdrücke nicht im Mindesten.«

Van Hoffs feuchtete den Finger an seiner Lippe und wendete die Seite. »Hier, das Stück ›Auf der Held bei Prüm‹, ein matter Vers. Der Urtext gefällt mir besser. Auch missfällt mir der Schluss. Die Wortstellung ist unerträglich.«

»Tja, die Wahrheit gefällt leider nicht immer.« Conrad und van Hoffs warfen sich einen vielsagenden Blick zu. »Auch hier«, bemerkte Conrad, »in der Sage vom Burgkopf und dem Scherbenberg klingt alles sehr gezwungen, unpassend. Was machen wir damit?« Peter seufzte. »›In den Proben gut‹ steht am Rand, jetzt mit Fragezeichen versehen?«

»Die Sachen sind von mehreren sachverständigen Leuten gelesen worden.«

Als Nächstes bemängelten sie den zu freien Ausdruck. Van Hofs las: »Wie schön in voller Lust sich hebt der zarte Busen, frei vom Mieder – aber Zirbes!«

»Nur net zu prüde!«, entgegnete Peter, »sowat lesen die Leut recht gern!« Mit dem Finger pochte Conrad auf ›Die Brucher Fehde‹. »Und hier … der Leser wird unmutig bei dem breiten Gerede.«

»Gut, das solls ja.«

»Wir haben es geändert. Der ursprüngliche Text ist unbrauchbar.« Peter beugte sich über das Blatt, begann zu lesen und kam zu dem Urteil: »Der von den Korrektoren Vorgeschlagene erst recht.« Wieder trafen sich die Blicke Conrads und van Hoffs. Conrad schüttelte den Kopf. »Ihr scheint ja gar nichts annehmen zu wollen. Dabei ist diese Überarbeitung zu Euren Gunsten. Wir wissen schließlich, was die Leser interessiert. Es stecken Fehler drin. Die müssen wir ausmerzen.« Peter antwortete nicht. Eine große Lust überkam ihn, die Sache abzubrechen. Es schmerzte ihn, wie sie mit rotem Stift darin herumgeschrieben hatten und kein Wort des Lobes fanden. »Seht hier«, wieder deutete van Hofs auf unterstrichene Passagen, »als Dativ unkenntlich, der Genitiv ist nicht zu erklären. Das Diminutiv ist unerträglich, ja, eine überaus missliche Ellipse.« Peter schlug auf den Tisch. »Jetzt reicht et aber. Man muss net zu spitzfindig sein. Außerdem, wenn alles so schlecht ist, wie Ihr meint, dann lassen wir die Sach eben sein. Dann schreibt Ihr eben selbst. Ohne kräftige Ausdrück. Und sittlich.«

»Nein, nein Zirbes, Ihr missversteht uns. Wir sind hier, weil wir an Eurem Werk interessiert sind. Ihr solltet dankbar sein für die Überarbeitung und daran mitwirken. Das wird ein ansprechendes Buch.« Sie redeten noch eine lange Weile und kamen zu dem Urteil, dass die Ausführung zwar formelle Mängel habe, oft gekünstelt daherkäme, dass sich aber der Aufwand lohne und gemeinsam nochmals daran gearbeitet werden müsste.

Insbesondere van Hoffs sann wochenlang über der Auswahl, änderte formale Mängel im Versmaß, schrieb im Text herum, markierte Ausdrucksfehler. Auch strich er das seiner Meinung nach weniger Poesievolle heraus, legte es dann Peter vor, für den die Sache derart lag, dass er wiederholt versucht war, das Ganze ins Feuer zu werfen. Mehrfach ging das Manuskript hin und her, schließlich behielt Peter das letzte Wort für seine Dichtungen. Zu seinem Schwager sagte er: »Die beiden Herren haben mit dem besten Willen die Angelegenheit in die Hand genommen, aber et sind Schulleut und kein Poeten. Ich weiß bis jetzt net, wie ich mich überwinden konnt, dat Spiel mitzumachen und kann nur hoffen, dat et gut ausgeht.« Abends schrieb er in seine Kladde:

Meint ihr, dass ich für Ehr' und Geld
ein Heuchellied soll singen?
Nein, nicht wie's euch, wie's mir gefällt
lass ich mein Liedchen klingen.
Ich singe meines Herzens Klang,
frei tönet er wie Vögelgesang,
bald froh, bald ernst die Welt entlang
auf unsichtbaren Schwingen.

Drum schmäht nicht meines Liedes Klang,
hochweise Matadoren,
euch ist, verlangt ihr Geisteszwang,
so Hopf' wie Malz verloren.
Verlangt kein Lied, das anders klingt,
sonst halte ich euch unbedingt
für Heuchler oder Toren.

Ein Licht, weich und warm

›Der Lotse geht von Bord‹ titelten die Zeitungen, als im März 1890
Bismarck wegen unüberbrückbarer politischer und persönlicher Differenzen mit dem jungen Kaiser den Hut nahm. Bald danach war
absehbar, dass Wilhelm II. eine Katastrophe für das Land werden
würde. Prahlerisch und besessen vom Militär führte er Bismarcks
Aufrüstungskurs bis zum Exzess. Das deutsche Heer wurde zum
schlagkräftigsten Europas, die deutsche Marine des Kaisers ganzer Stolz, der Ton im Land immer militärischer. Pickelhauben- und
Schnurrbartträger hatten das Sagen, der Drill in den Kasernen übertrug sich auf Amtsstuben und Klassenzimmer.

Obwohl Peter es für notwendig erachtete, sein Schreiben gegen
diese Zustände zu stellen, so fehlte ihm jetzt die Zeit dafür. Verbissen arbeitete er an seiner neuen Auflage, korrigierte, ergänzte,
schliff an der Form. Wochenlang ging Post hin und her. Zermürbend und kleingeistig schienen ihm die ständigen Umgestaltungen
und Abwandlungen, die er nur wegen der in Aussicht gestellten
Unterstützung ertrug.

Das Buch erschien Anfang September und versetzte ihn in eine
tagelange Hochstimmung. Die Gestaltung war gelungen und je
mehr er darin blätterte, desto schlüssiger schien ihm die Anordnung der Gedichte, die ihm anfangs missfallen hatte. Auch die
Erwähnung, die sein Buch in einigen Schriften des Vereins sowie
in Regionalzeitungen fand, beglückte ihn.

Bis Weihnachten stieg die Nachfrage. Aber schon im Januar stockte der Verkauf trotz der Bemühungen des Eifelvereins. Mit den Erlösen ließen sich schon in den ersten Monaten kaum die Zinsen für den Kredit decken und es stand zu befürchten, dass er eine dritte Pleite erleben würde.

Der fünfundsechzigste Winter seines Lebens setzte Peter derart zu, dass es ihm kaum möglich war, das Haus zu verlassen. Schmerzhaft waren die Gelenke wieder angeschwollen, erbsgroß die Gichtknoten. Besonders Hand- und Zehengelenke machten ihm zu schaffen. Tagelang glänzten sie hochrot, später violett-blau. Die Stellen waren heiß und so schmerzempfindlich, dass er schon die Bettdecke als unerträglich empfand. Die Anfälle kamen meist in der Nacht und gingen mit Fieber einher; dauerten manchmal Stunden, oft aber auch Tage.

Trotz der Einreibungen, trotz der getrockneten Kastanien, die er sich ins Bett legte und in den Taschen seiner Hose bei sich trug, trotz der Paste, die er daraus kochte und, so heiß er es vertrug, auf Lappen gebracht um die Knoten wickelte, wurden im Advent die Attacken so stark, dass er fast immer liegen und – obwohl er mit Lebensmitteln und Holz einigermaßen eingedeckt war – Gertrud Weirich, die Nachbarin, bitten musste, gegen Naturalien nach ihm zu sehen und für ihn zu kochen. Truds warme Grützsuppen und ihr stummes Hantieren sorgten dafür, dass es ihm ab Weihnachten wieder besser ging und er aufbleiben konnte. Bis in den Sommer behalf er sich so. Arbeiten konnte er nur selten.

Michels Kinder unterstützten ihn, wo sie konnten. Regelmäßig kamen sie von Landscheid herüber. Wenn sie ihm nicht mit der Landwirtschaft geholfen hätten, er wäre kaum in der Lage gewesen, sich zu ernähren, geschweige denn, Trud als Lohn zu erlauben, von seinen Vorräten für ihre Familie mitzukochen.

An St. Michael sagte die Nachbarin ihm den Dienst auf. Die Tochter war im Kindbett verstorben und so musste Trud jetzt einen zweiten Haushalt mitversorgen. Bevor sie ging, schlug sie Maria Thiel als Hilfe vor und bot sich an, alles Weitere zu arrangieren. »Is en arm Mensch, dat Marie. Aber du kannst dich drauf verlassen. Is aus Dahlem gebürtig. Hat drei Kinder und en kranken Mann.«

Maria kam bereits tags darauf, machte wenig Worte. Sofort hatte ihn die Art und Weise, wie sie die Feuerstelle in Augenschein nahm, ihren kundigen Blick über Pfannen und Geschirr, Siebe, Trichter und Schwingbesen gleiten ließ, überzeugt. Ohne Umstände begann sie mit der Arbeit und schon nach einer Stunde wirkte und rackerte sie in seinem Haus, als ob sie nie woanders gewesen wäre.

»Tüchtig is se«, dachte Peter, als er ihr beim Abziehen seines Bettes zusah. »Dat wird aber Zeit«, sagte sie und rümpfte die Nase nach dem fleckigen Laken. »Na ja«, entgegnete Peter, »dat hier is net grad en Weiberwirtschaft.«

»Un die Luft!« Maria, mit bloßen Füßen, das Leibchen eng um den Körper, stieß das Fenster auf, ließ Herbstluft einströmen. »Dat Jahr is über die schönste Zeit hinaus«, bemerkte sie und blickte hinunter auf die Wiese. Von unten hörten sie Kinder lachen. »Haste dein Kinder dabei?«, fragte er. Maria nickte, sah dabei weiter aus dem Fenster. Er betrachtete ihre gekrausten dunklen Haare, in die sich erste Silberfäden mischten und dachte an Loni. Es fiel ihm auf, dass Maria ähnliche Haare hatte. Eine Locke hatte sich aus der festen Klammer befreit und ringelte sich in den Nacken. Als habe sie den Blick bemerkt, drehte sich Maria um. »Morgen bring ich Pflaumen mit und mach Kompott.« Die Haut in ihrem Gesicht war braungebrannt, auch an den Armen. Unter dem Kleid würde die Haut weiß sein, dachte er, weiß wie Porzellan. Stattlich sieht sie aus, wohl gewachsen und ungeziert, fand er. Während Maria über die Kommode wischte, musste er sie immer wieder ansehen, das dunkle Gesicht mit den wachen Augen, die gerade lange Nase, den dünnlippigen Mund. Besonders hübsch war sie nicht, wohl nie hübsch gewesen und sicher schon an die vierzig Jahre. Die Art, wie sie sich bewegte, verriet ihr Alter.

Inzwischen hatte Maria kaltes Wasser aus einer blechernen Waschschüssel in einen Topf gegossen und schürte Feuer im Ofen, um das Wasser zu wärmen. Es dauerte, bis Blasen vom Topfboden aufstiegen und das Wasser dampfte. Dann nahm sie den Topf, kniete sich vor ihn, zog ihm Latschen und Socken von den Füßen, goss das erhitzte Wasser zurück in die Schüssel, gab eine Handvoll Kamille hinein, steckte lächelnd seine Füße in den erholsamen Aufguss. Wohlig lehnte er sich zurück, lächelte. Um nichts in der Welt hätte er es ausgesprochen, aber plötzlich war das Gefühl wieder da, zu Hause zu sein. Maria war ein Segen, das spürte er. Auf diese Hände würde Verlass sein, auf die zielsicheren Bewegungen. Für seine Umstände – dabei dachte er besonders an die gesundheitlichen Maläste, mit denen er sich herumplagte – wäre Maria eine taugliche Begleiterin, eine Entscheidung der Vernunft. Sie würde putzen, für ihn kochen, ihn versorgen, sich auf alles verstehen.

Das Kamillenbad tat gut. Er räkelte sich, bewegte die Zehen im Wasser. Mit andächtiger Aufmerksamkeit sah er ihr zu, wie sie mit schwarzer Seife seine Füße wusch. Ihr Kopf war nun nah an seinem, er spürte ihren Atem, warm und vertraut, das leichte Zittern ihrer Schultern.

Noch eine ganze Weile nachdem das Wasser weggeschüttet und sie mit ihren sehnigen, braunen Füßen auf den Steinplatten herumlief und mit dem Besen nach Spinnweben reckte, wirkte das Wohlgefühl nach. »An so einem Tag sollte man raus«, lachte sie, »lang bleibt et net mehr so schön. Dat Licht macht alles so weich und warm.« Peter blickte auf. Ein Sonnenstrahl verfing sich in seinem Auge. Er hatte den Sommer schon verloren geglaubt, aber jetzt schien es ihm, als treibe er ein neues Verwirrspiel mit ihm. Wie von einem leichten Wind fühlte er sich berührt, blickte ihr in die Augen und zwinkerte.

Maria brachte täglich eine Kanne Ziegenmilch mit und tat es gern der Naturalien wegen, die sie sich dafür ausbedungen hatte. Ihr Sorgen und Schaffen ermöglichte es ihm, den Winter mit den vertrauten Geistern seiner abgegriffenen Bücher zu verbringen, das umsponnene Dasein eines Verklärten zu führen. Stundenlang saß er und beschrieb lose Blätter einer auseinander getrennten Kladde mit allem, was ihn bewegte. Die Eile und die Unbedingtheit, mit denen er das linierte Papier füllte, hatten nicht zuletzt etwas mit

Maria zu tun. Ihre Gegenwart verjüngte ihn, beschwingte sein Tun und Denken. Er fühlte sich umsorgt und in seinem euphorischen Überschwang nannte er sie fortan seine Lebensretterin.

Maria half nicht nur im Haus, sondern ging auch mit Kartoffeln und Rüben ernten. Nebenbei pflegte sie den Garten. Es gefiel ihm, wie sie mit hochgebundenem Rock den Fuß gegen den Spaten stemmte und die Erde umgrub, wie sie mit der Mistgabel im Stall hantierte, die Kuh molk, das Schwein fütterte, auf den Steinplatten kniete und mit Wurzelbürste und kräftigen Strichen den Boden schrubbte. Vertraut klang das Geklapper mit Töpfen und Tellern, ihr Ruf zum Essen, pünktlich mit dem Glockenläuten um zwölf.

Besonders wenn sie ihn pflegte, ihm Tee brühte, die Gelenke mit einem Aufguss aus dem Samen der Herbstzeitlose einrieb und ihm nah kam, hatte er die Empfindung, sie lange zu kennen. Von ihrem Mann sprach sie nicht, aber Peter wusste, dass er sich als Mahlknecht im Tagelohn verdingte und sie arm wie Hiob waren.

Maria kam zuverlässig, brachte ihre drei Kinder mit, alle in Mädchenkleidung, obwohl zwei Buben darunter waren. Zunächst war ihm das Kindergeschrei im Haus unangenehm, bald aber gewöhnte er sich daran und oft sah er lachend zu, wie sich Johannes, der Kleinste, mit seinen drallen Beinchen im Laufen übte, lauschte, wenn Katarina eines seiner Lieder sang, das er ihr beigebracht hatte. Dabei schüttelte das Kind auf eine Art den Kopf, die ihm gefiel; es ließ die dünnen Haare fliegen, von denen sich nur die Spitzen bewegten, waren die anderen doch, besonders am Hinterkopf, so schlafverlegt, dass sich dort ein strohfarbenes Gespinst gebildet hatte. Oft suchte ihn Katrinchen, wie er sie nannte, im Garten oder im Stall, nahm seine Hand und bat: »Erzählt mir doch en Geschicht, bitte!« Er erzählte ihr viele Geschichten, die sie mit ernstem Gesicht verfolgte. Sie gefielen ihr alle, doch eine setzte sich besonders in ihrem Kopf fest, das war die Sage vom Totenmaar. Schaurig war ihr die Vorstellung vom Untergang des Sees und wenn er zu Ende erzählt hatte, bat sie: »Erzählt et doch nochmal!« Da begann er von vorne und das Köpfchen mit dem blassen Gesicht, in dem man die Adern sah, neigte sich entrückt zur Seite.

Auch Theodor, den Ältesten, mager und hochgeschossen, hatte Peter gerne um sich. Mit seinem verständigen Wesen und der bedächtigen Art machte er, obwohl er erst neun Jahre zählte, einen fast erwachsenen Eindruck. Theo war höflich, verlässlich, stand gerne abseits und war voller Respekt für Peters Dichterei. Er war stolz, wenn Peter ihm ein Gedicht vorlegte und ihn nach seiner Meinung fragte. Letzteres nahm der Junge äußerst ernst, dachte tagelang darüber nach und überraschte Peter nicht selten mit eigenwilligen Auslegungen. Selbst etwas zu dichten, davor schreckte er zurück. »Nee, dat kann ich net. Dat trau ich mich auch net.«

Für die Kinder entwickelte Peter nach und nach eine Art väterlicher Gefühle. Der Umgang mit ihnen gab ihm Kraft und inspirierte ihn zu manchem Vers. Anfangs hatte Maria befürchtet, dass die Kinder Peter lästig sein könnten. Trud hatte ihr verraten, dass er ein sehr einsames, stilles Leben führe, so wie alle Dichter es täten und Kindergeschrei im Haus nicht gewohnt sei und deshalb nicht ertragen würde. Darum hatte Maria die Kinder angehalten, sich ruhig zu verhalten, wenig zu sprechen und sie oft hinaus in den Garten oder auf die Wiese geschickt.

Umso mehr staunte sie, dass Peter sich regelmäßig nach den Kindern erkundigte und – soweit es seine Gesundheit erlaubte – sich sogar mit ihnen beschäftigte. Das war sie von ihrem Mattes nicht gewohnt. Die Kinder sahen das Zirbeshaus bald als zweites Heim an; auch deshalb erachtete Maria dieses Zubrot ganz besonders.

Im Frühjahr ging es Peter kurzzeitig besser, so dass er sich um einige Geschäfte wieder selbst kümmern und sogar bei Michel aushelfen konnte. Über den Sommer brachte er sich beinahe ohne Hilfe, aber nach Erntedank kehrten die Schmerzen zurück, neue Anfälle bahnten sich an, die schlimmer als erwartet ausfielen. Sein Zustand war bedenklich, und da es vonnöten war, dass ständig jemand nach ihm sah, blieb Maria auch über Nacht im Haus.

Was Marias Mann nicht besonders beunruhigte, brachte einige Aufpasser auf den Plan. Nach St. Martin konnte Trud nicht mehr an sich halten und stattete Peter einen Besuch ab. »Dat geht doch net«, gab sie zu bedenken, »dat Marie kann doch net bei dir übernachten. Bei aller Ehr' net.«

»Warum soll dat net bei mir übernachten können? Da gibt et schlimmere Orte.« Trud sah sich um. Ihr Blick verriet Neugierde. »Umgeräumt hat et auch, dat Marie. Scheint sich ja wohlzufühlen?«

»Hoffentlich«, antwortete Peter, »Marie is en Seel. Hilft, wo et kann. Is en schaffig Mensch.«

»Aber dat geht trotzdem net. Schaffig hin oder her! Dat is unzüchtig. Se schwätzen über dich. Ich will dir dat bloß sagen.«

»Trud, sag denen, die da schwätzen, dat et mein Sach is. Jeder muss sehn, wie er sich geregelt kriegt. Dat Marie is mir en Hülf. Weiter nix.«

»Ich kann dir nur raten, Pitter. Mehr net. Und ich sag dir, et taugt net, dat et über Nacht hier bleibt.«

»Tag oder Nacht – wat is dat für en Unterschied?«

»Tags hat et die Kinder bei sich.« Peter lachte. »Jetzt gib dich in die Ruh. Et is dein Sach net.«

Als Trud verschwunden war, ging er in Hemdsärmeln gestikulierend herum und konnte es nicht fassen. Unzüchtig sei es, wenn Maria bei ihm übernachte, unzüchtig! Dennoch; er ließ es dabei.

Schneesaat

Nachdem im Jahr darauf Matthias Thiel nach wochenlangen Krämpfen seinem Lungenhusten erlag, hielt sich Maria fast nur noch im Zirbeshaus auf. Ob aus Neid und Missgunst oder einfach nur aus Bosheit und Bitterkeit: Im Dorf begann Unmut über ihre Verbindung zu schwelen.

Am Montag nach der Hubertuskirmes, gegen Abend, war Peter zum Pfarrer nach Landscheid bestellt. Er konnte sich schon denken, dass es Marias wegen war, hallte ihm das Gerede über sein Verhältnis zu einer warmen Witwe, wie sie sagten, längst in den Ohren.

Es fröstelte ihn, als er durch das kurze Waldstück den Berg hinaufging. Die Sonne hatte alles in ein tiefes Rot getaucht, in einem breiten glühenden Streifen versank das Tageslicht am Himmel. Winterlich sahen die Bäume schon aus, der Wind zerrte an den letzten Blättern. Niemand begegnete ihm. Die ersten Hütten von Landscheid standen grau und wie verlassen. Erst im Dorf qualmten vereinzelte Herdfeuer. Der Zaun am Pfarrgarten hing verblichen und schief. Peter drückte die Gittertür auf.

Im Pfarrhaus war es warm. »Da seid ihr ja, Zirbes. Gut, dass Ihr meinem Ruf gefolgt seid.« Die Stimme des Pfarrers klang in dieser Umgebung gedämpfter als in der Kirche. Rumpelhardt bat ihn in die Stube, wo er über einem aufgeschlagenen Buch gesessen hatte. Eine Kerze brannte auf dem Tisch und warf ein flackerndes Licht auf die Seiten.

Mit glasigen Augen, die unter bläulichen Lidern lauerten, einer fettglänzenden Stirn und einem nach Knoblauch stinkenden Atem saß ihm der Pfarrer gegenüber. »Peter Zirbes, bei meiner Ehr' und meinem Gewissen und auch bei aller Diskretion sehe ich mich als Pfarrherr in der unerlässlichen Pflicht, Euch auf Ehr' und Sittlichkeit zu mahnen. Es macht kein gutes Bild am Herd Eures ehrenwerten Hauses …, nun ja, die Verbindung zur Witwe Thiel, es ziemt sich nicht und es ist mit Abscheu zu betrachten, wenn man bedenkt, wie lange das schon so geht!«

»Wie lang wat so geht?«

»Peter Zirbes, bedenkt die Umstände! Oder brennt in Euch gar kein Gewissen? Der üble Trieb der Wollust, die Fehltritte, und das, obwohl Ihr so jung nicht mehr seid …«

»Still!«, befahl Peter und richtete seine Augen fest auf die des Pfarrers. »Die Witwe Thiel ist mir lieb und teuer. Wie ich mit ihr leb, ist mein Sach.« Rumpelhardt fuhr zusammen. »Da seht Ihr, wie beunruhigt Ihr seid«, sagte er und hob den Finger. Sein Mund verzog sich beim Sprechen auf unangenehme Weise. Peter war es, als tue er den Worten Gewalt an. Ein berechnender Blick, ein schmieriges Lächeln ließen ihn an Pilatus denken. »Es ist ein Gebot: Du sollst nicht ehebrechen.«

»Ehebruch?« Peters Atem ging hastig. »Ihr schwätzt von Ehebruch? Wir haben keinem die Ehe gebrochen. Der Mattes is seit dem Frühjahr tot und ich war noch nie verheiratet.«

»Was Ihr tut, ist unkeusch und Ihr wisst es«, behauptete Rumpelhardt. »Wat is daran unrecht, wenn wir uns gegenseitig helfen?«

»Ihr werdet übertölpelt, lieber Zirbes. Die raffinierteste und durchtriebenste aller Tarnungen ist die Harmlosigkeit. Die Witwe Thiel macht Euch zum Tagesgespräch. Denn wisset, sie hat Euch in die Falle gelockt, das Weiberfleisch. Ach, wie oft schon hat ein Frauenleib mit all seinen Verlockungen Männer um Geld und Verstand gebracht! Ja, die Triebe und die Sündenwelt …, der Sinnestaumel …, Ihr wisst, dass es ein Gericht gibt, später, viel später, … und dass Ihr Euch verantworten müsst.« Er tastete nach einem Tuch und wischte die Stirn. »Ihr wisst hoffentlich auch, dass Matthias Thiel zwei Ehen hinter sich gebracht und etliche Kinder hinterlassen hat, man munkelt von illegitimen …«

»Davon weiß ich nix!«

»Zirbes, Abbitte müsst Ihr tun, schnellstens, eine Abbitte! Besinnt Euch, das würde ansonsten nicht nur Euch, sondern der gesamten Gemeinde zur Schande gereichen. So denke nicht nur ich, so denken alle vernünftigen Männer unserer Kirche und denen solltet Ihr Euch verbunden fühlen. Ich sage Euch das in brüderlichem Vertrauen.« Nah kam er heran. Peter roch den schlechten Atem. »Macht ein Ende damit, Zirbes! Schickt sie fort! Widersteht dem Bösen! Die Leute hier sprechen von nichts anderem. Die wollen auch wissen, was der Pastor auf der Kanzel darüber sagt und meint! Oh, dass dieser Sündenfall absterbe und nach dem Fleisch verderbe …« Er hob den Blick zur Decke und flüsterte: »Denn im Himmel wird mehr Freude über einen einzigen reumütigen Sünder sein als über 99 Gerechte, die der Buße nicht bedürfen.«

»Ja, ja, so wird et wohl sein«, wiederholte Peter, »aber hört: Die Witwe ist arm. Im Taglohn kann se net mehr arbeiten. Sie braucht also Arbeit. Wenn ich se fortschick, wollt Ihr se dann unterstützen?«

»Mein lieber Zirbes, unser Herrgott kümmert sich um alle seine Kinder, auch um die Witwe Thiel. Weibsbilder wie sie werden schon unterkommen, da könnt Ihr unbesorgt sein.« Vielsagend war sein Blick, abschätzig. »Ihr helft Ihr also net?«, fragte Peter erneut. Rumpelhardt antwortete nicht. »Also, dann mach ich dat. Dat is auch en Gebot!« Ohne weiteren Gruß verließ er das Pfarrhaus.

Katrinchen heulte Rotz und Wasser. Aus der Christenlehre war sie nach Hause gerannt, unterwegs mit Dreck und Gras beworfen worden. »Dat Zucht und Ordnung bedacht werden müssen, hat der Pastor gesagt. Dat man keine angefaulten Äpfel zu guten Äpfeln legen soll. Mit den faulen Äpfeln hat er uns gemeint!«

Welche Macht die Worte hatten! Überall, in Niederkail und Landscheid, in allen Gassen, im Lamberty, sogar auf dem Kirchhof lag sein Name in der Luft. Überall erzählte man von einem Frevel und selbst diejenigen, die nicht mit Peter bekannt waren, begannen sich plötzlich zu interessieren, streuten mit vorgehaltener Hand Gerüchte, wollten etwas wissen, gesehen und entdeckt haben, machten sich wichtig mit bedenklichen Sprüchen; denn äußerst pikant war der Fall. Ein Schandfleck.

Die anklagenden Blicke lasteten zusehends, das Getuschel, die Art, wie sie aneinanderrückten und die Köpfe zusammensteckten, wenn sie ihn, Maria oder eines der Kinder sahen. Wie sie ihn ansahen oder zuhörten, wenn er etwas sagte! Die einen hilflos, die anderen mit schlecht verhohlener Bosheit. Auch Truds vertrautes Gesicht war plötzlich so anders, so verändert. Einsilbig war sie geworden; früher hatte sie so gern geschwätzt. Die hämisch verzogenen Mundwinkel, die genüsslich verengten Augen …

Waren es wirklich Maria und er, die die Phantasie der Leute so ankurbelten, selbst bei denen, die sonst nichts als ihre Arbeit im Kopf hatten? Verroht seien die Zeiten, hörte er sie sagen, ein Sodom und Gomorrha sei losgebrochen, es gäbe keine Sitten, keinen Anstand mehr. Einzig Hannes stand neben ihm, versuchte ihn zu beruhigen. »Weißte, heut reden sie über dich, morgen über mich. Heut loben sie dich, morgen beschimpfen sie dich für dat, weswegen sie dich gestern gelobt haben. Und übermorgen haben sie dich vergessen! Du siehst, wohin du siehst nur Eitelkeit auf Erden …«

»… was dieser heute baut, reißt jener morgen ein, wo jetzt auch Städte stehn, wird morgen Wiese sein, auf der ein Schäferskind wird spielen mit den Herden …«, ergänzte Peter und Hannes lachte. »Du immer mit deine Vers! Aber et stimmt. Jede Dummheit und Gemeinheit, die Menschen sich einfallen lassen, war schon mal da. Et wiederholt sich alles! Immer wieder von vorne … Aber nachher, nachher bereuen sie. Wenn et zu spät is. Wenn unser Herrgott noch mal käm, sie würden ihn wieder kreuzigen!« Die Zeit sei auf Peters Seite, sagte Hannes noch. Und je mehr Zeit verginge, desto blasser würde alles und bald würde niemand mehr darüber reden. Ach, die Zeit. Sie hatte ihm oft geholfen. Sicher hatte Hannes Recht. Aber wie viel Wasser würde wohl den Kailbach hinunterfließen, bis er wieder ungestört durch sein Dorf gehen könnte? Wie viel Zeit, wie viel Wasser?

Der Winter, der nun folgte, war mild. Wochenlang regnete es, der Himmel war trüb verhangen, dumpf und klamm die Luft. Am Tag des heiligen Stefan schneite es. Ununterbrochen rieselte es aus grauen Wolken, am Nachmittag lag das Dorf bereits unter einer dichten Schneedecke.

Conrad hatte ihm einen ausführlichen Brief geschrieben, in dem er mitteilte, dass der Verkauf des Buches schlechter sei als erwartet. Dass die Druckkosten noch immer nicht gedeckt seien und trotz umfangreicher Reklameanstrengungen seitens des Eifelvereins sich kaum Nachfrage rege. Er riet Peter, selbst aktiv zu werden und mit den Büchern zu reisen, so sei es inzwischen Usus unter den Schriftstellern.

Vor sich ins Glas stierend, die Ellbogen auf dem Tisch und den Kopf zwischen die Hände gestützt, saß er gegen Mittag im Lamberty. Drei Schnäpse hatte er gekippt, entgegen seiner Gewohnheit und die Männer, die er hier traf, hatten sich allesamt darüber gewundert. »Ha, dem bekommt die Haushälterin nun doch net, hat wohl Haare auf den Zähnen …« Nur Hannes zupfte ihn vertraulich am Ärmel, sagte Freundliches über Maria, dass sie verlässlich sei und er mit ihr eine wirkliche Stütze gefunden habe. »Et is doch net nur wegen der Sach mit Marie«, vertraute Peter ihm an, »auch die Bücher sind et, die mir Sorg machen.«

Die Dunkelheit hatte dem schreibenden Peter schon frühzeitig die Feder aus der Hand genommen. Er saß über einem Brief an Conrad, kam aber über den rechten Wortlaut ins Stocken. »… und so habe ich weder jetzt noch in der kommenden Zeit vor, mit den Büchern herumzuziehen. Zudem waren Sie in Kenntnis meiner Lage gesetzt, dass ich krank, von Gicht geplagt, derlei Strapazen nicht mehr auf mich nehmen kann …« Sein Blick ging zum Fenster. Nur wenige Lichter sah er im Dunkel glimmen und er dachte daran, welche Schadenfreude sich wohl ausbreiten würde, wenn sie im Dorf von seinem Unglück erführen. Dass das die gerechte Strafe sei, dass er es verdient hätte, in Schulden zu ersticken, würden sie sagen. Welche Grausamkeit und Missgunst doch in den Stuben kauerten! Während der Predigt letzten Sonntag hatten die Blicke gebrannt. Ausgewichen waren ihm die Leute, hatten sich verlegen hinter den Ohren gekratzt, gegenseitig in die Seiten gestoßen und ihn dabei angesehen. Laut waren ihre Gedanken.

Immer schon hatte er zurückgezogen gelebt, aber jetzt würde er noch weiter zurückkriechen müssen. Das mit den Büchern würde er für sich behalten. Sowieso war genug Gerede im Umlauf. Schon jetzt wurden die Dinge ausgeschmückt, Übertreibungen kamen hinzu. Sogar diejenigen, die nichts gehört oder gesehen hatten – ohnehin waren es wenige, denen ein Einblick möglich gewesen wäre – trugen üble Gerüchte herum. Schmähungen, die von Tag zu Tag, von Woche zu Woche anschwollen und sein Dasein in einem immer ungeheuerlicheren Licht beschienen. Da würde die Sache mit den Büchern nochmals alles verschlimmern.

Einzig mit Hannes beriet er sich. Ansonsten füllte er die Kladde mit Notizen und Gedichten, verschaffte sich dadurch etwas Erleichterung. Maria, die sich mit niemandem austauschte, litt schweigend. Oft suchte Peter das Gespräch mit ihr, aber meist scheuchte sie ihn fort mit den Worten, dass er sie bei der Arbeit störe.

»Die sollen all vor der eigenen Tür kehren!«, heulte sie, während sie sich am Tag vor Weihnachten mit der Wäsche plagte. Geschrien hatte sie es, dabei die vom kalten Wasser roten und verquollenen Hände vors Gesicht gehoben.

Schon manches Mal hatte er eine zärtliche Neigung für Maria verspürt, aber jetzt, vielleicht hervorgerufen durch diese hilflose Geste, trat er zu ihr, fasste ihre eisigen, verschafften Hände und zog sie fest an sich. Einen Moment lang stand Verwunderung in ihren Augen. Er strich ihr über Haar und Rücken, spürte, wie ihr anfängliches Zögern nachließ. Dann hob er ihren Kopf und küsste sie.

Noch spät entschloss er sich, ein paar Schritte vor die Tür zu gehen. Es war eine kalte, klare Nacht. Unter der Eiche blieb er stehen, sah hinauf in den Sternenhimmel, der sich mit seinem prächtigen Gefunkel über ihm wölbte. Er erinnerte sich der Nächte, die er draußen zugebracht hatte. Unverändert standen die Sterne am Firmament. Immer noch glänzten diese Lichter, auch über tausenden von nachfolgenden Generationen würden sie leuchten. Über seinen längst vergessenen Vorfahren hatten sie gestrahlt, über dem Großvater, über Napoleon, Kläs und Katharina, über dem Kaiser, über Elisabeth und den Kindern, über Loni. Während er hinaufsah und von der erhabenen Unendlichkeit bis ins Mark erfüllt wurde, kam ihm der Gedanke, dass es schön wäre, einen Nachkommen zu haben, einen, dem er all das zeigen könnte und der diese Sterne noch sehen würde, wenn sein Weg zu Ende gegangen wäre.

»Lächerlich«, sagte er sich, als er zurück ins Haus ging, »allein der Gedanke!«

Vielleicht waren es die Bitterkeit, der Spott und der Hass, den sie beide ertragen mussten, vielleicht auch die Gewissheit, dass einer ohne den anderen schwerer zu tragen hätte – mit Maria verband ihn etwas Warmes und Sicheres, das er vor allem dann spürte, wenn die Hetze im Dorf unerträglich wurde. An Liebe dachte er nicht, denn dieses Gefühl war mit Loni verbunden und mit einer verzehrenden Sehnsucht. Es war gut, dass Maria da war, sich um das Haus kümmerte, auf ihn wartete. Auch, wenn sie sich abends neben ihn legte und er ihren Atem hörte. Dann dachte er, dass alles gut und schön sein könnte, wenn nur der Tratsch enden, die Aufwiegelei aufhören würde, wenn die Sorge wegen der Bücher nachließe.

Schande

Des Klatsches wegen hatte Maria so lange wie möglich versucht, ihren sich wölbenden Bauch unter weiten Röcken und Schürzen zu verstecken. Aber das Frühjahr brachte ans Licht, was der Winter verhüllt hatte. Weiß im Gesicht, mit Schweiß auf der Stirn war Maria am Morgen vom Brunnen zurückgekehrt. Flau sei ihr geworden, schwarz vor Augen, sagte sie, als sie sich vor der Feuerstelle auf einen Stuhl fallen ließ und Peters besorgten Blick spürte. »Molters Anna war da und dat Auguste. Richtig um mich rumgegangen sind se und haben mich gemustert. Jetzt wissen et alle!«

Schon mittags schrie Trud, dass sie längst Bescheid gewusst hätte. Eine Beleidigung sei es, dass ein solcher ihr Nachbar wäre, jedes Wort aus seinem Mund sei Betrug und Lüge. Vor Entrüstung zitternd, setzte sie hinzu, die blitzenden Augen weit geöffnet und bedeutungsvoll auf Peter und Maria gerichtet: »So wat wollen wir hier net, pfui Teufel, dat darf man sich net mal vorstellen! Im Grab umdrehn tät sich der Mattes, wenn er wüsst, wat sein Frau für eine is!« Dann ging sie auf Peter zu: »Ich hab et doch gewusst! Und jetzt weiß jeder, wat ihr getrieben habt. En unehelich Kind is wat wie en räudig Katz! Man darf et totschlagen! Und ich sag dir noch wat, Pitter. Du warst immer schon en seltsamer Kauz. Aber wat du jetzt machst, is der Gipfel! Jeder rechtschaffene Mensch empfindet Ekel, wenn er nur dran denkt, wat ihr treibt! Pfui!« Sie spuckte ihm vor die Füße. »En schwer Beleidigung Gottes, dat bist du.«

Am Nachmittag kam der Lehrer. Er war erst ein Jahr im Schuldienst eingesetzt, aber da er aus Binsfeld stammte, kannte er die Leute und ihre Eigenheiten und betrachtete es als seine Aufgabe einzugreifen. Maria wollte ihn nicht hineinlassen, zu gut erinnerte sie sich an manches Wort, an dem die Kinder schwer zu tragen hatten, aber Peter rief von der Stube her, dass er gerne bereit sei, sich mit ihm zu unterhalten. »Dat halbe Dorf macht sich über Euch her«, begann der Lehrer. Grotesk gebückt, mit dürren herabhängenden Armen, fadenscheinigen Kleidern, verstörten düsteren Augen, seinem spitzen Kinn und der langen Nase sah er aus wie eine Krähe. »Jetzt is die Sach mit der Witwe Thiel also offenkundig. Ihr müsst dat ins Reine bringen und die Witwe heiraten!«

»Ihr seid heut schon der Zweite, der mir erklärt, wat ich machen soll.«

»Ist ja auch en wichtige Sach. Et geht um Ehr und Sittlichkeit. Wat, wenn so wat einreißt? Die zerreißen sich et Maul über Euch!«

»Ja, hoffentlich zerreißen die Mäuler!«, schrie Maria, die dem Gespräch gelauscht hatte und jetzt mit blitzenden Augen in der Tür stand. »Raus jetzt! Et gäb wichtigere Sachen im Dorf, um die sich zu kümmern wären, Herr Lehrer!« Gegen Marias Gezeter war Peter machtlos und so blieb dem Lehrer nichts anderes übrig, als sich achselzuckend zu entfernen. »Ich hab Euch gewarnt, Zirbes!«

»Warum lassen die uns net in Ruh?«, hörte er Maria vom Garten her schreien und trat ans Fenster. In den Beeten stand sie, die Haare aufgebunden, das Messer für den Salat in der Hand. Katrinchen verbarg den Kopf in ihrer Schürze, der kleine Körper zuckte. »Und sowat is Lehrer!«, fluchte Maria und ballte die Fäuste.

Am Abend schlich Trud am Haus vorbei. Wieder gab es Geschrei. Dass ihr die Zunge abfaulen werde bei ihren schändlichen Reden, schrie Maria hinter ihr her, und dass sie sich zum Teufel scheren solle, dorthin, wo sie herkäme. Ein wenig nagte es an Peters Gewissen, dass Maria derartig mit ihr umging, hatte Trud doch eine ganze Weile fürsorglich nach ihm gesehen. Er öffnete das Fenster, sah die Nachbarin mit verschränkten Armen und blitzenden Augen unter der Eiche stehn. »Et is net schön Trud, dat du so gegen uns bist. Wir haben dir doch nix getan. Warum machst du dat Geschwätz über uns mit?«

»Nee, Pitter. Ich mach gar nix mit. Ich hab nix gesagt. Zu niemand. Hüten tät ich mich. Ich red nix. Lieber tät ich mir die Zung abbeißen über dat, wat in Eurem Haus passiert. Nur jetzt is et offenkundig, jetzt sieht et selbst en Blinder!« Trud ergoss sich in einen neuen Redeschwall. »En Schand is dat für et ganze Dorf. Und Sünd! Und du meinst, über sowat soll net geschwätzt werden? Ha! Nix mehr zu suchen habt ihr in unserer Kirch, gar nix mehr. Dat ihr Euch noch traut, kommunizieren zu gehn …«

Wieder stand ein Gespräch mit dem Pfarrer an. Wieder gab es Vorwürfe, Ermahnungen, kluge Worte, bis Peter der Kragen platzte: »Wer hat denn jemals danach gefragt, von wat und wie ich mein Leut ernährt hab? Dat war Euch doch all die Zeit egal! Sie ist jetzt schwanger und ich betracht sie als mein Frau. Fortschicken, wie Ihr meint, werd ich se net. Und heiraten, nur wegen dem Kind, werd ich auch net.«

»Zu einem von beiden müsst Ihr Euch tun! Sorgt für die Konsequenzen. Außerhalb der Ehe sollst du nicht Leben geben!«

»Jetzt is et aber so und ein Leben is soviel wert wie dat andere!«

»Ihr irrt, Zirbes.« Vertraulich nah kam Rumpelhardt heran, als er flüsterte: »Aber um wenigstens etwas den Anstand zu wahren, will ich Euch nicht fallen lassen. Heiratet! Eures ungeborenen Kindes willen. Damit es nicht zum Kind des Fluches wird. Denn dann wäre es besser, wenn ihm ein Mühlstein angehängt und es in die Fluten der Meere versenkt würde, sagt die Heilige Schrift. Uneheliche Geburten, wie oft hab ich davon gepredigt! Wie viele abschreckende Beispiele gegeben! Und jetzt haben wir es mitten in der Gemeinde, ein Schandfleck, noch dazu von längst Erwachsenen.«

Des Kindes wegen, dem sie Schande und Schmähe ersparen wollten, vereinbarte sich Peter mit Maria, ging mit ihr zum Pfarrer, um sich ausrufen zu lassen. Rumpelhardt verlangte eine Beichte. Aber weder Peter noch Maria zeigten Reue über ihr Zusammenleben, sondern beichteten die üblichen, allgemeinen Schwächen und Unachtsamkeiten. Entrüstet stellte Rumpelhardt sie zur Rede, aber

Peter erinnerte ihn daran, dass alles, was im Beichtstuhl gesagt oder auch nicht gesagt würde, ein Geheimnis bleiben müsse und dass schließlich jeder nur das bereuen könnte, was er für eine Sünde hielte. »Bis jetzt isset mir noch net vorgekommen, dat ich wat beichten soll, wat ich als Sünd net erkennen kann.«

Sechs Wochen später hielten sie Hochzeit.

Der Segen fiel kürzer aus als sonst. Die Kirche war voller Gaffer. Ansonsten war es ein stilles Fest. Zur Feier des Tages gab es zum ersten Mal seit langer Zeit bis zum Rand gefüllte Schüsseln. Schweinebraten mit Knoblauch aßen sie und hinterher gab es Fladden mit Bunnes*. Ein paar Verwandte waren gekommen, die Neffen und Nichten, zwei Händler aus Landscheid und Hannes. Eine rechte Stimmung wollte nicht aufkommen, auch kein munteres Gespräch. Mit Rücksicht auf die hochschwangere Maria sprach niemand über das, was alle dachten, und so verabschiedeten sich die ersten bereits vor der Dämmerung.

»Du wirst et sehn«, prophezeite ihm Maria, als sie allein waren, »dat vergessen die im Dorf uns net. Und wenn wir tausend Mal verheiratet sind. So wie wir gelebt haben, is und bleibt en Sünd für die. Aber Pitter, vielleicht war et ja auch en Sünd.«

»Lass Marie, in deinem Zustand. Sollst dich net echauffieren!«

Dann kam der Tag, an dem das Schlafzimmer verriegelt wurde. Mit ihrem geschäftigen Tun vereinnahmte die Hebamme fast das ganze Haus. Aus Landscheid war die hagere Frau herübergekommen, die Niederkailer Hebamme hatte sich nicht bereit gezeigt, bei ›einer solchen Sach zu helfen‹. Die Landscheiderin hingegen störte sich nicht am Geschwätz. Nachdem sie mit rauen Händen Marias Bauch befühlt hatte, sorgte sie rigoros dafür, dass Peter aus der Kammer verschwand. »Geburten sind Weibersach!«

Maria lag in der Kammer auf dem Bett, den Schmerzwellen ausgeliefert. Ihr Schreien und Stöhnen drang bis zu ihm hinaus, was ihn außerordentlich beunruhigte. Dann war wieder minutenlang alles still und er horchte nach jedem Lebenszeichen. Auf dem Herd dampfte ein Kessel mit heißem Wasser, Tücher und Lappen lagen sauber gefaltet auf dem Tisch. »Wat is dat bloß mit dem Leben?«, ging es ihm durch den Kopf, »et ist doch schon en Qual, wie et anfängt.« Er wischte sich die Stirn und begann zu beten, während Maria presste und schrie, sich aufbäumte, die Finger ins Laken verkrallte und schweißgebadet schließlich ein glitschiges, mit weißem Talg überzogenes Kind aus sich heraus drückte, einen Jungen, verschrumpelt wie eine Rosine.

Als ihm die Hebamme später das Bündel in den Arm legte, schrie der Junge und ballte die Fäuste. »Ja, ja, jetzt haste dat Leben …«, flüsterte Peter, dachte an die Nacht unter dem silbernen Gestirn, in der er dieses Kind herbeigesehnt hatte, und lächelte, als er sah, dass der Junge – ebenso wie Maria – bald in einen tiefen Erschöpfungsschlaf sank.

Der kleine Paul schien Ruhe ins Haus am Kailbach zu bringen. Das Getuschel ließ nach und manch einer wagte sogar einen Blick unter das Faltverdeck der Chaise, mit der Maria regelmäßig zum Brunnen kam.

Zwar flammten die alten Aufwiegeleien immer wieder auf, richteten sich auch häufig gegen die drei Kinder, die oft still und gedrückt aussahen, ebbten aber in der Regel schnell wieder ab. Allerdings hinterließen sie den üblichen bitteren Geschmack, von dem Maria sagte, dass sie ihn inzwischen gewohnt sei.

Nur einer im Dorf ruhte nicht und schaffte es immer wieder, andere mitzureißen und anzustiften: Pfarrer Rumpelhardt. Er rührte und stocherte, hielt mit seiner Meinung über den gotteslästerlichen Zirbes, wie er sagte, nicht zurück, neigte dazu, seinen unverhohlenen Hass an den Kindern auszulassen. Einige Male hatte Peter ihn deswegen zur Rede gestellt und auch klare Worte gefunden für die üblen pädagogischen Praktiken, denen er Marias Kinder ausgesetzt sah. Jedes Mal standen sie Auge in Auge, trennten sich unverrichteter Dinge, jeder auf seiner Meinung beharrend.

Brandwunden

Im Januar 1894 teilte Conrad ihm das Ergebnis der dritten Auflage mit: 200 Mark Schulden von 1200 Mark Auslagen. Peter hatte Schlimmes erwartet, aber ein derartig schlechtes Ergebnis nicht.

Niedergeschlagen saß er in der Stube, starrte auf den Fliegenkot auf der Fensterscheibe. »Man posaunt, lobt, schmeichelt und streut mir Palmen und Weihrauch, als ob ich wat Außerordentliches geleistet hätt. Man bewundert meine jugendfrische Schaffenslust, die herrlichen, gottbegnadeten Geistesblüten meiner jugendlichen Phantasie, meine Ausdauer und Geduld im Leiden sowie dat ich mich net beklag ... Aber weißte, Marie, dat all geht kalt an mir vorüber.«

»Ich weiß sowieso net, wat die Dichterei uns bringen soll«, schimpfte sie und als ob Conrads Brief ihn nicht schon genug an den Boden zog, fuhr sie fort, ihm aufzulisten, was er anstelle des Schreibens Nützlicheres und Besseres hätte tun können. »Nur Schulden hat et uns eingebracht, du siehst et ja! Schulden für all die Stunden, die du dafür aufgewendet hast. Besser hättste Körb geflickt!«

Gut, dass er Maria die genaue Summe nicht genannt hatte. In seiner Not schrieb er an Wilhelm II., hoffend auf einen Zuschuss, einen Ausgleich für seine prekäre Lage, fürchtete er doch, an diesem Schuldenberg ersticken zu müssen.

Gleichzeitig mit den schlechten Nachrichten aus Bad Bertrich platzte die alte Fehde mit dem Pfarrer wieder auf. Hinkend und mit blutunterlaufenen Stellen an Augen und Ohren kam Paul nach Hause. Seine Kleider waren zerrissen, die Ärmel der Weste angebrannt. Nachdem der Pfarrer in der Christenlehre an ihm ein Exempel statuiert, ihn einen Bastard genannt und auch hinzugefügt hatte, dass einer wie er in Schande gezeugt und deshalb eine Beleidigung Gottes sei, sah sich ein Rudel Halbwüchsiger in die Pflicht genommen. Gereizt und angestachelt von den eindeutigen Worten zerrten sie den ahnungslosen Jungen, den sie nach kurzer

Suche auf der Weide bei der Kuh fanden, in einen Graben, trak-
tierten ihn mit Fußtritten und Schlägen, bespuckten ihn, drohten
mit Höllenfeuern, machten Anstalten, seine Kleider anzuzünden.
»Brennen wollten se mich, Vatter!«

Wutentbrannt schleppte Peter den schreienden Paul zum Pfarrhaus, wo ihnen trotz heftigem und mehrfachem Klopfen nicht
aufgetan wurde. Eine ganze Weile standen sie im Hof und äugten
nach den Fenstern »Dat hat en Nachspiel!«, drohte Peter und hob
die Faust nach den efeuumrankten Mauern, »hat net mal die Courage rauszukommen!«

Die ganze Woche trafen sie Rumpelhardt nicht an, was Peter dazu
veranlasste, einen Brief an das Bistum zu schreiben.

Seiner Gewohnheit gemäß ging er am Sonntag darauf mit Paul
ins Hochamt nach Landscheid. Da er nur langsam vorankam,
gehörten sie zu den letzten Kirchgängern. Das Geläut hatte aufgehört, nur noch einzelne Verspätete hasteten in die letzten Bänke.
Die Kirche war gut besucht und noch während er mit seinem Sohn
einen Platz suchte, die Leute ihretwegen nur widerwillig rückten,
ging ihm durch den Kopf, dass es besser gewesen wäre fernzublei-
ben.

Anfangs fand er etwas Ruhe und Besinnung in der schwarzen
hohen Bank. Dann aber stieg der Pfarrer auf die Kanzel. Dass in
jedem Garten der Wildwuchs gestutzt und das Unkraut vernich-
tet werden müsse, dafür erhob er seine Hand »Und so wie in
jedem Garten soll es auch in der Gemeinde sein. Wir bitten Dich,
o Herr, zermalme das Übel, die Sünde, reinige und befreie uns …«
Streng blickte Rumpelhardt nach der Frauenseite. All die Hauben
und Tücher und neumodischen Dinge grämten ihn und er dachte
daran, dass die Frauen schlechter zu zähmen wären und dass deshalb auch die Herrschaft des Mannes über die Frau rechtens sei;
denn das sei eine Herrschaft des Verstandes über die Natur, die
Begierde und das Körperliche. Besorgt sah er nach der Männersei-
te, nach den Bauern und Händlern im Sonntagsstaat, von denen
ein Geruch nach Erde und Stall ausging und fuhr fort, von Sünde

und Fleischeslust zu predigen, von Verderbnis und Höllenqualen. Immer wieder drohte er mit der Faust, bald stand er mit gefalteten Händen und geschlossenen Augen, den Kopf tief gebeugt. »Seid Euch gewiss, dass der Teufel aber mit all jenen im Bund steht, die der Sünde nicht widerstehen! Hütet Euch vor leichtfertigen Weibern und ihrem lockenden Fleisch, bedenket, dass die Früchte dieser Sünde für allezeit gebrandmarkt sind! Schandflecken, Zeichen des Teufels, für alle Zeiten bis in Ewigkeit!«

Im Aufruhr seines Innersten gab Peter dem Jungen einen Wink aufzustehen, stieg mühsam aus der Bank, nahm unter dem Flüstern und Wispern der Banknachbarn Paul an der Hand und strebte dem Ausgang zu. Sein Herz raste. Aus allen Bänken reckten sich Gesichter. Die erste Reihe der Männer wich vor ihm zurück. Erwartungsvoll flimmerten die Augen. Jemand stieß ihn gegen die Schulter. Dann schoben sie sich breit vor ihn, einer nach dem anderen, versperrten ihm den Weg, nahmen ihm die Luft. Eng und heiß wurde es ihm. Er zögerte. Vor sich die raschelnden Bauernkittel, starke, brutale Arme, entschlossene Augen. Ein Schieben und Stoßen begann, der Pfarrer hielt inne, schickte per Handzeichen den Lehrer nach hinten. Oh nein, wusste Peter, sie würden nicht stehen bleiben, nicht vor ihnen weichen, nicht zurücktreten. Entschlossenheit lag in seinem Blick. Das Erscheinen des Lehrers irritierte die anderen. Peter schob den Jungen voran. Schultern rückten, drückten, stießen. Endlos der Weg zum Ausgang, wo er den Finger ins Weihwasserbecken tauchte und seinem Sohn ein Kreuz auf die Stirn zeichnete. All die Blicke, die sich jetzt in seinen Rücken bohrten! Nur noch ein paar Schritte, dann waren sie draußen. »Dreh dich net um«, sagte er zu Paul. Nein, keinen Blick zurück. Sie hatten sich selbst ausgestoßen! Ausgestoßene! Verworfen und verachtet!

Und mag mich auch die Welt verstoßen,
verfolgen mich des Schicksals Hass.
Krönt auch ein Dornenkranz statt Rosen
die Stirne mir vor Kummer blass.

Mag ich mich auch im Staube winden,
wie ein vom Glück zertret'ner Wurm,
da alle Sterne mir verschwinden
in Kampf und Nacht, in Leid und Sturm.

Dank dir Herr, du gabst mir Tränen
Auszuweinen meinen Schmerz.
Du nur kennst mein stilles Sehnen,
du nur kennst mein armes Herz.

Und wankt auch meine Seele matt
oft auf des Lebens Straßen,
der mich noch nie verlassen hat,
sollt' er mich jetzt verlassen?

»Glaub net alles, wat die Leut sagen«, erklärte er dem Kind, als
sie über Feldwege nach Niederkail gingen. »Die predigen, dat man
den Nächsten lieben und achten soll und tun et selber net. Die sagen
auch, dat man dem Nächsten helfen soll und tun auch dat net. Die
hetzen die Leut gegeneinander auf mit ihren Regeln. Regeln, die
sie selber net beachten.«

»Vatter, wat meint ihr?«, fragte Paul, aber Peter gab keine Antwort,
beschwerlich war ihm das Sprechen geworden, das Gehen, das Denken. Die Wut, der Schmerz, die getäuschten Hoffnungen; diese Last
drückte zentnerschwer. Er ging seine leeren Wege zurück ins Haus.

Ende Februar wurde Rumpelhardt nach Trier versetzt. Maria und
Peter waren erleichtert, hofften, dass nun Ruhe einkehren würde.
Obwohl Peter nie eine Antwort auf seinen Brief bekommen hat-
te, hielt er die Versetzung für eine Maßregelung des Bistums, sein
Schreiben betreffend.

Statt der erwarteten Post aus Trier brachte Postmattes ihm Anfang
März einen Brief, den er, bevor er ihn öffnete, zunächst von allen
Seiten betrachtete, während er im Stillen hoffte und betete. Der Kai-
ser hatte geschrieben, Wilhelm II., und es war wieder dieses feste

Papier, die verschnörkelten Aufdrucke, die wichtigen Stempel, die diesen Brief von anderen Postsachen unterschied. »Zu gütig«, dachte er, als er den Inhalt erfasst hatte, »zu gütig.« 150 Mark waren es, 150 Mark für die Eifelsagen, für die Gedichte … Die Hand mit dem Brief zitterte. Maria war mit Paul zum Brunnen gegangen, Katrinchen und Theo halfen auf den Feldern. Niemand war da, mit dem er sich hätte freuen können.

Als er Hannes kurz darauf an seinem Haus vorbeigehen sah, rief er ihm hinterher, mühte sich, ihm nachzukommen, winkte mit dem Brief. Atemlos erklärte er: »Hier is die Antwort! Wilhelm hat dat Gnadengesuch angenommen!«, faltete dabei den Brief auseinander, den Hannes staunend ergriff:

Geheimes Zivil Cabinet   Berlin, den 3. März 1894

An den Steinguthändler Herrn Peter Zirbes zu Niederkail in der Eifel
Sr. Majestät d. deutschen Kaisers und Königs von Preußen
Auf die Immediateingabe vom 8. Januar diesen Jahres theile ich in Allerhöchstem Auftrage Ew. Wohlgeboren ergebenst mit, dass Seine Majestät der Kaiser und König Ihre »Eifelsagen, Lieder und Gedichte« anzunehmen geruht haben und für Ihre Aufmerksamkeit freundlich danken lassen.
Zugleich haben Allerhöchstdieselben als Zeichen ihrer Gnade Ihnen ein Geldgeschenk von 150 Mark zu überweisen geruht, welches ich hierbeifolgen lasse.
Der Geheime Kabinets-Rath
Wirkliche Geheime Rath
gez. Suranus

Hannes klopfte ihm auf die Schultern, lachte. »Doch net so schlecht, wie wir dachten, der neue Wilhelm!« Peter steckte den kostbaren Brief wieder ein. »Jetzt kann ich wenigstens die Bücher bezahlen.«

Kaum aber, dass er sich etwas zurücklehnen konnte, sah er sich im Jahr darauf erneut in den Sumpf gezogen. Der neue Pfarrer Franz Karsch hatte einen Besuch angekündigt. Einen Tag nach Epiphanie stand er, gewichtig und von Nahem nicht angenehm zu betrachten, auf dem Hügel vor dem Zirbeshaus, die Sonne im Rücken. Wie sein Vorgänger so hatte auch er ein feistes Gesicht mit kleinen Augen, sein kantiger Kopf war kahl. Dass er habe vorbeikommen wollen, um zu sehen, wie die Sache stünde, erwähnte er, während er unter Peters fragendem Blick auf die Tür zuschritt, ihn dabei abschätzig musterte. »Ihr also seid Peter Zirbes …« In der Stube erklärte er, dass er nicht lange um den Brei reden wolle, sondern ihn, Peter Zirbes, ganz im Besonderen, ermahnen wolle. »Diese Gemeinde hat wie kaum eine andere im ganzen Bistum durch gewisse Umstände der letzten Jahre«, er befeuchtete seinen Mund, »untragbare Lästerlichkeiten gewisser ausschweifender Elemente hinnehmen müssen. Elemente, die sich sogar erdreistet haben, Briefe ans Bistum zu schreiben. Anstand und Ehre sind nachhaltig gestört. Eine Verbesserung dieser Zustände kann nur durch hartes Durchgreifen und Strenge erreicht werden. Und durch öffentliche Reue gewisser Personen!« Eindringlich war sein Blick auf Peter gerichtet. »Die Leut hier sind wie sie sind. Ich wüsst net, dat hier Anstand und Ehr' gestört worden wären.«

»Nein? Seid Ihr immer noch der Ansicht, dass ihr recht gehandelt habt? Ich hätte Klügeres von Euch erwartet. Ein hartnäckiger Fall also. Ich bin gewarnt worden.« Wie zu sich selbst murmelte er: »Keine Reue spürbar, nichts, keine Regung des Gemüts. Alles so, wie man mir berichtet hat …« Er zog ein Heft aus der Tasche, notierte ein paar Sätze, klappte das Heft wieder zu. »Wat soll ich Eurer Meinung nach denn bereuen?«, fragte Peter. »Dat ich der Witwe Thiel, mit der ich längst verheiratet bin, beigestanden hab, dat sie auch mir beigestanden is? Oder dat ich net tatenlos zugucken wollt, wie Pfarrer Rumpelhardt meinen Sohn behandelt hat?«

»Mein Vorgänger ist für nichts anderes als Ehre und Anstand eingetreten!«

»Für Ehre und Anstand muss also geprügelt werden?«

»Genug! Das hättet Ihr nicht sagen dürfen! So also stehn die Dinge!« Rot vor Wut sprang Karsch auf, drängte zur Tür. »Wir sehn uns noch. Das verspreche ich.«

Der Sturm, der nun losbrach, trieb Eiseskälte in die Gemüter der Niederkailer. Wortgewaltig wetterte Karsch von der Kanzel herab. Seine Anklagen und Verunglimpfungen gipfelten nicht nur in Drohungen und wüsten Beschimpfungen der mangelnden Reue wegen, sondern in einem unverhohlenen Aufruf, das Zirbeshaus, wo Frevel und Sünde nicht fortzubringen seien, unter allen Umständen zu meiden, sich fern zu halten des Seelenfriedens willen.

Die Leute wurden unsicher. Denjenigen, die ihm trotz des Aufrufes halfen, die Felder zu bestellen, zu ernten, das Korn zu dreschen, drohte Karsch, die Sakramente und die Absolution zu verweigern. Auch der neue Lehrer, der ›Zuhalter des Pastors‹, wie sie ihn nannten, unterstützte die Sache und schlug die Kinder der Leute blutig, um sie davon abzuhalten, Peter zu helfen.

So blieben die wenigen Äcker, die Peter bewirtschaftete, teilweise ungepflügt. Maria und die Kinder mussten zur Hacke greifen, schwerste Männerarbeit leisten und unter dem Hohn und den Verwünschungen der Vorübergehenden die Scholle umgraben. »Durch Hunger und Entbehrungen«, sagte Peter zu Hannes, »sollen wir genötigt werden entweder zu büßen oder aber uns zu verziehn.«

Wie sein Vorgänger prügelte auch Karsch auf das Grausamste, mitunter ohne Veranlassung, hetzte die Kinder gegeneinander. Auf die Zirbeskinder hatte er es besonders abgesehen und er ließ keine Gelegenheit ungenutzt, den verunsicherten Jugendlichen zu verdeutlichen, aus welch frevlerischem Haus sie kämen und dass ihnen das Höllenfeuer sicher sei, wenn sie sich ihren Eltern nicht widersetzten.

Im Beichtstuhl horchte er sie aus, versprach für Auskünfte Gottes Milde, trieb sie gegeneinander, pflanzte üble Verleumdungen in ihre Herzen, die insbesondere Theo derart verstörten, dass er begann, seinen Eltern zu misstrauen. Er zog sich zurück, sprach kaum, Peters Gedichte wollte er nicht mehr lesen. Katarina, mutiger und stärker

als der Bruder, berief sich, als Karsch ihr das mangelnde Schuld-
bewusstsein der Eltern wieder einmal drastisch vor Augen führen
wollte, auf das vierte Gebot. »Ich soll meinen Vatter und mein Mutter ehren. Und dat tu ich!« Der Pfarrer stockte. Dann schlug er sie
ins Gesicht. »Solche Eltern sind es nicht wert!«

Herzhaut, abgelöst

Nach der Messe des zweiten Weihnachtstages schleppte sich ein
zerlumptes Kind mühsam in Richtung des Zirbeshauses. »Jesses
nee, der Paul …«, schrie Maria und rannte dem Jungen entgegen.
Mit dick verquollenen Augen und blutigen Stellen im Gesicht, an
Händen und Armen, hob sie ihn von der Straße auf, mühte sich mit
ihm ins Haus zu kommen an den Spülstein, setzte ihn auf einen
Stuhl am Fenster, eilte nach Lappen und Wasser. Indes Paul vor
Schmerzen wimmerte und stöhnte, die Zähne zusammenbiss, wenn
sie mit dem Lappen das Blut abwischte und ständig etwas vom
Pfarrer sagen wollte, rang Maria nach Luft. Ihr Zorn ließ die Adern
an der Schläfe anschwellen. »En Schinder is dat, en Quäler …!«
    »Der Herr Pastor hat …, der hat, der Herr Pastor …«, jammerte
Paul. »Halt still, ich weiß et schon«, unterbrach ihn Maria, »aber
damit ist jetzt Schluss!« Während sie die wunden Stellen betupfte,
rief sie nach Peter. »Komm dir dat mal angucken!«, schrie sie, »jetzt
wird net mehr gewartet! Damit gehn wir jetzt zum Doktor. Dat muss
sich mal einer besehn und wenn et noch so teuer ist. Nach Wittlich geht et jetzt, net nach Landscheid! Wir spannen an, pack dat
Kind ein, jetzt kann er machen, jetzt geht et ihm an den Kragen …«

Das Attest, ausgestellt von einem Wittlicher Arzt, war teuer. Aber
auch für Peter stand außer Frage, dass diesmal gehandelt werden
müsse. Zu lange hatte er zugesehen, gehofft und gebetet. Mehrfach hatte er im Guten versucht, mit Karsch zu verhandeln, was
zu nichts geführt hatte. »Damit geht et jetzt vor Gericht. Unrecht

bleibt Unrecht. Und nur weil wir arm sind, is uns dat Recht doch nicht verwehrt.«, sagte er, als er die Summe beglich und das Schreiben des Arztes las:

Attest vom 26. Dezember 1895

Der Junge, der mich besucht hat, hat am Vormittag des zweiten Weihnachtstages gegen halb elf Uhr in der Kirche zu Landscheid mit einem Glockenseil ein Dutzend Schläge auf das Gesäß erhalten, davon sind eine Anzahl Striemen zurückgeblieben. Er klagt über Schmerzen an der betreffenden Körperstelle und nach eigenen tatsächlichen Wahrnehmungen lassen sich wirklich auf der rechten Gesäßhälfte 5, auf der linken 3 parallel verlaufende, schmutzig rot gefärbte Striemen von 10 – 12 cm Länge und 1,5 cm Breite deutlich erkennen, welche sämtlich als Folge starker Schläge mit einem festen Gegenstand anzusehen sind.«

Maria glaubte nicht daran, dass eine Klage helfen würde. »Die machen doch mit uns, wat se wollen. Mit wat sollen wir uns denn wehren? Wir haben doch nix!« Verzweifelt fuhr sie Paul immer wieder über den Kopf, barg ihn schützend in ihrem Arm.

Anderentags, als Pfarrer Karsch an ihrem Haus vorbei Richtung Dorf ging und sie gerade im Begriff war, die Straße zu fegen, konnte sie nicht mehr an sich halten. Obwohl Peter sie gewarnt hatte, nichts Unüberlegtes zu tun, stellte sie ihn spontan zur Rede.

»Warum habt Ihr dat Kind so geschlagen?« Grußlos trat sie, einen entschlossenen Ausdruck im Gesicht, den Besen in der Hand, dem Pfarrer entgegen. »Euer Kind konnte eine Frage des Katechismus nicht beantworten und hat also die Prügel verdient.« Hart war sein Gesicht, die Augen blickten verächtlich auf Maria, die in ihren ärmlichen Kleidern und den verschlissenen Schuhen nicht den Eindruck machte, sich wehren zu können. Sie fühlte Ohnmacht diesem Mann gegenüber; dennoch nahm sie allen Mut zusammen. »Aber dafür hättet Ihr ihn doch net misshandeln brauchen!« Entschlossen blickte Karsch sie an: »Es ist gut, dass er die Prügel hat.« Einen Moment standen sie sich gegenüber, Auge in Auge. Heißer

Zorn stieg in ihr auf, Blut schoss ihr ins Gesicht, der Druck auf der Brust wuchs zentnerschwer und plötzlich hielt sie den Besen wie eine Waffe. Außer sich vor Wut schlug sie auf den Pfarrer ein, dass ihm die Kappe vom Kopf flog und er unter Drohungen das Weite suchte. »Den Jung schlagen, dat könnt Ihr, den wehrlosen Jung ...«

Jetzt allerdings gab es eine Anzeige. Noch am gleichen Tag hatte der Pfarrer Maria angeklagt und schon eine Woche später lag ein Brief der Polizei auf ihrem Tisch.

Alle Tatkraft war ihr vergangen. Hinzu kam, dass Peter ihr gesagt hatte, dass er nicht mehr vorhabe, nochmals in die Kirche zu gehen. »Wie denn? Du musst doch in die Kirch gehn!«

»Nee, ich muss net mehr gehn.«

»Dat wär et noch! Dann sind wir Heidenmenschen! Damit gehörst du in die Schandbank und kriegst kein ordentlich Begräbnis. Dat kannste doch net machen!«

»Doch.« Er saß in der Ecke, stierte vor sich hin. Weihnachten kam, sie gingen nicht in die Kirche. Peter las das Evangelium zu Hause.

Nach Lichtmess wurden die Tage heller. Aber die Worte wurden noch spitzer, kamen aus hämisch verzogenen Mündern, hingen ausgesprochen in der Luft, bohrten sich in Ohren, eingeblasen von schlitzohrigen Lügenträgern, Neidern, Händereibern und Wichtigtuern. Waffen waren es, gerichtet auf ihn und seine Familie.

»Ein Abgrund«, sagte er zu Maria, »wie nah die schon all sind. Ich hör schon dat Keuchen dicht hinter uns. Du kannst net mehr vor, net mehr zurück. Wir haben gegen die Ordnung verstoßen. Wie oft hab ich gehört: Halt Ordnung, dann hält sie dich. Zucht und Ordnung. Wer dat net macht, fällt.«

Dunkler als an diesem Abend war es ihm kaum gewesen. Um seine Gedanken zu ordnen und etwas Ruhe zu finden, setzte er sich unter die Kerze und schrieb:

Gedulde dich, du armes Herz,
noch eine kleine Weile,
vielleicht gefällt's dem, der dir Schmerz
zuteilt, dass er dich heile.

Und wenn es anders ihm gefällt? –
Er ist und bleibt der Herr der Welt!
Lass finst're Wetter dich umdräu'n,
lass Welten rings vergehen;
Verräter, gleich ergrimmten Leu'n,
blutlechzend dich umstehen;
der droben wohnt im Sonnenlicht,
er hört das Kind, das ›Vater‹ spricht.

Und glänzt dir auch kein Sternchen mehr
durch dunk'le Wolkenhüllen;
wirft dich der Sturm auf's hohe Meer,
wo wild die Wogen brüllen;
erfülle stets, was deine Pflicht,
und wanke nie und weiche nicht!

Nachdem der Ärger monatelang schwelte und es inzwischen auch Maria verweigerte, in die Kirche zu gehen, schrieb Peter Anfang Oktober einen neuen Brief an den Bischof. Wässrig sah sein Geschriebenes aus, die Tinte war schon mehrfach verdünnt, eine gelbgrüne Tunke. Schon tagelang hatte er über Formulierungen nachgedacht, hatte auch Hannes ins Vertrauen gezogen, der überraschenderweise eine Handvoll Niederkailer – allesamt Bauern, deren Kinder unter Karschs Prügelstrafen litten – dazu bewegen wollte, den Brief mitzuunterzeichnen.

» … was er sich ausnimmt, ist nicht in Worte zu fassen. Er beschimpft und beleidigt meine Familie, misshandelt meinen Sohn. Ich besitze ein ärztliches Attest, welches ich diesem Brief zufüge und aus dem der Grad der Verletzungen ersichtlich wird, die Pfarrer Karsch meinem Sohn angetan hat. Überdies versucht er dem Jungen einzureden, dass er ein Schandfleck sei, in Schande gezeugt. Der Junge ist scheu und voller Angst.

Den Geschäftsleuten sagte Pfarrer Karsch, sie dürften uns nichts verkaufen. Den Fuhrleuten und Handarbeitern verbot er, für uns zu arbeiten. Dem Krämer drohte er mit Entzug der Kundschaft und die Dorflieferanten von Milch und Butter bestürmte er, uns nichts mehr verabfolgen zu lassen. Eine Witwe, die uns bewilligte, das Korn in ihrer Scheune unterzubringen, ließ uns absagen, die Leute des Dorfes leiden's nicht. Einige teuer gepachtete Ackerfelder blieben ungenutzt liegen, weil sich kein Fuhrmann herbeiließ, uns dieselben zu pflügen. Niemand holt uns den reifenden Roggen herein und da ich selbst keine Scheuer habe und man uns die paar Garben nicht unter Dach bringen lässt, bekommen wir auch keine Drescher. Schließlich besorgten meine Frau und die Kinder nebst noch zwei anderen Frauenzimmern den Ausdrusch der 172 Garben allein; denn männliche Hilfe war nicht zu haben. Das ergab sieben Scheffel! Doch fast für 1/3 Jahr Brotfrucht. Alles Fehlende sowie Saatkorn, falls wir welches bekommen, muss gekauft werden …«

Mit dem Brief ging Hannes im Dorf herum, fragte und bat, erklärte die Notwendigkeit sich zu wehren. Aber jetzt, wo es konkret war, schrumpften die Versprechungen, die sie ihm zuvor gemacht hatten, fadenscheinig wurden die Ausflüchte. »Die wollen sich all keinen Ärger einhandeln«, sagte Hannes, als er unverrichteter Dinge wieder bei Peter vor der Tür stand. »Et macht keiner mehr mit. Die Drohungen sind zu hart. Die Leut haben Angst. Karsch hat meinem Schwager erzählt, dat er euch im Aug behält. Wenn der richtige Zeitpunkt käm, würd er seelsorgerisch auf euch einwirken.«

»Ach Hannes, du bist der Einzige, der noch auf unserer Seite is. Hoffentlich kriegst du net auch noch Ärger.«

Hannes zuckte die Schultern. »Und wenn.«

Er verschwieg, dass Karsch ihm erst letzte Woche angekündigt hatte, seinen Enkel nicht mit zur Kommunion zu nehmen, sollte er Peter weiterhin behilflich sein. Aneinander geraten waren sie, weil Hannes geantwortet hatte, dass er es mit dem Kind und der Kommunion halten könne wie er wolle, dass er seinem Freund Zirbes helfen, wenn immer das von Nöten sei und wegen der Kommunion beim Bistum nachfragen werde.

445

So sehr Peter auch auf Post aus Trier wartete; der Bischof reagierte nicht.

Mitte Oktober kam es endlich zu jener gefürchteten Verhandlung, in der Wort gegen Wort stand. Und wie erwartet, von der Misshandlung des Jungen war kaum die Rede. Schon in der ersten Sitzung des Königlichen Schöffengerichtes hatte der Pfarrer gegen Maria mehrere falsche Aussagen beschworen, welche, wie er behauptete, auch durch Zeugen bestätigt werden könnten. Diese Zeugen seien aber als Hausierer abwesend und kämen vor November nicht nach Hause.

Hin und her flogen die Worte, die Gesten, die Vermutungen, die Lügen. Am Ende glaubte man dem Pfarrer, obwohl Maria Einwände brachte und auch die Misshandlung in die Waagschale warf. Man achtete ihre Worte nicht sondern bestrafte sie mit einer hohen Geldbuße.

Die Wochen nach der Verhandlung verliefen ruhig. Eine Zeitlang spielte der Pfarrer sogar Gutfreund mit ihnen. Er grüßte, fragte nach dem Befinden, schien auch freundlicher zu den Kindern zu sein. Als Peter im Winter einen Schwächeanfall erlitt, kam er trotz Marias Proteste, um ihm die Beichte abzunehmen. Peter sah in dieser Geste etwas Versöhnliches, einen Neuanfang, dem er sich nicht verschließen wollte. »Zu wichtig is dat«, sagte er zu Maria, »auch wenn et mir net danach is, wir müssen an die Kinder denken. Die müssen et hier länger aushalten als wir.«

Auf die gleiche Weise wie er die Hetzjagd betrieben hatte, verstand es Pfarrer Karsch, Peters Vertrauen zu erschleichen. Er frage ihn dies und das, ermittelte auch, mit wem er korrespondierte. Peter, der in dieser Frage keinen Arg spürte, verriet, dass er daran denke, eine Auswahl von Gedichten zusammenzustellen, die Professor Weiß-Schrattenthal aus Preßburg, der ihn aufgrund der Vermittlung durch den Eifelverein mehrfach angeschrieben habe, herausgeben wolle und dass sogar über eine Unterstützung nachgedacht werde.

In den Wochen darauf endete die Korrespondenz mit dem Professor auf seltsame und abrupte Weise und er bekam keine Unterstützung mehr.

Maßlos die Enttäuschung, als er die List durchschaute.

Er begann, seinen Empfindungen zu misstrauen. Wochenlang verließ er kaum das Haus. Oft stand er und sah hinaus auf den schmalen Garten, aber auch der Garten schien seine Sprache an ihn verloren zu haben. Letzte Rosen hingen welk zwischen losem Blattwerk, es würde keines Sturmes bedürfen, die verblühten Köpfe abzuschütteln.

Mit Maria hatte er vereinbart, dass die Sache mit dem Pfarrer nichts mit ihrem Glauben und den Kirchgängen zu tun hätte. Sie waren sich einig, es so zu halten, wie jeder von ihnen es für richtig hielt.

Bis Ostern gingen sie nicht in die Kirche, aber zum höchsten Kirchenfest glaubte Peter plötzlich ein Recht auf Gottes Wort zu haben. Nach einem langen Gespräch mit Maria – sie war nicht der Meinung, das Richtige zu tun – machten sie sich, als die Glocken läuteten, mit den Kindern auf den Weg nach St. Gertrudis.

Auch ohne die Sorge um das Gerede und Getratsche war der Weg für ihn mühsam. Maria musste ihn mehrfach stützen, oft stand er und rang um Luft. Sie waren noch nicht weit gekommen, da trafen sie Trud und Molters Anna, die den Morgengruß nicht erwiderten, sondern die Straßenseite wechselten und die Köpfe beharrlich abwandten. Schweigend stapften sie durch die aufgeweichte Erde, auf dem Pfad nach der Kirche. Peter sprach den jungen Molters an, den er für seinen Acker dingen wollte, bemerkte, wie der Junge Ausflüchte suchte, sich mühte fortzukommen.

Vor dem Portal standen schwatzend die Alten. Die Jungen lehnten an brüchigen Mauern, prahlerisch waren ihre Gesten. Im Turm tönte die Glocke. Kinder lachten und neckten sich. Als Peter mit Maria und den Kindern den Weg herauf kam, verstummten alle und gafften. Die Gesichter wurden hart und straff; eindeutig die schiefen Blicke und Gebärden. Vorne stand Trud. Warum sprach

Trud so schlecht über sie? Hatte sie doch selbst genug am Hals. Und warum Molters? Warum Anna, wieso? Auch Melzer trug sein stures Gesicht zur Schau, ein Gesicht wie aus Holz. Von ihm war nichts zu erwarten. Von keinem hier. Diese Ehrenhaftigkeit, die sie zu haben glaubten. Von jedem, der da stand, fühlte er Steine geworfen. Immer mehr Steine. Ein ganzer Berg schließlich und er ganz unten, unfähig, aus den Steinen einen Weg zu bauen.

Hinter Melzer bemerkte er Loni. Als ihre Augen sich trafen, drängte sie vor, schob sich an dem Barbier vorbei, so dass der Alte erstaunt zur Seite wich. Bekümmert sah sie aus, ihre Hand, die sie ihm entgegenhielt, zitterte. Eine seltsame Geste, dachte er, griff nach der Hand, sekundenlang standen sie, während dreiste Blicke jetzt auch Loni trafen. »Pitter, wat hast du dir bloß für en Weg ausgesucht …«, sagte sie, und als ob sie in Marias Gegenwart über diese Worte erschrak, schoss ihr das Blut in den Kopf. »Et wird schon en Sinn dahinter sein«, antwortete er, aber es klang nicht tröstlich und so blieb Loni mit angestrengtem Gesicht am Rand, sah ihm hinterher, wie er dem Portal zustrebte, hörte das Gewisper und Gezischel der Leute, sah, dass sie mit Fingern auf ihn zeigten, dass nicht einmal jemand die Kinder davon abhielt, hinter seinem Rücken Grimassen zu schneiden.

Während Maria mit Katarina und Johannes in den wurmstichigen Kirchenstuhl trat, suchte Peter mit Paul und Theo in den hinteren Bänken einen Platz. Der alte Melzer, neben den er zu sitzen kam, sah kurz auf, stieg dann entschlossen über seine Füße hinweg in den Gang hinaus. Jetzt saß er mit Hannes und den Kindern allein in einer Bank und wusste, dass es so bleiben würde. Hannes' Blick streifte ihn. Peter musste an Oertel denken und daran, dass die Menschen in der Rheinpfalz offen und freundlich zu ihm gewesen waren, ihm hingegen in der Heimat nichts als Engstirnigkeiten, Hass und Verblendungen begegneten. Wie lange würde er es noch aushalten in dieser Kirchenbank, wie lange noch könnte er dies alles Maria und den Kindern zumuten?

Sein Blick blieb am hölzernen Kreuz im Altarraum hängen. Kreuzige ihn, hatten sie gerufen, kreuzige ihn! Um wie viel schwerer als er hatte der Herr getragen, der von Judas verraten, von Petrus verleugnet worden war, der zuletzt allein dastand, weil es selbst die treuesten Jünger nicht ausgehalten hatten, bei ihm zu bleiben, der in seiner Einsamkeit gefleht hatte, dass seine Kraft reichen möge. Jetzt war er es, der um Beistand flehte, um ein Ende aller Bedrängnisse für Maria, die Kinder, für sich. Im Moment des Betens fing er einen Blick auf, einen einzigen, zugeneigten, menschlichen Blick aus den Seitenbänken und es war ihm wie eine Linderung: Loni.

In der hintersten Reihe tuschelten Männer, er hörte das Geraune tiefer, dunkler Stimmen. Auch von der Frauenseite her erhob sich Gemurmel. Steifröcke raschelten, genagelte Schuhe scharrten. Trübes Licht sickerte durch die hohen Fenster und erhellte den oberen Teil der Wände. Beim Lachen eines Schwachsinnigen zuckte er zusammen. Er glaubte, seinen Namen gehört zu haben. »Net hinhören, bloß net hinhören…«

Als die Messe anging und er bald darauf den Pfarrer oben auf der Kanzel sah, wanderte sein Blick zu Paul. Scheu, mit wirrem Blick, in Erwartung der Predigt, saß das Kind, die kleinen Fäuste geballt, die Fingerknochen traten weiß hervor.

Dick und schwer stand Karsch auf der Kanzel, die schwarzgeränderten Augen erhoben sich zum Kirchengewölbe. Seine roten, feisten Hände streckte er aus über der Gemeinde, hielt sie eine Weile über den Köpfen, die untertänig zu ihm aufsahen. In einem monotonen Rezitativ kündigte er die Zeit des sündigen Blutes an, die immer wiederkehre zu all jenen, die nicht gewappnet seien gegen das Übel, das Böse, den Teufel. Er predigte über die Versuchungen, denen Christus standgehalten hatte, beschwor, dass das Seelenheil nur durch Askese und Buße zu erringen wäre. Immer wieder gingen seine düsteren Prophezeiungen durch die Kirche. »Wehe den Menschen, wehe der Versuchung … Fleisch ist Sünde! Versündigt Euch nicht! Bekehrt euch! Tut Buße!«

Eine grenzenlose Verachtung dieser Dummheit erfüllte Peter. Wie viele Jahre hatte er sich zum Osterfest erhobenen Kopfes durch die Menge gedrängt und während des Hochamtes zwischen den anderen gekniet? Und das sollte ihm verwehrt sein aufgrund fragwürdiger Lehrsätze und Theorien? Nein, niemals mehr würde er sich und seine Familie diesen Borniertheiten aussetzen, niemals mehr würde er hierher kommen. Schon einmal hatte er diesen Entschluss gefasst, aber jetzt war es endgültig. Draußen halten würde er sich, den Kirchhof seiner Eltern wegen besuchen, aber die Kirche, nein, er würde sie nicht mehr betreten. Er sah, wie Loni sich schnell und flüchtig bekreuzigte und aus der Bank trat.

Maria, der er seine Gedanken auf dem Heimweg mitteilte, zögerte. »Heut so. Gestern so. Du warst et doch, der in die Kirch gehn wollt. Wegen dem Seelenheil …«

»Mein Seel wird hier net mehr heil. Ich geh net mehr rein!«, entschied er und setzte zornig hinzu: »Nie mehr.«

Nächte hatte er mit Maria geredet, bis er ihr Einverständnis hatte. Nein, er hatte sich das nicht leicht gemacht. Hundert Mal streifte sein Blick das Regal mit den Büchern, auf denen philosophische Schriften neben Romanen und Gedichtbänden standen, theologische Werke neben Büchern zur Botanik und Rechtswissenschaft. Die Anordnung mochte wohl zufällig sein und machte dennoch Sinn. »Alles nebeneinander, alles miteinander, alles gehört doch irgendwie zusammen«, dachte er und dieser Gedanke versöhnte ihn mit den widerstrebenden, den unsicheren Gedanken, dem Gewissen, das sich einmischte, als er Schreibpapier hervorkramte, sich an den Tisch setzte und endlich den Schritt vollzog, den er lange schon in seinem Innersten für richtig hielt. Angewidert von Pfarrern und einer Gemeinde, die sich zwar christlich nannten, aber erbarmungslos gegen das christliche Gebot der Nächstenliebe verstießen, beschloss er, die Konsequenzen zu ziehen.

Niederkail, den 25. Mai 1900

An den katholischen Pfarrer Herrn Karsch, Ehrwürden in Landscheid

Durch Ihr und Ihres Vorgängers widersinniges Verhalten gegen mich und meine Familie veranlassen Sie uns, aus der römisch-katholischen Kirche auszutreten und zur evangelischen Kirche überzugehen. Ich erlaube Ihnen, dieses auf der Kanzel zu veröffentlichen, bitte aber, sich jeder weiteren Verfolgung gegen uns ferner enthalten zu wollen. Möge Gott Ihnen verzeihen, so wie auch wir von ihm Verzeihung erwarten. Die Gnade Gottes sei mit uns allen. Amen. Ihr dankbarer Peter Zirbes.

Postscriptum: Wo bleiben da die zehn Gebote, zumal das achte Gebot, die zwei Gebote der Liebe, das Sendschreiben Paulus an die Korinther, Kap. 13, die christliche Sanftmut und Nächstenliebe, überhaupt die wahre Christuslehre, die weder Hass noch Verfolgung kennt?

Er überflog das Geschriebene, kniff die Augen zusammen, um besser zu sehen, las es erneut und faltete den Brief sorgfältig zusammen. »Katrinchen, lauf und bring den Brief ins Pfarrhaus«, rief er, »un morgen spannen wir an. Nach Wittlich geht et. Auf et Amtsgericht. Da werden wir uns hierfür erklären.«

Von Moos ein Hüttchen

Eine Woche später, am Samstagnachmittag wurde in Landscheid die Sterbeglocke geläutet. Da aber niemand etwas von einem Sterbefall wusste, wuchs die Unruhe im Dorf. Man vermutete und dachte, man wähnte und meinte, bis schließlich jemand bei der Läuterin anklopfte und nachfragte. »Ja, wisst Ihr dat denn net? Der Zirbes ist tot. Seit gestern hat sein Seel Ruh.«

Schnell verbreitete sich die Nachricht. Noch zur gleichen Stunde erreichte sie Niederkail. Im Lamberty war es Tagesgespräch. »Dann war et doch schlimmer mit seiner Gesundheit, wie wir all dachten«, sagte die Wirtin und nickte bedächtig. »Wusst gar net, dat man an Gicht sterben kann«, meinte Molters. »Die warm

Witwe wird gar net mehr kalt, wat meinste Jupp?« Bis der junge Thönnes schließlich mit der Faust auf den Tresen schlug: »Jetzt is et aber genug! Den Zirbes hab ich heut morgen noch gesehen. Also kann er net gestorben sein. Der is nämlich leibhaftig an mir vorbei. Zwar gebückt und langsam, aber immerhin lebendig.« Hin und her gingen die Aussagen, wieder war er der Grund heftiger Debatten, bis schließlich der Wirt seinen Sohn herbeizitierte, der am Abend zuvor in Landscheid die Messe gedient hatte. »Weißt du wat von dem Zirbes?« Der Junge senkte den Kopf. »Der Pastor hat gesagt, der Zirbes is tot. Er is aber net tot.«

»Ja wat denn also?« Ungeduldig zog er den Jungen am Ohr. »Schwätz ordentlich!«

»Der Zirbes is tot und doch net tot. Er is en Frevler, hat der Pastor gesagt. Er is aus unserer Kirch ausgetreten und also tot.« Sekundenlang war es still im Lamberty. Dann schrien sie los.

Als Peter davon erfuhr, hatte er nur ein Achselzucken dafür übrig. Maria war den Tränen nah. »Jetzt is alles aus. Wir müssen fort hier, Pitter. Keiner guckt uns mehr an. Dat wird noch ganz fürchterlich.«

»Nee Maria, wir bleiben. Wo sollen wir denn hin? Dat is unser Grund und unser Heimat. Den Weg gehn wir jetzt bis zum Schluss.« Maria heulte, den ganzen Tag war sie außer sich. Verunsichert standen die Kinder um sie herum, fragten nicht, begriffen nicht. Kummer stand in ihren Augen.

Am Morgen im Hochamt wurde es offiziell verkündet. Nach dem Aufgebot für den Schmied Hubertus Rätz und die Näherin Elisabeth Heidinger hatte der Pfarrer den Kirchenaustritt von der Kanzel verlesen. Die ganze Predigt war auf dieses Ereignis gemünzt. Karsch stieß wüste Drohungen aus gegen diejenigen, die der alleinseligmachenden Kirche den Rücken kehrten, von Ketzerei sprach er, von Sünde, vom letzten Gericht und Höllenqualen. »Seid wachsam und widersetzt Euch dem Übel! Denn das Böse wohnt mitten unter uns, ja, in unserer Mitte lebt die Sünde, die uns versucht, die uns schmeichelt, uns umgarnt! Widersteht dem Bösen! Denn wer nicht widersteht, findet den Tod. Meidet das Übel, meidet die Frevler, denn sie wollen Eure Seelen bekehren. Böses sucht Böses, denn es will nicht allein böse sein …« Mit aufgerissenen Augen standen die Frauen, die Männer, die Alten, die Kinder. »Dat Zirbes dat gewagt hat …« Was noch niemals jemand gewagt hatte, er hatte es getan. Ja, Peter Zirbes war tatsächlich aus der Kirche ausgetreten.

Nach dem Hochamt in der Landscheider Kirche flog es von Mund zu Mund, von Ohr zu Ohr. Nicht einmal bis zum Mittag hatte es gedauert, bis es überall herum war. Wer dabei gewesen wäre? Wer es gehört habe? Von wem der es hätte? Ist das denn die Möglichkeit? Dat darf doch net sein! Gegen Abend folgte die nächste Nachricht, eine, die der Pfarrer ausgespart hatte. Zu den Protestanten, den Blauen, sei er übergelaufen.

Nachts schlichen Jugendliche und Kinder an seine Fenster und versuchten, einen Blick ins Innere zu erhaschen. Als Anführer konnte Theo einen Neffen des Seifensieders ausmachen, Bernhard, der mehrfach im Dorf durch Prügeleien aufgefallen war. Auch Grete war darunter, die ruhige Grete, die ihnen letztes Jahr noch im Feld geholfen hatte.

Sie spuckten gegen die Scheiben und Bernhard kreischte: »Zirbes, Blaukopp, da sitzt der Teufel drin …« Wütend fuhr Peter auf, stürzte ans Fenster. »Blaukopp, Blaukopp …!«

Als er sich wieder umdrehte, blieb sein Blick an Paul hängen, der einen derart verstörten und beirrten Ausdruck im Gesicht trug, dass Peter darüber erschrak. Unten rief Maria. Er hörte auch Katrinchens und Johannes Stimmen. Seine Wut verlor die Kraft. »Lasst sein«, sagte er, »lasst sie all machen.«

Die langen Jahre des Neides, der Verachtung, des Hasses gegen ihn hatten ihre Schatten nun auch auf die jungen Leute geworfen. Zu viele waren es jetzt, die sich gegen ihn stellten. »Protestantischer Zipfel, steigst rauf aufn Gipfel, fliegst runter in die Höll, bist dem Deuwel sein Gesell!« Unter dem tosenden und wütenden Geschrei klammerte Paul sich mit einer hilflosen Geste an den Bettpfosten. Kurz schrie er auf; dann verfiel er in ein krampfartiges Gewinsel. Als ob der Junge jetzt erst begriffen hatte, dass auch er gemeint war, dass sie alle gemeint waren, so stand er gekrümmt, die sanften Augen geschwärzt von Tränen, ausgesetzt diesem Toben, neben sich ein böser unsichtbarer Leumund. Kraftlos schlug Peter mit der Hand hinter sich. »Biste wohl still!« Wie es wohl für seinen Jungen kommen mochte? Besonders Paul würde diese Schmach erdulden müssen. Längst schon lachte er nicht mehr. Er duckte den Kopf, wenn Leute kamen, senkte die Augen. Zeitlebens würde er einen schweren Schatten hinter sich herziehen. »En Schatten, der sich zusammenkauert, wenn er sich umdreht und hinsehn will, der ihm int Kreuz fährt, sobald er sich rührt. En Schatten, der immer da is, auch dann, wenn er in der Sonn gehn will«, flüsterte er.

Draußen wurden Steine ans Fenster geworfen, Glas splitterte. »Bleib still. Ganz still«, sagte Peter, fasste nach dem Jungen, strich ihm mit bebender Hand über die dunklen Haare, »dat träumst du nur.«

In der Nacht plagten ihn böse, ahnungsvolle Träume. Träume wie Schlinggewächse. Er hatte eine Frau gesehen, die er zu kennen glaubte, die er aber doch nicht ganz erriet. Sie stand mit einem Kind auf dem Arm, die Haare voller Feuer, barfüßig in der Kirchenbank, wehrte den Pfarrer ab, der ihr beim Segensgang durch das Mittelschiff das Kind entreißen wollte. Hinter ihm trug ein Messjunge eine blanke Messingschale mit Blut, sein Gewand war voll davon und auch die Füße; seine Spuren zogen sich durch die ganze Kirche. Die brennende Frau hob das Kind, hielt es drohend über ihrem Kopf, wo Flammen lohten. Der Pfarrer wich zurück, Frauen kamen, die sich unablässig mit den Daumen Kreuze auf ihre Stirnen zeichneten, der Pfarrer segnete sie, nach links und rechts sprengte er sein Weihwasser, das er der blutigen Schale entnahm. Dann wandte er sich der brennenden Frau zu, sein messerscharfer Blick aus grauen Raubvogelaugen war wie ein Stoß mit dem Dolch, kein Segen, nur sie blieb ohne Segen, sie, deren Haare brannten. Der Kirchenboden schwankte. Marie, Marie, wollte er rufen, aber der Mund war ihm wie zugeschnürt. Alles stürzte auf ihn hinab, Balken und Feuer, Augen und Fäuste, die Schale mit dem Blut.

Schwer atmend erwachte er, während das schreckliche Schattenspiel seiner Sinne weiter in ihm tobte. Er erhob sich, schlich aus der Kammer, mied dabei die knarzenden Bodenbretter. In der Küche setzte er sich ans Fenster und sah nach dem Mond, der wie eine unreife Frucht über den Wolken hing. Schwarzes Gewölk, vom Wind gepeitscht, jagte über den Himmel und verdunkelte die Sterne. Er glaubte, die Nachtgespinste noch in den Hecken zu entdecken, zwischen den Blättern Funken zu sehen, zischende, rote Funken. Wehe, wenn sie hochschlagen würden ...

Erst die aufsteigende Sonne minderte seine trüben Gedanken und als Maria in der Frühe das Fenster öffnete und ihm bald darauf einen warmen Malzkaffee hinstellte, beruhigten sich seine Sinne.

Später ging er hinaus, begann die Salatpflanzen zu gießen, die Stecklinge, ohne wie sonst bis zum Abend damit zu warten. Er blieb vor der Eiche stehen, tastete nach den unauffälligen gelbgrünen Blüten, die in Rispen herabhingen. Er konnte nichts anderes denken als an den Hass und die Wut, gegen die er machtlos war, ausgeliefert. Seine düsteren Gedanken brachte er mit allem und jedem in Verbindung; mit jeder Blüte auf der Wiese, mit den Geräuschen des Baches, mit jeder Geste und jedem Wort, das auf der Straße gesprochen wurde, selbst mit dem Gebaren der Hunde und Katzen, dem Geruch der Erde, dem Geschmack des Essens. Hohl und leer war ihm die Welt, nur innen in seinem erstarrten Leib schlug das Herz laut und wild, Qual und Qual jeder Schlag.

Viele im Dorf bereuten, bei ihm eingekauft, ihn in irgendeiner Weise unterstützt zu haben. Es gab keinen Schutz mehr für ihn und die Seinen, nicht hier jedenfalls, später, viel später würde es anders sein, dann wäre Frieden.

Er erinnerte sich, wie er als Junge an sonnigen Tagen im Gras lag und mit seinem Griffel einen Reim auf den Schiefer seiner Tafel kratzte, wie er mit kraftvollen Schritten hinter dem Esel gegangen war. Wie vertraut war er mit seiner Landschaft gewesen, jeden Fels und jeden Baum hatte er gekannt. Er dachte an die harzigen Düfte, die der Sommer den Fichten entlockte, an weite, blühende Buchweizenfelder, das Singen des Windes unter seinem Strohdach, an die ersten Sonnenstrahlen im März, die so berauschend waren wie junger Wein. Er presste die Hände gegen die pochenden Schläfen, gegen die schwer schnaufende Brust.

Länger als gewöhnlich blieb er draußen.

Gegen Mittag, als er Maria mit den Töpfen hantieren hörte, ging er ins Haus, um Feuer zu machen. An der Feuerstelle stand er, wo er mit dem brennenden Span wartete, bis die ersten Funken auf das Holz übersprangen. Mit dem Schürhaken fuhr er in die Scheite; rote, züngelnde Flammen lohten auf, bald knisterte das Holz. Während er einen Topf mit Milch wärmte, goss Maria Wasser in eine Schüssel, wusch sich das Gesicht, trocknete sich mit einem Tuch und kämmte das Haar. »Krause Haare, krauser Sinn ...«, dachte er und bei diesen Gedanken erschrak er, denn plötzlich erkannte er die Frau aus seinem Traum, deren Haar gebrannt hatte, die Frau mit dem Kind, die ohne Segen geblieben war. Er erinnerte sich auch, dass er ihren Namen gerufen hatte. Seine Hände zitterten. Er musste sich abwenden.

Die Milch kochte, helle Rauchschwaden zogen unter die Decke. »Siehste net? Pitter, die Milch!«, tadelte Maria. Paul kam herein. Auf Zehenspitzen langte er zum Topf hinauf. Maria klopfte ihm auf die Finger. »Kommste weg vom Feuer ...!« Der Junge fing an zu heulen, schmierte sich dabei Tränen über das schmutzige Gesicht. »Wisch den Rotz ab«, schimpfte sie, schüttelte verwundert den Kopf über Peters Verhalten, goss die Milch in zwei Tassen, schob eine in Peters Richtung, die andere gab sie Paul. »Macht mir die Haut von der Milch, Mutter!«, schniefte das Kind.

Ende Oktober setzten die gichtigen Zuckungen wieder ein, die krampfartige Erstarrung der Glieder kam zurück. Teigige Beulen und Blasen bildeten sich, sie juckten und bluteten, sorgten für Schmerzen am ganzen Körper. Hinausgehen konnte er kaum noch, was ihm nicht unrecht war; denn jetzt war es fast so, dass er sich davor fürchtete, draußen umherzugehen, nicht allein der Leute wegen, er fürchtete, dass auch die Landschaft ihr Gesicht verändert hatte, die Lieder der Vögel zum Geschrei und zu Spottliedern geworden waren.

»So en Unrecht«, schimpfte Maria, während sie vor dem winzigen Spiegel am Schrank versuchte, Ordnung in die Frisur zu bekommen, dabei ihr Spiegelbild behauchte und die Haare mit rauen Strichen bürstete. »Unser Katrinchen hat geheult, sie hätt kein Fleißbild für et Gebetbuch bekommen, so wie die anderen. Der Lehrer hätt gesagt, dat wär nix für sie, dat bräucht sie net. Und dat Melzers Hilde hat ihr dat Tuch vom Kopf gezerrt und in den Dreck geschmissen, dat freches Dingen, wat et immer schon war! Und dat Lenchen, wat früher immer mit unserem Katrin gespielt hat, hat ihr die Zung rausgestreckt und dat Gret wollt sie anspucken, aber der Hannes hat et dran gehindert.« Marias Augen funkelten. »Bagasch, die all! Mischen sich in Sachen ein, sollen lieber vor der eigenen Tür sehn ...Wat hab ich en Wut im Bauch! So viel Mäuler, die wat meinen zu dem, wie wir sind und wie wir leben, so viel Wörter, die sie uns an den Kopf schleudern! Dat hat Gewalt, sag ich, die spür ich jeden Tag! Trau mich ja kaum noch auf die Straß.«

»Marie, beruhig dich. Die hören schon wieder auf.«

»Die hören net mehr auf! Und du weißt et.« Wütend drehte sie sich nach Peter um, streifte dabei eine Tasse, die auf dem Steinboden in Stücke sprang. Mettlacher Keramik mit einem Segensspruch. Der Henkel flog bis vor Peters Füße. »So geht et auch mit uns«, heulte Maria, während sie die Scherben aufhob, »kaputt gehn wir über die Sach, kaputt!«

Am Abend kam Sturm auf. Peter nahm die verrußte, eisenbeschlagene Laterne vom Haken und ging hinaus. Mit geneigtem Kopf stand das Vieh im mistwarmen Stall. Nur das Pferd warf den Kopf, witterte nach ihm, scharrte mit den Hufen. Spinnengewebe hing am Händlerkarren. Jemand hatte die blaue Händlerjacke seines Vaters über die Deichsel geworfen. Er griff danach, roch daran, dachte an die vielen Jahre, die in die Fäden geschlungen waren. Stickig war es hier. Nach draußen drängte es ihn, wo er bei Regen und Sturm, trotz Schmerzen in den Knien in Richtung der Äcker irrte.

In Tümpeln stand das Wasser zwischen Wiesen und Feldern. Mit schweren Gedanken kämpfte er sich vorwärts und es war ihm, als läge seine Traurigkeit auch über den Feldern, wo der Wind die Erde aufwirbelte, die Blätter von den Sträuchern riss und in einen wilden Tanz zog. In rasendem Spiel trieb er sie über die Wiesen, dann hinauf in die heulende Luft. Die Böen rissen und zerrten auch an ihm, warfen ihn gegen einen Baum. Er spürte die raue rissige Rinde an der Wange, es pfiff über seinem Kopf, Äste knackten. Frierend hüllte er sich in seine Weste. Losgerissene Blätter schwammen auf Pfützen. Er wollte über eine Kuhle mit Rüben springen, rutschte ab und stolperte über einen Haufen verfaulter Strünke und Reiser, lag mit dem Gesicht auf dem matschigen Boden.

Als er sein Vieh im Stall brüllen hörte, rappelte er sich auf, schnell ging sein Atem. Regen klatschte ihm ins Gesicht, als er sich zurückmühte, durchweichte seine Jacke. Der nasse Boden sickerte und schwappte unter seinen Füßen. Bis zu den Knien herauf voll Schlamm kehrte er heim. Auch wenn sie sich in Niederkail über ihn das Maul zerrissen, wenn der Pfarrer ihn der Sünde, ja sogar des Ehebruchs bezichtigte, er in ihren Augen hundertmal ein Gefallener, ein Abtrünniger war, er ginge seinen Weg zu Ende. Und dann würde die Zeit alles fortschwemmen, selbst tiefe Überzeugungen umordnen und irgendwann würden Menschen mit ganz anderen Gedanken hier leben.

Als er nach dem Haus ging, erkannte er Trud und Grete, wie sie sich neben seinem Stubenfenster an die Wand drückten und flüsterten. Er verlangsamte den Schritt. Was wollten sie jetzt in der Nacht, bei diesem Sturm? Er sah, wie Grete durch das Fenster spähte, wo ein Licht flackerte. Sie machte Trud auf etwas aufmerksam, denn auch sie reckte nun den Kopf; ihr Tuch flatterte. Dann gingen sie weiter, standen wieder und schwätzten, drehten sich noch einige Male um, fispelten, tuschelten. Diese Blicke, diese Blicke – was verrieten sie?

Am nächsten Morgen wäre er gerne ein Stück gegangen, aber alles war nass und regendurchtränkt, seine Knochen schmerzten. Auch am Abend wagte er sich nicht weit weg. Kalt war es draußen und klar, Sterne leuchteten. Eine schwarze, seidige Katze schlich um die Eiche. Peter sah ihr nach, wie sie durch den Holunder schlüpfte, sich zwischen den Planken des Gartentürchens hindurchzwängte, an Kohlköpfen vorbei über die leer geräumten Beete, den Pfad entlang bis zu den Hecken und von dort in die Wiese huschte. Der Nachtwächter kam den Weg hinab, scheu grüßte er, wollte weiter. »Hast auch schon mal mehr geschwätzt«, bemerkte Peter. Der Mann blieb stehen, faselte etwas herbei, indem er sagte, dass er ihn nicht so recht erkannt habe. »Lass nur«, sagte Peter, »hier erkennt mich keiner.«

Im Schatten dunkler Eichen

Wieder lag das Dorf weiß und eingefroren. Wie große Gräber lagen die Hügel, die Weidenruten am Bach starrten im Eis. Armdick hingen Eiszapfen vom Dach.

Theo, im Herbst 18 Jahre alt geworden, hatte schon vor Wochen entschieden, fortzugehen, die Eifel zu verlassen. Ins Ruhrgebiet wollte er, mit August, dem Sohn des Schreiners Follmann. Über einen befreundeten Händler hatten sie Arbeit im Kohlebergbau gefunden. Am Barbaratag tat er seine Pläne kund und erntete seitens seines Stiefvaters Verständnis. »Wenn ich du wär, tät ich auch gehn. Hier klebt die Schand an dir. Dat wird net besser. Wenn ich dich bloß unterstützen könnt.«

Am Tag, an dem Theo Niederkail verließ, war mit Maria nicht umzugehen. Sie zankte und schimpfte auf den Pfarrer, das Dorf, die Umstände, die ihren Jungen fortgetrieben hatten. Während sich ihre Aufregung steigerte, setzte sich Peter mit Papier und Feder an den Tisch. »Ja, schreib du nur, immer nur schreiben und dichten … Der Theo is fort …!« Peter hielt ihr entgegen, dass es für Theo anderswo besser sein könnte. Als er begann, von sich und der Rheinpfalz zu reden, war Maria nicht mehr zu halten. »Warum biste eigentlich net da geblieben, wenn et dir da so gut gefallen hat?« Empört stand sie vor ihm und stemmte die Arme in die Seite, während er am Tisch saß und schrieb. »Ich hör immer nur in der Pfalz is dat, in der Pfalz is jenes. Und hier? Wat haben wir hier? All die Sorgen! Dat is kaum zum Aushalten! Dat is so en hart Leben neben dir! Net mal satt zum Essen!« Er achtete nicht auf ihr Gekeife, antwortete nicht, blieb vertieft in seine Zeilen, strich etwas weg, fügte Neues ein. Indem Maria lamentierte, beugte sich sein Rücken immer tiefer über das Blatt. Ihre Stimme verschwamm, verschwand schließlich, er sah nur noch die Wörter, die Endungen, die Sätze und las:

»O Tal, wo wir im Schatten dunkler Eichen
von Moos ein Hüttchen uns gebaut,
durchflochten rings von laub'gen Zweigen
und drinnen klang der Flöte Laut.

Daneben rann der kühle Bronnen,
der sich aus fettem Grase stahl,
draus füllten wir die Rindentonnen
und brieten Grombern* uns zum Mahl.

Da schwärmte ich mit den Genossen
von gleichem Alter, sorgenfrei.
Ach, wie viel Tränen ich vergossen,
seit diese schöne Zeit vorbei!

Maria zerrte an seiner Schulter. »Dat willst du net hören, wie? Wat meinst du, wie wir hier bald leben? Jetzt hat dat Käte auch noch abgesagt, da war ich so oft im Tagelohn. Aber dat Käte will auch net mehr, dat ich komm …! Keiner will mehr, dat ich komm …!« Sie sah ihm über die Schulter. »Und immer die Schreiberei. Die haben all Recht. Davon kriegen wir nix zu fressen. Wat haste schon all probiert wegen den Gedichten? Alles umsonst. Dein Zeit haste damit vertan. Geld noch dazu. Gar nix hat et gebracht. Und immer noch sitzt du und dichtest …!«

Von draußen rief Paul. Maria eilte hinaus.

Als Peter allein war, legte er die Feder ab und lehnte sich zurück. Maria hatte Recht. Warum war er nicht in der Pfalz geblieben? Er dachte an die warmen Sommer, den Wein, die Leute, an Louise. Aufgeschlossener waren sie dort. Vielleicht wäre ihm das, was er hier durchmachen musste, erspart geblieben. Viele aus dem Dorf waren fortgegangen, sogar bis Amerika und Brasilien. Jeder von ihnen war gezogen, Besseres zu finden. Auch er hatte andere Landschaften kennen gelernt, andere Menschen, andere Gedanken. »Grüß Gott dich, luschtig Pelzerland mit deinem Bräu von Hobbe! Mit deinem alte Quetscheschnabbs un deine süff'ge Schobbe …« Lange war es her, dass er das gedichtet hatte. Ein Lächeln huschte über sein angespanntes Gesicht. Ja, die Rheinpfalz war schön. Und neben der Eifel liebte er diesen Landstrich am meisten. Und doch hatte er immer deutlicher gefühlt, wo er hingehörte. Anders als in seiner Jugend, wo ihn das Fernweh plagte, schlug das Herz immer schon höher, sobald die ersten Ginsterhecken in Sicht kamen, die Schlehen, der Meulenwald, ja, selbst wenn er an das Moos auf dem Strohdach seines Hauses dachte. Wie gerne hatte er sich zu allem Verse einfallen lassen, Melodien, Bilder und Farben. Wie gerne hatte er seinen Landstrich besungen, dieses preußische Sibirien, wie die Eifel – oft mit einer Spur von Spott – immer noch genannt wurde. Und war sein Schreiben nicht zeitlebens die einzige Habe geblieben, eine Zuflucht oder ein Gehöchtnis, wie die Eifeler sagten? Plötzlich begriff er, dass ihm seine Landschaft nicht nur Lebensraum sondern viel mehr bedeutete: die Gewissheit nämlich, sich trotz aller Umstände dort wiederfinden zu können. Und das konnte er, hatte er doch hier den Mut zum eigenen Weg gefunden.

Krähenrufe im Mai

Leise klinkte Maria die Tür der Kammer auf und lugte hinein. »Pitter, schläfste?«, flüsterte sie, im Zweifel, ob sie bleiben oder wieder gehen sollte. »Komm nur, ich schlaf net.« Er richtete sich im Sessel auf, wo er den Nachmittag über gesessen hatte. Die grauen Haare hingen ihm wirr in die Stirn, auf seinem blassen Gesicht wechselten Schmach und Kümmernis. Die zugezogenen Vorhänge, die ihn von der Welt abschirmten, ließen nur ein mattes Licht durch und sorgten für Kühle. Ein paar Fliegen tanzten an der Decke um einen Krautwisch.

Als Maria eintrat, war es ihm, als ob sich mit ihr etwas in seinen geschützten Raum dränge, in sein Refugium und er empfand sich auf seltsame Weise preisgegeben. Es war nicht wegen der Unruhe und Angst, die aus Maria sprach, es war etwas, das über ihnen lag, schwer und dunkel, etwas Unabwendbares, Unaufhaltsames.

»Grad hab ich dat Grete gesehn«, empörte sich Maria, »wat denkste, wat dat gemacht hat?« Peter zuckte die Schultern. »Sag et ruhig. Et is uns schon so viel auferlegt. Mehr wie du und ich tragen können.«

»Dat Grete hat vor mir auf den Boden gespuckt!«

»Dat Grete?«

»Ja, dat hältst du doch net für möglich. Dabei hat et doch am eigenen Leib erfahren, wie et ist, wenn man verspottet und ausgeschlossen wird. Damals, als der Jakob et hat sitzen lassen mit dem Kind. Man sollt meinen, wat man selbst als grausam erfährt, will man doch net für andere. Und weißte, wat et noch gesagt hat? Ich tät kein Kreuz überm Brot machen.« Peter versuchte aufzustehen, aber die Beine versagten und er rutschte zurück in den Sessel. »Soll ich dir aufhelfen?«

»Nee, lass.«

»Dat Grete is schon lang gegen uns«, fuhr sie fort, »et war auch dabei, als sie Stein geworfen haben. Dat man deiner lästerlichen Red Einhalt gebieten müsst, hat et auch noch gesagt und dat man den Glauben retten müsst vor uns, dat wir Abtrünnige sind. So hat et gesprochen. Köhlerschorsch is dazu gekommen. Zuerst hab ich gedacht, der würd mir helfen. Aber dann fing der auch an. Dat man Stein nach uns werfen sollt, dat man dir endlich dat Maul stopfen müsst. En Ketzer und Aufrührer wärst du, der mitsamt dem Lumpenkarren aus dem Dorf getrieben gehört!« Hilflos stand sie vor ihm, rang die Hände. Leise fügte sie hinzu: »Ich hab mich einfach umgedreht und bin heimgegangen. Dat Grete hat mich so starr und hart angeguckt mit so einem unheimlichen Feuer in den Augen, dat ich gemeint hab, et wär en Hex. Pitter, wenn wir net bald gehen, dann weiß ich net …«

»Et hat noch nix so lang gewährt, einmal hats doch aufgehört«, wollte er sie trösten, aber seine Augen verrieten, dass er anders dachte.

Sie ging ans Fenster, zog die Vorhänge auseinander und öffnete die Flügel. Frische Luft zog herein, die Vorhänge bauschten sich. Blühende Birn- und Apfelbäume wurden sichtbar, tanzende Eichenblätter, Vögel am Himmel. Ein Windstoß fuhr in die Blüten; kurz sah es aus, als ob es schneie.

»Da hinten steht et schon wieder.« Maria zeigte in Richtung des Alertshofes. In einiger Entfernung, am Scheunentor, lehnte Grete und starrte herüber. Aufgeregt schubste ihn Maria gegen die Schulter. »Guck doch, da isset wieder und glotzt. Den Kopf voll verirrter Gedanken.« Peter machte keine Anstalten aufzustehen. Er wollte nichts sehen, nichts hören. Maria ballte die Fäuste. »Wat will et bloß mit der Glotzerei? Irgendwat will et!«

Maria sah, wie der jungen Frau eine Katze um die Füße strich und sie sich das Tuch fester um die Schultern band. Dann gewahrte sie ein Kind, das die Dorfstraße hinabtänzelte, an seinem Arm baumelte eine Blechkanne. Sie beobachtete, wie Grete das Kind ansprach und lächelte, wie es stehen blieb, die Kanne nun kräftiger schwenkte, dabei strahlte und weitergehen wollte. Sie sah noch, dass Grete ein paar Schritte auf das Kind zuging und es am Arm hielt, wie sie miteinander sprachen, bemerkte, wie es zögerte, sich aber schließlich doch in die Scheune ziehen ließ. »Jetzt sind se in der Scheun verschwunden. Soll sich hüten, dat Gret!«, drohte Maria. Sie trat vom Fenster zurück und griff nach ihrem Tuch, das über einem Stuhl lag. »Ich geh noch auf den Kirchhof. Die Kinder nehm ich mit. Müssen mir en Sack Erd tragen. Und dann koch ich dir en Milch.«

Bald hörte Peter ihre schlurfenden Schritte auf den Steinen in der Küche, dann das Ratschen des Türriegels. Im Halbdunkel blieb er zurück. Die Sonne, die eben noch voll ins Zimmer schien, dass die blanken Bodenbretter glänzten und ihm ein Gefühl von Sauberkeit und Ordnung gaben, hatte sich verzogen.

In der Stube war es nun düster und kühl. Da war der Waschtisch, die weiße Schüssel, seine Jacke überm Stuhl, an der Wand das Bild mit dem Haus, das er vor Jahren gemalt hatte. Eine Fliege surrte. Dass Grete sich hüten solle, hatte Maria gesagt, und diese Worte kreisten nun in seinem Kopf, wo auch das Dunkle, Unfassbare wuchs. Diese Unruhe, die sein Herz anders schlagen ließ, diese seltsame Angst, die ihn anpackte, ihn von allen Seiten umschlich, was war es nur?

Von einer seltsamen Ahnung ergriffen richtete er sich auf, stützte die Arme auf die Lehne, zog sich hoch, bis er stand, fiel wieder zurück auf den Sitz. Nochmals zog er sich hoch, diesmal ging es besser. Schließlich stand er aufrecht und wagte ein paar Schritte auf das geöffnete Fenster zu. Draußen war es hell. Er beugte sich weit vor. Die Äste der Eiche ragten in einen klaren Himmel, der Ginster vor seinem Haus blühte in leuchtendem Gelb. Nein, es war alles wie immer. Da war nichts Bedrohliches, keine Schatten. Dass er ständig solche Gedanken hatte? Maria war längst die Straße hinaufgelaufen, bald würde sie zurückkommen, die Milch kochen.

Vom Alertshof her sah er eine junge Frau auf sein Haus zueilen. Sie rannte einem Kind hinterher, das in der Nähe seines Eichenbaumes vor Ginsterbüschen hockte und jetzt lachend eine Milchkanne schwenkte. Er konnte nichts Genaues erkennen, nicht wer es war, sah nur, wie sich die Frau, während sie lief, mit fahrigen Bewegungen die Weste zuknöpfte, die ihr lang um den hageren Körper hing. Er bemerkte auch, dass sie mit unsicheren Schritten lief, dass ihre Hände das Kind weiterdrängten, wohin, sah er nicht.

Er schlurfte zurück und ließ sich wieder in den Sessel sinken. Mit den Händen deckte er die Augen. Erinnerungen kamen ihm, Erinnerungen an seinen Hausiererkarren, an die schwarze Kladde mit den Gedichten, an blaue, dick gewordene Tinte, an eine Melodie, die er auf der Flöte gespielt hatte. Kurz nur hielt ihn dieses wehmütige Gedenken, bald schwand es und das Bedrohliche lag wieder im Raum, dunkler denn je und klar, so deutlich, dass er darüber erschrak. Er hörte, wie Krähen unter kehligen Rufen lärmend aufflogen, über sein Dach zogen, unruhig, als ob sie nach einem anderen Platz suchten. Der Vögel wegen suchte sein Blick das Fenster, wo ein gelblicher dünner Dunst vorbeizog, kurz nur, ein Schatten. Er hatte das Gefühl, das Licht verändere sich und dann schien es, als zögen Nebelschwaden auf. Er glaubte an einen Trug seiner Sinne, der Schwäche seines Körpers wegen, meinte, einen seltsamen Geruch wahrzunehmen. Erneut packte ihn Unruhe. »Wo nur Maria bleibt?«

Dann zog Rauch in die Stube, ein gelber Schein zuckte im Dunst, unter dem niederen Strohdach lohten Flammen auf. Er schrak zusammen, gebannt starrte er nach dem Fenster. Es knisterte, ein Prasseln setzte ein. Schon krochen Flammen, die wegen der Trockenheit schnell Busch und Holz erfasst hatten, unaufhaltsam vorwärts, fraßen sich ins Dach und im nächsten Augenblick liefen auch schon rote Funken über das trockene Stroh hinauf zum First. Dazu wuchs Wind. Es knackte, etwas barst, glühende Halme wirbelten durch die Luft, im Gebälk krachte es. Das Dach brannte, nun gab es keinen Zweifel mehr. Schnell wurde der Rauch zu einem beißenden Brodem, der in Augen und Lungen brannte. Es rumorte und ächzte. Das waren keine Schattenbilder, keine Täuschungen. Jetzt war es soweit, nur gut, dass Maria und die Kinder fort waren, er ganz allein, verbrennen würde er in seinem Haus, verbrennen mit Haut und Haar. Bald würde alles eins sein, alles gleich, Schutt und Asche, erbarme dich meiner! Alles würde jetzt ein Ende finden, erbarme dich meiner, oh Herr, und steh mir bei, jetzt, in der Stunde meines Todes, oh Herr, steh mir bei …!

Er stemmte die Arme in die Lehnen, richtete sich auf. Trotz Hustens konnte er sich einen Moment halten, dann knickten die Knie ein und er fiel, während die Flammen im Dachstuhl aasten und in Scheune und Stall ein rasendes Feuer wühlte.

Er hörte nicht mehr, wie es vom oberen Hof »Feuer, Feuer!« schrie, wie die Niederkailer aus ihren Häusern rannten und kurz darauf die Brandglocke geläutet wurde. Er merkte nicht, dass Maria verzweifelt rufend ums Haus rannte, dass Leute in die Kammer stürzten, an ihm rissen, jemand ihn auf Schultern hinaustrug. Er sah auch nicht, wie das Feuer im Stall wütete, wie Funken aus dem Gebälk stoben, sich Rauchschwaden durch das Stallfenster drückten, wie der Heuhaufen sich prasselnd und funkenwerfend aufbäumte, wie die Hitze die Blätter der Eiche versengte.

Das halbe Dorf eilte zur Brandstätte. Alles stand und gaffte, Häme funkelte in den Gesichtern und Hass. »Dat is die gerechte Straf. Seht nur, so musst et ja kommen! Dat is jetzt die Straf.«

Es dauerte, bis der Bürgermeister eintraf, den erbarmungslosesten Hetzern Einhalt gebot und energisch zur Hilfeleistung aufforderte: »Steht doch net rum und glotzt! Christenmenschen wollt ihr sein …! Packt mit an! Die Verunglückten haben die Religion des Kaisers!«

Trotz seines Drängens wurde die Zeit lang, bis Feuerwehrmänner den Anfang machten, einen Schlauch zum Bach legten und endlich ein Wasserstrahl zischend in die Glut fuhr. Das Feuer zuckte, brach an anderen Stellen wieder hervor. Krachend stürzte der Dachstuhl ein.

Am Morgen darauf schrak Peter in einer ungewohnten Kammer aus einem Dämmer. Ein rotes Licht kroch entlang der Holzdielen über die Wände, dann über die Decke bis zur Tür. Es kam vom Fenster und nun sah er, dass auch draußen alles in diesen rötlichen Schein getaucht war, der sich in Gelb, Rot und Lila an Wolken mit schwelenden Rändern brach. Irr blickte er um sich, rief nach Maria, schützte die Augen, bis er erkannte, dass der Himmel in Morgenglut stand. Ein Husten überkam ihn, zäh und quälend und jetzt erst erinnerte er sich des Feuers, des Rauchs, von dem seine Lungen voll waren.

Bei Michel waren sie untergekommen. Wie er dorthin gelangt war, wusste er nicht. Er fragte auch nicht.

Noch am Vormittag brachten ihm die Neffen ein paar Habseligkeiten aus seinem Haus, darunter die Manuskripte und Kladden, die Hannes gerettet hatte.

Den ganzen Vormittag saß er in der Stube, sah auf den Haufen zusammengetragener Habe, den Maria mit rotgeheulten Augen sortierte und an der Wand stapelte: Hefte und Bücher, Bilder, Porzellan, angesengte Wäsche. »Ich hab et geahnt …, jeden Tag hatt ich dat Gefühl, bald passiert wat, jeden Tag hab ich dran gedacht. Die lassen uns net in Ruh …, nie!«

Gegen Mittag kam der Bürgermeister. »Wat denkt Ihr denn, wie dat Feuer angegangen is?«, fragte er, aber Peter zuckte nur mit den Schultern. Auch Nachbarn fragten, ein Polizist, der Lehrer, sogar der evangelische Pastor aus Wittlich. Während die Brandstätte besichtigt und Zeugen verhört wurden, alle den Kopf schüttelten, hierhin und dorthin wiesen, Vermutungen aussprachen und Denkbarkeiten, schwieg er.

Aufgelöst stürzte Maria am nächsten Morgen in die Stube, wo Peter die Nacht in einem Sessel verbracht hatte. »Guck mal, wat Michel in der Wittlicher Zeitung gefunden hat!« Das Papier zitterte in ihren Händen, mehrfach versagte ihre Stimme: »Dat et bei uns gebrannt hat tät da drin stehn und dat et en Glück gewesen wär, dat die Feuerwehr gekommen is …«

»Beruhig dich, Marie.« Peter griff nach dem Zeitungsausschnitt und las: »Am Montag, den 20. Mai, nachmittags um vier Uhr, brannte in Niederkail ein Wohnhaus mit Nebengebäude gänzlich ab. Sämtliche Gebäude waren mit Stroh gedeckt. Für den Ort war es ein Glück, dass die Gebäude isoliert standen, da sonst bei der herrschenden Trockenheit und den vielen Strohdächern leicht eine große Feuersbrunst hätte entstehen können. Da die Niederkailer Feuerwehr gleich zur Stelle war, brauchte fremde Hilfe nicht herbeigerufen zu werden.« Zornig blitzten Marias Augen, als er das Blatt sinken ließ. »Dat is alles!«, entsetzte sie sich, »sonst schreiben die nix! Bloß dat et gebrannt hat und die Feuerwehr eingerückt is! Feig, so feig! Brandstiftung war dat, hinterlistig und dreckig!«, schimpfte sie, riss ihm den Ausschnitt aus der Hand, warf ihn auf den Boden, trat darauf herum, bis Peter sagte: »Lass Marie. Damit werden net nur du und ich sondern alle leben müssen.«

Luft aus Flügeln

Er hatte die Eiche gesehen. Ein furchtbarer Anblick, den er den ganzen Tag nicht verwand. Zur einen Seite wucherte und strotzte der Baum vor Leben, während die andere Seite schwarz verkohlt und sich die Blätter, schmerzlich verschrumpelt, kaum noch an den verrußten Zweigen hielten.

Sommer und Herbst, die jetzt kamen, blieben für ihn kalt.

Sooft es seine Gesundheit zuließ, zog es ihn zu seiner abgebrannten Hütte. Von Michel hatte er sich Schreibzeug erbeten, Papier, einen Stift. Viel davon glaubte er nicht mehr nötig zu haben. Ganze Tage saß er, auf Knien schreibend, gelehnt an die verstümmelte Eiche, den Blick in eine weite Ferne gerichtet.

Abends kehrte er zurück ins Haus seines Schwagers, wo er teilnahmslos dahindämmerte.

Er hatte Hunger gelitten an Leib und Seele, dies getan und jenes versäumt, gelacht und geweint, sich zu diesem hinreißen lassen und zum anderen nicht, war gewandert, hügelauf und hügelab und nun hatte er zu allem nicht mehr Ursache.

In der Nacht legte er sich nicht mehr. In seinem Sessel blieb er sitzen, holte das Denken in den Traum, das Wachen in den Schlaf, der ermüdend war und von fiebrigen Bildern voll. Fortgetragen vom Leben fühlte er sich und begann, auf einen Ruf zu horchen. Er belauschte die flüsternden Nächte, den schweren Atem der

Tage. Manchmal schrieb er. Nur wenn jemand die Stube betrat, ihn ansprach oder zu den Mahlzeiten, unterbrach er diesen Zustand des Horchens.

Am Abend vor Allerseelen entdeckte er am Fenster zwei Haolegäns am Rand der Felder hinter Gestrüpp. Wachsam standen die langhalsigen Vögel mit angewinkelten Beinen, die Köpfe ruckten. Er spähte nach dem restlichen Schwarm, aber da war nichts über ihm, nichts über den Vögeln, die sich jetzt mit schwerem Flügelschlagen in die Luft emporhoben, lautlos aufstiegen, eins wurden mit dem dichten Grau der Novemberwolken.

Ein Habicht fiel ihm auf. Das Tier starrte vom Pfahl eines Zaunes aus angestrengt und unter Schiefhalten des Kopfes den Kranichen hinterher, trat von einem Fuß auf den anderen, flatternd, gereizt. Über den Habicht geriet er in Unruhe. Er trat vom Fenster zurück, schlurfte in seinen Strohlatschen zum Sessel, wo er mit der Hand über den Augen einnickte. Im Halbdämmer sah er den breiten Schatten der Habichtsflügel über die Dielen ziehen, glaubte das scharfe, kurze Gickern des Tieres zu hören.

Die Vögel erinnerten ihn an etwas, was er nicht benennen konnte.

In der Nacht hörte er Regen gegen das Fenster klatschen. Beim Schein einer Kerze kramte er eine der geretteten Kladden hervor, blätterte in den vollgeschriebenen Seiten, konnte aber nichts entziffern. Das flackernde Licht verschluckte die Buchstaben. Er rieb die Augen, aber die Lettern blieben verschwommen, begannen aus der Reihe zu tanzen. Wieder horchte er, wartete. Wie sich die Stunden zogen, zusammenklebten, durch nichts zu unterscheiden waren. Unermesslich schien ihm die regenblinde Nacht; er fürchtete, sich darin zu verirren. Er hatte nach etwas gesucht, sich an etwas erinnern wollen. Aber wie im Schlaf lag das Vergangene. Der Anfang, wie war nur der Anfang?

Er zog die Kladde auf seine Knie, blieb sitzen in einer Haltung, als fröstele er. Fern, von weit aus den Lüften, drang ein Schwirren an sein Ohr. Er äugte nach dem Fenster, sah, dass ein Lichtschein den Himmel streifte, lächelte, als das Posaunen der Vogelheere laut wurde, der rufende Wanderkeil über das Dach zog, ein Lied aus langen Tönen den Raum füllte.

Eine lächelnde Loni kam auf ihn zu, jung und blühend, ein Kraut hielt sie in der Hand. Da war ein Brandgeruch aus schwelenden Tonnen, schwarz-rot-golden, der Esel zuckte mit den Ohren, dahinter ein weißer Frauenkörper im Kerzenlicht. Und jetzt, jemand brachte einen Krug heran, einen Krug im Wallerfanger Blau mit dem Gesicht der Schlangenjungfrau und dort hinten, das war Follmann mit einer Trommel. Er kniff die Augen. Ein Trugbild erlaubte sich das Leben mit ihm, einen Scherz vielleicht von bitterer Süße. Da standen die Marktweiber in der brodelnden Hitze des Mittags und schwatzten, eine von ihnen hielt einen Aal in die Höhe. Oertel schlug ein Buch auf, er sah Krummetvögel über den Feldern, hörte den Ruf des Branntweinverkäufers, das Bellen eines Hundes, das Knistern des Strohs beim Einpacken der Ware. Vor sich auf dem Weg erkannte er die eigenen Spuren, der Regen hatte sie mit Wasser gefüllt, daneben, in den Pfützen, spiegelten sich die Haolegäns, schlafend auf dem Wind. Ihr langsamer Flügelschlag brachte dieses unsagbare Licht und endlich wurden die Flickstücke zu einem lebendigen Gewirk, die Worte waren wieder da, jedes einzelne, das er geschrieben hatte.

Er schloss die Augen, zu sehr blendete das, was er sah. Die Kladde rutschte von seinen Knien, bröselige Reste von vertrocknetem Schöllkraut fielen heraus. Als die Vögel ein neues Geschrei erhoben, flüsterte er:

>>Und sollten wir in dieser Nacht
vielleicht vom Leben scheiden,
wir jubeln auf: Es ist vollbracht,
nun enden Kampf und Leiden.
Der Geist streift seine Fesseln ab,
geht ein zu ew'gen Freuden.<<

Nachwort

Am 14. November 1901 starb Peter Zirbes. Er wurde auf dem Friedhof in Landscheid dicht an der Friedhofsmauer begraben. Bei seiner Beerdigung mussten Polizisten einschreiten, um die aufgebrachte katholische Bevölkerung zurückzuhalten.

1902 erschien eine vierte Auflage der »Eifelsagen und Gedichte«, 1928 eine wesentlich verkürzte fünfte Auflage mit 46 Eifelsagen, Liedern und mundartlichen Gedichten.

1961 wurde zum 60. Todestag von Peter Zirbes eine Gedenktafel in Niederkail enthüllt. Der Wittlicher Künstler Hanns Scherl schuf die Bronzetafel mit der Inschrift: »Dem ersten Dichter der Eifel, Peter Zirbes, der hier lebte und starb, gewidmet vom Eifelverein«.

1973 erwarb die Ortsgemeinde das Wohnhaus von Peter Zirbes, das nach einer behelfsmäßigen Renovierung durch die Witwe des Dichters noch bis in die 60er Jahre von dessen Sohn und dem Stiefsohn bewohnt wurde. Das Haus – inzwischen originalgetreu restauriert – konnte vor dem baulichen Verfall gerettet werden und ist heute als Museum für Besucher zugänglich.

1976 wurde aus Anlass seines 75. Todestages eine sechste Auflage seiner Werke von der Verbandsgemeinde Wittlich-Land herausgegeben.

Die Grundschule in Landscheid erhielt 1976 durch die Bezirksregierung Trier den Namen »Peter-Zirbes-Grundschule Landscheid«.

1981 wurde der Peter-Zirbes-Kulturkreis gegründet. Das Wohnhaus des Dichters sowie der dichterische Nachlass werden von diesem Kulturkreis betreut.

Vertont wurden Peter-Zirbes-Gedichte durch den Regionalkantor Josef Monter und den Volkssänger Manfred Ulrich.

Worterklärungen:

S. 6   Mit Haolegäns sind Kraniche gemeint, aber auch die Niederkailer und Landscheider Wagenzüge hießen im Eifeler Volksmund »Haolegäns«. Mit diesem Begriff wurden die Händlertouren sinnig mit den Kranichzügen verglichen, die auch heute noch im Frühjahr über die Eifelberge kommen und im Herbst im langsamen Flug nach Süden ziehen. Wenn die Händler im März ihre Reisen antraten, kehrten die Kraniche in die Eifel zurück. Wenn die Händler im November zurückkehrten, sammelten sich die Vögel für die große Reise nach Afrika. Aufbruch und Abflug der Kraniche waren wichtige Termine im Leben der Händler. Die Zugvögel haben ihren Namen Haolegäns durch den Vergleich ihres keilförmigen Flugbildes mit der »Haol«, dem eisernen Kesselhaken, an dem in den Eifeler Bauernhäusern des 19. Jahrhunderts der Kochtopf über der offenen Feuerstelle hing.

S. 7   Hotte: ein aus Weiden geflochtener Rückentragekorb, kleiner als eine Retz, wurde oft von Frauen benutzt.

S. 11   Muhl: Backmulde

S. 46   Döppeskrämer: Topfhändler

S. 51   Moarbeln: Blaubeeren

S. 54   Großherzogtum Oldenburg: Das Fürstentum Birkenfeld fiel nach dem Wiener Kongress an das Großherzogtum Oldenburg.

S. 69   Retz: Rückentragekorb aus stabilem Stabwerk, größer als eine Hotte, beladbar mit bis zu zwei Zentnern Steinzeug.

S. 76   Kränkt: Krankheit

S. 81   Gehöchtnis: geschützter Ort, Refugium

S. 97   Spriegel: Unterkonstruktionen von Planen als Abdeckungen der Ladungen.

S. 166   Backes: Backhaus

S. 166   Fladden: Hefekuchen

S. 169   Kneddeln: Knödel

S. 187   Übersetzung des Gedichtes »Rat des Großvaters an seinen Enkel«: »Siehst du nicht, wie manche Familien, die es besser haben wollen, nach Amerika, Brasilien und nach Texas gehen müssen? Hörste Junge, und laß dir raten, bleib daheim und sei nicht faul. Wenn dir auch keine gebratene Tauben fliegen in das Maul ...«

S. 310   Voluisse iuvat: schon das Wollen unterstützt, bzw. hilft

S. 338   Schottelskrämer: Schüsselhändler

S. 383   Schewe: holziger Abfall vom Flachs

S. 397   Suada: Wortschwall

S. 432   Fladden mit Bunnes: Hefekuchen mit Birnenkompott

S. 460   Grombern: Kartoffeln

Zeittafel Peter Zirbes 1825 – 1901

1815 Wiener Kongress, Neuordnung Europas nach der Herrschaft der Franzosen und Napoleons. Ein Deutscher Bund wird geschaffen, in dem 35 souveräne Fürstentümer und vier freie Städte locker zusammengeschlossen sind.

1815 Im Anschluss an die auf dem Wiener Kongress beschlossene europäische Neuordnung fällt der nördliche Teil des linken Rheinufers an Preußen. Das Amt Wittlich-Land im Kreis Wittlich wird Teil des Regierungsbezirks Trier und gehört zur Rheinprovinz.

1825 Geburt von Peter Zirbes am 10. Januar in Niederkail als Sohn von Nicolaus Zirbes und Catharina Schmitz.

1830 Julirevolution in Frankreich

1831 Goethe vollendet Faust II

1832 Hambacher Fest, führt zum Verbot politischer Vereine und öffentlicher Kundgebungen.

1835 Erste deutsche Eisenbahn (Strecke Nürnberg-Fürth)
Georg Büchner: Dantons Tod, Verbot der Schriften »Junges Deutschland«.

1837 Viktoria wird Königin von England, Viktorianisches Zeitalter

1840 Friedrich Wilhelm IV. löst Friedrich Wilhelm III. ab

1842 Erste Gedichte von Peter Zirbes

1844 Aufstand der schlesischen Weber infolge sozialer Missstände
Heinrich Heine: Deutschland, ein Wintermärchen

1848 Februar: In Frankreich werden der König und seine Regierung wegen Verelendung und politischer Rechtlosigkeit des Volkes gestürzt, die Republik ausgerufen und eine provisorische Regierung gebildet. Dieses Ereignis wirkt sich auf ganz Europa aus.
Februar: Marx und Engels: Das kommunistische Manifest
Märzrevolution in Deutschland, Berlinaufstand
Mai: Nationalversammlung in der Frankfurter Paulskirche

1849 März bis Juli: Friedrich Wilhelm IV. lehnt Kaiserkrone ab. Der Versuch, einen demokratisch verfassten, einheitlichen Nationalstaat zu schaffen, wird von preußischen und österreichischen Truppen gewaltsam niedergeschlagen.

1852 Erste Auflage der Gedichte von Peter Zirbes, herausgegeben von Wilhelm Oertel, alias O.W. von Horn.

1853 Peter Zirbes erhält eine Zuwendung von 150 Thalern durch den Preußenkönig Friedrich Wilhelm IV.

1858 Aus Krankheitsgründen übergibt Friedrich Wilhelm IV. die Regentschaft an seinen Bruder Wilhelm I.

1859 Charles Darwin: Über die Entstehung der Arten
Befreiungskampf Italiens unter Garibaldi

1860 Geburtsjahr von Clara Viebig, Schriftstellerin der Eifel

1861 Wilhelm I. wird König von Preußen

1862 Otto von Bismarck wird Ministerpräsident Preußens und Außenminister.

1863 Peter Zirbes gibt den Hausierhandel auf und eröffnet in Niederkail ein Geschäft mit Kolonial- und Spezereiwaren.

1864 Von den 130 Haushalten, die in Niederkail bestanden, verdienen sich 80 den Unterhalt durch Ackerbau und Tagelohn, während sich die übrigen 50 Haushalte als wandernde Händler durch den Verkauf von Glas- und Steingutwaren ernähren.
Krieg Preußens und Österreichs gegen Dänemark um Schleswig-Holstein.

1865 Zweite Auflage der Gedichte von Peter Zirbes erscheint mit 34 Gedichten.

1866 Deutscher Krieg u.a. gegen Österreich um die Vorherrschaft in Deutschland, Sieg Preußens bei Königgrätz.
Gustav Freytag würdigt in der »New Yorker Staatszeitung« das Werk von Peter Zirbes.

1869 Verbesserung des Jugendarbeitsschutzes, Einschränkung der Kinderarbeit.
Einrichtung gewerblicher Kranken-, Hilfs- und Sterbekassen

1870 Krieg 70/71 zwischen Frankreich und Preußen, Kapitulation Frankreichs nach der Schlacht von Sedan.

1871 Im Januar wird der preußische König Wilhelm I. zum Deutschen Kaiser Wilhelm I. ausgerufen; Gründung des Deutschen Reiches als Bundesstaat mit dem König von Preußen als erblichem Kaiser, dem Bundesrat als Vertretung der Fürsten und Freien Städte und dem aus allgemeinen, direkten und geheimen Wahlen hervorgegangenen Reichstag; Bismarck wird Reichskanzler.

1879 Brand in Niederkail, fast die Hälfte des Dorfes wird zerstört

1888 Tod Kaiser Wilhelms I., sein Sohn und Nachfolger Friedrich III. stirbt nur drei Monate nach der Thronbesteigung, sein Enkel Wilhelm II. wird im »Dreikaiserjahr« mit 29 Jahren deutscher Kaiser.

1890 Bismarck wird wegen politischer Differenzen von Kaiser Wilhelm II. entlassen.

1891 Die dritte Auflage der Zirbes-Gedichte erscheint, angeregt durch den 1888 gegründeten Eifelverein.

Heirat von Peter Zirbes mit der Witwe Anna Maria Thiel geb. Wagner. Zunehmende Auseinandersetzung von Peter Zirbes mit dem katholischen Pfarrer in Landscheid.

Geburt des Sohnes Peter (im Roman: Paul)

1894 Peter Zirbes erhält eine Zuwendung durch Kaiser Wilhelm II. in Höhe von 150 Mark.

1900 Peter Zirbes konvertiert zur evangelischen Kirche

1901 Am 20. Mai brennt das Wohnhaus der Familie Zirbes. Am 14. November stirbt Peter Zirbes in Niederkail. Beerdigung in Landscheid.

(Anm.: In Niederkail errichtete die Gemeinde erst 1903 einen eigenen Friedhof.)

Buchvignette mit Peter Zirbes
(Peter-Zirbes-Archiv, Ortsgemeinde Landscheid, VG Wittlich-Land)

Der vorliegende Roman enthält folgende Gedichte bzw. Gedichtauszüge und Texte von Peter Zirbes:

Quellenangaben:

Verbandsgemeinde Wittlich-Land Hrsg.: Peter Zirbes, Auswahl seiner Gedichte und Sagen, herausgegeben zum 75. Todestag 1976

Handel-, Handwerk- und Gewerbeverein Landscheid e.V. (Hrsg.): Die Welt auf vier Rädern, Landscheid – ein Dorf im Wandel der Zeit, Landscheid, 2006

Baur, Victor: Eifel-Balladen, Herausgeber Eifelverein Düren, Trier 1965

Blum, Dr.: Peter Zirbes, der Eifeldichter, Der Kreis Wittlich, Altes und Neues von Eifel und Mosel, Kreis Wittlich 1927

Bretz, Hans: Peter Zirbes, der Eifeldichter, in: Karl d'Ester (Hrsg.): Wir Rheinländer, Ein Heimatbuch, Verlag Brandstetter, Leipzig 1922

Büchner, Georg: Gesammelte Werke, Goldmann Verlag München, 1960

Dohm, Lieselotte: Dem Eifeldichter Peter Zirbes zum Gedächtnis, Jahrbuch Vulkaneifel, 1991

Dollmann, Josef: Peter Zirbes, in: Die schöne Eifel, Wittlicher Land, Tor zur Eifel und Mosel, Eifelverein 1983

Erschens, Hermann: Literarische Schauplätze an der Mosel, Husum Druck- und Verlagsgesellschaft, Husum 1990

Gappenach, Hans: Heimat- und Mundartdichter des Maifeldes, in: Die Eifel, Jg. 58, Nr. 2, Feb. 1963

Gerten, Erich; Morsbach, Manfred: Der Kailbach, Wittlich, 1995

Gondorf, Bernhard: Ein kaum bekanntes dichterisches Denkmal für Peter Zirbes, Kreisjahrbuch Bernkastel-Wittlich, 1984

Heine, Heinrich: Werke und Briefe in zehn Bänden, Berlin und Weimar 1972

Hofstätter, Karl: Vor 150 Jahren wurde Peter Zirbes geboren, in: Die Eifel, Jg.70, Heft 1, Jan./ Feb. 1975

Hofstätter, Karl: Zum 80. Todestag des Heimatdichters Peter Zirbes, in: Die Eifel, Zeitschrift des Eifelvereins, Jg. 76, Heft 6, Nov./ Dez. 1981

Jung, Hermann: Gedichte und Steingut feil, Zum 65. Todestag des ersten Eifeldichters, Peter Zirbes aus Niederkail, in: Die Eifel, Jg. 61, Dez. 1966

Kerkhoff-Hader, Bärbel: Haolegäns, Händler aus Landscheid und Niederkail, Kreisjahrbuch Bernkastel-Wittlich, 1983

Kinkel, Gottfried: Die Ahr, Geschichte, Landschaft, Volksleben, Georg Fischer Verlag, Wittlich 1937

Kremer, Peter: Ich bin ein wandernder Sänger. Dem Eifeldichter Peter Zirbes zum 75. Todestag, in: Jahrbuch des Kreises Daun 1976

Lautwein, Oskar: Lebenserinnerungen von Peter Zirbes, Ein Beitrag zum 100. Todestag des Eifeldichters aus Niederkail, Kreisjahrbuch Bernkastel-Wittlich, 2002

Lemling, Bernhard: Im Hause des Eifeldichters Peter Zirbes, in: Die Eifel, Jg.53, 1958

Leson, Willy (Hrsg.): So lebten sie in der Eifel, Texte und Bilder von Zeitgenossen, J.P. Bachem Verlag Köln, 1977

Macquoid, Katherine und Gilbert: Die Eifelreise (1895), Rhein-Mosel-Verlag Briedel 1995, Übersetzung Dr. Charlotte Houben

Mades, Karl-Richard: W.O. von Horn der Heimat- und Volksschriftsteller, Hrsg. Ev. Kirchengemeinde Oberdiebach-Manubach, 2. Aufl. 1998

Briefwechsel zwischen Wilhelm Friedrich Philipp Oertel und dem Landrat Hans Carl Heuberger in St. Goar im Zeitraum von Januar bis Dezember 1852, zur Verfügung gestellt von Karl-Richard Mades, W.O. von Horn Museum, Manubach

Massin: Händlerrufe aus europäischen Städten, Büchergilde Gutenberg, Frankfurt, 1978

Mumbauer, Johannes: Kalender für das Trierer Land, Paulinus Druckerei, Trier 1925

Neu, Dr. Peter: Die Reformation in der Eifel, 125 Jahre evangelische Kirche und Gemeinde in Bitburg, Festvortrag am 28. Okt. 2000

Orth, Hubert: Das Peter-Zirbes-Haus, Kreisjahrbuch Bernkastel-Wittlich, 1982

Persch, Martin: Peter Zirbes, Ergänzungen zur Biographie des Dichters, Kreisjahrbuch

Rehm, Hermann: Die Westeifel, Ein Wanderführer von 1889, Rhein-Mosel-Verlag Briedel, 1996

Reiland, Ferdinand: Das Kailbachtal, Kreisjahrbuch Bernkastel-Wittlich, 1991

Robischon, Rolf: 80. Todestag des Eifel-Dichters Peter Zirbes, in: Landeskundliche Vierteljahrsblätter, Jg. 27, 1981

Ruoss, Siegfried: Viel Fürsten gab's und wenig Brot, Von Scherenschleifern, Bürstenbindern und anderen kleinen Leuten, Konrad Theiss Verlag, Stuttgart 2003

Schannat, F. J.: Bärsch, G.: Eiflia illustrata oder geographische und historische Beschreibung der Eifel, Bd. III Abt. II Abschn. II, Aachen-Leipzig 1855

Schott, Anselm: Das Meßbuch der heiligen Kirche, Herder Verlag Freiburg, 1955

Simon, Prof. Dr.: Peter Zirbes, in: Die Eifel, Zeitschrift des Eifelvereins, Jg. 72, Heft 3, Mai/Juni 1973

Schmitt, Wilhelm: Der erste Dichter der Südeifel, in: Kreisjahrbuch Bernkastel-Wittlich, 1983

Schönhofen, Werner: Dichter begegnet Dichter, Jakob Kneip auf den Spuren von Peter Zirbes, Kreisjahrbuch Bernkastel-Wittlich, 1999

Simrock, Karl: Übersetzung »Das Nibelungenlied«, Deutsche Buchgemeinschaft Berlin, 1927

Spang, Judith: Jugend auf den Spuren von Peter Zirbes, Kreisjahrbuch Bernkastel-Wittlich 2002

Thömmes, Matthias: Auf den Spuren von Peter Zirbes, Zum 100. Todesjahr des Eifeldichters, Eifeljahrbuch 2002

Weber, Barbara: Krugbäcker und Steinzeughändler im Wittlicher Land, in: Die schöne Eifel, Wittlicher Land, Tor zur Eifel und Mosel, Eifelverein 1983

Wrede, Adam, Eifeler Volkskunde, 3. Auflage, Bonn 1983
Bernkastel-Wittlich, 1994

Zender, Michael (Hrsg.): Eifel-Heimatbuch, Verlag des Eifelvereins, Bonn 1924/25

Zierden, Josef (Hrsg.): Literarischer Reiseführer Rheinland- Pfalz, Brandes & Apsel Verlag, Frankfurt 2001

Die Liedertexte »Die Gedanken sind frei«, »Es ist ein Schnitter, heißt der Tod« und »Badisches Wiegenlied von 1848« entnommen aus: Freiburger Spielleyt: Die Gedanken sind frei, Musikalische Flugblätter zwischen Bauernkrieg und 48er Revolution, Freiburger Musikforum 1997

Außerdem Zitate aus Werken von Joseph von Eichendorff, Charles Darwin, Karl Marx, Annette von Droste-Hülshoff, Andreas Gryphius, Johannes Bobrowski, Achim von Arnim, Johann Wolfgang von Goethe, Gottfried August Bürger, Theodor Seidenfaden u.v.a.

Die wichtigsten Orte der Touren des Peter Zirbes:

Deutschland

Maria Laach

Koblenz

Mosel

Rhein

EIFEL

Gerolstein
Daun
Birresborn
Mürlenbach
Oberkail

Wiesbaden

St. Thomas
Landscheid
Bitburg
Niederkail
Wittlich
Speicher
Binsfeld

Niersbach

HUNSRÜCK

Bingen
Mainz

Luxemburg

Kyll

Kreuznach

Morbach
Simmertal
Nahe
Kirn
Münster am Stein

Trier
Idar
Sobernheim
Altenbamberg

Konz
Oberstein
Meisenheim

Wiltingen
Birkenfeld

Glan

Saarburg

Baumholder
Kusel

Mosel

Mettlach

PFALZ

Saar

Beckingen
St. Wendel

Wallerfangen
Ottweiler

Wadgassen
Völklingen
Friedrichsthal
Homburg

Fenne
Gersweiler
Blieskastel

Frankreich
Saarbrücken
Güdingen

Großblittersdorf
Saargemünd

480